DES FONTAINES 1984

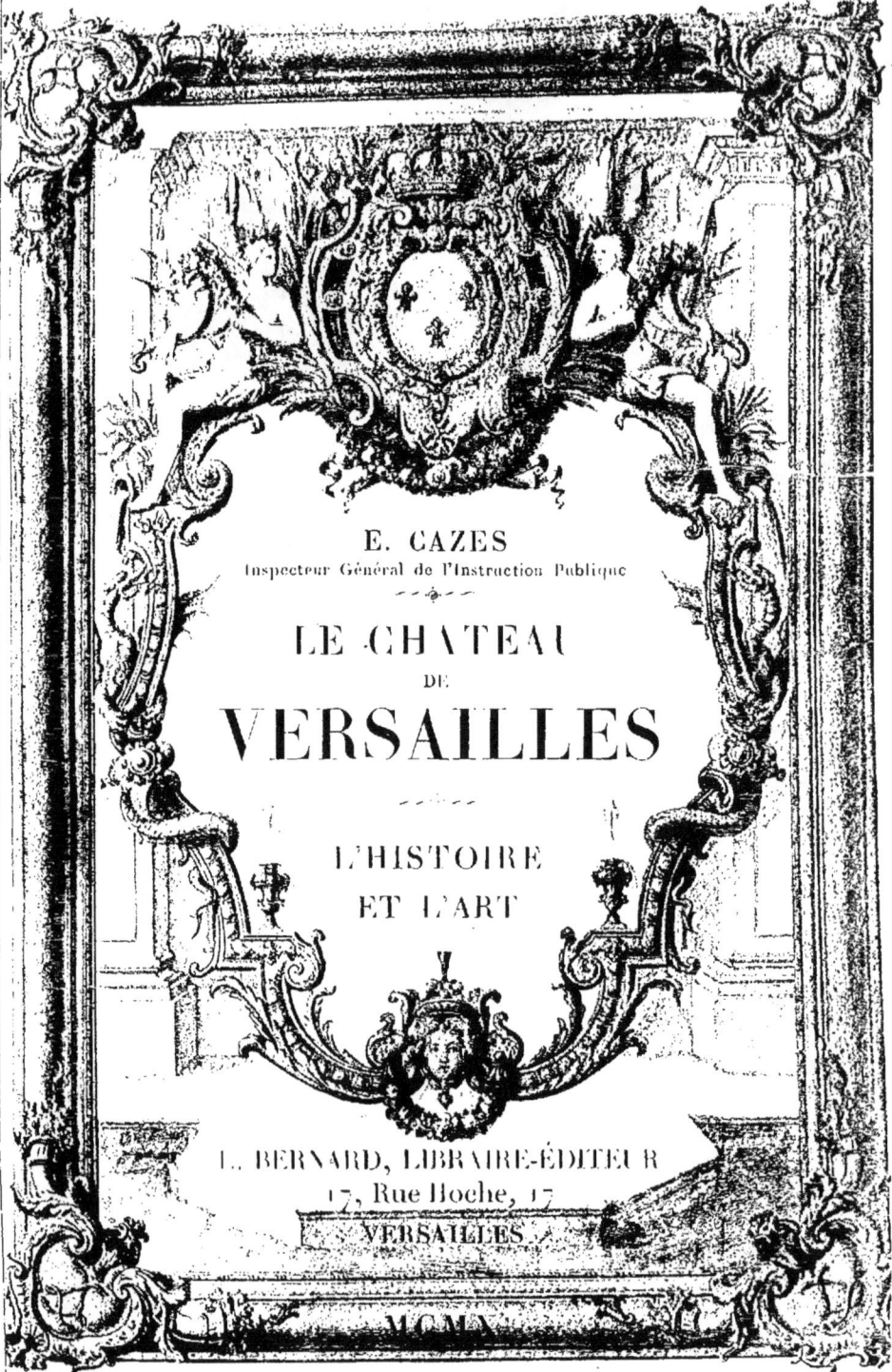

E. CAZES
Inspecteur Général de l'Instruction Publique

LE CHATEAU
DE
VERSAILLES

L'HISTOIRE
ET L'ART

L. BERNARD, LIBRAIRE-ÉDITEUR
17, Rue Hoche, 17
VERSAILLES

MCMX

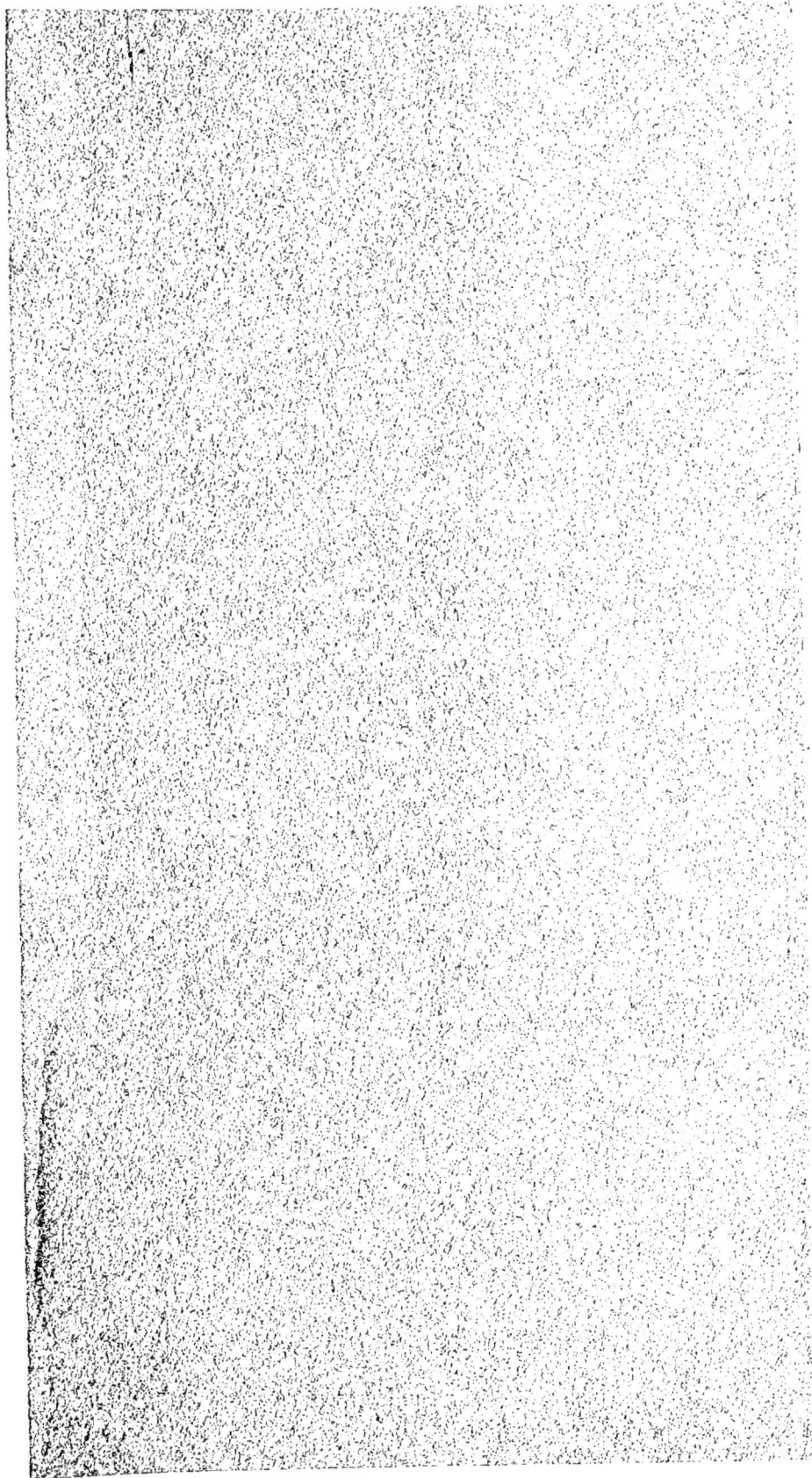

Aux Amis de Versailles.

LE

CHATEAU DE VERSAILLES

ET SES DÉPENDANCES

DU MÊME AUTEUR

———

Mirabeau, in-8° (Gédalge).

La Provence et les Provençaux, in-8° (Gédalge).

Pensées et Maximes pour la pratique de la vie, in-12 (Delagrave).

———

LOUIS XIV, attribué à LE BRUN.

(Musée du Louvre.)

E. CAZES

INSPECTEUR GÉNÉRAL DE L'INSTRUCTION PUBLIQUE

LE CHATEAU

DE

VERSAILLES

ET SES DÉPENDANCES

L'HISTOIRE ET L'ART

VERSAILLES

L. BERNARD, LIBRAIRE-ÉDITEUR

17, RUE HOCHE, 17

—

1910

AVIS DE L'ÉDITEUR

Il y aura bientôt trente ans, j'éditais l'histoire du Château de Versailles en deux volumes, due à l'historien L. Dussieux, professeur honoraire de l'Ecole militaire de Saint-Cyr.

Depuis cette époque, les deux éditions de cet ouvrage sont complètement épuisées.

J'ai publié également d'autres ouvrages sur Versailles, et cet ensemble de documents sur le Château et la Ville m'a permis d'atteindre le but que je cherchais : faire comprendre et aimer tout ce que Versailles renferme de richesses artistiques, faire connaître sur place l'histoire du Palais, depuis Louis XIII jusqu'à nos jours.

Longtemps Versailles fut incompris; les savants, les hommes de lettres le délaissaient, et la masse passait indifférente devant les chefs-d'œuvre accumulés.

Mais, dans ces dernières années, un revirement complet s'est opéré; le goût des arts s'est répandu dans les générations nouvelles, grâce aux progrès de l'instruction générale et de l'iconographie qui frappe les esprits mieux encore que les écrits.

La revanche si patiemment attendue est aujourd'hui complète, et les amis de Versailles deviennent légion, grâce à l'activité incessante, au dévouement et à la science d'hommes éminents, dont quelques-uns sont cités dans l'Introduction du *présent volume, et auxquels il est juste d'ajouter le sous-secrétaire d'Etat aux Beaux-Arts, M. Dujardin-Beaumetz. On ne saurait trop le remercier de l'intérêt incessant qu'il porte tant à notre Palais qu'à notre Ville. Qu'il nous soit permis de lui exprimer ici notre profonde gratitude, surtout après la réunion des Amis de Versailles, le lundi 25 octobre 1909, au Grand-Trianon, au cours de laquelle M. de Nolhac a fait connaître la décision du sous-secrétaire d'Etat aux Beaux-Arts, de rendre à ce palais son aspect primitif par la suppression des fermetures des baies du péristyle et surtout en faisant disparaître les lourdes persiennes qui dissimulaient la grâce des pylônes.*

C'est pour les amis de Versailles, présents et futurs, que l'auteur, M. E. Cazes, a écrit ce nouvel ouvrage, que je présente aujourd'hui.

M. Cazes, universitaire, inspecteur général de l'Instruction publique, notre concitoyen depuis de longues années, multipliait les notes en vue de la publication de ce volume, documenté avec le plus grand soin, avec le secret espoir d'en rendre la lecture claire et agréable.

Un travail de ce genre m'avait été bien souvent demandé ; aussi n'ai-je pas hésité à l'accepter d'un auteur aussi qualifié.

Puisse ce livre être bien accueilli du public ; et si celui-ci répond à notre appel, les amis de Versailles deviendront encore plus nombreux. C'est le but vers lequel nous tendons.

L'ÉDITEUR.

INTRODUCTION

J'ai voulu présenter dans ce livre, condensée en un seul volume, une histoire générale du Château de Versailles et de ses dépendances, depuis l'origine jusqu'à nos jours.

Une œuvre de ce genre, épuisée aujourd'hui, fut écrite par Dussieux en 1881 ; voilà bientôt trente ans. C'était la première étude sérieuse qui paraissait sur un tel sujet, étude d'ensemble embrassant à la fois l'histoire et l'art de Versailles. On avait vécu jusque-là sur la foi d'ouvrages superficiels, incomplets ou erronés, entre autres de celui de Vatout, bibliothécaire de Louis-Philippe, où les fantaisies abondaient. Si de vrais érudits, comme Eudore Soulié et Le Roi, avaient publié, depuis, des travaux consciencieux et sûrement documentés, le temps, sans doute, leur avait manqué pour les compléter ; ils sont restés fragmentaires.

L'ouvrage de Dussieux, fruit d'une préparation longue et méthodique, a obtenu un succès mérité ; il est demeuré, suivant l'expression d'un historien de Versailles des mieux avertis, « la première histoire critique du Château ».

Depuis lors, Versailles a été de plus en plus étudié. Des découvertes nouvelles ou poussées plus avant ont permis de faire certaines rectifications, de redresser des assertions fausses, de fixer des points douteux, de combler des lacunes dans les documentations antérieures, de dissiper quelques confusions de lieux, de noms ou de dates.

Dès 1889, M. Pierre de Nolhac, aujourd'hui conservateur du Château, a publié des études critiques très serrées sur les sources touchant soit à l'évolution de l'art décoratif dans les divers appartements, soit à l'identification des personnages qui les ont successivement habités, pour la période de Louis XV et de Louis XVI. Elles ont eu une suite dans les notes critiques qui accompagnent son ouvrage : *La Création de Versailles*, paru en 1901.

Les travaux de ces deux historiens m'ont été d'un précieux secours. En outre, j'ai mis à contribution tous ceux que Versailles, devenue *ville mondiale,* a suscités de nos jours, et, parmi eux, la monographie si pittoresque et suggestive de M. André Pératé.

Voici maintenant l'ordre qu'à l'exemple de Dussieux, il m'a paru bon de suivre dans mon ouvrage pour la commodité du lecteur. J'ai essayé de décrire Versailles depuis le jour où Louis XIII l'a fait entrer dans l'histoire en bâtissant son « petit Château », d'y étudier dans la suite des temps l'évolution de l'art sous tous ses aspects, jusqu'au moment des transformations regrettables opérées par Louis-Philippe pour la création d'un musée national. Pour rendre cette étude plus claire, j'ai consacré un chapitre à l'esthétique de Versailles, d'une part, et de l'autre, à Charles Le Brun, qui fut le grand ordonnateur et décorateur du palais de Louis XIV et, pour beaucoup, de ses jardins.

Pour ce qui est de la partie purement historique, celle qui regarde les hommes et les faits, j'ai esquissé

à larges traits la vie du Roi et de la Cour, dans ce milieu resserré et surchauffé où chacun était sous l'œil de
tous et où se dissimulaient sous l'hypocrisie les vices
d'une société raffinée; j'ai exposé les événements mémorables qui s'y sont accomplis, les cérémonies et les
fêtes qui rompaient, souvent avec éclat, la monotonie
d'une vie réglée par l'étiquette.

Ici m'est venue l'aide précieuse des auteurs et des
journaux du temps, surtout des mémorialistes, enfin
celle des écrivains assez nombreux de l'époque présente
qui offraient de sûres références quant à l'exactitude
des faits[1]. J'ai cherché aussi à éclairer mon œuvre par
l'interprétation des dessins, des gravures et des peintures abondamment fournis par la Chalcographie du
Louvre et le Palais de Versailles tout entier.

La deuxième partie de l'ouvrage renferme l'histoire
et la description des jardins et des dépendances du Château. Les jardins sont aussi une manifestation éclatante
de l'art Louis-quatorzien, tant dans leur verte architecture et la riche variété de leurs fontaines, que dans ce
monde de statues qui les peuplent, les animent et y
constituent ce qu'on a appelé à bon droit, dans l'art
sculptural, « l'école de Versailles ».

Les autres dépendances du Palais servaient également aux plaisirs du Roi et de la Cour. La Ménagerie,
Clagny, Marly ont disparu, mais ont laissé des souvenirs intéressants. Quant aux Trianons, ils demeurent
intacts; comme le Château, ils ont contribué au charme
du Versailles royal, de même qu'ils partagent aujour-
d'hui, avec lui, la faveur du public et des visiteurs, de

---

[1] La bibliographie se trouve presque à chaque page du volume, avec
les notes assez nombreuses que la clarté du texte nécessitait.

plus en plus nombreux et empressés, de tous les points de l'univers, en une sorte de pèlerinage artistique dans la cité du « Grand Roi ».

Un chapitre spécial a été réservé au Musée, qui est l'une des principales attractions de Versailles et dont, grâce aux directions les plus intelligentes, l'intérêt grandit tous les jours.

Comme couronnement, j'ai présenté à grands traits et sous ses principaux aspects, dans les périodes diverses de son histoire, la ville qui fut successivement, par une singulière fortune, le berceau de la Monarchie absolue et celui de la Révolution.

On trouvera dans le texte et à la fin du volume une suite de vues et de plans qui permettront de suivre toutes les transformations du Château et des appartements sous le règne de Louis XIV et celui de ses successeurs, ainsi qu'un plan du Musée actuel et du Parc dans toute son étendue.

J'ai fait précéder l'ouvrage de tableaux généalogiques, grâce auxquels le lecteur pourra suivre avec facilité la succession nombreuse et variée des personnages princiers des deux sexes issus de la Maison de Bourbon (Bourbons, Bourbons-Orléans, Bourbons-Condé, Bourbons-Conti), depuis Henri IV jusqu'à la descendance du roi Louis-Philippe.

E. Cazes.

TABLEAUX GÉNÉALOGIQUES

DE LA

MAISON DE FRANCE

DEPUIS HENRI IV

JUSQU'À LA

DESCENDANCE DU ROI LOUIS-PHILIPPE Iᵉʳ

MAISON DE BOURBON [1]

Henri IV [2], descendant de Robert de Clermont, 6e fils de saint Louis,
roi de France de 1589 à 1610.

Louis XIII, 1601-1643, épouse Anne d'Autriche, fille de Philippe III, roi d'Espagne, morte en 1666.	Elisabeth, épouse Philippe, fils de Philippe III, roi d'Espagne.	Christine, épouse Victor-Amédée 1er, duc de Savoie.	Gaston [3], duc d'Orléans.
Louis XIV [4], 1638-1715, épouse Marie-Thérèse d'Autriche, fille de Philippe IV, roi d'Espagne, 1638-1683.	Philippe, duc d'Orléans (tige de la maison d'Orléans).		
Louis (le Grand Dauphin), 1661-1711 (Monseigneur), épouse en 1680 Marie-Anne-Christine-Victoire de Bavière.	Marie-Anne de Bourbon (Mlle de Blois), fille de Mlle de La Vallière. épouse en 1680 le prince de Conti, mort en 1685.	Louis de Bourbon, comte de Vermandois, fils de Mlle de La Vallière, 1667-1683.	Louis-Auguste de Bourbon, duc du Maine, 1670-1736, fils de Mme de Montespan, épouse en 1692 Anne-Louise-Bénédicte de Bourbon, fille de Henri-Jules, prince de Condé, 1676-1753.
Louis, duc de Bourgogne, 1682-1712, épouse en 1697 Marie-Adélaïde de Savoie, fille de Victor-Amédée II, duc de Savoie.	Philippe, duc d'Anjou, 1683-1746, épouse : 1e en 1701, Marie-Louise-Gabrielle de Savoie, fille de Victor-Amédée II, duc de Savoie, et 2e en 1714, Elisabeth Farnèse, princesse de Parme.	Charles-Emmanuel, duc de Berry, 1686-1714, épouse en 1710 Marie-Louise-Elisabeth d'Orléans, fille de Philippe II, duc d'Orléans.	Louis-Auguste de Bourbon, prince de Dombes, 1700-1755.
Louis XV, 1710-1774, épouse en 1725 Marie Leczinska, fille de Stanislas, roi de Pologne.			
Louise-Elisabeth, 1727-1759 (Madame Infante), épouse en 1739 Philippe, duc de Parme et de Plaisance, fils de Philippe V, roi d'Espagne.	Anne-Henriette, 1727-1752.	Louis, Dauphin, 1729-1765, épouse : 1e en 1745, Marie-Thérèse, infante d'Espagne, fille de Philippe V, et 2e en 1747. Marie-Josèphe de Saxe, fille de Frédéric-Auguste III, roi de Pologne.	Marie-Adélaïde, 1732-1800.
Louis XVI, 1754-1793, épouse en 1770 Marie-Antoinette d'Autriche, fille de François 1er, empereur d'Allemagne, et de Marie-Thérèse.	Louis XVIII, comte de Provence, 1755-1824, épouse Marie-Louise de Savoie, fille de Victor-Amédée III, roi de Sardaigne.	Charles X, comte d'Artois, 1757-1836, épouse en 1773 Marie-Thérèse de Savoie, fille de Victor-Amédée III.	Marie-Adélaïde-Clotilde-Xavière (Madame Clotilde), épouse Charles-Emmanuel, prince de Piémont.
Marie-Thérèse-Charlotte (Madame Royale), 1778-1851, épouse Louis-Antoine, duc d'Angoulême.	Louis-Charles, duc de Normandie, Louis XVII, 1785, prisonnier au Temple, mort en 1795.	Louis-Antoine d'Artois, duc d'Angoulême, 1775-1844.	Charles-Ferdinand d'Artois (duc de Berry), 1778-1820.
	Un premier Dauphin, Louis-François-Xavier, était né en 1781 et mourut en 1789. Enfin, une autre fille était née en 1786 et ne vécut qu'un an.		Louise-Marie-Thérèse d'Artois, 1819-1864, épouse en 1845 Charles de Bourbon, duc de Parme.

Henriette-Marie,
épouse Charles Ier,
roi d'Angleterre.

Louis-César de Bourbon, comte de Vexin, fils de Mme de Montespan, 1672-1683.	Louise-Françoise de Bourbon (Mlle de Nantes), fille de Mme de Montespan, 1673-1743, épouse en 1685 Louis III, duc de Bourbon-Condé.	Louis-Alexandre de Bourbon, comte de Toulouse, 1678-1737, fils de Mme de Montespan, épouse en 1723 Mlle de Noailles, veuve du fils du duc d'Antin.	Françoise-Marie de Bourbon (Mlle de Blois), à partir de 1680), 1677-1749, épouse en 1692 Philippe II, duc d'Orléans (le Régent).

Louis-Charles de Bourbon, comte d'Eu, 1701-1775.	Louise-Françoise de Bourbon (Mlle du Maine), 1707-1743.	Louis-Jean-Marie, duc de Penthièvre, 1725-1793, épouse en 1744 la fille du duc de Modène.

Louis-Stanislas, prince de Lamballe, 1747-1768, épouse en 1767 Louise de Savoie, princesse de Carignan.	Louise-Marie-Adélaïde (Mlle de Penthièvre), 1753-1821, épouse en 1769 Louis-Philippe, duc de Chartres.

Victoire-Louise-Marie-Thérèse, 1733-1799.	Sophie-Elisabeth-Justine, 1734-1782.	Louise-Marie, 1737-1787 (religieuse Carmélite).

Elisabeth-Marie-Thérèse
(Madame Elisabeth),
1764-1794.

Henri-Charles d'Artois,
duc de Bordeaux,
comte de Chambord,
né posthume en 1820,
épouse en 1846
Marie-Thérèse-Béatrice
d'Este,
mort en 1883 sans postérité.

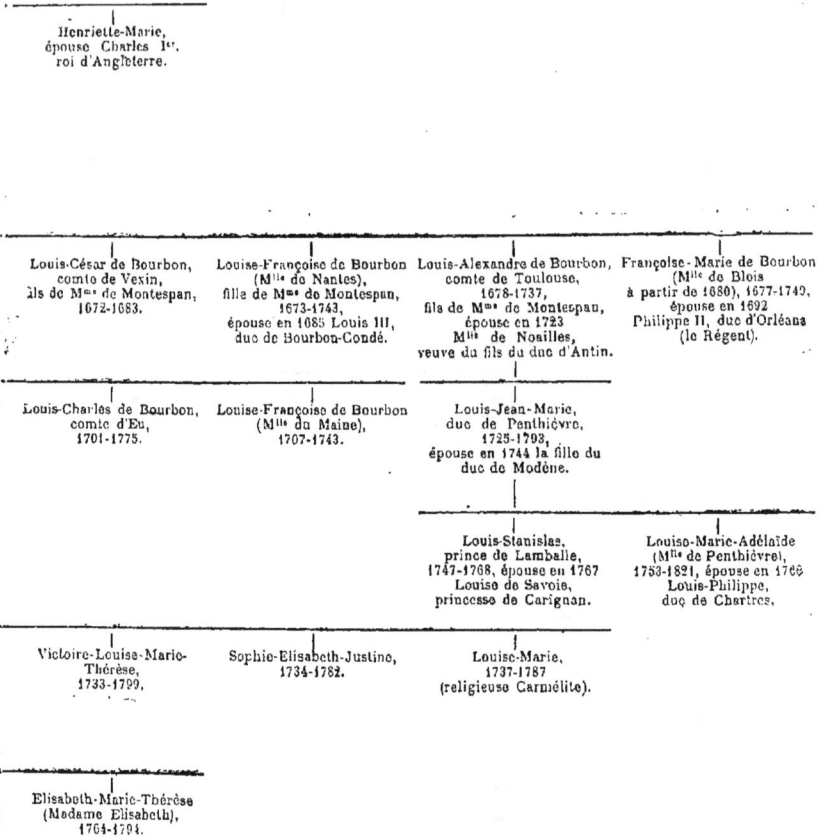

(1) Dans cette généalogie, il n'a pas été tenu compte des princes et des princesses morts en bas âge.

(2) Henri IV eut en outre cinq enfants naturels : *Catherine-Henriette*, épouse un prince lorrain, le duc d'Elbeuf; *César*, duc de Vendôme, épouse une princesse lorraine, fille du duc de Mercœur; *Alexandre*, grand-prieur de l'ordre de Malte; *Henri-Gaston*, gouverneur du Languedoc; *Gabrielle-Angélique*, épouse le duc d'Epernon.

(3) Gaston d'Orléans eut une fille de son premier mariage avec une princesse de Bourbon-Montpensier. Ce fut *Anne-Marie d'Orléans*, duchesse de Montpensier, appelée Mlle de Montpensier ou la Grande Mademoiselle. De son second mariage avec une princesse de Lorraine, il eut trois filles : l'aînée, *Marguerite-Louise*, épousa Côme de Médicis qui devint grand-duc de Toscane; la seconde, *Elisabeth*, épousa un prince lorrain, duc de Guise; la plus jeune, *Françoise-Madeleine*, épousa Charles-Emmanuel II, duc de Savoie.

(4) Louis XIV épousa en secondes noces Mme de Maintenon.

Philippe Ier, duc d'Orléans, 1640-1701 (Monsieur), 2ᵉ fils de Louis XIII, frère de Louis XIV,
épouse : 1° en 1661, Henriette-Anne d'Angleterre, fille de Charles Iᵉʳ;
2ᵉ en 1671, Elisabeth-Charlotte de Bavière, fille du comte palatin du Rhin.

Deux filles nées du premier lit : un fils et une fille du second.

Marie-Louise (Mˡˡᵉ d'Orléans), 1662-1689, épouse en 1679 Charles II, roi d'Espagne. (Sans postérité.)	Anne-Marie (Mˡˡᵉ de Valois), 1669-1728, épouse en 1684 Victor-Amédée II, duc de Savoie.	Philippe II (le Régent), duc de Chartres, 1674-1723, épouse Françoise-Marie de Bourbon (Mˡˡᵉ de Blois), légitimée de France, fille naturelle de Louis XIV et de Mᵐᵉ de Montespan.	Elisabeth-Charlotte (Mˡˡᵉ de Chartres), 1676-174-àT, épouse le duc de Lorraine ni Léopold-Joseph-Charles. .ᵉᶜ

Louis, duc d'Orléans, 1703-1752, marié à une princesse de Bade en 1724.	Marie-Louise-Élisabeth d'Orléans, 1695-1719, mariée au duc de Berry, fils du Grand Dauphin, mort en 1714.	Louise-Adélaïde d'Orléans (Mˡˡᵉ de Chartres), 1698-1743 (abbesse de Chelles).	Charlotte-Aglaé d'Orléansna (Mˡˡᵉ de Valois), 1700-1761, duchesse de Modène en 17297I

Louis-Philippe Iᵉʳ, duc d'Orléans, 1725-1785, épouse : 1° en 1743, Louise-Henriette de Bourbon, Mˡˡᵉ de Conti, fille de Louis-Armand II, 1726-1759, et 2° en 1773, la marquise de Montesson.

Louis-Philippe-Joseph (Philippe-Égalité), duc d'Orléans, 1747-1793, épouse en 1769 Louise-Marie-Adélaïde de Bourbon-Penthièvre, fille du duc de Penthièvre.	Louise-Marie-Thérèse-Bathilde (Mˡˡᵉ d'Orléans), 1750-1822, épouse en 1770 Louis-Henri-Joseph, duc de Bourbon-Condé, fils de Louis-Joseph, prince de Condé.

Louis-Philippe II d'Orléans, Louis-Philippe Iᵉʳ, 1773-1850, épouse Marie-Amélie de Bourbon-Naples, fille de Ferdinand Iᵉʳ, roi des Deux-Siciles, 1782-1866.	Antoine-Philippe, duc de Montpensier, 1775-1807.	Louise-Marie-Adélaïde-Eugénie (Mˡˡᵉ d'Orléans), 1777-1847, Madame Adélaïde pendant le règne de son frère.	Louis-Charles d'Orléans.en comte de Beaujolais, ,ᵉ 1779-1808.

Ferdinand-Philippe, duc d'Orléans, 1810-1842, épouse en 1837 Hélène de Mecklembourg-Schwerin, 1814-1858.	Louise-Marie-Thérèse (Mademoiselle), 1812-1850 épouse en 1832 Léopold Iᵉʳ, roi des Belges.	Marie-Christine-Caroline-Adélaïde (Mˡˡᵉ de Valois), 1813-1839, épouse en 1837 Frédéric-Guillaume, duc de Wurtemberg.	Louis-Charles-Philippe--or Raphaël, duc de Nemouruc, 1814-1896, épouse en 1840 Victoire-Antoinette, ,ᵉ fille de Ferdinand, duc ᶜⁱ ᵒ Saxe-Cobourg-Gotha. .ₐ

Louis-Philippe-Albert, comte de Paris, 1838-1894, épouse en 1864 Isabelle de Montpensier, infante d'Espagne, fille du duc de Montpensier.	Robert-Philippe-Louis, duc de Chartres, 1840, épouse en 1863 Françoise d'Orléans, fille du prince de Joinville.	Gaston, comte d'Eu, 1842, épouse en 1864 Isabelle de Bragance, fille de Pierre II, empereur du Brésil.	Ferdinand, duc d'Alençon, 1844, ,ₜ épouse en 1868 Sophie de Bavière. ..

Louis-Philippe, duc d'Orléans, né en 1869, épouse en 1896 Marie-Dorothée, archiduchesse d'Autriche.	Marguerite, 1846-1893, épouse Ladislas Czartoryski. Blanche, née en 1857..7ᵉ

Louise-Elisabeth d'Orléans (Mlle de Montpensier, puis Mademoiselle), 1709-1742, épouse Don Louis-Philippe de Bourbon, fils de Philippe V, roi d'Espagne, veuve en 1724, appelée plus tard reine douairière d'Espagne.	Philippe-Elisabeth d'Orléans (Mlle de Beaujolais), 1714-1734, renvoyée de Madrid sans avoir été mariée.	Louise-Diane d'Orléans (Mlle de Chartres), 1716-1736, mariée en 1732 au prince de Conti, Louis-François, appelée princesse de Conti, et par quelques-uns la princesse de Conti la Jeune. (Luynes, 1, 65.)

Marie-Clémentine (Mlle de Beaujolais), 1817-1903, épouse en 1843 Auguste-Louis-Victor, duc de Saxe-Cobourg-Gotha, mère de Ferdinand Ier, roi de Bulgarie, né en 1861.	François-Ferdinand-Philippe, prince de Joinville, 1818-1900, épouse en 1843 Françoise-Caroline, fille de Dom Pedro Ier, empereur du Brésil.	Henri-Eugène-Philippe-Louis, duc d'Aumale, 1822-1897, épouse en 1844 Marie-Caroline de Bourbon, fille de Léopold, prince de Salerne.	Antoine-Marie-Philippe-Louis, duc de Montpensier, 1824-1890, épouse Marie-Louise-Ferdinande de Bourbon, fille de Ferdinand VII, roi d'Espagne.
Françoise-Marie-Amélie, 1844, épouse en 1863 Robert d'Orléans, duc de Chartres.	Philippe, duc de Penthièvre, 1845.	Louis-Philippe, prince de Condé, 1845-1866.	Marie-Isabelle-Françoise d'Assise, 1848, épouse en 1864 Louis-Philippe d'Orléans, comte de Paris.
		François, duc de Guise, 1854-1872.	Ferdinand, infant d'Espagne, 1859.

Louis Ier de Bourbon, duc
d'Enghien, marquis de Conti, etc.,
frère d'Antoine de Bourbon,
roi de Navarre
(père de Henri IV)
(prince de Condé), 1530-1569
(tige de la Maison).

|

Henri Ier de Bourbon,
prince de Condé, 1552-1588.

|

Henri II de Bourbon,
prince de Condé, 1588-1646,
épouse en 1609 Charlotte,
marquise de Montmorency.

|

Louis II, prince de Condé,
le Grand Condé, appelé
d'abord le duc d'Enghien,
puis Monsieur le Prince,
1621-1686, épouse Claire-
Clémence de Maillé-Brézé,
1628-1694.

Armand,
tige de la branche des
princes de Conti.

Anne-Geneviève de Bourbon,
1619-1679
(duchesse de Longueville).

|

Henri-Jules, prince de Condé
(nom qu'il prend après la mort
de son père), 1643-1709,
épouse Anne de Bavière, princesse
palatine, 1648-1723, fille
d'Édouard de Bavière, prince palatin de
Rhin, et d'Anne de Gonzague-Clèves,
princesse palatine.

|

Louis III, prince de Condé,
Monsieur le Duc dès 1686,
1668-1710,
épouse en 1685 Mlle de Nantes,
fille légitimée
de Louis XIV et de
Mme de Montespan.

Marie-Thérèse de Bourbon,
1666-1732, épouse en 1688
le prince de Conti (François-
Louis de Bourbon).
(Appelée successivement :
Mlle de Bourbon, la princesse
de Conti et la princesse
de Conti 2e douairière.)

Anne-Louise de Bourbon
(Mlle d'Enghien,
puis Mlle de Condé), 1675-1700.

Louise-Bénédicte
de Bourbon (Mlle de Condé,
Mlle de Charolais), 1676-1753,
duchesse du Maine en 1692.

|

Louis-Henri, prince de Condé,
1692-1740,
épouse en 1713 Marie-Anne
de Bourbon
(Mlle de Conti), 1689-1720,
remarié en 1728
à une princesse allemande,
Charlotte de Hesse-Rheinfeld.

Charles de Bourbon,
comte de Charolais,
1700-1760.

Louis de Bourbon,
comte de Clermont,
1709-1771.

Marie-Anne-Gabrielle-
Eléonore de Bourbon,
abbesse, 1690-1760.

|

Louis-Joseph,
prince de Condé, 1736-1818,
épouse : 1° Mlle de Soubise,
1737-1760 ;
2° la princesse douairière
de Monaco, 1734-1813.

|

Louis-Henri-Joseph,
prince de Condé, 1756-1830,
épouse *Mademoiselle*,
fille de Louis-Philippe Ier,
duc d'Orléans, 1750-1822.

Louise-Adélaïde de Bourbon
(Mlle de Condé), abbesse,
1757-1824.

|

Louis-Antoine-Henri
de Bourbon,
duc d'Enghien, 1772-1804.

BOURBON-CONDÉ

Marie-Anne de Bourbon
(Mlle de Montmorency,
Mlle d'Enghien), 1678-1718,
épouse le duc
de Vendôme en 1710.

| Louise-Elisabeth de Bourbon (Mlle de Charolais, Mlle de Bourbon), 1693-1775, épouse en 1713 Louis-Armand de Bourbon, prince de Conti. | Louise-Anne de Bourbon (Mlle de Sens, Mlle de Charolais), 1695-1758. | Marie-Anne de Bourbon (Mlle de Clermont), 1697-1741. | Henriette-Louise-Marie-Françoise-Gabrielle de Bourbon (Mlle de Vermandois), abbesse, 1703-1772. |

Elisabeth-Alexandrine
de Bourbon
(Mlle de Sens), 1705-1765.

BRANCHE DE BOURBON-CONTI

Armand de Bourbon, frère du Grand Condé,
second fils de Henri II de Bourbon, prince de Condé, 1629-1666.
épouse Anne-Marie Martinozzi,
nièce du cardinal Mazarin, morte en 1672.

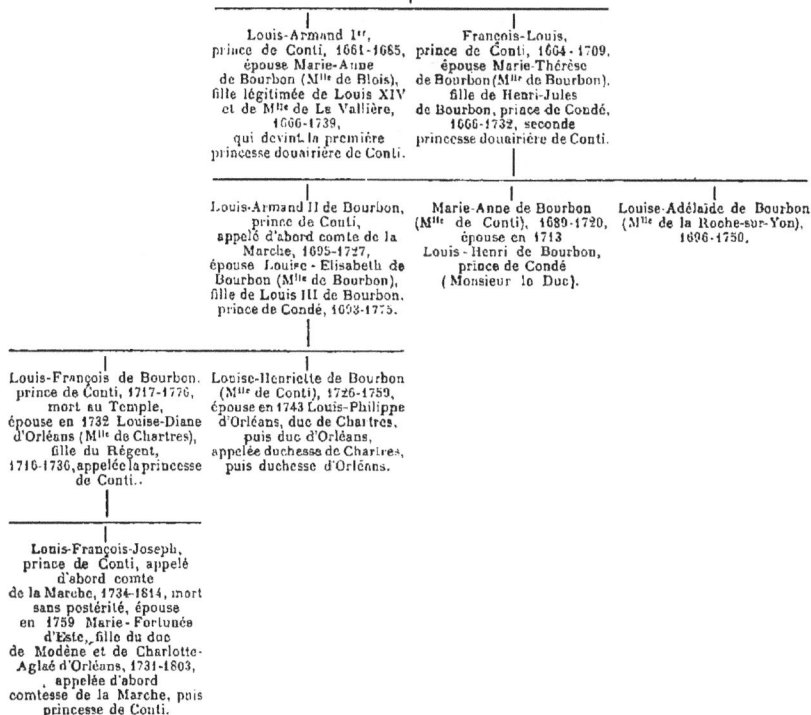

Louis-Armand Ier, prince de Conti, 1661-1685, épouse Marie-Anne de Bourbon (Mlle de Blois), fille légitimée de Louis XIV et de Mlle de La Vallière, 1666-1739, qui devint la première princesse douairière de Conti.	François-Louis, prince de Conti, 1664-1709, épouse Marie-Thérèse de Bourbon (Mlle de Bourbon), fille de Henri-Jules de Bourbon, prince de Condé, 1666-1732, seconde princesse douairière de Conti.

Louis-Armand Ier,
prince de Conti, 1661-1685,
épouse Marie-Anne
de Bourbon (Mlle de Blois),
fille légitimée de Louis XIV
et de Mlle de La Vallière,
1666-1739,
qui devint la première
princesse douairière de Conti.

François-Louis,
prince de Conti, 1664-1709,
épouse Marie-Thérèse
de Bourbon (Mlle de Bourbon),
fille de Henri-Jules
de Bourbon, prince de Condé,
1666-1732, seconde
princesse douairière de Conti.

Louis-Armand II de Bourbon,
prince de Conti,
appelé d'abord comte de la
Marche, 1695-1727,
épouse Louise-Elisabeth de
Bourbon (Mlle de Bourbon),
fille de Louis III de Bourbon,
prince de Condé, 1693-1775.

Marie-Anne de Bourbon
(Mlle de Conti), 1689-1720,
épouse en 1713
Louis-Henri de Bourbon,
prince de Condé
(Monsieur le Duc).

Louise-Adélaïde de Bourbon
(Mlle de la Roche-sur-Yon),
1696-1750.

Louis-François de Bourbon,
prince de Conti, 1717-1776,
mort au Temple,
épouse en 1732 Louise-Diane
d'Orléans (Mlle de Chartres),
fille du Régent,
1716-1736, appelée la princesse
de Conti.

Louise-Henriette de Bourbon
(Mlle de Conti), 1726-1759,
épouse en 1743 Louis-Philippe
d'Orléans, duc de Chartres,
puis duc d'Orléans,
appelée duchesse de Chartres,
puis duchesse d'Orléans.

Louis-François-Joseph,
prince de Conti, appelé
d'abord comte
de la Marche, 1734-1814, mort
sans postérité, épouse
en 1759 Marie-Fortunée
d'Este, fille du duc
de Modène et de Charlotte-
Aglaé d'Orléans, 1731-1803,
appelée d'abord
comtesse de la Marche, puis
princesse de Conti.

Nota. — Pour éviter dans les présents tableaux certains développements exagérés, des membres de la même famille ont été placés les uns au-dessous des autres et encadrés d'un filet qui les réunit.

CABINET D'ANGLE
Par J. Verberckt (1753).

LE

CHATEAU DE VERSAILLES

CHAPITRE PREMIER

LE CHATEAU

I. — COUP D'ŒIL D'ENSEMBLE SUR SES TRANSFORMATIONS

Le Château de Versailles, qui fut, pendant plus d'un siècle, le siège et comme le symbole de la monarchie absolue, n'a pas été construit tout d'une pièce et d'après un plan immuable. La maison de chasse que Louis XIII fit bâtir fut comme l'embryon du grand château de Louis XIV, et, bien qu'il en reste peu de chose aujourd'hui, son style inspira cependant les premières constructions du « Grand Roi »; constructions modestes d'abord, mais qui ne tardèrent pas à s'étendre et à prendre un caractère de grandeur majestueuse, qui semblait plus en harmonie avec le prestige grandissant de la royauté.

Le style du premier Versailles de Louis XIV, du Versailles de 1668, c'est le style gracieux et charmant de la Renaissance française. Le Vau fut l'architecte de ce « palais de féerie » dont les façades de brique et de pierre se marient si agréablement à l'ardoise des combles aigus.

Un second « Versailles », dû au même architecte, correspond à l'enveloppement « du petit Château » par les trois façades sur les jardins. En même temps, André Le Nôtre, successeur de Jacques Boyceau, trace « les lignes générales des jardins à venir ». Ces travaux commencèrent dès 1669.

Enfin, un troisième « Versailles » est l'œuvre de Mansart. Son plan d'agrandissement et de transformation correspond à la conception de Louis XIV, qui veut faire de ce palais le centre de son pouvoir et le séjour de la Cour. De là, la construction des ailes, de la Grande-Galerie, de la Chapelle, etc... Ainsi l'on a pu dire que l'architecture de Versailles, sous Louis XIV, a suivi la marche de son règne, dans ses phases diverses : elle s'adapte d'abord à la période de sa jeunesse brillante, amie des plaisirs et des fêtes ; plus tard, avec la maturité de l'âge, les succès militaires et les conquêtes, elle revêt un caractère plus royal ; enfin, quand le siège du Gouvernement y est définitivement fixé, elle prend « l'ampleur majestueuse » qu'elle a gardée depuis.

En effet, Louis XV laissera intactes les lignes extérieures du Château, du moins du côté des jardins, mais l'évolution des idées et des mœurs se fera sentir profondément sous son règne, dans l'intérieur du Palais. L'influence du XVIIIe siècle s'y montre, tant dans l'aménagement que dans la décoration. On y crée et on y détruit. Les appartements de Louis XIV, de la famille royale et de la Cour sont modifiés ; on fait disparaître l'escalier des Ambassadeurs, la Petite-Galerie, etc...; par contre, on crée le salon d'Hercule et la salle d'opéra. Il faut bien dire que, s'il en avait eu le temps et surtout les moyens, Louis XV aurait complètement transformé la façade orientale du Château. Un nouveau projet de construction, de style gréco-romain, alors à la mode, avait été adopté, et nous en voyons un échantillon dans « l'aile de Gabriel », qui reste debout (aile septentrionale de la cour Royale).

Sous Louis XVI, le goût du changement fut arrêté net par le manque d'argent. On se borna à quelques remaniements intérieurs sans importance et à la replantation du Parc tout entier, rendue en partie nécessaire par le dépérissement d'un grand nombre d'arbres. Sur ces entrefaites survint la Révolution, qui, en détruisant la monarchie, laissa posée la grave question de l'avenir du Château. En attendant, elle le sauvait, en empêchant une autre métamorphose, qui était dans le goût du temps et qui aurait eu sans doute pour effet de faire disparaître les jardins de Louis XIV, aussi bien que « les parties les plus anciennes du Château[1] ».

Depuis 1871, le transfert du gouvernement de la France à Versailles, lors de l'insurrection de la Commune, a nécessité dans le Château des aménagements nouveaux et considérables. Le théâtre de l'Opéra, qui fut d'abord le siège de l'Assemblée nationale, a été réservé au Sénat, tandis que, dans une des cours du Midi, une vaste salle a été construite pour la Chambre et les réunions du Congrès.

« Plus tard ont commencé les importantes restaurations d'ensemble, que l'état de délabrement de certaines parties des façades et des bassins rendait indispensables et qui se sont étendues aux deux Trianons.

« Enfin, le Musée d'histoire de France, poursuivant sa réorganisation, a réclamé la création de salles nouvelles qui achèvent, à l'intérieur de Versailles, l'œuvre du XIXe siècle[2]. »

Nous avons tenu à citer ces dernières lignes, empruntées à l'ouvrage si autorisé de M. de Nolhac, *La Création de Versailles*; c'est un programme exposé par l'éminent conservateur du Château, de l'œuvre qu'il a entreprise et qu'il poursuit tous les jours avec une compétence reconnue de tous. Nous y insisterons quand nous parlerons du Musée[3].

II. — LE VERSAILLES DE LOUIS XIII

Louis XIII fonda à Versailles la première « maison royale ».

Ce prince, grand chasseur, avait pris goût à ses environs boisés, et c'est du côté de Versailles qu'il fit sa première chasse, à l'âge de six ans; c'est là qu'il venait souvent de Saint-Germain, où il résidait le plus souvent quand il n'était

---

[1] De Nolhac, *La Création de Versailles*. — « L'état intérieur du Château, tel qu'il se présente à nous aujourd'hui, n'est aucunement celui de Louis XIV; si les pièces de représentation sont pour la plupart du XVIIe siècle, tout le reste est seulement du XVIIIe. »

[2] De Nolhac, *ibid*.

[3] Nous ne séparerons pas de son nom, pour l'œuvre intelligente qui s'accomplit tous les jours au Château, celui de son distingué collaborateur, M. André Pératé.

pas au Louvre. Il voulut y avoir un rendez-vous de chasse assez commode pour y passer la nuit avec quelques amis, et il donna l'ordre de construire.

La date de 1624 est celle que des auteurs bien informés assignent à la construction du « Château de Versailles[1] », bâti sur un terrain acheté à un certain Jean Martin, officier de la maison du duc d'Orléans, héritier d'un sieur Lebrun, auditeur à la Cour des Comptes. A cette date, la construction est assez avancée pour qu'on en meuble une partie.

Jusqu'à 1632, il exista, à côté l'un de l'autre, deux châteaux de Versailles : l'un, celui que Louis XIII venait d'édifier; l'autre, le manoir de Gondi, qu'il acheta le 8 avril à l'archevêque de Paris, Jean-François de Gondi, avec la terre qui en dépendait et son annexe de la Grange-Lessart. A la même époque, il agrandissait encore son domaine en passant une série de contrats de vente ou d'échange avec différents petits propriétaires, et c'est ainsi qu'il put constituer son parc de chasse.

Le pays était tout à l'entour rempli d'étangs et de forêts. Au pied de la butte assez étroite où s'élevait le Château, s'étendait, vers le midi, le village de Versailles du Val-de-Galie, peu peuplé, rendez-vous de chasseurs et halte pour les rouliers qui conduisaient à Paris les bœufs de Normandie.

Que savons-nous de ce premier édifice? Peut-on, dans le Château actuel, trouver quelque chose des dispositions de cette époque, quelques restes de ce « petit château de cartes », comme l'appelle Saint-Simon, « qui n'était que la contenance étroite et basse autour de la cour de Marbre », de ce « chétif château », de la construction duquel, disait Bassompierre, un simple gentilhomme ne voudrait pas prendre vanité? Nous avons deux documents authentiques qui nous donnent la représentation du château de Louis XIII. Ce sont deux estampes, l'une de Gomboust, dans l'entourage de son plan de Paris (1652), qui nous montre la façade orientale du Château de Versailles, côté de l'arrivée; l'autre d'Israël Silvestre[2],

---

[1] L'architecte François Blondel (*Architecture française*, t. IV, 1756) et Jean Héroard, médecin du Roi (*Journal de l'enfance et de la jeunesse de Louis XIII*).

[2] Chalcographie du Louvre. — L'estampe de Gomboust a été reproduite dans l'ouvrage de M. de Nolhac, *La Création de Versailles*.

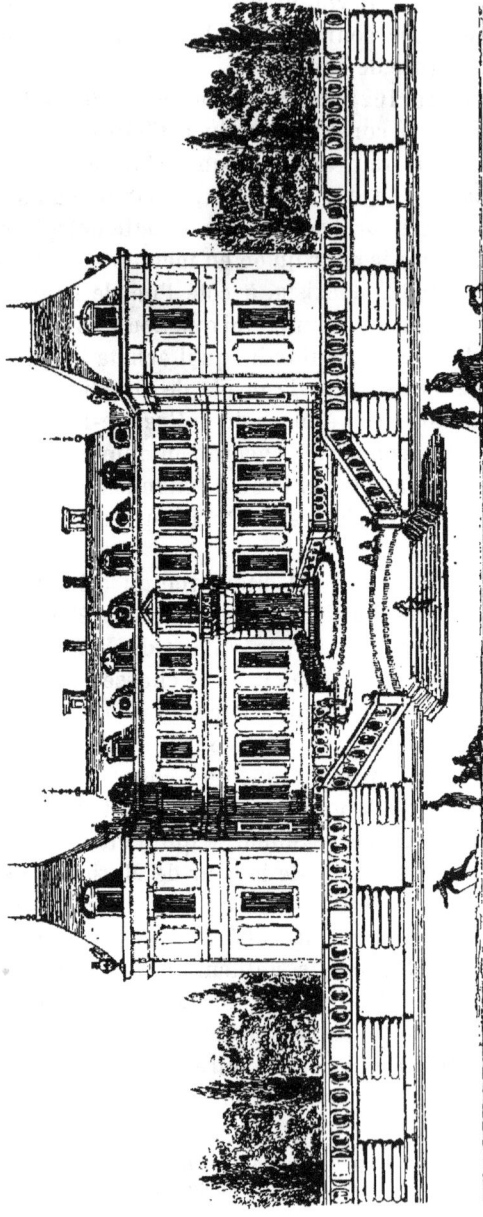

Veüe du Chasteau Royale de versaille, ou le Roy se va souvent diuertir à la chasse.
A Paris Chez. Israel au logis de Monsieur le Mercier Orfeure de la Regenne de l'orbre sit proche la Croix du Tiroir. Auc priuil. du Roy
Israel sculpsit delin. 1656

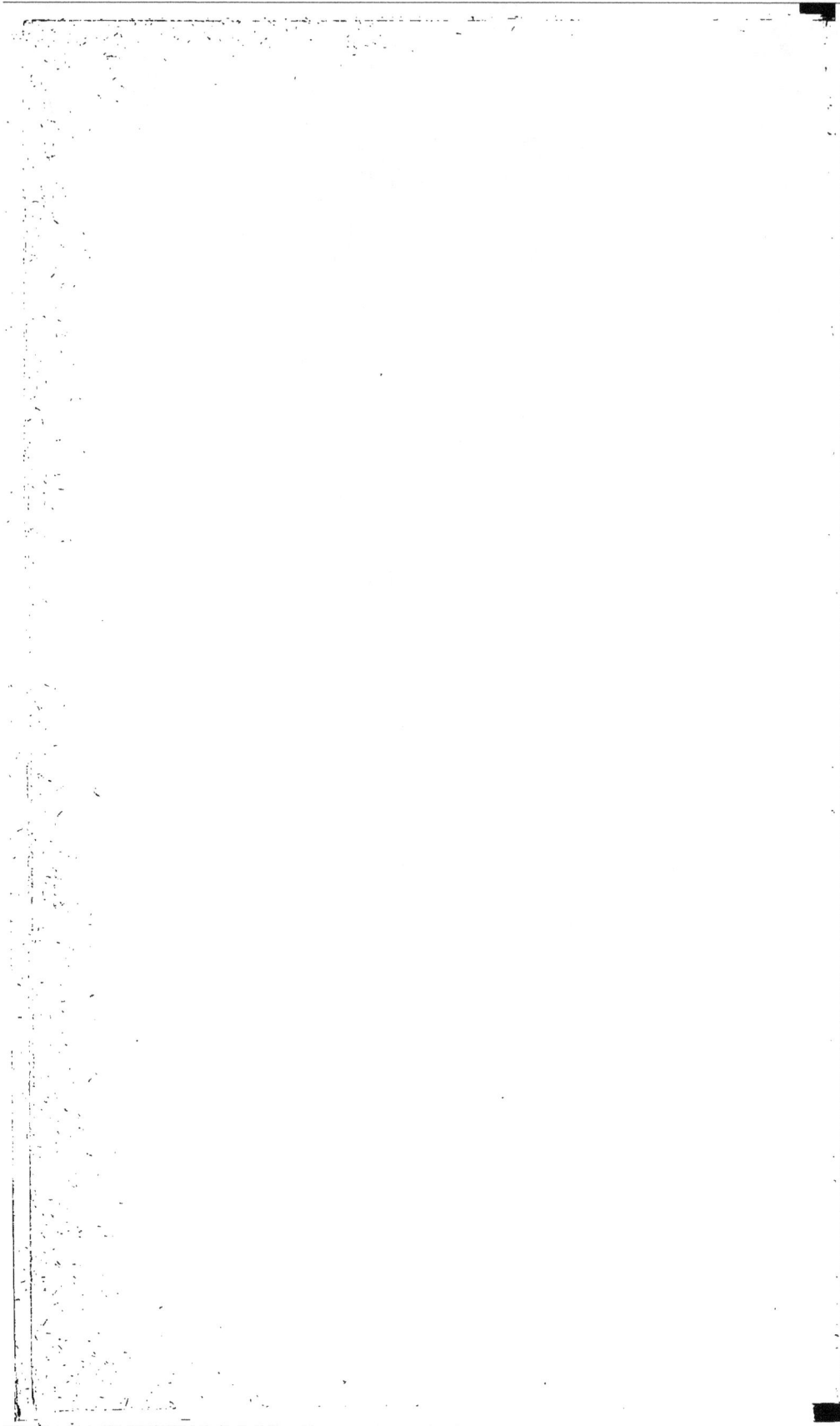

vers 1655, qui présente la façade principale du côté des jardins.

Dans l'estampe de Gomboust, on voit que cet édifice était formé d'un corps de logis à cinq ou six fenêtres, au fond d'une petite cour carrée dont deux cubes de bâtiments faisaient les côtés, et que fermait, du côté de l'arrivée, un portique à sept arcades. Aux quatre angles se trouvaient quatre petits pavillons. La construction en était toute de pierre et de brique, assez semblable à celles du temps de Henri IV. Tout autour, un large fossé à fond de cuve, apparemment peu pourvu d'eau. Sur trois côtés du jardin, il était fortifié par une fausse braye ou basse enceinte, bordée d'une balustrade et servant de terrasse de promenade. A l'est, un pont-levis jeté sur le fossé communiquait avec une cour d'entrée à peu près carrée, fermée par une grille et, sur les côtés, par deux bâtiments de communs, à l'endroit même où devait être la cour Royale de Louis XIV, grandement élargie plus tard; l'harmonie des trois couleurs, le rouge de la brique, le blanc de la pierre et le noir bleuté de l'ardoise, était très goûtée à cette époque.

Pendant longtemps, on avait attribué la construction du château de Louis XIII à Jacques Lemercier, que Richelieu devait désigner pour les travaux du Louvre. M. de Nolhac avait aussi partagé cette opinion, mais des travaux postérieurs la lui avaient fait rejeter comme ne s'étayant sur aucune preuve. Dans son important ouvrage *La Création de Versailles*, il arrivait à établir par induction que l'architecte véritable devait être Salomon de Brosse, l'auteur du palais du Luxembourg. Simple hypothèse d'ailleurs, aucun fait précis n'étant encore venu fonder une certitude.

Enfin, tout récemment, une étude qui semble être puisée à des sources sûres nous a fait connaître définitivement l'auteur de la « petite maison » de Louis XIII[1]. Son nom figure en toutes lettres dans les Comptes des bâtiments du Château, de 1631 à 1636. « C'est un architecte peu connu ou un maître maçon de la première moitié du XVIIe siècle, nommé Le Roy, dont on sait d'ailleurs peu de chose. »

[1] *Revue de Paris* (15 avril 1909). L. Battifol, *L'Origine du Château de Versailles*.

La même étude nous révèle également l'auteur du parc de Louis XIII. Ce n'est pas, comme on le croyait, Jacques Boyceau, sieur de la Barauderie, qui était en 1624 « contrôleur général des jardins de toutes les maisons de Sa Majesté », mais bien son neveu, Jacques de Menours, qui lui succéda en qualité d' « intendant général des jardins du Roi », comme le prouvent un état de vingt articles et dix quittances pour « ouvrages par lui faicts au parc de Versailles ».

Si nous sommes bien renseignés sur ce qu'était extérieurement le château de Louis XIII, nous savons peu de chose de ses dispositions intérieures. Cependant, un document tout récent, d'une authenticité indiscutable[1], a établi, d'une part, que l'appartement du Roi, au premier étage, était constitué par quatre pièces : le cabinet, la chambre, la salle et la garde-robe; d'autre part, que tout à côté de cet appartement, dont ils n'étaient séparés que par la garde-robe, se trouvaient la chambre et le cabinet de son premier gentilhomme, Claude de Saint-Simon, le père de l'historien. Venaient, plus loin, différentes pièces affectées aux seigneurs qui approchaient le Roi. Il est probable que la chambre *actuelle* de Louis XIV correspondait à la salle de Louis XIII, et que la chambre et le cabinet de ce dernier durent être entre cette salle et l'escalier à vis. Lors de la célèbre *Journée des Dupes*, où les ennemis de Richelieu, la Reine mère en tête, avaient complôté sa disgrâce, le cardinal, mandé par le Roi, le 11 novembre 1630, fut logé au rez-de-chaussée, sous sa chambre, tout près d'un escalier dérobé. Est-ce l'escalier à vis qui existe encore et débouche près de la salle de l'Œil-de-Bœuf? Quoi qu'il en soit, cet escalier, dont parle Vittorio Siri[2], donnait une communication secrète avec l'étage supérieur, non loin de la chambre du Roi. Cette pièce était occupée habituellement par le comte de Soissons[3].

Cet escalier est peut-être un témoin qui a survécu du temps

---

[1] Ce document est un cahier d'inventaire de l'intérieur et du mobilier du château royal de Versailles au moment de la Journée des Dupes. Il a été découvert et interprété avec beaucoup de sagacité par le savant archiviste de Seine-et-Oise, M. Coüard (1907).

[2] *Anecdotes du ministère du cardinal de Richelieu*, t. Ier.

[3] Le comte de Soissons, prince de la branche cadette de Bourbon, était grand-maître de France ou chef de la Maison du Roi.

de Louis XIII, et c'est à peu près tout, avec quelque pan de mur intérieur; « le mur primitif n'est reconnaissable que grâce aux plans, en un petit nombre de points du rez-de-chaussée[1] ».

Le château de Louis XIII, malgré les assertions de certains historiens contemporains, n'eut pas, à proprement parler, de dépendances. Des recherches plus récentes ont établi qu'il n'y avait, comme on l'a cru, ni orangerie, ni ménagerie, ni parc-aux-cerfs. La première orangerie a été construite sous Louis XIV, par Le Vau.

Il n'y avait pas non plus de chapelle. Le Roi se rendait à l'église paroissiale Saint-Julien, qui était toute voisine.

Il n'existait en réalité qu'un jeu de paume, comme dans toutes les maisons royales, pour le plaisir du Roi et de sa compagnie, et qu'un potager dont l'emplacement est très visible sur l'estampe de Gomboust, du côté du village. Il dépendait sans doute de l'ancienne propriété des Gondi.

Quant aux jardins, ils étaient fort peu étendus, comme nous le verrons. Leurs modestes jets d'eau étaient alimentés par une pompe que Louis XIII fit établir près de l'étang de Clagny. A cela se bornent sans doute ses travaux hydrauliques.

C'est bien là la maison de plaisance que ce prince avait voulue, « pour n'y admettre que peu de gens et n'estre point troublé dans le repos qu'il y cherchait, loin des importunités de la Cour, et afin d'estre plus libre dans l'exercice de ses chasses[2] ».

Nous avons, par le *Journal* de Héroard et la *Gazette* de Renaudot, quelques indications sur les allées et venues de Louis XIII à Versailles. Il en préférait le séjour à Saint-Germain et y résidait souvent : il y donnait, dans le parc, des chasses au loup, au renard et au cerf, car il aimait passionnément chasser et aussi *voler*, c'est-à-dire chasser au faucon. Il y était visité parfois par les Reines et Monsieur, à qui il donnait des collations. C'est à Versailles qu'il alla cacher son chagrin de voir « la demoiselle de La Fayette », l'une des

---

[1] De Nolhac, *La Création de Versailles.*
[2] Ch. Bernard (1571-1640), liv. XIV, *Histoire de Louis XIII jusqu'à la guerre déclarée contre les Espagnols.*

filles d'honneur de la Reine, qu'il aimait, prendre le voile au couvent de la Visitation. Il y offrit une collation à Mlle de Hautefort, qu'il devait aimer du même amour timide et malheureux; malade enfin, et peu de temps avant sa mort, il avait résolu d'y finir ses jours dans la retraite et la dévotion, après avoir abdiqué, dès qu'il verrait le Dauphin en état de monter à cheval et en âge de majorité.

En 1643, Louis XIII, périssant lentement des saignées trop nombreuses qui l'avaient épuisé, quitta Versailles, le 8 février, pour n'y plus revenir. Le 14 mai, il mourait à Saint-Germain, âgé seulement de quarante-deux ans.

III. — LE PREMIER CHATEAU DE LOUIS XIV

LE CHATEAU NEUF — LE VAU[1]

Après la mort de son père, Louis XIV vint à Versailles pour la première fois en 1651, avec son gouverneur, le maréchal de Villeroi, à l'occasion d'une chasse. Il avait treize ans. C'était au milieu des troubles de la Fronde, dont le souvenir devait être pour lui « une leçon plus profitable que celle qu'il reçut de ses maîtres ». L'année suivante, il quittait Saint-Germain pour se réinstaller au Louvre. Il passait ses journées à chasser, à étudier des pas de ballets et à s'amuser avec les nièces de Mazarin, non pourtant sans réfléchir, comme on le remarque en certaines circonstances, à son métier de roi et aux moyens de bien s'en acquitter. Puis, ce fut son mariage avec Marie-Thérèse, triste mariage de rois, comme on les faisait alors, car tout avait été arrangé sans que les mariés ni leurs parents se fussent vus (1660).

Marie-Thérèse, bonne, pieuse, mais « sans esprit », ne sut pas, au témoignage des contemporains, se faire aimer. Louis XIV, sensuel, prompt par nature à toutes les occasions d'amour, prêt à « courir à l'appel de toutes les sortes de

---

[1] Louis Le Vau, architecte du Roi, travailla beaucoup au Louvre et aux Tuileries; il construisit les hôtels Colbert, Lambert, le collège des Quatre-Nations, Vaux-le-Vicomte. Il mourut en 1670, âgé de cinquante-huit ans. François Dorbay, son élève, continua ses travaux.

charmes », ne tarda pas à délaisser une épouse dont l'humeur était souvent inquiète et dont la dévotion outrée refusait de lui sacrifier une oraison. Au lendemain de son mariage, noué par la politique, il montra de bonne heure que rien ne le contraindrait à renoncer aux plaisirs auxquels le poussaient ses inclinations amoureuses.

A seize ans, il eut une première passion : ce fut pour Olympe Mancini, l'une des nièces de Mazarin. L'année suivante, il en eut une plus sérieuse pour sa sœur, Marie, à laquelle le cardinal dut lui-même mettre fin, par raison d'Etat.

Mais en 1661, il s'éprit éperdument de Mlle de La Vallière, demoiselle d'honneur de la duchesse d'Orléans, qui ouvre la liste des maîtresses royales. Comme sa mère lui reprochait dans la suite le scandale qu'allait produire cette liaison ouvertement affichée, il lui répondit en pleurant « qu'il connaissait son mal; qu'il en ressentait quelquefois de la peine et de la honte ; qu'il avait fait ce qu'il avait pu pour se retenir d'offenser Dieu et pour ne se pas abandonner à ses passions, mais qu'il était contraint d'avouer qu'elles étaient plus fortes que sa raison, qu'il ne pouvait plus résister à leur violence et qu'il ne se sentait pas même le désir de le faire[1] ».

Louise de La Vallière avait alors dix-sept ans, le Roi en avait vingt-trois. « Elle n'était pas, dit Choisy, de ces beautés toutes parfaites qu'on admire souvent sans les aimer. Elle était fort aimable, et ce vers de La Fontaine :

> Et la grâce plus belle encor que la beauté,

semble avoir été fait pour elle. » Blonde, au beau teint, aux yeux bleus dont le regard était plein de charme, elle avait le maintien modeste. D'un cœur tendre et désintéressé, elle aima sincèrement, pour lui-même, sans pensée d'ambition, le Roi qui l'avait séduite, avec des retours sur sa faute qui l'attristaient, et, comme on l'a dit, avec le trouble du péché. Pour Louis XIV, cette passion amoureuse fut, comme toutes celles qui devaient suivre, plutôt sensuelle, et il pratiqua de bonne heure le précepte qu'il formulait en ces termes dans ses *Mémoires* : « Que le temps que nous donnons à notre

---

[1] Mme de Motteville, *Mémoires*.

amour ne soit jamais pris au préjudice des affaires... Il faut demeurer maître absolu de notre esprit[1]. »

Cependant, dès le début, le jeune Roi désirant abriter ses amours, pensa que Versailles serait propre à ses desseins. Il prit l'habitude d'y passer de temps en temps quelques jours comme en villégiature, et, peu à peu, il y fit des séjours plus prolongés. En 1660, l'année de son mariage, il y conduisit la reine Marie-Thérèse. D'autre part, l'ennui du Louvre, le peu de goût qu'il avait pour Paris, qui lui rappelait les tristes scènes de la Fronde, lui faisaient désirer de s'établir dans un palais où il fût plus libre de remplir sa fonction de roi comme il l'entendait.

Enfin, la réception grandiose que lui avait faite le surintendant Fouquet, le 17 août 1661, dans son splendide château de Vaux-le-Vicomte, avait offensé son orgueil. « Louis XIV vit cette maison de merveilles, la noble géométrie du parc, les jets d'eau monter en grilles le long des pelouses ou se recourber en voûtes, les dryades, les faunes et les satyres danser un ballet. Il entendit la musique de Lulli et il applaudit Molière dans les *Fâcheux*. Quand il rentra au château, les étoiles d'un feu d'artifice versèrent sur son cortège une pluie d'or. Il mangea dans des assiettes d'or. On peut bien croire que tout en regardant, souriant, remerciant, il fit un retour sur lui-même et l'indigence où il vivait. » C'était là le spectacle vivant, imprudemment étalé devant les yeux d'un prince orgueilleux et fier, déjà enivré de sa propre puissance et impatient d'être le maître absolu, des dilapidations et des malversations dont l'entretenait Colbert, son intendant des finances... « Et puis, cette grande maison, bâtie dans ce décor, cette musique élégante et douce, le rire de Molière, les eaux jaillissantes, cette splendeur et ces agréments, le Roi les rêvait pour lui. C'était le goût trouvé du grand siècle, une vision de l'avenir, Versailles entrevu[2]. »

---

[1] *Mémoires de Louis XIV*, en vue de l'instruction du Dauphin : « Il faut demeurer maître absolu de notre esprit; que nous séparions les tendresses d'amant d'avec les résolutions du souverain ; que la beauté qui fait nos plaisirs n'ait jamais la liberté de nous parler de nos affaires, ni des gens qui nous y servent, et que ce soient deux choses absolument séparées. »

[2] Lavisse, *Histoire de France*, t. VII.

Fouquet arrêté (1661), les travaux de Versailles commencèrent. Colbert attacha au service du Roi les artistes du surintendant, et de la ruine de Vaux naquirent des splendeurs parallèles et plus belles. « Pleurez, nymphes de Vaux », s'écrie La Fontaine, qui bientôt chantera, dans la prose et les vers mélodieux de *Psyché*, les embellissements du nouveau Versailles[1]. »

Sur les premiers travaux, les renseignements pourraient être plus précis. A l'intérieur, Noël Coypel peignit le plafond du petit salon ; les bâtiments de l'avant-cour de Louis XIII, trouvés trop petits, furent détruits : on construisit une avant-cour plus large, avec deux longs corps de logis terminés par des pavillons, destinés à droite à des écuries. L'avant-cour s'avançait en demi-lune du côté de l'arrivée, avec deux petits pavillons à l'entrée, unis par une grille.

En même temps, du côté du Parc, de grands travaux, l'Orangerie entre autres, étaient entrepris, et la décoration sculpturale des jardins marchait de pair avec les constructions.

Louis XIV, qui avait examiné minutieusement et approuvé tous les plans, ne cessa pas de veiller à leur exécution et de la presser ; il lui tardait de réaliser ses grands desseins : réunir la Cour à Versailles et y donner des fêtes splendides, plus belles que celles de Vaux, données par un ministre infidèle, et dont le souvenir le hantait. Grâce aux rapports de l'agent Petit à Colbert, on est bien renseigné sur la marche de ces travaux. Colbert, qui, avec les finances et la marine, avait été chargé de la surintendance des bâtiments, donna l'argent nécessaire pour ces embellissements, et plus de 500,000 écus y furent employés en deux ans. Ce ne fut pas toutefois sans contre-cœur. Pour lui, l'achèvement du Louvre devait contribuer beaucoup plus à la gloire du Roi. En 1664, il écrivit à Louis XIV :

Je supplie Votre Majesté de lui dire sur ce sujet deux mots de réflexion que je fais souvent et qu'elle pardonnera, s'il lui plaît, à mon zèle. Cette maison regarde bien davantage le plaisir et le divertissement de Votre Majesté que sa gloire... Il est bien juste

---

[1] A. Pératé, *Versailles*.

qu'après une si grande et si forte application qu'elle donne aux
affaires de son Etat avec l'admiration de tout le monde, elle donne
quelque chose à ses plaisirs et à ses divertissements, mais il faut
bien prendre garde qu'ils ne préjudicient à sa gloire... Si elle
veut faire réflexion que l'on verra à jamais dans les comptes des
trésoriers de ses bâtiments que, pendant le temps qu'elle a dé-
pensé de si grandes sommes en cette maison, elle a négligé le
Louvre, qui est assurément le plus superbe palais qu'il y ait au
monde et le plus digne de la grandeur de Votre Majesté... Votre
Majesté sait qu'au défaut des actions éclatantes de la guerre,
rien ne marque davantage la grandeur de l'esprit des princes que
les bâtiments; et toute la postérité les mesure à l'aune de ces
superbes maisons qu'ils ont élevées pendant leur vie. Ah! quelle
pitié que le plus grand Roi et le plus vertueux, de la véritable
vertu qui fait les grands princes, fût mesuré à l'aune de Versailles! Et toutefois, il y a lieu de craindre ce malheur!

Louis XIV laissa Colbert achever le Louvre, dont les travaux furent activement repris et pour lesquels fut mandé
d'Italie l'architecte le plus réputé du monde, le cavalier
Bernin (dont les plans, d'ailleurs, n'eurent pas de succès);
mais il n'entendait pas que ceux de Versailles fussent ralentis,
et Le Vau, son premier architecte, fit diligence pour modifier
l'aspect du bâtiment, tout en le laissant debout, suivant sa
volonté impérieuse. A l'extérieur, un balcon décoré d'une
balustrade en fer doré faisait le tour du Château en suivant
un portique en pierre, composé de sept arcades ornées de
grilles de fer doré qui fermaient la cour de Marbre. Les toits
furent refaits en partie; les lucarnes de Louis XIII firent
place partout à des mansardes; en 1663, les façades de la
cour reçurent deux rangs de bustes de marbre d'empereurs
romains, posés sur des consoles, qui existent encore[1].

Le pont-levis fut remplacé par un perron de maçonnerie, et
l'avant-cour, bordée par les cuisines et les écuries, fut fermée
par une grille s'étendant entre deux pavillons ornés de trophées. Elle était elle-même précédée d'un terre-plein circulaire dont la muraille de brique à balustrade de pierre s'in-
clinait doucement vers le sol[2].

En même temps, du côté droit, s'élevait le bâtiment destiné

[1] Voir, dans Marcel Lambert et Philippe Gille, *Versailles et les deux
Trianons*, les planches d'architecture. (Mame, éditeur.)

[2] A. Pératé, *Versailles.*

à une grotte et aux réservoirs pour les futurs jeux d'eau. Il faut noter aussi que les premières habitations que le Roi offrait aux seigneurs étaient l'amorce d'une ville nouvelle dont le développement était certain.

En somme, le premier Versailles de Le Vau, tel qu'on le voit dans le précieux tableau de Patel, de 1667, bâti de pierre et de brique, était un type gracieux de la Renaissance française, une œuvre pleine d'élégance et de grâce alerte, un vrai château de féerie, comme en témoignent les contemporains.

A travers la fiction romanesque de sa *Promenade à Versailles*, Mlle de Scudéry nous donne une description très exacte du Château neuf. Ce sont, premièrement, les abords, aux toits dorés, de « la petite maison du plus grand roi de la terre », ces « petits hôtels de campagne, qui sont bâtis proches du Palais pour la commodité des grands de la Cour et aux inscriptions qui les font connaître », cette place en demi-lune dont les pointes de la balustrade « finissent par deux obélisques portant la devise du Roi (le Soleil) à toutes les trois faces ». Voici l'avant-cour, « d'une belle grandeur, d'une forme agréable, avec les deux ailes de bâtiments qui la ferment à droite et à gauche, et dont la noble simplicité sert à faire paraître l'aspect du Palais plus magnifique et plus riant... ». Ensuite, au fond de l'avant-cour, ces fossés « revêtus de balustrades des deux côtés, et qui ont une vue champêtre à droite et à gauche ».

La voilà en face de ces grandes arcades à jour « où l'or et le vert font si bien, mêlés ensemble. Divers rangs de bustes ornent la façade du bâtiment et les deux ailes aussi, dont un magnifique corridor à balustres dorés fait la communication et règne ensuite tout alentour du Palais, pour le rendre non seulement plus beau, mais aussi plus commode[1] ». Elle ne manque pas de signaler le ciel ouvert à travers le vestibule, et la belle vue qui s'étend aussi loin que les regards peuvent aller. Ce vestibule « est entièrement peint et doré, ayant plusieurs chandeliers de cristal pour l'éclairer la nuit »... « il sert à plusieurs choses : c'est un passage pour entrer dans les

---

[1] Le meilleur commentaire de cette description est le tableau de Patel (1667), salle 34 du Château, dont nous donnons une reproduction, page 55, et les estampes de Pérelle et d'Israël Silvestre (1664 et 1674).

jardins... un lieu très commode pour la comédie. Le théâtre
est dans l'un des enfoncements, et les violons de l'autre. Sans
embarrasser l'assemblée, on y donne même le bal; et quand
on veut, en fermant ces deux enfoncements avec un lambris
qui se met et s'ôte facilement, ce sont deux agréables chambres sans vestibule ». C'est dans ce vestibule[1] que Molière
joua presque tout son répertoire (sauf la *Princesse d'Elide* et
Georges Dandin, joués dans les jardins), à commencer par
l'*Impromptu de Versailles*, en 1663; en 1664, ce furent les
trois premiers actes de *Tartufe*.

Après le rez-de-chaussée, Mlle de Scudéry nous conduit au
premier étage par l'escalier de l'aile droite. « Les marches en
sont d'un marbre jaspé, le rampant est de bronze doré d'un
fort beau travail, tous les côtés sont peints en bassetailles
dorées..... il y en a un tout pareil à l'aile opposée, dont le
dôme semble être à ciel ouvert. » Nous voici dans l'appartement du Dauphin « qui est en haut, sur l'appartement bas
du Roi », dans l'aile gauche de la cour. « On voit de cet
appartement un grand jardin de fleurs, fermé d'une balustrade dorée, un rondeau au milieu, avec une vue champêtre
au delà, ornée d'un temple rustique. Et comme il y a certaines
fleurs qu'on appelle des immortelles, parce qu'elles ne passent
point, je pense qu'on pourrait appeler ce jardin d'un nom
approchant de celui-là, car on y voit des fleurs en toutes les
saisons, qui succèdent les unes aux autres. On a de ce lieu-là,
du côté de la cour, une vue sauvage et simple qui ne laisse
pas de plaire. »

Viennent ensuite, au centre du Château, les appartements
de la Reine, dont les diverses pièces ont toutes des plafonds
fort beaux et fort différents. On admire l'ameublement « de
point d'Espagne d'or, d'argent et de fleurs nuées sur un
fond blanc », puis les très beaux ornements du grand salon,
« avec quantités de chandeliers très magnifiques et des brasiers de même. Les peintures du dôme sont très belles et les
tableaux maritimes des diverses faces sont fort agréables ».
Mais ce qui est plus admirable encore, c'est la beauté de la
vue qu'on a sur les jardins, du balcon du corridor. « En effet,
on voit de ce lieu-là, devant soi, plusieurs grands parterres,

---

[1] Vestibule 30 du Château actuel et partie des salles 30 et 32.

avec des rondeaux et des jets, et au delà de ces parterres, de
ces jets et de ces gerbes d'eau, un canal de quatre cents
toises de long et de seize de large qui, malgré la situation du
lieu et malgré la nature, s'enfonce en droite ligne vers le
haut d'un tertre; et l'on aperçoit, à la gauche et à la droite,
des bois qui s'abaissent, comme ne voulant pas ôter la vue du
lointain qui est au delà. »

Mlle de Scudéry décrit ensuite la chambre aux miroirs, la
chambre aux filigranes et le cabinet des cristaux ; elle admire
les portraits, celui de la Reine et ceux d'un grand nombre
de dames « placés et dans ce cabinet, et dans les autres
appartements du Palais » ; puis elle passe dans les jardins,
qu'elle décrit longuement, et surtout la fameuse grotte de
Thétis, qui fut visitée à la même époque par La Fontaine et
ses amis. Nous y reviendrons plus loin[1].

IV. — LES TRANSFORMATIONS DU CHATEAU NEUF
L'ENVELOPPE DE LE VAU

A peine les fêtes brillantes de 1668 avaient-elles révélé,
aux yeux étonnés, les splendeurs du « Château neuf », que
Louis XIV, nous apprend Charles Perrault, résolut de l'agrandir « pour y pouvoir loger commodément avec son Conseil
pendant un séjour de quelques jours. On commença par quelques bâtiments qui, étant à moitié, ne plurent pas et furent
aussitôt abattus. On construisit encore les trois grands corps
de logis qui entourent le petit Château et qui ont leurs faces
tournées vers les jardins; ils sont du dessin de M. Le Vau ».

De simple lieu de divertissement, Versailles allait devenir
résidence royale. Le traité d'Aix-la-Chapelle, qui assurait la
conquête de la Flandre, venait de donner à la royauté une
grandeur nouvelle dont l'éclat resplendissait heureusement
sur le trône. Du moment que le Louvre, en plein cœur de
Paris, ne plaisait pas, il fallait à cette jeune royauté, dont les
desseins s'annonçaient brillants et impérieux, un théâtre
plus en vue, bien qu'isolé de la foule, une résidence où pût

---

[1] Voir *Les Jardins*, chap. XIV.

évoluer autour du maître souverain la foule des courtisans et des nobles qu'il voulait avoir auprès de lui. Louis XIV pensait avec Colbert que rien ne marque davantage la grandeur et l'esprit des princes que les bâtiments, « si ce n'est les actions éclatantes de la guerre »; et ce furent là, en effet, ses deux passions. Dans l'intervalle de ses conquêtes, il allait s'occuper à *bâtir*, en 1668, après Aix-la-Chapelle, en 1678, après Nimègue, et aussi durant la dernière période de son règne, si nous songeons que la chapelle du Château ne fut terminée qu'en 1710.

Les plans furent longuement discutés. Colbert aurait voulu démolir le vieux Château, bâtir à neuf « pour ne pas faire de la rapetasserie », édifier une construction élevée qui paraîtrait de loin, au lieu d'étendre sur un terrain beaucoup trop limité celle qui existait. En effet, la pente commençait brusquement devant l'ancien Château et presque autant du côté de l'Orangerie, que Le Vau avait construite tout auprès. Comment faire une grande maison dans ce petit espace? « Le terrain est serré, disait Colbert, non seulement par les parterres, mais encore par le village, l'église, l'étang..... » La grande inclinaison des parterres et des avenues ne permettait pas de s'étendre ni d'occuper plus de terrain « sans renverser tout et sans faire une dépense prodigieuse », qu'il valait mieux, selon lui, réserver pour le Louvre.

Soit attachement filial, soit plutôt, comme on l'a pensé, pour conserver un souvenir visible de ses plaisirs de jeunesse, Louis XIV, un moment hésitant, fit connaître sa volonté de conserver « le petit Château », et Colbert dut céder. Les architectes les plus qualifiés furent invités à présenter des plans. Ce fut une sorte de concours auquel prirent part Jacques Gabriel, Antoine Lepautre, Claude Perrault, Vigarani et Louis Le Vau. Le plan de ce dernier, après quelques critiques de Colbert, finit par être adopté. Le Roi, avec un sens très précis des détails, avait réglé la distribution des espaces à couvrir et des chambres à créer. La tâche était difficile, car il s'agissait d'envelopper le petit Château de trois corps de bâtiments et de souder ensemble deux constructions de style différent, tout en leur laissant leur caractère propre. Il fallut cependant résoudre ce problème, car devant une nouvelle tentative pour que le bâtiment d'ancien style fût abattu, sous

prétexte qu'une partie menaçait ruine, Louis XIV avait
répondu « qu'on pouvait l'abattre tout entier, mais qu'il le
ferait rebâtir tel qu'il était et sans y rien changer ».

Les travaux commencèrent dès l'automne de 1668. Colbert
voyant le Roi inébranlable, s'y dévoua avec l'activité la plus
entendue. Il est tenu exactement au courant par ses agents
Petit et Lefèvre, et, semaine par semaine, informe le Roi,
en voyage ou en campagne, et lui adresse rapports sur
rapports.

Le Vau s'efforça de juxtaposer deux harmonies distinctes :
la vieille architecture du petit Château et l'architecture nouvelle de l'*enveloppe*. Le petit Château fut, du côté de l'arrivée,
considérablement modifié; les fossés furent comblés, les
arcades de la cour détruites; les ailes furent reliées, par de
nouveaux bâtiments en pierre et en brique, à ceux des cuisines et des écuries, et ainsi fut formée une nouvelle cour,
terminée par une grille circulaire.

L'avant-cour, rejetée en avant, est considérablement
agrandie et prend les dimensions qu'elle gardera définitivement, grâce à un énorme travail de terrassement. Les angles
en sont occupés par quatre grands pavillons que Mansart
reliera deux à deux pour constituer les ailes dites des Ministres.

Du côté des jardins, Le Vau avait tout à créer. Si, dans
l'œuvre du Château neuf, il dut sacrifier à l'ancien goût et
compter avec le souvenir de son prédécesseur, il allait, pour
construire l'enveloppe, prendre modèle en Italie, non plus
dans l'art florentin dont le palais du Luxembourg avait été
jadis un souvenir, mais dans l'art proprement romain, renou-
velé de Vitruve par les Vignole, les Scamozzi et les Palladio[1].
C'est dans cette pensée que tout art vient d'Italie et surtout
de Rome, que l'Académie de France venait d'être fondée dans
la Ville éternelle, pour que nos artistes pussent y prendre des
leçons dans toutes les branches de l'art. Cette architecture
romaine, classique, devait plaire par-dessus tout à un roi
pour qui la pompe et la solennité convenaient à la majesté
qu'il voulait imprimer à toutes choses.

[1] Tous les trois artistes italiens de la Renaissance. Vignole (1507-1573)
succéda à Michel-Ange comme architecte de Saint-Pierre. Palladio
(1518-1580) fit un célèbre *Traité d'architecture* en quatre livres.

Ce style nouveau va se manifester pleinement [dans le bâtiment de Le Vau, dans les annexes de Mansart et dans les travaux du Parc, sous la direction de Le Nôtre. Saint-Simon disait de cette construction à l'italienne : « On croit voir un palais qui a été brûlé, où le dernier étage manque encore. » Pour spirituelle que fût cette critique, cette façade n'en a pas moins grand air, avec ses bossages du rez-de-chaussée, ses pilastres et ses colonnades de l'étage, son attique à fenêtres carrées, surmonté d'une balustrade ornée de trophées. Cette monotonie de longues murailles rectilignes emporte avec elle un caractère de grandeur qui s'impose ; cette architecture, toute de combinaison mathématique et de symétrie, s'harmonisait admirablement avec les grandes lignes du parterre d'Eau, dont la terrasse monumentale domine les jardins, les bosquets du Parc, le Grand-Canal et l'horizon indéfini.

Au milieu de son « enveloppe », Le Vau ménagea une longue terrasse entre deux larges pavillons, à l'endroit où Mansart élèvera la galerie des Glaces en 1679. Ce fut là une idée heureuse ; ce recul de façade était comme « un balcon gigantesque d'où le Roi et sa Cour pouvaient admirer le jeu des eaux et du soleil dans le cadre des arbres et des fleurs[1] ». Il y avait, au milieu, un bassin de marbre blanc d'où s'élevait un jet d'eau.

A l'intérieur, l'ancien bâtiment conserva sa position isolée, grâce à de grandes cours intérieures, et les chambres du Roi continuèrent à donner sur la *cour de Marbre* ou *de la Fontaine*, à cause d'une fontaine de marbre blanc à figures de bronze doré, que dominait le balcon royal avec ses huit colonnes.

Au-dessus du vestibule central du rez-de-chaussée, fermé par trois portes de fer doré, un salon communiquait avec la grande terrasse ayant vue sur le parterre d'Eau. Là, vers la fin du règne, sera installée la chambre de Louis XIV. De chaque côté étaient les grands appartements : à droite, ceux du Roi ; à gauche, ceux de la Reine, qui occupent dès ce temps leur place définitive. Ils étaient desservis, les uns et les autres, par un escalier respectif. Celui de la Reine n'aura toute son ampleur que plus tard ; il est maintenant rétréci par

[1] A. Pératé, *Versailles*.

le voisinage de la Chapelle, placée d'abord sur la gauche et dans l'intérieur du Château. Quant au grand escalier du Roi, appelé encore *Grand Escalier* ou *escalier des Ambassadeurs*, il est commencé en 1672 et sera fini en 1678[1].

Au rez-de-chaussée, et juste au-dessous, étaient les petits appartements du Roi et de la Reine, le premier étant désigné plus spécialement sous le nom d'appartement des *Bains*.

Et ce fut partout une profusion de marbres en escaliers, en dallages, en lambris, extraits de toutes les carrières de France, variés de couleurs; les parquets furent aussi de cette matière rare jusqu'en 1684, où Louis XIV les fit enlever. Les lambris eux-mêmes ont aujourd'hui disparu, en dehors des grands salons d'apparat, des antichambres et des escaliers.

Ainsi, les proportions du Château se trouvèrent accrues, comme le Roi le désirait, dès 1671, époque où le travail de grosse maçonnerie est fini. Le Vau avait mis tout son grand art à créer, ou plutôt à juxtaposer deux harmonies distinctes; mais il ne put voir la fin de son œuvre, car il mourut en 1670. Elle fut continuée par son élève, François Dorbay, en attendant Mansart qui devait la compléter.

Parallèlement, les sculpteurs firent les décorations qui avaient été préalablement arrêtées par le Roi; du côté du jardin, ce furent des trophées posés le long de la balustrade en bordure des toits plats, des statues hautes de deux mètres et demi au-dessus des balcons[2]. Du côté de la cour, les communs furent ornés de figures d'éléments; on disposa une fontaine de marbre blanc avec un groupe de figures en bronze doré, et dans les angles, deux trompes de pierre de taille portant deux cabinets environnés de volières de fer forgé et doré, au-dessous desquelles des tritons jetaient de l'eau.

A l'intérieur, une légion d'artistes, peintres, sculpteurs, ornemanistes, ciseleurs, etc., travailla sous la direction de Le Brun, nommé ordonnateur de toutes les décorations de Versailles. Nous entrerons dans quelques développements

[1] Détruit sous Louis XV, il ne nous est plus connu que par la série des gravures de Surugue.

[2] Œuvres des sculpteurs Houzeau, Le Gros, Marsy, Le Hongre et Masson.

dans un chapitre spécial sur cette œuvre colossale, pour laquelle l'artiste fut le fidèle ministre des volontés du Roi. Celui-ci ne cessa pas un seul instant de s'intéresser à sa maison. Pendant la guerre de Hollande, Colbert lui adressait à l'armée des rapports hebdomadaires, et, lui, répondait en les renvoyant avec des notes marginales. Quand il rentrait à Versailles, ce lui était une vraie joie de faire les honneurs du Château et des jardins, et de servir de guide à ses hôtes. Il écrivit même de sa main une intéressante « manière de se promener dans les jardins[1] ».

V. — L'AGRANDISSEMENT DU CHATEAU — L'ŒUVRE DE MANSART

Avec un grand bâtisseur comme Louis XIV, l'œuvre de construction ne pouvait être interrompue, et une troisième phase allait commencer avec Mansart. Elle correspondait à la volonté bien arrêtée du Roi, après le glorieux traité de Nimègue, de fixer à Versailles le siège du Gouvernement et de la Cour.

Dans cette pensée, il décida de nouveaux travaux, grâce auxquels allait être édifié, au moins sous l'aspect extérieur, le palais que nous voyons aujourd'hui.

Jules Hardouin-Mansart, élève de Libéral Bruant, était petit-neveu du célèbre François Mansart. Connu de Colbert, protégé par Mme de Montespan, pour qui il avait bâti le charmant château de Clagny, il fut nommé premier architecte du Roi et dirigea les travaux dès 1676. « C'était un grand homme, bien fait, dit Saint-Simon, d'un visage agréable, et de la lie du peuple, mais de beaucoup d'esprit naturel, tout tourné à l'adresse et à plaire... » Mais comment ne pas plaire, et même ruser pour faire aboutir des projets, avec un monarque qui voulait avoir tout conçu et deviné, et mettre partout sa marque personnelle. Un plan ne lui agrée que s'il l'a modifié sur quelque point ou choisi, entre divers autres, contre l'avis de ses conseillers. Quand il s'agit de bâtir l'aile gauche du

---

[1] Règlement autographe du Roi pour la visite des Jardins de Versailles. (Voir *Revue de l'Histoire de Versailles*, année 1898.)

Louvre, Colbert, après avoir sollicité des plans d'un grand nombre d'architectes, en avait choisi deux, celui de Le Vau et celui de Perrault. Il préférait le second ; ce fut une raison pour qu'il vantât au Roi le premier. « Et moi, je choisis l'autre, qui me paraît plus beau et plus majestueux », répondit Louis XIV. Saint-Simon ne néglige pas de mettre en relief ce trait bien saillant de son caractère, un orgueil intraitable ; il fallait que ses ministres fissent « venir comme de lui ce qu'ils voulaient eux-mêmes ». Pour Mansart, « son adresse était d'engager le Roi, par des riens en apparence, en des entreprises fortes ou longues, et de lui montrer des plans imparfaits, surtout pour ses jardins, qui tout seuls lui missent le doigt sur la lettre. Alors Mansart s'écriait qu'il n'aurait jamais trouvé ce que le Roi proposait ; il éclatait en admiration, protestait qu'auprès de lui il n'était qu'un écolier, et le faisait tomber de la sorte où il voulait, sans que le Roi s'en doutât le moins du monde ».

C'est ainsi que Mansart, bon courtisan, mais architecte de grand talent, sut aller très avant dans la faveur du Roi et eut les mains libres pour construire. Anobli en 1683, nommé intendant des bâtiments en 1684, inspecteur général en 1691, il obtint en 1699 la surintendance des bâtiments, en remplacement de M. de Villacerf, tout en restant premier architecte. Il fut secondé par son beau-frère et son élève, Robert de Cotte, qui le remplaça comme premier architecte en 1708.

Mansart, chargé de transformer la résidence de Versailles en résidence définitive de la royauté, se mit à l'œuvre avec une ardeur que d'ailleurs Louis XIV et Colbert ne cessaient de tenir en haleine. Colbert s'était résigné à voir Versailles préféré au Louvre, et il apporta à la surveillance des travaux le même zèle éclairé et la même énergique activité qu'il mettait à tout ce qui s'accomplissait dans les divers services de son administration. Le Roi les suit toujours avec passion, absent ou présent. Le nombre des ouvriers ou paysans corvéables employés est très considérable. « Par le calcul que l'on a fait, dit Dangeau, de tous les gens qui travaillent présentement ici ou aux environs pour Versailles, on trouve qu'il y en avait plus de 36,000 travaillant actuellement[1]. »

[1] 31 mai 1685.

Cette immense foule, occupée par un hiver rigoureux à
remuer de vastes espaces de terres marécageuses, occasionna des fièvres qui n'épargnèrent pas le Roi. Mme de Sévigné parle de « la mortalité prodigieuse des ouvriers, dont on
emporte toutes les nuits des charrettes pleines de morts[1] ».

Du côté de la cour de Marbre, Mansart releva la façade de
l'ancien Château d'un étage à trois fenêtres, que domine un
cadran d'horloge, accostées de deux figures couchées, Mars et
Hercule. Il orna ses croisées d'un balcon en fer ciselé et doré,
forgé par Delobel; il encadra les mansardes de plombs dorés;
il couronna les combles d'une crête portant les attributs
royaux. Sur les balustrades des combles, de jeunes déesses
sont assises; au centre, une *Renommée* de Le Comte et une
Victoire de Lespingola; sur les côtés, les *quatre Parties du
Monde*, et, plus loin, une série de statues allégoriques, un
peu italiennes d'inspiration, mais qui s'harmonisaient d'une
manière heureuse avec les « gracieux murs de brique, où les
quatre-vingt-quatre bustes de marbre, imités de l'antique, se
figent sur leurs immuables piédestaux[2] ».

La cour de Marbre perdit ses volières et sa fontaine. Par
suite de réparations maladroites faites sous Louis-Philippe,
elle devait voir son niveau abaissé, mais elle n'a pas changé
autrement d'aspect.

En 1680, les bâtiments de la cour Royale furent complétés.
Les pavillons de Le Vau furent reliés deux à deux, et ainsi
furent formées les ailes des Ministres. Les toits, surélevés
d'un étage, présentaient une balustrade ornée de vases; les
bâtiments étaient terminés par un élégant pavillon dont la
façade, ornée de six colonnes, supportait une balustrade
ornée de statues[3].

En face de la cour, tout au fond, sur une bordure en demi-
cercle, Mansart construisit les Grandes et Petites-Ecuries,
entre les trois avenues, plantées d'une quadruple rangée
d'ormes et qui venaient aboutir en éventail à la place Royale

[1] Lettre du 12 octobre 1698.
[2] A. Pératé, *Versailles*.
[3] Voir l'estampe d'Israël Silvestre (1682). Chalcographie du Louvre.

(la place d'Armes actuelle), qui séparait les Ecuries du Château.

Au couchant, sur les jardins, Mansart entreprit des travaux beaucoup plus importants. Dès 1678, il élargit et unifia la façade de Le Vau, en supprimant la terrasse centrale; ainsi fut créée la Grande-Galerie (la galerie des Glaces), achevée seulement en 1684. Le nouveau mur de façade fut percé de fenêtres cintrées à l'étage noble, et ce caractère fut conservé à toutes les ouvertures des deux grandes ailes qu'il construisit pour répondre aux desseins du Roi, qui voulait loger sa Cour. « Au sommet de ces fenêtres, les couronnes royales alternent avec les casques, et de chaque côté du cintre, les trophées d'armes et les rameaux de chêne ou de laurier, mêlés de fleurs, sont sculptés en un faible relief qui soutient, sans l'altérer, la pureté des lignes d'architecture[1]. »

Les deux ailes du Château, construites successivement, étaient destinées au logement des princes et de quelques grands seigneurs de marque.

L'aile du Midi date de 1682; celle du Nord, de 1684. Elles étaient composées d'une suite d'appartements sur les jardins, une centaine environ, avec une galerie parallèle servant de dégagement. Pour établir l'aile du Nord, on détruisit sans pitié la merveilleuse grotte de Thétis, et les réservoirs de Louis XIII furent reportés plus au nord.

Avec ses deux ailes, le Château avait une étendue de 580 mètres de façade sur le jardin et trois cent soixante-quinze fenêtres. Cet immense déploiement de pierre de style néo-classique, et qui, vu de loin, peut paraître un peu nu, en impose aux regards par la majesté de ses lignes symétriques et, de près, la monotonie en est rompue par ces avant-corps placés à des distances régulières avec leurs colonnes ioniques, et dont les entablements sont surmontés d'une centaine de statues en pierre. Le dessus du second étage (attique à fenêtres carrées) reçut une balustrade en pierre avec, de distance en distance, des piédestaux supportant des trophées et des vases qui, enlevés sous le premier Empire, ont été récemment replacés. Il y a là un caractère de grandeur incontestable, bien en harmonie

[1] A. Pératé, *Versailles*.

avec la majesté du Roi-Soleil et avec sa politique de droit
divin. On pense à « ces superbes machines » dont parle
Colbert, qui doivent témoigner devant la postérité de « la
grandeur et de l'esprit des princes ».

A l'intérieur du Château, l'œuvre de Mansart fut aussi des
plus marquantes. En 1681, il aménagea l'*escalier de la Reine*[1],
sur l'emplacement de la Chapelle, qui fut reportée sur la
droite du Château, près du *salon de l'Abondance*, disposé
pour donner accès, d'un côté, sur les tribunes, de l'autre, au
cabinet des Curiosités. La décoration de cet escalier à rampe
unique est toute de marbre de Dinant et de campan vert.
La muraille et le vestibule sont aussi tout lambrissés de
marbre. D'abord un peu sombre, Mansart le mit en pleine
lumière par l'heureuse création d'une loggia à balustrades
très gracieuse qui s'éclaire sur la grande cour. En même
temps, était achevé le *Grand-Degré* ou *escalier du Roi*, dit
aussi *escalier des Ambassadeurs*[2], chef-d'œuvre de Le Vau
et de Dorbay, commencé dès 1671, sur lequel nous nous
étendrons plus longuement.

Quand Mansart fit la *Grande-Galerie*, il reporta les appartements du Roi de la façade nord du château de Le Vau dans
la façade centrale, dont la pièce du milieu devint sa chambre
à coucher en 1701. C'est celle qu'on montre aujourd'hui sous
ce nom. Alors, la salle de l'OEil-de-Bœuf[3] comprenait deux
pièces, l'une lui servant de chambre à coucher, et l'autre,
le salon des Bassan[4] (du nom du peintre vénitien qui s'y trouvait représenté), fut transformée en une seule pièce qui devint
l'antichambre de la nouvelle chambre à coucher. Ce furent
là les nouveaux appartements du Roi, en y comprenant, à
partir du vestibule de marbre, séparée par la loggia de l'escalier de la Reine, une grande salle des gardes, nue et à voûte

---

[1] Cet escalier avait été élevé en 1671.

[2] Ainsi appelé parce qu'il était particulièrement destiné aux ambassadeurs des Cours étrangères lorsqu'ils allaient en cérémonie recevoir
audience du Roi.

[3] L'*OEil-de-Bœuf* n'a pris ce nom que sous Louis XV. On l'appelait
l'*antichambre du Roi* et quelquefois le *salon des Nobles*.

[4] Les Bassan, surnom d'une famille de peintres italiens dont le plus
célèbre est Jacques Bassan (Jacopo da Ponta), né et mort à Bassano
(1510-1592).

arrondie, une antichambre servant de salle à manger, et, du côté opposé, le cabinet du Conseil et le cabinet des Perruques ou des Termes, que Louis XV transformera en une seule salle, mais en changeant le style. Nous laissons de côté les autres pièces, qui deviennent des salles d'apparat. Nous en reparlerons plus loin.

Les appartements de la Reine commençaient à droite de l'escalier du même nom. Ils comprirent une salle des gardes, une antichambre, un salon ou grand cabinet et une chambre à coucher.

Enfin, l'œuvre importante de Mansart[1], avec la construction des ailes, fut l'édification d'une chapelle définitive, entre le Château et la grotte de Thétis. Elle fut achevée en 1710 par son successeur, Robert de Cotte.

Beaucoup de recherches ont été faites sur les dépenses de Versailles et de ses dépendances.

Le mémoire de Marinier, commis de Mansart, surintendant des bâtiments, a été jusqu'à nos jours le principal document; il a été rédigé d'après les *Comptes des Bâtiments*.

En 1838, Eckard, qui avait fait de sérieuses recherches, donnait un total de 116,438,892 livres pour les dépenses jusqu'en 1690, y compris les dépenses postérieures de la Chapelle, soit environ 500 millions de francs de nos jours.

Dussieux annonçait déjà dans son ouvrage (1881) l'importante publication de M. Jules Guiffrey qui a paru récemment et réglé d'une manière définitive l'état complet des dépenses pour l'époque de Louis XIV :

Versailles et Trianon	65.651.257 liv.	18 s.	3 d.
Marly.	11.686.969	5	5
Clagny.	1.986.209	9	7
Machine de Marly	4.611.918	18	5
Rivière d'Eure et aqueduc de Maintenon.	8.983.627	12	9
Total.	92.919.983 liv.	6 s.	5 d.

[1] Mansart rebâtit en 1687 le *Trianon de Porcelaine*. Il construisit le château de *Clagny* (1676-85), *Marly* (1679), le *Grand-Commun* (1676-83), la *Nouvelle Orangerie* (1684-87). Nous insisterons plus loin sur ces constructions.

CHAPITRE II

L'ESTHÉTIQUE DE VERSAILLES

———

I. — LE STYLE LOUIS XIV

Quelle fut l'inspiration artistique de Versailles? A quelle source a-t-on puisé? De quelle manière les diverses formes de l'art, architecture, peinture, sculpture, décoration, se sont-elles adaptées à un monde nouveau, à un idéal de gouvernement de droit divin comme il n'en était encore pas apparu dans notre pays, à un ordre de choses que la puissante volonté d'un seul homme venait, pour ainsi dire, de faire surgir du sol aux yeux du monde étonné?

Quand Louis XIV arrive au pouvoir, l'influence artistique de la Renaissance n'est plus qu'un souvenir. L'art de nos vieux maîtres français, qui, tout en s'inspirant de l'antique, en architecture et en sculpture, avaient gardé quelque saveur du terroir, le cédait à une conception nouvelle dont l'inspiration venait d'outre-monts. Leurs descendants avaient pris l'habitude d'aller en Italie pour y étudier l'antiquité, « celle que Rome pouvait leur offrir, et qui datait des empereurs ». L'exode avait commencé vers la dernière moitié du xvie siècle. Nos architectes se mirent à l'école de Vitruve et de ses disciples, Vignole, Scamozzi et Palladio. C'étaient la Loi et les Prophètes. La règle suprême fut le respect des *ordres*. Ordres, colonnes, frontons et dômes, tels étaient les éléments consacrés de tout bâtiment noble : l'originalité, si elle était possible, devait dépendre de la manière de les combiner.

SALON DE MARS
Vantail de Porte par Caffiéri (vers 1681).

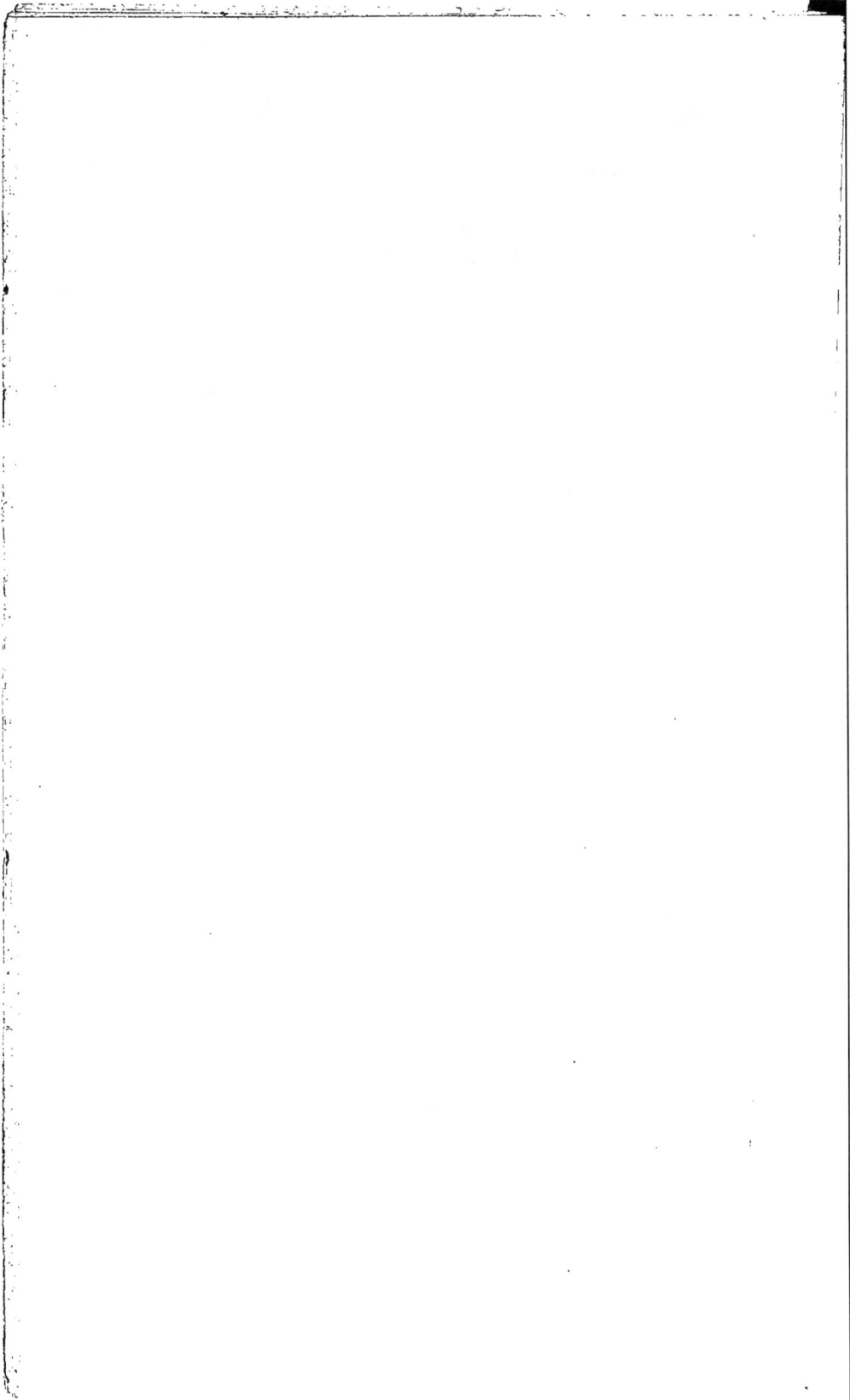

Ce fut l'avènement en France de cette forme d'art *gréco-romaine*, *néo-classique* ou *académique*, à laquelle, sauf exception, nos sculpteurs et nos peintres devaient s'astreindre, comme nos architectes. Si quelques artistes surent garder les traditions vraiment françaises, le plus grand nombre suivit la pente. A Rome, nos sculpteurs étudièrent sans doute les œuvres encore belles « d'un hellénisme un peu dégénéré », comme le *Torse*, l'*Apollon*, le *Laocoon* et l'*Ariane,* mais ils se mirent surtout à l'école des contemporains en vogue, Jean Bologne[1] et l'Algarde[2] entre autres, et « reproduisirent sans faillir les beaux gestes, les beaux corps, les nobles attitudes des statues antiques[3] ».

Les peintres se mirent à la même école. A défaut de modèles de peinture grecque ou antique, ils copièrent des statues et des bas-reliefs, donnant à leurs personnages des attitudes théâtrales et obtenant comme résultat une correction froide, de la banalité dans l'expression, une absence à peu près complète de personnalité. Quant aux maîtres italiens contemporains, les plus fidèles interprètes de l'antiquité, le Bolonais Annibal Carrache et ses disciples, le Guide, l'Albane, Lanfranc, « copieux improvisateurs de mythologie pour plafonds et de tableaux de sainteté sans piété[4] », excellent avec talent « dans le poncif noble ».

Pour résumer le caractère de ce *néo-classicisme* ou *académisme* dans l'art, on peut dire que si les artistes en tout genre visent à la beauté de la forme et à la pureté de la ligne, c'est trop aux dépens de la réalité vivante, du naturel, de la vérité et de la vie; correction froide, comme on l'a dit, émotion nulle.

Justement, cette influence de l'*italianisme* sur l'art français, au début du xviie siècle, correspondait avec une transformation de la société. Après les temps troublés des guerres de religion, la France avait soif de repos. Dans le domaine po-

---

[1] Jean Bologne, sculpteur flamand, né à Douai (1524), mort à Florence (1608).

[2] Algardi, sculpteur et architecte, né à Bologne (1583-1653), élève de Carrache.

[3] André Michel, *L'Art en Europe* (1648-1716). — *Histoire générale*, Lavisse et Rambaud.

[4] Lemonnier, *L'Art français au temps de Richelieu et de Mazarin.*

litique et social, Henri IV et Richelieu furent les instruments de cette restauration. Cet esprit de règle et de discipline, pour les actes et les idées, qui était devenu une nécessité, une dernière guerre civile, la Fronde, ne put longtemps le troubler ; même elle l'accentua, si l'on peut dire. Dans l'art et dans la littérature, comme dans la politique et dans la société, on aspire à l'unité sous un gouvernement fort. C'est ce besoin d'unité, de fixité et de mesure, cette aspiration vers ce qui est « général », qui distingue essentiellement le *classicisme* nouveau, si différent de celui de Ronsard et de la Pléiade, et dont le caractère principal est la prédominance de la **raison** abstraite sur le sentiment.

Dans l'art, de 1600 à 1660, l'influence italienne, de plus en plus marquée, n'est pas encore complètement souveraine. Il y a partage entre les traditions nationales et les influences ultramontaines. C'est ainsi qu'en architecture, le type nouveau sera l'hôtel de Rambouillet, tel que le décrit Sauval[1], ou bien encore le premier Château de Versailles de Louis XIV. Mais l'orientation vers l'académisme, déjà accusée sous Louis XIII, se prononce de plus en plus ; et quand Louis XIV fut maître absolu du pouvoir (1661), il sanctionna d'une manière éclatante l'influence italienne, en faisant envelopper le premier Château par l'architecte Le Vau, qui, au lieu de combles élevés, couronne de toits plats[2] l'édifice du côté des jardins. Dorbay, Mansart, Gabriel suivront les mêmes inspirations.

En peinture et en sculpture, même évolution. L'art réaliste ou flamand dut céder la place à l'italianisme, facilité par l'émigration régulière de nos artistes au delà des Alpes. Des copies nombreuses des bustes et des statues antiques sont envoyées en France sous Colbert. Un sculpteur, comme Jacques Sarazin, reste dix-huit ans en Italie. Nos peintres surtout « s'italianisent éperdument ». Un chef d'école, sous Louis XIII, Simon Vouet, avait séjourné quinze ans à Rome

---

[1] Sauval, *Antiquités de Paris* (1623-1676). — « Maison de briques, rehaussée d'embrasures, d'amortissements, de chaînes, de corniches, de frises, d'architraves et de pilastres de pierre, etc... »

[2] Répétons ici le mot de Saint-Simon : « On croit voir un palais qui a été brûlé et où le dernier étage manque encore. »

PANNEAU DU CABINET DU CONSEIL.
Par Rousseau (1756).

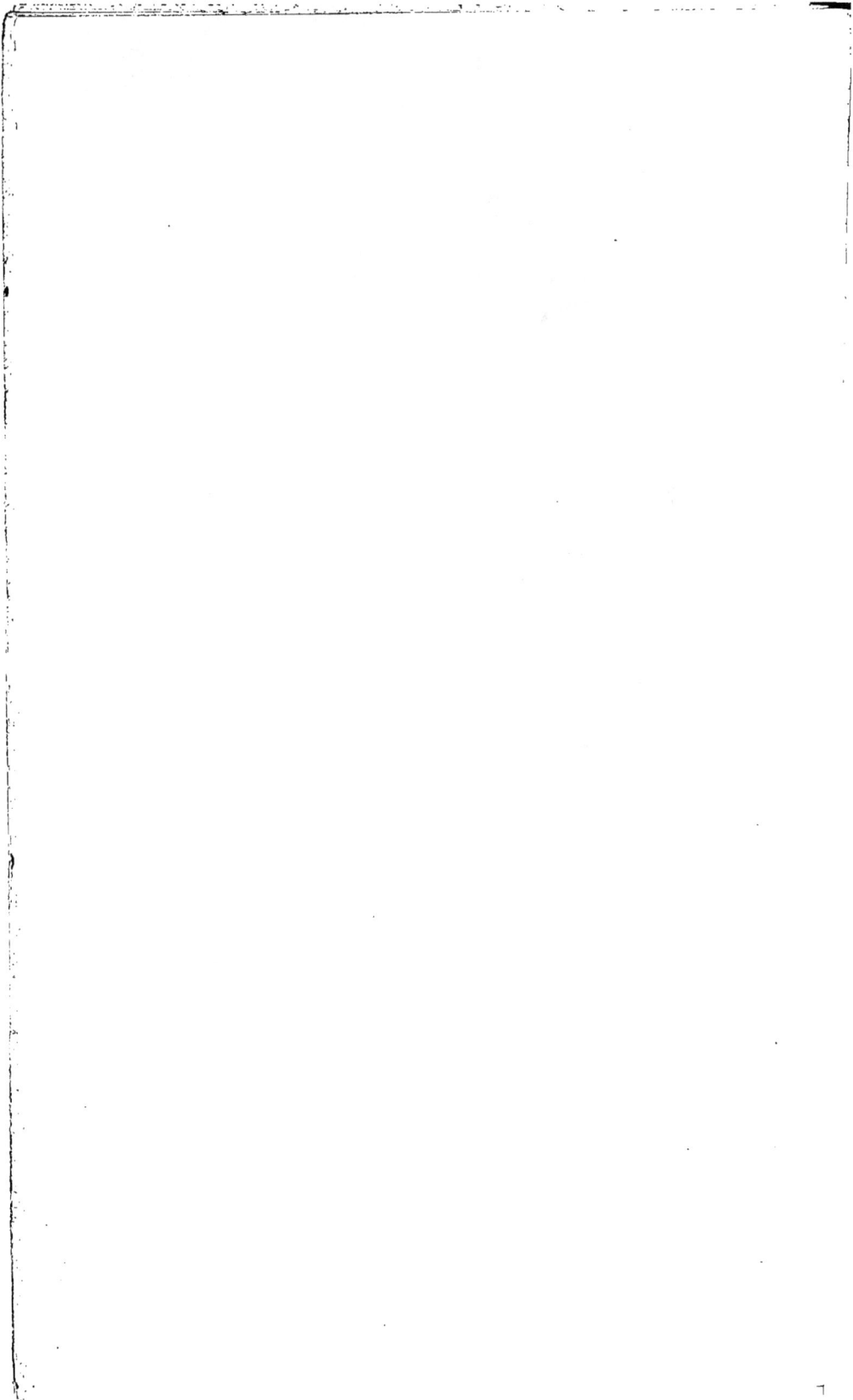

et y avait appris à loisir l'art « des grandes machines héroïques, mythologiques et allégoriques », que son élève Le Brun devait porter à la perfection sous Louis XIV.

Cet art était correct et froid dans toutes les branches, mais pur de ligne, majestueux et *noble*; c'est pourquoi il devait convenir à l'idéal monarchique de Louis XIV et remplir la fonction d'Etat qu'il en attendait. « Ceux qui ont excellé dans la peinture, lit-on dans les lettres d'anoblissement de Le Brun, ont toujours été, dans tous les temps, très favorablement traités dans la Cour des plus grands princes, où non seulement leurs ouvrages ont servi à l'embellissement de leurs palais, mais encore de monuments à leur gloire, exprimant par un langage muet leurs plus belles et plus héroïques actions. »

Créer l'unité dans l'art comme dans la politique, y imprimer sa marque personnelle de majesté imposante et impassible, fut l'œuvre persévérante de Louis XIV. Colbert et Le Brun, et même Le Nôtre, en furent les instruments. Cette œuvre de centralisation, commencée par la création de l'*Académie de peinture* en 1648, destinée à perpétuer la tradition italienne, fut continuée et nettement établie par la fondation de l'*Académie de France à Rome* en 1666. Ainsi l'art allait devenir « une des branches de l'Administration, centralisée entre les mains des commis du Roi », et s'employer, par toutes les ressources dont il disposait, à la glorification d'un règne incarné dans un prince absolu. Ce fut sans doute là une esthétique toute particulière, toute officielle et conventionnelle, détournée des sources nationales et par cela incapable de véritable originalité; mais néanmoins, comme on l'a justement remarqué, « dans cette production magnifique, et sous la pompe artificielle du décor, il y eut encore de la vérité et de la vie, souvent prise à la source[1] », surtout chez les sculpteurs, qui, malgré les directions reçues, surent, pour la plupart, garder leur personnalité.

Mus par une seule pensée, celle de la grandeur royale, Colbert et Le Brun furent, pendant plus de vingt ans, des collaborateurs inséparables. Le grand ministre donna au peintre la direction de la manufacture des Gobelins, qu'il venait de

[1] Camille Mauclair, *L'Art libre à Versailles* (Charpentier).

fonder en 1662 et d'où sortirent tant de merveilles; nous y insisterons plus loin, en parlant de l'œuvre de Le Brun.

En résumé, ce style *académique* s'imposa dans toutes les manifestations de l'art; « style impersonnel, imprécis et noble, théâtral et faussement antique, qui déguise les sujets, les personnes, les lieux et les temps[1] ». En architecture, le règne des ordres, les dômes, les frontons et les colonnades, les lignes régulières et symétriques semblaient s'adapter merveilleusement à la conception d'une monarchie absolue, édifiée sur la ruine de toutes les aristocraties et, au moins dès le début, sur l'adoration du peuple. Les nobles domestiqués allaient élire domicile à Versailles et prendre place dans ce nouveau palais, grandiose mais incommode, que Le Vau et Mansart construisaient à la manière romaine. Après les architectes, constructeurs des demeures royales, Versailles, Clagny, Trianon et Marly, allaient venir les peintres et les décorateurs, les sculpteurs et les ciseleurs, pour réaliser ces merveilles qui enchantèrent les contemporains et suscitent de nos jours une admiration nouvelle.

L'art des jardins, qui s'était aussi largement inspiré de la Renaissance italienne après l'expédition de Charles VIII, prit également à Versailles un caractère nouveau. Louis XIV désira des parcs immenses, « où courtisans et visiteurs de marque prissent conscience et crainte du pouvoir nouveau, où la pompe d'une Cour fastueuse pût se dérouler à son aise dans ces allées larges et sans fin, parmi ces parterres où la beauté des fleurs et des statues n'était que pour faire valoir celle des dames, où la nature soumise à l'homme se prêtait à toutes ces fantaisies théâtrales[2] ». Il voulut que ses jardins fussent une architecture dans le genre antique, comme les paysages de Poussin et de Claude Lorrain; mais comme le site de Versailles n'était pas propice aux terrasses, il ne craignit pas de forcer la nature à se prêter à ses combinaisons. André Le Nôtre fut l'artiste de génie qui réalisa ces merveilles avec un sens parfait de cette symétrie calme et noble

---

[1] A. Michel, *L'Art en Europe* (1648-1716). — *Histoire générale*, Lavisse et Rambaud.

[2] Georges Riat, *L'Art des Jardins.*

qui était un des principaux caractères de l'époque. En
façonnant les choses par elles-mêmes les plus irrégulières,
l'arbre et la plante, il crée un art nouveau qui s'impose à
l'admiration; il dompte la nature sans bannir pour cela le
naturel, et il parvient à constituer un ensemble en harmonie
avec les grandes lignes de construction et qui en est le complément indispensable[1].

II. — LE STYLE DE LA RÉGENCE ET LE STYLE LOUIS XV

A la mort de Louis XIV, la réaction contre le style académique, commencée à la fin de son règne, s'accentue nettement. Versailles se ressentira de ce mouvement général
dans l'art qui caractérise l'époque de la Régence et celle de
Louis XV, et concorde avec l'évolution des mœurs.

Ce fut surtout dans la conception des appartements et des
maisons de plaisance que le changement de goût fut rapide
et expressif. Un historien de l'architecture au XVIIIᵉ siècle,
Patte[2], a très clairement formulé cette remarquable évolution :

« On donnait tout à l'extérieur, à la magnificence, à
l'exemple des bâtiments antiques et de ceux de l'Italie que
l'on prenait pour modèles; les intérieurs étaient vastes et
sans aucune commodité : c'étaient des salons à double étage,
de spacieuses salles de compagnie, des salles de festin immenses, des galeries à perte de vue, des escaliers d'une grandeur extraordinaire! Toutes ces pièces étaient placées sans
dégagements au bout les unes des autres; on était logé uniquement pour représenter et l'on ignorait l'art de se loger

[1] Nous insisterons plus loin sur l'œuvre de Le Nôtre.
« Malgré ce vice fondamental du système qui subordonne la nature
à l'architecture, il n'empêche que le jardin de Louis XIV est une merveilleuse création. On ne s'y est pas trompé; certes, il est imité des jardins de la Renaissance, qui, eux-mêmes, avaient emprunté leurs lignes
aux parcs romains; mais il est devenu le *jardin français*, comme les
tragédies de Racine, imitées de Sophocle et d'Euripide, ont été, par un
travail génial d'assimilation, des tragédies françaises d'élégance et de
clarté. » (Georges Riat, *L'Art des Jardins*.)
[2] Patte (1723-1814), architecte et graveur. *Monuments érigés en
France*, 1775.

commodément et pour soi. Toutes ces dispositions agréables que l'on admire aujourd'hui dans nos hôtels modernes n'ont été inventées que de nos jours.

« Ce changement dans nos intérieurs fit aussi substituer à la gravité des ornements dont on les surchargeait toutes sortes de décorations de menuiserie, légères, pleines de goût, variées de mille façons diverses ; on supprima les solives apparentes des planchers, on les revêtit de ces plafonds blanchis qui donnent tant de grâce et de lumière aux appartements, et que l'on décore de frises et de toutes sortes d'ornements agréables. Au lieu de ces tableaux et de ces énormes bas-reliefs que l'on plaçait sur les cheminées, on les a décorées de glaces qui, par leur répétition avec celles qu'on leur oppose, forment des tableaux mouvants qui animent les appartements et leur donnent un air de gaîté qu'ils n'avaient pas[1]. »

Les successeurs de Jules Hardouin-Mansart, Robert de Cotte d'abord, Boffrand, Oppenord, Lassurance, etc., remplacent le palais par l'hôtel, les galeries importantes et les grands salons par des *boudoirs* agréablement aménagés pour la conversation intime, le rendez-vous galant. Dans ces réduits gracieux, plus de froides allégories, mais des guirlandes de feuillages ou de fleurs ; aux murs, des panneaux de glaces alternent avec des panneaux de laque, et de petits tableaux galants y sont accrochés.

Robert de Cotte, l'homme de la transition, devait seul continuer jusqu'à Gabriel, au Château de Versailles, l'œuvre de Mansart ; mais le Palais ne tarda pas à recevoir le contrecoup de ces innovations. Louis XV était prêt à suivre la mode nouvelle. S'il respecta les grands appartements de Louis XIV, réservés pour les fêtes et certaines cérémonies, il

---

[1] « L'imposante galerie se subdivise en boudoirs ; aux colonnes droites des marbres polychromes, aux ornements amples et « ressentis » des voussures, aux lignes nobles et sévères, on substitue l'ornementation légère des lambris, les fonds vert d'eau, citron, ou plus souvent blancs, « mêlé de gris de lin adouci », des panneaux chantournés, où toutes les couleurs sourient et toutes les formes ondulent. » (André Michel, *L'Art en France au XVIIe siècle*.)

Le style Régence eut surtout pour interprètes Oppenord et Meissonnier ; celui-ci est l'inventeur du style déchiqueté ou *rocaille* qui devait se faire sentir surtout dans l'intérieur des bâtiments.

détruisit une partie des appartements particuliers de son
prédécesseur pour les remplacer par de petits appartements.
Des panneaux de menuiserie sculptés succédèrent aux lambris
de marbre; on mit des doubles croisées et des persiennes
aux fenêtres; on posa des sonnettes. Partout, le grand et le
solennel le cédèrent au petit et au commode. Le Roi se fit
faire une nouvelle chambre à coucher; il donna un développement considérable aux petits cabinets de la cour des Cerfs,
pour y vivre plus à l'aise, au double point de vue du confortable des appartements et de la suppression ou tout au moins
de la diminution de l'étiquette. En transformant les appartements particuliers de Louis XIV, il détruisait la galerie de
Mignard (1750) et l'escalier des Ambassadeurs (1752).

Vers la fin du règne, le goût avait encore changé. A la
suite de découvertes archéologiques fameuses[1], le style néo-
grec, avec colonnes et frontons, prévalait de nouveau en
architecture. On commençait à démolir une partie du Palais,
sur le désir de Louis XV et sous l'impulsion des Caylus « et
autres réformateurs », comme d'Angiviller, directeur des bâtiments (1771). Heureusement, l'argent manqua[2].

En même temps, et par des influences bien différentes, une
transformation s'opérait dans l'architecture des jardins. Le
style classique de Le Nôtre et la régularité géométrique des
« jardins français » faisaient place aux jardins « paysagers »,
avec l'allure libre et pittoresque des parcs anglais. Marie-
Antoinette, lasse de l'étiquette de Cour, « impatiente d'un
coin réservé où elle pouvait ne plus être la Reine », mit une
activité dévorante à la création de son jardin de Trianon.

La même évolution avait lieu dans la sculpture et la peinture, celle-ci envisagée surtout au point de vue décoratif,
comme on le voit par le plafond de François Lemoyne au
salon d'Hercule. Des deux Coustou, l'aîné, Nicolas, fut l'actif
collaborateur de Coysevox, son oncle, au salon de l'Œil-de-
Bœuf et à la chambre du Roi. Mais le second, Guillaume,

---

[1] Les fouilles d'Herculanum et de Pompéi, commencées vers le milieu du XVIII° siècle, avaient remis la Rome ancienne en honneur. En
même temps avaient parus les écrits de Lessing (*Laocoon*, 1766) et de
Winckelmann (*L'Histoire de l'Art de l'antiquité*, 1764) sur l'art antique.

[2] L'aile de Gabriel est de 1771-73.

par son vif sentiment du mouvement et de la grâce, marque
la transition entre les deux siècles.

Dans le travail des dernières années de la Chapelle de Versailles se rencontrèrent, principalement dans la sculpture, les
représentants des deux styles : le style Louis XIV qui s'en
allait et le style du XVIIIe siècle qui apparaissait. La peinture y
est représentée par des médiocres élèves de Le Brun, mais elle
n'y joue qu'un rôle secondaire. Dans la partie maîtresse, l'architecture et la sculpture, « quelle finesse et quelle grâce du
travail! quel sentiment parfait du décor aux formes architecturales!... C'est l'adieu des artistes du grand siècle, et c'est
aussi l'annonce d'un art plus souple et moins pompeux[1] ».
Dans la nouvelle école, J.-B. Lemoyne, Sigisbert Adam et
Bouchardon peuvent aussi être classés en bon rang. Ces deux
derniers ont laissé leur nom au bassin de Neptune.

Mentionnons dans cette énumération un peu rapide une
famille de praticiens et d'artistes, celle des Caffiéri, ciseleurs
et sculpteurs, dont le dernier, Jean-Jacques, fut un remarquable portraitiste; plusieurs bustes de lui sont au Musée de
Versailles.

De même dans la décoration des appartements, des changements notables se produisirent.

Dans la première période du règne du Grand Roi, cette
décoration laisse peu de part à l'art du bois sculpté; elle met
à contribution les *matières nobles*, le marbre et le métal, les
étoffes et les tapisseries qui s'harmonisent mieux « avec l'éclat
des peintures neuves des plafonds et les stucs dorés ». L'italianisme règne ici comme à l'extérieur, un peu lourd, mais
d'un large effet et réalisé par une technique parfaite. Vers
la fin du règne, l'évolution se marque nettement. « Dans les
portes à doubles vantaux, les moulures des cadres s'ornent
d'entrelacs fleuronnés; sur le champ des panneaux, des rinceaux, des fleurons s'épanouissent, des feuillages légers
courent à côté des feuilles d'acanthe et semblent annoncer
les feuilles fines qui vont bientôt orner tous les angles ren-
trants, facture d'une perfection exquise, pleine de souplesse

---

[1] A. Pérate, *Versailles.*

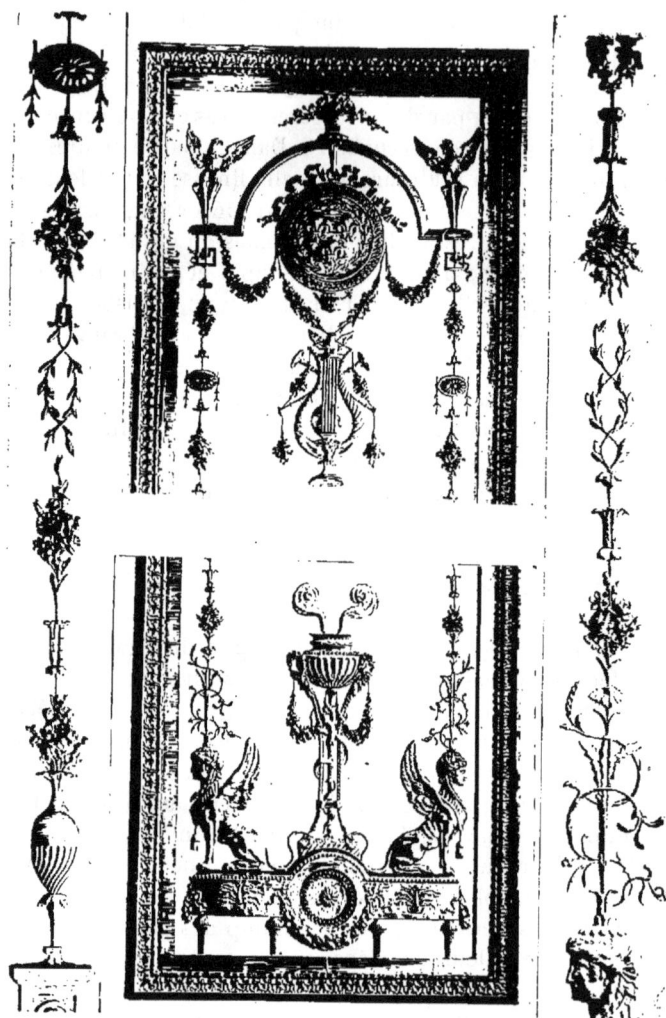

CHATEAU DE VERSAILLES

CABINET DE LA REINE MARIE-ANTOINETTE
Par les frères Rousseau (1783).

et de verve... Le caprice encore assagi des rinceaux et des arabesques contraste avec les trophées et attributs sculptés dont l'atelier de Philippe Caffiéri ornait naguère les portes des grands appartements de Versailles.

« Dans les couronnements, au contraire, les guirlandes de lauriers, les palmes de feuilles de chêne conservent tout le réalisme puissant que leur donnèrent les artistes décorateurs du parc de Versailles, et il est curieux de voir quelle similitude existe entre ces bois et certains plombs, épaves de bosquets disparus[1]. »

Les ornementations somptueuses et lourdes conviennent mal aux besoins nouveaux de commodité, et la multiplication des lambris, en réduisant l'œuvre des peintres, augmente d'autant le nombre des sculpteurs sur bois.

Par suite de l'invention du coulage du verre et de la fabrication des glaces de grandeurs assez considérables, les panneaux de glace s'introduisent au-dessus des cheminées qui s'abaissent : c'en est fait de ces cheminées monumentales qui nécessitaient le concours du décorateur, avec ses stucs, ses marbres, ses bronzes et ses camaïeux; des miroirs en trumeaux distribuent les jeux de la lumière et grandissent les perspectives; les lambris, principal motif de décoration, s'ornent de motifs sculptés de plus en plus riches. Sous l'impulsion du disciple de Mansart, Robert de Cotte, de ses émules, Germain Boffrand, Lassurance ou Leroux, « le bois sculpté et doré encadrant des compositions peintes, et le plus souvent employé seul, forma la parure des galeries et des chambres[2] ». Parmi ces riches décorateurs de lambris aux appartements de Louis XV, citons au premier rang l'Anversois Jacques Verberckt et les Rousseau, père et fils.

Ce qui distingua ce style, c'est la légèreté et la grâce des lignes[3]. Il arrive à son complet épanouissement à l'époque de

---

[1] G. Brière, *Les Boiseries des XVIIe et XVIIIe siècles* (*Art et Décoration*, numéro de février 1908). Cette remarquable étude nous a été d'un grand secours pour la rédaction de cette page.

[2] *Ibid.*

[3] Ces lignes sont le plus souvent courbes, contournées; les angles abattus font place à des volutes; les saillies des meubles sont adoucies. Avec Robert de Cotte, la transition est ménagée et la symétrie respectée; plus tard, la fantaisie se donnera carrière, gracieuse d'abord, exagérée ensuite, ayant horreur de la régularité.

la Régence, gardant encore la sobriété et la retenue du siècle précédent. Il dégénérera vers le milieu du règne de Louis XV, et le *style rocaille*, parfois si prestigieux, sera la négation de toute symétrie ; mais ses fantaisies outrées tentèrent rarement nos bons sculpteurs, qui surent choisir des thèmes intéressants et remarquablement exécutés. La rocaille extravagante fut pour la France un article d'exportation.

Nous ne trouvons pas au Château de Versailles de spécimen, dans les transformations opérées sous Louis XV, de ce style aux formes creusées, évidées, déchiquetées, qui provoqua, de 1750 à 1760, une réaction générale. L'espèce de renaissance classique qui apparut à cette époque, comme nous l'avons dit, fut, en ce qui concerne l'art décoratif, un retour à l'étude et à l'inspiration de la nature, de la feuille et de la fleur. Pour la disposition des ensembles, on recherche la pondération et le juste équilibre dans le balancement des lignes. Ce fut comme un renouveau des principes suivis sous le règne de Louis XIV.

Les sujets tirés de l'antique sont les thèmes familiers aux auteurs des boiseries du style Louis XVI. Si l'invention est souvent banale, le métier est impeccable ; on s'inspire de la nature, à laquelle on est revenu ; mais quand cette inspiration s'affaiblira, « la formule pédagogique, imposée par les architectes, devenant de plus en plus tyrannique, asservissant le décorateur à l'emploi exclusif des ornements à l'antique », l'art de la boiserie ne tardera pas à se fixer.

Sur ces entrefaites, la Révolution arriva, et avec elle devait disparaître toute la belle technique du xviiie siècle dans l'art de la boiserie comme dans celui de l'ameublement[1].

Boulle, l'ébéniste de Louis XIV, qui avait recueilli la tradition italienne, sut innover dans la boiserie du meuble, auquel, le premier, il appliqua les ornements du bronze. Ses fameux cabinets d'ébène ornaient les appartements de Versailles, comme on peut le voir dans certaines tapisseries (*Réception du nonce du Pape* ou *de l'ambassadeur d'Espagne*). Le bronze d'applique qu'il a inventé va régner pendant tout le xviiie siècle, réduit d'abord avec Crescent, le grand ébé-

---

[1] Voir *Art et Décoration*, décembre 1908 (A. Pératé, *La Collection Georges Hoentschel*).

niste de la Régence, qui va ciseler le bois comme le métal.
Mais sous Louis XV, avec les Caffiéri (Jacques et surtout
Philippe), le métal va tenir la première place; « toute une
flore de cuivre doré s'épanouit sur des champs de marqueterie », et le style de Bérain, qui dirigeait la mode ancienne,
cède le pas au style de Gillot et de Watteau.

Sous Louis XVI, les principes de l'ornement du mobilier
ont changé avec ceux des autres arts : on retourne à l'antiquité, au classique, comme au temps de Louis XIV ; les meubles se sont redressés et simplifiés; « des ornements géomé-
triques s'y mêlent aux branches et aux fleurs avec Salembier,
Delalonde, Delafosse, etc. ». Des cannelures de cuivre, le
long de petites colonnes et de pilastres, s'y mêlent aux bran-
chages et aux fleurs (ces meubles Louis XVI ont d'abord orné
les boudoirs de Mme Du Barry à Louveciennes, et pour la
même, Guibert a fait ses boiseries du Petit-Trianon). A partir
de 1771, à côté du grand ébéniste Riesener, Gouthière vient
en tête des ciseleurs, avec Martin, Forestier et Thomire.

LE BRUN ET LA DÉCORATION DE VERSAILLES[1]

Le Brun fut le grand décorateur de Versailles, l'homme
universel aux yeux de ses contemporains, sous lequel tous les
arts travaillaient. Il fut l'instrument parfait de Louis XIV
dans sa conception de la centralisation et de l'unité de l'art
et de son adaptation à la nouvelle architecture inspirée de
l'Italie. Maître officiel de l'esthétique et de la pédagogie à
l'Académie de peinture et aux Gobelins, il porta à son apogée
le triomphe du style abstrait, dont l'étoffe fut la mythologie
et l'allégorie.

Né à Paris en 1619, élève de Simon Vouet, premier peintre
du Roi, qui l'initia à la science du dessin et de la composition,
et aussi au sens du décor, il partit en 1642 pour l'Italie. Il

[1] Nous reproduisons dans ce chapitre des planches réduites de l'excellent et magnifique ouvrage Le Château de Versailles (Architecture et
décoration), par Gaston Brière, attaché à la Conservation du Musée
(Lévy, éditeur).

avait vingt-trois ans et le vif désir d'étudier l'antiquité. Nicolas Poussin, qui retournait à Rome, l'accompagna dans
son voyage et fut pour lui le compagnon le plus précieux.
Les conseils de ce peintre de génie lui furent plus utiles que
toutes les autres leçons, et il devait le placer plus tard, à côté
de Raphaël, comme son maître de prédilection[1].

Sans doute, Le Brun étudia les Carrache, qui faisaient alors
école au delà des monts, et l'on sent leur influence dans ses
œuvres, l'emphase, par exemple; mais il put étudier tout
Raphaël au Vatican, « dresser des échafauds » par tous les
lieux où il souhaitait exécuter des copies réduites dont il ne
se sépara jamais.

Avec la même persévérance, Le Brun étudia les monuments antiques, dont il apporta de précieux crayons, s'appli-
quant « à bien observer les différents usages et les habillements des anciens, leurs exercices de paix et de guerre, leurs
spectacles, leurs combats, leurs triomphes, sans oublier leurs
édifices et les règles de leur architecture[2] ». Et cette antiquité, il l'étudia moins en artiste qu'en archéologue, dont le
souci est la restitution exacte du détail, le recueil de documents abondants et précis, qui feront de lui avant tout un
artiste érudit.

Le Brun avait appris au contact de Vouet à couvrir de
vastes surfaces; Poussin lui enseigna, entre autres choses,
à mettre de la clarté dans ses compositions : toutefois, il ne
put lui inculquer ni sa profondeur philosophique, ni son vif
sentiment de la nature, du paysage. Le temps manqua à son
élève pour méditer longuement. Pressé de commandes par
le chancelier Séguier, son protecteur, il cherche à y suffire
et il acquiert surtout les connaissances qui lui permettront
de prendre la place qu'il voyait bientôt vacante au début du
gouvernement personnel de Louis XIV, et d'être un décorateur, un historien d'art et un portraitiste.

Les instances de Séguier qui le rappelait ne lui permirent
pas, et ce fut grand dommage, de passer par Venise pour

---

[1] Conférence de Le Brun, à l'Académie royale, le 5 novembre 1667.
Le Brun recueillit, pendant ses trois ans de séjour, les entretiens de
Poussin, ses leçons familières sur la nature.

[2] Desportes, *Vie des premiers peintres du Roi.*

prendre, selon l'habitude des jeunes peintres revenant de
Rome, « quelque teinture du bon coloris »; il rentra à Paris
en 1646. Sans doute, l'influence du Titien et de ses émules
aurait contre-balancé, pour la qualité de la couleur, celle des
Bolonais.

En 1648, il avait trente ans. Cette date, si importante au
point de vue politique, le fut aussi dans l'histoire de l'art.
Elle vit la fondation et l'ouverture de l'*Académie de peinture*,
dont l'influence sur l'école française devait être si considérable. Dans cet événement capital, Le Brun joua le principal
rôle. C'était la ruine de la maîtrise. Il paraît bien que jusqu'alors l'art avait vécu en tutelle sous l'autorité des jurandes; aux résultats heureux obtenus par les corporations
en des jours déjà lointains avaient succédé des abus de
toute nature. Le Brun fut le libérateur; il rompit « les liens
dans lesquels l'artiste se sentait vivre sans initiative, sans
dignité[1] ». La nouvelle institution fut pour lui le centre et
l'appui nécessaire[2]. Et, d'ailleurs, cette révolution ne devait en
aucune façon, comme on l'a parfois soutenu, séparer l'art de
l'industrie, car, au contraire, il est admirable que les plus
parfaits chefs-d'œuvre de l'art aient été précisément fabri-
qués à la *Manufacture des meubles de la Couronne*, lorsque
Le Brun y régnait en maître absolu.

La notoriété de Le Brun grandit tous les jours. Il peint,
dans de vastes hôtels, ces « ensembles » où il excelle. A l'hôtel
Lambert, il peint la légende d'Hercule, que vit Fouquet. Le
surintendant, séduit, l'appelle à Vaux-le-Vicomte, « ce Versailles anticipé », comme dit Sainte-Beuve, en compagnie
de Le Vau et de Le Nôtre, et lui donne une pension de
12,000 livres.

---

[1] H. Jouin, *Ch. Le Brun et les arts sous Louis XIV.* — « Il paraît bien
que les anciennes maîtrises, si bienfaisantes au moyen âge, n'étaient
plus, au début du XVIIe siècle, que coteries mercenaires et foyer d'éga-
litarisme inintelligent... La fondation de l'Académie royale, naguère
considérée comme un recul, marque bien plutôt une des dates de notre
civilisation. En tout cas, si jamais milieu aristocratique resta grand
ouvert, ce fut celui-là... De Le Brun à David, on citerait difficilement
un peintre ou sculpteur de quelque mérite qui n'ait pas obtenu d'y
siéger. » (H. Roujon, *Figaro*, 24 novembre 1908.)

[2] Le Brun devait enseigner pendant un demi-siècle à l'Académie de
peinture. Il fit des élèves innombrables, parmi lesquels : Houasse, Lafosse, Cl. Lefèvre, Testelin, Vivien, Nivelon, Bérain le père, etc...

C'est à Vaux que Le Brun se prépara au rôle de « surintendant des Beaux-Arts », qu'il devait bientôt exercer à la
Cour du Grand Roi; Mazarin l'y connut, et le chargea plus
tard (vers 1660) de la décoration du Louvre.

Fouquet lui avait confié non seulement la décoration des
appartements, mais lui avait demandé aussi de dessiner les
principaux motifs des bassins et des cascades, les modèles
des frontons du château, « le plan des perrons, grottes, fontaines, qui furent les éléments principaux de la décoration
fastueuse du parc de Versailles[1] ». A propos de la fête prestigieuse du 17 août 1661, donnée par le surintendant, La
Fontaine exalte Le Brun,

> dont on admire et l'esprit et la main ;
> Père d'inventions agréables et belles,
> Rival de Raphaël, successeur des Apelles,
> Par qui notre climat ne doit rien au Romain[2].

Après la chute de Fouquet, la protection de Colbert lui
valut le titre de premier peintre du Roi, sans doute en 1662.
Alors il décora Saint-Germain, puis le château de Sceaux
que le grand ministre venait d'acheter ; mais c'est à Versailles[3] qu'il devait, grâce à lui, faire son œuvre. Colbert, pour
complaire à Louis XIV, grand ami du faste, s'était tracé,
dit Perrault, un programme aussi vaste que brillant, mais
sa réalisation exigeait près de lui « la présence d'un homme
supérieur qui le comprît et, au besoin, le suppléât » ; aussi,
en 1663, nommait-il Le Brun gouverneur des Gobelins.

Cette date marque, on peut le dire, le commencement de
la dictature de Le Brun sur les beaux-arts. Les Gobelins
furent sous Colbert et lui, pour les tapisseries, les meubles et
les œuvres d'orfèvrerie, un grand laboratoire d'art. Le Brun
y eut des collaborateurs innombrables. Rappeler les principaux noms, c'est, pour la plupart, énumérer ceux des artistes

---

[1] Alf. Leclerc, *Ch. Le Brun* (*Versailles Illustré*, 1902-1903). — Le Brun
dirigea aussi la manufacture de tapisseries que Fouquet avait fondée à
Maincy.

[2] Lettre à M. de Maucroix (août 1661).

[3] Il habita, aux frais du Roi, dans une maison située rue de l'Orangerie, appartenant à La Quintinie. Plus tard, il fut gratifié d'une somme
de 20,000 livres en vue de l'achat d'un hôtel, rue des Bons-Enfants
(actuellement rue du Peintre-Lebrun).

qui devaient travailler à Versailles : *dans la peinture*, Van der Meulen, son premier lieutenant; Monnoyer, Baudoin, Yvart, Houasse, les deux Boullongne, Aroyer, Henri Testelin, les deux Corneille, les deux Coypel (Noël et Antoine), Boël, Nicaisien Bernaerts, Montagne, Poerson, Nivelon, Verdier, les frères de Sève, etc... ; — *dans la sculpture*, Coysevox, Anguier, Tubi ; — *dans la gravure*, Leclerc, Audran, Rousselet ; — *dans les meubles*, Philippe Poitou, Domenico Cucci et Philippe Caffiéri ; — *dans l'orfèvrerie*, Alexis Loir, Claude de Villers, Dutel ; — parmi les *lapidaires* et les *mosaïstes*, Gacietti, Branchi, les deux Megliorini ; — parmi les *tapissiers*, les deux Jans (Hollandais), Henri Laurent, les deux Lefebvre, Jean de la Croix et Mozin, ces deux derniers Flamands ; — parmi les *brodeurs*, Simon Fayette et Philibert Balland[1].

L'inventaire général du mobilier de la Couronne sous Louis XIV[2] a fait connaître les œuvres merveilleuses sorties des Gobelins de 1663 à 1690, époque où Le Brun fut remplacé par Mignard. De ces splendides tapisseries, en haute et basse lisse, les modèles des dessins furent en très grande partie l'œuvre personnelle de Le Brun, et non pas de simples cartons, mais des peintures achevées ; tous ces sujets étaient aussitôt traduits en tapisseries dont on gratifiait les princes étrangers et leurs ambassadeurs. Les mêmes sujets, ensuite retouchés et confiés aux orfèvres, servaient à l'ornement de vases de prix. Les tapisseries ont en grande partie survécu[3], mais les œuvres d'orfèvrerie de Claude de Villers et de ses fils, d'Alexis Loir et de Dutel furent portées à la Monnaie en 1689 et 1690, pour être fondues.

Il reste encore quelques-uns de ces *cabinets* d'ébène où Boulle s'illustra[4], incrustés de lapis, de pierres de toutes

---

[1] Les Gobelins devaient bientôt éclipser tous les centres de fabrication existant alors en France, même les ateliers du Louvre, qui ne cessèrent pas cependant de produire des pièces remarquables, avec Germain, Claude Ballin, Boulle (ébéniste), Varin, directeur du balancier des médailles. — Mais l'autorité du premier peintre s'étendait jusqu'à eux, principalement lorsqu'ils étaient chargés, comme le fut souvent Claude Ballin, de concourir à l'ameublement de Versailles ou de Marly.

[2] Publié par M. Jules Guiffrey, ancien directeur des Gobelins.

[3] Un certain nombre ont été restituées aujourd'hui au Château de Versailles.

[4] Et à côté de lui. Pierre Poitou, Jean Oppenord.

sortes et rehaussés par d'élégantes montures en bronze ciselé
et doré. Ils abondaient à Versailles, dans les appartements du
Roi et de la Reine ; aujourd'hui, il faut aller au Louvre pour
les admirer.

Le génie de composition de Le Brun, vaste et fécond pour
tous les sujets, trouva aux Gobelins un merveilleux champ
d'activité. « Il était inventif et savait beaucoup, dit le *Mercure de France*, les histoires et les mœurs de tous les peuples
lui étaient connues, et son goût étant général aussi bien que
son savoir, il taillait en une heure de temps de la besogne à
un nombre infini de différents ouvriers. Il donnait des dessins
à tous les sculpteurs du royaume, tous les orfèvres en rece-
vaient de lui ; il donnait en un même temps des dessins pour
peindre des appartements entiers, et si l'histoire lui était
connue, il entendait parfaitement bien l'allégorie... son génie
était universel[1]. » Telle était l'opinion des contemporains
sur l'homme qui pouvait le mieux réaliser les idées de
Louis XIV, la centralisation de l'art au profit de la royauté.
« La peinture et la sculpture sont deux arts que Sa Majesté
aime singulièrement, écrivait Colbert, et qu'elle regarde
comme deux arts qui doivent particulièrement travailler à sa
gloire et transmettre son nom à la postérité. »

La création de l'Académie de France à Rome (1666), conséquence de cette centralisation, fut l'œuvre véritable de
Le Brun, que Colbert suivit volontiers. Elle fut le complément
nécessaire de l'Académie de peinture, « lieu de recueillement
et de méditation » d'où les jeunes artistes envoyés aux frais
du Roi devaient sortir en toute plénitude de leurs facultés, à
l'école des anciens et de leurs meilleurs imitateurs[2].

Pour cette œuvre colossale de la décoration de Versailles,
Le Brun avait les qualités maîtresses qui sont unanimement
reconnues. Il était à la fois « architecte, sculpteur et peintre »,
et il n'a guère laissé aux constructeurs officiels de son temps

---

[1] *Mercure*, 1690.

[2] « ... Sa Majesté considère encore qu'il serait utile, pour l'avance-
ment et le progrès de ces jeunes gens, d'être sous la direction de quelques excellents maîtres qui les conduisît dans leurs études, qui leur
donnât le bon goût et la manière des anciens, et qui leur fasse remarquer, dans les ouvrages qu'ils copient, ces beautés secrètes et presque
inimitables... » (Lettres de Colbert à Poussin, nommé directeur. —
Mémoires de Perrault.)

que le soin de tracer le plan de l'édifice, d'en surveiller le gros œuvre, d'en concevoir les façades. Quant à la décoration intérieure, il en a saisi toutes les parties. « Il savait mieux qu'aucun que l'architecte a ses droits, que le sculpteur peut réclamer sa place dans un ensemble somptueux, que le rôle du peintre est d'alléger les plafonds, d'animer les parois verticales, de produire l'illusion par d'habiles perfections qui ajoutent à l'étendue réelle d'une antichambre ou d'un salon... Toute cette science, possédée à fond, marque la supériorité de Le Brun comme décorateur... Trumeaux et frontons furent décorés d'après ses dessins. Et pendant qu'il surveillait Verdier, Houasse, de Sève, Girardon, les Marsy, les Coysevox; pendant qu'il dirigeait plusieurs centaines d'artistes, on le surprenait fixant ses pages héroïques à la voûte des galeries. Ses auxiliaires étaient tenus, je l'accorde, de se surveiller eux-mêmes, à l'instar des exécuteurs d'une symphonie, mais son rôle dépassait le leur, puisque lui-même avait créé ces accords dont le vaste ensemble captive le regard et subjugue l'esprit[1]... » Cette appréciation enthousiaste d'un critique contemporain ne semble pas exagérée.

Si l'allégorie et la Fable ont inspiré Le Brun à Saint-Germain et au Louvre, la décoration de Versailles sera, suivant la volonté du Roi, l'œuvre du peintre d'histoire, et de cette histoire prestigieuse qui va de 1660 à 1678, c'est-à-dire de la mort de Mazarin au traité de Nimègue. Quand la longue terrasse de Le Vau fut, de 1669 à 1686, convertie en galerie par Mansart, celle-ci, avec ses deux annexes, les salons de la Guerre et de la Paix, se développa sur une longueur de 95 mètres. C'est alors que Le Brun présenta à l'acceptation de Louis XIV une maquette d'ensemble, de caractère mythologique, peinte à l'aquarelle; mais aux triomphes d'Apollon, de Bacchus, de Neptune et de Pan, le Roi substitua les brillants faits d'armes et les événements glorieux de son règne. Une maquette conforme à ce désir fut présentée en 1679 et conçue avec un sens remarquable d'historien, préférant les grands faits aux épisodes, n'oubliant pas de mettre en un juste équilibre les réformes pacifiques et les faits militaires, l'administration de l'État et la politique de conquête.

[1] H. Jouin, *Charles Le Brun*.

L'allégorie, que Le Brun affectionnait, s'y trouva mêlée en proportion convenable et avec beaucoup de clarté. « C'est une sorte d'hymne à Louis XIV en trente tableaux, comme autant de strophes chantant sous la vaste nef la louange sans fin du Roi-Soleil[1]. »

Colbert, qui surveillait cette grande œuvre avec le plus grand soin, afin de signifier que l'artiste qu'il avait choisi pour la décoration de Versailles devait exercer la haute main sur tous les arts, lui fit donner un brevet de membre de l'Académie d'architecture (vers 1678), titre qui fut joint à ceux de directeur des peintures des maisons royales et de la manufacture des Gobelins.

Nous décrirons plus en détail, dans un chapitre suivant, la décoration de la Grande-Galerie, dans sa voûte en arc de cercle et dans ses parois. Disons ici qu'elle résume le siècle de Louis XIV, dans la période brillante qui va jusqu'à l'apogée. L'astre royal, comme on l'a dit, est là à son zénith avec Colbert, qui, malheureusement, meurt en 1683.

Cette œuvre grandiose de la Grande-Galerie, à laquelle la plupart de ses auxiliaires furent occupés, ne dura que quatre ans. La plupart des croquis, maintes fois modifiés, de ses trente compositions se trouvent au Louvre. Une lettre de Le Brun à Colbert nous apprend que Louis XIV désignait volontiers les sujets que devait traiter l'artiste. Celui-ci faisait un dessin, et, avant de le montrer au Roi, il le soumettait au ministre, dont le jugement lui était précieux. Tel est le soin minutieux que réclamèrent du peintre les cartouches, les voussures, les médaillons et les camaïeux de cette nef merveilleuse, moins sobre que la galerie d'Apollon, du Louvre, mais plus opulente.

L'enthousiasme des contemporains fut très grand, et la vogue en resta si puissante que Desportes, soixante ans plus tard, faisait du peintre l'émule de Virgile et d'Homère à la fois. L'on est à peu près d'accord aujourd'hui pour trouver grandiose et superbe la décoration dans son ensemble. Les compositions de la voûte ont peut-être moins de valeur ; elles sont poussées au noir en maint endroit et malaisément déchiffrables ; elles rappellent peut-être trop le genre des Car-

[1] H. Jouin, *Charles Le Brun.*

rache et la critique est unanime pour ne pas compter ces peintures parmi les meilleures du peintre officiel du Roi. « Quand il les exécuta, Le Brun était peut-être trop chargé de travaux... On travaillait partout à l'intérieur du Palais, partout dans les jardins, où les bosquets, les parterres, les bassins ne cessaient de recevoir des embellissements en groupes, statues, vases dont Le Brun avait donné l'idée et le plus souvent dessiné le modèle[1]. » Il n'en reste pas moins que la Grande-Galerie fait grand honneur au peintre et surtout au maître décorateur. C'est lui qui inventa[2] les modules et chapiteaux (ordre français) de l'entablement, qui inspira les figures des enfants posés sur la corniche et sculptés par Coysevox ; qui divisa en panneaux de toute nature et de toute dimension la surface lisse et nue que lui offrait la voûte, faisant ainsi, dans cette répartition savante des vides et des pleins sur une aussi vaste étendue, œuvre d'architecte.

Ce n'est pas tout. L'ameublement surpassait peut-être par sa magnificence la richesse de la décoration. A cette époque, la Grande-Galerie était, pour ainsi dire, encombrée d'ouvrages d'orfèvrerie. « Sans parler, dit Félibien[3], d'un grand nombre de figures et de statues d'argent, combien y avait-il de caisses d'orangers, de bassins et de corbeilles d'argent, de brancards, de tables, de bancs de dix à douze pieds de long, d'autres sièges ou tabourets... combien de balustres, d'escabelons, de torchères, de cassolettes, de buires, de brasiers, et de candélabres d'un tel poids que, tout suspendus qu'ils étaient, il y en avait que les hommes les plus robustes ne pouvaient faire mouvoir avec toute l'activité et la pesanteur de leur corps. » Et le *Mercure* : « Il n'y a point de morceau d'argenterie qui ne soit historié. Des chandeliers représentaient les douze mois de l'année ; on a fait les saisons

---

[1] Olivier Merson, *La Peinture française du XVIIᵉ et du XVIIIᵉ siècle.*

[2] « Elle (la Galerie) est d'ordre composite françois, avec des coqs, des soleils et des fleurs de lys dans les chapiteaux, des Couronnes de France et des Colliers des ordres de Saint-Michel et du Saint-Esprit dans la corniche. » (Rainssant, *Explication des tableaux de la Galerie de Versailles et de ses deux salons*, 1687.)

[3] Félibien, *Description sommaire du Château de Versailles*, 1674. — Félibien (1619-1695), architecte et historiographe du Roi, critique d'art distingué. — Voir A. Fontaine, *Les Doctrines d'art en France*, 1909.

sur d'autres, et les travaux d'Hercule en composent une autre douzaine. Il en est de même du reste de l'argenterie. Tout a été fait aux Gobelins et exécuté sur les dessins de M. Le Brun[1]. » Les peintres contemporains, la plupart collaborateurs ou disciples du Maître, nous ont transmis la représentation fidèle des pièces d'orfèvrerie les plus remarquables dont la Grande-Galerie était parée[2].

Un autre chef-d'œuvre de Le Brun, malheureusement disparu, fut la décoration du *Grand-Degré*, appelé plus souvent *escalier des Ambassadeurs*. Il est minutieusement décrit dans le *Mercure galant* de septembre 1680 : « Ce magnifique escalier, aussi bien que beaucoup d'autres ouvrages, qui partent du même esprit, doit faire avouer à l'Italie que lorsque le royaume fournit la matière et que M. Le Brun l'exécute, l'Europe entière ne peut donner de plus grands sujets ni un plus grand maître pour les bien traiter. » Cette décoration doit être cherchée dans les dessins du Maître, ou dans les planches de L. Surugue, d'Et. Baudet et de Ch. Simonneau. On y voyait les Muses attendant l'arrivée d'un triomphateur. La coupole sous laquelle se profilait leur groupe inspiré semblait avoir été parée de mille attributs, de festons, de fleurs, par ces sœurs d'Apollon, comme on pare le portique du temple où va pénétrer un vainqueur. Le Grand-Degré n'était en effet qu'un lieu de passage, et ses ornements, dans lesquels la Gloire se trouvait, si l'on ose dire, habilement généralisée, invitaient le spectateur à entrer dans le magnifique palais du roi de France[3]. On y accédait par trois arcades donnant sur un vestibule tout en marbre, situé au-dessous de la Petite-Galerie ; elles étaient ornées de grilles en fer doré forgé par Delobel. On passait ensuite trois autres arcades pour aboutir à l'escalier, dont le vaisseau avait 21 mè-

---

[1] Piganiol de la Force, *Description du Château de Versailles*, 1703.

[2] Houasse, Hallé, Christophe, Dieu, Blain de Fontenay, J.-B. Monnoyer. Van der Meulen ont fait place, dans leurs compositions, à des aiguières, à des brancards, à des vases dont la forme et les ornements trahissent le crayon du Maître. Houasse, dans son plafond de l'*Abondance*, a multiplié les vases d'or, les coquilles ornées, les cassolettes précieuses. — Voir au Grand-Trianon l'aiguière de Blain de Fontenay, plusieurs vases de Monnoyer. — Voir la reproduction de ces orfèvreries dans les tapisseries des grands appartements.

[3] H. Jouin, *Charles Le Brun et les arts sous Louis XIV*.

L'escalier des Ambassadeurs (détruit en 1752).

4

tres sur 10. Onze marches amenaient au premier palier, au
fond duquel était une niche avec une fontaine ornée de statues en bronze doré. A droite et à gauche étaient deux rampes
de vingt et une marches conduisant aux appartements du
Roi.

« Un buste du Roi en marbre blanc, placé au milieu de trophées, ayant en face les armes de France, décorait, au-dessus
de la fontaine, les quatre faces du vaisseau de l'escalier, où
étaient de splendides portes en bois sculpté et doré, œuvre
de Caffiéri, et quatre pièces de tapisserie feintes, œuvre de
Van der Meulen, et placées dans de riches bordures. En outre,
quatre *loggia* avaient été peintes, où des personnages de
diverses nations, aux costumes variés et éclatants, s'ap-
puyaient sur une balustrade couverte de tapis à fleurs d'or et
semblaient regarder ce qui se passait. Toutes les sculptures,
ornements, trophées, vases, etc., avaient été exécutés par
Tubi, Coysevox, Caffiéri et Lespagnandel[1]. »

L'escalier des Ambassadeurs ne servait pas seulement à
monter aux appartements du Roi les jours de grande cérémonie; on y donnait des concerts, on l'utilisait même pour
certaines cérémonies religieuses. Lorsqu'il était plein de
lumière, dit Dangeau, il pouvait disputer de magnificence
avec les plus riches appartements des plus beaux palais du
monde.

Sur l'emplacement de cette magnifique œuvre d'art, détruite par Louis XV, se trouve aujourd'hui un vestibule à
peu près nu et un escalier assez banal, dit quelquefois l'escalier des Ambassadeurs, que Louis-Philippe fit construire.

L'œuvre de Le Brun dans la décoration du Parc fut considérable et mérite d'être signalée avec quelques détails.
A Le Nôtre revient sans conteste l'honneur de la conception
des bosquets, et aux sculpteurs l'exécution des statues, des
vases et autres ornements en marbre ou en pierre; mais tout
le dessin relatif à la décoration fut du premier peintre du
Roi. Il imposa aux sculpteurs ses esquisses et ses dessins,
d'un style généralement allégorique et conventionnel. Restait
à ceux-ci à se signaler par le modelé ou la finesse de l'exé

[1] H. Jouin, *Charles Le Brun.*

cution : en général, ils n'y manquèrent pas. Parmi eux se détachent quelques artistes « en qui revivent, sous les grands
gestes décorateurs à la mode, la verdeur et la sève des vieux
maîtres français ». L'impersonnalité absolue ne pouvait
convenir au génie d'un Coysevox, d'un Coustou ou d'un Girardon[1]. Allées des jardins, effets d'eau, vasques, cascades,
bassins, groupes, etc., furent exécutés sur des dessins et
d'après des maquettes de Le Brun. Les bassins d'*Apollon*,
des *quatre Saisons*, de l'*Automne*, de l'*Hiver*..., le groupe de
la *Renommée*, de la fontaine de l'*Arc-de-Triomphe,* la grotte
et les figures des *Bains d'Apollon,* les grands vases de
marbre blanc de la terrasse, les deux riches bas-reliefs qui
les décorent sont dus à sa composition ; de même l'*Enlèvement de Proserpine* par Girardon (Colonnade). Les vingt-
quatre figures de marbre qui ornent les parterres et les allées
du petit parc de Versailles, les deux termes du *parterre de
Latone* et ceux de la demi-lune au devant du char d'Apollon
ont été d'abord dessinés par lui ; de même les figures : les
quatre Eléments, les *quatre Parties du Monde,* les *quatre Saisons,* les *quatre Heures du Jour*, les *quatre Tempéraments*, les
quatre Poèmes, qui devaient être groupés et sont aujourd'hui
disséminés autour du parterre d'Eau et des rampes de Latone. Il dessina aussi les figures du *Labyrinthe,* du *bosquet
de la Reine,* que Le Nôtre avait faits.

Le Brun avait eu sous ses ordres toute une pléiade d'artistes qui exécutaient avec conscience et talent les lieux communs allégoriques ou mythologiques de sa peinture décorative. De ce style académique, ces artistes, en général, ne
devaient s'émanciper que tout à fait vers la fin du règne de
Louis XIV et aux approches de la Régence. Mais les peintres
portraitistes seuls, et, d'une manière générale, les sculpteurs,
devaient garder leur originalité, ou tout au moins ne pas la

---

[1] Les artistes ne gravaient pas leurs noms sur le socle des statues
(impersonnalité), à part les Keller, fondeurs de bronzes. Après Le Brun,
à l'avènement de Louvois à la surintendance des bâtiments, Mignard
pour la peinture et Girardon pour la sculpture, tous deux Troyens, se
partagèrent son autorité... Les artistes osèrent alors graver leurs noms
sur les socles des statues et des termes. Ils avaient commencé, un peu
après la mort de Colbert, de 1686 à 1690, sous l'autorité déclinante de
Le Brun.

laisser absorber complètement. « Sous la majesté officielle et l'allure décorative, on retrouve toujours l'accent de la nature et la vie largement caractérisée[1]. »

Après la mort de Colbert (1683), l'influence de Le Brun commence à baisser, et Louvois, qui ne l'aimait pas, devait, quelques années après, le remplacer par Mignard. Bien qu'il dût conserver jusqu'à sa mort (1690) la confiance du Roi, son rôle était terminé, mais son œuvre était faite. Aux yeux de la postérité, si le peintre, en Le Brun, reste de second ordre, sa maîtrise hors de pair est reconnue comme grand ordonnateur de vastes ensembles, comme décorateur génial, capable de faire contribuer harmonieusement tous les arts à l'œuvre grandiose qu'il avait conçue pour satisfaire les goûts d'un souverain absolu.

---

[1] André Michel, *L'Art en Europe*. — Au commencement du XVIIIᵉ siècle, vers 1704, le style académique est à son déclin et on voit poindre une aube nouvelle... La peinture du plafond du salon d'Hercule, par F. Lemoyne, marque l'époque de transition entre l'école de Le Brun et les maîtres du XVIIIᵉ siècle. De même, dans la chapelle du Château paraît un art plus souple et moins pompeux. Pour les appartements, le goût nouveau était aux boiseries sculptées. (Voir chapitre précédent.)

CHAPITRE III

DESCRIPTION
DES GRANDS ET DES PETITS APPARTEMENTS[1]

RÈGNE DE LOUIS XIV

Dans le château que Le Vau venait d'édifier, les grands appartements du Roi et de la Reine prirent la place qu'ils devaient garder toujours. Ils étaient pavés[2] et enrichis de marbres de toutes sortes de couleurs, venant tous de carrières françaises. Les fermetures des portes et des fenêtres furent en bronze doré, ciselé par Domenico Cucci, Philippe Caffiéri et François Temporiti. Les ouvrages de stuc des plafonds furent l'œuvre d'artistes comme Coysevox, les Marsy, Regnaudin, Tubi, Le Gros, Mazeline, etc... Les plafonds, peints à la manière italienne, représentèrent des scènes historiques ou mythologiques. Comme le Soleil était la devise du Roi, on prit les sept planètes, dit Félibien, pour servir de sujet aux tableaux des sept pièces de son appartement, de sorte que dans chacune on représenta les actions des héros de l'antiquité ayant « rapport à chacune des planètes et aux actions de Sa Majesté. On en voit les figures symboliques

---

[1] Voir à la fin du volume les plans de Le Vau et de Blondel.
[2] Louis XIV fit détruire les marbres des parquets en 1684. Ils n'existent plus qu'à l'ébrasement des fenêtres.

Vue du Château de Versailles en 1667, par PATEL (Musée de Versailles).

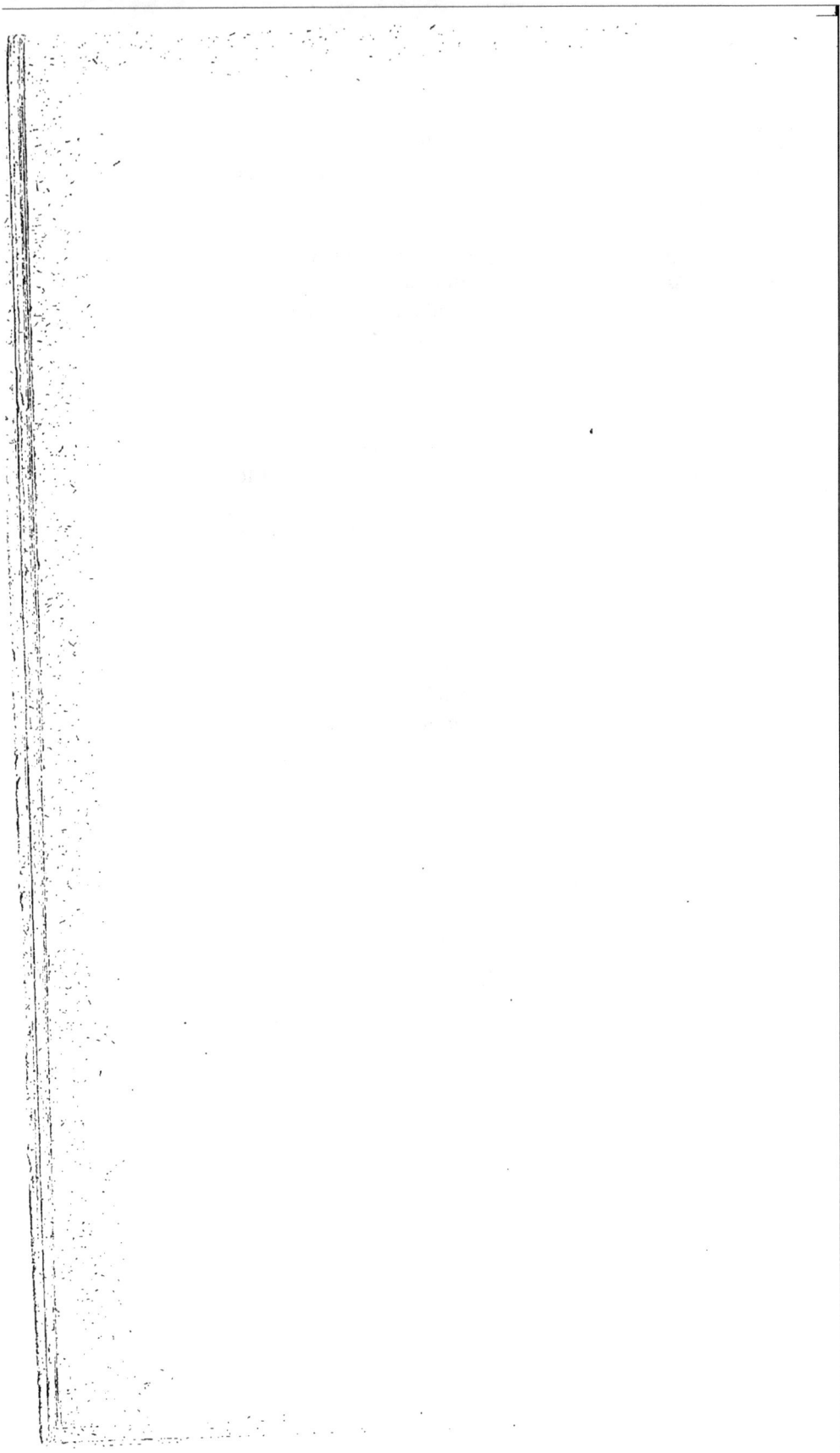

dans les ornements de sculpture qu'on a faits aux corniches et dans les plafonds[1] ».

De la cour Royale, deux escaliers symétriquement ouverts sur des vestibules à triple arcade, fermés de hautes grilles, donnaient accès, à droite, chez le Roi, à gauche, chez la Reine. On montait dans les appartements de Louis XIV par le Grand Escalier ou l'*escalier des Ambassadeurs*; on traversait deux salons de marbre, ceux de Vénus et de Diane, puis une salle des gardes (le salon de Mars) et une antichambre (le salon de Mercure); on arrivait ensuite à la chambre à coucher ou salon d'Apollon, puis au Grand Cabinet, qui deviendra le salon de la Guerre. Suivaient les petites chambres et le cabinet de la Terrasse.

Mais, à peine terminés, Louis XIV n'habite plus ces appartements. Il est allé réoccuper le petit château de son père[2], et s'installe dans les pièces voisines de la cour de Marbre. Les grands appartements seront pour l'apparat et les fêtes.

On accédait aux appartements de la Reine par l'escalier de Marbre, à rampe unique, que Mansart acheva en 1681[3]. On y pénétrait par le salon de Marbre; ils comprenaient ensuite une salle des gardes, qui deviendra l'antichambre et servira de salle à manger; le Grand Cabinet, où avaient lieu les présentations, et la chambre à coucher, suivie d'un salon et de deux cabinets qui furent détruits par la construction de la galerie des Glaces et du salon de la Paix[4].

Les grands appartements étaient ornés des tableaux les plus remarquables des écoles française, italienne et flamande, que Louis XIV avait acquis avec une sûreté de goût remarquable. Citons six tableaux de Poussin, parmi lesquels l'*Arcadie*, *Orphée et Eurydice* et le *Jugement de Salomon*. Parmi les Italiens, des œuvres de Léonard de Vinci, de Paul

---

[1] Des pièces du grand appartement créées alors, quatre ont conservé la disposition qu'elles reçurent et ont pris le nom de la planète symbolisée au plafond.

[2] Ce château n'existait guère plus, nous l'avons vu, que par la place et par quelques murs.

[3] C'est l'escalier de la Reine ou de Marbre actuel.

[4] Nous parlerons plus loin des appartements particuliers du Roi et des petits appartements de la Reine.

Véronèse, du Bassan, du Guide, des Carrache, etc... Parmi
les Flamands, des Rubens et des Van Dyck. La plupart de
ces œuvres sont aujourd'hui au Louvre.

LES GRANDS APPARTEMENTS DE LOUIS XIV
LES SALONS

Les grands appartements de Louis XIV commençaient au
salon de l'Abondance, pour finir à la Grande-Galerie (galerie
des Glaces). Sous Louis XV, le salon d'Hercule devint la première pièce des appartements royaux. Nulle part, mieux que
dans les salons, on ne pouvait admirer la somptuosité et la
magnificence du « Grand Roi », l'habileté et la délicatesse de
artistes qui furent un des plus beaux fleurons de sa couronne
Ces salons avaient été primitivement, nous l'avons dit, pavé
et lambrissés de marbre. De ce pavage, il ne reste aujour-
d'hui que des bandes étroites en certaines pièces et les ébrasements des fenêtres. Cette modification eut lieu en 1684
« Comme on était obligé, dit La Martinière, de jeter de l'ea
pour en entretenir la propreté, on remarqua que l'eau, en pénétrant dans les joints, pourrissait les bois des planches, e
qu'il n'y avait point de sûreté dans les appartements situé
au-dessous. Louis XIV se détermina à faire changer ce pav
pour y substituer un pavé de menuiserie. »

Les portes de ces salons étaient de bronze travaillé à jou:
d'après Caffiéri[1]. Mais ce système de décoration, bon peu
être pour des salons d'apparat destinés à être le théâtre d
quelques fêtes, ne pouvait convenir à des pièces habitée
constamment, même en hiver. Il fallut donc renoncer au
portes à jour et mettre à leur place des portes de bois pleine
dont les sculptures sont dues à Caffiéri, au Milanais Temp
riti, à Taupin et à Lemaire. Les ornements de stuc ont été e
général exécutés par Caffiéri, et la sculpture décorative p
Coysevox[2].

Les contemporains ne tarissent pas sur la magnificence e

---

[1] Philippe Caffiéri (1624-1716), le chef de cette famille des Caffié
sculpteurs, fondeurs et ciseleurs, dont le dernier, Jean-Jacques, fut i
sculpteur de bustes célèbres.

[2] *Comptes des Bâtiments* (1673-1688).

l'ameublement. Les salles étaient tendues et meublées, en hiver, les unes de velours vert et les autres de velours de feu, avec des crépines et des galons d'or, et en été, « elles étaient tapissées de brocart à fleurs d'or, d'argent et de soie de diverses couleurs, avec des *campanes* de point d'Espagne d'or[1] ».

De grandes tables « de marbre de rapport », ornées aux pieds de bronze doré, furent placées dans divers salons. Les tentures et les rideaux étaient faits des étoffes les plus riches (brocarts de Venise, et surtout velours et brocarts de Lyon), de broderies de point d'Espagne exécutées aux Gobelins.

Les miroirs aux bordures d'argent ciselé venaient d'Italie (Venise) et d'Allemagne.

Les fleurs et les orangers, qui abondaient dans les salons, venaient de Trianon, où le jardinier Le Bouteux faisait merveille.

Dominique Cucci, né près de Rome, naturalisé en 1664 et attaché aux Gobelins, à la fois fondeur, ciseleur et ébéniste, fut avec Boulle (André-Charles) un des plus importants décorateurs. Il fit presque toutes les fermetures des portes et des fenêtres en cuivre ciselé et doré (serrures, boutons de portes, crochets, espagnolettes), tandis que Boulle imaginait ces meubles en ébène dont les grandes surfaces étaient recouvertes d'applications d'écaille incrustées d'arabesques et décorées d'ornements en cuivre, de bas-reliefs en bronze ciselé et doré.

Le Grand-Degré ou l'Escalier des Ambassadeurs.

Ainsi appelé parce qu'il était particulièrement destiné aux ambassadeurs des Cours étrangères lorsqu'ils allaient en cérémonie recevoir audience du Roi, le *Grand-Degré* de Louis XIV n'existe plus. Il fut malheureusement détruit par Louis XV, en 1752. A sa place, on voit aujourd'hui un vestibule nu et un escalier, appelé encore escalier des Ambassadeurs, construit sous Louis-Philippe, sur l'emplacement de la rampe gauche de l'ancien escalier.

Les architectes Dorbay et Le Vau l'achevèrent en 1680.

[1] Félibien. — Les campanes étaient des ornements en forme de cloche.

Salon de l'Abondance (106)[1].

Cette salle servit d'abord de vestibule à la tribune de l'ancienne Chapelle[2] et au *cabinet des Raretés* ou *des Antiques*, avant de faire partie des grands appartements du Roi. Les buffets destinés aux rafraîchissements distribués les jours d'*appartement* y étaient établis.

Le plafond, peint par Houasse, représente l'*Abondance*, ou plutôt la *Magnificence royale* montrant de la main le cabinet des Raretés, et se termine par une balustrade dorée chargée de vases et d'objets précieux. Les lambris et les chambranles sont de marbre. Les sculptures des dessus de portes sont en cuivre doré. La grande porte cintrée ouvrant sur le *cabinet des Raretés* est décorée d'un grand bas-relief, peint en camaïeu de bronze doré, et ses deux battants[3], les plus beaux de toutes les portes des grands appartements, sont ornés de sculptures dorées d'un goût exquis.

Il y avait à droite de la grande porte un tableau de Carrache, représentant l'*Enlèvement d'Anchise par Énée*, et à gauche, un tableau du Guide, représentant une *Fuite en Égypte*. Le *Mercure* dit qu'il y avait de plus un portrait du Roi, de 9 pieds de haut, peint à cheval[4], et un *David près de Bethsabée*, de Paul Véronèse. Ces tableaux sont remplacés aujourd'hui par des prises ou sièges de villes de Van der Meulen ou de son école. En outre, huit bustes de porphyre, posés sur des scabellons de même matière, étaient aux côtés des portes et de la fenêtre. Ce salon était éclairé par un lustre d'argent suspendu au milieu et par des girandoles posées sur des guéridons or et azur.

Salon de Vénus ou grande Salle de l'escalier du Roi (107).

Ce salon fut à l'origine la première salle des grands appar-

---

[1] Les chiffres indiquent les numéros des salles, donnés dans le Catalogue Soulié.

[2] Sur l'emplacement actuel du salon d'Hercule et du vestibule situé au-dessous.

[3] Dussieux, *Le Château de Versailles*, t. Ier.

[4] Ce portrait est aujourd'hui au salon de l'Œil-de-Bœuf.

tements du Roi; il ouvrait, comme celui de Diane, sur l'escalier des Ambassadeurs. Les « portes de ces deux salons, sculptées par Caffiéri, étaient d'une incomparable beauté, et leurs restes sont les seuls débris de l'ancien escalier des Ambassadeurs[1] ». Les portes intérieures de ce salon, ses chambranles de marbre à moulures, ses dessus de portes, aussi en marbre, avec leurs bas-reliefs en cuivre doré représentant des Amours soutenant des guirlandes, sont d'admirables œuvres d'art décoratif. Houasse a peint au milieu du plafond *Vénus couronnée par les Grâces* et *Vulcain lui apportant des armes que cette déesse lui a fait forger*, et, tout autour, dans quatre tableaux carrés : *Auguste présidant aux jeux du cirque* (allusion au carrousel de 1662), *Nabuchodonosor et Sémiramis faisant élever les jardins de Babylone* (allusion aux travaux exécutés dans les maisons royales), *Alexandre épousant Roxane* (allusion au mariage du Roi), *Cyrus montrant son armée à une princesse qu'il veut secourir* (allusion à la guerre des droits de la Reine).

De splendides marbres en mosaïque lambrissent cette salle, ses quatre dessus de portes sont ornés de bas-reliefs en cuivre doré; les colonnes, aussi en marbre, ont leurs bases et leurs chapiteaux en cuivre doré. Un attrait particulier à ce salon, ce sont, entre les portes et les fenêtres, des peintures à perspective de Jacques Rousseau[2].

« Deux, qui sont situées entre les portes des bouts de la salle, représentent des édifices et des jardins; les deux autres, entre les trois fenêtres, font voir comme des niches enrichies de coquilles et de bas-reliefs d'or, avec des statues de Méléagre et d'Atalante; mais, peintes avec tant d'art et dans un jour si favorable, qu'on a peine à croire qu'elles ne soient pas de relief, et même quatre pilastres peints de marbre et d'ordre ionique, aux côtés de ces niches, semblent si vrais, que les yeux y sont trompés de près comme de loin[3]. »

Sous Louis XIV, deux grands lustres d'argent et huit girandoles de cristal portées par des guéridons dorés éclairaient la

---

[1] Dussieux, *Le Château de Versailles*, t. Ier.

[2] Rousseau (Jacques), 1630-1693. Il avait aussi séjourné longtemps en Italie.

[3] Félibien, *Description de Versailles*.

salle. Les portières et les tabourets étaient de velours vert galonné d'or. De toutes ces richesses, il reste quatre vases d'albâtre à godrons contournés, du temps de Louis XIV; quant aux appliques, elles sont de l'époque de Louis-Philippe.

Le salon de Vénus était destiné à la collation. Celle-ci était dressée, dit le *Mercure*, sur plusieurs tables couvertes de flambeaux d'argent et de corbeilles de filigrane remplies de fruits crus, de citrons, d'oranges, de pâtes et de confitures de toutes sortes, étalés en pyramide et accompagnés de fleurs.

Salon de Diane ou Salle de Billard (108).

Le plafond, peint par Blanchard, nous montre Diane, entourée du Sommeil et des Songes agréables. « Les Nymphes qui l'accompagnent préparent des filets pour la pêche et la chasse. » Quatre tableaux cintrés représentent, dans les voussures, les princes navigateurs ou chasseurs célèbres de l'antiquité. Les sujets des voussures sont : *Cyrus à la chasse au sanglier* (Audran), *César envoyant une colonie romaine à Carthage* (Audran), *Jason et les Argonautes* (Delafosse), *Alexandre à la chasse au lion* (Delafosse).

Les bas-reliefs de cuivre doré qui sont au-dessus des portes représentent : *Diane et Actéon, Diane protégeant Aréthuse, Une offrande de fleurs et un sacrifice faits à Diane.*

Le tableau de la cheminée est un portrait de Marie-Thérèse, attribué à Beaubrun[1], et, vis-à-vis, est une réplique du portrait de Louis XIV par Rigaud; l'original est au Louvre.

Vis-à-vis des fenêtres est un piédouche avec des trophées de bronze en bas-reliefs posés ensemble sur un grand socle. Il porte le buste de Louis XIV par le Bernin (1685), placé sous une couronne portée par des enfants ailés de bronze doré et exécuté avec l'emphase qui caractérisait sa manière.

Notre attention est encore sollicitée dans ce salon par une belle table en bois sculpté et doré, avec dessus en mosaïque de Florence, exécutée aux Gobelins, du temps de Louis XIV. On y remarque aussi un curieux autographe de Mansart avec

---

[1] Ils étaient deux dont les noms sont inséparables, Henri et Charles (1603-1677 — 1604-1692), cousins et non frères. Ils furent les portraitistes mondains de la première génération du règne de Louis XIV.

une note marginale écrite par Louis XIV. Des quatre bustes qui s'y trouvent actuellement, nous citerons ceux de Colbert et du Grand Dauphin (en marbre), de Coysevox, œuvres de premier ordre; la figure grave et pensive du grand ministre contraste avec le visage poupin et insignifiant du jeune prince.

Sous Louis XIV, quatre grands lustres et quatre chandeliers d'argent, posés sur des guéridons dorés de 6 pieds, étaient « aux angles d'un billard couvert d'un grand tapis traînant à terre, de velours cramoisi garni d'une frange d'or ». Quatre formes (bancs sans dossier) de même étoffe, « posées sur deux estrades couvertes de tapis de Perse rehaussés d'or et d'argent », servaient de sièges aux dames de la Cour. Quatre caisses d'orangers d'argent et quatre girandoles d'argent, portées par des guéridons dorés, étaient à côté. Au bord de la cheminée et au foyer étaient une grande cassolette, des vases et deux chenets d'argent de 2 pieds de haut[1]. La plaque de la cheminée est elle-même une œuvre d'art, et sa tablette est décorée d'un petit bas-relief en marbre blanc, représentant la Fuite en Egypte, exécutée par Van Opstal, sur le dessin de Sarrazin.

Salon de Mars, salle des bals et concerts (109).

Audran a peint le plafond, qui représente le dieu des batailles dans un char traîné par des loups. Les deux tableaux des extrémités montrent *Hercule soutenant la Victoire* (Jouvenet) et *La Terreur s'emparant des puissances de la Terre* (Houasse).

Six tableaux peints en manière de bas-reliefs d'or représentent des héros marchant à la guerre : *César passant en revue ses légions* (Audran), *Cyrus haranguant ses soldats* (Jouvenet), *Démétrius Poliorcète prenant une ville* (Audran), *Le Triomphe de Constantin* (Houasse), *Alexandre Sévère dégradant un officier* (Houasse), *Marc-Aurèle faisant consul Albinus* (Jouvenet).

Les bordures, les angles et la frise sont enrichis de trophées d'armes, en relief doré[2] d'une exécution magistrale.

---

[1] Tous ces détails sont donnés par le *Mercure de France*.

[2] Six portraits du Titien étaient sur les quatre portes et sur deux

Ce salon fut d'abord une salle des gardes. Il devint ensuite une salle de jeu, de bal et de concerts.

Après avoir décrit le nombre de figures d'argent, de vases, de buires, de miroirs et de chandeliers du même métal qui se trouvaient dans cette pièce, le *Mercure* ajoute : « Un trou-madame[1] de marqueterie, posé sur une table de velours vert, entouré de pentes de velours cramoisi à frange d'or, est au milieu de la chambre. Une table carrée, quatre en triangles et six à pans sont autour. Toutes ces tables sont couvertes de velours vert galonné d'or et garnies de flambeaux d'argent à tous leurs angles; on joue sur ces tables à plusieurs sortes de jeux de cartes, ainsi qu'à divers jeux de hasard... »

Deux peintures de Van der Meulen et deux tapisseries des Gobelins, représentant des faits militaires du règne de Louis XIV : *La Prise de Dôle* et *L'Entrée du Roi à Dunkerque*, décorent aujourd'hui le salon de Mars. Entre les fenêtres est un tableau du Dominiquin : *Le roi David*, malheureusement dans l'ombre; sur le parquet, un superbe tapis de la Savonnerie[2].

Salon de Mercure ou Chambre du Lit (110).

La décoration du salon de Mercure était toute de marbre; la cheminée qui existait a été détruite.

Au plafond, Mercure conduit un char traîné par deux coqs : le dieu est accompagné de la *Vigilance*, du *Soin*, de l'*Adresse*, de la *Science*, de l'*Industrie* et de la *Musique*.

Quatre grands tableaux flanquent ce milieu. L'œuvre est de J.-B. de Champagne[3].

Le sujet des voussures, qui sont du même peintre, représente : *Alexandre retenant le philosophe Calamus, Ptolémée dans la bibliothèque d'Alexandrie, Auguste recevant une am-*

---

cabinets de marqueterie dont on vantait le fini du travail. (Dussieux, t. Ier.)

[1] Le trou-madame se jouait avec de petites boules d'ivoire qu'on poussait dans des ouvertures en forme d'arcades, marquées de différents chiffres.

[2] Cette manufacture, qui datait de Marie de Médicis (1615), a été réunie aux Gobelins en 1628. Elle était située à Chaillot.

[3] Neveu du grand peintre Philippe de Champagne.

bassade d'Indiens et *Alexandre et Aristote*. Il y a, en outre, quatre médaillons en camaïeu.

L'ameublement, depuis les tapisseries et le lit, jusqu'aux tabourets, était de velours cramoisi. Au fond de l'alcôve du lit, il y avait une *Assomption* et un *Saint Sébastien* d'Annibal Carrache; au côté droit, une *Musique* du Dominiquin, et à gauche, une *Vierge* du Titien. Du même maître, sur la cheminée, était une *Descente de Croix*, et vis-à-vis une *Cène*; enfin, on voyait sur les portes deux portraits de Van Dyck.

Entre autres merveilles, comme, par exemple, une balustrade d'argent de 2 pieds et demi et un très grand lustre du même métal, il existait entre les fenêtres, au-dessus d'une grande table, un miroir de 9 pieds de haut, bordé d'un manteau royal soutenu dans les côtés par l'*Abondance* et la *Magnificence*, et portant sur le fronton deux *Renommées*. Deux Amours soutenaient la couronne. Le long de la chambre, une table pentagone, une carrée et une en triangle servaient au jeu du Roi et de la Reine et de la famille royale.

Actuellement, trois tapisseries des Gobelins représentent des faits militaires du règne de Louis XIV : *Le Siège de Tournai, Louis XIV au siège de Douai, La Défaite des Espagnols près de Bruges*. Sur le parquet est un très beau tapis de la Savonnerie.

Le salon de Mercure servit de chambre à coucher au petit-fils de Louis XIV, le duc d'Anjou, après sa reconnaissance comme roi d'Espagne, sous le nom de Philippe V.

Salon d'Apollon ou Chambre du Trône (111).

Dans ce salon, le Roi donnait audience aux ambassadeurs.

C'est encore le *Mercure* qui nous éclaire sur son ameublement.

Sur une estrade, couverte d'un tapis de Perse à fond d'or, s'élevait un trône d'argent[1], de 8 pieds de haut. Quatre enfants portant des corbeilles de fleurs soutenaient le siège et

---

[1] Le trône était placé dans cette salle, mais on en faisait rarement usage en cet endroit. Cependant, Louis XIV y donna audience à l'ambassadeur de Perse.

En 1742, on porta le trône dans la Grande-Galerie, pour la réception

5

le dossier, garnis de velours cramoisi, avec une campane
d'or en relief; sur le haut du cintre que formait le dossier,
Apollon était en pied, ayant une couronne de laurier sur la
tête et tenant sa lyre. La *Justice* et la *Force* étaient assises
sur les deux tournants. Le dais était de même nature que la
tapisserie[1].

A droite du trône était un *David* du Dominiquin; à gauche,
une *Thomyris trempant la tête de Cyrus dans le sang* (de Rubens); dans les côtés, étaient posés quatre grands tableaux
du Guide, représentant les travaux d'Hercule. Ces six tableaux
sont au Louvre.

Le plafond, d'un beau coloris, est l'œuvre de Delafosse,
ainsi que les peintures des voussures, qui représentent :
*Coriolan et Véturie, Vespasien faisant construire le Colisée,
Auguste faisant bâtir le port de Misène* et *Porus devant
Alexandre.*

Apollon est dans le milieu du plafond, entouré des Saisons
et des Mois. Sur les deux portes étaient deux tableaux de Van
Dyck, l'un représentant le *Prince Palatin et son frère*, et
l'autre une *Vierge*, un *David* et une *Madeleine.*

Les serrures de ce salon, en cuivre doré, sont très belles.
Cucci en fut sans doute le ciseleur. Beaucoup de ses vitres
sont encore des glaces à biseau du temps de Louis XIV. Mais
les fermetures des fenêtres sont, comme dans presque tous
les grands appartements, de laids ouvrages du temps de
l'Empire[2].

Les lambris de marbre ont disparu; sur les murs, trois
grandes tapisseries des Gobelins représentent des scènes du
règne de Louis XIV : *L'Entrevue de Louis XIV et de Philippe IV, Le Mariage du Roi et de l'infante Marie-Thérèse,
L'Audience de l'ambassadeur d'Espagne.* Au milieu de la salle,

---

des ambassadeurs du Grand Seigneur; en 1778, dans le salon d'Hercule,
pour la réception des envoyés de Tippo-Saïb, et en 1789, dans la salle
des Etats-Généraux, pour la cérémonie de l'ouverture de l'Assemblée.

[1] On voit encore les trois pitons dorés qui servaient à suspendre ce
dais.

[2] Ce qui permet de croire, les fenêtres et les vitres ayant été conservées, que les fermetures anciennes ont été détruites par quelque
enragé classique de l'école de David. (Dussieux, *Le Château de Versailles*, t. Ier.)

sur un tapis à fond jaune et bleu, où se détache la tête du
Roi-Soleil constellée de rayons, est une table sur laquelle est
placée une statuette de Louis XIV en empereur romain. Le
socle est en marbre des Pyrénées rouge et vert.

Au salon de la Guerre se terminent les grands appartements du Roi. Avec la Grande-Galerie et le salon de la Paix,
il marque leur séparation d'avec les grands appartements de
la Reine. Ils formaient la façade principale du corps du Château sur les jardins.

Salon de la Guerre (112).

Ce salon, terminé en 1686 (comme celui de la Paix), fut
établi sur trois pièces[1] qui complétaient de ce côté le grand
appartement du Roi. Le plafond, exécuté par Le Brun, dans
la période glorieuse du règne de Louis XIV, représente la
France portée sur un nuage. Elle est entourée de *Victoires*
chargées de lauriers ou soutenant des tableaux sur lesquels
sont des inscriptions rappelant les triomphes de Turenne et
de Créqui sur les Allemands. Les quatre voussures ont pour
sujets l'*Allemagne*, la *Hollande*, l'*Espagne* vaincues ou impuissantes, et *Bellone* en fureur. Toutes ces peintures sont
entourées de riches bordures.

La décoration de ce salon est toute de marbre et de « chutes
de trophées » en bronze doré, ou de panneaux de glace. Le
Roi à cheval, dit le *Mercure*, grand comme le naturel, est en
relief sur la cheminée; ses ennemis vaincus sont renversés
sous les pieds de son cheval; et la *Victoire*, la *Valeur* et la
Renommée l'accompagnent. Dans la fermeture de la cheminée,
on voit l'*Histoire*, qui est tout entière occupée à décrire tant
de grands événements[2]. On admire aujourd'hui ce splendide
bas-relief, mais ici, comme ailleurs, ont disparu toutes ces
richesses d'ameublement que les Gobelins avaient déversées
sur le Palais. Écoutons le *Mercure* :

« Huit grands brancards d'argent portent des chandeliers

---

[1] La plus rapprochée du salon d'Apollon était un grand cabinet du
Conseil, dont le plafond, représentant Jupiter, par Noël Coypel, fut
transporté dans la salle des Gardes de la Reine.

[2] Ce bas-relief est en stuc et placé sur une cheminée feinte, en campan vert et entourée de figures en stuc bronzé.

de deux pieds. Deux vases de même hauteur accompagnent chaque brancard et garnissent les entre-deux des fenêtres et des portes. On voit dans les angles des vases d'argent posés sur quatre guéridons, or et azur. Un grand chandelier d'argent ou lustre à huit branches pend au milieu de ce salon. » Le salon de la Guerre, comme celui de la Paix, garde comme un précieux ornement les six bustes d'empereurs romains en marbre de couleur et à tête de porphyre, posés sur des piédestaux également en marbre de couleur. Ces bustes sont ceux qui figurent dans l'inventaire de Mazarin, dressé en 1653 par Colbert[1]. Ces têtes des douze Césars, de travail italien, furent léguées par le cardinal à Louis XIV. Girardon exécuta en marbre les draperies et ornements des corps de ces bustes, sans doute pour remplacer les corps d'albâtre signalés dans l'inventaire de Mazarin et qui probablement étaient alors en mauvais état.

La Grande-Galerie (113).

La Grande-Galerie s'élève sur l'emplacement de la terrasse qui se trouvait à la façade de Le Vau et devant le mur de cette façade[2]. Elle est comprise entre le salon de la Guerre et le salon de la Paix, avec chacun desquels elle communique par une grande arcade.

Sa longueur est de 72 mètres, sa largeur de 10 mètres, sa hauteur de 13 mètres.

Elle est éclairée par dix-sept grandes fenêtres cintrées, auxquelles correspondent dix-sept arcades revêtues, dans toute leur hauteur, de glaces à biseau[3] réunies par des cuivres dorés finement ciselés. Trois de ces arcades servent de porte pour faire communiquer la Galerie avec l'OEil-de-Bœuf. Il y a aussi une porte donnant sur la salle du Conseil.

Toute la Galerie est revêtue des plus beaux marbres et de grands trophées de cuivre doré, modelés par Coysevox.

Fenêtres et arcades sont séparées par des pilastres de

---

[1] Cet inventaire a été publié par M. le duc d'Aumale à Londres, en 1861. (Dussieux, *Le Château de Versailles*, t. 1er.)

[2] Ce mur existe encore, avec tous ses ornements; on peut le voir derrière l'extrados de la voûte de la Grande-Galerie.

[3] Chaque arcade renferme 18 glaces (au total, 306).

marbre, dont les piédestaux et les chapiteaux, d'ordre composite (ordre français), avec des têtes de coq, symbole de la
France, des soleils, devise du Roi, et des fleurs de lys, sont
en cuivre doré, œuvres de Tubi et Caffiéri. Quatre grandes
niches[1] renferment des statues de marbre blanc, qui, sous
Louis XIV, étaient des antiques; ce sont aujourd'hui des
copies de l'antique (*Vénus, Pâris, Mercure, Minerve*). La corniche en stuc doré, sculptée en grande partie par Coysevox,
est décorée de couronnes de France, de colliers du Saint-
Esprit et de Saint-Michel, et d'autres ornements.

La voûte, en forme de berceau en plein cintre, fut peinte
par Le Brun en quatre ans (1679-1682). Cette œuvre colossale comprend six grands tableaux dans le grand cintre, deux
grands tableaux aux extrémités et vingt-deux petits tableaux
dans le reste de la voûte, entre les grands. Ces peintures sur
toile marouflée sont renfermées dans de riches bordures de
sculpture dorée. Elles représentent l'histoire de Louis XIV,
de 1661 à 1678, et constituent l'œuvre principale de Le Brun
à Versailles.

Encore fort belle, lorsqu'elle est toute nue, comme nous
la voyons aujourd'hui, il est difficile de se représenter ce que
la Grande-Galerie devait être avec le somptueux ameublement
qui la décorait. Mais, grâce aux *Comptes des Bâtiments* et
aux anciennes descriptions, surtout celles du *Mercure galant*
et de Félibien, cette restitution peut se faire.

La Galerie était éclairée par seize grands chandeliers d'argent, portés par des guéridons dorés, par deux rangs de douze
beaux lustres de cristal, et, aux deux bouts, par deux lustres
d'argent à huit branches. Les rideaux étaient de gros damas
blanc, brochés d'or; le parquet était couvert de deux
grands tapis de la Savonnerie. Les tabourets, qui n'étaient
pas en argent, étaient recouverts de velours vert entouré
d'une bande de brocart d'or avec une frange de même.
D'autres meubles étaient ornés de broderies exécutées sur
les dessins de Bonnemer. Le billard était aussi orné de
velours vert à franges d'or, et accompagné de vingt-quatre
formes ou sièges de velours vert à franges d'or. Des tables

---

[1] Une de ces niches présente cette particularité d'avoir son socle à
l'envers des autres.

d'albâtre à bordures de bronze ciselées par Devaux, des vases de porphyre apportés de Rome [1], des vases et des navicelles d'albâtre artistement travaillés ornaient la Galerie ; ces derniers vases s'y trouvent encore. Mais le mobilier, en argent massif et ciselé, ou en argent doré, était la plus grande richesse de la Galerie. Il se composait de tables, de grands guéridons, de candélabres à huit branches, ornés de Cupidons et de Satyres, de chandeliers dont la décoration représentait les mois, les saisons ou les travaux d'Hercule, de girandoles, de torchères, de caisses et de vases pour y mettre des orangers, et des scabellons pour les porter, de bancelles, dont certaines de 10 à 12 pieds de long, de tabourets, de buires et d'aiguières, de brancards, etc..., le tout fondu et ciselé aux Gobelins, sur les dessins de Le Brun.

Les grandes pièces d'orfèvrerie étaient dans les entre-deux des fenêtres et des arcades. « Huit brancards d'argent, dit le *Mercure* [2], portant des girandoles, sont entre quatre caisses d'orangers d'argent, portées sur des bases de même métal et garnissent l'entre-deux des fenêtres, et huit vases d'argent accompagnent les brancards qui sont aux côtés des portes. Quatre torchères dorées portent dans les angles de grands chandeliers d'argent. Huit girandoles d'argent sont sur des guéridons dorés, posés au milieu des fenêtres de glaces. »

Avec ses meubles d'argent, ses rideaux de damas blanc, ses glaces multipliées, ses lustres de cristal ou d'argent suspendus au milieu de guirlandes de fleurs d'où rayonnait la lumière des innombrables bougies de cire blanche, le coup d'œil de la Grande-Galerie devait être merveilleux, quand s'y pressait le soir tout ce monde brillant de princesses et de princes, de grands seigneurs et de grandes dames « couverts de costumes aux couleurs éclatantes, et ruisselant de diamants, de pierreries et de broderies d'or ».

L'épuisement du Trésor, par suite des dépenses de la guerre de la Ligue d'Augsbourg, força Louis XIV à faire fondre son argenterie (1689) [3], entre autres les grandes pièces

---

[1] « Nous croyons que ce sont les beaux vases qui se trouvent actuellement dans la salle des Gardes de la Reine. » (Dussieux, t. Ier.)

[2] *Mercure* de 1682.

[3] Dangeau, *Mémoires*, 1689.

d'orfèvrerie, les grands vases à mettre des orangers, les bassins et brancards pour les porter, les grands guéridons, etc..., dont plusieurs tableaux du Musée de Versailles et de Trianon nous montrent des spécimens[1].

Salon de la Paix (114).

Ce salon, comme celui de la Guerre, a conservé sa décoration primitive : comme lui, il est entièrement revêtu de marbres ornés de trophées en cuivre doré et de panneaux de glaces. Il possède également six bustes d'empereurs romains, au corps de marbre et à la tête de porphyre.

Les peintures du plafond, exécutées par Le Brun, contrastent avec celles du salon de la Guerre. C'est ici « le séjour de la douceur et du plaisir ». Au centre, on voit la *France* sur un char, précédée de la *Paix* et accompagnée de l'*Abondance* et de l'*Allégresse*; l'*Hymen*, couronné par les *Grâces*; l'*Autorité royale poursuivant la Discorde* et la *Magnificence* complètent cette composition, dont quelques détails font allusion au mariage du Dauphin avec une princesse de Bavière, et à ceux de Mademoiselle et de Mlle d'Orléans avec le roi d'Espagne et le duc de Savoie. Les peintures des voussures montrent l'*Espagne*, l'*Allemagne* et la *Hollande* heureuses et se livrant à la joie, et l'*Europe chrétienne en paix*.

Le tableau de François Lemoyne, représentant Louis XV donnant la paix à l'Europe, a été placé au-dessus de la cheminée en 1729; c'est de la peinture claire, gaie, qui annonce un art nouveau.

La cheminée, en campan vert, supporte deux vases de

---

[1] Le tableau de Hallé, représentant la réparation faite à Louis XIV par le doge de Gênes, celui de Christophe (*Le Baptême de Monseigneur*), *La Naissance du duc de Bourgogne*, par Dieu, etc... Ces tableaux ont fait place à des tapisseries. — D'après l'ordre de Louis XIV, on porta à la Monnaie, du 12 décembre 1689 au 19 mai 1690, 1,200 pièces d'argenterie (cabinets, tables, guéridons, coffres, fauteuils, sièges, tabourets, bancelles, balustrades et garnitures de cheminées, bordures de miroirs, torchères, girandoles, chandeliers, bras, nefs, bassins, vases, urnes, aiguières, buires, flacons, cuvettes, plateaux, salières, pots à fleurs, cassolettes, caisses d'orangers, brancards, sceaux, etc.) et 668 objets en filigrane d'argent.

porphyre et une petite copie en marbre de la *Cléopâtre* antique ou de l'*Ariane*, par Pierre Julien.

Sous Louis XV, le salon de la Paix fut réuni à l'appartement de Marie Leczinska et devint le salon de jeu de la Reine. On ferma l'arcade qui le fait communiquer avec la Galerie par un grand châssis peint des deux côtés, que l'on pouvait enlever lorsque, dans les grandes cérémonies, les deux salons devaient être réunis à la Galerie.

Marie Leczinska y tenait sa Cour et y donnait des concerts.

La Grande-Galerie fut le théâtre de deux événements historiques importants [1] : la réparation faite à Louis XIV par le doge de Gênes Lescari (15 mai 1685) et la réception des ambassadeurs de Siam, le 1er septembre 1686.

Le 7 décembre 1697, les fêtes données à l'occasion du mariage du duc de Bourgogne y furent célébrées. A ce propos, la relation du *Mercure* [2] est le tableau le plus complet qui semble avoir été écrit du luxe et des détails de toilette de la Cour de Louis XIV.

La Galerie vit aussi, le 19 février 1714, une autre cérémonie imposante : la réception de l'ambassadeur de Perse, que devait représenter le peintre Coypel.

APPARTEMENTS PARTICULIERS DU ROI

Tandis que les grands appartements du Roi étaient du côté des jardins, ses appartements particuliers étaient situés sur la cour de Marbre, à droite et au centre. A gauche, sur la cour Royale, était l'appartement de Mme de Maintenon.

Les appartements particuliers du Roi comprenaient : le *cabinet des Médailles* ou *des Raretés* (137), la *Petite-Galerie* (132-133-134), le *vestibule de l'escalier des Ambassadeurs* (135-136), le *salon Ovale* (131), le *cabinet des Agates et des Bijoux* (130), le *cabinet des Pendules* (127), le *cabinet du Billard* (126), le *cabinet du Roi* (125) et le *cabinet des Perruques* (125 *bis*),

---

[1] *Mercure* de 1685.

[2] La relation du *Mercure* de 1697 sera donnée plus loin.

Château de Versailles, vu de l'avant-cour, d'après I. Silvestre, 1674 (époque de Le Vau).

les *petits cabinets*, la *chambre à coucher de Louis XIV* (124),
l'*antichambre du Roi* ou l'*OEil-de-Bœuf* (123), l'*antichambre*
(*salle à manger du Roi*) (121), la *salle des Gardes du Roi* (120).

Le Cabinet des Médailles ou des Raretés (137).

C'était la première pièce des appartements particuliers
du Roi. Il était ainsi appelé parce qu'il renfermait les médailles et les pierres gravées du Roi. Sous Louis XIV, sa
forme était celle d'un octogone plus long que large, avec une
coupole ovale. Il était couvert d'or, de glaces, de cristal et de
peintures de Boulogne[1]. L'entablement du plafond avait, dans
sa frise, cinquante intervalles d'un pied de profondeur, tous
remplis de vases d'agate et de filigranes d'or, que des glaces,
dont les intervalles étaient revêtus, semblaient multiplier.

Vingt-quatre tableaux de Raphaël, Léonard de Vinci,
André del Sarto, Mantégna, Van Dyck, Holbein, Paul Véronèse, Claude Lorrain, Annibal Carrache, etc..., étaient placés
au-dessous des douze armoires ou cabinets renfermant les
médailles et les pierres gravées, et sur les armoires on avait
placé quatre statues antiques, huit statues d'argent et quantité de vases précieux. Beaucoup d'autres, en jade, en agate,
en jaspe, en cornaline, en onyx, en calcédoine, en héliotrope,
en améthyste, en prime d'émeraude, tous d'un travail exquis
et de grandeur surprenante, étaient posés sur plus de cent
consoles.

Le parquet de marqueterie[2] était l'œuvre de Poitou; le
grand bureau du cabinet des Médailles était de l'ébéniste
Oppenord[3]. Le fondeur Le Verve l'avait décoré d'ornements
en cuivre doré; de plus, il avait fait les draperies de bronze
doré pour les bustes à têtes de porphyre qui ornaient le cabinet et dont les piédestaux d'ébène avaient été exécutés par
Cucci; l'orfèvre Besle avait enchâssé dans de l'or le sceau

---

[1] Boulogne ou Boullongne (Bon), l'aîné (né et mort à Paris, 1649-1717),
appelé souvent Bon Boullongue.

[2] Voir Félibien et les *Comptes des Bâtiments*.

[3] *Comptes des Bâtiments* (1686). — Cet habile artiste, né à Gueldre,
fut naturalisé en 1679.

d'Auguste, l'une des plus belles pièces du cabinet. Les tables étaient l'ouvrage de Lepautre [1].

Si le cabinet des Médailles [2] date en réalité de François Ier, on peut dire que Louis XIV lui donna de tels développements qu'il peut en être regardé comme le vrai fondateur. D'abord établi au Louvre, puis à la Bibliothèque du Roi, le cabinet des Médailles fut transporté à Versailles par les soins de Louvois, qui venait de succéder à Colbert dans la charge de surintendant des Bâtiments (1684). Il fut confié aux soins éclairés de l'antiquaire Rainssant. « Le Roi s'amusoit à voir ses médailles les après-dînées, dit Choisy, et ce fut ce qui augmenta beaucoup le grand crédit du Père de la Chaise, son confesseur. Ce père aimoit fort les médailles, et prétendoit s'y connoître. Il prit ce prétexte pour être presque toujours avec le Roi. »

L'un des successeurs de Rainssant, Boze (1719), transféra le cabinet à Paris, à la Bibliothèque du Roi (1741).

Détruit par Louis XV, quand on refit toute cette partie du Château et qu'on démolit l'escalier des Ambassadeurs, le cabinet des Médailles devint la salle actuelle. La nouvelle pièce servit plus tard aux spectacles des petits cabinets et devint ensuite une antichambre de l'appartement de Madame Adélaïde. A la création du Musée, on y a placé les précieuses gouaches de Van Blarenberghe, exécutées sous Louis XVI et représentant les batailles et sièges du règne de Louis XV.

La Petite-Galerie (132-133-134).

La Petite-Galerie, commencée en 1685, remplaça l'appartement que Mme de Montespan occupait au temps de sa faveur et que Louis XIV joignit à son petit appartement. Elle fut décorée par Mignard. La favorite déchue alla occuper l'appartement des Bains, au rez-de-chaussée (1684). « Ce changement de logement, dit Saint-Simon, fut le premier grand pas de sa disgrâce et de son éloignement. » Ajoutons qu'il indiquait aussi

---

[1] Lepautre, Pierre (1660-1744), sculpteur, fils de l'architecte Antoine Lepautre (1621-1691) et neveu de Jean Lepautre (1618-1682), graveur éminent.

[2] Le cabinet des Médailles est l'une des principales richesses de notre Bibliothèque nationale.

d'une manière non équivoque l'influence définitive de Mme de Maintenon. C'est en effet l'époque où eut lieu le mariage secret du Roi avec la veuve du poète Scarron.

A chaque extrémité de la Petite-Galerie était un salon : le salon de l'Ouest attenait aux cabinets de l'appartement du Roi[1]. La voûte était peinte en marbre de différentes couleurs, avec l'or répandu partout. Au milieu, Mignard avait peint *Minerve et Apollon distribuant des récompenses aux Sciences et aux Arts*. La corniche était décorée de figures peintes en bronze et représentant la *Science*, la *Paix*, la *Justice*, la *Vertu héroïque*, la *Renommée*, l'*Histoire*, la *Rhétorique* et la *Perfection*. Dans le salon de l'Ouest, on voyait à la voûte *Prométhée dérobant le feu* et *Apollon sur son char accompagné des Heures* ; dans le salon de l'Est, *Vulcain créant Pandore* et *les Dieux et les Déesses admirant la beauté de Pandore*.

La galerie de Mignard a été détruite par Louis XV et transformée en trois salons. Aujourd'hui, les trois salles qui la remplacent portent les numéros 132-133-134[2].

Vestibule de l'Escalier des Ambassadeurs (135-136).

Le magnifique vestibule du *Grand-Degré* ou de l'*escalier des Ambassadeurs* est remplacé aujourd'hui par un escalier construit par Louis-Philippe et appelé à tort l'escalier des Ambassadeurs (135), et par la salle n° 136, qui fut à l'origine une antichambre de l'appartement de Madame Adélaïde. Cette chambre devint sous Louis XVI une salle de billard[3].

Salon Ovale (131).

Le salon Ovale n'existe plus ; il a été détruit vers 1750 et

---

[1] L'ébéniste Oppenord avait fait le parquet en compartiments de bois de diverses couleurs. — Audran a gravé les peintures de la Galerie. Celles des salons l'ont été pour l'ouvrage de Monicart (*Versailles immortalisé*).

[2] Elles firent partie des appartements de Madame Adélaïde (Voir chapitre suivant).

[3] Voir chapitre suivant.

remplacé par trois cabinets, un grand et deux petits[1]. Le grand servait à Louis XV pour serrer ses papiers, pour écrire et dessiner.

Cabinet des Agates[2] et des Bijoux (130) et Cabinet des Pendules (127).

Sous Louis XIV, ces deux pièces, séparées seulement par des arcades, formaient une grande salle décorée de nombreux tableaux et d'objets d'art.

Louis XIV fit l'acquisition de beaucoup d'objets précieux et rares pour son cabinet des Médailles et pour le cabinet des Agates, à Constantinople, dans le Levant, à Augsbourg, partout où l'on trouvait de belles choses, des curiosités. Les Comptes donnent la liste des objets d'art de toutes sortes dont une partie se retrouve aujourd'hui dans la collection des gemmes de la galerie d'Apollon, au Louvre. Bronzes, groupes, statuettes et bustes sont à la galerie de Trianon, au cabinet des Médailles de la Bibliothèque nationale, à la salle des bronzes modernes et à la salle des bronzes anciens, au Louvre.

Le *cabinet des Agates* fut détruit sous Louis XV et transformé[3].

Cabinet du Billard (126).

Le cabinet du Billard communiquait avec le cabinet du Roi et constituait la première salle de l'aile droite de la cour de Marbre. Louis XIV « s'amusait fort, dit Saint-Simon, du jeu de billard, et le goût lui en dura fort longtemps ». Ses partenaires habituels étaient Monsieur de Vendôme et Monsieur le Grand, et tantôt le maréchal de Villeroi et le duc de Gramont. Le conseiller au Parlement Chamillart, joueur

---

[1] Il existe aux Archives nationales (O. 1773, liasse intitulée *Petits Appartements*) un croquis à l'encre de Chine représentant le salon Ovale.

[2] Le parquet de marqueterie et les chaises du cabinet des Agates étaient de Boulle. (Comptes de 1686.)

[3] Voir chapitre suivant.

habile, y fit sa fortune de ministre. Ce cabinet était décoré
de dix-sept girandoles de bronze doré, œuvre de Boulle.

Cabinet du Roi et Cabinet des Perruques (125).

Ces deux pièces, qui, depuis Louis XV, n'en forment plus
qu'une, étaient séparées sous Louis XIV. La partie la plus
rapprochée de sa chambre à coucher était le cabinet du Roi,
l'autre formait le cabinet des Perruques.

Le *cabinet des Perruques* ou *cabinet des Termes* était décoré de vingt figures d'enfants en forme de termes, placées
au-dessus de la corniche. Dans cette pièce étaient rangées
dans une armoire, couverte de glaces, les perruques du
Roi, qui en changeait plusieurs fois par jour. « Avant que le
Roi se lève, le sieur Quentin, qui est le barbier ayant soin
des perruques, se vient présenter devant Sa Majesté, tenant
deux perruques, ou plus, de différentes longueurs; le Roi
choisit celle qui lui plaît, suivant ce qu'il a résolu de faire
dans la journée. Quand le Roi est levé et peigné, le sieur
Quentin lui présente la perruque de son lever, qui est plus
courte que celle que le Roi met ordinairement et le reste du
jour..... Le Roi, dans la journée, change de perruques, comme
quand il va à la messe, après qu'il a dîné, quand il est de
retour de la chasse, de la promenade, quand il va souper, etc.
Le garçon qui est commis pour peigner les perruques du Roi
a 200 écus sur sa cassette[1]. »

Le *cabinet du Roi*, aux boiseries élégamment sculptées, richement meublé[2], était décoré de précieux tableaux dont les
bordures étaient en bois sculpté par Calliéri ou en argent ciselé; l'une était en or émaillé. On y voyait, dès 1670, sept têtes
de marbre par Vinot, sept bustes d'albâtre, un groupe de
bronze, représentant l'*Enlèvement des Sabines*. On y ajouta
des vases de cristal de roche et de prime d'émeraude, en 1684.

Dans ce somptueux cabinet, Louis XIV travaillait, tenait
conseil, et, après souper, se réunissait aux princes et prin-

---

[1] *État de la France en 1708.*

[2] Le bureau était couvert de velours vert. L'encrier et le poudrier,
œuvres de l'orfèvre De Villers, étaient d'argent ciselé; les cachets étaient
d'or. (Comptes de 1684-1685-1686.)

cesses de la famille royale. Il y avait rassemblé de fort belles cartes manuscrites et gravées[1], ainsi que des tableaux manuscrits, des plans de villes, de forêts, de terres et seigneuries, etc...

Il faut reconnaître que cette salle, située au cœur du Palais, était aussi la plus importante et, comme on l'a dit avec raison, le centre même de la monarchie. Là se décidèrent presque toutes les grandes résolutions du règne jusqu'en 1715[2].

Sous Louis XV, le cabinet des Perruques et le cabinet du Roi furent réunis et prirent le nom de salle du Conseil, et la décoration fut changée.

Les Petits Cabinets de Louis XIV.

Les petits cabinets de Louis XIV, ou les *cabinets de derrière* (Saint-Simon), étaient placés autour du balcon de la cour des Cerfs. Il est difficile d'en déterminer l'exacte topographie, par suite des bouleversements accomplis sous Louis XV. C'est là que Louis XIV avait une salle de bains, ses chiens, et que se tenaient les gens de service, garçons bleus et autres. Une porte les fait communiquer avec le cabinet du Conseil. Le *cabinet des Chasses* de Louis XV était alors un escalier ou degré dérobé, qui permettait d'arriver plus ou moins en secret dans la chambre du Roi ou dans son cabinet[3]. Comme les personnes qui montaient chez le Roi par le degré dérobé ne passaient pas par la salle des Gardes et l'antichambre, c'est-à-dire par les devants, on disait qu'elles entraient *par les derrières*, c'est-à-dire par les cabinets situés derrière l'appartement du Roi.

---

[1] On les trouve aujourd'hui aux archives de la Préfecture de Seine-et-Oise et à la Bibliothèque de Versailles, entre autres, une grande carte topographique du cours du Rhin, un tableau historique et chronologique du Dauphiné, les blasons des chevaliers du Saint-Esprit, créés par Louis XIV, etc...

[2] C'est dans le cabinet du Roi qu'eut lieu la reconnaissance du duc d'Anjou comme roi d'Espagne.

[3] Voir les transformations opérées par Louis XV (chapitre suivant).

Chambre à coucher de Louis XIV (124).

Jusqu'en 1701, cette pièce fut un grand cabinet où le Roi s'habillait[1], le *grand salon du Roi*, comme l'appelait le *Mercure*[2]. Les fiançailles du duc de Chartres et du duc du Maine y furent célébrées (février et mars 1692). En 1701, Louis XIV la fit transformer par Mansart. Le salon « où le Roi s'habille » devint la chambre à coucher telle qu'elle existe encore aujourd'hui. En même temps, la chambre à coucher et le salon des Bassan furent réunis en une seule pièce et formèrent la grande antichambre connue sous le nom de l'*OEil-de-Bœuf*.

La chambre à coucher actuelle, d'une grande magnificence, présente à l'attique au-dessus de la corniche quatre peintures : les *quatre Évangélistes*, de Valentin, et les portraits d'Anne d'Autriche et de Marie-Thérèse, celle-ci tenant le Grand Dauphin sur ses genoux.

Le milieu du plafond n'a pas de décoration. Vers 1813, on y avait placé un plafond de Paul Véronèse représentant *Jupiter foudroyant les Crimes*, qui provenait du palais ducal de Venise. En 1859, cette peinture altérée par l'humidité a été transportée au Louvre, et le plafond rétabli dans son état primitif par Questel. Le lit du Roi est placé vis-à-vis des fenêtres, sous une grande arcade surbaissée. Félibien en a donné une exacte définition : « Deux figures de femmes assises sur l'archivolte de l'arcade tiennent des trompettes en leur main pour représenter des Renommées. Tout le dedans du cintre de la même arcade est rempli d'un compartiment doré de cadres et de roses qui forment, sur un fond blanc, une espèce de mosaïque. C'est là que l'on a représenté, dans l'étendue du même cintre, par des sculptures toutes dorées, la France assise sur un amas d'armes, sous un riche pavillon.

« Le reste du même enfoncement, sous la corniche qui sépare le cintre, est tendu pour l'hiver de tapisserie, et le lit

---

[1] Dangeau, *Mémoires*, IV.
[2] C'était, en effet, le grand salon du château de Louis XIII.

qu'on y a placé est neuf et d'un dessin aussi beau que magnifique. Il est de velours cramoisi couvert de broderie si tissue
d'or qu'à peine en peut-on reconnaître le fond. On voit encore dans cette chambre quatre portières de tapisserie neuve
à fond d'or, où des ornements ingénieusement travaillés et
des figures au naturel représentent les quatre Saisons. » Ces
portières n'existent plus.

A droite et à gauche du lit, il y avait deux tableaux : l'un,
du Dominiquin, représentant *David chantant les louanges du
Seigneur*; l'autre, de Raphaël, représentant *Saint Jean à
Pathmos*. Ils sont remplacés aujourd'hui par deux tableaux
religieux de l'école des Carrache. Une balustrade placée en
avant du lit le séparait du reste de la chambre.

Toute la chambre était décorée de boiseries sculptées et
dorées sur fond blanc, qui existent encore.

Les meubles de la cheminée, les glaces étaient dignes de
la chambre, où figuraient encore sept tableaux de maîtres.

C'est dans cette chambre qu'avaient lieu, chaque jour, les
cérémonies du lever et du coucher du Roi, qu'il donnait audience aux ambassadeurs et au nonce, recevait le serment
des grands officiers de sa Maison et dînait au petit couvert.

Louis XIV y mourut le 1er septembre 1715, à huit heures
du matin.

L'ancienne décoration de la chambre de Louis XIV et le
balustre en bois doré ont été conservés, mais l'ameublement
actuel est tout entier de l'époque de Louis-Philippe. Le
lit et les fauteuils ont été faits avec des fragments de tapisseries provenant de l'ancienne chambre de parade ou salon
d'Apollon. Un buste de la duchesse de Bourgogne, par
Coysevox, et un médaillon en cire, d'Antoine Benoist, représentant Louis XIV et exécuté en 1706[1], sont les œuvres d'art
les plus intéressantes exposées dans cette pièce.

C'est au balcon de la chambre à coucher de Louis XIV que
Marie-Antoinette, Louis XVI et le Dauphin durent apparaître
au matin du 6 octobre 1789 et promettre de rentrer à Paris.

[1] Dussieux, *Le Château de Versailles*, t. 1er.

Le Château sur le Parc (époque de Le Vau), d'après PÉRELLE.

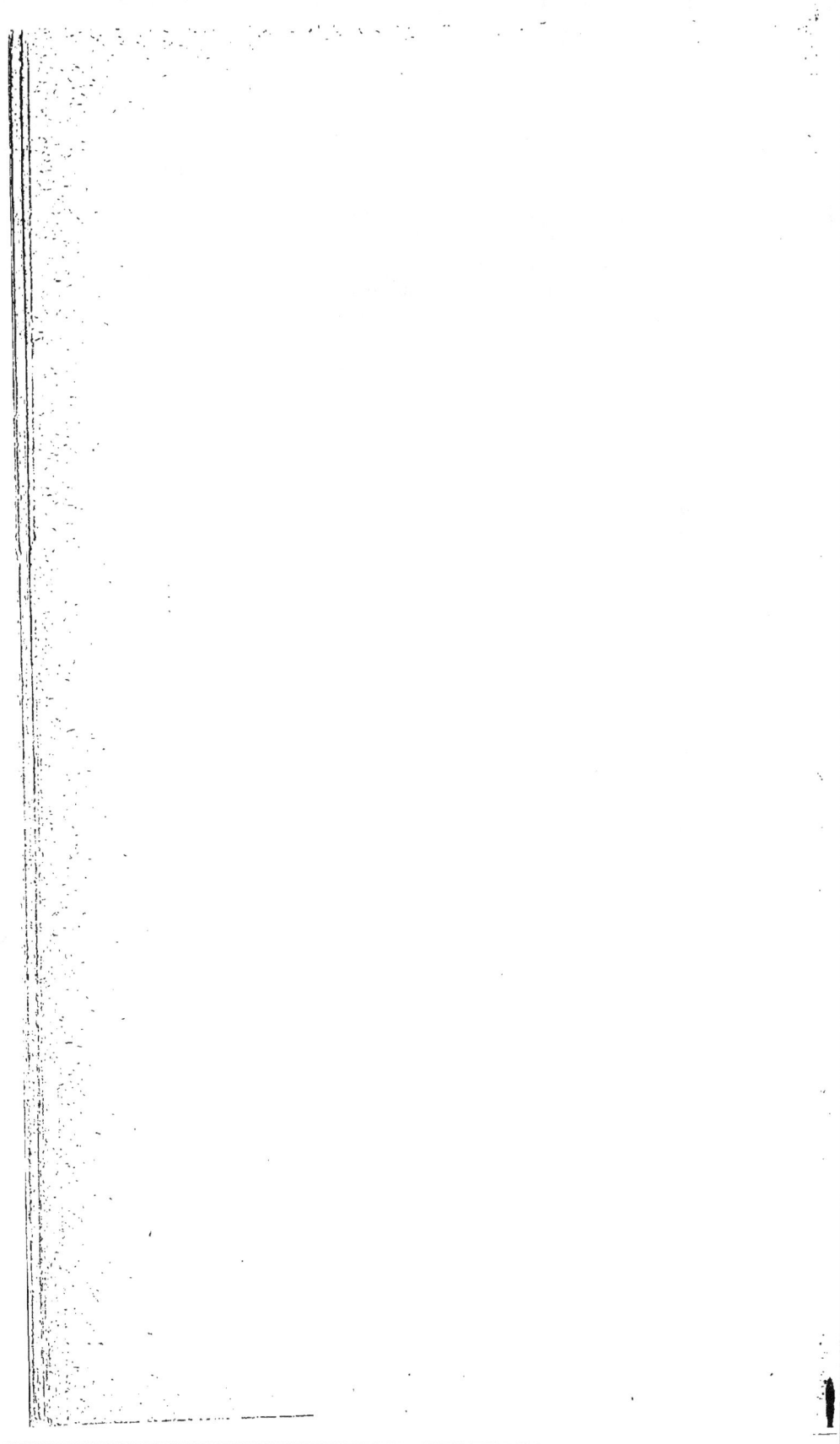

L'Antichambre du Roi ou l'Œil-de-Bœuf (123).

Ce dernier nom, qui lui fut donné sous Louis XV, lui vient
de la fenêtre ovale qui fut pratiquée en 1701. Au temps de
Louis XIV, on l'appelait l'*antichambre du Roi* et, quelquefois,
le *salon des Nobles*.

Avant 1701, il formait, comme nous l'avons vu, deux pièces :
la chambre à coucher de Louis XIII, devenue la première
chambre à coucher de Louis XIV, dans la partie adjacente à
la chambre à coucher actuelle, et le salon des Bassan, ainsi
appelé à cause de plusieurs tableaux du maître vénitien qui
étaient au-dessus des portes et des lambris[1].

En 1701, ces deux pièces réunies devinrent l'antichambre
de la nouvelle chambre à coucher de Louis XIV. Trois portes
la font communiquer avec la galerie des Glaces.

La décoration de l'Œil-de-Bœuf est très belle, et ce qui la
distingue entre tout, c'est la frise rampante de la voûte, en
bas-reliefs de stuc doré : des enfants courant après des oiseaux, domptant des bêtes farouches, sautant, dansant, ma-
niant des armes, ou portés en triomphe. Elle a été modelée
par Flamen, Van Clève, Hurtrelle, Lespingola, Poirier et
Hardy ; elle est d'une légèreté, d'une élégance et d'un fini qui
rappellent les rondes et les groupes d'enfants des premiers
sculpteurs de la Renaissance italienne.

La pièce est ornée de glaces ou de boiseries sculptées
dorées, d'une grande finesse, exécutées par Taupin, Dugoulon, Bellay et Le Goupil, d'un goût excellent. Les bronzes dorés
ou cuivres ciselés dorés sont l'œuvre de Julien Lochon, et les
dorures ont été exécutées par Desauziers et Tristan.

On peut remarquer, dans cette salle, une très belle table
du temps de Louis XIV, des portraits de princes et de princesses de la maison d'Orléans, un tableau de Nocret[2], représentant la famille de Louis XIV, et un portrait équestre du
même roi, placé autrefois dans le salon de l'Abondance.

C'est dans cette première chambre à coucher que Louis XIV

[1] Félibien.

[2] Nocret (Jean), né à Nancy (1615-1672); ce tableau, intitulé d'abord
Une Assemblée de Dieux, a été fait sous forme allégorique.

fut opéré de la fistule, le 18 novembre 1686. Molière y exerça pendant quelque temps ses fonctions de valet de chambre-tapissier.

Antichambre du Roi ou chambre où le Roi mange (121).

Le Roi prenait ses repas dans cette chambre quand il mangeait chez lui en public; on y servait le dîner et le souper en cérémonie. Là, tous les lundis matin, il prenait connaissance des placets que les auteurs étaient venus poser respectueusement sur une table couverte d'un tapis de velours vert.

L'ancienne décoration a disparu, sauf la cheminée en marbre de Languedoc et en campan vert, l'entablement avec ses sculptures dorées, les chambranles des portes et des fenêtres en bois sculpté, et doré autrefois. Tous les lambris ont été peints en imitation de marbre sous Louis-Philippe.

On y trouve quelques tableaux intéressants de Van der Meulen, entre autres la vue du Château de Versailles sous Louis XIII et au commencement du règne de Louis XIV, des Parrocel et un Cortone représentant des batailles.

Salle des Gardes du Roi (120).

De même, ici, l'ancienne décoration est assez rare. Les chambranles des fenêtres et des portes en bois sculpté ont été peints en couleur de marbre sous Louis-Philippe, ainsi que les lambris. La corniche a conservé ses sculptures dorées représentant des sujets de guerre, et la cheminée, avec sa plaque, existe encore. Comme la précédente, cette salle renferme des tableaux de batailles et surtout une représentation fort curieuse du grand carrousel de 1662. La salle des Gardes était la pièce d'entrée de l'appartement particulier de Louis XIV.

LES GRANDS APPARTEMENTS DE LA REINE

Les appartements de la Reine ont été la résidence successive de la reine Marie-Thérèse, morte en 1683; de la Dau-

phine de Bavière, femme de Monseigneur, morte en 1690 ; de
la duchesse de Bourgogne, morte en 1712 ; de l'infante d'Espagne, fiancée à Louis XV, de 1722 à 1725, date de la rupture
du mariage projeté ; de la reine Marie Leczinska, morte
en 1768, et de Marie-Antoinette, qui les occupa comme dauphine de 1770 à 1774, et comme reine jusqu'au 6 octobre 1789.

Ces appartements comprenaient, sous Louis XIV, une salle
des gardes, une antichambre, un salon ou grand cabinet et
une chambre à coucher.

Sous Louis XV, on y ajouta le salon de la Paix, qui fut
affecté au jeu de la Reine.

Chambre de la Reine (115).

La chambre de la Reine avait, au temps de Louis XIV, une
grande balustrade d'argent que le Roi envoya à la Monnaie
en 1689. La duchesse de Bourgogne, quand elle l'habita, y
avait fait placer de magnifiques cabinets ornés de colonnes,
de figures de vermeil, de peintures, d'émaux et de gemmes,
dans lesquels étaient ses bijoux et pierreries.

La décoration de cet appartement a été changée sous
Louis XV. Les anciennes peintures du plafond de Gilbert de
Sève ont été remplacées par des camaïeux exécutés par Boucher. Les sculptures des angles du plafond, avec leurs couronnes surmontées de dauphins et avec les aigles de la
maison d'Autriche, datent de Marie-Antoinette (1770). Les
lambris de marbre, enlevés en 1734, furent remplacés par
des tapisseries et trois grands trumeaux de glaces, dont les
cadres en bois sculpté doré représentaient des palmiers mêlés
de festons de fleurs. « A leur tour, Louis-Philippe et son
architecte Nepveu ont remanié la chambre de la Reine et ont
presque complètement détruit la décoration. Ils ont fait disparaître la cheminée et sa glace et le trumeau qui était vis-
à-vis. La beauté du trumeau de glaces qui existe encore
entre les deux fenêtres permet de juger la gravité de cette
barbare destruction, faite sans autre but que le placement
de tableaux inutiles[1]. »

[1] Dussieux, *Le Château de Versailles*, t. Ier.

A noter les très beaux dessus de portes des peintres Natoire et de Troy, les portraits de Marie Leczinska et de Marie-Antoinette, œuvres de Nattier et de Mme Vigée-Lebrun. Trois magnifiques tapisseries, représentant des scènes de la vie d'Esther par de Troy, sont apposées aux murs et forment un splendide décor; ce sont : *L'Évanouissement, Le Repos* et *Le Couronnement d'Esther.*

Cet appartement a vu de nombreux événements : la mort de deux reines et de deux dauphines, et la naissance de dix-neuf « Enfants de France ».

La reine Marie-Thérèse mourut dans cette chambre le 30 juillet 1683. La Dauphine de Bavière, qui vint occuper cet appartement après la mort de la Reine, y donna le jour, le 19 décembre 1683, au duc d'Anjou, depuis roi d'Espagne, et le 31 août 1686, au duc de Berry. Elle y mourut le 20 avril 1690.

La duchesse de Bourgogne y mit au monde trois princes : un premier duc de Bretagne, qui naquit le 25 juin 1704 et mourut l'année suivante; — un second duc de Bretagne, né le 8 janvier 1707, devenu dauphin à la mort de son père, le duc de Bourgogne (18 février 1712), et mort quelques jours après (8 mars 1712); — enfin, le duc d'Anjou (Louis XV), né le 15 février 1710. Elle y mourut le 12 février 1712.

La reine Marie Leczinska donna naissance dans cette chambre à dix enfants : le 14 août 1727, à deux jumelles, Madame Elisabeth et Madame Henriette; — le 28 juillet 1728, à Madame Troisième[1], morte jeune; — le 4 septembre 1729, au Dauphin; — le 30 août 1730, à un duc d'Anjou, mort jeune; — le 23 mars 1732, à Madame Adélaïde ou Madame Troisième; — le 11 mai 1733, à Madame Victoire ou Madame Quatrième; — le 27 juillet 1734, à Madame Sophie ou Madame Cinquième; — le 16 mai 1736, à Madame Sixième, morte jeune; — le 15 juillet 1737, à Madame Louise ou Madame

---

[1] Les naissances des Enfants de France devaient se faire publiquement, en présence des princes du sang et de nombreux spectateurs. — Il était d'usage à la Cour de désigner par des noms de nombres ordinaux les filles du Roi non encore baptisées, et par conséquent non encore nommées. On ondoyait les enfants à leur naissance, et on ne les baptisait que longtemps après, à l'âge de dix ou douze ans.

Septième. Marie Leczinska mourut dans cette chambre le 24 juin 1768.

Marie-Antoinette y mit au monde : le 19 décembre 1778, Marie-Thérèse, devenue plus tard duchesse d'Angoulême; — le 22 octobre 1781, le premier Dauphin, mort en 1783; — le 27 mars 1785, le second Dauphin, mort au Temple; — le 9 juillet 1786, Madame Sophie, morte l'année suivante.

En 1775, un passage avait été établi par Louis XVI pour pouvoir se rendre chez la Reine librement, sans être vu des courtisans. Il fut établi au moyen d'un corridor qui enleva aux filles de Louis XV une partie de leurs appartements[1]. Ce passage était établi, en grande partie, sous la galerie des Glaces et aussi sous l'Œil-de-Bœuf[2], et, dans presque toute son étendue, pratiqué dans les entresols de ses appartements ou de ceux de la Reine.

Une deuxième communication, à côté de la première, fut établie avec la chambre de la Reine; elle a été détruite sous Louis-Philippe. Aujourd'hui, une porte placée au-dessous du tableau de Marie Leczinska fait pénétrer dans les appartements de Marie-Antoinette.

A noter de belles consoles surmontées de vases de porphyre rouge (navicelles) avec garniture de cuivre doré.

Salon (ou grand cabinet) de la Reine (116).

Ici se tenait le cercle, et se faisaient les réceptions et présentations. Le siège de la Reine était placé au fond de la salle, sur une estrade couverte d'un dais.

La décoration est mi-partie de l'époque de Louis XIV et mi-partie de celle de Louis XV. Ainsi, à l'une des portes, le chambranle est du XVIIᵉ siècle, mais les boiseries de l'ébrasement sont du XVIIIᵉ. Le plafond, peint par Michel Corneille, représente *Mercure répandant son influence sur les arts et les sciences*. Les peintures des voussures ont pour sujets : *Sapho*

[1] Lettre du comte de Mercy-Argenteau à Marie-Thérèse (20 avril 1775).
[2] Dussieux, *Le Château de Versailles*, t. Iᵉʳ. — Les salles nᵒˢ 30, 32 et 33 n'avaient pas la disposition actuelle. La salle nᵒ 30 formait alors deux pièces avec des entresols.

jouant de la lyre, Pénélope faisant de la tapisserie, Aspasie au milieu des philosophes, Césisène faisant de la peinture.

Aux angles du plafond sont quatre figures allégoriques : la *Vigilance* (Mercure avec un coq), l'*Académie* (un homme assis tient une banderole sur laquelle on lit : « A l'immortalité »), le *Commerce* (un homme assis près d'un ballot), la *Diligence* (un jeune homme tient une flèche et un éperon).

Les lambris de marbre ont disparu. A leur place sont trois tapisseries des Gobelins, où sont représentées des scènes historiques du règne du Grand Roi : *Le Sacre de Louis XIV, L'Alliance avec les Suisses* et *La Visite de Louis XIV à la Manufacture des Gobelins.* A noter aussi deux belles consoles; celle du fond est surmontée d'une statue équestre de Louis XIV, reproduction minuscule de la statue élevée par La Feuillade sur la place des Victoires.

Après la mort de Marie-Thérèse, le corps de la Reine fut déposé dans ce salon, où eurent lieu les cérémonies officielles. Dans cette même pièce furent exposés sur des lits de parade les corps de la duchesse et du duc de Bourgogne, morts à quelques jours d'intervalle, pour être transportés à Saint-Denis le 23 février 1712.

Antichambre de la Reine ou du Grand Couvert (117).

Sauf le plafond, qui a été changé, cette salle a conservé à peu près complètement sa décoration primitive. On a remplacé sous le premier Empire la peinture de Vignon, *Mars et sa planète,* par un *Saint Marc* de Paul Véronèse, transporté au Louvre pendant le règne de Napoléon III, et on a placé alors une bonne copie ancienne du tableau de Le Brun représentant la famille de Darius. Ce plafond est entouré de six camaïeux peints en bronze, sur lesquels on voit les actions mémorables de diverses reines : *Rodogune jurant de venger son mari,* par Vignon; *Artémise combattant contre les Grecs, Zénobie combattant Aurélien, Ipsicrate suivant Mithridate à la guerre, Clélie à cheval, Arpélie arrachant à l'ennemi son mari prisonnier.* Aux murs, sont quatre tapisseries des Gobelins représentant des faits importants du règne : *La Reddition de Marsal, La Prise de Lille, L'Audience de l'ambassadeur d'Espagne* et *L'Audience du nonce du Pape, le cardinal Chigi, présentant les réparations au Roi* (1662-1664). La tapisserie au centre représente les armes de la Couronne.

La duchesse de Bourgogne y fit faire, en 1710, un théâtre, afin de se donner le plaisir de la comédie pendant les derniers temps de sa grossesse. Le 9 janvier, on y joua *Polyeucte* et, le 11, le *Misanthrope*.

C'est dans l'antichambre de la Reine que se tenait le grand couvert, lorsque la Reine seule, ou quelquefois le Roi avec elle, y mangeait en public. (A son petit couvert, la Reine mangeait dans sa chambre ou dans l'un des quatre cabinets.) Cet ennuyeux cérémonial de dîner en public, fidèlement observé par Marie Leczinska, fatiguait Marie-Antoinette, qui s'affranchit de cette gêne sitôt reine.

Salle des Gardes de la Reine (118).

Elle fut appelée primitivement la *salle du Billard.* D'abord toute pavée et lambrissée de marbre, elle fut ensuite parquetée; mais les chambranles et les lambris de marbre furent conservés, et cette belle salle a encore toute sa décoration Louis quatorzième.

Le plafond représente *Jupiter accompagné de la Justice et de la Pitié*, œuvre de Noël Coypel, qui a peint aussi aux voussures : *Ptolémée Philadelphe rendant la liberté aux Juifs, Alexandre Sévère faisant distribuer du blé, Trajan rendant la justice, Solon expliquant ses lois.* Coypel peignit aussi, sur la corniche, une balustrade d'or, avec des personnages nombreux paraissant admirer « la magnificence du lieu ».

On remarque dans l'ameublement actuel : aux angles, quatre vases de porphyre rouge, qui étaient autrefois dans la Grande-Galerie; — sur la cheminée, une navicelle en porphyre rouge avec garnitures de cuivre doré; — une table en bois sculpté doré, dont le dessus est une plaque d'échantillons de marbres, évidemment faite aux Gobelins. Nous citerons aussi le beau portrait en pied de la duchesse de Bourgogne, par Santerre.

L'événement historique capital de la salle des Gardes est la

défense qu'y firent les *gardes du corps,* le 6 octobre 1789,
pour arrêter les bandes armées qui avaient envahi le Château, dès six heures du matin, et voulaient pénétrer dans
l'appartement de la Reine par l'escalier de Marbre. Un des
gardes, Varicour, placé en sentinelle à la porte qu'il barrait
avec son mousqueton, reçoit un coup de sabre sur la main ;
il est désarmé et entraîné dehors jusque sur la place d'Armes,
où on lui tranche la tête. Un autre garde, Durepaire, après
avoir failli recevoir une pique en pleine poitrine, parvient à
se dégager ; il est remplacé par un autre, Miomandre de
Sainte-Marie, qui ouvre la porte de l'antichambre, crie à une
femme de service : « Sauvez la Reine ! » et referme la porte.
Il put échapper à la mort. Le dévouement des gardes du
corps avait donné le temps à la Reine de se réfugier auprès
du Roi, et à la garde nationale de délivrer le Château de la
populace qui l'avait envahi.

LES PETITS APPARTEMENTS DE LA REINE

Les appartements actuels datent pour la plupart de Marie-
Antoinette. Ils eurent très peu d'étendue à l'époque de Marie-
Thérèse. Elle y avait un oratoire décoré par J.-B. de Champagne et Noël Coypel. En 1699, le duc de Bourgogne ayant
atteint l'âge fixé pour vivre avec la duchesse de Bourgogne,
à laquelle Louis XIV avait donné l'appartement de la Reine,
on éleva dans la *petite cour de Monseigneur* un bâtiment qui
coupa cette cour en deux ; et, au premier étage, on fit pour
le jeune prince un logement, qui établit en même temps une
communication avec l'appartement du Roi et l'appartement
de la duchesse de Bourgogne (par l'antichambre du Roi)[1].

En 1717, Pierre le Grand coucha dans l'appartement du
duc de Bourgogne, quand il vint visiter Versailles.

Sous Louis XV, cet appartement fut annexé aux petits
appartements de la Reine, et Marie Leczinska y fit faire de
nombreux changements, entre autres un atelier, dans lequel
elle occupait une partie de ses loisirs à l'étude de la peinture. Mais ce qui existe aujourd'hui date de Marie-Antoinette[2].

[1] *Mémoires* de Dangeau (1699).
[2] Un chapitre spécial est consacré à ces transformations, étudiées de
très près par M. de Nolhac.

L'ESCALIER DE LA REINE ET LES PREMIÈRES CHAPELLES

L'escalier de la Reine, le plus fréquenté autrefois, était situé vis-à-vis de l'escalier des Ambassadeurs, de l'autre côté de la cour Royale. Il fut pris en grande partie sur la chapelle qui fut abattue.

Une chapelle provisoire fut faite, qui occupait au rez-de-chaussée un vestibule conduisant à l'escalier de la Reine, le vestibule n° 41 et l'ancienne salle des Amiraux (n° 42); au premier étage, elle occupait tout l'emplacement de la grande salle des Gardes ou du Sacre (n° 140)[1].

La décoration de l'escalier de la Reine est toute de marbre de Dinant et de campan vert. De nombreuses sculptures dorées ornent, au premier étage, la niche qui se trouve entre les deux portes et l'entablement du haut de l'escalier.

Le vestibule est aussi tout lambrissé de marbre. Il est ouvert sur l'escalier par une grande arcade, en face de laquelle on a feint, dans le haut de l'escalier, une ouverture de même grandeur et remplie par un tableau représentant une galerie en perspective. Sur le devant est un jeune homme adossé contre un vase de fleurs. L'architecture a été peinte par Meusnier, les figures par Poerson, les fleurs par Blain de Fontenay. Au temps de Louis XIV, les trois arcades du vestibule du rez-de-chaussée étaient fermées par des grilles de fer exécutées par Delobel.

Grande Salle des Gardes (140).

Restaient de ce côté, au premier étage, la grande salle des Gardes, les deux salles qui servaient de passage pour aller dans l'aile des Princes et l'appartement de la gouvernante des Enfants de France.

La *grande salle des Gardes,* appelée aujourd'hui la *salle du Sacre,* fut auparavant, de 1670 à 1682, une chapelle. L'ancienne décoration a été complètement détruite; les peintures

---

[1] En même temps, on commençait une nouvelle chapelle sur l'emplacement actuel du vestibule de la cour de la Chapelle et du salon d'Hercule. Elle fut inaugurée en 1682. (Dussieux, t. Ier.)

du plafond datent du Consulat. Les dessus de portes ont été
peints par Gérard. Nous y remarquons aujourd'hui trois immenses tableaux : *La Distribution des Aigles*, par David ; *La
Bataille d'Aboukir*, par Gros, et *Le Centenaire des Etats généraux au bassin de Neptune* (1889, 5 mai), d'un de nos peintres
contemporains marquants, Roll ; au milieu de la salle est une
statue de Napoléon mourant.

C'est dans la grande salle des Gardes, l'une des plus
vastes du Palais, que le Roi faisait chaque année la cérémonie de la Cène, le jeudi saint[1].

Louis XV et Louis XVI y tinrent plusieurs lits de justice.

Le 6 octobre 1789, Louis XVI, accompagné de M. de La
Fayette, y reçut le serment de fidélité des gardes nationales
parisiennes.

Salle servant de passage pour aller dans l'aile des Princes (144-145).
Les intrusions du public. — La police au Château.

La salle 144, qui renferme aujourd'hui une très remarquable collection de portraits de l'époque de Louis XIV, se
composait de deux parties : à droite, la décharge de la toilette
de la Reine ; à gauche, un passage établissant la communication entre la grande salle des Gardes et l'aile du Midi.

La salle 145 servait de vestibule d'entrée du côté de l'escalier des Princes. Sous Louis XV, on l'appelait le *salon des
Marchands* ; sous Louis XVI, on en fit la salle des *Cent-Suisses* ;
c'est aujourd'hui la salle de 1792[2]. Des marchands étaient
établis dans ce salon, dans les galeries et à chaque repos
des grands escaliers. On y vendait des livres et des articles
de papeterie, d'horlogerie, de toilette et de parfumerie. Dangeau nous apprend qu'il y avait aussi des mendiants dans
le Château, et le nombre en était devenu tel en 1700, que
Louis XIV « répandit cinquante Suisses pour prendre les gens
qui gueusoient et les faire conduire à l'hôpital général[3] ».

---

[1] Mme Campan, *Mémoires*, I. — Dussieux, I.

[2] En raison des tableaux militaires et des portraits de généraux se
rapportant à cette époque. Au milieu est une colonne en porcelaine de
Sèvres offerte à Napoléon Ier par la ville de Paris.

[3] Dangeau (1700).

Dans ce temps de pouvoir absolu, on est étonné de voir comme le souverain était peu gardé dans le Château, où il semble bien que la police fût nulle, à Versailles, à Marly et ailleurs.

A ce sujet, le Dangeau de la Cour de Louis XV, le duc de Luynes, raconte : « Deux commis des aides de Saint-Germain, qui étoient venus ici (à Marly) pour voir le château et le salon, ayant monté en haut dans le château pour regarder le salon de l'une des tribunes d'en haut, trouvèrent devant eux un escalier qu'ils crurent aussi bon pour redescendre que celui par où ils avoient monté ; cet escalier est celui qui donne dans les cabinets du Roi. Etant descendus en bas, ils arrivèrent à la porte du cabinet du Roi, où Sa Majesté travailloit avec M. le contrôleur général ; ils grattèrent, et le Roi vint lui-même leur ouvrir. Ils furent fort étonnés de voir le Roi, qu'ils reconnurent, et le Roi surpris de voir des gens qu'il ne connoissoit pas. Ils avouèrent qu'ils s'étoient égarés, et il n'en fut pas autre chose [1]. »

Luynes raconte un autre fait à la date du 8 avril 1751 : « Un homme habillé de noir toucha Madame Adélaïde dans la galerie, lorsqu'elle alloit à la chapelle ; on dit même qu'il la prit par l'épaule. Ce même homme, le soir, au grand couvert, s'approcha fort près de Madame Victoire et lui tendit la main en lui demandant l'aumône ; on l'arrêta.

« M. de Saint-Florentin l'a questionné ; on a su qu'il s'appelle Blondel : c'est un fol. Il a dit qu'il ne croyoit pas avoir rien fait de mal à propos ; que ces princesses étoient si belles, qu'il sembloit qu'il étoit permis de leur demander leur main à baiser. »

Autre preuve de cette absence de surveillance au cœur même du Palais : Louis XV descendant les marches de la nouvelle salle des Gardes (nº 27), pour monter en carrosse et aller à Trianon, fut blessé par Damiens, qui, au milieu des hommes et des chevaux, auroit pu facilement se sauver, mais qui ne bougea pas et se laissa arrêter.

Aux journées des 5 et 6 Octobre, la foule envahit facilement le Château. Dans la nuit du 6, faute de surveillance, des bandes d'assassins entrent dans le Parc, puis dans les cours

[1] 1746, 31 janvier.

du Château, et enfin dans les appartements, sans trouver le moindre obstacle, jusqu'à ce qu'enfin une demi-douzaine de gardes du corps les arrêtent un moment. Triste résultat de cette multiplicité de services, d'emplois, de chefs, dont la jalousie, les prétentions et la nonchalance amènent une anarchie générale et une incurie que les dangers les plus imminents ne peuvent vaincre[1].

APPARTEMENT DE LA GOUVERNANTE DES ENFANTS DE FRANCE

Dans ces salles était, sous Louis XIV, l'appartement de la maréchale de la Mothe, gouvernante des Enfants de France, qui y éleva les enfants du Grand Dauphin (les ducs de Bourgogne, d'Anjou et de Berry).

Deux pièces de cet appartement furent réunies, à la mort du duc de Bourgogne, en 1712, à celui de Mme de Maintenon, qui les rendit bientôt pour d'autres usages, et le cardinal de Rohan occupa les autres.

Sous Louis XV, ces pièces furent occupées par le cardinal de Fleury, puis par le duc d'Aumont, et sous Louis XVI, par le duc de Penthièvre.

Elles renfermaient une collection d'aquarelles représentant les principaux faits de notre histoire militaire de 1792 à 1839. Elles ont été placées dans une des salles de l'attique du Midi. Ces pièces servent actuellement de magasins.

APPARTEMENT DE Mme DE MAINTENON

Cet appartement, donné par Louis XIV à Mme de Maintenon[2] en 1682, occupait les salles actuelles 141, 142 et 143; mais les dispositions anciennes ont disparu par suite du bouleverse-

---

[1] On volait souvent au Château, même chez le Roi. En revanche, on prenait de grandes précautions contre les maladies du venin, petite vérole et rougeole, qui, par suite de l'ignorance des médecins, étaient trop souvent mortelles. Au premier symptôme, on mettait hors du Château toute personne atteinte. (Dussieux, Le Château de Versailles, t. Ier.)

[2] Mme de Maintenon avait aussi un hôtel, rue des Bons-Enfants, no 18.

ment que, dans l'ignorance de leur destination, on leur a fait subir sous Louis-Philippe.

« Louis-Philippe croyait que l'appartement de Mme de Maintenon était de l'autre côté de la cour; et cependant, avec la moindre recherche, avec le moindre travail, on eût trouvé la place de cet appartement, marquée sur un plan gravé en 1714, faisant partie du recueil de Demortain, et bien indiquée dans Félibien[1]. »

Il ne reste plus rien non plus de la décoration de cet appartement si plein de souvenirs et qui fut, on peut le dire, la partie principale du Château dès 1684 et le centre réel du Gouvernement, car la chambre de Mme de Maintenon servait souvent au Roi de cabinet du Conseil[2].

D'après le plan de 1714, la salle 141 formait deux antichambres entresolées : la première ouvrant sur le vestibule de l'escalier de la Reine, par où le Roi et la duchesse de Bourgogne entraient chez Mme de Maintenon. Dans cette antichambre, en face de la fenêtre, se trouvait un petit cabinet dans lequel un escalier conduisait aux entresols où logeaient ses femmes de service, Nanon entre autres.

La chambre à coucher de Mme de Maintenon était dans la salle 142, qui avait un appendice entre la seconde antichambre et la salle des Gardes, avec un petit cabinet de chaise percée et une étroite alcôve sans jour et sans air, où était placé son lit[3].

Le petit passage de biais qui conduisait de la chambre de Mme de Maintenon à son cabinet existe encore, sauf les cinq marches par où on y montait, qui ont été supprimées.

La salle 143 était le grand cabinet de Mme de Maintenon[4].

Deux petits cabinets noirs étaient établis dans le fond. La

---

[1] Dussieux, *Histoire du Château de Versailles*, t. Ier.

[2] Le cabinet de Mme de Maintenon servit de salle de comédies et de concerts pour l'amusement de la duchesse de Bourgogne, qui, elle aussi, passait une partie de sa vie chez *sa tante*. Dès 1689, il servit aux premières répétitions d'*Esther*. A partir de 1695, il devient une véritable salle de comédies.

[3] Comme la salle 141, elle a été diminuée d'un tiers sous Louis-Philippe, pour construire l'*escalier de stuc* qui continue l'escalier de la Reine et conduit à l'attique du Midi.

[4] La cheminée a disparu. Elle était pratiquée dans le mur de la salle des Gardes, vis-à-vis la fenêtre.

7

porte qui conduit à la *salle du Sacre* (ancienne salle des Gardes) n'existait pas. Elle date de Louis-Philippe. Une porte, aujourd'hui masquée, conduit à un petit escalier et de là à l'antichambre de l'appartement du duc de Bourgogne. C'est par là qu'on entrait dans le cabinet de Mme de Maintenon, sans entrer dans sa chambre à coucher.

En 1698, l'appartement fut agrandi par Mansart des pièces 146ª et 146ᵇ, occupées par le cardinal de Furstemberg[1] (partie des anciennes salles des aquarelles), que Mme de Maintenon dut céder le 26 mars 1713 pour le logement du duc d'Alençon, fils du duc de Berry, mort jeune.

REZ-DE-CHAUSSÉE

Les appartements du rez-de-chaussée sous Louis XIV comprenaient : 1° les trois salles 57, 58 et 59, dites des Maréchaux depuis l'organisation du Musée[2] ; 2° l'appartement des Bains (52 à 56) ; 3° la petite galerie d'en bas ou basse ; 4° l'appartement du Dauphin ; 5° le Grand-Degré ou l'escalier des Ambassadeurs ; 6° les salles 27 à 38.

Les salles 57 et 58 formaient l'appartement du marquis d'O. La salle 59 était le salon de l'escalier des Ambassadeurs.

I. — L'Appartement des Bains (52 à 56).

L'appartement des Bains comprenait cinq grandes pièces décorées avec luxe et revêtues des plus beaux marbres : le vestibule (56), la salle de Diane (55), le salon (54), la chambre de bains (53) et le cabinet des Bains (52). Ce dernier renfermait une grande cuve octogone, en marbre[3], d'autres cuves ou baignoires de marbre richement sculptées et un grand

---

[1] Louis XIV avait comblé de bienfaits ce prince d'origine allemande qui avait servi ses intérêts. Il l'avait fait nommer évêque de Strasbourg (1682) et cardinal (1686).

[2] Cette appellation des Maréchaux n'a plus sa raison d'être, ces salles étant en transformation pour devenir, comme toutes celles du corps central du rez-de-chaussée, des salles du XVIIIᵉ siècle. Celle des *Bains* doit cependant être retenue pour l'histoire des transformations du Château.

[3] Cette cuve fut transportée, sous Louis XV, à l'Ermitage, à Versailles, appartenant à Mme de Pompadour. En 1900, le comte Robert de Montes-

Le Château de Versailles, vu de l'avant-cour (époque de Mansart), d'après SILVESTRE (1682).

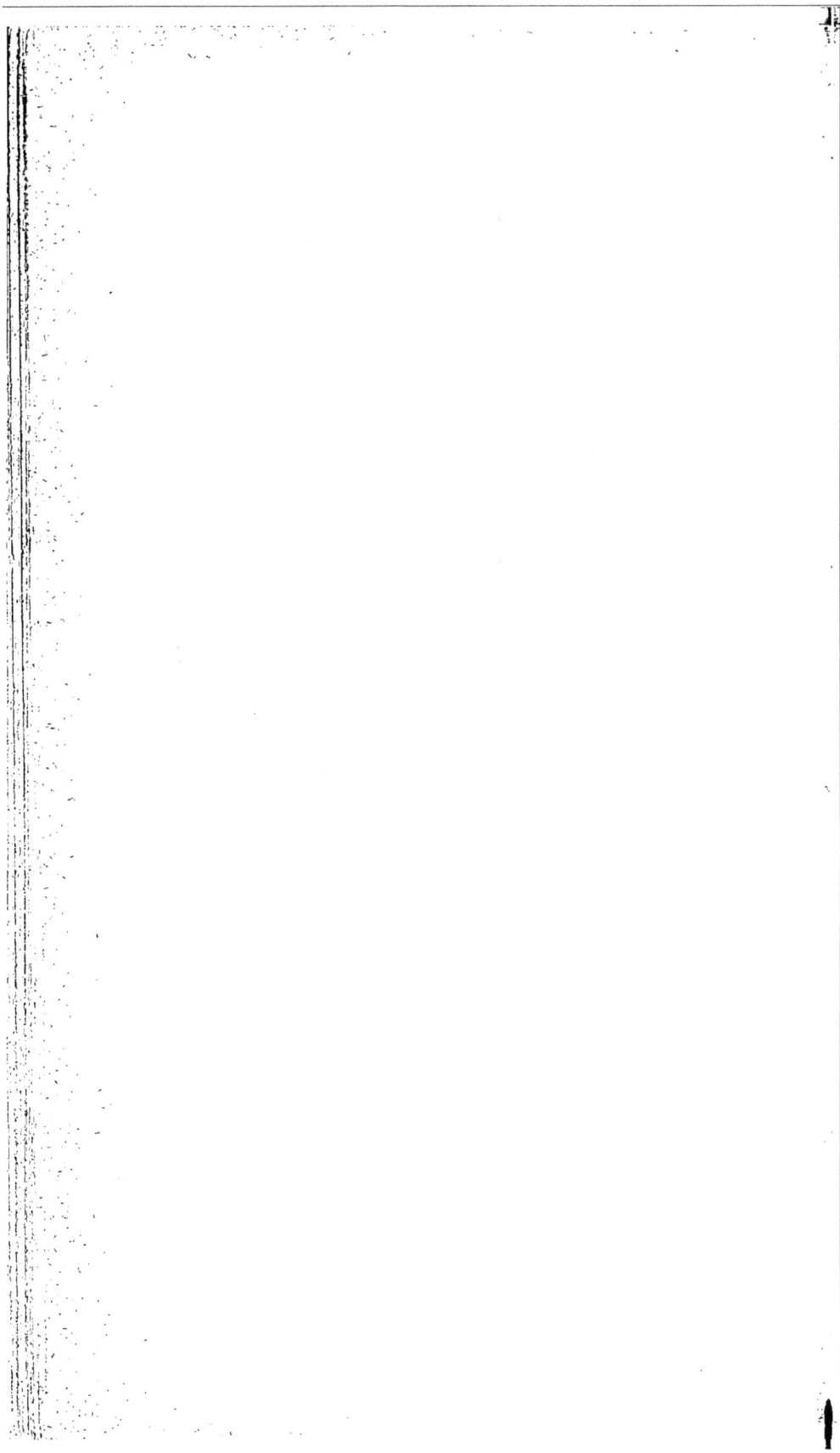

miroir de marbre, décoré d'ornements d'orfèvrerie et de cuivre doré.

Quand Mme de Montespan, au commencement de sa disgrâce, dut quitter le logement qu'elle occupait au premier étage, à côté de celui du Roi, elle prit l'appartement des Bains le 26 janvier 1685, jusqu'au 15 mars 1691, époque de son départ de la Cour.

Cet appartement fut ensuite occupé par le duc du Maine et, en 1714, par le comte de Toulouse. Sous Louis XV, la comtesse de Toulouse, le duc de Penthièvre, son fils, Mme de Pompadour, Mesdames Sophie et Victoire; sous Louis XVI, Madame Adélaïde, l'habitèrent successivement.

La décoration de l'appartement des Bains a été presque détruite sous Louis-Philippe. Il y a cependant quelques restes, spécimens charmants de l'art décoratif du xviiie siècle.

II. — Petite Galerie d'en bas ou Galerie basse (51).

Elle était située au rez-de-chaussée. C'est à tort qu'on lui a donné le nom de galerie de Louis XIII, puisqu'elle n'existait pas du temps de ce roi.

Elle servait à faire communiquer la cour de Marbre avec les jardins et l'appartement des Bains avec celui du Dauphin[1].

III. — Appartement du Dauphin[2] (41-50).

Le Grand Dauphin occupait les dix pièces numérotées aujourd'hui de 41 à 50. Les salles 41 et 42 n'en formaient qu'une qui était la salle des Gardes du Dauphin. — Les salles 43, 44 et 45 composaient les appartements de la Dauphine de Bavière. — Les salles 46 et 47 n'en formaient qu'une au temps du

---

quiou s'en est rendu acquéreur et l'a placée dans le jardin du *Pavillon des Muses*, qu'elle a orné durant neuf années. En 1909, elle passe de cette belle demeure au *Palais Rose*, du Vésinet, où le poète des *Perles rouges* s'installe et l'installe définitivement. (Voir *Versailles Illustré*, 7e année.)

[1] Derrière cette galerie existe un long corridor sombre qui servait de dégagement à ces deux appartements.

[2] La décoration primitive a été détruite par Louis XV en 1747, et celle du xviiie siècle l'a été presque entièrement par Louis-Philippe.

fils de Louis XIV; c'était sa chambre à coucher. Ce fut aussi
celle du duc de Bourgogne, puis celle de la duchesse de
Berry, du Régent et du Dauphin fils de Louis XV. En 1747,
quand on refit l'appartement de ce dauphin, la salle forma
deux pièces : le cabinet de la Dauphine (46) et la bibliothèque
du Dauphin (47). — La salle 48 était le grand cabinet de
« Monseigneur ». — La salle 49 était son cabinet, et fut aussi
celui du duc de Bourgogne, du duc de Berry et du Régent,
qui y mourut subitement le 2 décembre 1723. Le Dauphin
fils de Louis XV en fit sa chambre à coucher. — La salle 50
était le troisième cabinet de Monseigneur et faisait arriver
son appartement jusqu'à la galerie basse. Sous Louis XV,
après avoir fait partie de l'appartement du duc de Châtillon,
gouverneur du Dauphin, cette salle devint la seconde antichambre de l'appartement du Dauphin[1].

Les cabinets de Monseigneur[2] étaient si beaux, que
Louis XIV se plaisait à les faire voir à Jacques II, le 18 février 1689, comme l'une des merveilles du Château. Félibien
les décrit ainsi :

« C'est chez Monseigneur que, dans les deux grands cabinets de son appartement, l'on voit un amas exquis de tout ce
que l'on peut souhaiter de plus rare et de plus précieux, non
seulement pour les meubles nécessaires, pour les tables, les
cabinets, les porcelaines, les lustres et les girandoles, mais
encore pour les tableaux des plus excellents maîtres, pour les
bronzes, les vases d'agate, pour les camaïeux et pour d'autres
ouvrages et bijoux faits des métaux les plus précieux et des
plus belles pierres orientales.

« Le plus grand de ces riches cabinets occupe à présent la
place de trois pièces qui étoient autrefois proches de la
chambre du lit. Mignard[3] le Romain a peint le plafond du
cabinet, où il a représenté le portrait de Monseigneur. »

[1] L'appartement du Grand Dauphin avait ses dépendances sur la
cour de la Reine, notamment un petit cabinet appelé le *Caveau* et situé
au pied de l'escalier de la *Journée des Dupes*, qui lui servait à monter
chez le Roi. Le fils de Louis XIV couchait souvent l'hiver dans cet
étroit réduit.

[2] Le Grand Dauphin avait aimé de bonne heure le dessin, qu'Israël
Silvestre lui avait appris. C'était un amateur et un collectionneur distingué.

[3] Mignard avait séjourné de longues années à Rome.

Le troisième cabinet, donnant sur la galerie basse, avait au plafond des glaces de miroir avec des compartiments de bordures dorées sur un fond de marqueterie d'ébène. Boulle y avait effectué tous les ouvrages en marqueterie et Ballin y avait exécuté une grande table d'argent ciselé, supportée par quatre enfants assis sur des dauphins[1]. Les devants de la cheminée étaient décorés de peintures sur fond d'or.

Il y a dans l'appartement du Grand Dauphin très peu de restes de la décoration du temps : quelques balcons en fer forgé, des boutons de portes et des verrous en cuivre ciselé et doré de la salle 48. De la décoration du temps de Louis XV, il y a, çà et là, quelques débris : volets sculptés, fermetures des fenêtres en cuivre ciselé et doré. Seules, les salles 46, 47 et 49 ont échappé à la dévastation complète, et ce qui reste atteste combien d'admirables choses ont été détruites. Les salles 47 et 49 sont au nombre des plus belles œuvres de l'art décoratif du XVIIIe siècle. On y admire les cadres des glaces, les voussures et les gorges du plafond, les cheminées en marbre campan et décorées de ravissants cuivres dorés (salle 49), les sculptures des lambris, dont le badigeon qui les recouvre n'a pu détruire la légèreté et l'élégance, et les chambranles des fenêtres.

Quand le Grand Dauphin mourut, son appartement fut donné au duc de Bourgogne, puis au duc et à la duchesse de Berry[2]. L'appartement fut occupé ensuite par le Régent (1722-1723), par le duc de Bourbon pendant son ministère, par le Dauphin fils de Louis XV jusqu'à sa mort (1765), par le comte de Provence, de 1774 à 1788 ; enfin, par les Enfants de France, en 1788 et 1789.

IV. — Salles 27 à 38.

La salle 27 servait de salle des Gardes pour l'appartement particulier du Roi, auquel conduisait l'escalier n° 31. Louis XV venait de descendre cet escalier et de sortir de la salle des Gardes pour monter dans son carrosse, qui était rangé contre

---

[1] *Comptes des Bâtiments*. Grâce à ces documents, on a pu retrouver en grande partie l'ancien mobilier. Cette table fut payée 62,259 livres.

[2] Le plan de Demortain (1714) donne la distribution exacte de l'appartement à cette époque.

les marches de la cour de Marbre, lorsqu'il fut frappé par
Damiens, le 5 janvier 1757, à six heures du soir.

Les salles 28, 29 et 30 formaient l'appartement du capitaine
des gardes de quartier. Sous Louis XVI, la salle 30 était devenue la chambre à coucher de l'appartement des bains de
Marie-Antoinette, qui comprenait les salles 30, 31, 32 et 33.
Les vestibules n° 31 étaient, sous Louis XIV, des dépendances
de l'appartement des Bains; plus tard, ils devinrent des dépendances de l'appartement du capitaine des gardes. — L'escalier n° 31, ou petit escalier du Roi, auquel conduit ce vestibule, avait autrefois son issue dans la salle n° 28.

Le vestibule de Louis XIII (n° 32) est l'ancien péristyle du
premier château; il servait à passer de la cour de Marbre
dans les jardins. Ce passage fut supprimé vers la fin du règne
de Louis XV, et, sous Louis XVI, le vestibule devint une des
pièces de l'appartement des bains de Marie-Antoinette.

La salle 33 était, sous Louis XIII, la pièce principale de
l'appartement du comte de Soissons, grand maître de la garde-
robe. C'est là que coucha le cardinal de Richelieu pendant la
nuit du 11 au 12 novembre 1630, veille de la Journée des
Dupes. L'escalier de la Journée des Dupes débouche dans
cette salle. En 1747, la salle 33 fut ajoutée, ainsi que la
salle 34, à l'appartement du Dauphin; et, sous Louis XVI, la
partie de la salle 33 la plus rapprochée du vestibule de
Louis XIII fut transformée en salle de bains pour Marie-Antoinette. La salle 34 faisait aussi partie, sous Louis XIII, de
l'appartement du comte de Soissons. Les salles 35, 36 et 37
étaient affectées au service de la garde-robe du Roi et au logement des garçons de la chambre. — La salle 34 renferme
aujourd'hui une précieuse collection des vues du Château de
Versailles, Trianon, Clagny, Marly, Saint-Hubert, Saint-Cloud,
Meudon, Madrid, Fontainebleau, Saint-Germain et Vincennes,
des bosquets et jardins de Versailles, de Trianon et de
Marly, et de la machine de Marly. Ces tableaux, peints par
Van der Meulen, J.-B. et P.-D. Martin, Cotelle, Etienne et
Gabriel Allegrain, sont des documents historiques de pre-
mier ordre.

CHAPITRE IV

LES TRANSFORMATIONS INTÉRIEURES DU CHATEAU
SOUS LOUIS XV (1715-1774)

Nous avons vu que du château de Louis XIII il ne restait rien que la cour qui devint la cour de Marbre et l'escalier à vis de la Journée des Dupes. Mais le château de Louis XIV lui-même subit, à l'intérieur, une série de transformations, sous ses successeurs immédiats et, après la Révolution, sous le règne de Louis-Philippe.

L'évolution du goût, dans les divers arts, qui s'était déjà manifestée vers les dernières années du règne du Grand Roi, s'était accentuée sous la Régence et sous Louis XV, et se fit sentir à Versailles d'une manière frappante. Les registres des Bâtiments du Roi nous montrent le caractère de ces innovations. Ainsi, dans la plupart des appartements, la décoration fut modifiée : les lambris de marbre furent remplacés par des panneaux de menuiserie sculptés; les petits appartements prévalurent, et le goût du changement chez Louis XV amena successivement la destruction des appartements particuliers de Louis XIV, de la galerie de Mignard (1750), de l'escalier des Ambassadeurs (1752); enfin, extérieurement, de l'aile du Château que Gabriel rebâtit en 1772-1773. Si l'argent n'avait pas manqué, le château de Louis XIV, du côté de la cour, eût été à peu près complètement détruit.

Les petits appartements de la Reine datent en réalité de Louis XVI.

Louis-Philippe, pour l'organisation de son musée, fit abattre, dans les deux ailes, tous les anciens appartements, la plupart entresolés, des princes et des grands de la Cour.

Il ne reste, à proprement parler, du château de Louis XIV que les grands appartements du Roi, la Grande-Galerie (des Glaces) avec ses deux salons, l'escalier de Marbre, quelques salles des grands appartements de la Reine, la Chapelle et, « çà et là, quelques parties de la décoration primitive de diverses pièces remaniées sous Louis XV... Il n'y a presque rien de Louis XIV au rez-de-chaussée. Au premier étage, le salon d'Hercule tout entier est de construction Louis XV ; la chambre de la Reine elle-même a été complètement refaite par Marie Leczinska [1] ».

En réalité, les premières transformations du Versailles de Louis XIV datent de son successeur immédiat.

Cependant, Louis XV respecta les grands appartements. On les gardait pour les fêtes et certaines cérémonies. En 1729, on plaça sur la cheminée du salon de la Paix le tableau de François Lemoyne, représentant *Louis XV pacifiant l'Europe* [2].

LE SALON D'HERCULE

Le *salon Neuf* ou *salon d'Hercule* ne fut pas, à la vérité, une œuvre nouvelle, mais la continuation et l'achèvement des desseins de Louis XIV.

Quand la Chapelle définitive fut inaugurée, Robert de Cotte édifia sur l'emplacement de l'ancienne tribune royale une vaste salle de fêtes dont le vieux Roi avait approuvé les plans et vu le gros œuvre de maçonnerie.

Le *salon d'Hercule* ne fut terminé qu'en 1736. C'est un des plus parfaits modèles de l'art décoratif. Le marbre est encore le principal élément de l'ornementation. Dans cette salle de forme carrée, où six fenêtres qui se font face donnent toujours une pleine lumière, des placages de marbre blanc et vert revêtent les murs, dans l'intervalle des grands pilastres

---

[1] De Nolhac, *Le Château de Versailles sous Louis XV.*

[2] En 1738, G. Coustou avait été chargé de faire pour le *salon de la Guerre* le bas-relief de *Louis XIV passant le Rhin*, qui devait remplacer le bas-relief en stuc de Coysevox, représentant Louis XIV à cheval, que l'on voit sur la cheminée de ce salon. Il est placé aujourd'hui au vestibule de la Chapelle.

mauves avec bases et chapiteaux ioniques[1], de bronze et
d'étain doré. A la base de la voûte, une grande corniche dorée
repose sur une infinité de fines consoles également dorées,
égayées de petites têtes d'enfants ; « entre ces consoles, sur
un fond de marbre vert, il y a des trophées d'or, tour à tour
guerriers ou pacifiques. Un immense cadre de bois doré, surmonté des armes de France et soutenu par des appliques de
bronze ornées de mufles de lion, occupe toute la paroi du
fond[2] ».

Le sculpteur Antoine Vassé est l'auteur de tous les ouvrages
de sculpture décorative en bronze et en marbre qui s'y
trouvent (chapiteaux, cadres de tableaux, etc., 1732-1734).
Les sculptures en bois et en stuc sont de Verberckt, qui
apparaît ici pour la première fois, ainsi que celles des deux
portes placées à droite et à gauche de la cheminée, et les
sculptures de la corniche. Les dorures sont de Desauziers. La
cheminée est en marbre d'Antin.

Mais la beauté magistrale de ce salon est le plafond, qui a
18m,50 sur 17 mètres. Il est l'œuvre de François Lemoyne,
qui le peignit de 1730 à 1736, et qui lui valut le titre de premier peintre du Roi. Le sujet est l'*Apothéose d'Hercule*, que
Le Brun avait songé à réaliser pour le décor de la *galerie des
Glaces*. L'auteur d'*Hercule amoureux d'Omphale*, que le Louvre
conserve[3], était bien préparé à cette œuvre allégorique, à la
fois sentimentale et morale : la Vertu, comme il le dit, élevant
« l'homme au-dessus de lui-même », lui faisant surmonter
« les travaux les plus difficiles et les plus grands obstacles »,
et le conduisant enfin à l'immortalité.

La composition de Lemoyne marque une date dans l'histoire de l'art français. Il rompt avec la tradition académique
que Le Brun avait incarnée et dédaigne pour sa décoration les
ornements de stuc, les compartiments et les cadres chers à
l'art du XVIIe siècle, formé à l'école de la Renaissance italienne.
Loin d'en surcharger son plafond, il demande tout son décor
à la toile peinte, marouflée sur l'immense voûte.

[1] Robert de Cotte négligea de se servir de « l'ordre français » de
Le Brun, qui disparut définitivement.
[2] A. Pératé, *Versailles*.
[3] Galerie La Caze.

Un auteur contemporain a remarquablement mis en lumière l'intuition géniale de cet artiste : « Pour mieux équilibrer ses figures lointaines aux profondeurs de l'azur, il imagine une sorte de grande balustrade en marbre blanc, sur laquelle il assied de blanches statues; une rampe et des cartouches dorés la font luire sur le ciel. Cette base nécessaire pour l'œil ne l'est pas moins pour le symbolisme de la composition; les figures y expriment les vertus et les travaux d'Hercule. Au delà, nous sommes en plein ciel, dans un outremer lumineux où glissent des nuages blancs et rosés, tout peuplés de torses robustes et de blanches épaules; dieux et déesses, amours et nymphes, tous assistent à la montée du char d'Hercule, par-dessus les monstres et les Vices culbutés en avalanche, vers le trône où le père des déesses lui désigne sa fiancée et sa récompense, Hébé, couronnée de roses[1]. » Dans cette composition, à la fois libre et pondérée d'une belle couleur aérienne, « le rayon rose, dont Boucher usera et abusera peut-être, jette ici son premier éclat ». Et ce fut en même temps une date dans l'histoire de la peinture française, marquant le triomphe de Venise, c'est-à-dire de la lumière, du coloris, sur la tyrannie romaine et florentine, représentée par des maîtres de second ordre.

Il y a dans ce salon deux tableaux : l'un représente le *Passage du Rhin*; c'est un ancien modèle de tapisserie des Gobelins repeint en 1834, par Franque. Cette peinture a remplacé le Paul Véronèse représentant le *Repas chez Siméon le Pharisien*, aujourd'hui au Louvre. Le second tableau, au-dessus de la cheminée de Vassé, est un *Louis XIV* par Mignard.

PETITS APPARTEMENTS DE LOUIS XV

C'est entre la cour de Marbre et la cour des Cerfs que Louis XV fit construire, comme une sorte de belle maison bourgeoise, une série de petits appartements où, affranchi de l'étiquette, il pouvait vivre en particulier. Là furent cons-

[1] A. Pérate, *Versailles*.

truits aussi, sur la cour de Marbre, une suite de cabinets, et sur la cour des Cerfs, quatre étages de cabinets et de cuisines.

A partir de 1738[1], les appartements de Louis XIV furent transformés, et c'est bientôt après que la galerie Mignard et l'escalier des Ambassadeurs furent détruits.

Les nouvelles constructions comprennent :

1° *Les appartements particuliers de Louis XV*, refaits sur l'emplacement de ceux de Louis XIV ;

2° *L'appartement de Madame Adélaïde*, qui les continue, construit sur l'emplacement de la galerie Mignard et de l'escalier des Ambassadeurs ;

3° *Les petits cabinets du second étage sur la cour de Marbre et ceux de la cour des Cerfs ;*

4° *L'appartement des maîtresses*, au second étage, au-dessus de ceux de Louis XV.

Parmi les sculpteurs en bois et en stuc, auteurs des ornements des lambris, des portes, des corniches et des voussures des plafonds, les Comptes des Bâtiments mentionnent : l'Anversois *Verberckt*, le plus important ; *Jules Dugoulon, Berja, Gervais, Haize, Herpin, Magnonais*, les *Maurisant, Monthéant, Poulet* et les *Rousseau*.

Les sculpteurs-fondeurs, ciseleurs, auteurs de bronzes dorés, sont : *Caffiéri*[2], *Gobert, Le Blanc* et *Picault*. Ajoutons encore : les doreurs *Desauziers, Le Blanc* et *Gobert*, qui ont fait de ces dorures inaltérables et si vives aujourd'hui ; *Héron*, qui faisait les ouvrages de fer doré d'or moulu ; *Voisin*, ébéniste, l'un des successeurs de Boulle ; *Martin*, dont les vernis étaient déjà renommés[3].

Nous allons examiner ces transformations en nous aidant des recherches si minutieuses et si méthodiques faites par M. de Nolhac[4].

---

[1] D'après Piganiol de la Force (*Description de Versailles*, 1763).

[2] Les Caffiéri constituèrent une famille d'artistes qui se succédèrent sans interruption. Il s'agit ici de Jacques Caffiéri, né en 1678.

[3] Registres des Bâtiments.

[4] De Nolhac, *Le Château de Versailles sous Louis XV*.

La Chambre à coucher de Louis XV (126).

Pendant la première partie de son règne, Louis XV se servit de la chambre à coucher de Louis XIV, mais la trouvant très froide, il la quitta en 1738 pour aller coucher dans le cabinet des Glaces ou du Conseil ; toutefois, il continua de remplir dans l'ancienne chambre toutes les occupations qu'exigeait l'étiquette, et elle garda le nom de *chambre du Roi*, celle de Louis XV s'appelant *nouvelle ou petite chambre*. En réalité, la chambre que Louis XV occupa définitivement fut l'ancien *cabinet du Billard*, qui communiquait avec le cabinet du Conseil et faisait partie de cette série d'appartements de l'époque de Louis XIV connue sous le nom de *cabinets du Roi*. Ils aboutissaient, comme nous l'avons vu, à la Petite-Galerie et à l'escalier des Ambassadeurs.

La décoration est de même style que la salle du Conseil ; c'est le style Louis XV commençant et se dégageant avec grâce du goût plus sévère du style Louis XIV. Les bronzes dorés, les serrures, les espagnolettes, les verrous, les boutons de portes, les ornements de la cheminée sont ici, comme partout, d'une rare perfection de travail.

La décoration des boiseries est de Jacques Verberckt[1]. Certains détails en furent modifiés, le plafond a subi des retouches, mais les parties essentielles (trumeaux de glaces et principaux panneaux sculptés) sont restées. La frise du plafond fut refaite avec maintien de la menuiserie primitive, et l'ensemble de l'œuvre fut conservé.

Les balcons des fenêtres en fer forgé, jadis doré, sont encore ceux du temps de Louis XIV, avec son chiffre et la couronne. On remarque dans cette pièce, ainsi que dans beaucoup d'autres, un certain mélange de choses anciennes et nouvelles. Ici, les volets sont Louis XIV ; le verrou de la porte qui va au salon des Pendules est Louis XVI ; les panneaux de cette porte sont Louis XV, mais on les a entourés de cadres Louis XIV.

Sur les murs, sont trois belles tapisseries des Gobelins re-

---

[1] Comptes des Bâtiments pour l'année 1738-1739, donnés par M. de Nolhac (*Le Château de Versailles sous Louis XV*).

présentant des scènes de *Don Quichotte*. Au fond de l'alcôve, une porte ouvrait sur un petit cabinet aux fines boiseries. La cheminée, en griotte rouge, était ornée de cuivres dorés d'une fine ciselure. Une porte-fenêtre, fermée par une grille de fer cachée par la tapisserie de gauche, ouvre sur le balcon de la cour des Cerfs; elle permettait au Roi d'arriver librement à l'escalier des petits appartements et de monter aux étages supérieurs du Palais. C'est par là que passait Louis XV pour se rendre à l'appartement des petites maîtresses, dans les combles, à sa bibliothèque, ou pour aller faire sa promenade sur les toits. C'est par là que Louis XVI passera plus tard pour aller chez la Reine, par le *passage du Roi*.

Sous Louis XVI, la décoration ne fut pas changée (on ne refit en 1788 que le cabinet de la garde-robe ouvrant sur l'alcôve, qui est un fort bel ouvrage); la chambre de Louis XV fut respectée. Comme il était mort de la petite vérole, « on se borna à remettre un parquet neuf, à refaire le plafond lézardé, à lessiver et à gratter au vif les corniches et lambris, pour être blanchis, réparés et dorés[1] ».

C'est dans cette pièce que se passa la dernière matinée de la famille royale à Versailles.

Le Cabinet du Conseil ou Cabinet du Roi (125).

Cette pièce demeura ce qu'elle était sous Louis XIV, la pièce principale où presque tout se passait et aboutissait, et le spécimen le plus accompli du style de transition, représenté par Robert de Cotte. Les consoles de la corniche sont du Louis XIV pur, tandis que les lambris annoncent un goût nouveau.

Le Roi y travaillait avec ses ministres et y recevait, mais les audiences publiques étaient tenues dans la chambre du Lit[2]. Là avait lieu, dans les occasions solennelles, le défilé des gens de Cour, qui continuait chez la Reine et les divers

---

[1] De Nolhac, *Le Château de Versailles sous Louis XV*.

[2] Pour les cérémonies demandant un nombreux concours de personnes, le salon de l'Œil-de-Bœuf, qui faisait généralement l'office d'antichambre, devenait cabinet du Roi; d'autres pièces, comme le cabinet Ovale, pouvaient être transformées temporairement en cabinet du Roi.

membres de la famille royale; on y faisait aussi les révérences à propos d'un grand deuil ou de la prise d'un tabouret.

« Ce cabinet, opposé à l'OEil-de-Bœuf, prenait jour par
deux fenêtres sur la cour de Marbre; on l'appelait aussi *cabinet des Glaces* et *chambre du Conseil*. Il communiquait, d'une
part, avec la chambre du Roi ou cabinet du Billard, et de
l'autre, avec le cabinet des Perruques ou des Termes, qui
s'éclairait sur la cour des Cerfs et communiquait directement
avec le cabinet du Billard[1]. »

Le cabinet des Perruques restait inaccessible à tous. Le
gouverneur du Château, seul, était admis par tolérance à le
traverser. En 1755, le cabinet du Conseil fut joint au cabinet
des Perruques, où le Roi avait coutume de se poudrer
(Luynes); « pendant qu'on exécutait les travaux, Louis XV
coucha dans le cabinet de la Pendule ». Nous avons là,
d'après M. de Nolhac, l'explication de la légende « cabinet du
Conseil » que porte ce cabinet dans le plus ancien des plans
de Blondel, désignation qui n'eut pas de durée.

Les Comptes des Bâtiments éclairent sur la construction et
l'ornementation de la frise. En 1756, les travaux (dorures,
glaces, bronzes) étaient terminés. Les artistes en furent:
Verberckt, et surtout Antoine Rousseau[2], pour la sculpture;
Pollevert, pour la peinture et la dorure; Le Blanc et Gobert,
comme fondeurs et doreurs; Gamain l'aîné, pour la serrurerie.

Le Cabinet de la Pendule. — Grand Cabinet, Cabinet ovale (127).

Dès 1755, il fut tout décoré de glaces et de boiseries sculptées; c'est l'une des plus belles pièces des petits appartements. La cheminée est en brèche violette. Il prit le nom de

---

[1] De Nolhac, *Le Château de Versailles sous Louis XV.* — Il avait deux
dégagements intérieurs qui permettaient au Roi d'aller directement au
salon d'Apollon, où se trouvait le trône, et de là à la Chapelle. (Voir
le plan de Blondel.)

[2] Verberckt ne fit ici que des travaux secondaires (sans doute les
écussons qui surmontent les deux grandes glaces, ou encore les portes
à double vantail, qui sont d'un caractère sensiblement différent du reste
de l'ornementation, étant identique aux portes de la chambre de
Louis XIV). (De Nolhac.)

cabinet de la Pendule, à cause de la pendule de Passemant, placée dans une boîte de bronze doré (bronze de Caffiéri). Pendant les travaux de 1755-1756, cette pièce « remplit, suivant les heures, l'office de chambre à coucher du Roi, celui de cabinet du Conseil et celui de cabinet des Perruques ». La décoration est tout entière de Verberckt. Sur une console est un buste de Louis XV enfant, par Coysevox.

L'Antichambre des Chiens. — Le Petit Escalier du Roi (128).

Cette pièce, qui s'ouvre sur le cabinet de la Pendule, constituée en 1738, succéda comme destination à la pièce du Billard, devenue la petite chambre à coucher de Louis XV. On l'a appelée aussi *cabinet des Chasses*, sans doute à cause de la magnifique frise de stuc représentant des scènes de chasse, mais le nom qui convient est l'*antichambre des Chiens*. La chambre des Chiens fut repoussée dans les cabinets intérieurs du Roi. Un escalier qui a occupé trois emplacements différents conduisait au vestibule de la cour de Marbre, escalier très important dans la vie du Roi, par où il descendait ordinairement pour monter en carrosse dans la grande cour, sans traverser tout l'appartement pour venir au degré de la Reine. Au bas, était une petite salle des Gardes[1], près du vestibule. Cet escalier débouchait sur la cour de Marbre par un passage (salle n° 28) continuant au delà du premier étage; il donnait accès à l'appartement Du Barry[2].

L'accès ordinaire aux appartements privés du Roi avait lieu par cet escalier à rampe de fer forgé qui nous est conservé; il a porté jusqu'à la fin, indépendamment du nom d'*escalier intérieur* ou d'*escalier du Roi*, le nom plus familier d'*escalier des Chiens*.

La Salle à manger (129).

Dans cette pièce avaient lieu les soupers, notamment ceux qui suivaient le retour de la chasse. « On regardait l'honneur

---

[1] C'est la salle portant le n° 27. C'est là que Louis XV fut frappé par Damiens.

[2] Auparavant, l'accès ordinaire à l'appartement des maîtresses avait lieu par l'escalier de la Forge.

de souper dans ces cabinets comme égal à celui de monter
dans les carrosses[1]. » (Luynes.) Les soupers plus intimes
avaient lieu en haut, dans les « petits cabinets ». Ils commencèrent en 1738, pour Mme de Mailly.

La première salle à manger de Louis XV ne fut pas cependant cette salle 129 qui date de la fin du règne et paraît
avoir été la pièce définitive. Etablie d'abord dans le cabinet
d'angle[2], elle fut transportée en 1751 dans la pièce des Bains,
qui devait être transformée en salle à manger. Changée de
nouveau en 1755, par une fantaisie de Louis XV, elle s'établit définitivement dans cette partie des cabinets où nous la
voyons aujourd'hui. Le Roi dînait là, chez lui, avec ses
filles et donnait à souper à Mme de Pompadour.

Plus tard, au moment de l'installation de Mme Du Barry à la
Cour, une autre salle à manger, située à l'étage des cabinets,
fut constituée dans une partie de l'appartement qui avait été
retiré à Madame Adélaïde. Ce furent de « nouvelles salles à
manger du Roi », mais la salle 129 conserva sa destination.

Le Cabinet d'angle (cabinet à pans) (130).

C'est aujourd'hui la salle 130, donnant à la fois sur la cour
de Marbre et sur la cour Royale.

Jadis, ce cabinet communiquait avec celui de la Pendule
par une porte ouverte au milieu de l'ovale de ce dernier, à
l'endroit même où deux glaces sont aujourd'hui adossées[3].
Son ouverture sur le cabinet particulier du Roi (salle 131)
était également au centre du panneau, où est aujourd'hui la
cheminée.

Louis XV se tenait presque toujours dans cette pièce, à laquelle « une double exposition procurait une jolie vue ». Ce
fut une sorte de cabinet intime. Il était d'abord tendu de
tapisseries de damas cramoisi bordées de galon d'or, sur lesquelles étaient placés des tableaux des plus grands maîtres;

---

[1] Cité par M. de Nolhac. — Le même auteur fait connaître comment
se réglaient les invitations.

[2] De Nolhac, *Le Château de Versailles sous Louis XV*. — La salle à
manger est dans le cabinet d'angle, dans le premier plan de Blondel.

[3] Voir le plan de Blondel.

mais cette décoration changea en 1753 et fit place aux riches boiseries de Verberckt et de Pollevert (pour les dorures). Il fut alors un cabinet de jeu. Les remaniements qui mirent cette pièce en l'état actuel datent de 1755.

La décoration est du plus beau style Louis XV, mais il se présente sous deux aspects qui ne semblent pas de la même époque; ainsi, les trophées musicaux, placés au-dessus de battants fort simples, sont sans doute d'Antoine Rousseau[1].

L'Arrière-Cabinet (131).

Ce fut le passage commode qui permit à Louis XV de communiquer avec sa fille. Il lui était non moins aisé de rejoindre de là ses petits appartements par un passage situé derrière les portes de glaces où aboutissaient d'étroits escaliers de service.

Cette pièce occupe l'emplacement du *salon de l'Ovale* de Louis XIV, existant dans le premier plan de Blondel, qui disparut en même temps que la petite galerie de Mignard, en 1752. Cette date correspond aussi à la destruction de l'escalier des Ambassadeurs. Tout vestige de l'époque de Louis XIV disparut alors de ce côté.

Nulle pièce n'a subi plus de remaniements, et sous Louis XV, « dont l'inconstance est inouïe », et au commencement du règne de Louis XVI. Elle fut d'abord cabinet particulier du Roi, où se trouvait son grand et son petit bureau[2]. A gauche de la fenêtre est un réduit contenant la chaise percée et prenant sortie de l'autre côté sur l'escalier intérieur.

Le rayonnage pour des cartons, dans un encadrement de boiserie, existe encore.

Appartement de Madame Adélaïde.

L'appartement de Madame Adélaïde fut un des plus impor-

---

[1] A la date de 1760, Ant. Rousseau est porté comme ayant touché 1,600 livres. (De Nolhac.)

[2] « Louis XV y tenait ses papiers, y écrivait, ordonnait, recevait les dépêches. » (Blondel.) Cité par M. de Nolhac.

tants du Château. Il était situé sur l'emplacement de l'escalier des Ambassadeurs et de la Petite-Galerie [1].

Avant de s'y établir définitivement, la fille préférée de Louis XV avait occupé trois logements successifs : d'abord au rez-de-chaussée, dans la partie du corps du Château donnant sur le parterre du Nord et en retour sur le parterre d'Eau. Cet appartement faisait suite à celui de Mme de Pompadour et fut occupé plus tard par le duc et la duchesse de Penthièvre [2]. Elle fut transférée ensuite au premier étage, tout près des cabinets du Roi (salles 132-138), pour revenir ensuite au rez-de-chaussée, dès 1769, dans un emplacement à peu près identique à celui qu'avait occupé Mme de Pompadour [3].

Madame Adélaïde s'installa dans les seconds appartements qui ont gardé son nom, le 23 novembre 1753 [4]. Les recherches de M. de Nolhac ont établi qu'aucune de ces pièces n'est conservée telle qu'elle fût alors, sur aucun point de l'appartement présent, même le cabinet 132, dont la décoration était l'une des plus belles; il a ainsi relevé quelques erreurs, dans l'attribution de ces pièces, commises par Dussieux dans son ouvrage d'ailleurs si consciencieux.

Ce délicieux cabinet, dit aujourd'hui vulgairement *cabinet de Musique*, était le point de jonction avec l'appartement du Roi, qui pénétrait par là « chez sa fille, dont c'était visiblement la pièce de réception ». Il fut décoré par Verberckt en 1753, et plus tard, en 1767, quand fut refaite toute la partie touchant à l'arrière-cabinet du Roi. C'est là que sont ces magnifiques trophées d'ustensiles de pêche et de jardin qui caractérisent la pièce.

Quand Madame Adélaïde passa définitivement au rez-de-chaussée (1769), les appartements abandonnés du premier

---

[1] L'année 1752, où commença la démolition de cet escalier, est aussi celle de la mort de Madame Henriette. A partir de ce moment, Madame Adélaïde fut appelée Madame tout court.

[2] Il communiquait par un escalier dérobé avec le cabinet du Roi.

[3] « On peut penser que le désir d'éloigner Madame Adélaïde de Mme Du Barry, logée au second étage, y entra pour quelque chose. » (De Nolhac.)

[4] Blondel en fait une description (avec plan en 1755). (Voir le second plan de Blondel.)

étage servirent à augmenter les cabinets du Roi. L'ancienne-
chambre à coucher s'agrandissait et devenait un cabinet de
jeu. La pièce qui servait de salle à manger devenait carrée
et doublait presque d'étendue; ce fut la salle à manger prin--
cipale de Louis XV. L'antichambre rétrécie formait un accès
nouveau aux cabinets du Roi par les grands appartements, puisqu'elle s'ouvrait sur le salon de Vénus. Enfin, une
deuxième salle à manger était installée dans la salle 137
(ancien cabinet des Médailles). Ce fut, dès 1765, l'extrémité
de l'appartement du Roi[1].

Le Cabinet des Médailles (137).

Dans ce cabinet, en 1684, Louvois fit transférer les médailles et les pierres gravées du Roi; elles y restèrent jusqu'en 1741, époque à laquelle elles furent transportées à
Paris. Cette pièce fut, non le cabinet, mais la première antichambre de l'appartement de Madame Adélaïde. Il servait
aussi de buffet pour sa table; on l'avait utilisé comme loge
d'acteurs aux représentations des cabinets, alors que le
théâtre dirigé par Mme de Pompadour était dans la Petite-
Galerie, et aussi, au témoignage de Luynes, quand un théâtre
mobile fut construit sur le grand escalier des Ambassadeurs.
Plus tard, il fut compris dans les « salles neuves du Roi ».

La *salle 136* était aussi comprise dans cette pièce; c'était
la salle de billard s'ouvrant à l'ouest sur l'escalier de Mesdames et servant aussi de salle des buffets à la salle à manger (salon des Porcelaines), pour les soupers des cabinets.
Cette pièce fut aussi la salle de billard de Louis XVI.

La pièce 137 devient, à partir de l'installation des salles
neuves, le salon des jeux. Elle a aujourd'hui trois entrées;
elle est ornée de gouaches et d'aquarelles très curieuses de

[1] Quant aux *obscena* qu'on prétend avoir existé au Château de Versailles
et que Louis XV aurait fait mettre dans l'appartement de Madame Adélaïde, M. de Nolhac a fait justice (p. 86-87) de cette légende qui s'est
établie, à une date relativement récente, au sujet de la salle 134, faussement désignée comme « salle à manger de Madame Adélaïde » et qui
servait, sous Louis XVI, à l'exposition des produits de la manufacture
de Sèvres, d'où lui vint le nom de *salon des Porcelaines* qui devait lui
rester.

Van Blarenberghe. Elle avait été réduite à une seule issue. La communication a été rétablie avec le salon de Vénus et une porte se trouve ouverte sur la salle 138 qui contient la suite des Van Blarenberghe. La porte sur le *salon de l'Abondance* fut ouverte sous Louis-Philippe, ainsi que celle donnant sur la *salle 138*. Ainsi donc, la porte actuelle de la pièce occupant l'ancien cabinet des Médailles n'est point, comme on le croit, du temps de Louis XIV; ce n'est qu'un pastiche très habile de Nepveu, l'architecte de Louis-Philippe.

La Chambre de parade (chambre de Louis XIV) (124).

La chambre de Louis XIV demeura la chambre officielle du Roi. L'étiquette y maintint toujours le lever, le coucher et les grandes audiences. Luynes donne un grand nombre de récits d'audiences se rattachant à la « chambre de parade ».

Son mobilier a été entièrement restitué sous Louis-Philippe, d'après les souvenirs personnels du Roi, qui se rappelait avoir assisté, notamment comme premier prince du sang, à la réception des Etats généraux sous Louis XVI. Toutefois, à défaut du mobilier, la décoration de la chambre est encore celle de l'époque Louis XIV. Mais Louis XV y a fait une retouche. Les deux cheminées actuelles remontent à lui. Sous Louis XIV, il n'y avait qu'une cheminée à droite, dans le mur du cabinet du Roi, en marbre ancien. Louis XV, souffrant du froid, fit faire une cheminée dans le mur du côté de l'OEil-de-Bœuf, en 1758. « Comme il fut impossible d'en assortir le marbre à celui qui existe déjà dans la chambre, on prit le parti de retirer celui-ci et de faire les deux cheminées semblables[1]. » (1761.)

En 1769, deux tableaux, le *Saint Jean* de Raphaël et le *David* du Dominiquin, se trouvaient encore de chaque côté du lit du Roi. Ce dernier est placé aujourd'hui au salon de Diane[2].

A défaut d'authenticité, les meubles ne sont pas encore

---

[1] De Nolhac, *Le Château de Versailles sous Louis XV*.

[2] La bordure de style Louis XVI, dont il est aujourd'hui entouré, n'a pas permis de le remettre dans la chambre de Louis XIV.

en trop grand désaccord avec la décoration, « où triomphe la *France* de Coustou ».

La Chambre de la Reine (115).

Cette pièce est restée, malgré de grands bouleversements, une des plus belles pièces du Château.

Sa décoration se compose de deux parties d'époque différente correspondant aux noms des deux grands sculpteurs décoratifs de Versailles : Verberckt et Rousseau.

En 1735, Marie Leczinska fit changer celle qui accompagnait le plafond peint par Gilbert de Sève, sous Louis XIV, pour la reine Marie-Thérèse. Les peintres Natoire et de Troy furent, l'année précédente, chargés des tableaux et dessus de portes qu'ils exécutèrent avec un talent supérieur. Ces deux œuvres sont encore en place[1].

Au plafond, les compositions de Boucher, en camaïeux entourés de bordures chantournées ovales, représentant la *Charité*, l'*Abondance*, la *Fidélité* et la *Prudence*, sont de 1735. Elles occupèrent la place des anciennes peintures de Gilbert de Sève représentant des reines illustres de l'antiquité. De plus, une coupole s'élevant en perspective dans le haut du plafond, rempli par une mosaïque tournante garnie de roses fleuronnées, avait remplacé le Soleil accompagné des Heures, de De Sève.

La dorure de cet appartement ne fut refaite qu'en 1764.

Marie Leczinska occupa toujours cette chambre. Elle y mit au monde dix enfants; elle y posa devant Nattier. Elle y mourut en 1768.

L'appartement de Marie Leczinska fut réparé par Gabriel pour Marie-Antoinette dauphine. Il maintint les grandes lignes du plafond, c'est-à-dire l'encadrement des quatre Boucher. Quant aux sculptures, elles furent refaites entièrement

---

[1] Le premier : tableau allégorique représentant la *Jeunesse* et la *Vertu*, qui présentent à la France les deux princesses, filles de Louis XV, Élisabeth et Henriette, nées jumelles en 1727.

Le deuxième : tableau allégorique représentant la *Gloire qui s'empare des Enfants de France* (il y a trois enfants, dont le Dauphin, né en 1729). « coloration chaude, vénitienne, peut-être la meilleure de l'artiste ».

par Antoine Rousseau, et l'aigle à deux têtes introduit dans
les angles se rattache à la fille de Marie-Thérèse, dont la
présence à la Cour de Versailles devint le gage vivant de
l'alliance autrichienne.

Les deux sphinx qui sont à deux angles de la pièce
tiennent la patte chacun sur une boule, portant, l'une, les
armes de France, l'autre, celles de Navarre. On y voit un
aigle à deux têtes, aux ailes éployées; au-dessus, deux
Amours volent et soutiennent une couronne. Aux angles
opposés, sont des lions couchés auprès d'un trépied supportant un double écusson aux armes de France et de Navarre,
au-dessus duquel deux Amours soutiennent la couronne.
« Un enveloppement de draperies sculptées dissimule assez
bien l'arête de la voûte et donne leur parfait équilibre à ces
groupes d'œuvres et d'animaux. »

Les Cabinets de Marie Leczinska.

C'étaient primitivement les appartements du duc et de la
duchesse de Bourgogne. Ils furent aménagés entre 1728
et 1730.

On les appela parfois « l'appartement du Bain de la Reine »,
complété par des entresols. Marie Leczinska s'y retira pour
lire, peindre, méditer; elle y avait reçu les visites les plus
intimes.

Par l'escalier tournant (l'escalier des Dupes), elle pouvait
descendre chez le Dauphin.

Ces cabinets eurent leur forme définitive après les remaniements des années 1746 et 1747, par Gabriel, en même
temps qu'on travaillait aux appartements du rez-de-chaussée
pour l'installation du Dauphin et de la Dauphine; Verberckt
et Rousseau en furent les sculpteurs, ce dernier plus particulièrement dans la chambre des Bains.

Ce bel ensemble ornemental dont jouit Marie-Antoinette,
pendant les premières années de son règne, fut transformé
complètement sous Louis XVI, sauf la petite pièce étroite,
qui était le *Boudoir*, du côté de l'antichambre du Roi.

Le Roi pouvait aller chez la Reine par des petites chambres.
A côté de la première débouchait l'escalier tournant descen-

Vue particulière de la Chapelle du Château, par Mansart, d'après RIGAUD.

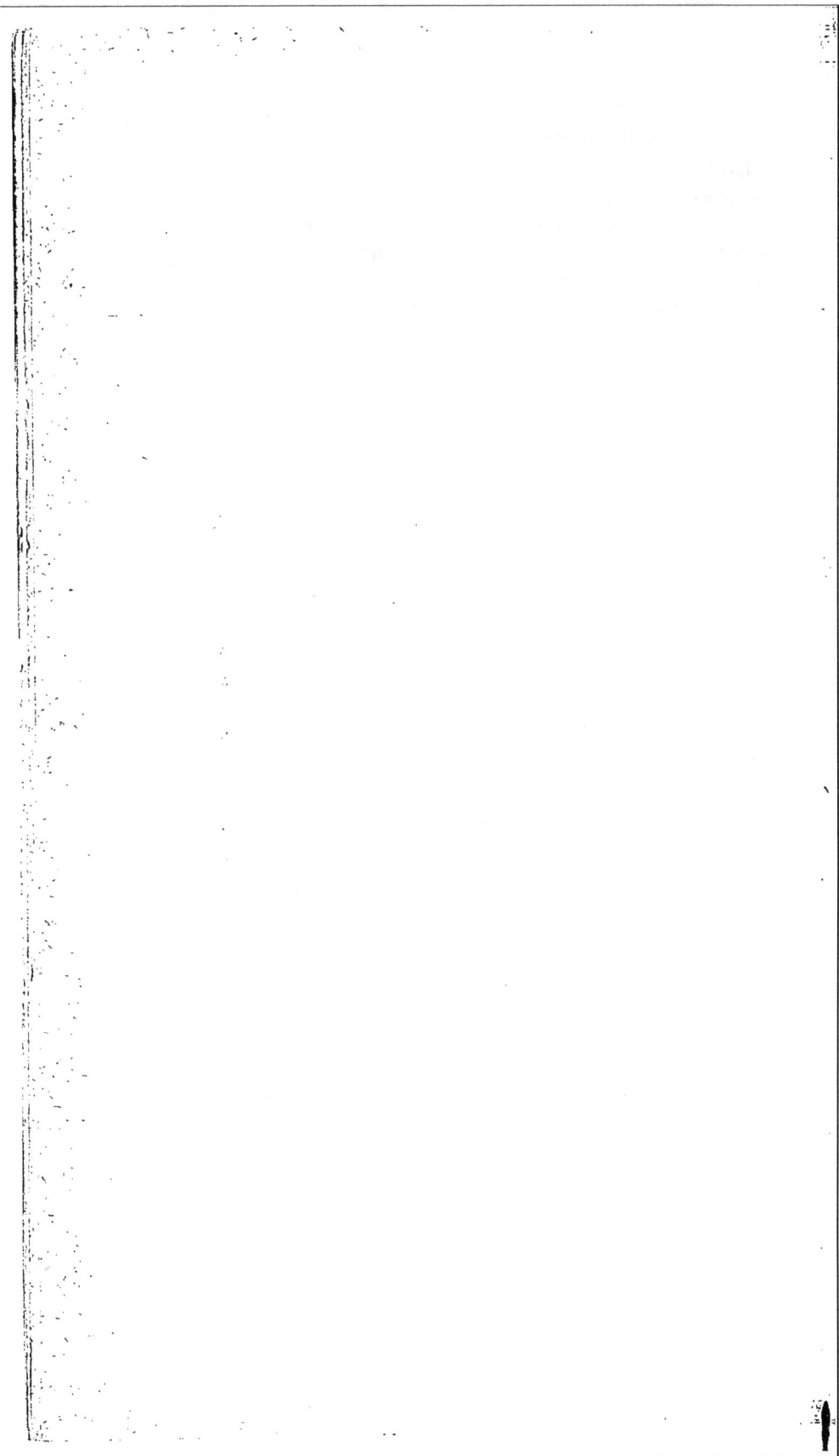

dant chez le Dauphin; la seconde était celle où se tenaient les femmes de la Reine.

Les petites pièces adossées au grand cabinet (oratoire, garde-robe, etc.), dont l'ornementation était remarquable, subirent aussi de nombreux remaniements[1]. L'une d'elles, le *Laboratoire*, ou cabinet des Chinois, servait à l'étude de la peinture de Marie Leczinska, qui peignait surtout des tableaux de dévotion pour des communautés religieuses.

L'Appartement du Dauphin.

Cet appartement fut successivement habité par le Grand Dauphin fils de Louis XIV, par le duc de Bourgogne, la duchesse de Berry, le Régent, le duc de Bourbon, enfin par le Dauphin fils de Louis XV, une première fois en 1736, et définitivement, lors de son second mariage avec Josèphe de Saxe, en 1747[2]. A partir de 1736, le Dauphin eut à Versailles trois appartements successifs.

La décoration, dont quelques détails ont échappé au vandalisme de l'époque de Louis-Philippe, fut l'œuvre de Verberckt, Rousseau, Maurisant et Poullet. Le cabinet particulier de la Dauphine fut peint par le maître ornemaniste Peyrotte.

Les dessus de portes furent peints par Pierre, Aubert, Oudry, Nattier et Natoire. Boucher travailla pour la bibliothèque.

Dans la petite cour intérieure qui débouchait sous l'escalier de la Reine, on forma un petit jardin de terre rapportée orné de rocailles et clos de treillages; un escalier fut fait pour établir la communication avec l'appartement du Roi (1747). Il se trouve souvent mentionné.

---

[1] Des restes de la gracieuse décoration du *Boudoir* ont été découverts en 1894, malheureusement en partie détruits par le badigeon dont ils avaient été couverts sous Louis-Philippe. Le procédé de peinture est des plus curieux. « C'est évidemment le seul exemple qui demeure à Versailles de ces cabinets décorés en vernis Martin, dont il est si souvent question dans les dossiers des Bâtiments. » (De Nolhac.)

[2] Lors de leur premier mariage (23 février 1745), le Dauphin et la Dauphine, Marie-Thérèse, infante d'Espagne, avaient été installés au premier étage de l'aile des Princes. Le rez-de-chaussée passa à Mesdames Henriette et Adélaïde en 1744.

A la mort du Dauphin, en 1765 (20 décembre), à Fontainebleau, le Roi décida que l'appartement serait réservé au duc
de Berry ; sa veuve, Marie-Josèphe, en reçut un plus près
du Roi.

L'accès dans l'appartement du Dauphin avait lieu par la
cour de Marbre, presque en face l'entrée particulière du Roi.

La porte donnait dans la salle des Gardes (salle 34), à l'intérieur de laquelle il fallait descendre quelques marches[1].

Là aboutissait une *petite antichambre* correspondant aujourd'hui à la partie méridionale de la salle 33 (dite des nouvelles acquisitions du Musée[2]).

La *deuxième antichambre* (salle 50) donnait sur la terrasse
du parterre d'Eau. Les chambranles des portes et fenêtres
sont de l'époque et du style Louis XIV ; on y voit aussi une
corniche de pierre sculptée (enfants montés sur des lions),
belle œuvre de Rousseau.

La *chambre à coucher* (salle 49) est une des trois pièces
qui, sous Louis XIV, avaient servi de cabinets au Grand
Dauphin. (Il occupa aussi les salles 48 et 50.) De cette pièce,
qui avait servi de cabinet de travail au Régent[3], le fils de
Louis XV fit un cabinet d'études. La salle 50 resta le cabinet des Glaces (La Martinière). Ce n'est qu'à la seconde installation du Dauphin que la salle 49 devint chambre à
coucher (1747). Jusqu'à cette époque, la chambre à coucher
restait sur l'emplacement des deux cabinets 46 et 47, comme
au temps du Grand Dauphin.

On y a placé depuis quelques années plusieurs portraits du
XVIIIe siècle, entre autres celui de Louis de France par
Natoire. Elle fut agrandie et entièrement refaite. Elle conserve
de beaux détails décoratifs. Les portes dorées, les fenêtres,
plusieurs étroits panneaux d'angle, la large frise en partie
dorée, « où des divinités mêlées à de petits amours s'ébattent dans les rocailles », tout cela est intact. Huit cartouches

---

[1] Nous avons dit que le niveau intérieur était alors sensiblement au-
dessous de la cour de Marbre. Elle fut malencontreusement baissée
sous Louis-Philippe.

[2] Le valet de chambre Binet occupa le reste de la salle et une partie
de la galerie Louis XIII.

[3] Le Régent y mourut subitement, le 2 décembre 1723.

avec bas-relief mythologique s'ébattent sur cette frise, ceux
des angles étant soutenus par des coqs dorés aux ailes
éployées. Trois grandes glaces étaient dans la pièce, le quatrième côté ayant son grand lit derrière son balustre. Une de
ces glaces, sculptée par Verberckt, est en place derrière la
fenêtre ; c'est une des plus belles de Versailles.

Les bordures au-dessus des portes semblent celles qui
encadrent les mythologies peintes par Pierre. Le morceau
capital est une œuvre de ciselure.

La cheminée (rouge-campan), d'après un modèle de Ver-
berckt, est décorée de merveilleux bronzes dorés de Jacques
Caffiéri. Au centre est une coquille accostée de rocailles.
Aux montants sont fixés deux termes ; la gaine fleurie en-
serre à mi-corps deux élégantes et jeunes figures (Flore et
Zéphire) tenant des fleurs.

Le *grand cabinet* du Dauphin (salle 48) était à l'angle du
Château, sous le salon de la Paix, éclairé par six fenêtres.
Cette pièce servit plus tard de cabinet à Louis XVI et au
comte de Provence. Somptueusement décoré par Verberckt,
dont l'œuvre est aujourd'hui réduite à peu de chose, il fut
entièrement dénaturé sous Louis-Philippe. « Les panneaux
de l'ébrasement des fenêtres, les volets, les chambranles,
quelques beaux cuivres surtout, dont ceux de modèle Louis XV
doivent être attribués au ciseleur Le Blanc, voilà les débris
qui représentent l'état d'autrefois[1]. »

Des restaurations récentes y ont été entreprises sous la
direction de M. de Nolhac, qui ont permis d'utiliser des panneaux anciens, de beaux cadres de dessus de portes et un
marbre de cheminée conservés en magasin. On y a aussi rétabli une frise de plâtre d'un bon style, qui est le moulage
de celle d'une salle qui faisait pendant à l'autre angle du
Château (cabinet de Madame Victoire), œuvre de Verberckt.

A côté du grand cabinet, sur le parterre du Midi, était le
cabinet particulier ou *bibliothèque du Dauphin* (salle 47). A la
frise sont des enfants musiciens et, en médaillon, des figures
d'anges jouant de l'orgue et du violon. Le Dauphin, qui
aimait beaucoup la musique, eut un moment l'idée de faire

---

[1] De Nolhac, *Le Château de Versailles sous Louis XV.*

transporter chez lui un cabinet d'orgue; le projet fut abandonné et l'orgue offert à l'Eglise, à Saint-Louis.

Cette salle est aujourd'hui en voie de restauration.

Les Appartements de Madame Josèphe de Saxe.

Mariée au Dauphin le 9 février 1747, Marie-Josèphe a occupé jusqu'à quatre appartements successifs : d'abord, une
partie du premier étage de l'aile du Midi, auprès de l'appartement du Dauphin; quelques mois plus tard, un appartement
fait pour elle au rez-de-chaussée, au-dessous de celui de la
Reine. Hors des morceaux importants du petit cabinet 46, il
ne reste dans les boiseries presque rien qu'on puisse rattacher à l'époque de cette princesse (quelques volets et les
cuivres fort beaux des fenêtres).

Les pièces, actuellement transformées, ont reçu, lors de la
création du Musée, des portraits d'amiraux, connétables et
maréchaux, « représentations presque toutes apocryphes et
destinées, dans le remaniement général commencé, à céder
la place à des œuvres du xviiie siècle[1] ».

La salle 42 du Musée était la première antichambre de la
Dauphine; elle servait de passage entre le péristyle de l'escalier de la Reine et les jardins, grâce au perron descendant au
parterre de l'Orangerie.

La salle 43 était la seconde antichambre, ouvrant au bas
de l'escalier de la Reine.

Le grand cabinet (salle 44) n'a pas changé de forme, ni
la chambre à coucher (salle 45), qui est celle où sont nés
Louis XVI, Louis XVIII et Charles X. Ce fut la chambre de
Marie-Antoinette, à son arrivée, jusqu'au moment où elle alla
occuper, les réparations finies, l'appartement royal du premier étage.

Le petit cabinet (salle 46) qui suit la chambre a conservé
sa corniche et quelques panneaux sculptés de chaque côté
des portes et dans l'ébrasement de la fenêtre. Le mobilier
avait été verni par Martin. Quatre paysages d'Oudry étaient
placés dans les boiseries.

[1] De Nolhac. — Ces remaniements sont sur le point d'être terminés.

A la mort du Dauphin, sur le désir de Marie-Josèphe de quitter ses appartements, le Roi lui donna l'appartement du rez-de-chaussée qui avait servi à Mme de Pompadour (1766). Provisoirement, elle fut logée dans la partie des appartements du Roi qui avait servi à Mme Du Barry (les petits cabinets).

Les Appartements de Mesdames.

Ceux-ci, variables au gré des événements de la Cour, sont assez difficiles à suivre.

En 1738, quatre filles de France avaient été envoyées à Fontevrault. Les trois aînées, Mesdames Henriette, Elisabeth et Adélaïde, restèrent à la Cour.

Après le mariage de Madame Elisabeth avec l'infant d'Espagne en 1739, les deux autres occupèrent seules le vaste appartement du premier étage de l'aile des Princes (galerie des Batailles).

En 1744, elles abandonnèrent l'aile au Dauphin, à l'occasion de son prochain mariage, et lui succédèrent au rez-de-chaussée.

En mai 1746, en prévision des couches de la Dauphine, elles sont transportées provisoirement au rez-de-chaussée de l'aile des Princes.

A la fin de 1747, après la mort de la première Dauphine et le second mariage de leur frère, elles ont un appartement d'apparence définitive, celui qu'elles avaient déjà occupé au premier étage de l'aile des Princes. Elles y furent rejointes par leurs plus jeunes sœurs, sorties de Fontevrault, Madame Victoire en 1748, Mesdames Sophie et Louise en 1750.

La mort de Madame Henriette (10 février 1752) provoqua le projet d'installation de Madame Adélaïde à côté des cabinets du Roi. En 1753, après avoir quitté l'installation provisoire qui lui avait été faite l'année précédente au rez-de-chaussée, tout près de Mme de Pompadour, elle s'installait au premier étage, dans le bel appartement qu'elle devait garder jusqu'en 1769 et dont Verberckt fut le principal décorateur.

Ce rez-de-chaussée fut alors aménagé pour Mesdames cadettes. La pièce d'angle (salle 54), qui avait été le salon de la comtesse de Toulouse, « si important dans l'histoire anecdo-

tique de Versailles », a conservé une partie notable de sa décoration[1], œuvre de Verberckt, qui en sculpta les boiseries
vers 1763, et qui fut remise à neuf vingt ans plus tard. En
1767, dans l'appartement de Madame Sophie et des *petites
Dames* (Clotilde et Elisabeth), sœurs du Dauphin qui fut
Louis XVI, la décoration sculpturale fut dirigée par Rousseau et menée vite à terme, malgré la pénurie du Trésor[2].

L'année suivante, ce fut le tour de l'appartement de Madame Louise, la plus jeune des filles du Roi, qui devait se
faire carmélite deux ans plus tard (11 avril 1770) et dont le
départ amena une distribution nouvelle des appartements de
Mesdames. A ce moment commence une nouvelle phase dans
l'histoire intime de la Cour. C'est l'époque où les filles de
Louis XV accaparent Marie-Antoinette dauphine, comme
elles combattront ensuite Marie-Antoinette reine.

Sur l'emplacement du grand péristyle fut pris l'appartement de Madame Sophie. Il comprenait quatre pièces, dont la
dernière (*pièce des Nobles*), à l'extrémité nord, remplaça la
chambre à coucher de Madame Louise[3].

Les Petits Cabinets.

On appelait ainsi, comme nous l'avons vu, les parties intérieures de l'appartement du Roi situées au-dessus de ses
cabinets du deuxième étage. Remaniés plusieurs fois, ils ont
eu deux et jusqu'à trois étages superposés; vrai dédale de
passages, de dégagements, d'escaliers de toutes formes.

Il ne reste plus aujourd'hui que l'étage à la hauteur des
combles de la cour de Marbre et le côté ouest de la cour des
Cerfs, le seul des quatre côtés de cette cour qui soit demeuré
à peu près intact.

[1] Ce n'est pas cependant celle qui existait en 1755 et dont Blondel
vante la « magnificence ». Jacques Caffiéri travailla aussi pour ce beau
salon.

[2] Le manque de fonds faisait trop souvent attendre, pour ces grands
artistes, un argent bien nécessaire, comme il résulte de la correspondance de Luynes à M. de Marigny. (Voir De Nolhac.)

[3] Le vestibule à colonnes sur la cour de Marbre est en partie une bibliothèque de Madame Sophie, à côté de laquelle est un cabinet du
tour. Il ne reste aucun vestige de ces ameublements.

La cour des Cerfs, définitivement défigurée par les démolitions de Questel, en 1855, était le centre des cabinets du Roi
(premier étage) et des petits cabinets (étages supérieurs).
Elle devait son nom au grand nombre de têtes de ces animaux, sculptées et coloriées avec soin, et « dont les bois
seulement étaient naturels ». Cette décoration datait de 1723,
époque où commencèrent les travaux de modification du
Versailles de Louis XIV.

Les petits cabinets se développaient aussi sur la seconde
cour, plus étroite que la cour des Cerfs, et, plus tard encore,
sur celle qui occupe une partie de l'emplacement de l'escalier
des Ambassadeurs.

Ils communiquaient avec les appartements du Roi par
l'escalier de la Forge, un escalier à tourelle à l'angle nord-
est de la cour des Cerfs après 1732, l'escalier du Roi (des
Chiens) après 1735.

Les petits cabinets joûèrent un rôle important dans la vie
de Louis XV. Il y avait sa bibliothèque, son tour, ses cuisines, ses distilleries, ses offices, ses confitureries, une salle
de bains et... des volières. A partir de 1722, il fit travailler à
ces « réduits délicieux », et cela dura jusqu'à la fin de son
règne. Les dépenses y furent énormes. « Ces nids à rats »
coûtaient plus cher que les grands bâtiments de Louis XIV[1].

Les principales pièces, la *Bibliothèque* et la *petite galerie*,
étaient situées au deuxième étage. La Bibliothèque donnait
sur la cour des Cerfs; l'ornement des boiseries fut encore
l'œuvre de Verberckt, et pour les sculptures en bronze, celle
de Caffiéri. Elle était contenue dans plusieurs cabinets[2].

La petite galerie d'en haut doit être distinguée de la petite
galerie du premier étage qui a duré jusqu'en 1752 et de la
petite galerie de la Bibliothèque. Elle se trouve sur tous les
plans de la seconde moitié du XVIIIe siècle, sans indication de

---

[1] Réflexion de l'architecte Robert de Cotte rapportée par d'Argenson.

[2] La première pièce de la bibliothèque du Roi date de 1727... Une
autre est mentionnée comme faite en 1761, « qui s'éclairait par trois
lucarnes dans les combles de la cour de Marbre »... Cette seconde bibliothèque est sur l'emplacement de celle qui existe encore; elle n'a,
en somme, été que peu modifiée sous Louis XVI et sous Louis-Philippe,
et jusqu'à la fin du second Empire, on y a vu la Bibliothèque du Château. (De Nolhac.)

la date de sa création. Elle existe encore à peu près intacte. Une partie fut comprise plus tard dans les appartements de Mme Du Barry.

Rousseau l'avait décorée de dorures; les lambris avaient été peints de différentes couleurs tendres appliquées avec un vernis particulier. De nombreux tableaux y représentaient des chasses d'animaux[1]. Sur la petite galerie s'ouvrait un cabinet vert qui servait de salon de jeu. Cette pièce fit, en 1742, un salon pour le petit appartement de Mme de Mailly qui était très voisin.

Les soupers des petits cabinets avaient lieu, tout près de ces pièces, dans une salle à manger assez grande, ornée d'un De Troy et d'un Lancret. Un cuisinier spécial faisait la dépense. Ils avaient lieu les jours de chasse, et le petit nombre des convives en faisait une faveur très recherchée auprès de Mme de Pompadour.

Plus tard, ces soupers eurent lieu dans une salle à manger du premier étage, « de niveau à l'appartement du Roi », achevée en 1755[2].

Dans les petits cabinets du deuxième étage, Louis XV était absolument chez lui. « C'était le coin de Versailles qu'il s'était réservé de préférence, qu'il disposait à son goût et où il aimait à vivre, sûr de n'y être jamais dérangé. Néanmoins, l'accès en était facile des cours intérieures qui, desservant les appartements du rez-de-chaussée, étaient à peu près publiques; on pouvait s'introduire aussi par l'escalier qui montait à l'attique des grands appartements. Le fait se produisit plusieurs fois[3]. »

Sous Louis XVI, ce terme de *petit cabinet* s'applique, sans distinction d'étages, aux pièces réservées de l'appartement du Roi. Les soupers d'hiver, où ce roi réunissait toutes les dames de la Cour et tous les grands du royaume, avaient lieu dans le *salon des Porcelaines* (salle 134) et dans la salle de l'ancien *cabinet des Médailles.*

---

[1] Ils étaient signés De Troy, Boucher, Vanloo, Parrocel et Lancret.

[2] Elle est mentionnée sur le plan de Blondel.

[3] De Nolhac, *Le Château de Versailles sous Louis XV.*

Les Appartements des Maîtresses.

M. de Nolhac a relevé les erreurs nombreuses circulant sur
cette partie du Château. Nous n'avons qu'à suivre fidèlement
un tel guide.

L'appartement de la première maîtresse, Mme de Mailly,
fut établi sur la cour Royale, au-dessus de la petite galerie
du premier étage et des deux salons qui la terminaient. On
y accédait par un des escaliers intérieurs des cabinets du
Roi[1]. « L'ensemble du logement est tout à fait distinct de
celui de Mme Du Barry, sauf la première pièce qui lui avait
été adjointe pour servir de bibliothèque. »

L'appartement de la seconde maîtresse, la duchesse de
Châteauroux, plus important, fut accommodé dans une partie
différente du Château. Presque tout l'attique sur les grands
appartements du Roi (appelé quelquefois plus tard attique de
Richelieu[2]) fut en grande partie occupé par elle, par sa sœur
et le mari de sa sœur, M. et Mme de Lauraguais[3]. Ensuite,
Mme de Pompadour, maîtresse déclarée, prit la succession de
ce grand appartement.

Quant à l'appartement des « petites maîtresses », ce fut
l'ancien logement de Mme de Mailly, dans l'aile de la Chapelle
(aile neuve de Gabriel). Le valet de chambre de Louis XV,
Lebel, habitait cette aile comme concierge du Château. Il
avait succédé à Bachelier en 1754[4].

Les deux Appartements de Mme de Pompadour.

Mme de Pompadour avait séjourné un instant, n'étant pas
encore maîtresse déclarée, dans le petit appartement de
Mme de Mailly.

Revenue à la Cour comme maîtresse déclarée et avec le
titre de marquise, présentée au Roi par la princesse de Conti,

[1] A peu près l'ancien appartement de M. et de Mme de Maurepas.
[2] Parce que le maréchal de Richelieu y habita (aujourd'hui l'attique du Nord).
[3] Mme d'Antin, délogée, fut transférée à la galerie des Princes (1743).
[4] Six petites pièces avec entresol. (Voir plan de Blondel.)

elle alla occuper à l'attique le bel appartement de Mme de Châteauroux.

En 1749, elle descendit au rez-de-chaussée[1]. « Par un hasard singulier, cet appartement de l'attique est presque entièrement conservé. C'est celui-là même qu'une fausse tradition du Château faisait désigner jusqu'à ce jour comme l'appartement des « petites maîtresses » ... Composé d'un cabinet, d'une salle à manger où est un petit réchauffoir dallé de marbre, d'une chambre à coucher « remarquablement intacte[2] », décorée par Verberckt, comme la salle à manger. » Bien qu'elle eût à sa disposition un « fauteuil volant », sorte d'ascenseur dont les plans sont conservés, Mme de Pompadour préféra venir au rez-de-chaussée, dans la partie du Château jusque-là réservée aux princes du sang. Sa faveur était telle que ce désir fut exaucé. Elle vint habiter l'ancien appartement des Bains, alors occupé par la comtesse de Toulouse et M. de Penthièvre, et que son oncle Lenormand de Tournehem, directeur général des Bâtiments, avait fait remettre à neuf. Luynes donne à ce sujet les renseignements les plus détaillés. Il décrit dans ses *Mémoires* la lutte qui avait éclaté entre elle et les filles de Louis XV pour sa possession. La favorite s'y installa, en 1750, jusqu'à sa mort (14 avril 1764).

L'Appartement de Mme Du Barry.

Mme Du Barry fut la première maîtresse de Louis XV qui habita l'appartement du premier étage au-dessus des cabinets du Roi. C'était, nous l'avons vu, la partie des petits cabinets où se donnaient les soupers des jours de chasse et dont la pièce principale était la petite galerie. La seconde Dauphine, Josèphe de Saxe, y habita les derniers mois de sa vie jusqu'à sa mort (13 mars 1767).

---

[1] L'appartement de l'attique fut habité successivement par les d'Ayen, le maréchal de Richelieu et Mme de Talmont, le prince de Montmorency, premier écuyer, le duc de Noailles. Sous Louis XVI, par la princesse d'Hénin, le comte de Maillé, le maréchal de Noailles, capitaine des gardes.

[2] De Nolhac, *Le Château de Versailles sous Louis XV*.

Jusqu'à sa présentation officielle[1], et même quelque temps après, Mme Du Barry avait habité chez Lebel, au rez-de-chaussée de la cour Royale; elle fut installée, en 1770, dans l'attique au-dessus du Roi, c'est-à-dire dans les petits cabinets, où elle commença à recevoir la Cour; mais une partie fut reprise par Louis XV pour ses bains et ses soupers de cabinet[2]; alors disparut la petite galerie d'en haut « qui fut divisée en deux pièces ». Les pièces destinées aux soupers et au jeu furent reportées au premier étage, dans les pièces que dut abandonner Madame Adélaïde.

« Ainsi, l'appartement de Mme Du Barry était au-dessus de celui du Roi et au cœur de ses propres petits appartements[3]. » Comme les ressources manquaient, elle ne put faire dorer que la bibliothèque et le grand cabinet. Mais la pénurie d'argent était grande, les travaux restaient en souffrance, les sculpteurs n'étaient plus payés; cependant, la ténacité de la favorite triompha des obstacles, et, en 1770, l'année de l'exil de Choiseul, elle obtint de la dorure partout. Des bains luxueux furent ajoutés, « un mobilier d'une élégance incomparable ornait ces pièces aujourd'hui vides et abandonnées[4] ».

Quand Mme Du Barry dut quitter Versailles, le 4 mai 1774, on partagea son appartement entre le comte de Maurepas et Thierry, premier valet de chambre du Roi.

Les Bains de Louis XV.

C'est un morceau encore intact de la décoration intime de Versailles, conservé au premier étage.

Ce cabinet, fort remarquable et peu connu, décoré par Antoine Rousseau, est désigné par erreur sous le nom de *salle des Bains de Madame Adélaïde*.

Il date de 1770. Louis XV a eu ses bains successivement en

---

[1] 22 avril 1769.

[2] La première donnant sur la cour des Cerfs, la seconde sur la cour Royale.

[3] De Nolhac, *Le Château de Versailles sous Louis XV*.

[4] *Ibid.*

des parties différentes de ses cabinets : d'abord au premier étage (1732-1742), plus tard au deuxième étage, dans l'appartement où vient de mourir la seconde Dauphine et que devait occuper Mme Du Barry.

Justement au moment de cette installation, Louis XV fit disposer ses bains dans l'appartement que Madame Adélaïde abandonnait au premier étage. Ils en occupèrent l'arrière-cabinet[1].

[1] M. de Nolhac a publié quatre panneaux de cette pièce dans la *Gazette des Beaux-Arts*, février 1898.

CHAPITRE V

LES TRANSFORMATIONS INTÉRIEURES DU CHATEAU
SOUS LOUIS XVI ET MARIE-ANTOINETTE (1770-1789)

Nous voici sous Louis XVI. D'autres aménagements vont
avoir lieu, aussi bien dans les appartements particuliers
accordés par le Roi que dans les appartements royaux.

Les temps ont bien changé depuis Louis XIV. La noblesse
ne met pas le même zèle à venir loger à la Cour; peu à peu,
elle s'en est éloignée et il ne reste plus guère au Château que
les personnes qui touchent par quelque côté aux charges de
la Cour et à la maison des princes[1].

Mais ces charges restaient très recherchées, et, tant que
durait le service, les seigneurs titulaires, quittant leurs hôtels
particuliers, venaient habiter « les combles du Château ».
L'animation était toujours considérable à travers cette multiplicité inextricable de galeries, de corridors, de petits escaliers et d'appartements, vrai labyrinthe où il fallait « une
grande habitude pour s'y reconnaître, et bien des petites
villes n'avaient pas la population du château de Versailles[2] ».

L'appartement de Mme Du Barry, dans l'attique au-dessus
des appartements du Roi, fut occupé sous Louis XVI par le
duc de Villequier (partie ouest, sur la cour des Cerfs) et

---

[1] En 1756, il y avait 226 appartements de maîtres dans le Château,
d'après les évaluations de Blondel, non compris ceux du Roi, de la famille royale. Vers 1781, ce chiffre est tombé à 188. (Voir De Nolhac, *Le
Château de Versailles au temps de Marie-Antoinette.*)

[2] D'Hézecques, *Souvenirs d'un page de la Cour de Louis XV.*

M. et Mme de Maurepas (partie est), qui furent remplacés en 1789 par le duc de Brissac, capitaine des Cent-Suisses[1].

Madame Adélaïde occupa jusqu'en 1789 l'appartement que son père lui avait destiné au rez-de-chaussée[2]; mais elle habitait, avec Madame Victoire, souvent la petite maison de l'Ermitage que Louis XVI leur avait donnée.

Les *petits appartements de la Reine*, situés au rez-de-chaussée, entre la cour de Marbre et le parterre d'Eau, furent conservés par Marie-Antoinette jusqu'en 1789. Madame Sophie, qui les avait occupés, y mourut le 3 mars 1782. Il y avait douze pièces avec quatre entresols. C'était l'emplacement de la galerie Louis XIII et de la galerie basse actuelles[3]. Ils étaient prolongés, du côté nord, par l'appartement de Madame Victoire, et au midi par celui de Monsieur. La salle 52 était une antichambre commune à Madame Victoire et à Madame Sophie, et s'ouvrait, d'un côté, sur la seconde antichambre de Madame Victoire (salle 53), de l'autre, sur celle de Madame Sophie; appelée aussi « salle des Nobles » et placée dans la partie nord de la galerie Louis XIII. Sur l'emplacement de la même galerie (galerie basse), on trouvait successivement le grand cabinet de Madame Sophie, sa chambre à coucher avec sa garde-robe, puis son cabinet particulier.

Toutes ces pièces donnaient sur la terrasse; un long couloir les séparait de la Bibliothèque, d'une petite « salle de tour » et d'une salle de bains, qui donnaient sur la cour de Marbre. De ce côté, un escalier montait à la chambre du Roi. Restait un logement pour la première femme de chambre, qui avait vue sur la cour des Cerfs.

Il y avait enfin des entresols pour le service, à la hauteur du *passage du Roi* (salle 30) pris en 1775 et qui faisait communiquer secrètement les appartements du Roi et de la

---

[1] Il devait être égorgé à Versailles, dans la journée du 9 septembre 1792.

[2] Il ne faut pas le confondre avec les pièces charmantes si visitées aujourd'hui et qui entourent, au premier étage, la petite cour du Dauphin; « ce sont là, pour employer le langage exact, les cabinets des grands appartements de la Reine ». (De Nolhac.)

[3] Salles 51-52, 30-32.

Reine. Marie-Antoinette occupa cet appartement dès la mort de Madame Sophie (1782), principalement la partie donnant sur la cour de Marbre. « Se trouvant à l'étroit dans les cabinets de la cour du Dauphin, sans air et sans lumière, elle saisit l'occasion de se créer un véritable petit appartement dans une partie plus gaie et mieux située du Château », et commença par y installer sa fille, Madame Royale. C'était en 1783. Plus tard, elle eut auprès d'elle le Dauphin, qui vint occuper l'appartement du rez-de-chaussée que Monsieur quittait pour le pavillon de Provence[1].

Les *petits appartements* ont disparu sous Louis-Philippe, au moment de l'aménagement du Musée, et c'est grand dommage que la décoration en ait été détruite. « Il y avait des morceaux d'art décoratif de premier ordre, si l'on en juge par ce qui nous reste des pièces faites pour Marie-Antoinette, à Versailles, à Trianon ou à Fontainebleau[2]. »

Les *cabinets de la Reine* furent occupés par Marie-Antoinette dauphine en septembre 1770. Ils occupaient l'emplacement des petits cabinets de Marie-Thérèse, du duc et de la duchesse de Bourgogne et de Marie Leczinska. La destination et la décoration des pièces furent entièrement nouvelles. L'ornementation, merveille de goût et d'élégance, est l'une des plus belles œuvres de l'art décoratif français. Le cabinet ou salon de la Reine est un admirable spécimen de l'art de l'époque. « Le vantail de la porte ouvrant sur la Bibliothèque verte est particulièrement remarquable. Toutes les boiseries sont décorées de sculptures dorées, d'un dessin et d'un goût excellents... La cheminée en griotte rouge est ornée de cuivres ciselés et dorés ; au fond de la pièce est une petite alcôve, toute revêtue de glaces, destinée à l'emplacement du canapé. Les cadres des glaces ont des bordures en bois sculpté et doré représentant des fleurs. Seuls, les cuivres dorés des fenêtres sont du temps de Marie Leczinska[3]. »

[1] C'est à ce moment que la Reine put établir, dans la partie de la salle 33 qui touchait au vestibule Louis XIII, une nouvelle salle de bains, beaucoup plus grande que celle qu'elle avait dans les cabinets.

[2] De Nolhac, *Le Château de Versailles au temps de Marie-Antoinette*, 1770-1789 (1889).

[3] Dussieux, *Le Château de Versailles*, t. II. — « Le cabinet de la

La *Bibliothèque verte*, dont les armoires vitrées sont actuellement recouvertes de rideaux de soie bleue, avait été la chambre de bains de Marie Leczinska ; elle était attenante à la chambre de la Reine. C'était l'ancienne pièce des femmes de chambre[1]. Elle n'offre rien de remarquable aujourd'hui ; Marie-Antoinette lisait fort peu. « Hors quelques romans, dit Besenval, elle n'a jamais ouvert un livre. »

La *salle des Bains* est pavée de carreaux noirs et blancs ; on y remarque encore l'emplacement de la baignoire et des robinets. La porte en trompe-l'œil est tendue de soie jaune récente. Mme de Lamballe, surintendante de la Maison de la Reine, coucha dans la chambre de bains pendant les neuf jours de la couche de Marie-Antoinette, lors de la naissance de Madame Royale, en janvier 1779.

La *Bibliothèque* (ou *Bibliothèque blanche*), probablement ancien atelier de peinture de Marie Leczinska, est toute revêtue d'armoires vitrées, peintes en blanc et dorées, couvertes de rideaux en florence rouge. Une partie des livres qui s'y trouvaient est aujourd'hui à la Bibliothèque de la ville de Versailles.

La pièce capitale, la plus achevée comme art décoratif, est le cabinet dit vulgairement la *Méridienne de la Reine*[2]. La fenêtre, qui ouvre sur la cour Verte, a une espagnolette de Gouthière, en cuivre doré, vrai morceau de bijouterie. C'est à cette espagnolette qu'on trouve le chiffre de Marie-Antoinette surmonté de la couronne royale. Les deux portes situées à droite et à gauche de l'alcôve ont pour vantail une glace sans tain dont la bordure est en cuivre ciselé et doré, travail admirable attribué à Forestier ; ce sont des branches de rosier, interrompues au centre par des cœurs traversés de flèches ; à la partie supérieure est un dauphin entouré de branches de lys ; à la partie inférieure, l'aigle autrichienne tient dans ses serres une massue et un miroir. Même motif

---

Reine, qui est aussi vraisemblablement le « cabinet doré », paraît avoir été la salle de bains de Marie-Antoinette, après avoir été le cabinet du duc de Bourgogne. »

[1] Mme Campan se trouvait dans cette pièce lors de l'expulsion de Lauzun par Marie-Antoinette. (Voir G. Maugras, *Le Duc de Lauzun et la Cour de Marie-Antoinette.*)

[2] Appelé aussi quelquefois le *nouveau cabinet de la Reine*.

aux sculptures des boiseries qu'aux cuivres des portes; toutefois, un paon accosté d'un glaive et d'un fuseau remplace l'aigle autrichienne de la partie inférieure[1].

Les serrures au chiffre de Marie-Antoinette et les verrous ont été ciselés par Gouthière. La cheminée de campan rouge, aux feuillages dorés refouillés dans la masse même du marbre, est de toute beauté.

Cette pièce admirable, la plus belle des cabinets, au moins pour les cuivres, est sans doute l'œuvre de Mique, vers 1781[2]. La Reine y donnait ses audiences et y recevait ses marchandes de modes et de frivolités. « C'est là que Garat lui chantait les romances d'*Armide*; c'est là que Mme Vigée-Lebrun peignait ses portraits; c'est là que le duc de Coigny, le duc de Guines, le comte d'Adhémar, le baron de Besenval, M. de Vaudreuil venaient lui apporter les nouvelles de la ville et s'entretenir avec elle et ses femmes du théâtre et de la musique. C'est là qu'elle oubliait, capricieuse, inconstante, railleuse et charmante, les cruautés de l'étiquette[3]. »

La prétendue antichambre *d* n'est autre chose que la chaise de la Reine. La pièce *g* était son cabinet de toilette. A l'antichambre *h* aboutit un des escaliers du passage du Roi. La porte est sans serrure. Les visites de Louis XVI avaient lieu par l'escalier *f* qui y débouche. A propos de ce dernier, disons que la légende est fausse qui en fait l'escalier par où Marie-Antoinette a fui dans la nuit du 6 octobre 1789. « La Reine n'a pris aucun escalier et a simplement gagné la chambre du Roi par l'Œil-de-Bœuf; c'est Louis XVI qui est venu pour la chercher, pendant ce temps, par le passage secret : il n'y a aucun doute à ce sujet[4]. »

En voici le commentaire, d'après Dussieux :

Le Roi sortant de sa chambre (126), traversait la salle du Conseil (125), la petite salle de bains située à côté, et arrivait à l'escalier de

[1] Dussieux, *Le Château de Versailles*, t. II.

[2] C'est la date donnée par M. de Nolhac. — Quant à savoir si c'est la pièce qui fut appelée « cabinet chinois de la Reine », on ne peut le dire, « les dénominations de ce genre ayant été assez arbitraires ».

[3] André Hallays (*Débats*, 1906).

[4] De Nolhac. — Voir le plan du passage du Roi (n° 14) établi, en grande partie, sous la galerie des Glaces et l'Œil-de-Bœuf.

la Forge. Après avoir descendu 17 marches, il trouvait une porte (A)
qui donnait dans un petit cabinet (B) situé à l'entresol du rez-de-
chaussée. Après avoir traversé un autre petit cabinet noir (C), le
Roi trouvait quelques marches (D) pratiquées dans l'épaisseur du
mur à arcades qui, au premier étage, forme le fond de la galerie
des Glaces; il arrivait dans le corridor (E) qui existe au fond de la
galerie basse, entre le gros mur à arcades et la cloison en avant et
qui forme le fond de la Galerie. Dans ce corridor, le passage du
Roi, pratiqué à hauteur d'entresol, n'a pas la largeur du corridor
lui-même; il est plus étroit. Au bout du corridor, à l'extrémité
méridionale de la galerie basse, le passage faisait un coude et
débouchait dans un autre corridor (F), pratiqué aussi à hauteur
d'entresol, dont l'extrémité méridionale passait devant l'escalier de
la Journée des Dupes (G). Le Roi entrait alors dans un petit cabinet
(H), où se trouve encore un escalier qui conduit à l'antichambre (14)
des petits appartements de la Reine, au premier étage, et il arrivait
enfin chez la Reine. Le Roi pouvait encore sortir du cabinet (H),
entrer dans le cabinet (I), où il trouvait un autre escalier qui le
conduisait à la porte de la chambre de la Reine.

La série des petits étages et d'entresols destinés au service,
entre autres la lingerie, le logement de la dame d'honneur
de la Reine, dans les cas de couche et de maladie, et la
chambre de billard, a été entièrement détruite par l'installation du calorifère du Musée.

Les *cabinets du Roi* (ou *petits appartements*), agrandis sous
Louis XV des appartements de Madame Adélaïde, gardèrent
le même nom sous son successeur. En voici les dénominations
officielles, telles qu'on les trouve dans « un plan excellent » de
1781 : *Chambre parée* (124); c'était la chambre de Louis XIV.
Cabinet du Conseil (125); la petite pièce *a* servant de passage
à l'escalier de la Forge est appelée *Bains*; au-dessus, en entresol, est une chaise. *Chambre du Roi* (126). *Cabinet de la Pendule* (127); Louis XVI y recevait le plus souvent et d'Hézecques le décrit sous le nom de *grand cabinet*. *Antichambre*
(128[1]); *salle à manger* (129); *cabinet* (130); *cabinet* (131);
garde-robe à chaise du Roi; *cabinet* (132) ou cabinet des
Bijoux du Roi. Ici commence l'ancien appartement de Madame
Adélaïde : *cabinet* (132 *bis*); ce très joli cabinet avait été
décoré pour servir de bains à Madame Adélaïde, mais il avait

---

[1] Cette pièce contenait un billard.

bientôt changé de destination pour devenir *cabinet de la Cassette* jusqu'au milieu du règne, époque à laquelle elle fut transportée dans les petits appartements; *bibliothèque* (133); *salle à manger* (134); pièce des *Buffets*[1] (136); *salon du jeu* (137). D'Hézecques nous apprend que dans ces trois dernières pièces Louis XVI donnait à souper à quelques personnes les jours de chasse. Elles servaient aussi à l'exposition publique des produits de la manufacture de Sèvres, qui avait lieu vers la Noël.

On sortait des *cabinets* par le salon de l'Abondance, et il n'y avait aucune communication avec les salles 138 et 139 (salle des États-Généraux) qui font partie de l'aile Gabriel[2].

L'appartement des Enfants de France occupait, dès 1770 jusqu'en 1789, une importante partie du rez-de-chaussée de la terrasse de l'Orangerie (salles de 70 à 80 du Musée actuel), aile du Midi.

Voici d'ailleurs comment les princes et princesses de la famille royale étaient répartis dans le Château : Monsieur, comte de Provence, occupa d'abord tout l'appartement du Dauphin (salles 42-50 et salles 33-34), en tout douze pièces. Mais, en 1788, il alla demeurer au pavillon de Provence, à l'extrémité de l'aile du Midi, et les *Enfants de France* vinrent le remplacer dans l'appartement du Dauphin.

Mesdames, tantes du Roi, habitèrent toute la partie nord du rez-de-chaussée[3].

Le comte d'Artois avait, au premier étage, les deux tiers

---

[1] C'était la salle à manger *particulière* du Roi, qu'il ne faut pas confondre avec la *salle neuve à manger* du Roi (salle 134).

[2] Les deux *cabinets du tour*, l'un à l'angle sud-est du vestibule de l'ancien escalier des Ambassadeurs, l'autre au vestibule Louis XIII (32), alors partagé en plusieurs pièces, sont, d'après Dussieux, ceux de Louis XVI; mais il est certain qu'ils appartenaient à deux des filles de Louis XV : l'un, vraisemblablement, à Madame Adélaïde, l'autre, certainement, à Madame Sophie. « Elles avaient hérité, dit M. de Nolhac, du goût de leur père pour ce genre de travaux. Aucun texte n'attribue au compagnon du serrurier Gamain le goût qu'avait Louis XV pour les ouvrages du tourneur. ... Louis XVI possédait d'ailleurs, dans le haut du Château, toute l'installation de ses travaux et amusements personnels. »

[3] Madame Adélaïde occupait une partie de la salle 56 et les salles 57, 58 et 59, c'est-à-dire l'ancien appartement de Mme de Pompadour; Madame Victoire, les salles 52, 53 et une partie de la salle 56. L'apparte-

de l'aile du Midi (*galerie des Batailles*), à partir de l'escalier des Princes.

Le duc d'Orléans avait le reste de l'aile ; son fils, le duc de Chartres (depuis Louis-Philippe Ier), habita d'abord également au premier étage, à l'extrémité de l'aile, et la partie en retour jusqu'au *pavillon de Monsieur* ; mais cet appartement ayant été donné à la sœur de Louis XVI, Madame Elisabeth, il vint occuper le pavillon d'Orléans, dans l'ancien appartement du duc et de la duchesse de Luynes, donnant sur la cour des Princes.

Les Condé et les Conti habitèrent l'aile du Nord, et le duc de Penthièvre le premier étage de ce qui est aujourd'hui le pavillon Dufour[1].

Les *Enfants de France* occupaient donc, avec leur gouvernante, Mme de Guéménée, cette partie du Château, bien placée pour la tranquillité et l'hygiène, qu'agrémentait un petit jardin pris sur les parties hautes de la terrasse de l'Orangerie. « Le public pouvait voir tous les matins, en 1785, le jeune Dauphin se livrer au jardinage sous la direction du Roi[2]. »

Appartements de Mme de Polignac.

Diverses erreurs ont circulé au sujet des appartements de Mme de Polignac. D'abord, les Polignac n'ont pas toujours habité au même endroit du Château. Plusieurs écrivains ont dit qu'ils avaient eu d'abord leur logement « au haut du grand escalier » ou escalier de la Reine. Mais, à cet endroit, il n'y a qu'un seul appartement privé qui est celui de Mme de Maintenon. Les Polignac ne l'ont jamais occupé, car il appartint au comte de Clermont, premier gentilhomme de la chambre jusqu'en 1789, et ensuite à son successeur, le maréchal de Duras. Ils furent d'abord installés dans une partie de la vieille aile terminée par le pavillon de Mansart[3] (logement de quatre pièces).

ment de Madame Sophie commençait à la galerie basse (31) et son service était établi dans les bâtiments de gauche de la cour des Cerfs. (Dussieux, t. II.)

[1] Dussieux, t. II.
[2] De Nolhac, *Le Château de Versailles au temps de Marie-Antoinette.*
[3] Aujourd'hui *pavillon Dufour.*

Nommée plus tard gouvernante des Enfants de France, après Mme de Guéménée, Mme de Polignac s'installa dans l'aile du Midi (1782). Elle y hérita de toutes les dépendances, offices, etc., des gouvernantes, dans cette partie du Château. Une espèce de serre chaude ou de galerie fut élevée au-dessus de la Petite-Orangerie (là où est aujourd'hui une statue de Napoléon Ier), construction provisoire qui servait aux réceptions de la gouvernante; on l'appelait aussi officiellement « billard de Monseigneur le Dauphin ». Ce fut le coin des réunions intimes de la duchesse. « On y jouait ou on faisait de la musique, on causait; jamais il n'était question d'intrigues ou de tracasseries, pas plus que si l'on eût été à cent lieues de la capitale et de la Cour[1]. »

Peu à peu, la Reine s'était désaffectionnée, n'aimant plus les réunions de cette société « où beaucoup de gens lui déplaisaient ». En 1789, les Polignac reçurent au Château un nouvel appartement, après la mort du premier Dauphin au château de Meudon (4 juin). La gouvernante se transporta avec le duc de Normandie, devenu Dauphin, au rez-de-chaussée du corps du Château, précédemment occupé par le Dauphin et son gouverneur. Les Polignac reçurent le logement du duc et de la duchesse d'Harcourt.

Quand, à la suite de la manifestation populaire du 15 juillet 1789, les Polignac quittèrent le Château, la place laissée vide fut occupée par Mme de Tourzel, la nouvelle gouvernante, et sa fille Pauline, plus tard comtesse de Béarn.

Quand Mme de Polignac avait quitté la vieille aile, elle y fut remplacée par Mme d'Ossun, sœur du duc de Guiche, dame d'atours de la Reine, femme modeste et de grand cœur chez qui Marie-Antoinette trouva de grandes satisfactions[2].

Appartements de Mme de Lamballe.

Surintendante de la Maison de la Reine dès 1775, la princesse de Lamballe occupa d'abord un logement vaste au premier étage (deuxième sur la rue) de l'aile du Midi, donnant sur

---

[1] Duc de Lévis, *Souvenirs et Portraits.*

[2] Comte de la Marck, *Correspondance entre le comte de Mirabeau et le comte de la Marck,* publiée par M. de Bacourt.

la cour de Monsieur et sur la rue de la Surintendance. Cet appartement avait été occupé par le duc de Penthièvre. Elle était peu éloignée de Mme de Guéménée, qui habitait, au bout de l'aile du Midi, sur le parterre, l'appartement des Enfants de France.

Cette partie du Château était très fréquentée par la Reine à cette époque ; Mercy ne cesse de se plaindre des soirées qu'elle passait dans le salon de la gouvernante ou dans celui de la surintendante, et où l'on jouait toujours gros jeu.

La princesse de Lamballe quitte son premier appartement en 1778, qui est pris par le petit duc d'Angoulême, fils du comte d'Artois. Madame Elisabeth et sa dame d'honneur, Diane de Polignac, s'installèrent dans l'appartement voisin, qui était celui du duc d'Orléans, et la princesse descend dans celui qui se trouve immédiatement au-dessous et qui est composé du même nombre de pièces.

Plus tard, quand le comte de Provence et Madame viennent s'établir dans l'aile du Midi, Mme de Lamballe cède la place. Elle reçoit (29 décembre 1786) un appartement à côté de celui de la duchesse de Bourbon, donnant sur la galerie basse des Princes, qui paraît être celui qu'avait occupé le prince du Nord.

C'est la troisième installation de la princesse de Lamballe. Elle était là tout près de Mme de Polignac et des Enfants de France. Ce logement n'était d'ailleurs, pour elle, qu'un pied-à-terre au Château, lorsque l'y appelaient les rares obligations de sa charge. Dans les dernières années du règne, l'amitié de Marie-Antoinette ne l'y attirait plus ; elle vivait d'ordinaire à la campagne, auprès de son beau-père, le vénérable duc de Penthièvre, et, quand elle venait à Versailles, elle avait, rue des Bons-Enfants, son habitation particulière.

Appartements de Monsieur et de Madame.

On sait que le pavillon de Provence, à l'extrémité de l'aile du Midi, a pris son nom du séjour de Monsieur, comte de Provence (depuis Louis XVIII), qui y a habité à la fin du règne de Louis XVI. Le nom de la *cour de Monsieur* a la même origine.

Il y fut installé au commencement de 1788.

L'appartement le plus longtemps occupé par Monsieur et Madame est celui que le Roi avait lui-même habité comme dauphin, et qui comprenait tout le rez-de-chaussée du corps du Château au midi, avec un retour assez important sur le parterre d'Eau.

Ils le quittèrent à regret. Ce magnifique appartement fut destiné au premier Dauphin, dès que celui-ci eut cinq ans et qu'il sortit des mains de M\ume de Polignac pour être confié aux gouverneurs et sous-gouverneurs (le premier Dauphin avec les d'Harcourt; le deuxième Dauphin avec les Polignac, puis avec Mme de Tourzel, chargée aussi de Madame Royale).

Le nouvel appartement de Monsieur et celui de Madame furent, l'un, celui des ducs d'Angoulême et de Berry, l'autre, celui de la princesse de Lamballe (mais la princesse ne quitta pas l'aile du Midi; les petits ducs furent envoyés dans l'aile du Nord, très loin de leurs parents).

L'appartement de Madame, au *pavillon de Provence*, avait vue sur la rue et sur la petite cour de Monsieur.

Il était à un niveau plus bas que les appartements du parterre et communiquait, comme ces derniers, avec le corps du Château par la galerie basse des Princes. (Elle sert aujourd'hui de galerie des pas-perdus, les jours de congrès.)

Le comte et la comtesse de Provence sont aujourd'hui remplacés par le président de la Chambre des Députés, à qui est réservé le deuxième étage. « On n'a guère conservé que le bel escalier de Monsieur, qui desservait les divers étages du pavillon de Provence, et qui rendrait, de plus, service aux visiteurs de l'aile du Midi, s'il était rendu au service du Musée[1]. »

Appartement du duc d'Orléans.

Un duc d'Orléans et un duc de Chartres furent installés, au début du règne, dans la galerie des Princes (troisième tiers de la *galerie des Batailles* et de la salle de 1830). Mais ce duc d'Orléans est le père de Philippe-Egalité, qui s'appelle alors

[1] De Nolhac, *Le Château de Versailles au temps de Marie-Antoinette.*

duc de Chartres et qui garde ce titre jusqu'en 1785. En 1777, le père et le fils habitent encore ces appartements; ils les cédèrent, l'année suivante, à Madame Elisabeth et à sa dame d'honneur, Diane de Polignac.

Le duc d'Orléans ne paraît pas avoir gardé d'appartement au Château. (Il avait d'ailleurs hôtel à Versailles et habitait d'ordinaire sa maison de Bagnolet.) Le duc de Chartres, au contraire, se transporta dans l'appartement du duc de Créqui (il ne conserva de son ancien appartement de la galerie des Princes que trois pièces) et la duchesse de Chartres dans l'appartement de Mme de Marsan, qui se trouvait à l'autre extrémité de l'aile du Midi, au premier étage donnant sur la cour des Princes. Depuis 1785, ces logements furent marqués au nom du duc et de la duchesse d'Orléans (à la mort du père de Philippe-Egalité). Telle est évidemment l'origine de la dénomination de *pavillon d'Orléans* donnée à celui qui fait l'angle de la rue de la Surintendance (rue Gambetta) et où se trouvait l'appartement du duc. Cet appartement était desservi par l'escalier intérieur du pavillon.

Le roi Louis-Philippe n'a pas eu, comme duc de Chartres, un appartement à Versailles. Il avait cinq ans lors de l'installation de la Maison de Madame Elisabeth, n'était point duc de Chartres et habitait avec ses parents. Louis-Philippe était né au Palais-Royal; aussi doit-on combattre la légende qui fait regarder la troisième fenêtre du pavillon d'Orléans comme celle de la chambre où il est né, tandis que cette chambre est probablement celle où il habitait enfant[1].

---

[1] De Nolhac, *Le Château de Versailles au temps de Marie-Antoinette.*

CHAPITRE VI

LE CHATEAU DEPUIS 1789 JUSQU'EN 1830

I. — LA RÉVOLUTION ET LE CONSULAT (1789-1804)

Qu'allait devenir le Château, avec ses dépendances et ses trésors d'art, au moment où l'ancien régime, disparaissant à jamais, allait faire place à un ordre de choses tout nouveau, et dont les conséquences étaient le secret de l'avenir?

Pendant la Révolution, en attendant qu'on décidât du sort du Palais et du Parc, le mobilier de la Couronne fut vendu. Le projet, présenté par les habitants de Versailles, de former un musée au Château avec les chefs-d'œuvre des illustres peintres qui s'y trouvaient ne fut pas agréé par le ministère Roland. Le 19 septembre 1792, la veille de Valmy, l'Assemblée législative décréta que les tableaux et autres objets d'art placés dans les maisons royales seraient transportés au Musée du Louvre, qui avait été commencé en 1775 par M. d'Angiviller.

Les habitants de Versailles protestèrent énergiquement contre cette spoliation, et leurs doléances furent écoutées par la Convention qui venait de se réunir et fit suspendre le transport des objets d'art du Palais de Versailles à Paris (27 septembre). Un décret du 8 juillet 1793 décida l'établissement au Château de Versailles : 1° de l'École centrale du département; 2° d'un conservatoire de tous les objets d'art

extraits des maisons des émigrés; 3° d'une bibliothèque publique; 4° d'un musée français pour les peintures et les
sculptures; 5° d'un cabinet d'histoire naturelle.

Le Château et les deux Trianons étaient sauvés, ces derniers par un nouveau décret. Ces décrets de juillet furent
confirmés par deux nouveaux décrets de la Convention, du
4 juin 1794 et du 24 décembre 1795, « car les ennemis du
Château n'avaient pas désarmé ». Heureusement, l'énergie
intelligente et la ténacité des Versaillais ne se démentirent pas
un seul instant. Quoique divisés, comme partout, d'opinions,
ils étaient d'accord cependant sur ce point, que le Château et
ses dépendances devaient être sacrés. Il y eut quelques dé-
gradations, heureusement assez rares. Quant aux beaux
meubles, aux objets d'art et d'orfèvrerie, aux bronzes, aux
porcelaines et aux tapisseries qui étaient la parure des salles
du Château, ils furent dispersés. Une grande partie fut
portée à Paris pour meubler les appartements de la famille
royale aux Tuileries; une autre partie fut déposée au Garde-
Meuble de Versailles; une troisième partie fut vendue dans
cette ville, en 1793, avec le mobilier ordinaire du Palais[1].

Beaucoup de ces meubles furent vendus à l'étranger ou
même détruits; quelques-uns seulement se retrouvent au
Garde-Meuble, dans les palais nationaux et surtout au
Louvre.

Ce qu'il y eut peut-être de pire que le parti pris révolutionnaire, ce fut le mauvais goût de l'époque et, à ce point
de vue tout au moins, la funeste influence de l'école de David,
qui laissa détruire « pendant plus de cinquante ans une foule
d'objets et de meubles précieux, par la seule raison qu'ils
n'étaient pas de style gréco-romain »; et cette destruction
systématique, on peut le dire, des objets d'art du moyen
âge, de la Renaissance, des xviie et xviiie siècles, devait durer
jusque vers 1845, où commença à s'émouvoir le Comité des
Arts et Monuments.

La vente qui fut faite à Versailles, conformément au décret
de la Convention, commença le 25 avril 1793, à l'appartement
de la princesse de Lamballe, au rez-de-chaussée de la cour
des Princes. Elle continua et finit aux Petites-Écuries, le

---

[1] Dussieux, *Le Château de Versailles*, t. II.

11 août 1794. — 17,182 lots furent vendus en présence des représentants du peuple Joseph-Mathurin Musset et Charles Delacroix. Mais, dans cette vente colossale, les vraies choses d'art furent en petit nombre.

Le mobilier qui avait été déposé au Garde-Meuble de Versailles fut vendu en 1796, sur l'ordre du ministre des Finances ; les procès-verbaux se trouvent à la Bibliothèque de la Ville. « Les meubles qui sont décrits devaient être de la plus grande beauté, et vaudraient aujourd'hui des sommes folles. Ce sont des commodes, des secrétaires, des coffres, des guéridons, tables, bureaux, armoires, encoignures, en bois d'acajou, en bois satiné, en bois de rose, en bois de citron, plaqués de laques de Chine, ornés de bronzes ciselés et dorés au mat ou d'or moulu, décorés de médaillons d'oiseaux et de papillons, de médaillons en camées, de porcelaine bleue et blanche, de panneaux en porcelaine fond blanc à paysages et figures d'après Watteau, de dessus de porcelaine de Saxe, de médaillons en porcelaine ou en biscuit de Sèvres, etc... On trouve indiqués dans ces procès-verbaux : un meuble de tapisserie de Beauvais dont les sujets sont les Saisons et les quatre Parties du Monde, des feux, des candélabres, flambeaux, girandoles, lustres, de belles pendules de Robin et de Sotian. Ce beau mobilier provenait des appartements du Roi et de la Reine, de ceux de Monsieur, du comte d'Artois et de *Victoire Capet*[1]. »

La République devait d'assez fortes sommes à Abraham Alcan et Cie, fournisseurs généraux des subsistances militaires de l'armée de Rhin-et-Moselle; elle le paya en objets mobiliers. Alcan vint choisir au Garde-Meuble ce qui lui convenait; il fit une estimation, qui fut adoptée par le ministre. Meubles, porcelaines de Sèvres, glaces, pièces d'étoffe, brocarts d'or, galons lui furent adjugés pour moins de 200,000 francs, y compris, pour 20,000 francs, une tapisserie de Beauvais « emblématique » de la Révolution américaine.

C'est ainsi que des meubles et autres objets précieux du Château étaient donnés en échange ou en paiement; on procéda de même avec un certain Lanchère, qui avait exploité des convois et transports militaires, et qui en encombra son

[1] Dussieux, t. II.

hôtel du faubourg Saint-Germain (l'hôtel de Flamarens), « ce qui faisait l'effet d'un garde-meuble à déménager[1] ».

Les magasins des revendeurs à Paris furent aussi encombrés, et les journaux du temps sont remplis d'annonces de ventes publiques.

Les établissements d'utilité publique qui devaient fonctionner au Château de Versailles et dans ses dépendances furent : au Château, une *école centrale*[2], le *Conservatoire des Arts et des Sciences*, le *Musée de l'École française* et le *Cabinet d'Histoire naturelle*, une *bibliothèque*, une *école du modèle vivant*, une *école de musique*, une *succursale des Invalides*; — au Potager, le *jardin botanique de l'école centrale*; — à Trianon, les *pépinières*; — au Grand-Commun, une *manufacture d'armes*; — à la Ménagerie, une *école rurale*; — à Saint-Cyr, un *hôpital militaire*. Le *Cicérone de Versailles* nous donne à ce sujet des renseignements précieux.

L'*École centrale* fut établie dans l'aile septentrionale des Ministres.

La *Bibliothèque*, composée de 30,000 beaux volumes, provenant en grande partie des bibliothèques du Roi, des princes et de Mesdames, fut installée dans l'aile méridionale des Ministres. Elle y resta jusqu'en 1799, époque à laquelle le local où elle était établie fut affecté aux Invalides. On la plaça alors dans l'ancien hôtel des Affaires étrangères, où elle est encore, rue Gambetta.

Le *Cabinet d'Histoire naturelle* fut formé des collections rassemblées au Conservatoire des Arts et des Sciences, et provenant des propriétés nationales du département et de la belle collection réunie par M. Fayolle, commissaire de la marine, pour l'éducation des enfants du comte d'Artois. Le ministre de l'Intérieur Bénezech ayant créé, en l'an VII, le Musée spécial de l'École française, les collections du Conservatoire des Arts et des Sciences se partagèrent en deux parties : le *Musée*

---

[1] Ch. Davillier, *La Vente du mobilier de Versailles pendant la Terreur*, 1877.

[2] Les écoles centrales, instituées par le décret de la Convention du 25 février 1795 et sur le rapport de Daunou, étaient destinées à remplacer les anciens collèges; à leur tour, elles furent remplacées, en 1805, par les lycées de l'Université impériale.

spécial de l'Ecole française et le *Cabinet d'Histoire naturelle.*
Ce dernier fut établi dans l'ancien appartement de Mesdames, au rez-de-chaussée du Château. Il occupait neuf
pièces et on y entrait par le vestibule de la Chapelle.
M. Fayolle en fut directeur.

Le *Jardin botanique* de l'école, formé de débris du jardin
botanique de Trianon, par les soins d'Antoine Richard, vint
occuper le Potager.

Versailles ne put conserver malheureusement les tableaux
des écoles étrangères du *cabinet du Roi* et les antiques ; disputés par Paris et le Louvre, ils y furent transportés en 1794,
pour compléter le musée que la Convention y fondait. Mais,
en échange, un beau musée de l'Ecole française fut créé et
organisé définitivement en l'an V (5 mai 1797), sous le Directoire, par les soins du ministre de l'Intérieur Bénezech. Le
Louvre lui donna toutes les toiles des artistes français qu'il
possédait, depuis Jean Cousin jusqu'aux artistes vivants. Le
musée fut placé dans les grands appartements, y compris la
Grande-Galerie et le premier étage de l'aile du Nord. On y
entrait par le vestibule de la tribune de la Chapelle, et la
première pièce du musée était le salon d'Hercule.

On pouvait y voir les œuvres de Baptiste, Blanchard,
Boulogne aîné et cadet, Sébastien Bourdon, Philippe de Champagne, Chardin, Jean Cousin, Noël et Antoine Coypel, Desportes, Doyen, Drouais, Fragonard, Fréminet, Greuze, Jouvenet, les deux Lagrenée, Largillière, Le Brun, Lemoyne,
Lenain, Lesueur (*Vie de saint Bruno*), Claude Lorrain (8 tableaux), Mignard, Natoire, Oudry, Parrocel, Peyron, Poussin
(23 tableaux), Prud'hon, Regnault, Rigaud, Hubert Robert,
Roslin, Santerre, Stella, Subleyras, Suvée, Taunay, Tocqué,
Valentin, Carle Vanloo, Van Spaendonck, Joseph Vernet
(11 tableaux), Vien, Vouet, Wertmuller, etc... En fait de tableaux étrangers, il y avait la galerie de Rubens et deux
Paul Véronèse. Ajoutez à cela la collection des morceaux de
réception des membres de l'ancienne Académie royale de
peinture et de sculpture, précieuse collection aujourd'hui
dispersée[1]. Le nombre des tableaux fut à un moment d'en-

---

[1] Elle est aujourd'hui dispersée à l'Ecole des Beaux-Arts, au Louvre,
à Versailles et dans les musées de province. Les autres peintures du
musée de Versailles sont presque toutes au Louvre.

viron 600. Les sculptures, beaucoup moins nombreuses,
étaient signées Allegrain, Coysevox, Girardon, Julien, Puget,
Sarazin, Vassé; il y avait aussi des bustes en porphyre et en
bronze, l'*Amour* de Bouchardon, enlevé à Trianon; enfin, les
statues et les groupes du Parc faisaient partie du musée et
formaient un bel ensemble de la sculpture française du
xviie siècle.

Dès l'année 1800, on enlevait au musée de Versailles les
Vernet et les Rubens pour orner la galerie du palais du
Luxembourg affectée au Sénat, et beaucoup de tableaux et de
statues pour décorer le palais de Saint-Cloud, résidence du
Premier Consul[1].

Sous le premier Empire, le Musée de l'Ecole française se
vit enlever la plus grande partie de ses tableaux et cessa
d'attirer les visiteurs[2]. A la fin de ce régime, il n'existait
plus.

L'*Ecole de Musique* fut organisée par Bénezech, ministre
de l'Intérieur, et établie dans la galerie basse de l'Opéra
(mai 1797); elle fut dirigée par Bêche, ancien musicien de la
Chapelle; on y enseignait le solfège et le chant.

L'*Ecole du Modèle vivant*, fondée en 1796 par des artistes
de Versailles, fut établie en même temps dans la galerie basse
de la Chapelle. On y faisait un cours d'ostéologie.

En 1799, à la fin du Directoire, les chefs des divers établissements du Palais étaient : Leroy, architecte du Palais; Péru-
don, inspecteur des pépinières; Fayolle, conservateur du
Cabinet d'Histoire naturelle; Buffy, conservateur des dépôts
littéraires; Bêche, directeur de l'Ecole de Musique; Gibelin,
président de l'administration du Musée de l'Ecole française,
assisté de trois administrateurs : Duplessis, Dardel et Huvé.
Malgré ces nombreux établissements, qui semblaient avoir
une durée assurée, le sort de Versailles resta incertain sous le
Directoire. En l'an VI, Luneau de Boisjermain, dans une
brochure remarquable, proposait d'y établir les Conseils et
le Directoire, et de les soustraire ainsi à la « turbulence parisienne[3] ».

[1] *Journal du département de Seine-et-Oise*, 1800.

[2] De 1806 à 1812, 90 tableaux originaux et 38 copies.

[3] Déjà, en 1795, Dumont avait proposé d'installer à Versailles l'un des
deux Conseils (*Moniteur universel*).

Le Premier Consul établit en 1806, dans le Château, une succursale de l'hôtel des Invalides, au grand mécontentement des habitants de Versailles, qui craignaient que les nouveaux hôtes, au nombre de 2,000, ne dégradassent le Palais et le Parc qui « appelaient encore l'étranger[1] ». Ils furent logés dans les appartements de Louis XV et dans les ailes du Midi, sur les jardins et sur la cour des Ministres; et quand ils quittèrent Versailles après deux ans de séjour, on reconnut avec plaisir que ces braves soldats n'avaient pas commis « la plus légère dégradation[2] ».

Il y eut à la même époque, dans la grande salle des Gardes, des expositions annuelles des œuvres des artistes de Versailles.

Le salon d'Hercule servait aux réunions des assemblées primaires, aux distributions de prix de diverses écoles, à des conférences et à des discours[3].

N'oublions pas les nombreuses fêtes patriotiques dont le Château fut le théâtre pendant la Révolution. Un autel de la Patrie avait été dressé à la pièce d'eau des Suisses, au-dessous de la statue de Curtius. C'était le lieu le plus ordinaire des fêtes de la République; on y célébra la fête de la Fédération, celle de l'anniversaire du Dix-Août, etc. Le 2 pluviôse an VI (21 janvier 1798), on planta solennellement un arbre de la Liberté dans la cour du Château, là où est placée aujourd'hui la statue de Louis XIV.

L'administration du Musée spécial de l'Ecole française ayant obtenu du ministre de l'Intérieur l'autorisation d'accomplir « cet acte de civisme », invita l'administration du Département, celle de la Municipalité et le commandant de la force armée « à solenniser de leur présence cet acte intéressant pour tout bon Français ».

Les invités réunis, on alla au Jeu-de-Paume prêter serment

---

[1] *Journal du département de Seine-et-Oise*, an VIII.

[2] *Ibid.*

[3] Par exemple, aux conférences du citoyen Jauffret, secrétaire perpétuel de la *Société des Observateurs de l'Homme*, sur l'histoire naturelle comme pouvant concourir au perfectionnement de la morale; c'était l'école de Bernardin de Saint-Pierre et de Bonnet. Le 7 mai 1802, l'abbé Sicard y fit un éloge de l'abbé de l'Epée.

de haine à la royauté et à l'anarchie, et attachement invio-
lable à la République et à la Constitution de l'an III.

Le cortège se rendit ensuite dans l'une des principales
salles du ci-devant Château des rois, où le président du
Département, « après quelques paroles d'exécration, brisa en
mille morceaux un sceptre et une couronne préparés à cet
effet ».

Après quoi on se réunit dans la cour, autour du jeune chêne
orné de rubans tricolores. Une musique remplissait les airs
« d'une douce mélodie républicaine ». Enfin, le président
du Musée, Gibelin, prononça, dans le style emphatique du
temps, un discours qui commençait ainsi : « Citoyens, vous
venez de célébrer l'anniversaire de l'une des plus grandes
époques de la Révolution, celle de la mort du dernier tyran
des Français. Il vous reste encore à faire un acte solennel;
c'est d'en consacrer ici la mémoire à jamais, par la plantation de l'Arbre de Liberté, symbole consolant d'une existence digne de nous.

« Cette terre, si longtemps souillée par la présence des des-
potes, qui la foulaient avec tant d'orgueil et de pompe, va
donc enfin être purifiée! Elle va nourrir dans son sein les
racines vivaces de l'Arbre chéri des peuples libres. L'Arbre
sacré de Liberté dominera seul désormais sur le fastueux
sommet de Versailles; et sa tête sublime, s'élevant un jour
jusqu'aux nues, frappera les regards de tous les peuples de la
terre... »

La cérémonie finit aux cris répétés de : Vive l'Arbre chéri!
Vive la République! et aux sons éclatants « des instruments
guerriers[1] »!

II. — L'EMPIRE ET LA RESTAURATION (1804-1830)

Une fois l'Empire proclamé, le Château de Versailles et
toutes ses dépendances, les Trianons, etc., rentrèrent dans le

[1] Pièce in-4°, à la Bibliothèque de Versailles. *Document* cité par
Dussieux.

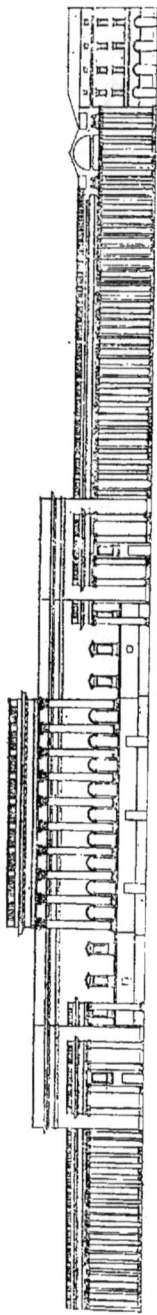

Premier projet de reconstruction du Château, par Peyre, en 1780. — Vue de la coupe de l'avant-cour.

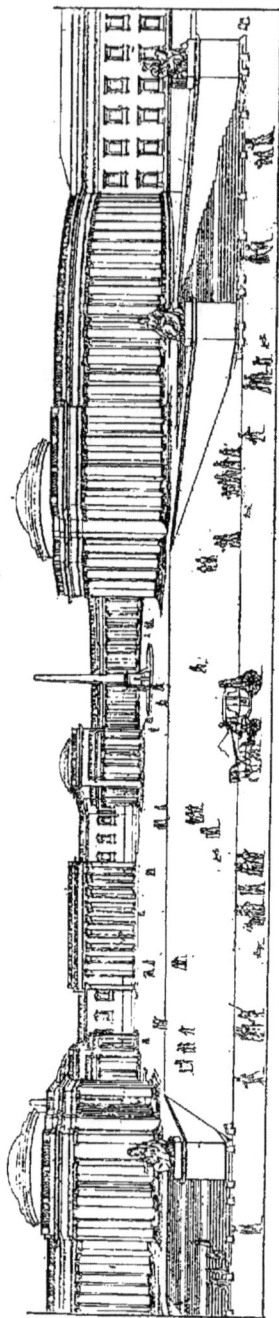

Second projet de reconstruction du Château, par Peyre, en 1780. — Perspective vue de la place d'Armes.

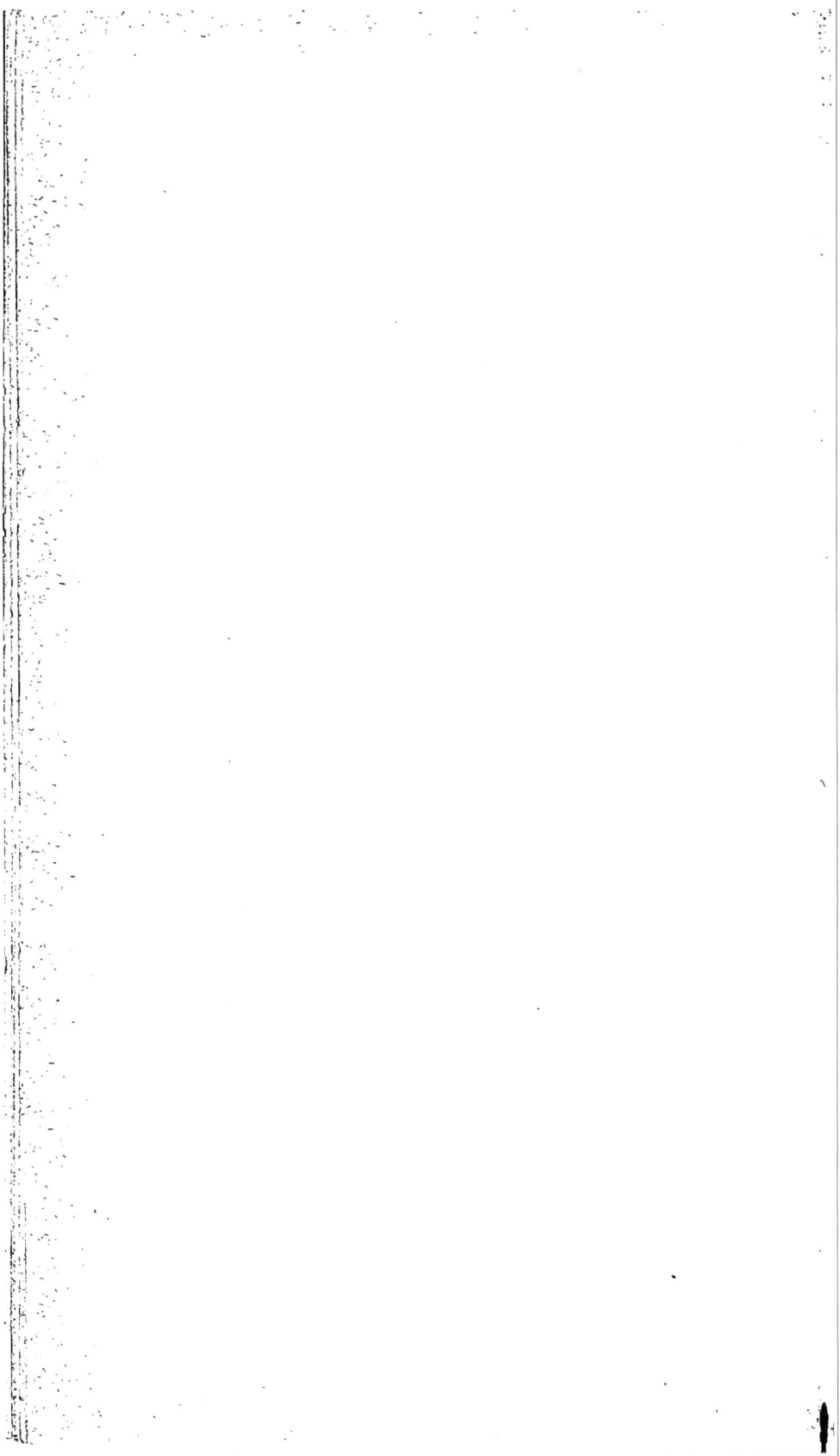

domaine de la Couronne, et des travaux de réparation commencèrent aussitôt[1].

Le Canal, qui était devenu une prairie marécageuse, fut
restauré et rempli d'eau (1808); on fit disparaître les plantations de Richard et les baraques qui encombraient les
abords du Palais. Le Parc fut remis dans son ancien état.

Malheureusement, les restaurations entreprises par Dufour,
l'architecte du Palais, de 1810 à 1814, furent peu intelligentes
et peu respectueuses du passé. La balustrade du comble du
Château, du côté des jardins, fut remise à neuf, mais tout à
fait altérée; les trophées et les vases ne furent pas remplacés.

Cet architecte refit les soubassements et le socle des avant-
corps des façades qui étaient en mauvais état; la façade méridionale fut refaite dans toute sa hauteur. Les combles
furent restaurés partout. Les parements et les façades furent
remis à neuf et les parties neuves furent badigeonnées pour
les mettre au ton des parties anciennes[2].

Dufour répara aussi les façades du côté de la cour. Il
détruisit en 1814 les colonnes accouplées des quatre avant-
corps de la cour de Marbre, que l'on voit indiquées sur le
plan de Silvestre, de 1674, et qui étaient en mauvais état. Le
vestibule central de l'aile du Midi fut remis dans son état
primitif. De même, la petite salle de spectacle située au
fond de la cour des Princes disparut et fit place au vestibule actuel, conduisant de cette cour aux jardins.

Napoléon eut un instant l'idée de reconstruire le Palais de
Versailles, à l'instigation du célèbre architecte Fontaine, qui
était en grand crédit auprès de lui et comparait le Château à
« un nain difforme, dont les membres gigantesques, plus dif-
formes encore, augmentent la laideur ». On se souvient que,
sous Louis XV, son architecture, sa décoration, la disposition
de ses bâtiments avaient trouvé de nombreux adversaires,
et que ce roi, adoptant le plan de Gabriel, avait ordonné une
restauration générale, dont l'exécution commença en 1772
par la construction de l'*aile neuve* du côté de la Chapelle (aile

---

[1] La salle de spectacle de l'aile Gabriel fut mise à la disposition des
« comédiens français de Sa Majesté l'Empereur », qui vinrent y donner
des représentations.

[2] *Journal de Seine-et-Oise*, 1811.

Gabriel). Le style des nouveaux bâtiments, à colonnes et frontons, était celui que les novateurs, partisans de l'antique, avaient mis à la mode. Toujours l'école de David. A la mort de Louis XV, le projet de refaire le Château et de replanter son parc dans le goût anglais fut repris par Louis XVI. En 1780, le Roi avait demandé aux plus célèbres architectes du temps, Peyre aîné, Peyre jeune, Boullé, Heurtier, Pâris, Leroy, Huvé, Potain, Micque, des projets pour restaurer, c'est-à-dire pour refaire entièrement du côté de la ville le Château, dont les parties datant de Louis XIV étaient en ruines et celles de Louis XV abandonnées sans avoir été achevées. Ces projets ne purent être exécutés faute d'argent, et restèrent dans les bureaux du comte d'Angiviller, directeur général des Bâtiments.

Napoléon avait un tout autre plan. Il voulait détruire le Château et le reconstituer tout autrement.

L'architecte Gondouin fit un projet qui nécessitait 50 millions de dépense. Napoléon recula et se contenta de faire faire de simples travaux de réparation et de conservation à la couverture, aux façades et aux grands appartements. C'est alors que fut détruite l'ornementation de la balustrade du comble du côté du jardin, comme nous l'avons dit.

Ceci se passait en 1807. En 1811, Napoléon veut adopter avec l'architecte Fontaine le projet de Peyre le Jeune, mais la dépense lui fit encore tout ajourner[1]. Fontaine nous dit que l'Empereur ne voulait pas dépenser plus de 6 millions, et avec cela avoir un appartement pour lui et un pour l'Impératrice, six appartements de princes et cinquante autres. «Alors, disait-il, on pourra habiter Versailles et y passer un été. » Les désastres de 1812 et la chute de l'Empire sauvèrent le Château de ce nouveau danger.

La Restauration arriva, et Fontaine, qui avait conservé tout son crédit sous Louis XVIII, présenta au Roi, qui voulait remettre le Château de Versailles en état d'être de suite habité,

---

[1] Une sorte de concours fut ouvert à cette époque. Il y eut quatorze projets différents, mais unanimes pour détruire tous les appartements de Louis XV, la salle du Conseil, la chambre de Louis XIV, l'Œil-de-Bœuf, etc. Tout était sacrifié, à l'exception des grands appartements du Roi et de la Reine, de la Galerie et de ses deux salons, de la Chapelle et de l'Opéra.

un projet qui fut adopté, interrompu un moment par les Cent-Jours, et terminé en 1820, après une dépense de 6 millions. On restaura la *Galerie*, les *grands appartements* et tout ce qu'avait fait Louis XIV; on acheva, du côté de Paris, la façade commencée par Gabriel sous Louis XV; on fit, dans les intérieurs, diverses modifications et l'on rendit commodes tous les abords. Les peintures et les dorures des plafonds des grands appartements furent restaurées; le pavillon correspondant à celui bâti par Gabriel fut élevé par Dufour, et toutes les dépendances furent remises en état. La plupart de ces travaux étaient d'une urgente nécessité, si l'on en juge par une lettre plaisante de Ducis, parlant des peintres restaurateurs : « Quand ils sont sur leurs échafauds, s'il leur arrive d'éternuer, de se moucher ou de tousser un peu fort, il leur tombe des Vénus, des Mars, des Renommées avec leurs trompettes, et toute la gloire de ce grand siècle de Louis XIV, obscurcie de poussière et enveloppée de toiles d'araignée[1]. » De même, la cour dégradée fut restaurée en 1816, ainsi que la Chapelle.

Quant à l'histoire intérieure du Palais pendant la période napoléonienne et la Restauration, elle est sans intérêt. Les établissements que la Révolution y avait fondés disparaissent un à un, même le musée. Le Château, resté vide, devient inutile tout en demeurant dispendieux, et cette situation ne devait pas manquer de faire la partie belle à ses détracteurs. Il y eut cependant quelques visiteurs illustres. Le pape Pie VII, qui avait sacré Napoléon à Notre-Dame, vint à Versailles le 3 janvier 1805 et visita le Château et l'Orangerie. Puis, revêtu de ses ornements pontificaux, il se plaça au milieu de la Grande-Galerie et donna sa bénédiction solennelle à la foule qui couvrait les terrasses du jardin. Deux jours après, il y eut grand bal dans le salon d'Hercule, donné par les officiers de la garnison de Versailles en l'honneur du gouvernement de l'Empereur.

Mentionnons aussi la visite de la reine de Westphalie en 1807 et du roi de Saxe en 1809.

---

[1] Lettre citée par M. Delerot dans son opuscule : *Ce que les poètes ont dit de Versailles.*

Napoléon, qui résidait au Grand-Trianon, fit aussi quelques visites au Château, avec promenades dans le Parc et l'Orangerie, en 1808 et 1810.

Puis, Versailles reçut la visite des alliés qui avaient envahi la France en 1814 : le czar Alexandre et ses deux frères, le roi de Prusse, Frédéric-Guillaume III, et ses deux fils, dont l'un devait être proclamé empereur dans ce même Versailles en 1870.

Louis XVIII, qui avait fini par renoncer de loger au Château, y donna asile à un certain nombre d'émigrés et de serviteurs.

En 1818, le visiteur de marque du Château fut le vainqueur de Waterloo, Wellington.

En décembre 1821, à la suite d'une épidémie de fièvre typhoïde qui avait éclaté parmi les trois cents élèves de l'Ecole militaire de Saint-Cyr, cette école fut provisoirement transférée au Château. Elle occupa l'aile méridionale des Ministres (1822). Elle fut réintégrée à Saint-Cyr trois mois après.

Charles X visita Versailles le 6 août 1826. « Ce fut la dernière fois que les princes de la branche aînée de la maison de Bourbon visitèrent l'ancienne résidence de Louis XIV. »

CHAPITRE VII

LE GOUVERNEMENT DE JUILLET — LOUIS-PHILIPPE
ET LA FONDATION DU MUSÉE (1830-1848)

Sous le Gouvernement de Juillet, l'idée de transporter les Invalides à Versailles, qui avait été soulevée, fut repoussée par la Commission chargée d'étudier le projet de loi de la nouvelle liste civile. Versailles et les Trianons firent partie de la dotation de la Couronne, sous condition qu'un musée et une école des beaux-arts seraient établis dans le Palais[1].

Dès le mois de septembre 1833, M. de Montalivet, intendant général de la liste civile, adressait à Louis-Philippe un rapport sur l'établissement du musée projeté[2], dont l'extrait suivant nous éclaire sur la pensée du Roi :

« Lors de votre dernière visite à Versailles, Sire, vous avez daigné développer devant les personnes qui vous accompagnaient le plan que vous avez formé. Vous nous avez dit que, sans priver le Louvre de la collection des chefs-d'œuvre de peinture et de sculpture, et des objets d'art anciens et modernes que la Couronne y possède aujourd'hui, vous vouliez que Versailles présentât à la France la réunion des souvenirs de son histoire, et que les monuments de toutes nos gloires nationales y fussent déposés et environnés ainsi de la magnificence de Louis XIV.

---

[1] Rapport de M. de Schonen (28 décembre 1831), rapporteur de la Commission : « Elle a pensé que Versailles ne pouvait servir qu'à un conservatoire de musées recueillis dans ses magnifiques galeries, et elle croit signaler cet usage, ainsi que la création d'une école des beaux-arts qui y serait attachée. »

[2] *Moniteur universel* du 5 septembre 1833.

11

« Pour réaliser cette grande pensée, vous m'avez ordonné, Sire, de faire préparer les plans des travaux qui devront être exécutés dans le palais de Versailles; et M. Nepveu, votre architecte, s'est efforcé de s'identifier avec elle dans l'étude du projet dont Votre Majesté lui a donné le programme. »

Venait ensuite l'exposé du projet : 1° A *l'aile du Midi*, on devait construire une grande galerie, dans laquelle on placerait des tableaux de batailles depuis Tolbiac jusqu'à la prise de la citadelle d'Anvers; c'était la création principale du projet. *Dans les salles du rez-de-chaussée de cette aile*, on devait mettre des peintures, et dans la galerie de pierre, des bustes et des statues. — 2° *Au principal corps du Château*, le rez-de-chaussée était destiné à des suites de portraits; au premier étage, dans les appartements, on devait placer encore des tableaux de batailles et d'autres tableaux qui s'y trouvaient autrefois. — 3° *L'aile du Nord* devait subir une importante transformation et contenir aussi des tableaux.

Le rapport annonçait de nombreuses commandes aux artistes contemporains pour compléter les peintures et sculptures anciennes, devenues insuffisantes.

Il fut décidé que les travaux commenceraient sans retard. La tâche n'était pas facile. « Outre les grands appartements, c'était un labyrinthe infini de logements, quelques-uns plus ou moins grands, beaucoup très petits, tous destinés aux princes, aux grands seigneurs, aux officiers des maisons du Roi, de la Reine et des princes, et à une partie de la domesticité haute et basse; on aurait dit, selon l'expression de Saint-Marc-Girardin, une ruche ayant mille et une cellules[1]. »

Il était donc nécessaire de faire disparaître ce dédale de petites pièces, d'entresols, d'escaliers et de corridors, pour construire à leur place de belles et grandes salles de musée; mais il eût fallu procéder avec précaution dans cette démolition et sauver, comme un legs pieux, ces échantillons si nombreux et si fins de l'art décoratif du xviiie siècle, lambris et cadres de glaces sculptés, cheminées ornées de bronzes,

---

[1] En 1789, le Château renfermait 288 logements, de 1,252 pièces à cheminée et de plus de 600 sans cheminée. Dans ce nombre ne sont pas comprises les 152 pièces occupées par le Roi, la Reine et les princes et princesses. (*Ms. de la Régie*, cité par Dussieux, t. II, notes.)

cuivres ciselés et dorés, qui se trouvaient dans les appartements occupés par les princes. Toutes ces boiseries précieuses furent arrachées pour faire place à la peinture *officielle* qui avait été commandée en masse. Malheureuse-

Coupe du pavillon de l'aile du Midi démoli sous Louis-Philippe.

ment, aucune préoccupation artistique, aucun goût ne guidèrent les auteurs de ces transformations. Un historien du château de Versailles[1] dit avec raison qu'on aurait dû conserver pieusement tous les principaux appartements, en les décorant de tableaux, portraits, bustes et autres objets d'art se rapportant aux divers personnages qui les avaient habités et aux faits qui s'y étaient passés.

Au lieu de cela, on détruisit un peu partout. Ici, une partie de la décoration de la chambre de la Reine; là, sans le savoir, l'appartement de Mme de Maintenon, à peu près au complet; ailleurs, la décoration des appartements du Dauphin, fils de Louis XV, de Mesdames et de Mme de Pompadour.

Autre erreur de goût : le niveau de la cour de Marbre fut abaissé, et détruite ainsi l'harmonie des délicieuses façades

[1] Dussieux, t. II, *Le Musée.*

de Le Vau; d'autre part, on plaçait dans la cour du Château les statues colossales et ridicules du pont de la Concorde, hors de proportion avec la hauteur des bâtiments[1]. Et malheureusement elles y sont encore.

Il était impossible de ne pas répéter ces critiques si fondées, imputables surtout au mauvais goût de l'époque, mais cela ne doit pas nous rendre injuste pour l'opportunité de la transformation du Palais en un vaste musée de « toutes les gloires de la France ». Cette œuvre, à laquelle Louis-Philippe prit une part si personnelle, accomplie de 1833 à 1837, fut accueillie avec enthousiasme par le pays.

Le Roi y consacra « presque toutes les ressources de la liste civile; il discuta, traça le plan de toutes les salles, de toutes les galeries, désignant lui-même la place qui devait être attribuée à chaque époque, à chaque personnage. Avec une impartialité digne d'éloges, il décida, dès le début, que tout ce qui était national devait être mis en lumière, que tout ce qui était honorable devait être honoré[2] ».

M. de Montalivet donne le total des sommes dépensées à Versailles et aux Trianons; elles s'élèvent à 23,494,000 francs et se répartissent ainsi :

Entretiens, réparations, travaux neufs. .   15,059,000 fr.
Œuvres d'art achetées et restaurées . . .   6,625,000 fr.
Acquisition et restauration de mobilier.   1,810,000 fr.

Nepveu, l'habile architecte du Palais, était aussi un homme indépendant. Il osa plus d'une fois tenir tête au Roi. « Mais, Nepveu, lui dit un jour Louis-Philippe, impatienté de ses contradictions, vous êtes obstiné; sachez donc que j'ai beaucoup fait bâtir. — Et moi, Sire, répondit M. Nepveu, j'ai beaucoup bâti moi-même. » Le Roi, ayant un peu d'humeur, finit, ce jour-là, sa visite sans parler davantage à M. Nepveu.

---

[1] On rogna certaines toiles et on en agrandit d'autres pour arriver à faire des panneaux symétriques; on mélangea d'affreuses copies et de superbes originaux... On fit peindre l'admirable théâtre de Gabriel, cette salle de spectacle unique au monde, et au décor gris et or d'autrefois, Louis-Philippe substitua un épouvantable décor rouge, d'un rouge vineux... A. Hallays (*Journal des Débats*, 1906).

[2] M. de Montalivet, *Le Roi Louis-Philippe et sa liste civile.*

Cependant, comme il ne voulait pas laisser mécontents et tristes ceux qu'au fond il aimait, il s'arrêta dans un des vestibules, cherchant à dire quelque chose à M. Nepveu qui ne ranimât pas la querelle, car celui-ci était homme à la recommencer. Il y avait au plafond des peintures que le Roi avait vues plus de cent fois, mais il en demanda l'explication à son architecte. « Quelle est donc, lui dit-il, cette figure dans l'angle à gauche ? — Sire, dit M. Nepveu, c'est une figure allégorique : c'est ce qu'on appelle la persévérance dans un pauvre architecte[1]. »

L'inauguration du Musée eut lieu le 10 juin 1837. Le Roi avait convié à cette solennité tous les grands corps de l'Etat, l'Institut de France, les principaux membres des corps élus et de la garde nationale de la Seine, les principales autorités du département de Seine-et-Oise, les officiers généraux de l'armée de terre et de mer, les officiers supérieurs en garnison à Paris et à Versailles, les officiers supérieurs de l'Ecole de Saint-Cyr, beaucoup d'hommes de lettres et d'artistes, « et particulièrement les peintres et les sculpteurs qui avaient concouru par leurs travaux à enrichir le nouveau musée[2] ». On se rendit aux galeries du premier étage par l'escalier de Marbre et presque aussitôt à la grande galerie des Batailles, où l'on voyait, « retracés sur la toile, tous les hauts faits de la valeur française, depuis la bataille de Tolbiac jusqu'à celle de Wagram[3] ».

Ensuite, on remarqua surtout la salle des Etats-Généraux, la salle de 1830[4], où figurent les principaux événements de la Révolution de Juillet, et on s'arrêta longuement dans « la chambre du lit de Louis XIV, pour examiner toutes les parties de l'ancien ameublement restaurées avec une grande magnificence ».

Un banquet de 1,500 couverts eut lieu dans la Grande-Galerie de Louis XIV (galerie des Glaces) et dans les salons de la Guerre, d'Apollon, de Mercure, de Mars, etc... La table

[1] Saint-Marc-Girardin (*Journal des Débats*). Cité par Dussieux.
[2] *Moniteur universel* du 12 juin 1837.
[3] *Ibid.*
[4] Ces salles n'ont plus aujourd'hui leur affectation particulière.

du Roi était de 600 couverts. Les princes présidaient aux autres tables.

La solennité se termina le soir par un intéressant spectacle, qui eut lieu dans la salle de l'Opéra.

« Leurs Majestés sont entrées dans la salle de spectacle à huit heures et se sont placées à l'amphithéâtre au-dessus du parterre. Le Roi occupait le milieu, ayant à sa droite la Reine et à sa gauche la reine des Belges, Mme la duchesse d'Orléans et la princesse Marie. La Reine avait à sa droite le roi des Belges, Mme la grande-duchesse douairière de Mecklembourg, Mme la princesse Adélaïde et la princesse Clémentine. Le prince royal (duc d'Orléans) occupait un siège derrière Mme la duchesse d'Orléans; M. le duc de Nemours, M. le prince de Joinville, M. le duc d'Aumale et M. le duc de Montpensier avaient pris place derrière le Roi et la Reine.

« La salle, éblouissante de lumières et décorée avec une magnificence que rien ne saurait égaler, était presque entièrement pleine avant l'arrivée du Roi. L'entrée de Leurs Majestés a été saluée par les plus vives acclamations. »

A huit heures, le spectacle commença par le *Misanthrope*, joué avec les costumes du temps, par Mlle Mars et les principaux acteurs de la Comédie-Française. Les acteurs de l'Académie royale de musique exécutèrent ensuite des fragments du troisième et du cinquième acte de *Robert le Diable*. Les souverains applaudirent au talent de Duprez, de Levassor et de Mlle Falcon. Le spectacle se termina par un intermède de Scribe, destiné à célébrer l'inauguration du Musée « et à mettre en parallèle une fête donnée à Versailles par Louis XIV avec la fête toute nationale donnée en ce jour même par le roi des Français ».

L'assemblée tout entière applaudit à l'art du décorateur, faisant succéder à l'aspect du vieux Versailles celui de Versailles rendu à son antique splendeur, « et consacré par Louis-Philippe à toutes les gloires qui honorent le pays ». Après le spectacle commença la promenade aux flambeaux dans les vastes salles du Palais et dans la grande galerie des Batailles. Le Roi était précédé de valets de pied portant des torches, suivi de sa famille et de toutes les personnes qui avaient pris part au banquet ou à la représentation.

Le Roi et la Reine repartirent pour Trianon à deux heures du matin[1].

Cependant, les projets de Louis-Philippe, relativement au Musée de Versailles, n'étaient pas encore entièrement réalisés. De nouveaux plans, dit M. de Montalivet, avaient été dressés par l'ordre du Roi pour compléter l'œuvre dans un sens conforme au caractère particulier de son règne. La gloire militaire, les victoires des armées françaises sur terre et sur mer occupaient la totalité des salles et des galeries du Palais successivement ouvertes au public. Le Roi voulut que des galeries nouvelles fussent consacrées à la gloire politique et aux vertus civiles. Déjà l'emplacement de ce musée nouveau était désigné dans la partie du Palais qui s'étend parallèlement à la grande aile du Midi, sur l'un des côtés de la rue de la Bibliothèque, lorsque la Révolution de Février vint opposer un fatal obstacle à la réalisation de cette patriotique pensée.

Après les fêtes de l'inauguration du Musée, il faut mentionner celles qui eurent lieu au Château en 1840 et en 1844. — En 1840, il y eut banquet royal dans la galerie de Louis XIII, à l'occasion de la fête du Roi. — Le 9 juin 1844, Louis-Philippe offrit, dans la salle de l'Opéra, une grande représentation aux principaux industriels dont les produits figuraient à l'Exposition ouverte le 1er mai précédent aux Champs-Elysées. La réception du public eut lieu au salon d'Hercule; on joua deux actes d'*OEdipe à Colone*, un acte de la *Favorite* et, après un divertissement, deux actes de la *Muette*. L'orchestre était conduit par Habeneck. Le grand succès fut pour Mme Stoltz.

---

[1] *Moniteur universel* du 12 juin 1837.

CHAPITRE VIII

LE CHATEAU DE 1848 A 1870

Le Château et le Musée de Versailles furent visités par le prince Louis-Napoléon, Président de la République, le 1er septembre 1849. Devenu empereur sous le nom de Napoléon III, il revint le 1er février 1853, accompagné de l'impératrice Eugénie, qui se fit montrer tous les portraits de Marie-Antoinette, à laquelle elle témoignait un intérêt tout particulier.

Après la chute de Louis-Philippe, Napoléon III reçut solennellement à Versailles la reine Victoria, le 21 août 1855. Accompagnée du prince Albert, elle visita le Château et assista au jeu des grandes eaux. Le 25, l'Empereur lui offrit une grande fête de nuit dont l'organisateur fut l'architecte Questel.

La grande cour du Château resplendissait comme en plein jour. Le profil imposant et sévère de cette grande et belle architecture se dessinait en lignes de feu.

« Leurs Majestés sont entrées par l'escalier de Marbre, tandis que les invités montaient par l'escalier des Princes. Des salons d'attente et de repos, des boudoirs tendus de damas bleu et remplis de jardinières élégantes avaient été disposés pour la reine d'Angleterre et le prince Albert dans les petits appartements de Marie-Antoinette.

« La galerie des Glaces offrait le plus éblouissant coup d'œil. Aux quatre angles s'élevaient quatre orchestres. Des guirlandes pendaient de la voûte et se reliaient entre elles, formant la plus légère et la plus charmante décoration; des milliers de lustres, de girandoles, de torchères, reflétés à

Le Château de Versailles (état actuel), d'après GAVARD.

l'infini par les glaces, versaient des torrents de lumière sur les brillants costumes des invités.

« Le grand Parterre d'Eau était encadré sur toutes les faces d'une éclatante série de portiques, style Renaissance, se découpant sur le fond du Parc en feux de couleurs et reliés par des treillages émeraude. Au centre s'élevait un portique de deux tiers plus grand que les autres, en guise d'arc de triomphe, surmonté du double écusson de France et d'Angleterre. Aux deux coins de droite et de gauche s'arrondissaient deux autres portiques ornés des monogrammes étincelants de Leurs Majestés. Sous ces arches brillantes, l'eau s'élançait en gerbes et retombait en cascades. Les deux bassins ne formaient qu'une vaste nappe embrasée sur laquelle nageaient des dauphins d'or, montés par des amours portant des torchères à globes et des guirlandes vénitiennes. A dix heures, les portes des grands appartements se sont ouvertes, et Leurs Majestés, suivies de toute la Cour, ont fait leur entrée dans la galerie des Glaces, la reine d'Angleterre donnant le bras à l'Empereur et l'Impératrice au prince Albert, la princesse Mathilde au prince de Bavière, la princesse royale au prince Napoléon[1]. »

Le feu d'artifice fut tiré au bout de la pièce d'eau des Suisses. La pièce principale représentait le château de Windsor. Après le feu, l'Empereur ouvrit le bal avec la reine d'Angleterre. A onze heures, la Cour se rendit pour le souper dans la salle de l'Opéra. La table impériale avait été dressée dans la loge d'honneur et le parterre transformé en salle de festin.

Cette visite célèbre dans les fastes du Château ne doit pas faire oublier les deux qui suivirent : celles du roi de Bavière et du roi d'Espagne. — Le roi de Bavière, Louis II, vint à trois reprises à Versailles (31 mai, 3 et 8 juin 1837), et son enthousiasme fut tel, qu'il se fit construire depuis, dans ses États, un palais sur le modèle du nôtre.

Le 21 août 1864, l'Empereur donna une nouvelle fête à Versailles, cette fois au roi d'Espagne, Don François d'Assise. Après les grandes eaux, il y eut spectacle à l'Opéra. On représenta *Psyché*, de Molière et Corneille, un pas de *Gisèle* et le

[1] *Moniteur universel.*

divertissement des Saisons des *Vêpres siciliennes*. Après le spectacle, on se rendit dans le Parc, dont la décoration était fort originale. Un double cordon de feux dessinait la configuration des pièces d'eau, des gazons et des charmilles. Les arbres étaient chargés de globes transparents de couleur orange, qui transformaient le Parc en un vaste jardin des Hespérides. Les eaux des pièces principales jouaient, teintées de toutes nuances par la lumière électrique ; des feux de résine brûlaient dans les vases sculptés et des feux de Bengale teignaient tour à tour les bosquets en pourpre ou en vert clair. Le faîte de la façade du Château était illuminé en entier.

Après le feu d'artifice, qui fut tiré derrière le bassin d'Apollon, un souper fut servi dans la galerie des Glaces. L'ingénieur Alphand fut l'organisateur de cette fête.

1870

Au mois de septembre 1870, le Château devint un hôpital pour les blessés. Une ambulance internationale hollandaise de quinze lits fut établie dans la galerie de l'Empire, au rez-de-chaussée. Arrivés à Versailles, les Allemands organisèrent à leur tour une grande ambulance de quatre cents lits, qui occupa la plus grande partie du Château[1]. L'ambulance hollandaise fut alors transportée dans la *galerie basse* et les *salles des Maréchaux*. Pendant les belles journées, les blessés, couchés dans leur lit, étaient portés sur la terrasse. La transformation du Musée en hôpital militaire n'occasionna heureusement aucun dégât grave, et il suffit, après l'évacuation, d'un nettoyage complet pour remettre les salles en état.

L'événement le plus cruel pour notre patriotisme, qui se rattache à l'histoire du Château, fut la proclamation de l'Empire d'Allemagne, qui constituait son unité dans le palais même de Louis XIV. Cette cérémonie eut lieu dans la galerie des Glaces, le 18 janvier 1871.

---

[1] Les attiques, les salles de Constantine, de la Smala et du Maroc, l'Œil-de-Bœuf, la chambre de Louis XIV, la salle du Conseil, les petits appartements de Louis XV et ceux de Marie-Antoinette ne furent pas occupés par l'ambulance.

CHAPITRE IX

LA CHAPELLE
LES SALLES DE SPECTACLE — L'OPÉRA — LES AILES

---

1. — LA CHAPELLE

Avant la chapelle définitive, il y eut une chapelle provisoire qui avait remplacé l'ancienne, détruite en 1671, lors de la construction de l'escalier de la Reine[1].

L'emplacement choisi pour la chapelle actuelle « était tout contre la dernière chapelle inaugurée en 1682 et s'étendait dans l'axe d'une des ailes des Ministres, perpendiculairement aux deux longs corps de logis de l'aile du Nord, qui venaient s'appuyer à la construction nouvelle[2] ».

Ce monument devait être tout d'abord revêtu de marbre jusqu'à la voûte, mais la crainte du froid et d'une trop grande humidité poussa Louis XIV à faire démolir ce qui

---

[1] La première chapelle occupait l'emplacement du vestibule de l'escalier de la Reine; mais comme elle rétrécissait cet escalier et le rendait obscur (Félibien), on la démolit et une grande arcade fut ouverte dans le mur du vestibule, du côté de la cour Royale (1671). Alors, une nouvelle chapelle fut édifiée sur l'emplacement actuel du vestibule de la cour de la Chapelle et de celui du salon d'Hercule. On l'inaugura en 1682. Pendant cette construction, une *chapelle provisoire* fut établie et bénite en 1672. Elle occupait, au rez-de-chaussée, un vestibule (n° 41) conduisant à l'escalier de la Reine, ainsi que la salle dite jadis des *Amiraux* (n° 42), et, au premier étage, tout l'emplacement de l'ancienne *salle des Gardes* (n° 140).

[2] A. Pératé, *Versailles*.

était commencé (1699). On choisit alors une pierre très blanche, du grain le plus pur, très apte à se prêter à tous les ornements d'architecture et de sculpture.

Mansart, qui en fit le plan, mourut avant d'avoir achevé son œuvre, qui fut menée à terme par son beau-frère, Robert de Cotte. La chapelle neuve fut bénite solennellement, le 5 juin 1710, par le cardinal de Noailles, archevêque de Paris.

Du côté des jardins, la façade paraît fondue dans l'aile septentrionale du Château et ne se distingue pas d'elle; c'est seulement par la partie tout à fait haute qu'elle se détache, donnant, suivant le mot expressif de Saint-Simon, « la triste représentation d'un catafalque », et c'est ainsi qu'elle ne se montre complètement que par l'abside (comme la Sainte-Chapelle de Paris), d'une belle élégance, avec ses statues et ses bas-reliefs, et qui s'élève à une hauteur de près de 30 mètres.

La longueur de l'édifice est de 39 mètres, sa largeur de 20 mètres. Le comble était orné de plombs dorés et surmonté d'une lanterne, détruite sous Louis XV. La balustrade porte une série de statues d'apôtres et de pères de l'Eglise, à l'instar des églises romaines décorées par Bernin et ses élèves.

Pour bien voir la Chapelle et l'embrasser dans tous ses détails, il faut la regarder de la tribune royale, où le public accède aujourd'hui librement. On se rend compte qu'ici aussi l'architecture, comme il convient, domine et règle tous les autres arts. Le spectateur est saisi tout d'abord par la simplicité, l'ordonnance et le rythme de cette pierre blonde, si lumineuse quand le soleil pénètre par les grandes fenêtres cintrées aux carreaux de blanc cristal qui, de droite et de gauche, éclairent la nef. Deux vestibules superposés sont à l'entrée et prennent jour sur les jardins : celui du bas, par une grande porte blanche et dorée, donne accès dans la nef centrale, et par deux portes latérales, aux escaliers tournants qui mènent au premier étage; celui du haut [1], vaste salle rec-

---

[1] Dans ce vestibule sont les bustes de Mansart et de Robert de Cotte, par Coysevox. Deux niches renferment deux belles statues de marbre, la *Gloire* et la *Magnanimité*, œuvres de Vassé et de Rousseau.

CEREMONIE.

De la protestation de Serment de fidélité entre les mains du Roy, dans la Chapelle de Versailles par Mr le Marquis de Dangeau nommé de la grande Maîtresse de l'Ordre de Nôtre Dame du Mont Carmel, et de St Lazare le 18 Decembre 1695

En presence de Monseigneur le Dauphin, de Monseigneur le Duc de Bourgogne qui sont dans la tribune, de Mr le Prince et de Mr le Cardinal de Furstemberg en rochet et en Camail Ainsi que Monseigneur de Montpesier, de Colbert, de Grignant, de Tabireau, de Montelier, de Sauhen de Grenoble, et &.
la Barre, Dames Chevaliers et Officiers de l'Ordre

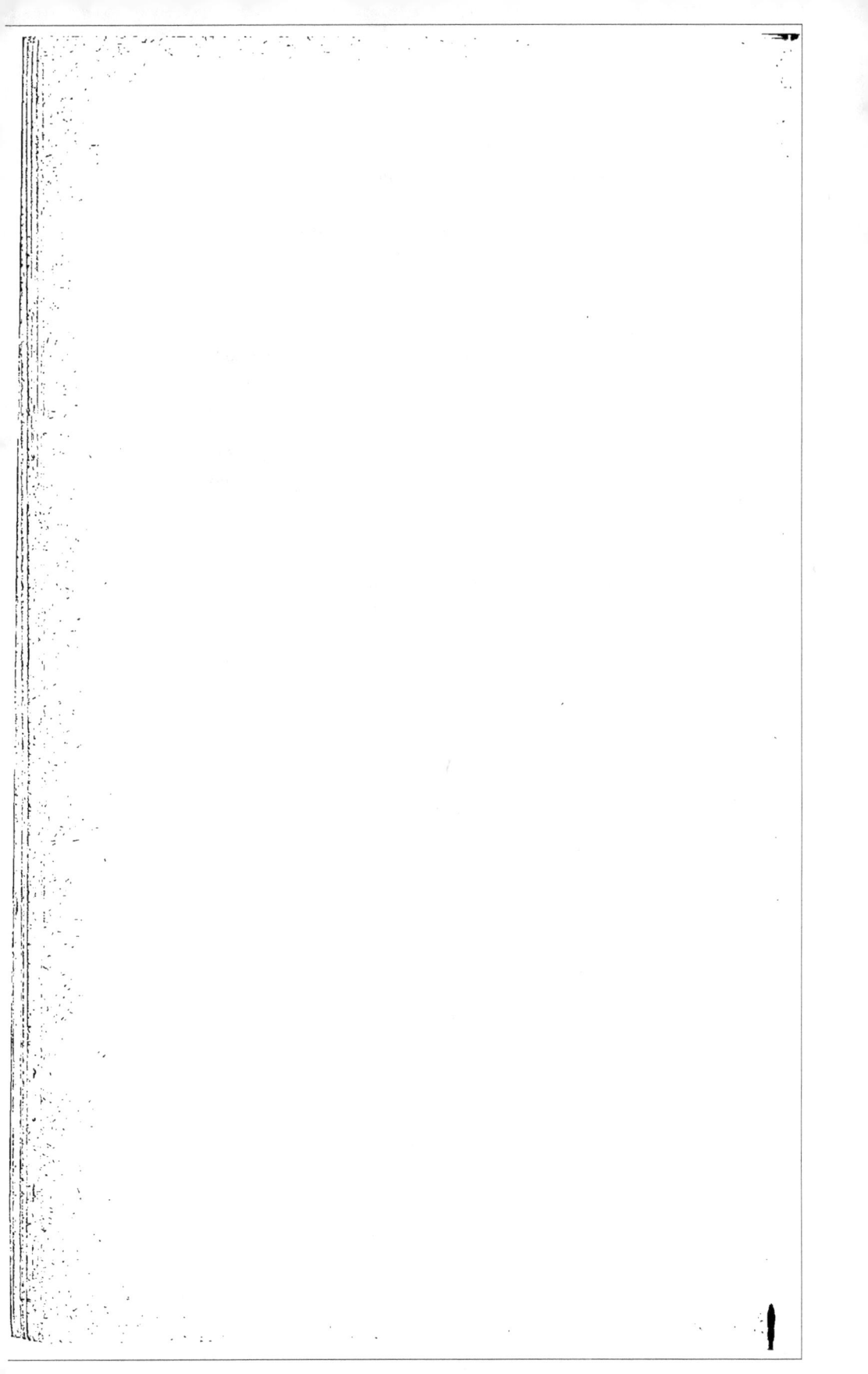

tangulaire, aux murailles ornées de colonnes à fûts cannelés
et divisés en arcades, conduit à la tribune royale ; de hautes
fenêtres y projettent la vive lumière des jardins, et toute
cette blancheur du vestibule et de la Chapelle s'harmonise
admirablement avec les peintures de la voûte et la verdure
des grands arbres qui entourent les parterres.

Le vaisseau se divise en deux étages ; des pilastres carrés
supportent des arceaux au cintre régulier ; le pavé est couvert d'une riche mosaïque de marbre. Les vitraux, composés d'une grande torsade d'or et de rinceaux fleurdelisés,
furent décorés par Claude Audran ; le chiffre de Louis XIV et
les armes de France y sont peints. Les ornements de la voûte
cintrée, peinte à fresque, sont de Philippe Meusnier ; les
figures, d'Antoine Coypel, qui a représenté au centre le *Père
éternel dans sa gloire.* Aux pendentifs, Coypel a peint les
douze prophètes. Lafosse, à l'abside, a composé la *Résurrec-
tion de Jésus-Christ,* et Jouvenet, au-dessus de la tribune du
Roi, la *Descente du Saint-Esprit.* Aux tribunes du pourtour,
la voûte est divisée en petites travées à coupoles basses décorées par les deux Boulogne, dont l'un a peint la chapelle
de la Vierge.

De nombreux sculpteurs furent occupés longtemps au
décor de la Chapelle. Van Clève eut la commande du maître-
autel, tout en marbre et en bronze doré. Il faut admirer les
figures d'anges tenant les instruments de la Passion, si ingénieusement disposées à la naissance des arcades de la nef,
figures ciselées avec la souplesse du cuivre par tant de mains
différentes, à l'intérieur et à l'extérieur de l'édifice[1]. Entre
ces figures d'anges, il y a, au sommet du cintre des arcades,
de petites têtes de chérubins, deux par deux. Celles du fond
du chœur sont de Guillaume Coustou.

L'exécution est très raffinée dans les trophées sculptés sur
les quatre faces des piliers de la nef. Ces trophées se composent de médaillons où est sculpté un sujet évangélique ou
une allégorie religieuse ; il y a les figures des apôtres, des
évangélistes, des pères de l'Église et des premiers saints, les

---

[1] Trente-sept sculpteurs y furent occupés sous Louis XV et sous
Louis XVI. Citons parmi eux : les deux Adam, Bouchardon, Guillaume
Coustou, Dedieu, Lepautre, Manière, Poultier, Raon, Slodtz, Thierry,
Tubi, Van Clève, Vassé, etc.

scènes de la vie et de la Passion du Christ, l'ancienne Loi et la Loi nouvelle, les Sacrements.

Les trophées d'Eglise qui ornent la tribune royale sont vraiment somptueux. Le chambranle de pierre qui domine la porte de la tribune du Roi est relevé de festons de fleurs au-dessus de deux têtes de séraphins dans un nuage; il supporte deux grands anges assis qui soutiennent la couronne royale et l'écusson de France. La chaire de Vassé et les confessionnaux ont disparu pendant la Révolution.

Le rez-de-chaussée garde encore, autour du chœur, les superbes balustrades de bronze doré avec le chiffre du Roi. Au chevet de la tribune, il y a un merveilleux buffet d'orgue, chef-d'œuvre de sculpture de Dugoulon, Le Goupil, Taupin, Bellan, Diot et Delalande. « Ils ont ciselé au panneau central une figure du roi David, digne de la meilleure époque du XVIIe siècle ; mais tout l'esprit et toute la grâce du XVIIIe siècle palpitent aux montants des angles ; ce sont des tiges de palmiers auxquelles s'enroulent des guirlandes, et dont le feuillage s'épanouit, se recourbe, se fleurit de têtes de chérubins joufflus[1]. » Une partie, au bas-côté de gauche, donne accès à la sacristie, en bois naturel ciré.

La Chapelle, « un des plus parfaits monuments élevés par Louis XIV », est bien dans l'harmonie générale du palais Louisquatorzien ; mais, comme le plafond d'Hercule, elle marque une date dans l'évolution de l'art. Dans ce décor que dirigea certainement Robert de Cotte, il y a sans doute autant de noblesse, mais, semble-t-il, moins de pompe et plus de souplesse, et cela se voit dans l'architecture et la sculpture, de beaucoup supérieures à la peinture, qui est bien de la décadence italienne, surtout dans la part qui revient à Antoine Coypel, mais dont l'effet ne contrarie pas l'harmonie qu'y met sous la coupole la lumière du soleil déjà incliné vers le couchant.

Le Roi, venant des appartements, traversait le premier étage de l'ancienne chapelle (futur emplacement du salon d'Hercule) et pénétrait dans le vestibule. Alors s'ouvraient les deux battants de la grande porte en chêne massif, peinte

[1] A. Pératé, *Versailles.*

en blanc et magnifiquement décorée[1], et Louis XIV, avec sa
suite, prenait place dans la tribune, en face du maître-autel ;
il ne descendait dans le bas de la Chapelle que lorsqu'un
évêque officiait.

Inaugurée le 5 juin 1710, comme nous l'avons dit, la Chapelle actuelle vit, le 6 juillet suivant, le mariage du duc de
Berry.

Plusieurs prédicateurs s'y firent entendre sous Louis XIV
et sous Louis XV. Parmi ceux-ci, le Père Elisée, en 1766, osa
blâmer sévèrement la conduite du monarque, mais ce fut en
pure perte ; aucun frein ne pouvait le retenir, et il allait tomber
plus bas encore. Sous Louis XVI, l'abbé Maury, qui devait
jouer un rôle important dans l'Assemblée constituante, y prê-
cha pendant trois années.

Les principaux mariages célébrés à la Chapelle depuis la
mort de Louis XIV sont : le premier mariage du Dauphin,
fils de Louis XV, avec la Dauphine d'Espagne, le 23 février 1745 ; le second mariage du Dauphin avec la Dauphine
de Saxe, le 9 février 1747 ; le mariage du Dauphin (Louis XVI)
avec Marie-Antoinette, le 16 mai 1770 ; le mariage du comte
de Provence, le 14 mai 1771, et le mariage du comte d'Artois,
le 13 novembre 1773. Le 30 novembre 1736, Marie Leczinska
recevait dans la Chapelle la Rose d'Or, que le pape Clément XII lui avait donnée.

Le 30 novembre, jour destiné pour la présentation de la Rose
d'Or que le Pape a envoyée à la Reine, Sa Majesté, accompagnée de
Mlle de Clermont, princesse du sang, et des dames de sa Cour, se
rendit à midi dans la chapelle du Château. L'abbé Lercari, nommé
par Sa Sainteté son commissaire apostolique, pour apporter à la
Reine la Rose d'Or, fut conduit dans la Chapelle par le chevalier
de Sainctot, introducteur des ambassadeurs, et il fut placé près de
la Reine, à la gauche du prie-Dieu. La messe fut dite par le cardinal de Fleury, grand aumônier de la Reine, lequel, après la
communion, descendit de l'autel pour prendre sa chape et sa
mitre. Lorsqu'il fut remonté à l'autel, l'abbé Lercari présenta à la

---

[1] Elle est ornée de son chiffre, avec des branches de lys et des têtes
de chérubins ; toutes ces sculptures sont dorées. — Les visiteurs ne se
lassent pas de l'admirer, avec ses serrures en cuivre ciselé et doré ; l'une
des deux est décorée des armes de France et de la couronne, supportée
par deux amours.

Reine le bref du Pape, et Sa Majesté le remit au sieur de Baligny, secrétaire de ses commandemens, qui en fit la lecture à haute voix. La Reine monta ensuite à l'autel, où, s'étant mise à genoux, le cardinal de Fleury, debout, récita l'oraison *Accipe Rosam*, à la fin de laquelle l'abbé Lercari donna au cardinal de Fleury la Rose d'Or, qui, pendant la messe, avoit été posée sur l'autel, du côté de l'Evangile. La Reine reçut la Rose d'Or des mains du cardinal de Fleury, la baisa et la remit à l'abbé de Chevrier, son aumônier en quartier, qui la porta devant Sa Majesté depuis la chapelle jusque dans l'oratoire de la Reine, où elle fut mise. Le cardinal de Fleury et l'abbé Lercari accompagnèrent la Reine au retour de la chapelle. Le Roi, Monseigneur le Dauphin et Mesdames de France entendirent la même messe dans la tribune et virent la cérémonie[1].

Tous les jours, Louis XIV entendait la messe à la Chapelle. Quand il prenait médecine, il la faisait dire dans sa chambre et l'entendait de son lit. Quand il communiait à l'une des quatre « bonnes fêtes », Pâques, Pentecôte, Toussaint et Noël, il touchait les malades, ce qui ne laissait pas d'être souvent une vraie fatigue. Dangeau nous apprend qu'il en toucha 3,000 le 28 mai 1689, veille de la Pentecôte. A Noël, le Roi entendait les trois messes de minuit. Ces usages furent continués sous ses successeurs.

Pendant la Révolution, la Chapelle se transforma en *Temple du Palais national* et vit quelques fêtes civiques, notamment une fête de l'Agriculture, en l'an IV.

En 1802, le service divin y fut rétabli. L'édifice fut restauré avec soin par Dufour. Malgré cette restauration, il fallut, en 1874, entreprendre de grands travaux pour assurer la conservation de l'édifice. Lors de la construction de la Chapelle, la couverture des bas-côtés avait été faite à l'italienne, c'est-à-dire avec des dalles de pierre. Les gelées et les pluies avaient disjoint ces dalles ; on les avait recouvertes de plomb, mais le mal était fait. L'entablement et les chapiteaux extérieurs, pourris par l'humidité, tombaient en ruine ; les peintures du plafond étaient détériorées par les infiltrations. L'Assemblée nationale vota un crédit de 600,000 francs, et la restauration, dirigée par Questel, fut terminée en 1878.

Les vitraux ont été refaits par Claudius Lavergne, la

[1] *Gazette de France.*

sculpture d'ornement par Bocquet, la statuaire par Croisy. Les peintures du plafond ont été revernies par les frères Maillot, et les plombs du comble ont été refaits avec beaucoup de goût par Camille Berson.

II. — SALLE DE SPECTACLE DU VESTIBULE DE LA COUR DES PRINCES

A l'origine, le Château n'eut pas de salle de comédie.

Comme on le verra dans l'énumération que nous donnons des fêtes de Versailles, dans les chapitres suivants, les diverses pièces qui furent représentées sous Louis XIV eurent pour théâtre la cour de Marbre et, plus souvent, les salles de verdure construites dans le Parc par Vigarani.

Vers la fin du règne, Dangeau parle d'une salle de comédie (31 octobre 1700), et six ans après il annonce la construction prochaine d'une nouvelle salle (5 février 1706). Celle-ci est sans doute celle qui fut établie sur l'emplacement actuel du vestibule de la cour des Princes, à une date qui n'a pas été fixée[1].

Les acteurs de la *Comédie-Française* y venaient jouer principalement des pièces de Corneille, de Racine et surtout de Molière. On jouait aussi quelques pièces de Scarron, l'ancien mari de Mme de Maintenon, le *Jodelet* entre autres.

La *Comédie-Italienne* y donnait aussi des représentations; mais les acteurs, devenus des bouffons par trop licencieux et ayant poussé l'audace jusqu'à « jouer » Mme de Maintenon, finirent par être remerciés et renvoyés en Italie par Louis XIV, en 1697. Les comédiens français eurent généralement plus de retenue et le Roi leur témoigna toujours beaucoup d'intérêt.

Les décors et les costumes étaient d'une grande richesse, témoins les dessins des décorations des ballets représentés dans les bosquets de Versailles, dont plusieurs sont faits d'après Jean Bérain et Louis Chauveau.

Sous Louis XV, les *Italiens* revinrent à Versailles, et l'hiver, il y avait deux fois par semaine comédie française, et comé-

---

[1] Elle est indiquée dans le plan de Blondel.

die italienne une fois. De temps à autre, la comédie française était remplacée par l'opéra ou l'opéra-comique.

Un bal fut donné dans cette salle sous Louis XV, en 1763, et, sous Louis XVI, elle servit aux spectacles donnés aux Enfants de France. Sous la Révolution, une société d'amateurs y joua parfois et quelques concerts y furent donnés. En 1810, l'architecte Dufour établit sur son emplacement le vestibule actuel.

III. — L'OPÉRA

La salle de l'Opéra, commencée par Gabriel en 1753, fut achevée seulement en 1770. Construite entièrement en menuiserie, elle était peinte en marbre vert antique; tous les ornements (corniches, chapiteaux, bases de colonnes, ravissants bas-reliefs de Pajou et de Guibert) étaient dorés en or mat; les loges étaient garnies de velours bleu; le fond de la galerie était décoré d'arcades revêtues de glaces[1].

Pour les grandes fêtes, bals parés et masqués, banquets, la scène était transformée en une seconde salle, identique à la première, avec loges et galeries, et réunie par une charpente mobile. Toute cette partie du travail était due à Arnoux, « ci-devant machiniste de l'Opéra[2] ».

Les sculptures furent l'œuvre de Pajou et de Guibert. Le plafond, représentant Apollon préparant des couronnes aux hommes illustres dans les arts, fut peint par Durameau.

La salle de l'Opéra fut, on peut le dire, inaugurée pour le mariage du Dauphin avec Marie-Antoinette. Le 17 mai 1770, les spectacles ordonnés pour cette cérémonie commencèrent par *Persée*, l'opéra de Quinault et Lulli. Puis, ce fut le tour de la *Comédie-Française*, qui joua *Athalie* avec Mlle Clairon. « Cette divinité de la scène », qui s'était retirée du théâtre, y reparut pour cette circonstance. Elle n'y eut pas, si l'on en croit Bachaumont, un succès bien franc. Le public eût pré-

---

[1] « Le foyer, avec ses cariatides, ses groupes sculptés, les délicieux bas-reliefs de ses portes, n'est pas moins exquis et complet; pour connaître l'art de Pajou, il faut avoir vu l'Opéra de Versailles. » (A. Pérat, *Versailles*; l'Opéra.)

[2] Bachaumont (1690-1771), *Mémoires*, 25 février 1770.

Le Bal du May, donné à Versailles en 1763.

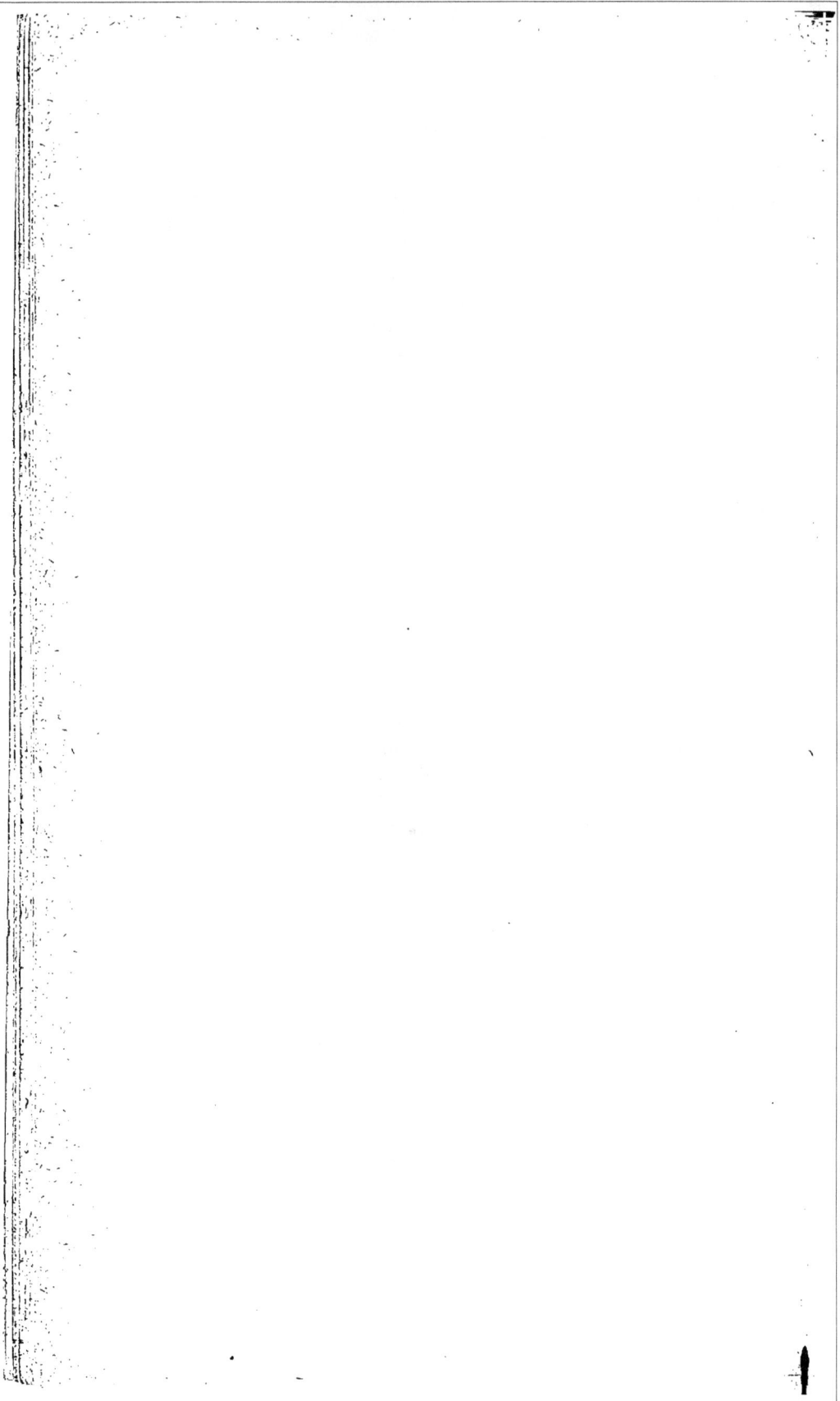

féré voir jouer Athalie par Mlle Dumesnil, dont le talent dramatique était très apprécié. Le choix de sa rivale parut une injustice. Au jugement général, Mlle Clairon avait « déclamé plutôt que senti son rôle », mais la mise en scène et les décors furent trouvés admirables ; quant aux chœurs, ils firent un merveilleux effet, au gré d'une partie des spectateurs, tandis que d'autres trouvèrent qu'ils refroidissaient et affaiblissaient l'action. Cette question est de celles qui resteront toujours controversées.

Le 9 juin, on joua l'opéra de *Castor et Pollux* [1] de Rameau, dont le nom peut être joint à celui de Watteau « quand on veut désigner les deux grands poètes du XVIIIe siècle ». Cette belle œuvre fut, malheureusement, mal exécutée, l'acteur qui remplissait le principal rôle ayant « crié plus que chanté » ; néanmoins, « les décorations, les ballets, l'ensemble de la salle, tout cela formoit le plus magnifique coup d'œil, et a paru plaire beaucoup à Madame la Dauphine [2] ».

Le 20 juin, les spectacles finirent avec *Tancrède*, tragédie de Voltaire, et une féerie appelée *La Tour enchantée*. Mlle Clairon joua le rôle d'Aménaïde, qui avait toujours été son triomphe ; elle espérait se relever de l'espèce de chute qu'elle avait éprouvée lors de la représentation d'*Athalie*. Elle y réussit mieux, sans parvenir cependant à enlever l'unanimité des suffrages qu'elle arrachait autrefois. Lekain, hors d'état de jouer, fut remplacé par Molé. « On a surtout admiré, dit Bachaumont, la scène du Conseil, où se trouvaient cinquante chevaliers avec autant d'écuyers formant un demi-cercle et présentant le coup d'œil le plus imposant. »

La *Tour enchantée*, féerie ou ballet, drame à machine, dans un goût tout nouveau, de paroles médiocres et d'une musique tirée de différents opéras qu'on ne jouait plus, avec des danses entremêlées, avec des exhibitions de chars attelés de vrais chevaux, une multitude d'acteurs, un luxe étonnant dans les habillements et une grande richesse de décors, plut beaucoup par le coup d'œil.

En 1771, aux fêtes du mariage du comte de Provence, on

[1] Cet opéra fut de nouveau joué en 1777, pendant le séjour de l'empereur Joseph II. Les paroles étaient de Gentil-Bernard.
[2] Bachaumont, *Mémoires*, 1770.

joua, le 17 mai, l'opéra de la *Reine de Golconde*; le 20, il y eut bal paré; le 29, on exécuta le ballet des *Projets de l'Amour*; le 31, on représenta la tragédie de *Gaston et Bayard*. En 1773, pour le mariage du comte d'Artois, on joua, le 18 novembre, l'opéra d'*Isménie*. Le 19 novembre et le 9 décembre, il y eut bal paré.

La page vraiment historique de l'Opéra du Château fut le banquet offert par les officiers des gardes du corps à leurs collègues des régiments de Flandre et des Trois-Evêchés, appelés à Versailles pour protéger la Cour contre la Révolution menaçante (1er octobre 1789).

Une table de 240 couverts fut dressée sur la scène. Les illuminations splendides, les plus jolies femmes de la Cour et de la ville « formaient le coup d'œil le plus attrayant et le plus enchanteur ».

Entre divers airs joués par la musique du régiment de Flandre, on porta la santé de la famille royale.

« A la santé du Roi, la salle a retenti de l'air : *O Richard, ô mon Roi!* Une allemande nouvelle ou ancienne a été donnée pour la santé de la Reine, etc... Au milieu de toutes ces santés, se sont présentés dix à douze grenadiers du régiment de Flandre; il a bien fallu boire de nouveau à la santé du Roi. Cette santé a été portée avec les honneurs de la guerre, le sabre nu d'une main et le verre de l'autre. Un instant après arrivent les dragons : même accueil, même cérémonie; un instant après entrent les grenadiers suisses : même accueil, même cérémonie; un instant après suivent les Cent-Suisses du Roi : même accueil, même cérémonie. Tout jusqu'alors est gai, piquant. Mais des scènes autrement intéressantes se préparent.

« Le Roi, la Reine, Monseigneur le Dauphin, Madame sont venus pour jouir de ce spectacle; tout à coup, la salle a retenti de cris d'allégresse. La Reine, tenant son fils par la main, s'est avancée jusqu'à la balustrade du parquet; au même moment, les grenadiers suisses, ceux du régiment de Flandre, les dragons sautent dans l'orchestre. Le Roi et sa famille, accompagnés par MM. les Gardes du corps, sont reconduits chez la Reine, en traversant toutes les galeries, aux cris répétés de : Vive le Roi!

« Tout paroissoit fini. Tout à coup, comme de concert, la table joyeuse et la musique s'est portée à la cour de Marbre et devant le balcon de Sa Majesté. Alors on s'est mis à chanter, à danser, à crier de nouveau : Vive le Roi! Le balcon s'est ouvert; un garde du corps, par je ne sais quel moyen, y monte comme à l'assaut. Un dragon, un suisse, un garde-bourgeoise le suivent; en un instant, le balcon est rempli. Lorsqu'on y pensoit le moins, le Roi et la Reine arrivent au milieu de ce groupe; les cris d'allégresse ont redoublé.

« Le Roi s'est retiré; on s'est porté sur la terrasse, où l'on est resté fort tard à danser, à faire des folies et de la musique. On observera que le Roi arrivoit de courre le cerf et qu'il a paru en habit de chasse.

« Un historien fidèle ne doit rien oublier; quelques officiers, en versant du vin à leurs soldats, leur disoient : « Allons, enfants! buvez à la santé du Roi, de votre maître, « et n'en reconnoissez point d'autre[1]! »

L'effet de ce banquet, on le connaît; il précipita les événements. Quelques jours après, les 5 et 6 octobre, l'émeute parisienne envahit le château de Louis XIV et força le Roi à rentrer à Paris avec l'Assemblée. Ces journées furent, avec la prise de la Bastille, le prélude de la Révolution.

A partir de cette date du 1er octobre 1789, la salle d'opéra devient une salle de réunion de la *Société populaire*; elle fut fermée au théâtre pendant près d'un demi-siècle, et alors sans doute se détériorèrent la charmante peinture de ses boiseries et la mate dorure de ses chapiteaux, de ses consoles et de ses balustres.

Louis-Philippe la fit restaurer en 1837 et peindre, hélas! en *marbre rouge*. Le jour de l'inauguration du Musée, le 10 juin, il y fit donner en cet honneur une splendide représentation, tant par le choix des pièces que par la valeur des acteurs. L'ouverture d'*Iphigénie en Aulide* de Gluck, œuvre magistrale qui avait l'avantage, comme le dit un critique contemporain[2], de n'avoir pas été d'abord associée à un livret

[1] Récit du député girondin Gorsas, écrit au moment de l'événement; cité par Dussieux.
[2] Ad. Jullien (*Débats*, 29 décembre 1907).

italien, d'avoir été fondue du premier jet et comme écrite
directement sous l'influence du grand tragique français,
exécutée sous la direction de Habeneck, chef d'orchestre des
concerts du Conservatoire, précéda la représentation du
Misanthrope, admirablement interprétée par la troupe de la
Comédie-Française[1]. On exécuta ensuite quelques fragments
du troisième acte et du cinquième acte de *Robert le Diable*, de
Meyerbeer, avec Duprez, Levasseur et Mlle Falcon. La soirée
finit avec les *Fêtes de Versailles*, de Scribe, musique d'Auber, et
ballet de Coralli. Cet intermède se divisait en deux parties : une
fête sous Louis XIV, une fête en 1837 ; le succès en fut médiocre.

Quand la reine d'Angleterre vint en France en 1855, lors
de la fête que Napoléon III lui offrit le 25 juillet, on servit
dans la salle de l'Opéra le souper qui la termina. On dressa,
dans la loge d'honneur, une table à laquelle prirent place
l'Empereur, l'Impératrice, la reine d'Angleterre, le prince
Napoléon, la princesse Mathilde, le prince Albert, le prince
de Galles, la princesse royale d'Angleterre et le prince de
Bavière.

La dernière représentation donnée dans cette salle eut lieu
le 21 août 1864. On y joua la *Psyché* de Molière et Corneille
devant l'Empereur, l'Impératrice et le roi d'Espagne, François
d'Assise.

Le 20 mars 1871, l'Assemblée nationale, d'abord réunie à
Bordeaux pour signer la paix avec la Prusse, tenait sa première séance dans la salle de l'*Opéra*, disposée pour sa nouvelle destination par l'architecte Questel.

La Constitution républicaine de 1875 ayant établi deux
Chambres, le Sénat occupa la salle de l'Opéra et y siégea du
8 mars 1876 au 2 août 1879, époque à laquelle il fut transféré
à Paris. Néanmoins, la salle resta toujours affectée à cette
assemblée, en cas de retour à Versailles.

[1] Elle se composait de Perrier, Provost, Samson, Firmin, Menjaud,
Monrose et Régnier ; de Mlles Mars, Mante et Plessis. — C'est à partir
de cette représentation que, à l'instigation de Louis-Philippe, la Comédie-Française, qui jouait le *Misanthrope* en costumes Louis XV, prit, pour
ne plus les quitter, les costumes Louis XIV pour jouer Molière.

IV. — SALLE DE COMÉDIE DE L'AILE GABRIEL

Cette salle, construite en 1772, occupait le premier et le second étage de l'aile Gabriel. Elle fut établie sur l'emplacement du grand escalier qui devait remplacer l'*escalier des Ambassadeurs*, détruit en 1752. L'intérieur fut peint dans le genre arabesque, par Deleuze, sur les dessins de Robert et de Lagrenée.

La première représentation eut lieu le 4 janvier 1784. Mise en 1794 à la disposition du directeur du théâtre de la ville, elle fut cédée en 1800 à la Comédie-Française par le ministre de l'Intérieur et prit le nom de *Théâtre du Palais national de Versailles*[1]. Les comédiens devaient y jouer deux fois par décade.

Le 15 vendémiaire (7 octobre), ils y représentèrent la tragédie de *Zaïre*.

Parmi les débutants les plus célèbres qui se firent connaître à Versailles, il faut citer Mlle Duchesnois, dans le rôle de Phèdre, la belle Mlle George, qui joua le rôle de Rodogune, Mlle Raucourt, dans Cléopâtre.

A la représentation de *Rodogune* (19 avril 1801), toutes les loges avaient été louées par les Parisiens, et il n'y eut pas de place pour les amateurs de Versailles. La beauté de Mlle George fit plus d'effet que son talent; on la trouva un peu froide.

En 1805, Michelot débuta dans *Britannicus*. Toutes les célébrités de la Comédie-Française : Lafond, Talma, Saint-Prix, Monvel, Mlle Raucourt, vinrent jouer sur cette scène les plus belles pièces de Corneille, de Racine et de Voltaire; mais vers la fin de 1805, faute de recettes suffisantes, la Comédie-Française ne vint plus à Versailles, et le théâtre fut fermé[2].

---

[1] On lit dans le *Moniteur* du 14 vendémiaire an IX (6 octobre 1800) que le Gouvernement, cherchant à consoler l'intéressante commune de Versailles des pertes que lui a causées la Révolution, vient d'ajouter aux divers établissements publics qu'il y a établis (musée, bibliothèque, école centrale) le bienfait d'un spectacle français vraiment digne de ce nom.

[2] *Journal de Seine-et-Oise*, 1805.

La salle a été détruite par Louis-Philippe, et l'emplacement qu'elle occupait reste toujours inoccupé.

V. — LES AILES

Les deux ailes du Château furent affectées au logement des princes, de quelques grands seigneurs et courtisans.

L'*aile du Nord* comprenait : 1° une suite d'appartements sur les jardins, avec une galerie ou long corridor parallèle destiné à servir de dégagement; 2° d'un bâtiment élevé le long de la rue des Réservoirs et séparé du précédent par une cour coupée en deux par un troisième bâtiment.

L'*aile du Midi* avait la même disposition que l'aile du Nord[1]; elle renfermait un bâtiment donnant sur la rue de la Surintendance, séparé du précédent par une cour, au milieu de laquelle étaient deux corps de logis séparés l'un de l'autre par un grand degré[2]. L'escalier des Princes servait à monter au premier étage de cette aile.

Louis-Philippe fit faire ici des modifications importantes. Il détruisit la très belle voûte de l'escalier des Princes pour faire la salle des Résidences (169) et donner accès à l'attique du principal corps (Chimay) par l'attique du Midi, et la remplaça par ce plafond laid et lourd que nous voyons aujourd'hui.

Il fit disparaître les appartements des deux ailes et les remplaça par des galeries ou grandes salles.

C'est au milieu de la cour de la Surintendance de l'aile du Midi que fut construite, par M. de Joly, en 1875, la salle des séances de la Chambre des Députés, et toute l'aile fut en même temps appropriée aux divers services[3].

Les peintures décoratives du plafond et de la salle sont de MM. Rubé et Chapron; celles du plafond représentent la Guerre, l'Agriculture, le Commerce et l'Industrie et la Paix. Le tableau placé au-dessus du président est de Couder et a

---

[1] Les corridors ont été convertis aujourd'hui en galerie de sculpture.
[2] Voir les plans de Blondel.
[3] La dépense totale s'éleva à 2,652,000 francs.

pour sujet l'ouverture des Etats généraux en 1789. Les deux tapisseries qui se trouvent à droite et à gauche du tableau de Couder ont été exécutées aux Gobelins, sur les dessins de Le Brun, et représentent des maisons royales. La salle contient cinq cent soixante-cinq places numérotées, et au fond, sur le pourtour, il y a encore trois cents places.

Le logement de la Présidence est établi au pavillon de Provence ou de Monsieur, dont il occupe le second et le troisième étage (du côté de la cour); il comprend aussi la salle de Marengo (salle 80), qui forme le grand salon de réception.

La Chambre des Députés a tenu sa première séance dans cette salle le 8 mars 1876. Le Congrès s'y est réuni pour la nomination de M. Grévy à la présidence de la République, le 30 janvier 1879, et a continué à s'y assembler pour chaque élection nouvelle[1].

La loi du 22 juillet 1879, qui ordonnait que les Chambres cesseraient de siéger à Versailles à partir du 3 novembre 1879, décida en même temps que les locaux du palais de Versailles alors occupés par le Sénat et la Chambre des Députés conserveraient leur affectation, et que les séances du Congrès se tiendraient dans la salle de la Chambre des Députés.

Ainsi le Château reste le palais du Parlement à Versailles.

La dernière séance de la Chambre des Députés a eu lieu le 2 août 1879.

---

[1] Les Présidents de la République élus depuis 1879 jusqu'à ce jour par le Congrès ont été successivement : Carnot (3 décembre 1887), Casimir-Périer (27 juin 1894), Félix Faure (17 janvier 1895), Loubet (18 février 1899).

Le Président actuel, M. Armand Fallières, a été élu le 17 janvier 1906.

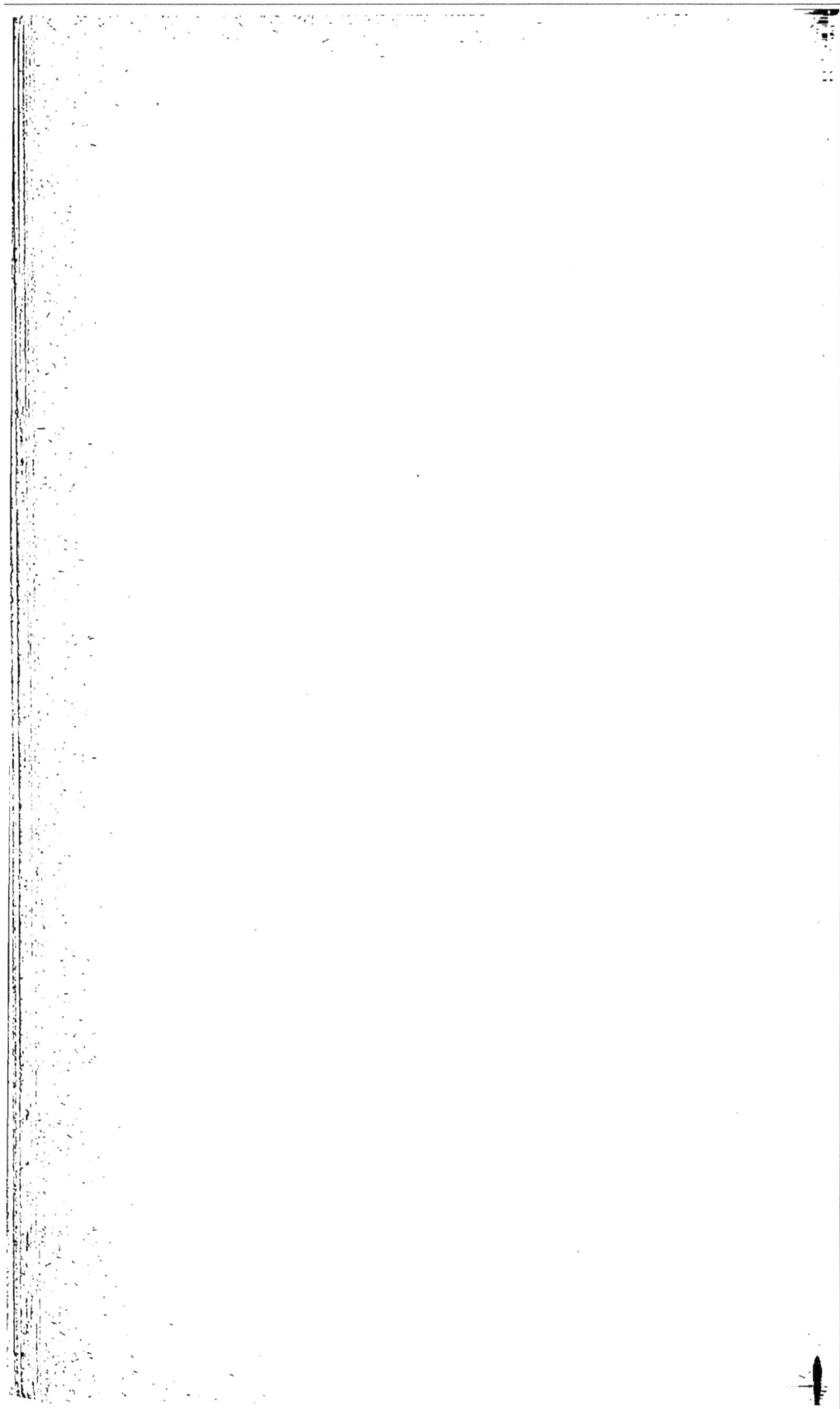

CHAPITRE X

L'HISTOIRE AU CHATEAU

LOUIS XIV ET LA COUR

LES PREMIÈRES FÊTES (1663-1665) — Mlle DE LA VALLIÈRE

Les amours du Roi et de Mlle de La Vallière, et, plus tard, l'élévation d'une nouvelle favorite, Mme de Montespan, allaient amener à Versailles une série de fêtes. Elles s'étendirent pour ainsi dire, sans interruption, de 1663 à 1674.

En 1663, Louis XIV, de retour de Lorraine, où il était allé recevoir la reddition de Marsal, passa une semaine à Versailles, avec les deux Reines et toute la Cour. Du 15 au 22 septembre, il leur donna une série de divertissements, bals, ballets, comédies, « musiques de voix et d'instruments de toutes sortes », auxquels Molière prit une part importante avec sa troupe. Elle y joua une série de pièces de Corneille, *Sertorius* entre autres, puis l'*Ecole des Maris*, les *Fâcheux*, le *Dépit amoureux*, enfin une pièce nouvelle : *L'Impromptu*, qui prit dès lors le nom d'*Impromptu de Versailles*. Molière y renouvelait ses mordantes critiques contre les prudes, les Précieuses et leurs amis, commencées par l'*Ecole des Femmes* et continuées par la *Critique de l'Ecole des Femmes*. Ce genre de comédie aristophanesque plut beaucoup au jeune Roi, dont l'esprit était resté libre, dont le bon sens était la qualité dominante, et qui sentait toute la justesse de vues du poète et la vérité de ses satires.

13

Une fête bien plus belle fut donnée (du 7 au 9 mai 1664) à Mlle de La Vallière, sous le couvert des deux Reines. Malgré les représentations de sa mère sur cette liaison, et malgré le respect qu'il avait pour elle, Louis XIV n'avait pas hésité à produire sa maîtresse publiquement. Enivré de sa propre grandeur, avec l'excuse d'avoir, comme on l'a bien dit, le monde entier pour complice, le monde de la Cour et celui de la ville, il n'avait pas à cacher sa vie. Il entendait la conduire à sa guise, pourvu qu'il ne transigeât jamais avec « sa gloire ». Nulle période de notre histoire ne parut plus favorable à une monarchie absolue qu'incarnait si bien ce jeune Roi, dont la naturelle majesté frappait tous les regards. Il était bien évident que la France, sortie des troubles de la Fronde, s'était, par ses succès diplomatiques, placée tout au premier rang en Europe, et ses résultats glorieux coïncidaient avec les débuts du jeune Roi. « A quelque point de vue que l'on se plaçât, la France donnait aux autres nations l'impression d'un peuple grandissant; on reconnaissait qu'elle avait pris la tête de l'Europe[1]. » N'était-ce pas un écho de l'adulation de ses contemporains que ces vers mis par Racine dans la bouche de Bérénice ?

> En quelque obscurité que le sort l'eût fait naître,
> Le monde, en le voyant, eût reconnu son maître.

Et ce maître donnait à tous l'impression que ses plaisirs ne le détourneraient pas de son « métier de Roi ». Cette fonction royale qu'il tient de « Dieu », il la remplira, comme il l'a dit dans ses Mémoires, « avec toute l'application dont il est capable », et aucune passion ne l'empêchera « de veiller avant tout à l'intérêt de l'Etat ». Voilà ce qui a pu faire de Louis XIV un grand roi et qui le différencie surtout de son indigne successeur. Son éducation avait été très négligée au point de vue de l'instruction générale, mais sa mère lui avait inculqué des sentiments de fierté; d'autre part, il était d'un jugement droit, et quand son orgueil n'était pas en jeu, « il aimait, dit Saint-Simon, la vérité, l'équité, l'ordre, la raison, et il aimait à s'en laisser vaincre ». Il aimait aussi passion-

---

[1] Arvède Barine, *Louis XIV et la Grande Mademoiselle*, t. II.

nément le travail et jamais ne se démentit son application
aux affaires.

C'est dans ces dispositions déjà mûries dans son esprit,
mais cependant avec l'entraînement pour les plaisirs et les
divertissements bien naturels chez un prince de vingt-trois
ans, que s'ouvrirent les fêtes de 1664. Louis XIV les voulut
plus belles que celles que Fouquet lui avait données à Vaux
et dont son orgueil avait gardé le cuisant souvenir. Colbert,
qui n'aimait pas le gaspillage, et qui plus tard devait élever
la voix contre les dépenses inutiles, prêta tout son concours
à ces belles journées qui inauguraient pour ainsi dire
une royauté nouvelle; nul plus que lui d'ailleurs n'estimait
que le faste était nécessaire à la gloire du Roi, qu'il voulait
resplendissante par l'éclat des arts autant que par le succès
des armes, et que la « représentation » était un des premiers
attributs du souverain. Il y eut à ces fêtes plus de six cents
invités à qui Louis XIV voulut donner l'hospitalité, chose fort
peu commode dans son château peu spacieux. Versailles n'était
encore qu'un petit village entouré de trois côtés de champs
ou de marécages et n'offrant que bien peu de ressources.
Aussi, l'idée d'agrandir le Château ne sortit plus de son esprit.

Les divertissements[1] durèrent trois jours, les 7, 8 et 9 mai,
et le Roi y joua, naturellement, au personnage de premier plan.
Il attribuait à ces exhibitions une importance réelle, pour
« lier d'affection » avec le souverain « ses peuples et surtout
les gens de qualité ». De bonne heure, il eut le sentiment
qu'une des conditions de sa puissance souveraine était la
dépendance de la noblesse, qu'il fallait la tenir de court, non
« par aversion », mais par « raison et devoir simplement ».
De là, la nécessité des divertissements auxquels Louis XIV
devait toujours présider. « Cette société de plaisirs, disait-il,
qui donne aux personnes de la Cour une honnête familiarité
avec nous, les touche et les charme plus qu'on ne peut dire. »
Peu à peu, la Cour, dispensatrice de toutes les faveurs, allait
devenir, avec la résidence définitive du Roi à Versailles, le
séjour de la noblesse domestiquée.

Le grand organisateur de ces fêtes fut le duc de Saint-

---

[1] La relation en fut publiée sous ce titre : *Les Plaisirs de l'Isle en chantée*, avec 9 planches d'Israël Silvestre.

Aignan, premier gentilhomme de la chambre, aidé du poète
Benserade et du président de Périgny.

L'Italien Vigarani, ingénieur du Roi, « fort habile en décors
et en machines », futur metteur en scène de toutes les fêtes
de Versailles, présida aux décors, aux illuminations et aux
feux d'artifice. La troupe de Molière avait été mandée pour
jouer la comédie, et Lulli pour conduire la musique, Lulli
dont la collaboration avec Quinault allait donner tant de prestige à l'opéra, que Mazarin avait introduit dans notre pays.

Le thème avait été tiré du *Roland furieux* de l'Arioste. On
représenta Roger et ses compagnons retenus dans le palais
de l'enchanteresse Alcine. Le Roi en personne joua le premier
rôle; les autres rôles furent tenus par Monsieur le Duc, fils
du grand Condé, les ducs de Noailles, de Guise, de Foix, de
Coislin, les comtes d'Armagnac et du Lude, le prince de Mar-
cillac, les marquis de Soyecourt, d'Humières et de La Vallière, tous vêtus de magnifiques habits aux couleurs éclatantes et couverts de broderies d'or et d'argent, de diamants
et de pierreries. Ces « Paladins » de Charlemagne étaient
tous habillés et armés « à la grecque », selon les idées du
temps; ils étaient montés sur de superbes chevaux richement
caparaçonnés et accompagnés de trompettes et de timbaliers.
Venait ensuite le « char d'Apollon », gigantesque, sculpté,
éclatant d'or et de couleurs diverses. « Apollon était assis au
plus haut du char, ayant à ses pieds les *quatre Siècles* : le
siècle d'Or, représenté par la jeune et jolie Mme Molière; le
siècle d'Argent, par Hubert; le *siècle d'Airain*, par Mlle de Brie;
le *siècle de Fer*, par du Croissy; tous avec leurs attributs. Le
Temps, figuré par Millet, l'habile cocher de Louis XIV, conduisait et faisait manœuvrer cette gigantesque machine, traî-
née par quatre admirables chevaux, et escortée par les *douze
Heures*, les *douze Signes du Zodiaque* et une foule de pages. »

Dans la course de bagues, Louis XIV éblouit les regards
« par sa grâce incomparable (jamais un air plus libre, plus
guerrier n'a mis un mortel au-dessus des autres hommes) »;
mais il laissa la victoire se décider entre les autres chevaliers,
et ce fut le jeune marquis de La Vallière, frère de la favorite, qui remporta le prix. Après la course, dans le cirque res-
plendissant de lumières, Lulli conduisit ses trente-quatre
concertants. Sa musique, molle et tendre, planait sur cette

apothéose de l'amour, dont l'héroïne, et c'était un charme de plus, restait confondue dans la foule ; Louise de La Vallière n'était encore ni reconnue, ni duchesse. Puis vint le défilé des *quatre Saisons*, dont la suite, composée de jardiniers, de moissonneurs, de vendangeurs, portait sur la tête les mets destinés à la collation. Pan, représenté par Molière, et Diane venaient ensuite avec leurs joueurs de flûte et de musette. Vingt autres personnages portant des viandes et dix-huit pages destinés à servir les dames fermaient la marche. Alors, les Saisons, Diane et Pan adressèrent à la Reine un compliment en vers, et la collation commença.

La Reine mère se plaça au milieu de la table disposée en croissant ; le Roi était à sa droite, la Reine à sa gauche. Monsieur, Madame et les dames prirent part à la collation ; parmi elles se trouvait Mlle de La Vallière. La magnificence de ce repas, la richesse de la décoration de la table, éclairée par des centaines de bougies, le nombre infini des serviteurs vêtus en masques, le luxe et la beauté des vêtements des dames et de ceux des Paladins qui entouraient la table, faisaient alors de ce cirque un lieu vraiment enchanté.

La seconde journée fut consacrée à la comédie. Presque tout au bas de l'Allée-Royale, « environ cent pas au-dessous du rond[1] où les chevaliers avaient couru la bague », un vaste théâtre fut construit, où la troupe de Molière représenta la *Princesse d'Élide*. Le poète y fit une allusion voilée, mais facile à saisir, aux amours du Roi et de Mlle de La Vallière. Sans oublier la réserve commandée par la présence des Reines, il y célébrait la passion de Louis XIV en l'exaltant :

> Dans l'âge où l'on est aimable,
> Rien n'est si beau que d'aimer.
> . . . .
> Soupirez librement pour un amant fidèle
> Et bravez ceux qui voudraient vous blâmer.

Ainsi parle l'Aurore au début de la pièce, et dans tout son cours la même idée revient :

> ..... Qu'il est malaisé que, sans être amoureux,
> Un jeune prince soit et grand et généreux.

[1] Sans doute dans la partie avoisinante de l'allée des Dômes.

C'est une qualité que j'aime en un monarque ;
La tendresse du cœur est une grande marque,
Et je crois que d'un prince on peut tout présumer,
Dès qu'on voit que son âme est capable d'aimer.

. . . .

La troisième et dernière journée fut digne des premières.
Un grand théâtre avait été dressé au milieu du Rondeau (plus
tard, bassin d'Apollon), situé à l'extrémité de l'Allée-Royale.
Le palais d'Alcine, élevé sur un rocher, formait le fond ; les
deux côtés étaient tendus de tapisseries fixées à des mâts et
posées sur une ligne de rochers qui supportaient les musiciens ; au milieu était le Lac enchanté, formé par le bassin.
Le Roi et les Reines étaient sous un dais, à droite et à gauche
duquel étaient placés les invités. Le spectacle commença par
un concert. Puis vinrent les plaisirs du palais de la magicienne Alcine, aux bords du Lac enchanté, où parurent trois
grosses baleines portant la magicienne et ses deux compagnes.
Mlle Duparc faisait Alcine, Mlle de Brie et Mme Molière représentaient les nymphes. Le palais, situé dans l'Ile enchantée,
surprit agréablement les yeux par les beautés d'une architecture si merveilleuse que l'on eût cru que c'était de l'invention de Vigarani, « si l'on n'eût été prévenu que c'était un
enchantement d'Alcine ». Alors, les concertants redoublèrent
leurs accords, et l'on vit des géants d'une prodigieuse grandeur qui firent la première entrée du ballet[1].

Les géants étaient accompagnés de quatre nains ; ils furent
suivis de huit Mores. Ces seize personnages, chargés de la
garde du palais d'Alcine, furent remplacés par six chevaliers
retenus dans le palais, qui essayèrent d'en sortir et furent
vaincus par six monstres. Deux entrées de démons agiles arrivèrent au secours d'Alcine et exécutèrent des sauts merveilleux. A la sixième entrée, Roger, assisté de quelques chevaliers et de la sage Mélisse, se prépara à sortir du palais.
Alcine accourut pour l'en empêcher, mais déjà Mélisse avait
mis au doigt de Roger le fameux anneau qui détruisait les
enchantements. Alors, un coup de tonnerre, accompagné
d'éclairs, annonça la fin prochaine du palais, qui fut bientôt

[1] Marigny, *Relation des divertissements que le Roi a donnés aux Reines
dans le parc de Versailles*, 1674.

embrasé par un feu d'artifice. « Jamais, dit M. de Marigny, l'on n'a vu d'incendie plus agréable ; l'air, la terre et l'eau étaient couverts tantôt de fusées volantes et tantôt de gerbes de feu ; tantôt mille serpenteaux s'élançaient de l'île sur les spectateurs. »

Les *plaisirs de l'Isle enchantée* finis, on prolongea cependant les divertissements. Le 10 mai, un jeu de cavaliers eut lieu dans les fossés du Château ; le lendemain, ce fut une promenade à la Ménagerie, « où l'on admira les beautés particulières et le nombre presque incroyable d'oiseaux de toutes sortes, parmi lesquels beaucoup de fort rares ». Le soir, fut représentée la comédie des *Fâcheux*, « faite par le sieur Molière, mêlée d'entrées de ballet et fort ingénieuse ».

Le 12, le Roi donna à tirer une loterie, à l'imitation de celle de Mazarin. « Je voudrais qu'il n'en coûte rien à personne qu'à moi », avait-il écrit à Colbert. Il dressa la liste des gagnants et c'est là qu'apparut sa secrète pensée. Il y inscrivit les noms de Mesdemoiselles de La Vallière. « Louis savait ce qu'il faisait en nommant ensemble et Louise et sa belle-sœur, la femme du marquis, ainsi introduite à la Cour. On commença dès lors à deviner son secret désir. Mme de Brancas, la première, se rapprocha de la favorite, démarche d'autant plus grave que son mari était chevalier d'honneur de la Reine mère[1]. » Il y eut d'ailleurs, dans cette loterie, « autant de billets heureux que de dames ».

Dans la soirée, Molière joua les trois premiers actes de *Tartufe*. « La secte des dévots » s'était tellement rendue insupportable, que le Roi fut heureux de saisir cette occasion de les décrier ; il avait tout l'air de passer à l'ennemi et de se rallier aux libertins. Louis XIV ne voulait pas subir les contraintes trop étroites de l'Eglise, bien qu'il la considérât, au point de vue politique, comme l'auxiliaire indispensable de la monarchie, telle qu'il la concevait. Ce fut là, dans tout son long règne, une ligne de conduite inflexible. Néanmoins, la secte, qui avait pour elle la Reine mère, devait continuer la lutte pour empêcher la représentation publique de cette œuvre, qui eut lieu seulement en 1669.

[1] J. Lair, *Louise de La Vallière*, 1882.

En 1665, il y eut de nombreuses réjouissances à Versailles, avec divertissements variés, collations, glissoire en bois ; une fête, entre autres, le 20 février, sur laquelle le journal officiel de l'époque, la *Gazette*, s'étend complaisamment. Un grand bal fut donné dans le vestibule du Château, paré et masqué, à l'occasion du carnaval. Le lendemain, furent données des courses, où assistaient « les principales beautés de la Cour, toutes admirablement équipées et sur des chevaux choisis », conduites par Madame (Henriette d'Angleterre), « avec une veste des plus superbes et sur un cheval blanc houssé de brocart, semé de perles et de pierreries ainsi que son habit ». Cette jeune princesse avait une grâce et une puissance de séduction irrésistible, à laquelle le Roi ne restait pas insensible. Il marchait après elle, « ne se faisant pas moins connaître par cette haute mine qui lui est particulière qu'à son riche vêtement à la hongroise, couvert d'or, de pierreries, avec un casque de même, ondoyé de plumes, et à la fierté de son cheval... Monsieur joignait Sa Majesté, richement vêtu à la turque et monté sur un cheval blanc, caparaçonné et houssé, avec quantité de perles. Le duc d'Enghien était à côté de Son Altesse Royale, superbement habillé en Indien et monté à l'avantage, ainsi que les autres seigneurs qui suivaient en dix quadrilles[1] ».

L'année 1666 fut marquée par la mort d'Anne d'Autriche (20 janvier), qui succomba à un cancer après neuf mois de douleurs aiguës courageusement supportées. Cette Reine, qui « était redevenue populaire depuis qu'elle n'était plus rien », était adorée de ses deux fils, à qui elle inspirait le respect, de Monsieur surtout. Son expérience ne fut pas toujours inutile et la décence de la Cour se ressentit de son influence. Elle faisait grande figure à côté de cette pauvre Marie-Thérèse, qui n'eut jamais la moindre prise sur son époux. Peu spirituelle, sachant peu le français, l'air dépaysé, « le Roi s'était cru quitte envers elle, et même généreux, par quelque affection qu'il lui donna, l'habitude qu'il garda du lit commun et de grands égards ». Mais, infidèle dès la première heure, il le demeura jusqu'à la fin. Marie-Thérèse, toujours bonne, aimant passionnément le Roi, prit bien ce qu'elle n'avait pas la force

[1] *Gazette*, 1665.

d'empêcher. Le 27 janvier, une députation du Parlement vint faire les compliments au Roi. D'Ormesson dit à ce propos dans son Journal : « Je fus après à la messe du Roi, où étaient la Reine, Monsieur le Dauphin, Monsieur et Mlle de La Vallière, que la Reine a prise auprès d'elle par complaisance pour le Roi ; en quoi elle est fort sage. » C'était ainsi une sorte de présentation officielle de la première favorite, venant immédiatement après l'épouse légitime. Sa mère morte, Louis XIV se sentait libre d'étaler ses amours.

LES FÊTES DE 1668 ET DE 1674 — Mme DE MONTESPAN

En 1668, le 18 juillet, à l'occasion de la paix d'Aix-la-Chapelle, Louis XIV donna dans son château de Versailles, que Le Vau agrandissait, la fête la plus magnifique de tout son règne. Félibien[1] en fit le récit officiel ; nous en possédons aussi une description pittoresque due à Mlle de Scudéry et Lepautre en a gravé cinq estampes. Elle marque le moment le plus brillant de la jeunesse de Louis XIV et aussi, sans doute, de son règne. Elle marque aussi une seconde phase dans ses amours adultères.

Il était depuis six ans fidèle à Mlle de La Vallière, avec laquelle il avait pu goûter, suivant l'expression de Voltaire, le bonheur rare d'être aimé uniquement pour lui-même : deux enfants étaient nés, Mlle de Blois, en 1666, et, l'année suivante, le comte de Vermandois ; mais la lassitude était venue, et la mort de sa mère précipita une succession qui s'était ouverte dans l'ombre. En 1667, pendant un séjour à Compiègne, à l'occasion de la campagne de Flandre, le Roi s'éprit d'une dame d'honneur de la Reine, Athénaïs de Mortemart, devenue depuis 1663 marquise de Montespan. C'était la « beauté triomphale, en tout l'opposé de Mlle de La Vallière, « violette qui se cachait sous l'herbe », et ce contraste parut séduire le Roi. Elle était alors dans tout l'éclat de ses vingt-

---

[1] Félibien, sieur des Avaux et de Javercy (1619-1695). Architecte et historiographe des bâtiments, secrétaire de l'Académie d'architecture, critique d'art. *Description sommaire du château de Versailles*, 1674.

six ans et « belle comme le jour », dit Saint-Simon. « Il n'est pas possible, ajoute-t-il, d'avoir plus d'esprit, de fine politesse, des expressions singulières, une éloquence, une justesse naturelle qui lui formaient comme un langage particulier, mais qui était délicieux. » C'était l'esprit des Mortemart, d'un tour inimitable, qui se retrouvait chez son frère, le maréchal de Vivonne, et chez ses sœurs, la marquise de Thianges et l'abbesse de Fontevrault.

Ses défauts n'étaient pas inférieurs, loin de là. Elle était, dit encore Saint-Simon, « impérieuse, altière, dominante, moqueuse, et tout ce que la beauté et la toute-puissance entraîne après soi ». Joignant les pratiques d'une dévotion exaltée à la croyance aveugle, à la sorcellerie, elle avait fait partie de cet « essaim de jeunes ambitieux » qui s'adressaient aux devineresses en vogue « pour parvenir aux bonnes grâces du Roi » et demandaient, en même temps, « quelque chose contre Mlle de La Vallière », autrement dit, de la poudre de succession; mais en ce moment, rien n'avait transpiré et l'affaire des poisons n'était pas encore ouverte[1]. Incapable d'amour vrai, n'aimant ni son mari, ni le Roi, elle était avant tout ambitieuse; elle voulait être « maîtresse reconnue », se débarrasser aussi de ses dettes et faire la fortune des siens. La bonne Marie-Thérèse la voyant portée aux pieuses austérités et aux communions fréquentes, estimait sincèrement sa vertu dont témoignaient, à ses yeux, les pratiques religieuses qu'elle n'abandonna guère à travers les scandales de son existence.

La belle Athénaïs tint cour au château de Clagny, « ce palais d'Armide » que son royal amant lui avait fait bâtir. De 1667 à 1674, ce fut un double adultère étalé à tous les yeux, avec, en même temps, la présence simultanée des deux favorites. Louis XIV partait en calèche pour la chasse avec Mlle de La Vallière et Mme de Montespan; quand il allait en Flandre avec les dames, il les emmenait toutes deux dans son carrosse avec la Reine, et les peuples accourant, se demandaient les uns les autres s'ils avaient vu les trois Reines.

La malheureuse La Vallière, dédaignée, mais non congé-

---

[1] Voir l'ouvrage de M. Funck-Brentano, *Le Drame des Poisons*.

diée, servant pour ainsi dire de chaperon aux amours de
Louis XIV et de sa rivale, devait rester à la Cour jusqu'en
1674 (avril), époque où, « ayant tiré la lie de tout », elle se
retira définitivement chez les Carmélites, au couvent de la
rue d'Enfer, avec l'irrévocable décision d'en subir la règle
étroite ; elle avait trente ans[1].

Telle était la personne en l'honneur de qui fut donnée,
dans la pensée du Roi, la splendide fête de 1668, la plus
somptueuse de son règne. Elle fut organisée par le duc de
Créqui, premier gentilhomme de la chambre, le maréchal de
Bellefonds, premier maître d'hôtel, et Colbert, surintendant
des bâtiments. Trois mille personnes furent invitées. La
collation fut servie dans le bosquet de l'Etoile, décoré de
vases de fleurs, de sculptures exécutées par Le Hongre, Houzeau et Van Opstal, et de rocailles faites par Quesnel. Après
quoi, dans un théâtre de feuillée établi par Vigarani, sur
l'emplacement actuel du bassin de Saturne, furent joués un
opéra de Quinault et *Georges Dandin,* de Molière. Après la
comédie, la compagnie passa dans un salon de verdure admirablement décoré. Il y avait, dit la *Gazette,* outre trois grands
buffets et plusieurs autres ornements, « un rocher au milieu,
qui représentait le Parnasse avec Apollon et les Muses, le
tout d'argent ; et Leurs Majestés soupèrent à l'entour de cette
admirable machine avec d'autant plus de plaisir que les
lumières la rendaient des plus brillantes et qu'une infinité
de cascades y formaient un très agréable murmure ». Sur les
tables et les buffets destinés au souper étaient des girandoles, de grands vases, des figures, des bassins, des cassolettes, des pots à fleurs, tous en argent et merveilleusement
travaillés ; aux bouts des buffets étaient placés des guéridons
d'argent de 6 pieds de haut, sur lesquels étaient des girandoles, toujours en argent, allumées de dix bougies de cire
blanche ; devant chaque table, il y avait une cuvette d'argent
pesant mille marcs. La plupart de ces beaux ouvrages, chefs-
d'œuvre des orfèvres du temps, avaient été exécutés aux
Gobelins.

---

[1] J. Lair, *Louise de La Vallière.* — Mme de Montespan n'avait pu
mettre Bossuet dans son jeu pour la retenir à la Cour, et Mme Scarron,
la gouvernante de ses enfants, n'y réussit pas davantage, malgré son
habileté.

On alla ensuite dans la salle de bal, construite par Le Vau, sur l'emplacement actuel du bassin de Cérès, partie en verdure, partie en décors imitant le marbre, et ornée d'orangers et de jets d'eau. A deux heures du matin, les danses terminées, on alla voir les illuminations du Parc et les feux d'artifice. La façade du Château donnant sur les jardins était ornée de quarante-cinq figures, Janus, diverses Vertus, trophées de guerre, lyres, etc..., représentés par des feux de couleurs diverses et d'un éclat extraordinaire. L'Allée-Royale était éclairée d'un bout à l'autre par soixante-douze termes en feux de couleur, d'où partirent des milliers de fusées. Des feux grégeois brûlaient sur le bassin de Latone. Enfin, un premier feu d'artifice qui coûta 3,000 livres fut tiré du côté du grand étang, devenu plus tard la pièce d'eau des Suisses; et quand tout le monde crut que la fête était terminée, un second feu de 2,700 livres fut tiré vers la Tour-d'Eau. Enfin, quand toutes les lumières s'éteignirent, « l'on s'aperçut, dit Félibien, que le jour, jaloux des avantages d'une si belle nuit, commençait à poindre ».

A cette époque, le Parc avait reçu de nouveaux embellissements. Pierre de Francine construisait la grotte de Thétis, qui devait être terminée en 1672 et devenir le principal ornement des jardins. Pendant l'automne de 1668, le Parc fut visité par d'illustres personnages : La Fontaine, Molière, Racine et Boileau. La Fontaine venait d'achever son roman de *Psyché*, qu'il allait lire à ses amis près de la grotte de Thétis. Le récit de cette promenade, mêlé d'agréables descriptions du palais du Roi, forme l'introduction du roman. Nous en donnons ailleurs quelques extraits.

Le Roi allait souvent se reposer dans la Grotte[1]. Il s'en servait aussi dans ses fêtes pour y donner la collation, régal de fruits et de confitures, concert à la Cour et aux étrangers de marque. Les divertissements continuaient souvent à l'Orangerie, comme en 1669 devant le prince de Toscane, qui « admira également la galanterie et la magnificence du plus grand monarque de l'Europe ».

En 1670, ce fut le tour du duc de Buckingham, premier

---

[1] Elle a été décrite par Mlle de Scudéry et par Félibien.

ministre de Charles Ier, roi d'Angleterre, le 23 août et surtout le 6 septembre. Entre autres attractions, il y eut « une splendide collation apprêtée sur une île » du Grand-Canal; puis on assista à la comédie et à un concert symphonique dans le Petit-Parc, organisé par Lulli, et enfin un feu d'artifice eut lieu dans l'allée des Cascades et se termina par un souper au Château qui dura jusqu'à trois heures après minuit.

En 1671, après le divertissement de la comédie à l'intérieur du Château, où toute la Cour avait assisté, il y eut des fêtes dans le Parc, éclairé d'une infinité de lumières, musique au Théâtre-d'Eau, nouvellement construit, et souper merveilleux à la Grotte.

Dans toutes ces fêtes données par Louis XIV, l'opéra, introduit en France par Mazarin, allait jouer un grand rôle. Nos compositeurs, voués jusqu'ici aux ballets et aux mascarades, eurent la révélation de la musique dramatique, importée d'Italie. En 1664, on en était venu à considérer le chant « comme le truchement naturel de l'amour », et Molière en fixait la date dans la *Princesse d'Elide*. Justement, vers cette époque (1671) naissait l'opéra français, et, à peine né, il dut à l'association de Quinault et de Lulli une influence considérable sur les mœurs. Cet art nouveau semble devoir « modifier l'état nerveux du monde où grandissaient, sous la protection royale, des idées plutôt périlleuses sur les droits de la nature et la fatalité de la passion[1] ». Il provoqua aussitôt l'opposition des moralistes.

A mesure qu'avançaient les travaux du château de Versailles, les séjours de Louis XIV y deviennent plus longs et le caractère de résidence s'y accentue de plus en plus. Versailles commence à prendre un caractère officiel : le Roi y reçoit les ambassadeurs étrangers comme à Saint-Germain; la Cour y réside du 1er septembre au 10 octobre et y prend « les divertissements de la saison, entre lesquels la comédie a ses jours », sans préjudice des pratiques religieuses. En 1674 (avril), Bourdaloue y avait prêché le carême.

[1] Arvède Barine, *Louis XIV et la Grande Mademoiselle*, t. II. — La musique dramatique, en faisant son entrée dans le monde moderne, lui apportait, selon l'expression de M. Romain Rolland, son pouvoir illimité.

Cette année de 1674 vit la dernière des grandes fêtes de Versailles, durant le séjour de quatre mois que Louis XIV y fit, du 30 juin à fin octobre. En pleine guerre de Hollande, secondé par Vauban, il venait d'accomplir en six semaines une seconde et définitive conquête de la Franche-Comté. L'historiographe officiel, Félibien, admire « la promptitude qui accompagne la magnificence des fêtes » et la diligence avec laquelle sont exécutés les ordres du Roi « par le soin et l'application particulière de ceux qui en ont la principale intendance ». Il en fait, ainsi que la *Gazette*, une longue description. Elles eurent lieu en juillet et en août, et durèrent six jours.

La première journée, ce fut d'abord une collation dans le bosquet du Marais, suivie d'une représentation de l'*Alceste*, de Lulli et Quinault, dans un théâtre préparé dans la cour de Marbre, dont toutes les fenêtres étaient éclairées par deux rangs de bougies.

Les côtés de la cour étaient décorés d'orangers, de guirlandes et de grandes girandoles de cristal et d'argent allumées de bougies. La fontaine de marbre qui était au milieu de la cour était entourée de girandoles et de vases de fleurs; les eaux qui s'échappaient de la fontaine pour tomber dans le bassin étaient reçues par des vases de fleurs, de façon que leur chute ne pût pas interrompre, par leur bruit, la voix des chanteurs et la symphonie des musiciens. Tout se trouvait réuni : eaux, lumières, fleurs, pour faire les plus riches ornements d'un théâtre. Après la représentation, on alla souper ou « faire médianoche » au Château.

La deuxième journée eut lieu à Trianon, dans la « Maison de porcelaine » que le Roi avait fait construire quatre ans auparavant. Un salon avait été établi dans l'une des allées du Parc et décoré d'une prodigieuse quantité de fleurs. On y chanta l'*Eglogue de Versailles*, intermède de Quinault et de Lulli :

. . . .

Le maître de ces lieux n'aime que la victoire,
    Il en fait ses plus chers désirs;
    Il néglige ici les plaisirs
Et tous ses soins sont pour sa gloire.

Troisième Journée.

Le Malade imaginaire, Comédie représentée
dans le Jardin de Grenville, Grenille, Greville, Greville.

Aeger fictus.
Comædia repræsentata
in horto Versaliarum ad forum Cypri.

Ensuite, la Cour revint souper à Versailles, dans le bosquet de la Salle-du-Conseil.

Le troisième jour (19 juillet), le Roi donna une collation aux dames, à la Ménagerie, avec promenade sur le Canal, dans des gondoles « superbement parées ». Les violons et les hautbois suivaient la compagnie dans un grand vaisseau. On se rendit ensuite au théâtre, dressé cette fois devant la Grotte, et l'on assista à la représentation du *Malade imaginaire*, la dernière comédie de Molière, « dont Leurs Majestés et toute la Cour ne reçurent pas moins de plaisir qu'elles en ont toujours eu aux pièces de son auteur ».

Pour la quatrième journée (28 juillet), le Roi avait donné ordre que la fête fût encore plus magnifique et plus décorée que les précédentes. On servit la collation au Théâtre-d'Eau. Les marches qui formaient l'amphithéâtre servaient de table pour recevoir les mets. Des orangers chargés de fleurs et de fruits, des pommiers, des abricotiers, des pêchers couverts de fruits, et des lauriers-roses tous placés dans de grands vases de porcelaine, 300 jattes de porcelaine pleines de fruits, 120 corbeilles remplies de pâtes et de confitures sèches, 400 tasses de cristal pleines de glace, une infinité de carafes remplies de liqueur, formaient « un arrangement de couleurs et de figures très agréables ». Les belles eaux jaillissant de ce bosquet, avec ses grands ifs taillés en pyramides élancées, ajoutaient un nouvel agrément à la collation.

De là, on se rendit au théâtre, qu'on avait élevé au bout de l'allée du Dragon. L'Académie royale de musique y joua l'opéra de *Cadmus et Hermione*, de Quinault et de Lulli. On alla ensuite faire un tour de promenade en calèche dans le Parc, des valets éclairant la marche avec des flambeaux, et l'on assista à un feu d'artifice tiré sur le Canal. Enfin, on revint au Château, où l'on soupa dans la cour de Marbre, éclairée par une colonne de lumière placée sur un immense piédestal, autour duquel était disposée une table de cinquante couverts.

La cinquième journée (18 août) fut signalée par un incident glorieux. M. de Gourville, envoyé par Condé, présenta au Roi 107 drapeaux et étendards que le grand général avait enlevés, à la bataille de Senef, à l'armée ennemie. Le soir, la compagnie, montée dans trente carrosses à six chevaux, se promena dans le Parc. On fit collation dans un bosquet et

14

on alla assister, dans un théâtre élevé à l'Orangerie, à la représentation d'*Iphigénie*, tragédie nouvelle de Racine, « qui fut admirablement bien représentée par la troupe royale et très applaudie de toute la Cour ». De là, on alla voir le bassin d'Apollon, illuminé d'une façon surprenante ; « car, hormis la face de devant, le reste était environné d'une balustrade de 6 pieds de haut, ornée de fleurs de lys et des chiffres du Roi, le tout d'un artifice si rare, qu'il paraissait fait d'or transparent et lumineux ». Il y avait aussi de grands piédestaux paraissant être de marbre transparent, avec des ornements rappelant Apollon et le Soleil, que Louis XIV avait pris pour devise. Toute cette décoration était l'œuvre de Le Brun. Puis un feu d'artifice, formé de cent figures différentes, termina la soirée.

Enfin, le 31 août, sixième et dernière journée de ces fêtes, la Cour eut pendant la nuit un spectacle réellement magique.

Sa Majesté, dit Félibien, étant sortie du Château à une heure de la nuit, mais d'une nuit la plus noire et la plus tranquille qui ait été depuis longtemps, l'on vit, dans cette grande obscurité, tous les parterres tracés de lumières. La grande terrasse qui est devant le Château était bordée d'un double rang de feux espacés à deux pieds l'un de l'autre. Les rampes et les degrés du Fer-à-Cheval, et généralement toutes les fontaines qui sont dans le petit Parc, étaient environnées de pareilles lumières, qui, réfléchies dans les bassins, y faisaient encore autant d'autres clartés. Au milieu de ces bassins et de ces lumières, on voyait s'élever mille jets d'eau qui paraissaient comme des flammes d'argent poussées avec violence et dont il sortait mille étincelles.

Ces lumières, dont la terre était couverte, marquaient de nouveaux parterres et formaient des figures de feu au lieu de fleurs et de verdure. Au bout de la grande allée Royale, le bassin d'Apollon était éclairé de la même sorte ; et, au delà, on voyait le grand Canal qui, de loin, paraissait comme une glace de cristal d'une vaste étendue. Il était borné de tous côtés de caps lumineux, mais d'une lumière douce et privée du mouvement que l'on voit dans les feux ordinaires. Ces corps ne portaient aucune ombre ; ils représentaient différentes figures qu'on avait peine à discerner de loin, et dont les images paraissaient sur l'eau, qui n'était pas alors moins tranquille que la lumière même ; de sorte que le profond silence et l'obscurité où l'on se trouvait alors ressemblaient beaucoup à ce que les poètes ont écrit des Champs-Elysées, qu'ils dépeignent comme une espèce de pays éclairé d'une lumière précieuse et qui a un soleil et des astres tout particuliers.

Le Grand-Canal produisit un effet merveilleux avec ses deux rives éclairées par 650 termes de lumières de 9 pieds de haut, placés à 6 toises de distance l'un de l'autre. Aux quatre angles de la croix du Canal, il y avait de grands pavillons de 30 pieds de long sur 22 de haut, d'où partaient des flots de lumière; aux extrémités du Canal, à Trianon, le char de Neptune; à la Ménagerie, le char d'Apollon; au fond du Canal, un immense palais. Derrière ces décorations d'architecture, on avait placé un nombre infini de feux qui les faisaient paraître transparentes et les rendaient éclatantes et lumineuses dans une nuit obscure. Le Roi et toute la Cour firent une longue promenade sur le Canal, dans des gondoles suivies de bateaux où étaient les musiciens.

Telles furent les splendides réjouissances de 1674, les dernières de ce genre qui furent données par Louis XIV. Cette vie élyséenne, où le monde de la Cour et de la ville semblait s'associer à ses amours, allait pourtant cesser. Mme de Montespan est à l'apogée de sa faveur. « Continuez à faire tout ce qu'elle voudra, dit Louis XIV à Colbert, elle m'a mandé que vous lui demandez toujours si elle veut quelque chose. Continuez à le faire toujours. » Le Marais, Clagny, Trianon sont des effets de sa volonté. Mais la pensée dominante du Roi, c'est Versailles transformé, agrandi, avec son architecture nouvelle et ses immenses jardins, auquel on travaille d'une manière incessante pour qu'il puisse venir s'y loger avec toute sa Cour et y habiter comme dans une sorte de temple d'une royauté définitivement « hors pages ».

LES INTRIGUES DU PALAIS — Mme DE MONTESPAN ET Mme DE MAINTENON

Quand la douce La Vallière fut entrée pour toujours au couvent, la reine Marie-Thérèse dut supporter la présence de Mme de Montespan, maîtresse en titre. Elle le fit sans se plaindre et continua à aimer le Roi malgré ses infidélités.

Cependant, cet amour doublement adultère avait trouvé parmi le clergé quelques protestations. Bourdaloue, prêchant le carême dans la chapelle de Versailles, n'avait pas craint de dévoiler le pernicieux exemple qui venait de si haut. La favorite s'était vu refuser l'absolution par un prêtre de la paroisse de Versailles, et elle n'aurait pas fait ses pâques si une séparation entre elle et le Roi n'avait précédé. Elle quitta un instant la Cour. Le Roi paraissait repentant, et Bossuet, à qui il avait demandé de lui rappeler ses bonnes résolutions, lui adressait à l'armée de Flandre une lettre dont voici un extrait :

Songez, Sire, que vous ne pouvez être véritablement converti si vous ne travaillez pas à ôter de votre cœur, non seulement le péché, mais la cause qui vous y porte. La conversion véritable ne se contente pas d'abattre les fruits de la mort, comme parle l'Ecriture, c'est-à-dire les péchés; mais elle va jusqu'à la racine qui les ferait repousser infailliblement si elle n'était arrachée..... Je vois, autant que je puis, Mme de Montespan comme Votre Majesté me l'a commandé. Je la trouve assez tranquille; elle s'occupe beaucoup aux bonnes œuvres, et je la vois touchée des vérités que je lui propose, qui sont les mêmes que je dis aussi à Votre Majesté. Dieu veuille vous les mettre à tous deux dans le fond du cœur, et achever son ouvrage, afin que tant de larmes, tant de violence, tant d'efforts que vous avez faits sur vous-mêmes ne soient pas inutiles.

Mais ces recommandations ne tardèrent pas à être vaines. Les relations continuèrent. En 1675, Louis XIV était au plus vif de sa passion et ne voulut plus entendre Bossuet : « Ne me dites rien, Monsieur, j'ai donné mes ordres. » C'était le rétablissement de sa maîtresse à la Cour. Nous avons de Mme de Caylus[1] le récit piquant de la première entrevue qui eut lieu chez Mme de Montespan, en présence des dames les plus respectables et les plus graves de la Cour, afin de ne pas prêter à la médisance le moindre sujet de mordre : « Insensiblement, il la tira dans une fenêtre; ils se parlèrent bas assez longtemps, pleurèrent et se dirent ce qu'on a accoutumé de dire en pareil cas; ils firent ensuite une profonde révérence à ces vénérables matrones, passèrent dans une autre chambre et il advint Mme la duchesse d'Orléans et le comte de Toulouse. »

Néanmoins, l'influence toujours grandissante de Mme de Maintenon sur Louis XIV allait amener la définitive retraite de la favorite. Comme les maîtresses de Louis XIV vivaient à la Cour, il y eut pour elles une étiquette un peu particulière,

---

[1] Mme de Caylus, *Souvenirs*. — Mme de Caylus était la nièce de Mme de Maintenon.

et en quelque sorte tacite. Le peuple qui voyait, à certaines cérémonies, dans le même carrosse, la reine Marie-Thérèse, Mlle de La Vallière et Mme de Montespan, les appelait « les trois reines », et dans cette polygamie, toutes les deux à la fois en étaient venues à occuper publiquement le rang d'épouses en second du Roi. Lors des visites solennelles de la famille royale à celui de ses membres qui allait mourir, elles arrivaient ensemble, après le Roi et la Reine[1]. Si la modeste Louise se dérobait le plus qu'elle pouvait aux honneurs, l'altière Montespan « s'y complaisait et s'en ajoutait. Elle s'était mise sur le même pied que la Reine pour les visites ordinaires qu'elle ne rendait jamais, non pas même à Monsieur, dit Saint-Simon, ni à Madame, ni à la Grande Mademoiselle, ni à l'hôtel de Condé ». De cette humeur elle ne se départit jamais ; même dans la retraite, elle garda « cet extérieur de reine ».

Cet ascendant était accepté par tous, même par la débonnaire Marie-Thérèse, qui vint un jour voir, au château de Clagny, le petit comte de Vexin, malade. Parfois, elle venait chercher Mme de Montespan et l'amenait soit à Trianon, soit en tout autre endroit, ce qui faisait dire à Mme de Sévigné qu'elle passait « nettement devant toutes les duchesses ».

Pendant treize années, toujours triomphante et tonnante, « l'altière Wasthi » usa, pour tout ce qui n'était pas affaires d'État, d'un crédit sans limites. Elle joue à la reine et dépense sans compter. Son faste éblouit tous les yeux. En 1676, aux eaux de Bourbonne, on la voit dans un carrosse à six chevaux, suivie d'un autre carrosse attelé de même pour ses six femmes ; elle a deux fourgons, six mulets, dix ou douze hommes à cheval, sans les officiers. A Nevers, à Bourbonne, elle fait des charités aux églises, aux pauvres, fait des fondations de lits à l'hôpital. Au retour, la fantaisie la prend d'aller par eau ; on la compare à Cléopâtre s'avançant à la rencontre d'Antoine :

Mme de Montespan partit jeudi de Moulins dans un bateau peint et doré, meublé de damas rouge, que lui fit préparer M. l'Intendant avec mille chiffres, mille banderolles de France et de Navarre : jamais il n'y eut rien de plus galant ; cette dépense va à plus de mille

[1] Mme de Sévigné, 6 juin 1676.

écus; mais il en fut payé tout comptant par la lettre que la belle écrivit au Roi... Elle ne voulut point se montrer aux femmes; mais les hommes la virent à l'ombre de M. l'Intendant. Elle s'est embarquée sur l'Allier, pour trouver la Loire à Nevers, qui doit la mener à Tours, et puis à Fontevrault, où elle attendra le retour du Roi, qui est différé par le plaisir qu'il prend au milieu de la guerre. Je ne sais si on aime cette préférence[1].

Au fond, le Roi, plus d'une fois rebuté par cette maîtresse impérieuse, dominante et moqueuse, éprouvait de temps en temps le besoin de s'éloigner d'elle; ses exigences, ses reproches, son humeur hautaine finissaient par le rebuter et l'éloigner. Elle dut se résigner à ses *passades*, reconnaître le triomphe de quelques rivales éphémères, de « quelques doublets », de Mlle de Ludre, de Mlle de Fontanges, de quelques autres encore. Ses aigreurs, ses colères redoublèrent avec le temps et refroidirent, espacèrent les relations. En 1680, le charme était rompu.

Outre l'humeur cassante de la favorite, une autre influence agissait sur le Roi. En 1679, une chambre ardente avait été réunie pour instruire l'affaire des Poisons[2], dans laquelle Mme de Montespan était compromise; on l'accusait d'avoir voulu, dans un accès de jalousie, empoisonner Louis XIV. Celui-ci fit étouffer l'affaire, mais le caractère de la favorite devenait de plus en plus insupportable et celui du Roi moins patient.

« Le Roi, dit Bussy-Rabutin, comme il montait en carrosse avec la Reine, eut de grosses paroles avec Mme de Montespan sur des senteurs dont elle est toujours chargée et qui font mal à Sa Majesté. Le Roi lui parla d'abord honnêtement, mais comme elle répondait avec beaucoup d'aigreur, Sa Majesté s'échauffa. » Et les « brouilleries » continuaient.

S'il n'y eut jamais, à propos de l'*affaire des Poisons*, de preuve décisive contre Mme de Montespan, les présomptions restaient très fortes[3]; mais le Roi ne voulait pas d'éclat, et la

[1] Mme de Sévigné, 6 juin 1676.
[2] Arvède Barine, *Louis XIV et la Grande Mademoiselle*, t. II. — Nous sommes heureux de rendre ici hommage à l'intérêt pénétrant de cet ouvrage que nous avons consulté avec le plus grand fruit.
[3] Funck-Brentano, *Le Drame des Poisons*.

favorite continua sa vie de Cour, toujours aux places d'honneur : en 1680, elle va au-devant de la Dauphine, Marie-Anne-Christine de Bavière, qui venait d'épouser le Grand Dauphin, avec le reste de la Cour, et elle est chargée de l'arrangement des cadeaux; en 1681, elle ouvre chez elle une brillante loterie... En juillet 1682, la chambre ardente était supprimée brusquement après l'exécution « de quelques gens de rien ou de pas grand'chose », les accusés de marque ayant été absous ou traités selon leur rang. En 1682, Louvois recommandait d'empêcher « que l'on entende les sottises qu'ils (les condamnés envoyés par convois dans les prisons de province) pourront crier tout haut, leur étant souvent arrivé d'en dire touchant Mme de Montespan, qui sont sans aucun fondement, les menaçant de les faire corriger si cruellement au moindre bruit qu'ils feront, qu'il n'y en ait pas un qui ose souffler[1] ».

Que ce fut manque de preuves ou raison d'Etat, Mme de Montespan était sauvée, mais elle n'était plus favorite.

La naissance des enfants naturels de Mme de Montespan et de Louis XIV allait faire paraître à la lumière de l'histoire un personnage encore bien effacé, mais qui ne tardera pas à prendre un relief extraordinaire. Mme Scarron venait d'être introduite à la Cour par la toute-puissance de la favorite.

Elle était la petite-fille du célèbre auteur des *Tragiques*, Agrippa d'Aubigné[2]. Réduite à la misère, à la fleur de l'adolescence, on lui avait fait épouser l'auteur du *Roman comique*, dont l'esprit était si drôle et le corps tout perclus. Ce singulier mariage fut pourtant la cause de sa fortune, grâce aux relations qu'elle se créa dans la maison de son vieux et valétudi-

---

[1] Les accusations répétées du lieutenant de police La Reynie contre Mme de Montespan n'avaient pu convaincre M. de Boislile, le savant éditeur des *Mémoires* de Saint-Simon. Cette thèse a été reprise par un historien, M. Jean Lemoine (*Mme de Montespan et la Légende des Poisons*, 1908), qui annonce l'apparition prochaine d'une œuvre très documentée sur ce sujet.

[2] Elle était née en 1635, dans la prison de Niort, où sa mère était venue partager la captivité de son mari, Constant d'Aubigné, homme de désordre dans sa vie privée et dans sa vie publique, et qui, couvert de dettes, alla mourir en Amérique, laissant sur la terre étrangère sa femme sans ressources, avec trois enfants.

naire mari, où fréquentait une société très distinguée, entre autres le maréchal d'Albret, le duc de Vivonne et tous les beaux esprits de Paris. Sa tenue y fut parfaite, réservée mais aisée ; elle y déploya un esprit de bon aloi et sa beauté grave fit le reste. Elle montra de bonne heure cet esprit réfléchi, ce calcul sage et facile à son tempérament bien équilibré qui lui a fait dire : « Rien n'est plus habile qu'une conduite irréprochable », maxime qui sera la règle de sa vie.

Elle était grande, avait le teint fort uni, les cheveux châtain clair, le nez bien fait, la bouche bien proportionnée, de beaux yeux noirs brillants et doux, un air noble et enjoué, un langage juste, de la bonne grâce sans affectation.

Les traits principaux de son caractère sont son goût d'obliger et sa passion de la *réputation*, de l'estime des personnes honnêtes. Quand elle est chez Mme de Montchevreuil, elle a toujours les enfants autour d'elle, et montre sa vocation d'éducatrice. Ce qu'elle recherche par-dessus tout, c'est de faire dire du bien d'elle, et pour cela, elle ne craint pas de se contraindre. « Je ne me souciais point de richesses, dira-t-elle ; j'étais élevée de cent piques au-dessus de l'intérêt, mais je voulais de l'honneur. » Ailleurs, elle se définit « une personne pétrie de gloire et d'amour-propre ». Grand fonds de raison, empire sur soi, amour de la réputation, tels sont les traits saillants d'un caractère qui ne se démentira pas.

Après la mort de Scarron (1660), la fréquentation de l'hôtel d'Albret lui valut de connaître Mme de Montespan, alliée à cette famille.

La favorite songea à lui confier ses enfants. La jeune veuve refusa d'abord, mais dès que le Roi y eut consenti, elle accepta « sous le dernier secret », ce qu'elle appelle elle-même « cette sorte d'honneur assez singulier ».

Louis XIV, qui avait passé la quarantaine et finissait par être las des scènes de jalousie de Mme de Montespan, se prit bientôt au charme du visage sérieux et de la « conversation rafraîchissante[1] » de la gouvernante. De jour en jour, sa

[1] Mme de Sévigné se montre profonde observatrice quand elle dit : « Elle lui fait connaître (au Roi) un pays nouveau qui lui était inconnu, qui est le commerce de l'amitié et de la conversation, sans contrainte et sans chicane. Il en paraît charmé. »

faveur croissait, et Mme de Montespan ne l'ignorait pas. Les deux rivales se voyaient tous les jours, tantôt avec une aigreur secrète, tantôt avec une confiance passagère, « que la nécessité de se parler et la lassitude de la contrainte mettaient quelquefois dans leurs entretiens[1] ». La dévotion, qui se mêlait à toutes ses intrigues secrètes, affermissait encore la faveur de Mme de Maintenon et éloignait Mme de Montespan. Le Roi se reprochait son attachement pour une femme mariée, et sentait surtout ce scrupule depuis qu'il ne sentait plus d'amour.

Pendant quelques années, tout se passa dans le plus grand mystère. La nouvelle gouvernante fut installée à Paris, dans une maison retirée, « mystérieuse », au fin fond du faubourg Saint-Germain, « quasi à Vaugirard, dans la campagne[2] ». Il y avait un grand jardin, de beaux et grands appartements; elle avait un carrosse, des gens et des chevaux. La marquise, bon juge, l'apprécie très favorablement dans les fréquents soupers où elle la voyait chez Mme de Coulanges; elle lui trouve « l'esprit aimable et merveilleusement droit », et c'est sans doute par ces qualités qu'elle dut surtout plaire à Louis XIV. Les visites qu'il prit l'habitude de lui rendre dans sa maison de Vaugirard devinrent plus fréquentes quand les enfants, reconnus par lui, furent amenés à la Cour; Mme Scarron eut un appartement qui faisait partie de celui de Mme de Montespan. Il trouvait de plus en plus dans son commerce « ce mélange de galanterie et de dévotion » propre à contenter les deux hommes qui étaient en lui.

Avec une habileté consommée, dont la nature est difficile à définir, tant la personne reste complexe et peu pénétrable,

---

[1] A la date du 7 août 1675, Mme de Sévigné écrivait : « Cette belle amitié de *Quantova* (Mme de Montespan) avec son amie qui voyage est une véritable aversion depuis deux ans ; c'est une aigreur, c'est une antipathie, c'est du blanc, c'est du noir : vous demandez d'où cela vient. C'est que l'amie (la gouvernante des enfants) est d'un orgueil qui la rend révoltée contre les ordres des *Quanto* : elle n'aime pas à obéir; elle veut bien être au père et non pas à la mère; elle fait le voyage à cause de lui, et point du tout pour l'amour d'elle; elle rend compte à l'un et point à l'autre; on gronde l'ami d'avoir trop d'amitié pour cette glorieuse, mais on ne croit pas que cela dure, à moins que l'aversion ne se change, ou que le bon succès d'un voyage ne change ces cœurs. »

[2] Lettre à Mme de Grignan, décembre 1674.

elle commence cette campagne, cette sorte d'apostolat auquel elle se croit appelée par Dieu, qui devait étayer sa toute-puissance auprès du Roi par la disgrâce de sa favorite. Dans la situation délicate où elle se trouve, elle ose pourtant s'ériger en convertisseur d'âmes, faire cesser l'adultère et faire faire au Roi son *salut*.

« Quand je commençai à voir, racontait-elle aux dames de Saint-Cyr, qu'il ne seroit peut-être pas impossible d'être utile au salut du Roi, je commençai aussi à être convaincue que Dieu ne m'avoit amenée à la Cour que pour cela, et je bornai là toutes mes vues. Je lui donnai alors de bons conseils, et je tâchai de lui faire rompre ses commerces[1]. »

Livrée à la direction spirituelle de son confesseur, l'abbé Gobelin, elle lui rend fidèlement compte de ses journées, de ses actes. Citons une de ses lettres parmi les plus suggestives :

Je prie Dieu un moment en me levant, je vais à deux messes les jours d'obligation et à une les jours ouvriers ; je dis mon office tous les jours, et quand je m'éveille, la nuit, je dis un *Laudate* et un *Gloria patri*. Je pense souvent à Dieu dans la journée, je lui offre mes actions, je le prie de m'ôter d'ici si je n'y fais pas mon salut, et du reste je ne connais point mes péchés. J'ai une morale et de bonnes inclinations qui font que je ne fais guère de mal ; j'ai un désir de plaire et d'être estimée qui me met sur mes gardes contre toutes mes passions. Aussi ne sont-ce presque jamais des faits que je me puis reprocher, mais des motifs très humains, une grande liberté dans mes pensées et dans mes jugements, et une contrainte dans mes paroles qui n'est fondée que sur la prudence humaine. Voilà à peu près mon état ; ordonnez les remèdes que vous croirez les plus propres. Je ne puis vraisemblablement envisager une retraite ; il faut travailler ici à mon salut, contribuez-y, je vous supplie, autant que vous le pourrez. (8 janvier 1680.)

Devenue dévote, préoccupée de faire son salut, de gagner le ciel, elle veut mettre en règle son cœur et sa conscience, « pratiquer autant de renoncements et de bonnes œuvres, suivre autant d'offices et répéter autant de petites prières » que son train de vie le permettra ; mais faire son salut, « c'est désirer faire aussi celui des autres, et à prendre à cœur les intérêts de la société religieuse à laquelle on a le privilège

Lavallée, *Histoire de Mme de Maintenon et de la Maison royale de Saint-Cyr.*

d'appartenir, c'est mener une vie légèrement ascétique, et
servir, si l'on peut, « la grande cause impersonnelle, celle de
Dieu et de l'Eglise ». Telle est sans doute la conception religieuse de Mme de Maintenon et celle du rôle qu'elle a à remplir.
Justement, les circonstances semblent la favoriser; Louis XIV
vient vers elle : elle va pouvoir *faire le salut du Roi* en même
temps que le sien, « et qui sait[1]? le *salut de la France avec celui
du Roi*, et par la France celui de la Chrétienté si grièvement
entamée par l'hérésie depuis un siècle et demi. Lourde mission, et qui contrastait avec ses goûts de retraite, mais en
même temps glorieuse mission, et digne d'une âme ambitieuse de nobles rôles ».

Que ce fût habileté suprême de coquette ou bien convic-
tion sincère, Mme Scarron, devenue Mme de Maintenon[2], avait
aidé à la disgrâce de Mme de Montespan et conservé pour elle-
même l'amitié du Roi, tout en lui résistant. A défaut de désintéressement, la correction ne cessa d'être parfaite et le rôle
fut tenu avec une extraordinaire supériorité. La Cour suivait
son jeu serré, constatait que ses conversations avec le Roi ne
faisaient que croître, étaient d'une longueur « à faire rêver
tout le monde », comme disait Mme de Sévigné, qui ajoutait :
« Je ne sais quel courtisan dont la langue a fourché qui a dit
Mme de Maintenant. » Monseigneur s'étant marié au commencement de 1680, le Roi avait profité de l'occasion pour élever
la gouvernante des enfants naturels à la place enviée de dame
d'atours de la nouvelle princesse.

Nous verrons plus loin quelles furent les suites de ces événements au point de vue de l'histoire intérieure du Château.

En cette année 1680, le 16 janvier, le Roi maria la fille de
Mlle de La Vallière, Mlle de Blois. Malgré la tache originelle,
elle fut épousée avec empressement par son neveu, l'aîné des
princes de Conti, dans la chapelle de Saint-Germain. Pour la
cérémonie, son père, le Grand Condé, avait quitté sa retraite
et se retrouva homme de Cour de la meilleure mine, s'étant

[1] J. de Crozals, *Lectures historiques*, Delagrave.

[2] Mme Scarron avait pu acheter en 1674 la terre et le château de
Maintenon au prix de 240,000 livres. Quelques années après, elle en
prit, sur le désir du Roi, le titre de marquise.

laissé friser et poudrer. « La princesse était remarquablement
belle, et parée, et contente », dit Mme de Sévigné; mais elle
devait rester veuve peu de temps après, à dix-huit ans, son
mari étant mort de la petite vérole qu'elle avait eue la première
et qu'elle lui avait communiquée. Dans ce mariage qui s'annonçait sous les meilleurs auspices, il y eut 700 plats à une
seule table, qui furent servis à 5 services, c'est-à-dire 140 plats
à chaque service.

C'est l'époque où le Roi, qui n'avait jamais su compter,
faisait ses libéralités immenses, dont la plus grande part
rejaillissait sur les plus habiles à faire leur cour, et réduisait
la noblesse de France à attraper les bourses au vol.

Elle était considérée comme l'apogée du règne et l'époque
prospère par excellence par ceux dont les yeux ne voyaient
pas, qui n'entendaient pas les avertissements de Colbert sur
les dépenses exagérées, sur l'immense coulage par lequel, en
bâtiments, en ajustements pour les troupes de luxe, en fêtes
incessantes, en pertes de jeu, en pensions et gratifications,
devait disparaître peu à peu la fortune de la France.

Cette manœuvre habile et persévérante consistant, d'une
part, à résister au Roi tout en conservant sa faveur [1], de l'autre,
à conseiller à Mme de Montespan de garder l'*amitié* du Roi [2]
« en renonçant au péché », devait à la longue aboutir au
succès.

Mme de Montespan n'avait jamais aimé le Roi, et c'est par
pure ambition qu'elle avait accepté l'adultère. Son orgueil
commande qu'elle reste dans le Palais comme première favorite et elle lutte désespérément. En 1680, le Roi, qui s'était
désaffectionné d'elle, avait trouvé dans Mlle de Fontanges la
distraction amoureuse qu'il cherchait, tout en restant l'intime
de Mme de Maintenon, qu'il avait nommée dame d'atours de
la Dauphine, ce qui fit dire à la première : « Le Roi a trois
maîtresses, moi de nom, cette fille (Fontanges) de fait, et
vous de cœur. »

Avant la mort de Mlle de Fontanges (1681), qui n'était

---

[1] « Je le renvoie toujours affligé et jamais désespéré », écrivait-elle un
jour à Mme de Frontenac, sa cousine, en qui elle avait une entière confiance.

[2] C'était le conseil que lui donnait aussi Bossuet.

d'ailleurs qu'une *passagère*, les alternatives cessèrent. La satiété l'emporta chez Louis XIV, et le Père La Chaise, son confesseur, put l'amener repentant à la sainte table. D'autre part, le mariage du Dauphin en 1680 devait favoriser les projets de Mme de Maintenon, qui voulait ramener le Roi à sa femme.

« Le Roi ne m'a jamais traitée avec tant de tendresse que depuis qu'il l'écoute », disait la pauvre Marie-Thérèse, toujours aveuglée. En tout cas, la Reine n'avait pas tort de montrer de l'amitié pour Mme de Maintenon, « qui avait obtenu pour elle, sur le tard, des égards et même des procédés affectueux auxquels la pauvre princesse n'était pas habituée. Mais le plus reconnaissant encore devait être Louis XIV. Il est certain que sans elle, dit fort bien un historien, sans l'empire qu'elle sut prendre sur un prince ardent au plaisir plutôt que véritablement débauché, Louis XIV courait au-devant d'une vieillesse honteuse, et cela ne fut pas un mince mérite.

VERSAILLES DEVIENT LE SIÈGE DE LA MONARCHIE (1682)

LA NOBLESSE VIENT HABITER LE PALAIS OU LES ALENTOURS
LA COUR EST CONSTITUÉE
LE SERVICE DU ROI ET DE LA REINE — L'ÉTIQUETTE

De 1673 à 1682, Louis XIV fait de longs séjours à Versailles avec la Cour. En 1675, à deux reprises, il *touche* les malades atteints des écrouelles ; en 1677, il tient avec la Reine, sur les fonts baptismaux de l'église paroissiale de Saint-Julien, le fils du duc et de la duchesse de Saint-Simon, le vidame de Chartres, qui fut plus tard le célèbre auteur des *Mémoires*.

En l'année 1679, Louis XIV y reçut solennellement l'ambassadeur d'Espagne qui venait lui remettre une lettre de son roi, Charles II, lui demandant Mademoiselle[1] en mariage. Cette demande fut favorablement accueillie. Le mariage par

---

[1] Marie-Louise d'Orléans, fille aînée de Monsieur et d'Henriette d'Angleterre.

procuration fut célébré à Fontainebleau, et la nouvelle reine vint dîner à Versailles, le 10 septembre, avant de partir pour l'Espagne, où elle devait mourir tragiquement.

Le 6 mai 1682, Louis XIV fixait à Versailles sa résidence définitive. Cette ville allait devenir la véritable capitale de la France, car le Gouvernement et la Cour y siégèrent pendant cent sept ans, jusqu'au jour où la Révolution victorieuse ramena Louis XVI à Paris.

La construction et la décoration étaient à peu près terminées, la Grande-Galerie exceptée, et les jardins presque en état. Bientôt, quoique agrandi de l'aile du Midi, le Roi trouvant le Château trop petit, commanda à Mansart *l'aile neuve* (aile du Nord), en 1684, qui allait donner cinquante-cinq logements de plus pour les courtisans. Pour l'établir, on détruisit sans pitié la grotte de Thétis et les réservoirs de Louis XIII, qui furent reportés plus au nord.

Saint-Simon donne avec beaucoup de clairvoyance les raisons de cette résolution de Louis XIV de « tirer pour toujours la Cour hors de Paris » :

Les troubles de la minorité dont cette ville fut le grand théâtre en avoient imprimé au Roi de l'aversion et la persuasion que son séjour y étoit dangereux, et que la résidence de la Cour ailleurs rendroit à Paris les cabales moins aisées par la distance, quelque peu éloignés qu'ils fussent, et en même temps plus difficiles à cacher par les absences si aisées à remarquer. Il ne pouvoit pardonner à Paris sa sortie fugitive de cette ville la veille des Rois (1649), ni de l'avoir rendue, malgré lui, témoin de ses larmes, à la première retraite de Mlle de La Vallière. L'embarras des maîtresses et le danger de provoquer de grands scandales au milieu d'une capitale si peuplée, et si remplie de tant de différens esprits, n'eut pas peu de part à l'en éloigner. Il s'y trouvoit importuné de la foule du peuple à chaque fois qu'il sortoit, qu'il rentroit, qu'il paroissoit dans les rues ; il ne l'étoit pas moins d'une autre sorte de foule de gens de la ville, et qui n'étoit pas pour l'aller chercher assidûment plus loin... Le goût de la promenade et de la chasse, bien plus commodes à la campagne qu'à Paris, éloigné des forêts et stérile en lieux de promenades ; celui des bâtimens qui vint après, et peu à peu toujours croissant, ne lui en permettoit pas l'amusement dans une ville où il n'auroit pu y éviter d'être continuellement en spectacle ; enfin, l'idée de se rendre plus vénérable en se dérobant aux yeux de de la multitude et à l'habitude d'en être vu tous les jours...

Cette date de 1682 a une importance historique considérable, si l'on veut bien y réfléchir. Entre la paix de Nimègue et la révocation de l'Edit de Nantes, Louis XIV est à l'apogée de sa gloire : il a été salué du nom de Grand ; l'adoration pour lui paraît universelle. Il croit que son pouvoir est de droit divin et, loin de tout contrôle, ce pouvoir va devenir de plus en plus absolu. Dans la solitude de Versailles, la voix des courtisans lui cachera celle du pays qu'il ne verra jamais. Le divorce se consommera entre la Cour et Paris, « l'une se contentant d'être figurative et ornementale, l'autre marchant à la conquête de l'opinion », puisque la royauté va renoncer à diriger l'esprit public. Nous voilà loin du temps où Louis XIV favorisait la représentation du *Tartufe* et semblait seconder le mouvement des idées. La monarchie *orientale* va creuser un fossé de plus en plus profond entre la royauté et la nation tout entière. Ce seront deux mondes à part, étrangers l'un à l'autre. Le Roi devenait une sorte de dieu visible pour quelques initiés, croyant que toute la France se résumait dans les privilégiés de Versailles, de Trianon ou de Marly, ignorant les provinces encore plus que Paris, où il ne venait qu'à son corps défendant, « aimant mieux faire un long détour que d'avoir à le traverser ».

Paris, mis en suspicion, s'habituera pendant ce long règne à prendre la direction des esprits et à créer un état révolutionnaire latent qui, entre autres manières de se montrer au xviiie siècle, éclatera au théâtre dans les pièces de Beaumarchais.

Comme Louis XIV voulait avoir la noblesse sous la main, Versailles, successivement agrandi, allait pouvoir y suffire : plus de cinq mille personnes y habiteront, et il y faudra réunir tous les plaisirs, bals, fêtes, jeu, comédie, et y déployer « toutes les magnificences des arts et du luxe pour plaire à tout ce monde et le retenir ». Nous verrons plus loin qu'il y eut aussi d'autres attraits.

C'est par degrés successifs que la noblesse s'était préparée à cette mainmise de la royauté. Sous les derniers Valois, elle avait commencé à quitter ses terres et à se déraciner, à goûter le luxe d'une Cour moitié italienne et moitié espagnole, et à apprendre, pour y suffire, le métier de courtisan. Les guerres civiles, qui durèrent près de cinquante ans, accentuèrent cet

absentéisme. D'autre part, l'établissement d'un fonctionna-
risme royal avec les intendants et les autres officiers de la Couronne avait porté une forte atteinte à la vie *provinciale* des
seigneurs et les avait déshabitués de l'existence calme et
simple des champs.

Sans doute, tous ne se laissèrent pas prendre au mirage du
pouvoir central et de la Cour, comme source unique de la
fortune et de la richesse, mais un grand nombre fut attiré par
le goût du luxe et des plaisirs. De plus en plus se fit dans
la noblesse de France une scission qui s'accentua sous
Louis XIV et ses successeurs : d'une part, la noblesse de
Cour, de l'autre, la noblesse campagnarde. « Cette dernière
garda sa fierté; elle ne courut pas après les titres; elle laissa
ces hochets aux gens qui approchaient le Roi et montaient
dans ses carrosses; elle affecta même de se dire de meilleure
souche que ces parvenus. Dans la vieille aristocratie française, les titres étaient rares et on ne les usurpait point. Il
suffit de lire les listes officielles des gentilshommes convoqués
pour élire les représentants de leur ordre aux Etats généraux
de 1789. On n'en trouvera pas plus de quatre ou cinq titrés
par province. Mais, comme toujours, il n'y a que les mino-
rités qui comptent; il n'y a qu'elles qui profitent des abus[1]. »

Ce qui restait d'indépendance à la noblesse fut abattu par
le pouvoir royal, très fort avec Richelieu, et la Fronde fit le
reste.

Atteinte dans sa puissance féodale, éloignée des fonctions
publiques où n'étaient appelés que des gens de robe, « crasse
de séminaire »; ne possédant que des titres sans pouvoir effec-
tif, privée par l'*ordre du tableau* du monopole des hauts grades
de l'armée, il ne lui restait plus qu'à guerroyer obscurément
ou « à croupir dans une mortelle et ruineuse oisiveté ». Ce
nouvel état de choses, cette condition humiliée, cette servi-
tude dorée, à laquelle d'ailleurs tous les seigneurs ne peuvent
prétendre, devait attirer les foudres de Saint-Simon. Mais
quelle autre issue pour un corps qui n'a jamais eu d'esprit

---

[1] G. Baguenault de Puchesse. — A propos du livre de M. de Vaissière
(*Gentilshommes campagnards de l'ancienne France*). C'est ainsi que la
disparition de *l'aristocratie terrienne* fit passer la terre aux mains des
grands financiers ou de la petite bourgeoisie.

politique et qui n'a jamais su, à l'instar de l'aristocratie anglaise, s'appuyer sur la masse de la nation? Et Saint-Simon fera comme ses pairs : il viendra à la Cour, seule dispensatrice des titres, des faveurs et des richesses, quand il le pourra, car il dut attendre[1].

D'un physique avantageux, d'une majesté naturelle, d'une politesse exquise, au point de ne pas passer « devant la moindre coiffe sans soulever son chapeau », d'une parole sobre et précise, toujours maître de lui, réprimandant sans colère, incapable de réponses irréfléchies ou blessantes, Louis XIV possède, avec un véritable souci de ses fonctions, toutes les qualités représentatives d'un roi. Dans sa nature égoïste et sèche au fond, le sentiment a peu de prise, au moins jusqu'à la vieillesse et aux temps tristes où il semble que les malheurs l'aient amolli. Déifié par ses contemporains, c'est un olympien, aimant les hommages et l'encens, et prétendant régner en souverain absolu, capable de discerner mieux que tous ce qui convient à sa gloire et au bien de l'Etat. Défiant de la noblesse, il ne lui confiera aucune charge importante : il gouvernera avec les gens de roture qu'il élève ou précipite à son gré et qui n'auront chance de se maintenir, même les plus forts, que s'ils savent faire remonter jusqu'à lui par d'habiles louanges les mesures qu'ils jugent nécessaires[2]. En attendant, ces gens du tiers prennent de l'importance, s'enrichissent, et leur influence grandissante mine le pouvoir absolu. Louis XIV fut un des premiers ouvriers de la Révolution.

Pour avoir définitivement dans sa main cette noblesse qu'il voulait oisive, il institua tout un système de faveurs que Saint-Simon a longuement décrit :

Comme il n'avoit pas, à beaucoup près, assez de grâces à répandre pour faire un effet continuel, il en substitua donc aux véritables d'idéales, par la jalousie, les petites préférences qui se trouvoient

---

[1] Saint-Simon dut attendre longtemps son tour (quand sa femme devint dame d'honneur de la duchesse de Berry) avant d'avoir au Château un logement composé de deux chambres et de deux cabinets où *ne pénétraient ni l'air ni le jour.*

[2] Ce fut l'art de Colbert et de Louvois. Celui-ci, pour se maintenir, flatta le faible du Roi pour la gloire et le poussa à la guerre.

tous les jours, et pour ainsi dire à tous momens, par son art. Les
espérances que ces petites préférences et ces distinctions faisoient
naître, et la considération qui s'en tiroit, personne ne fut plus ingénieux que lui à inventer sans cesse ces sortes de choses. Marly,
dans la suite, lui fut en cela d'un plus grand usage, et Trianon où
tout le monde, à la vérité, pouvoit lui aller faire sa cour, mais où
les dames avoient l'honneur de manger avec lui, et où à chaque
repas elles étoient choisies; le bougeoir qu'il faisoit tenir tous les
soirs à son coucher par un courtisan qu'il vouloit distinguer, et toujours entre les plus qualifiés de ceux qui s'y trouvoient, qu'il nommoit tout haut au sortir de sa prière. Le justaucorps à brevet fut
une autre de ces inventions. Il étoit bleu, doublé de rouge avec les
paremens et la veste rouge, brodés d'un dessin magnifique or et un
peu d'argent, particulier à ces habits. Il n'y en avoit qu'un nombre,
dont le Roi, sa famille et les princes du sang étoient; mais ceux-
ci, comme le reste des courtisans, n'en avoient qu'à mesure qu'il en
vaquoit. Les plus distingués de la Cour par eux-mêmes ou par la
faveur les demandoient au Roi, et c'étoit une grâce que d'en obtenir... et jusqu'à la mort du Roi, dès qu'il en vaquoit un, c'étoit à
qui l'auroit entre les gens de la Cour les plus considérables, et si
un jeune seigneur l'obtenoit, c'étoit une grande distinction. Les
différentes adresses de cette nature qui se succédèrent les unes aux
autres, à mesure que le Roi avança en âge, et que les fêtes chan-
geoient ou diminuoient, et les attentions qu'il marquoit pour avoir
toujours une Cour nombreuse, on ne finiroit point à les expliquer.

Non seulement il étoit sensible à la présence continuelle de ce
qu'il y avoit de distingué, mais il l'étoit aussi aux étages inférieurs.
Il regardoit à droite et à gauche à son lever, à son coucher, à ses
repas, en passant dans les appartemens, dans ses jardins de Versailles, où seulement les courtisans avoient la liberté de le suivre;
il voyoit et remarquoit tout le monde; aucun ne lui échappoit,
jusqu'à ceux qui n'espéroient pas même être vus. Il distinguoit très-
bien en lui-même les absences de ceux qui étoient toujours à la
Cour, celles des passagers qui y venoient plus ou moins souvent;
les causes générales ou particulières de ces absences, il les combi-
noit, et ne perdoit point la plus légère occasion d'agir à leur égard
en conséquence. C'étoit un démérite aux uns, et à tout ce qu'il y
avoit de distingué, de ne faire pas de la Cour son séjour ordinaire,
aux autres d'y venir rarement, et une disgrâce sûre pour qui n'y
venoit jamais, ou comme jamais. Quand il s'agissoit de quelque
chose pour eux : « Je ne le connois point », répondoit-il fièrement.
Sur ceux qui se présentoient rarement : « C'est un homme que je
ne vois jamais »; et ces arrêts-là étoient irrévocables. C'étoit un
autre crime de n'aller point à Fontainebleau, qu'il regardoit comme
Versailles, et pour certaines gens de ne demander pas pour Marly,
quoique sans dessein de les y mener, les uns toujours ou les autres
souvent; mais si on y étoit sur le pied d'y aller toujours, il falloit
une excuse valable pour s'en dispenser, hommes et femmes de

même. Surtout il ne pouvoit souffrir les gens qui se plaisoient à
Paris. Il supportoit assez aisément ceux qui aimoient leur campagne,
encore y falloit-il être mesuré ou avoir pris ses précautions avant
d'y aller passer un temps un peu long.

En s'établissant à Versailles, Louis XIV avait fait frapper
une médaille avec cette devise : *Hilaritati publicæ aperta
regia*[1], devise justifiée jusqu'ici par la vie de fêtes et de luxe
féerique de la Cour. Avant 1682, il y eut, dans les plaisirs
que le Roi offrait à ses hôtes, une part d'imprévu qui en était
le charme principal ; mais à partir de l'installation définitive,
« la vie de Cour fut soumise à une sorte de règlement invariable auquel personne ne pouvait se soustraire ». Saint-
Simon a dépeint un peu partout, dans ses *Mémoires*, ce qu'il
appelle la *mécanique* de la Cour, sorte d'horloge régulièrement remontée, marquant la série invariable des occupations
et amusements : l'été, les parties à Trianon ou à Marly, les
promenades en gondole sur le Grand-Canal, les chasses, les
camps, les voyages à Compiègne ou à Fontainebleau ; l'hiver,
l'appartement trois fois la semaine, la comédie, le jeu, la
danse, etc.

Les nobles coururent au Roi comme à la source unique des
faveurs et des pensions. « Que ne font-ils pas, dit Mme de
Sévigné, pour plaire à leur maître? Avec quelle joie, avec
quel zèle ne courent-ils pas à l'hôpital pour son service?
Comptent-ils pour quelque chose leurs santés, leurs plaisirs,
leurs affaires, leurs vies, quand il est question de lui obéir et
de lui plaire... Si nous étions ainsi pour Dieu, nous serions
de grands saints. » La faveur suprême, c'est d'être logé à Versailles.

Induits en dépenses continuelles, appauvris ou ruinés par
le jeu de la Cour, le plus grand nombre comptait uniquement
ment sur la manne royale. Le rêve de tout ce monde affamé
était d'attraper quelque charge lucrative ou des gratifications : on se les disputait avec acharnement. Bussy écrivait à
sa cousine Sévigné, à propos du Roi : « Je lui embrasserai
encore les genoux et si souvent que j'irai peut-être enfin jusqu'à sa bourse. » Se rappeler au souvenir du Roi, se mettre

---

[1] Le Palais du Roi ouvert pour l'allégresse publique.

sur son chemin, ne pas désespérer d'être remarqué un jour,
telle était la conduite. « Quoiqu'on ne soit pas son valet de
chambre, ajoute-t-elle, il peut arriver qu'en faisant sa cour
on se trouvera sur ce qu'il jette. » Et le besoin est d'autant
plus criant qu'on se ruine en dépenses de luxe, de camps,
de jeu, car le jeu fut, comme nous le verrons, la passion et le
fléau de cette société désœuvrée.

Assister le matin au lever du Roi, le suivre à la chapelle,
le regarder prendre ses repas, l'accompagner dans ses promenades, s'approcher de lui et dire : « Sire, Marly », les
jours où il allait à Marly, et se regarder bien heureux d'être
parmi les favorisés; se trouver le soir au coucher, et solli-
citer comme la plus grande faveur de tenir son bougeoir
pendant qu'il lisait ses prières, être de toutes les fêtes et
danser chez le Roi, tel était le tissu des politesses auxquelles
devaient se plier les seigneurs devenus courtisans. On aurait
été malvenu de s'y soustraire. Assister à toutes les fêtes
était une obligation.

« Un jour que Mᵐᵉ de Saint-Simon avait perdu l'une de ses
amies, elle aurait bien désiré ne pas assister à un bal de la
Cour; mais, de peur de fâcher le maître, elle n'osa pas rester
chez elle. Cinq ou six heures après en avoir appris la nouvelle, avec les yeux gros et rouges, il fallut aller danser[1]. »
On ne devait pas pleurer à Versailles, et le Roi en donnait
l'exemple; rien n'interrompait pour lui le cours des divertissements. Dangeau rapporte que lorsqu'il apprit la mort de
M. le Prince (le Grand Condé), il s'en montra très affligé; puis
il ajoute : « Le soir, il y eut comédie[2]. »

Et cette sécheresse trop réelle, l'étiquette l'augmentait :
Louis XIV était bien en cela le fils de l'Espagnole Anne
d'Autriche. La règle établie, une chose arrêtée d'avance ne
devaient jamais être contrariées[3].

---

[1] Gaston Boissier, Mᵐᵉ de Sévigné.

[2] Nous verrons plus loin cette même sécheresse du Roi à propos de
Mᵐᵉ de Maintenon et de la duchesse de Bourgogne.

[3] Son petit-fils le roi d'Espagne, Philippe V. le jour des obsèques de
sa femme, avec laquelle il avait très bien vécu, se laissa persuader
d'aller chasser, et s'étant trouvé à portée du convoi, il le regarda passer

LA COUR ET LES COURTISANS

Cette vie, à la fois si pleine et si vide, était dure à mener, gaie en apparence, à cause de l'éclat des fêtes, du moins dans la première partie du règne, au fond tourmentée et triste. « Enfoncez, disait Bossuet[1], vous trouvez partout des intérêts cachés, des jalousies délicates qui causent une extrême sensibilité, et dans une ardente ambition, des soins et un sérieux aussi triste qu'il est vain. Tout est couvert d'un air gai ; vous diriez qu'on ne songe qu'à se divertir. » Et La Bruyère, cet autre contemporain qui vivait à Versailles, près des grands : « Un homme qui suit la Cour est maître de son geste, de ses yeux et de son visage ; il est profond, impénétrable ; il dissimule les mauvais offices, sourit à ses ennemis, contraint son humeur, déguise ses passions, dément son cœur, parle, agit contre ses sentiments. Tout ce grand raffinement n'est qu'un vice que l'on appelle fausseté, quelquefois aussi inutile au courtisan pour sa fortune que la franchise, la sincérité et la vertu[2]. »

Comme le satirique prend sur le vif ces nobles domestiqués « qui savent entrer et sortir... se tirent de la conversation en ne s'y mêlant point... plaisent à force de se taire et se rendent importants par un silence longtemps soutenu, ou tout au plus par quelques monosyllabes ; se paient de mines, d'une inflexion de voix, d'un geste et d'un sourire ; ils n'ont point deux pouces de profondeur ; si vous les enfoncez, vous rencontrez le tuf[3] ». Un fond de bassesse et un extérieur de dignité, tel était, selon le mot profond de Saint-Simon, le courtisan. « Depuis que je suis ici, écrivait Madame (la princesse Palatine), je suis accoutumée de voir de si vilaines choses, que si jamais je me trouvais en un lieu où la fausseté

---

et continua sa chasse. Saint-Simon, qui rapporte le fait, ne peut s'empêcher de s'écrier : « Ces princes sont-ils faits comme les autres humains? »

[1] Oraison funèbre d'Anne de Gonzague.

[2] *Les Caractères*, VIII, *De la Cour*.

[3] *Ibid*.

ne régnât pas, où le mensonge ne fût pas autorisé et approuvé, comme dans cette Cour, je croirais avoir trouvé un paradis[1]. »

Tout cela aboutissait pour les heureux, trop rares, à obtenir soit des grâces, des titres et des honneurs purement décoratifs (tenir le bougeoir, monter dans les carrosses, avoir le justaucorps à brevet, aller à Trianon, dîner à Marly, etc.), soit des charges plus ou moins lucratives, comme il arriva aux plus zélés et aux plus habiles courtisans, le duc d'Antin, les maréchaux de Villeroi et de Noailles, le duc de la Rochefoucauld.

Personne, d'ailleurs, n'aurait osé manquer à ces devoirs, et les princes du sang étaient les plus zélés : tel M. le Prince, fils du Grand Condé, qui, le soir, pour ne pas manquer le coucher du Roi, allait s'asseoir sur un tabouret au coin de la porte de la chambre, « et il s'endormait souvent dans cette attitude de valet en attendant que le Roi vînt se déshabiller ».

Pour rester fidèle à son idéal monarchique, Louis XIV se montra rigoureux observateur de ces règles, si minutieuses et parfois si gênantes, de l'étiquette. Il y attachait une extrême importance, ne les considérant pas seulement comme « des affaires de cérémonie[2] », mais comme des marques nécessaires de « supériorité » qui devaient le distinguer même des plus élevés dans l'Etat.

Sans doute, il tentait d'y échapper parfois, de faire quelque diversion en se déplaçant, mais, en réalité, même très souffrant, comme après l'opération de la fistule, il voulut qu'il y eut appartement : « Nous ne sommes pas comme les particuliers, nous nous devons tout entiers au public. » Et ce fut ainsi jusqu'à la fin de son règne.

En toutes circonstances, cette pensée de la dignité, inséparable du faste et du cérémonial compliqué, le préoccupe sans que jamais paraisse une défaillance. Il jouera son rôle jusqu'à la mort.

---

[1] Lettres nouvelles, 19 février 1682. — Le même jugement est porté sur la Cour par tous les contemporains, jusqu'à Mme de Maintenon : « Ce pays-ci est effroyable, etc... » 1695.

[2] *Mémoires de Louis XIV.*

LE SERVICE DU ROI

Avant d'exposer, avec des détails suffisants, ce qu'était cette *mécanique* de Cour, il est intéressant de savoir comment étaient constituées les maisons ou le service du Roi et de la Reine.

Un règlement officiel fixa dans tous les détails la hiérarchie des services affectés à la personne du Roi. Ils étaient au nombre de onze : le *service religieux*, dirigé par le grand aumônier; la *Maison du Roi*, avec les *sept offices* pour la Bouche du Roi; la *Chambre*, l'*Antichambre* et le *Cabinet* ; la *Garde-Robe*; l'*Ecurie*; la *Vénerie*; les *logements* et les *bâtiments*; les *voyages*; la *garde du Roi*; la *police*; les *cérémonies*.

Le *service de la Chambre* était dirigé par le grand chambellan. Au-dessous de lui venaient 4 premiers gentilshommes de la Chambre, 24 gentilshommes de la Chambre et 24 pages de la Chambre employés au service du Roi avec les pages des Ecuries.

Il y avait ensuite 4 premiers valets de chambre, 16 huissiers, 32 valets de chambre, 12 porte-manteaux, 2 porte-arquebuses, 1 porte-mail, 8 barbiers valets de chambre, 8 tapissiers, 3 horlogers, 3 renoueurs, 1 opérateur pour la pierre, 1 opérateur pour les dents, 6 garçons ordinaires, 2 porte-chaise d'affaires, 1 porte-table, 9 porte-meubles, 1 frotteur, 1 capitaine des mulets; enfin, des peintres, des sculpteurs, des vitriers, des serruriers, des coffretiers et des menuisiers[1].

De la Chambre dépendaient encore : la musique de la Chambre et le service de santé. La musique de la Chambre se composait de 2 surintendants, de compositeurs, de chanteurs, de musiciens et enfants de musique, des 24 violons de la Chambre et des petits violons du Cabinet, des 12 trompettes de la Chambre et des 4 trompettes des Plaisirs, du timbalier des Plaisirs, des 4 tambours, des 4 fifres et des

---

[1] L'*Etat de la France* de 1698 mentionne ensuite les services accessoires de la Chambre relatifs aux chiens, oiseaux, etc...

hautbois de la Chambre. — Le service de santé exigeait :
1 premier médecin, 1 médecin ordinaire, 8 médecins servant
par quartier, 1 premier chirurgien, 1 chirurgien ordinaire,
8 chirurgiens servant par quartier, 1 médecin de l'infirmerie
de la Maison du Roi, 4 apothicaires et 4 aides, 2 apothicaires-distillateurs, quelques opérateurs et herboristes, etc.

Le service de l'Antichambre n'exigeait que 2 huissiers.

La *Garde-Robe du Roi* était dirigée par un grand maître
ayant sous ses ordres : 2 maîtres de la Garde-Robe, 4 premiers valets, 16 valets, 4 garçons ordinaires, 3 tailleurs
chaussetiers, 1 empeseur-cravatier, chargé entre autres fonctions de mettre tous les matins les diamants et les manchettes
aux poignets des chemises de Sa Majesté; 1 remplisseuse de
point, occupée à remplir les points et dentelles de Sa Majesté
lorsqu'il y avait quelque chose à y refaire; 26 fournisseurs
de joaillerie, chaussures, habits, chausses, broderies et pelle-
teries, et 2 lavandiers du linge de corps.

Le personnel du *Cabinet* [1] se composait de 2 huissiers, de
4 secrétaires, des courriers, de 3 interprètes pour les langues
arabe, syriaque, grecque et latine, de 2 lecteurs, parmi lesquels on compta Racine, et de l'historiographe. — Au *Cabinet* se rattachaient le cabinet des Raretés à Versailles, les
garde-meubles et le cabinet des Armes, avec un arquebusier.

Tout ce personnel comprenait des centaines de grands officiers, d'officiers subalternes, d'employés de toute sorte et de
tout rang, de valets et de garçons, les uns servant par année,
les autres par quartier ou par semestre, tous mal payés,
mais tous ayant des profits, comme la première femme de
chambre de la Reine, à qui les bougies rapportaient 50,000 livres par an.

Sous Louis XVI, il y eut jusqu'à seize maisons montées
avec le même luxe d'officiers et d'employés : chaque prince
et chaque princesse avait la sienne.

Il y avait plusieurs cabinets, mais on disait le *Cabinet*.

LE SERVICE DE LA REINE

La Reine avait aussi sa *Maison*, qui comprenait sous Marie-Thérèse 572 officiers et les services suivants :

Le *service ecclésiastique*, qui comprenait, avec un grand aumônier, 6 aumôniers ordinaires, 2 confesseurs, 1 prédicateur, des chapelains, clercs, etc.

Les *Dames de la Reine* : la surintendante de la Maison de la Reine, la dame d'honneur, la dame d'atours, les 12 dames du palais, 10 autres dames, 1 dame du lit, 1 gouvernante et 1 sous-gouvernante des filles d'honneur de la Reine, les filles d'honneur de la Reine.

Les *femmes de chambre,* y compris la première femme de chambre, qui étaient au nombre de 9 en 1682. Il y avait aussi les filles de chambre pour le service personnel de ces dernières, 1 blanchisseuse du corps et 1 marchande lingère.

Le *chevalier d'honneur* et le *premier écuyer* : celui-ci avait sous ses ordres tout le service de l'écurie de la Reine.

Le *service de la Chambre*, comptant un 1er valet de chambre, 17 valets, 3 garçons de la Chambre et du Cabinet, 9 huissiers, 1 garde du cabinet aux pierreries et 1 porte-manteau ou porte-gants.

Le *service de la Garde-Robe*, comprenant : 1 maître, 3 valets, 1 tailleur, 4 tapissiers, 1 garde-meuble, 1 joueur d'épinette, 1 maître à danser, 1 horloger, 2 menuisiers, 1 porte-chaise d'affaires, 2 portefaix, 1 frotteur.

Le *service de santé*, avec 16 officiers, médecins, chirurgiens, apothicaires, barbiers pour pratiquer les saignées, oculistes et étuvistes.

La *musique de la Reine*, avec 2 maîtres de musique, 21 chanteurs, 14 joueurs d'instruments (violon, clavecin, basse de viole, quinte de viole).

Le *service du premier maître d'hôtel*, qui employait 5 maîtres d'hôtel, 13 gentilshommes servants, 7 contrôleurs et 194 officiers des sept offices (pancterie, échansonnerie, cuisine, fruiterie et fourrière, etc.).

Le *service de l'Écurie de la Reine*[1], qui comprenait : le 1er écuyer, 1 écuyer cavalcadour, 5 écuyers, 1 argentier, 4 porte-manteaux, 4 fourriers, 5 palefreniers, 4 maréchaux de forge, 1 garde-meuble et clefs de la garde-robe de l'Écurie, 1 capitaine du charroi, 1 capitaine des mulets, 2 chirurgiens, 4 tailleurs, 1 sellier, 1 charron, 1 barbier-perruquier, 1 étuviste, 1 apothicaire ; — 8 carrosses du corps, des écuyers, des femmes de chambre de la faculté, des filles de chambre, etc. ; — 2 litières du corps, 9 coches, 8 postillons, 8 aides des carrosses pour les nettoyer, 4 porte-chaise, etc.

Le 1er écuyer de la Reine avait aussi sous ses ordres les 12 pages de la Reine avec leurs gouverneur, sous-gouverneur, précepteur, leurs six professeurs (mathématiques, danse, armes, pique et mousquet, voltige et écriture).

Venaient ensuite les 18 valets de pied de la Reine, puis le service de garde de la Reine, comprenant : 12 gardes du corps du Roi et 6 Cent-Suisses, 4 maréchaux des logis, 8 fourriers, 1 surintendant général de la Maison (finances, domaines et affaires), 1 intendant et environ une quarantaine d'autres officiers (procureur, secrétaires, maîtres des requêtes, etc.).

Il y avait encore les *gens de métier* : 1 architecte, 1 couturière, 1 chirurgien, 3 apothicaires-distillateurs, 1 marchand joaillier, 1 cordonnier, 1 barbier-perruquier, 1 menuisier et 2 orfèvres. En tout 572 personnes.

L'ÉTIQUETTE

L'État de la France de 1712[2] donne aussi le détail de cette étiquette de caractère asiatique qui montre bien ce qu'était cette vie officielle et réglée que Louis XIV estimait nécessaire au prestige de sa fonction. Voyons-la aux deux

---

[1] Les Écuries de la Reine étaient situées rue de la Pompe, n° 7 (aujourd'hui rue Carnot). C'étaient les Écuries du Roi avant la construction de la Grande et de la Petite-Écurie de la place d'Armes. C'est aujourd'hui la caserne du train des équipages militaires.

[2] *L'État de la France* était une sorte d'almanach royal. Les Bénédictins de Saint-Maur en donnèrent en 1749 une édition en six volumes, qui expose en détail la vie de Cour et l'organisation administrative du pays.

moments essentiels pour les gens de Cour, au lever et au
coucher :

Le Roi se lève à l'heure qu'il a marquée le soir avant que de se
coucher, et même s'il ne s'éveilloit pas à l'heure qu'il a donnée, le
premier valet de chambre l'éveilleroit.

Le matin, le premier valet de chambre du Roi en quartier, qui a
couché dans la chambre de Sa Majesté, se lève ordinairement une
heure avant le Roi, sort doucement de la chambre de S. M. et se
vient habiller dans l'antichambre.

Un quart d'heure avant que le Roi s'éveille, environ à huit heures
et demie du matin, pour la plupart du temps, le premier valet de
chambre entre doucement dans la chambre de Sa Majesté, où un
officier ou garçon de fourrière vient faire du feu, si c'est en été, ou
remettre du bois au feu, si c'est en hiver. En même temps, les
garçons de la chambre ouvrent doucement les volets des fenêtres,
ôtent le mortier et la bougie, lesquels restent encore allumés après
avoir brûlé toute la nuit. Ils ôtent pareillement la « collation de
nuit » (consistant en pain, vin, eau, verre et essai, ou tasse de
vermeil, et quelques serviettes et assiettes), ôtant aussi ou faisant
ôter le lit du premier valet de chambre, appelé le « lit de veille ».
Cela fait, le premier valet de chambre reste seul dans la chambre,
les autres garçons ou officiers se retirant, jusqu'à l'heure que le
Roi a commandé qu'on l'éveille.

L'heure que le Roi a dite venant à sonner, le premier valet de
chambre s'approche du lit du Roi, à qui il dit : « Sire, voilà
l'heure »; puis il va ouvrir aux garçons de la chambre, dont il y
en a un qui, un demi-quart d'heure auparavant, a été avertir le
grand chambellan et le premier gentilhomme de la chambre en
année, s'ils n'étoient pas encore arrivés dans l'antichambre; un
autre va avertir au Gobelet et à la Bouche pour apporter le déjeuner; un autre prend possession de la porte et laisse seulement
entrer les personnes suivantes, qui sont ceux à qui le rang et les
charges permettent d'entrer quand Sa Majesté est éveillée et est
encore au lit.

Les premiers qui entrent sont le grand chambellan et le premier
gentilhomme de la Chambre en année. Mais auparavant que de
parler de ces grandes charges qui ont les « premières entrées », il
est juste de dire que, sitôt que le Roi est éveillé, Mgr le Dauphin
a la liberté d'entrer. Mgrs les ducs de Bourgogne et de Berry entrent
aussi...

Le Roi étant donc encore dans son lit, le premier valet de chambre
tenant de la main droite un flacon d'esprit de vin, en verse sur les
mains de Sa Majesté, sous lesquelles il tient une assiette en vermeil
de la gauche. Le grand chambellan ou le premier gentilhomme de
la Chambre présente le bénitier à Sa Majesté, qui prend de l'eau

bénite, faisant le signe de la croix. Si les princes ou grands seigneurs ci-dessus nommés ont quelque chose à dire au Roi, ils peuvent lui parler. Puis Sa Majesté récite l'office du Saint-Esprit et fait quelques prières dans son lit pendant un quart d'heure.

Avant que le Roi se lève, le sieur Quentin, qui est le barbier et qui a soin des perruques, se vient présenter devant Sa Majesté, tenant deux perruques ou plus de différente longueur; le Roi choisit celle qui lui plaît, suivant ce qu'il a résolu de faire la journée.

Au moment que le Roi sort du lit, il chausse ses mules, que lui présente le premier valet de chambre. Le grand chambellan met la robe de chambre à Sa Majesté, ou bien le premier gentilhomme de la Chambre; et le premier valet de chambre la soutient, qui en leur absence la mettroit aussi. Le Roi étant debout prend de l'eau bénite et vient à son fauteuil, placé au lieu où il doit s'habiller; et sitôt que Sa Majesté est sortie du balustre, un des valets de garde-robe y entre, qui va prendre sur le fauteuil proche du lit le haut-de-chausses du Roi et son épée. C'est là que commence le *petit lever*, ou qu'il commence à *faire petit jour* chez le Roi.

Alors le grand chambellan, le premier gentilhomme de la Chambre, ou le barbier, en leur absence, ôte le bonnet de nuit de dessus la tête de Sa Majesté, que reçoit un valet de garde-robe, et l'un des barbiers peigne le Roi, qui se peigne encore lui-même. Durant tout ce temps, le premier valet de chambre tient toujours devant Sa Majesté le miroir qu'un garçon de la Chambre lui a mis en main. Environ ce temps-là, le Roi demande *la première entrée*, et le premier gentilhomme de la Chambre répète plus haut la même chose au garçon de la Chambre qui est à la porte.

C'est en ce temps que commence la première entrée, c'est-à-dire qu'alors le garçon de la Chambre fait entrer quand ils se présentent ceux qui en ont le droit par leurs charges ou ceux qui ont un *brevet d'entrée* : les secrétaires du cabinet, les premiers valets de garde-robe, les deux lecteurs de la Chambre, les deux intendants et contrôleurs de l'argenterie, quelques anciens officiers à qui le Roi a accordé de jouir encore des mêmes entrées, comme s'ils avoient leurs charges, l'intendant des meubles de la Couronne, le médecin ordinaire, le chirurgien ordinaire, l'apothicaire chef, le concierge des tentes et commandant du petit équipage du Roi.

Le Roi suffisamment peigné, le sieur Quentin lui présente la perruque de son lever, qui est plus courte que celle que Sa Majesté porte ordinairement et le reste du jour. Sa Majesté ayant mis sa perruque, les officiers de la Garde-Robe s'approchent pour habiller le Roi, qui demande en même temps « sa Chambre », et alors les huissiers de chambre prennent la porte de la chambre, et avec eux entrent les valets de chambre, les porte-manteaux, le porte-arquebuse et autres officiers de la Chambre, les huissiers du cabinet, etc.

Les huissiers de la Chambre étant entrés, s'emparent de la porte de la chambre du Roi. Et après que l'un d'eux a dit tout bas à

l'oreille du premier gentilhomme de la Chambre les noms des gens
de qualité qui sont à la porte (par exemple, des cardinaux, des
archevêques, des évêques, du nonce, des ambassadeurs, des ducs et
pairs, des maréchaux de France, des gouverneurs des provinces,
des lieutenants généraux, des premiers présidents des Parlements,
et autres), alors le premier gentilhomme de la Chambre dit au Roi
les mêmes noms de ces seigneurs. Aussitôt Sa Majesté ordonne
qu'on fasse entrer, ou est censée l'ordonner, ne disant rien au contraire; et cet huissier fait entendre cet ordre à son camarade qui
tient la porte; pour lui, il est pour faire faire jour devant le Roi et
faire ranger le monde.

L'huissier qui tient la porte de la chambre fait donc entrer certaines personnes sitôt qu'il les aperçoit, pour lesquelles il y a un
ordre général, comme M. le duc de Vendôme, etc. Dans le même
temps, l'huissier laisse entrer, à mesure qu'ils arrivent, les principaux officiers de la Maison de Sa Majesté sans demander pour eux,
car il ne demande point pour les officiers. Puis il laisse entrer
toute la noblesse et le reste des officiers selon le discernement qu'il
fait des personnes plus ou moins qualifiées, et des officiers plus ou
moins nécessaires et qui ont les emplois les plus considérables.
M. de Chambry entre sans que l'huissier aille demander pour lui.

Il est du devoir de l'huissier de demander le nom et la qualité
de ceux qu'il ne connoît pas; et lorsqu'il le demande, qui que ce
soit ne le doit trouver mauvais, parce qu'il est de sa charge de
connoître tous ceux qu'il laisse entrer.

Cependant le Roi s'habille et commence par se chausser. D'abord,
un garçon de la Garde-Robe donne les chaussons et les jarretières
au premier valet de garde-robe, qui présente premièrement à Sa
Majesté les chaussons l'un après l'autre, que le Roi chausse lui-
même. Ensuite, un valet de garde-robe lui présente son haut-de-
chausses, où sont attachés ses bas de soie. Il lui présente aussi ses
bas d'estame, ses bas foulés ou d'autres bas de soie suivant la saison.
Un garçon de la Garde-Robe lui chausse ses souliers, dont ordinairement les boucles sont de diamants. Les deux pages de la
Chambre qui sont de jour ou de service relèvent les mules ou
pantoufles du Roi. Puis le premier valet de garde-robe lui donne
ses jarretières à boucles de diamants, l'une après l'autre, que le
Roi attache lui-même, et quand le Roi prend des bottes, le valet de
garde-robe les lui présente.

De deux jours l'un, c'est jour de barbe, c'est-à-dire que le Roi se
fait raser.

Les deux barbiers de quartier rasent alternativement de deux
jours l'un, et celui qui ne rase point apprête les eaux et tient le
bassin. Celui qui est de jour pour raser Sa Majesté met le linge de
barbe au Roi, le lave avec la savonnette, le rase, le lave après qu'il
est rasé, avec une éponge douce, d'eau mêlée d'esprit de vin, et
enfin avec de l'eau pure. Pendant tout le temps qu'on rase le Roi,
le premier valet de chambre tient le miroir devant Sa Majesté,

et le Roi s'essuie lui-même le visage avec le linge de barbe. Quand
le Roi portoit une moustache, le barbier fournissoit de la cire préparée et la présentoit à Sa Majesté avec le peigne à moustache.

Si l'on parle trop haut dans la chambre, les huissiers font faire
silence.

Le Roi demande son déjeuner, et s'il doit prendre un bouillon
(qui est toujours prêt à la Bouche), on le lui apporte auparavant,
ou bien il prend une tasse d'eau de sauge, qui lui est apportée par
un chef du Gobelet, qui porte une soucoupe d'or, sur laquelle il y a
un sucrier de porcelaine, rempli de sucre candi en tablette, avec
deux tasses et deux soucoupes de porcelaine, desquelles le Roi en
prend une pour prendre sa sauge.....

Sa Majesté, après le déjeuner, ôte sa robe de chambre, et le maître
de la Garde-Robe lui tire la camisole de nuit par la manche droite,
et le premier valet de garde-robe par la manche gauche; puis il
remet cette camisole entre les mains d'un des officiers de la Garde-
Robe. Le Roi, avant que de quitter sa chemise de nuit, ôte les
reliques qu'il porte sur lui jour et nuit, et les donne au premier
valet de chambre qui les porte dans le cabinet du Roi, où il les met
dans un petit sac ou bourse qui est sur la table avec la montre de
Sa Majesté, et qui garde cette bourse aux reliques et cette montre
jusqu'à ce que le Roi rentre en son cabinet.

Cependant un valet de garde-robe apporte la chemise du Roi,
qu'il a chauffée s'il en est besoin, et prête à donner, couverte d'un
taffetas blanc. Puis, pour donner la chemise à S. M., si Mgr le Dauphin se trouve dans ce moment au lever, le grand chambellan, ou
le premier gentilhomme de la Chambre, le grand maître de la
Garde-Robe, ou autre officier supérieur, reçoit cette chemise du valet
de garde-robe et la présente à Mgr le Dauphin, pour la donner à
Sa Majesté, et en l'absence de Mgr le Dauphin, à Mgr le duc de
Bourgogne, à Mgr le duc de Berry, ou à Mgr le duc d'Orléans.....
Les autres princes du sang ou légitimés la prennent des mains du
valet de garde-robe, à qui ils donnent à tenir leur chapeau, leurs
gants et leur canne. Au défaut des princes du sang ou légitimés, le
grand chambellan, un premier gentilhomme de la Chambre, le
grand maître de la Garde-Robe, le premier valet de la Garde-Robe
et les autres officiers de la Garde-Robe en leur rang donneroient
chacun la chemise au Roi.

Au moment que le Roi a sa chemise blanche sur ses épaules, et
à moitié vêtue, le valet de garde-robe qui l'a apportée prend sur
les genoux du Roi, ou reçoit des mains de S. M. la chemise que le
Roi quitte. Pendant que sa S. M. ôte sa chemise de nuit et met sa
chemise de jour, aux côtés de son fauteuil, il y a deux valets de
chambre qui soutiennent sa robe de chambre pour le cacher. Or,
sitôt que sa chemise lui a été donnée, le premier valet de chambre
en tient la manche droite, et le premier valet de garde-robe en
tient la manche gauche. Après, le Roi se lève de son siège, et le
maître de la Garde-Robe lui aide à relever son haut-de-chausses.

Si S. M. veut mettre une camisole, c'est le grand maître de la Garde-Robe qui la lui vêt.

Les valets de garde-robe apportent l'épée, la veste et le cordon bleu. Le grand maître de la Garde-Robe agrafe l'épée au côté du Roi, puis il lui passe sa veste dans les bras, lui met par-dessus le cordon bleu en écharpe, au bout duquel la croix du Saint-Esprit de diamants est attachée et pend du côté de l'épée, avec la croix de l'ordre de Saint-Louis liée avec un petit ruban rouge. Ensuite, un des valets de garde-robe présente le juste-au-corps du Roi (après l'avoir chauffé s'il en est besoin) au grand maître de la Garde-Robe, lequel aide S. M. à le passer dans ses bras. S'il arrivoit par hasard, comme quelquefois à la campagne, qu'il ne se trouvât auprès du Roi ni grand chambellan, ni premier gentilhomme de la Chambre, ni grand maître, ni maître de la Garde-Robe, ni même de premier valet de garde-robe, les valets de garde-robe présenteroient eux-mêmes à Sa Majesté toutes les pièces de l'habillement ci-dessus, comme feroient aussi les garçons de garde-robe en l'absence des valets de garde-robe.

Le Roi ayant mis son juste-au-corps, celui qui a soin des cravates de S. M. en apporte plusieurs dans une corbeille, lesquelles il a préparées avec les rubans quand il y en a; et celle qui plaît à S. M., le maître de la Garde-Robe la lui met; mais le Roi se la noue lui-même... Le Roi vide les poches de l'habit qu'il quitte dans celles de l'habit qu'il prend; et c'est le maître de la Garde-Robe qui les lui présente pour les vider, un valet de garde-robe le tenant par dessous. Un autre valet de garde-robe apporte trois mouchoirs de points de trois sortes de façons sur une salve de vermeil, et le maître de la Garde-Robe les présente sur cette même salve à S. M., qui en prend un ou deux, comme il lui plaît. Cette salve est une manière de soucoupe en ovale.

Toutes les fois que le Roi est en robe de chambre, soit de nuit, soit de jour, qu'il soit indisposé, qu'il ait pris médecine ou non, c'est au grand maître de la Garde-Robe à présenter les mouchoirs à Sa Majesté.

Le maître de la Garde-Robe présente aussi au Roi son chapeau, ses gants et sa canne. Aux jours des grandes fêtes solennelles, le grand maître de la Garde-Robe met le manteau sur les épaules du Roi et présente à S. M. le collier de l'Ordre, lequel les officiers de la Garde-Robe attachent par-dessus le manteau.

Toutes les fois que le Roi met des habits neufs, pour cette première fois, le tailleur présente les chausses à S. M., mais à l'égard de la veste et du juste-au-corps, il les présente aux officiers supérieurs, comme il est dit à l'habillement ordinaire du Roi. Si, dès le matin, le Roi s'habilloit pour aller à la chasse, S. M. prendroit un surtout et un manchon, suivant la saison.

Si le Roi se levoit avant qu'il fût jour, on allumoit un bougeoir, et le grand chambellan ou le premier gentilhomme de la Chambre ayant demandé à S. M. à qui elle souhaiteroit qu'on le donnât, le

premier valet de chambre le mettroit entre les mains de celui
que le Roi auroit nommé, pour le tenir pendant qu'on habilleroit
Sa Majesté.

Pendant que le Roi s'habille, l'horloger prend son temps pour
mettre en état les pendules de la chambre et des autres appartemens
de S. M., et la montre même que le Roi porte sur lui, et la va mettre
sur la table du cabinet.

Un valet de chambre tient toujours le miroir devant le Roi, durant tout le temps qu'on habille S. M., et deux éclairent aux deux
côtés, s'il est besoin de lumière.

Le Roi étant tout habillé vient aussitôt à la ruelle de son lit,
l'huissier de chambre faisant faire place devant S. M., le Roi s'age-
nouille sur les deux carreaux, l'un sur l'autre, qu'un valet de
chambre a posés à terre sur le parquet au devant du fauteuil proche
le lit du Roi, et ce valet de chambre se tient dans le balustre. S. M.
prend de l'eau bénite, prie Dieu, et ayant achevé ses prières, le
grand aumônier, ou le premier aumônier dit d'une voix basse l'oraison *Quæsumus omnipotens Deus*, etc., ou en leur absence, un des
aumôniers; puis le Roi prend encore de l'eau bénite et s'en va...
Autrefois, le Roi alloit prier Dieu dans un oratoire proche sa
chambre.

Sur le soir, deux officiers du Gobelet apportent à la Chambre la
« collation de nuit » pour le Roi, de laquelle il se sert en cas de
besoin : consistant en trois pains, deux bouteilles de vin, un flacon
plein d'eau, un verre et une tasse ; de plus, sept ou huit serviettes
et trois assiettes. Un valet de chambre reçoit cette collation et
l'officier du Gobelet en fait l'essai devant lui. Et à quelque moment
de la soirée, avant que le Roi se couche, le valet de chambre fait
pareillement l'essai de cette collation de nuit devant le premier
valet de chambre.

Avant que le Roi vienne coucher, un valet de chambre place le
fauteuil de S. M. sur lequel il étale la robe de chambre, et y pose
dessus les deux mules ou pantoufles. Le barbier prépare sur une
table la toilette et les peignes. Un autre valet de chambre accom-
mode, en dedans, l'alcôve à la ruelle du lit, deux coussins l'un sur
l'autre qui sont à terre sur le parquet devant un fauteuil où le Roi
doit venir faire sa prière ; il prépare aussi le bougeoir allumé, qu'il
pose là sur un siège à côté du fauteuil, puis il se tient au dedans
de l'alcôve. Les officiers de la Garde-Robe apportent les hardes de
nuit pour le Roi, et ils étendent sur une table la toilette de
velours rouge sur laquelle ils viennent mettre à plusieurs fois
toutes les hardes de jour de S. M. à mesure qu'elle les quitte en se
déshabillant.

Le Roi sortant de son cabinet trouve à la porte le maître de la
Garde-Robe, entre les mains duquel il met son chapeau, ses gants
et sa canne, que prend aussitôt un valet de garde-robe. Et pendant
que le Roi détache son ceinturon par devant pour quitter son épée,

le maître de la Garde-Robe le détache par derrière et le donne avec
l'épée au valet de garde-robe, qui la porte à la toilette.

L'huissier de chambre fait faire place devant S. M., qui va faire
sa prière proche de son lit, prenant de l'eau bénite et s'agenouillant,
comme le matin, sur deux coussins qui sont préparés à terre devant un fauteuil. L'aumônier de jour tient le bougeoir pendant les
prières du Roi, et dit à la fin, d'une voix basse, l'oraison *Quæsumus
omnipotens Deus, ut famulus tuus Ludovicus rex noster*, etc.

Si le lendemain il doit y avoir quelque ordre extraordinaire pour
la messe, S. M. le dit à l'aumônier pour le faire entendre aux chapelains, aux clercs de chapelle et au sommier de la chapelle et
oratoire du Roi.

Le Roi se met de l'eau bénite au front, et se lève ensuite de ses
prières. Alors le premier valet de chambre, après avoir pris le bougeoir que tenoit l'aumônier, reçoit des mains de S. M. la petite
bourse où sont les reliques, et en même temps sa montre, continuant à marcher devant le Roi.

L'huissier de chambre fait encore faire place au Roi jusqu'à son
fauteuil, et au moment que S. M. y arrive, le grand chambellan,
ou le premier gentilhomme de la Chambre, demande au Roi à qui
il veut donner le bougeoir; et S. M. ayant parcouru des yeux l'assemblée, nomme celui à qui il veut faire cet honneur. Le Roi le fait
donner plus ordinairement aux princes et seigneurs étrangers quand
il s'en rencontre.

Le Roi debout se déboutonne, dégage son cordon bleu; puis le
maître de la Garde-Robe lui tire la veste, et par conséquent le
cordon bleu qui y est attaché, et le juste-au-corps qui est encore
par-dessus. Ensuite, il reçoit aussi la cravate des mains du Roi,
remettant toutes ces hardes entre les mains des officiers de la
Garde-Robe.

S. M. s'assied en son fauteuil, et le premier valet de chambre et
le premier valet de garde-robe lui défont ses jarretières à boucles de
diamants, l'un à droite, l'autre à gauche. Les valets de chambre
ôtent du côté droit le soulier, le bas et le haut-de-chausses, pendant que les valets de garde-robe qui sont du côté gauche lui
déchaussent pareillement le pied, la jambe et la cuisse gauche.
Les deux pages de la Chambre qui sont de jour ou de service donnent les mules ou pantoufles à S. M. Un valet de garde-robe enveloppe le haut-de-chausses du Roi dans une toilette de taffetas rouge
et le va porter sur le fauteuil de la ruelle du lit avec l'épée de
Sa Majesté.

Les deux valets de chambre qui ont été derrière le fauteuil
tiennent la robe de chambre à la hauteur des épaules du Roi, qui
dévêt sa chemise pour prendre sa chemise de nuit, qu'un valet de
garde-robe chauffe s'il en est besoin.

C'est toujours le plus grand prince ou officier qui donne la chemise au Roi, comme nous avons dit ci-devant au lever de S. M. Le
premier valet de chambre aide au Roi à passer la manche droite de

16

cette chemise, comme de l'autre côté le premier valet de garde-
robe aide pareillement à passer la manche gauche, et chacun noue
les rubans de la manche de son côté. Un valet de garde-robe prend
sur les genoux du Roi la chemise que S. M. quitte.

Le Roi ayant pris sa chemise de nuit, le premier valet de chambre
qui a tiré les reliques de la petite bourse les présente au grand
chambellan ou au premier gentilhomme de la Chambre, qui les
donne à S. M.; le Roi les met sur lui, passant le cordon qui les tient
attachées en manière de baudrier. Et quand S. M. met une camisole de nuit, le grand maître de la Garde-Robe prend cette camisole
des mains d'un valet de garde-robe et la vêt au Roi, qui prend
ensuite sa robe de chambre et se lève de dessus son fauteuil, qu'un
valet de chambre range à l'endroit de la chambre où il a accoutumé d'être. Le Roi, debout, fait une révérence pour donner le
bonsoir aux courtisans. Le premier valet de chambre reprend le
bougeoir au seigneur qui le tenoit et le donne à tenir à celui de
ses amis à qui il veut faire plaisir, qui demeure au petit coucher.

Les huissiers de chambre crient tout haut : « Allons, Messieurs,
passez. » Toute la Cour se retire, et ceux qui doivent prendre
l'ordre ou le mot du guet de S. M. le prennent : savoir, le capitaine des Gardes du Corps, le capitaine des Cent-Suisses, le colonel
du régiment des Gardes-Françoises, le colonel général des Suisses
ou le colonel du régiment des Gardes Suisses, le grand écuyer, le
premier écuyer, ou même un écuyer de quartier, et c'est là où finit
ce qu'on appelle le grand coucher du Roi.

Il ne reste pour lors dans la chambre que les personnes suivantes :

Premièrement, tous ceux qui peuvent y être aussi le matin, quand
Sa Majesté est encore dans son lit.

En second lieu, ceux de la première entrée.

Les officiers de la Chambre et de la Garde-Robe.

Le premier médecin et les chirurgiens.

Quelques particuliers à qui le Roi a accordé la grâce d'être à son
petit coucher.

M. de Chamlay.

La Cour étant sortie, le Roi vient s'asseoir sur un siège pliant,
qu'un valet de chambre a préparé proche la balustrade du lit de
Sa Majesté, avec un carreau dessus. Le Roi s'y étant assis, les barbiers le peignent et lui accommodent les cheveux : Sa Majesté se
peigne aussi. Pendant tout ce temps-là, un des valets de chambre
tient le miroir devant le Roi, un autre éclaire avec un flambeau.

Le Roi étant peigné, un valet de garde-robe apporte sur la salve
un bonnet de nuit et deux mouchoirs de nuit unis et sans dentelle,
et présente cela au grand maître de la Garde-Robe, qui les donne
au Roi, ou en son absence au grand chambellan, ou au premier
gentilhomme de la Chambre, ou bien au premier valet de garde-
robe, ou en leur absence, il présenteroit tout cela lui-même à
Sa Majesté.

Pour donner au Roi la serviette dont il s'essuie les mains et le visage, le grand chambellan ou le premier gentilhomme de la Chambre cèdent cet honneur à tous les princes du sang et légitimés..... En l'absence de tous ces princes, le grand chambellan ou le premier gentilhomme, le grand maître de la Garde-Robe ou le maître de la Garde-Robe présente à Sa Majesté cette serviette qui est entre deux assiettes de vermeil, et qui est mouillée seulement par un bout. Le Roi s'en lave le visage et les mains, s'essuie du bout qui est sec, et la rend à celui qui la lui a présentée, lequel la remet ensuite entre les mains de l'officier de la Chambre.

Le Roi dit à quelle heure il se veut lever le lendemain, tant au grand chambellan, ou au premier gentilhomme de la Chambre, qu'au grand maître de la Garde-Robe, ordonnant encore au grand maître de la Garde-Robe l'habit qu'il veut prendre le lendemain.

L'huissier fait sortir toutes les personnes qui étoient au petit coucher et sort lui-même, après que le premier gentilhomme de la Chambre lui a donné l'ordre pour le lever du Roi au lendemain. Un valet de chambre éclaire au grand chambellan ou au premier gentilhomme de la Chambre jusqu'à l'antichambre. Les valets de garde-robe et les garçons reportent les habits de Sa Majesté à la garde-robe; et pareillement un garçon de garde-robe éclaire au grand maître ou au maître de la Garde-Robe.

Il ne reste donc plus dans la chambre que le premier valet de chambre, les garçons de la chambre et le premier médecin, pour quelques momens.

Après cela, le Roi entre dans son cabinet, y étant encore quelque temps sans se coucher. Quelquefois, il s'amuse un moment à flatter ses chiens et à leur donner à manger pour s'en faire mieux connoître et se les rendre plus obéissans quand il va tirer. Le sieur Antoine, porte-arquebuse, qui a soin de ces chiens, s'y trouve d'ordinaire.

Cependant les garçons de la chambre font au pied du lit du Roi le lit du premier valet de chambre, dit *le lit de veille*. Ils bassinent et préparent le lit de Sa Majesté. Ils préparent aussi la collation du Roi, et apportent au premier valet de chambre, sur une assiette, le verre bien rincé pour présenter à Sa Majesté, et une serviette; puis ils versent du vin et de l'eau tant qu'il plaît au Roi, et pendant que Sa Majesté boit, le premier valet de chambre tient l'assiette sous le verre; le Roi s'essuie la bouche avec la serviette que lui présente, en ce moment, le même premier valet de chambre. Les garçons de la chambre tiennent aussi le bassin à laver devant Sa Majesté, qui se lave les mains.

Quelque temps après, le Roi se couche, les garçons de la chambre allument le « mortier » dans un coin de la chambre, et encore une bougie; et ces deux lumières brûlent toute la nuit, en cas qu'on en ait besoin. Les garçons de la chambre sortent et vont coucher proche la chambre, ordinairement auprès des coffres de la chambre. Le premier valet de chambre ferme les rideaux du lit du Roi, puis il va fermer en dedans au verrouil les portes de la chambre de Sa Majesté ; il éteint le bougeoir et se couche.

Si, la nuit, le Roi demande quelque chose, aussitôt le premier valet de chambre se lève, et, s'il est besoin de gens, il va appeler les garçons de la chambre.

C'est à cette époque, coïncidant avec l'établissement définitif de la Cour à Versailles, que peut se placer ce portrait du Roi, brossé de main de maître par Saint-Simon :

Jamais personne ne donna de meilleure grâce et n'augmenta tant par là le prix de ses bienfaits. Jamais personne ne vendit mieux ses paroles, son souris même, jusqu'à ses regards. Il rendit tout précieux par le choix et la majesté, à quoi la rareté et la brièveté de ses paroles ajoutoient beaucoup... Jamais il ne lui échappa de dire rien de désobligeant à personne ; et s'il y avoit à reprendre, à réprimander ou à corriger, ce qui étoit fort rare, c'étoit toujours avec un air plus ou moins de bonté, presque jamais avec sécheresse, jamais avec colère.

Jamais homme si naturellement poli, ni d'une politesse si fort mesurée, si fort par degrés, ni qui distinguât mieux l'âge, le mérite, le rang, et dans ses réponses quand elles passoient le « je verrai », et dans ses manières. Ces étages divers se marquoient exactement dans sa manière de saluer et de recevoir les révérences, lorsqu'on partoit ou qu'on arrivoit. Il étoit admirable à recevoir différemment les saluts à la tête des lignes, à l'armée ou aux revues. Mais surtout pour les femmes, rien n'étoit pareil. Jamais il n'a passé devant la moindre coiffe sans soulever son chapeau, je dis aux femmes de chambre, et qu'il connoissoit pour telles, comme cela arrivoit souvent à Marly. Aux dames, il ôtoit son chapeau tout à fait, mais plus ou moins loin ; aux gens titrés, à demi, et le tenoit en l'air ou à son oreille quelques instants plus ou moins marqués. Aux seigneurs, mais qui l'étoient, il se contentoit de mettre la main au chapeau. Il l'ôtoit comme aux dames pour les princes du sang. S'il abordoit des dames, il ne se couvroit qu'après les avoir quittées. Tout cela n'étoit que dehors, car dans la maison il n'étoit jamais couvert. Ses révérences, plus ou moins marquées, mais toujours légères, avoient une grâce et une majesté incomparables, jusqu'à sa manière de se soulever à demi à son souper pour chaque dame assise qui arrivoit, non pour aucune autre, ni pour les princes du sang ; mais sur les fins cela le fatiguoit, quoiqu'il ne l'ait jamais cessé, et les dames assises évitoient d'entrer à son souper quand il étoit commencé. C'étoit encore avec la même distinction qu'il recevoit le service de Monsieur, de M. le duc d'Orléans, des princes du sang ; à ces derniers, il ne faisoit que marquer, à Monseigneur de même, et à Messeigneurs ses fils par familiarité ; des grands officiers, avec un air de bonté et d'attention.

Si on lui faisoit attendre quelque chose à son habiller, c'étoit toujours avec patience. Exact aux heures qu'il donnoit pour toute sa journée; une précision nette et courte dans ses ordres. Si dans les vilains temps d'hiver qu'il ne pouvoit aller dehors, qu'il passât chez Mme de Maintenon un quart d'heure plus tôt qu'il en avoit donné l'ordre, ce qui ne lui arrivoit guère, et que le capitaine des gardes en quartier ne s'y trouvât pas, il ne manquoit point de lui dire après que c'étoit sa faute à lui d'avoir prévenu l'heure, non celle du capitaine des gardes de l'avoir manquée. Aussi, avec cette règle qui ne manquoit jamais, étoit-il servi avec la dernière exactitude, et elle étoit d'une commodité infinie pour les courtisans.

Il traitoit bien ses valets, surtout les inférieurs. C'étoit parmi eux qu'il se sentoit le plus à son aise, et qu'il se communiquoit le plus familièrement, surtout aux principaux. Leur amitié et leur aversion a souvent eu de grands effets. Ils étoient sans cesse à portée de rendre de bons et de mauvais offices, aussi faisoient-ils souvenir de ces puissants affranchis des empereurs romains, à qui le Sénat et les grands de l'Empire faisoient leur cour et ployoient sous eux avec bassesse. Ceux-ci, dans tout ce règne, ne furent ni moins comptés, ni moins courtisés. Les ministres même les plus puissants les ménageoient ouvertement; et les princes du sang, jusqu'aux bâtards, sans parler de tout ce qui est inférieur, en usoient de même. Les charges des premiers gentilshommes de la chambre furent plus qu'obscurcies par les premiers valets de chambre, et les grandes charges ne se soutinrent que dans la mesure que les valets de leur dépendance ou les petits officiers très subalternes approchoient nécessairement plus ou moins du Roi. L'insolence aussi étoit grande dans la plupart d'eux, et telle qu'il falloit savoir l'éviter, ou la supporter avec patience[1].

Rien n'étoit pareil à lui aux revues, aux fêtes et partout où un air de galanterie pouvoit avoir lieu par la présence des dames. On l'a déjà dit, il l'avoit puisée à la Cour de la Reine sa mère et chez la comtesse de Soissons; la compagnie de ses maîtresses l'y avoit accoutumé de plus en plus, mais toujours majestueuse, quoique quelquefois avec de la gaieté, et jamais devant le monde rien de déplacé ni d'hasardé; mais jusqu'au moindre geste, son marcher, son port, toute sa contenance, tout mesuré, tout décent, noble, grand, majestueux, et toutefois très naturel, à quoi l'habitude et l'avantage incomparable et unique de toute sa figure donnoit une grande facilité. Aussi, dans les choses sérieuses, les audiences d'ambassadeurs, les cérémonies, jamais homme n'a tant imposé, et il falloit commencer par s'accoutumer à le voir, si en le harranguant on ne vouloit s'exposer à demeurer court. Ses réponses en ces occasions étoient toujours courtes, justes, pleines, et très rarement sans quelque chose d'obligeant, quelquefois même de flatteur, quand le

---

[1] Voici un de ces passages de profonde pénétration psychologique qui ont fait comparer Saint-Simon à Tacite.

discours le méritoit. Le respect aussi qu'apportoit sa présence, en quelque lieu qu'il fût, imposoit un silence et jusqu'à une sorte de frayeur.

Il aimoit fort l'air et les exercices, tant qu'il en put faire. Il avoit excellé à la danse, au mail, à la paume. Il étoit encore admirable à cheval à son âge. Il aimoit à voir faire toute ces choses avec grâce et adresse. S'en bien ou mal acquitter devant lui étoit mérite ou démérite. Il disoit que de ces choses qui n'étoient point nécessaires, il ne s'en falloit pas mêler si on ne les faisoit pas bien. Il aimoit fort à tirer, et il n'y avoit point de si bon tireur que lui, ni avec tant de grâces. Il vouloit des chiennes couchantes excellentes; il en avoit toujours sept ou huit dans ses cabinets, et se plaisoit à leur donner lui-même à manger pour s'en faire connoître. Il aimoit fort aussi à courre le cerf, mais en calèche, depuis qu'il s'étoit cassé le bras en courant à Fontainebleau, aussitôt après la mort de la Reine. Il étoit seul dans une manière de soufflet, tiré par quatre petits chevaux à cinq ou six relais, et il menoit lui-même à toute bride, avec une adresse et une justesse que n'avoient pas les meilleurs cochers, et toujours la même grâce à tout ce qu'il faisoit. Ses postillons étoient des enfants depuis neuf ou dix ans jusqu'à quinze, et il les dirigeoit.

Il aima en tout la splendeur, la magnificence, la profusion. Ce goût, il le tourna en maxime par politique, et l'inspira en tout à sa Cour. C'étoit lui plaire que de s'y jeter en tables, en habits, en équipages, en bâtiments, en jeu. C'étoient des occasions pour qu'il parlât aux gens. Le fond étoit qu'il tendoit et parvint par là à épuiser tout le monde en mettant le luxe en honneur, et pour certaines parties en nécessité, et réduisit ainsi peu à peu tout le monde à dépendre entièrement de ses bienfaits pour subsister.

Mme de Caylus dit que Louis XIV parlait « parfaitement bien, pensait juste, s'exprimait noblement. Les réponses les moins préparées renfermaient, en peu de mots, tout ce qu'il y avait de mieux à dire, selon les temps, les choses et les personnes. Il avait l'esprit qui donne de l'avantage sur les autres. Jamais pressé de parler, il examinait, il pénétrait les caractères et les pensées; mais, comme il était sage et qu'il savait combien les paroles des rois sont pesées, il renfermait souvent en lui-même ce que sa pénétration lui avait fait découvrir[1] ».

[1] On cite la réponse qu'il fit à Monsieur le Prince (le Grand Condé), s'excusant sur sa goutte en montant l'escalier de Versailles : « Mon cousin, quand on est chargé de lauriers, comme vous, on ne saurait marcher vite. » Et ces délicates paroles au roi Jacques II détrôné, à qui il donnait l'hospitalité du château de Saint-Germain : « Voici votre maison; quand j'y viendrai, vous m'en ferez les honneurs, et je vous les ferai quand vous viendrez à Versailles. »

LE TRAVAIL DU ROI

Louis XIV accomplissait scrupuleusement les devoirs de
la royauté; il s'est trompé quelquefois, et lourdement, mais
il a toujours travaillé et n'a jamais rien décidé au hasard, ou
selon le caprice d'un ministre ou d'une favorite. Il n'a jamais
non plus manqué de tenir conseil avec ses ministres sans
motif grave.

Louvois, qui avait dominé après la mort de Colbert, fut
obligé de travailler dans l'appartement de Mme de Maintenon
avec le Roi, bien qu'il le supportât impatiemment. A sa mort,
l'activité de Louis XIV redoubla, car désormais il n'aura plus
que des commis. Colbert et Louvois ne seront pas remplacés.
A partir de la ligue d'Augsbourg, il se mit au régime de neuf
heures de travail par jour, correspondant avec tous les généraux et lisant toutes les dépêches se rapportant aux affaires
étrangères[1].

Quand le Roi est à Marly ou à Fontainebleau, il y a conseil
tous les jours, sauf de rares exceptions, comme à Versailles.
Le 23 septembre 1694, Dangeau note dans son *Journal* : « Le
Roi ne tint pas de conseil, chose fort rare, car il les tient fort
régulièrement. » Même quand il a pris médecine, ou quand,
ayant la goutte, il est obligé de rester au lit, Louis XIV tient
le conseil.

Voici ce qu'étaient ces conseils, d'après Dangeau :
« Durant tout le cours de cette année 1693, le Roi a tenu ses
conseils tous les jours comme l'année passée, savoir : les
dimanches, les lundis, les mercredis et les jeudis, « conseil
royal », où il n'y a que le Roi, Monseigneur et MM. les ministres, qui sont M. de Beauvilliers, M. de Pomponne, M. de
Croissy, M. Pelletier et M. de Pontchartrain; les mardis et
samedis, « conseil de finances », où sont le Roi, Monseigneur, M. le Chancelier, M. de Beauvilliers, M. Pussort,

[1] Il dicte ou écrit lui-même les lettres importantes aux maréchaux et
commandants d'armées, établit le plan des opérations militaires, inter-
vient dans toutes les questions, assume de plus en plus les responsabilités de toute l'administration et de toute la politique.

M. Pelletier, M. d'Argouges et M. de Pontchartrain. Les ven--
dredis, le Roi travaille avec M. l'archevêque de Paris et le
Père de la Chaise. Outre cela, le Roi travaille tous les lundis,
après dîner, avec M. Pelletier, l'intendant pour les fortifica-
tions, et tous les soirs chez Mme de Maintenon, où il travaille
avec M. de Pontchartrain pour la marine, ou avec M. de Barbezieux, qui lui porte tout ce qui regarde les troupes et la
guerre. »

L'un des quatre secrétaires du Roi, Rose, fut dans l'ombre
un personnage considérable. Il avait été secrétaire du cardinal Mazarin ; il eut le titre de secrétaire du cabinet du Roi
et plus tard celui de secrétaire ordinaire. C'était lui qui avait
« la plume ». « Avoir la plume, dit Saint-Simon, c'est être
faussaire public et faire par charge ce qui coûteroit la vie à
tout autre. Cet exercice consiste à imiter si exactement l'écriture du Roi, qu'elle ne se puisse distinguer de celle que la
plume contrefait, et d'écrire en cette sorte toutes les lettres
que le Roi doit ou veut écrire de sa main, et toutefois n'en
veut pas prendre la peine... Il n'est pas possible de faire parler un grand Roi avec plus de dignité que faisoit Rose, ni
plus convenablement à chacun, ni sur chaque matière, que
les lettres qu'il écrivoit ainsi, et que le Roi signoit toutes de
sa main ; et pour le caractère, il étoit si semblable à celui du
Roi, qu'il ne s'y trouvoit pas la moindre différence... Il étoit
extrêmement secret, et le Roi s'y fioit entièrement. »

Le Roi dictait plus souvent qu'il n'écrivait : « Il s'étoit
accoutumé à dicter et à faire écrire à M. de Barbezieux, sous
lui, toutes les lettres importantes qui regardoient les affaires
de la guerre. » Comme nous l'avons dit, son activité fut plus
inlassable que jamais. Il donnait toutes sortes d'audiences,
recevait des députations, écoutait des harangues, répondait,
« faisant admirer son langage toutes les fois qu'il parle ».
Retenu au lit par la goutte, en juin 1692, il donne ses ordres,
dit Mme de Maintenon, « pour le siège de Namur, pour que
son autre armée s'oppose au prince d'Orange, pour que le
maréchal de Lorges entre en Allemagne, que M. de Catinat
repousse M. de Savoie, que M. de Noailles empêche l'Espagne
de rien faire, que M. de Tourville batte la flotte des ennemis,
s'il a le vent favorable, et, outre ces ordres-là, il gouverne
tout le dedans de son royaume ».

Voici un fait cité par Dangeau qui prouve quel esprit de justice animait Louis XIV dans son administration : « Le Roi veilla le soir à son ordinaire, et fit une promotion pour les galères. Il y eut vingt charges données ; il n'y avoit qu'une galère vacante ; on en a fait capitaine Sérignan, frère de Sérignan, aide-major des gardes du corps. Il étoit capitaine-lieutenant sur une des premières galères. M. de Pontchartrain, en nommant au Roi les officiers qui pouvoient remplir cette place, appuya fort pour le chevalier de Froulay, qui n'étoit pas le plus ancien, et le Roi lui dit : « Je vois bien la « protection que vous donnez au chevalier de Froulay, qui « la mérite ; mais il y a des anciens qui sont honnêtes gens « aussi ; ils n'ont point de protecteur, et il est juste que je « leur en serve » ; et a choisi le plus ancien pour remplir cette place. »

LA FAMILLE ROYALE

En 1682, Louis XIV avait établi toute sa famille au château de Versailles. Seul, son frère, Philippe d'Orléans, continua à mener au Palais-Royal et plus souvent à Saint-Cloud, où il tenait une sorte de Cour, sa vie inutile et efféminée. « Tracassier, dit Saint-Simon, et incapable de garder aucun secret, soupçonneux, défiant, semant des noises[1] dans sa Cour, pour brouiller, pour savoir, souvent aussi pour s'amuser », humble et soumis devant son frère, son courtisan quand il maria son fils unique, le duc de Chartres, à l'une des bâtardes du Roi. Veuf en 1670 d'Henriette d'Angleterre, morte à la fleur de l'âge, il avait épousé en secondes noces une Allemande, rogue et fière, Élisabeth-Charlotte de Bavière (princesse Palatine). Madame va être à la Cour une observatrice attentive et caustique dont la verve mordante s'épanchera dans des lettres à ses parents d'outre-Rhin.

Monsieur avait eu deux filles de son premier mariage : Marie-Louise (1662), qui avait épousé en 1679 le roi d'Es-

[1] « Vous êtes un tripoteux, qui voulez toujours des affaires », lui avait dit un jour Anne d'Autriche.

pagne, Charles II, et Anne-Marie (1669), qui allait se marier
au duc de Savoie (1684), Victor-Amédée. Elle fut la mère de la
future duchesse de Bourgogne. De son second mariage, Monsieur eut Philippe d'Orléans, duc de Chartres, le futur Régent (1675), et Elisabeth-Charlotte, l'année d'après. Une de
ses trois sœurs, Mlle de Montpensier, la Grande Mademoiselle,
avait cinquante-cinq ans et finissait tristement ses aventures
romanesques avec le comte de Lauzun (1684). Ses deux
autres sœurs, Marguerite-Louise et Elisabeth, l'une ancienne
grande-duchesse de Toscane, l'autre veuve du duc de Guise,
vivaient ensemble à Paris, dans les œuvres de dévotion.

Des six enfants que Marie-Thérèse avait donnés à Louis XIV,
cinq étaient morts en bas âge. Celui qui avait survécu était
le fils aîné. Le Grand Dauphin, « Monseigneur », âgé alors de
vingt et un ans, s'établit dans les appartements du rez-de-
chaussée, mais il habitera surtout Meudon. C'était un prince
médiocre, « tout noyé dans la graisse et dans l'apathie », enfant
à la lisière jusqu'à sa mort, à cinquante ans, n'ayant guère
d'autre plaisir que de courir le loup ou le cerf. Marié en 1679 à
une princesse de Bavière, Marie-Christine, effacée d'ailleurs,
qui allait lui donner trois fils, il ne se montra digne ni de son
origine, ni de son éducation. Ce n'est pas qu'il fût dépourvu
d'intelligence ni de courage (il devait montrer des qualités
militaires au siège de Philippsbourg), mais il ne surmonta jamais ni sa paresse, ni sa timidité. Personnalité nulle, il ne
savait que vouloir et penser comme le Roi. Son éducation,
confiée au duc de Montausier et à Bossuet, avait donné de
médiocres résultats. Le prélat constatait qu'il y avait bien
à souffrir avec un esprit si inappliqué ; « on n'a nulle
consolation sensible, disait-il, et on marche, comme dit
saint Paul, en espérance contre l'espérance. Car, encore qu'il
se commence d'assez bonnes choses, tout est encore si peu
affermi, que le moindre effort du monde peut tout renverser.
Je voudrais bien voir quelque chose de plus fondé, mais Dieu
le fera peut-être sans nous ».

Au physique, voici le portrait qu'en fait Saint-Simon :

Monseigneur était plutôt grand que petit, fort gros, sans être
trop entassé, l'air fort haut et fort noble, sans rien de rude, et il
aurait eu le visage fort agréable si M. le prince de Conti ne lui
avait pas cassé le nez, par malheur, en jouant, étant tous deux en-

fants. Il était d'un fort beau blond, il avait le visage fort rouge de
hâle partout et fort plein, mais sans aucune physionomie ; les plus
belles jambes du monde, les pieds singulièrement petits et maigres.
Il tâtonnait toujours en marchant et mettait le pied à deux fois ; il
avait toujours peur de tomber, et il se faisait aider pour peu que le
chemin ne fût pas parfaitement droit et uni. Il était fort bien à
cheval et y avait grande mine, mais il n'y était pas hardi.

Louis XIV fit d'ailleurs peu de chose pour habituer son
fils aux affaires, et il ne l'admettait pas au Conseil d'Etat d'en
haut, où les grandes questions se décidaient. Il ne lui accordait aucun crédit. Le Dauphin se résigna facilement, avec cette
nonchalance qu'il tenait de sa mère.

Louis XIV eut de Mlle de La Vallière trois enfants. Le premier ne vécut que trois ans (1663-1666). Le second, Louis
de Bourbon, comte de Vermandois, né en 1667, devait mourir
à l'âge de seize ans (1683). Le troisième fut une fille, Marie-
Anne, dite Mlle de Blois, née en 1666, et qui devait épouser
Louis-Armand, prince de Conti.

Mme de Montespan avait eu du Roi six enfants qui furent
légitimés : le duc du Maine, né en 1670, qui épousa Mlle de
Bourbon-Charolais, petite-fille du Grand Condé ; le comte de
Vexin, né en 1672, mourut à l'âge de onze ans ; Mlle de
Nantes, née en 1673, fut mariée au duc de Bourbon ; Mlle de
Tours, née en 1674, mourut enfant ; Mlle de Blois, née en 1677,
fut mariée au duc d'Orléans qui devint le Régent ; le comte
de Toulouse, né en 1678, épousa une demoiselle de Noailles,
veuve en premières noces du fils du duc d'Antin.

Le duc d'Antin, né en légitime mariage de M. et Mme de
Montespan, vint à la Cour, sut vaincre la froideur du Roi à
son égard et se faire admettre dans ses bonnes grâces. On l'a
cité comme le modèle du parfait courtisan. C'est lui qui, recevant Louis XIV à son château du Petit-Bourg, fit abattre une
allée de marronniers sur la remarque que le Roi avait faite
que cette allée nuisait à la perspective.

La nombreuse correspondance de Charlotte-Elisabeth de
Bavière, plus connue sous le nom de princesse Palatine,
fournit sur l'époque des documents très passionnés, mais
fort intéressants.

Née au château d'Heidelberg, en 1652, elle est restée

foncièrement Allemande. Spirituelle, très drôle, elle ne recule jamais devant la crudité des récits et des expressions; d'ailleurs, de mœurs irréprochables, franche et tenace dans ses idées sur les prérogatives du rang.

Elle fait ainsi son portrait[1] : « Il faut que je sois laide; je n'ai point de traits; de petits yeux, un nez court et gros, des lèvres longues et plates; tout cela ne peut former une physionomie. J'ai de grandes joues pendantes et un grand visage; cependant, je suis très petite de taille, courte et grosse; j'ai le corps et les cuisses courtes. Somme totale, je suis vraiment un petit laideron. Si je n'avais pas bon cœur, on ne me supporterait nulle part. Pour savoir si mes yeux annoncent de l'esprit, il faudrait les examiner au microscope ou avec des conserves; autrement, il serait difficile d'en juger. On ne trouverait pas sur toute la terre des mains plus vilaines que les miennes. » Pour les repas, elle suit en tout les habitudes allemandes : elle ne mange de soupe que celle qui est accommodée au lait, à la bière et au vin : elle ne peut supporter le bouillon, qui la rend malade. « Il n'y a que le jambon et les saucisses qui me remettent l'estomac, ajoute-t-elle. Je n'ai jamais eu de manières françaises, et je n'ai pu les adopter, car j'ai toujours regardé comme un honneur d'être Allemande, et de conserver les maximes de ma patrie qui rarement font fortune ici. »

Dans sa jeunesse, elle préférait les épées et les fusils aux poupées : elle aurait voulu être garçon. Elle se livrait avec passion aux plaisirs de la chasse. Si elle était indisposée, elle se mettait à faire plusieurs lieues à pied : c'était sa manière à elle d'exécuter les ordonnances des médecins. Retirée dans son cabinet, elle écrivait lettres sur lettres dans toutes les directions. On peut juger de quel esprit elle était animée par ses propres paroles : « Si mon père m'avait aimée, il ne m'aurait pas envoyée dans un pays aussi dangereux que celui-ci, où je suis venue par pure obéissance et malgré moi. La fausseté passe ici pour de l'esprit et la franchise pour de la simplicité. »

Son union avec le duc d'Orléans fut ce qu'elle devait être,

---

[1] Voir le portrait si expressif de « Madame » âgée, par H. Rigaud. (Appartements de Mme de Maintenon, 143.)

pas trop bonne; cependant, elle aurait pu être pire encore. « Je vis bien, dit-elle, lorsqu'elle arriva en France, que je ne plaisais pas à mon mari, et, en vérité, il n'y avait pas de quoi s'en étonner, à cause de ma laideur. Cependant, je pris la résolution de vivre si bien avec Monsieur, qu'il s'habituerait à moi par mes prévenances, et qu'il finirait par me supporter. »

LES FAMILLES PRINCIÈRES EN 1682

Après les « Enfants de France » des deux maisons d'Orléans venaient les princes et les princesses « du sang de France », dont l'ancêtre était Louis de Bourbon, prince de Condé[1], frère d'Antoine de Bourbon, père de Henri IV.

Le chef actuel, le Grand Condé, passait sa vie dans son palais de Chantilly. Son fils, Henri-Jules de Bourbon, né en 1643, ayant la survivance de la charge de grand maître de la Maison du Roi et celle de gouverneur de la Bourgogne, assista souvent son père dans les deux charges. Fils distingué d'un père illustre, spirituel et instruit, mais d'un caractère dur et méchant, et de médiocre mine, il avait épousé Anne de Bavière (Palatine du Rhin), nièce de Marie de Nevers, reine de Pologne, qu'il maltraita fort, comme d'ailleurs ses maîtresses « qui furent de scandaleuses dames ». De ce mariage était né, en 1668, Louis de Bourbon, nommé Monsieur le Duc, père de celui qui fut premier ministre sous Louis XV. Très petit, il avait « la tête grosse à surprendre, et un visage qui faisait peur ». Instruit et poli, quand il lui plaisait, il était pervers et méchant. « Ce fut ce difforme qui épousa Mlle de Nantes, « belle comme les anges ».

La branche cadette, celle des Conti, était représentée par deux frères : Louis-Armand, l'aîné, qui allait épouser Mlle de Blois, autre bâtarde du Roi, mourut à vingt-cinq ans, en 1685, sans laisser d'enfants. Le cadet, François-Louis, était, pour mauvaise conduite, exilé de la Cour. Très brave,

[1] Il avait été tué à Jarnac en 1569.

plein d'esprit, « ressemblant au Grand Condé, dit Voltaire, par l'esprit et le courage, et toujours animé du désir de plaire, qualité qui manqua quelquefois au Grand Condé ». Il était allé combattre les Russes sans la permission du Roi, qui, plus tard, lui pardonnera.

De la branche de Bourbon-Soissons, le dernier héritier, Louis, comte de Soissons, avait été tué à la Marfée, en 1641. Sa sœur, Marie, avait épousé Thomas de Savoie, prince de Carignan. Un fils, Eugène-Maurice, qui porta le titre de comte de Soissons, épousa Olympe Mancini, nièce de Mazarin [1].

Les Vendôme, le duc et le grand prieur de France, arrière-petits-fils de Gabrielle d'Estrées, représentant à la Cour la descendance illégitime de Henri IV, vivaient ensemble, soit au Temple, soit au château d'Anet, en joyeuse compagnie.

« Depuis le XVIe siècle, les princes des maisons souveraines étrangères « habitués en France » tenaient à la Cour une place privilégiée. C'étaient les maisons de Savoie, de Lorraine et d'Armagnac. Trois autres maisons jouissaient en France du titre et des prérogatives de prince : les Bouillon, les Monaco, les Rohan [2]. »

En 1682, les représentants de ces maisons étaient, pour la maison de Savoie, un petit-fils du prince Thomas de Carignan, qui portait le titre de comte de Soissons; il vivait des libéralités du Roi.

La maison de Lorraine ayant perdu son dernier duc de Guise, en 1675, était représentée par deux autres branches, les Elbœuf et les Armagnac. Le duc d'Elbœuf, survivant de la Fronde, gouverneur de Picardie, d'Artois et du Hainaut, « méchant homme, de mœurs quasi sauvages », n'allait guère à la Cour. Ses frères, les d'Harcourt et les Lillebonne, furent surtout des aventuriers. Mais les sœurs de ces derniers, Mlle de Lillebonne et la princesse de Commercy, très appréciées à la Cour, faisaient dire : « Il n'y a rien de plus commun dans la maison de Lorraine que de voir les princesses être

---

[1] Un de leurs fils sera le fameux « prince Eugène », passé au service de l'Empereur en 1683. Une sœur d'Eugène-Maurice fut la mère de Louis de Bade, qui sera aussi un des principaux généraux de l'Empereur dans les armées impériales.

[2] Lavisse, *Histoire de France*, t. VII.

raisonnables, et les princes, par contre, ne pas valoir le diable. »

La branche d'Armagnac, cadette de la précédente, datait du comte d'Harcourt, le général de Richelieu et de Mazarin, « dont la fidélité avait sauvé la Cour à un moment critique de la Fronde ». « Il avait été payé en beaux profits et honneurs », — grand écuyer, comte d'Armagnac, gouverneur de l'Anjou, — qui passèrent à son fils aîné, Louis, qui faisait grande figure à la Cour, tenant « haut les ministres et leurs femmes », à la grande joie de Saint-Simon, mais bon courtisan et près du Roi de « la plus grande flatterie[1] ».

Le duc de Bouillon, représentant de la maison de La Tour d'Auvergne[2], à peu près du même âge que le Roi, qui avait de l'affection pour lui, était pourvu de la charge de grand chambellan de France[3]. Son troisième fils, le cardinal de Bouillon, était grand aumônier de France. Mais la disgrâce de ce dernier, pour avoir refusé de marier le duc de Bourbon avec Mlle de Nantes, parce qu'il n'avait pas été invité au festin de noces avec les princes du sang, devait entraîner celle de son père, en 1685.

Le prince de Monaco, de la famille des Grimaldi, bénéficiait des faveurs royales depuis qu'Honoré II avait remplacé par une garnison française la garnison espagnole de Monaco. En 1641, il avait épousé la fille du maréchal de Grammont. Son fils allait se marier avec la fille du comte d'Armagnac et recevoir, à cette occasion, les droits et prérogatives de prince.

Cette qualité de prince était reconnue à la branche aînée des Rohan, celle de Guéménée ou Montbazon, parce qu'ils descendaient des anciens ducs de Bretagne et des rois de Navarre, et qu'ils étaient alliés avec des maisons royales ou souveraines. Le plus en vue était le prince de Soubise, capi-

---

[1] De tous les frères du comte d'Armagnac, l'un fut le fameux chevalier de Lorraine.

[2] Cette maison avait acquis par mariage, au XVIe siècle, les principautés de Sedan et de Bouillon. Son père, frère aîné du maréchal de Turenne, avait dû céder la première sous Richelieu.

[3] Il avait épousé une des nièces de Mazarin, et eut trois fils : le prince de Turenne, exilé en 1684, le comte d'Auvergne et le cardinal de Bouillon.

taine-lieutenant des gendarmes du Roi, lieutenant général des armées, gouverneur du Berry.

Parmi ces hautes personnalités furent choisis les grands officiers de la Couronne; nous n'avons qu'à les récapituler : *grand maître*, le prince de Condé, et en survivance le duc d'Enghien; *grand chambellan*, le duc de Bouillon; *grand écuyer*, le comte d'Armagnac; *grand aumônier*, le cardinal de Bouillon. Enfin, la *grande maîtrise de la garde-robe*, rétablie en 1669, fut donnée au fils de l'auteur des *Maximes*, François de la Rochefoucauld.

Ces « grands domestiques » étaient au sommet de la hiérarchie de Cour.

A leur suite venaient tous ceux dont nous avons énuméré les noms et les titres dans le chapitre du *Service du Roi*.

LES DISTRACTIONS DE LA COUR
LES FÊTES, LES PROMENADES, LES BALS, LE JEU

Durant tout le règne de Louis XIV, la *mécanique* de la Cour ne cessa jamais de fonctionner périodiquement, suivant le cérémonial adopté.

Chaque saison avait ses divertissements et ses plaisirs. Voici, à la date d'un mois d'octobre, ce que rapporte le marquis de Sourches :

Il y avait des comédies trois fois la semaine, un bal tous les samedis, et les trois autres jours, tout ce qu'il y avait d'hommes et de femmes de condition à la Cour s'assemblaient à six heures du soir dans le grand appartement du Roi, lequel était magnifiquement meublé, y ayant pour plus de six millions d'argenterie. Il était très bien éclairé, et tous ceux qui y venaient avaient une liberté tout entière de se divertir à tout ce qui leur plaisait. Dans une chambre, il y avait des musiciens qui chantaient de temps en temps; il y avait des violons et des hautbois avec lesquels on dansait quand on avait envie. Dans l'autre, la Reine jouait au reversi et le Roi était de part du jeu. Dans l'autre, Madame la Dauphine jouait avec des dames; Monseigneur jouait de son côté, et Monsieur et Madame du leur; et, dans cette même chambre, il y avait un grand nombre de tables couvertes de tapis magnifiques où chacun jouait au jeu qui lui plaisait le plus, et l'on y était servi par un grand nombre de domestiques qui ne songeaient qu'à prévenir l'intention des joueurs. Dans la quatrième chambre, il y avait un billard, où le Roi jouait très souvent avec les meilleurs joueurs de la Cour. Dans la cinquième, il y avait une magnifique collation où chacun allait boire et manger quand il lui plaisait.

Les fêtes, surtout l'hiver, se donnaient dans les grands appartements; c'était là qu'avaient lieu les réceptions (soirées) désignées sous le nom d'*appartement*.

Même régularité pour les voyages de la Cour : au printemps, à Compiègne; à l'automne, à Fontainebleau, où l'on faisait d'ailleurs les mêmes choses qu'à Versailles, chasses, jeu, musique, comédie, sauf quelques variantes, comme revue au camp de Compiègne, chasse au sanglier et promenade à cheval dans la forêt de Fontainebleau. La chasse était partout la principale occupation; presque tous les jours, c'était à courre ou à tir, dans les parcs de Versailles et de Marly, dans la forêt de Saint-Germain, dans les bois de Meudon et dans ceux qui entourent Versailles. Dans la belle saison, ce sont les promenades en gondole sur le Canal, avec concert et collation à Trianon ou à la Ménagerie pour les dames. On se promène aussi à l'Orangerie, dans les jardins; on va voir d'habiles écuyers monter de nouveaux chevaux; on joue quelque part, car le jeu est le grand plaisir de la Cour, et continuel. Mme de Sévigné a parlé de ces promenades en gondole. « On revient, dit-elle, à dix heures, on trouve la comédie; minuit sonne, on fait *media noche*. » Par les belles nuits d'été, on restait parfois sur l'eau jusqu'au lever du soleil. En hiver, c'étaient les promenades en traîneau; et le soir, jusqu'aux dernières années du règne, c'était le redoublement des bals et des mascarades pendant le carnaval.

Le *Mercure* de 1682 nous explique ce qu'était l'*appartement*[1] :

Le Roi, dit-il, permet l'entrée de son grand appartement de Versailles, le lundi, le mercredi et le jeudi de chaque semaine, pour y jouer à toutes sortes de jeux, depuis six heures du soir jusqu'à dix,

---

[1] « Ce qu'on appelait appartement était le concours de toute la Cour, depuis sept heures du soir jusqu'à dix, que le Roi se mettait à table, dans le grand appartement, depuis un des salons du bout de la Grande-Galerie jusque vers la tribune de la Chapelle. » (Saint-Simon.)

et ces jours-là sont nommés jours d'appartement... Chacun se présente à l'heure marquée pour être reçu dans ces superbes salons. Aucun ne se présente qu'il ait su auparavant que l'entrée lui est permise. Les uns choisissent un jeu et les autres s'arrêtent à un autre. D'autres ne veulent que regarder jouer, et d'autres que se promener pour admirer l'assemblée et la richesse de ces grands appartemens. Quoiqu'ils soient remplis de monde, on n'y voit personne qui ne soit d'un rang distingué, tant hommes que femmes. La liberté de parler y est entière, et l'on s'entretient les uns les autres selon qu'on se plaît à la conversation. Cependant, le respect fait que personne ne haussant trop la voix, le bruit qu'on entend n'est point incommode.

Le Roi, la Reine et toute la Maison royale descendent de leur grandeur pour jouer avec plusieurs de l'assemblée qui n'ont jamais eu un pareil honneur. Ce prince va tantôt à un jeu, tantôt à un autre. Il ne veut ni qu'on se lève, ni qu'on interrompe le jeu quand il approche. Lorsqu'on est las d'un jeu, on joue à un autre. On entend ensuite la symphonie, ou l'on voit danser. On fait conversation. On passe à la chambre des liqueurs ou à celle de la collation. La manière dont on est servi a des agrémens qu'on ne sauroit concevoir. On y voit ceux qui servent, qui ont des juste-au-corps bleus avec des galons or et argent. Ils sont derrière toutes les tables de joueurs et ont soin de donner des cartes, des jetons et les autres choses dont on peut avoir besoin. Même selon les jeux où l'on joue, ils épargnent aux joueurs la peine de compter, comme au *trou-madame*, où ils calculent les points qu'on a faits et les écrivent.

Enfin, quoi qu'on puisse souhaiter des choses destinées pour les plaisirs dans ce grand nombre de chambres, il suffit de marquer qu'on les souhaite pour les avoir aussitôt. Il semble même que ceux qui servent devinent, puisqu'ils les présentent dans le même instant. On en sera aisément persuadé quand on saura que ce service se fait par l'ordre et par les soins de M. Bontemps, premier valet de chambre, dont on connoît l'activité sans égale pour servir et faire servir le Roi... On disoit autrefois, en exagérant, que les jeux et les ris étoient à la Cour ; mais c'étoit une manière de parler en ces temps-là, et ce n'est que d'aujourd'hui qu'on les y trouve effectivement. Aussi, jamais n'avoit-on eu soin de leur faire une si éclatante demeure, puisqu'on ne voit, dans tous les lieux qui leur sont destinés, qu'un éblouissant amas de richesses et de lumières mille fois redoublées en autant de glaces, et formant des perspectives plus brillantes que le feu, et où il entre mille choses autant et plus éclatantes. Joignez à cela l'éclat que la Cour parée y ajoute encore, et le feu des pierreries dont la plupart des habits des dames sont garnis...

Voyons maintenant le bien qui résulte d'une chose qui est souvent condamnée et qui, ordinairement, produit de méchants effets. La Cour est occupée pendant trois soirs de chaque semaine, et il est certain que si plusieurs n'avoient point cette agréable occupa-

tion, ils iroient, pendant ce temps-là, chercher des plaisirs qui
pourroient ou les ruiner, ou faire tort à leur réputation. La présence du Roi fait perdre aux jureurs l'habitude de jurer, et aux
pipeurs celle de se servir d'injustes moyens pour gagner; et il
semble que S. M., en s'abaissant, ne se soit dépouillée de sa grandeur que pour obliger les joueurs à se dépouiller de leurs passions... L'heure de finir le jeu étant marquée, c'est encore un autre
bien qui en résulte pour les joueurs. L'opiniâtreté qui fait les
grandes ruines est arrêtée par là, aussi bien que les désespoirs
causés par les pertes, qui font qu'on s'oublie en perdant et qu'on
s'emporte dans les blasphèmes. Ainsi l'on peut dire que ce qui se
passe chez le Roi n'est qu'un jeu et non une passion, et que ce jeu
ne peut rien avoir de condamnable, puisqu'il n'occupe que par
divertissement, et qu'il a toujours été permis de cette manière. De
tous les souverains, le Roi seul a imaginé un sûr moyen de corriger
les vices du jeu, en permettant à sa Cour de se divertir dans son
Palais.

Justement, la marquise de Sévigné se trouve à l'appartement, un soir de l'année 1676, et assiste au jeu de reversi :

Le Roi est auprès de Mme de Montespan, qui tient la carte; Monsieur, la Reine et Mme de Soubise; Dangeau et compagnie, Langlée
et compagnie; mille louis sont répandus sur le tapis; il n'y a point
d'autres jetons. Je voyois jouer Dangeau, et j'admirois combien
nous sommes sots au jeu auprès de lui! il ne songe qu'à son affaire,
et gagne où les autres perdent; il ne néglige rien, il profite de tout;
il n'est point distrait; en un mot, sa bonne conduite défie la fortune : aussi les cent mille francs en dix jours, les cent mille écus en
un mois, tout cela se met sur le livre de sa recette. Il dit que je
prenois part à son jeu, de sorte que je fus assise très agréablement
et très commodément. Je saluai le Roi; il me rendit mon salut,
comme si j'avois été jeune et belle. Mme de Montespan me parla de
Bourbon... C'est une chose surprenante que sa beauté; sa taille
n'est pas la moitié si grosse qu'elle étoit, sans que son teint, ni ses
yeux, ni ses lèvres en soient moins bien. Elle étoit tout habillée de
point de France, coiffée de mille boucles; en un mot, une triomphante beauté à faire admirer à tous les ambassadeurs. Cette
agréable confusion, sans confusion, de tout ce qu'il y a de plus
choisi, dure depuis trois heures jusques à six. S'il vient des courriers, le Roi se retire un moment pour lire ses lettres, et puis revient. Il y a toujours quelque musique qu'il écoute, et qui fait un
très bon effet. Il cause avec les dames qui ont accoutumé d'avoir
cet honneur. Enfin, on quitte le jeu à six heures; on n'a point du
tout de peine à faire les comptes; il n'y a point de jetons ni de
marques; les poules sont au moins de cinq, six ou sept cents louis;
les grosses de mille, de douze cents. On en met dix; on donne
chacun quatre louis à celui qui a le quinola; on passe; et quand
on fait jouer et qu'on ne prend pas la poule, on en met seize à la

poule, pour apprendre à jouer mal à propos. On parle sans cesse, et rien ne demeure sur le cœur. Combien avez-vous de cœurs? J'en ai deux, j'en ai trois, j'en ai un, j'en ai quatre : il n'en a donc que trois, que quatre; et Dangeau est ravi de tout ce caquet; il découvre le jeu, il tire ses conséquences; il voit à qui il a affaire; enfin, j'étois fort aise de voir cet excès d'habileté; vraiment, c'est bien lui qui sait le dessous des cartes, car il sait toutes les autres couleurs.

En 1686, les jours d'appartement, le Roi avait décidé qu'il tiendrait un grand jeu de reversi et que le Grand Dauphin, Monsieur, Dangeau et Langlée[1] en tiendraient chacun un autre. Le jeu, qui était fort gros, passionnait les courtisans. C'était un moyen que le Roi saisissait pour leur donner d'une manière régulière leur amusement favori. « Comme les avances étaient considérables, dit le marquis de Sourches[2], les joueurs s'associèrent avec plusieurs personnes de la Cour, et le Roi même eut la bonté d'en mettre quelques-uns de part avec lui, entre autres M. le comte d'Auvergne, M. le marquis de Beringhen, son premier écuyer, et le maître des requêtes Chamillart. »

Malheureusement, le jeu ne fut plus longtemps contenu, comme le dit le *Mercure*, par la présence du Roi, et il prit une place de plus en plus grande dans les distractions de la Cour. Saint-Simon accuse le cardinal Mazarin d'avoir introduit en France, parmi les grands et les petits, le jeu et ses friponneries. « Ce fut une des sources où il puisa largement, et un des meilleurs moyens de ruiner les seigneurs qu'il haïssoit et qu'il méprisoit, ainsi que toute la nation françoise, dont il vouloit abattre tout ce qui étoit grand par soi-même. » L'historien voyait une cause de dissolution pour la monarchie[3] dans le fléau, qui avait pris une grande extension à la Cour, à la ville et partout. Dangeau fut le joueur le plus accompli. Ecoutons ce que dit de lui Saint-Simon :

Il n'avoit rien, ou fort peu de chose; il s'appliqua à savoir parfaitement tous les jeux que l'on savoit alors : le *piquet*, la *bête*, l'*hombre*, *grande* et *petite prime*, le *hoc*, le *reversi*, le *brelan*, et à

---

[1] M. de Langlée était maréchal des logis des camps et armées du Roi.

[2] 5,000 pistoles, soit 50,000 livres du temps, environ 250,000 francs d'aujourd'hui.

[3] Il faut noter que ces lignes prophétiques ont été écrites par Saint-Simon vers le milieu du règne de Louis XV.

approfondir toutes les combinaisons des jeux et celles des cartes, qu'il parvint à posséder jusqu'à s'y tromper rarement, même au *lansquenet* ou à la *bassette*, à les juger avec justesse et à charger celles qu'il trouvoit devoir gagner. Cette science lui valut beaucoup, et ses gains le mirent à portée de s'introduire dans les bonnes maisons, et peu à peu à la Cour, dans les bonnes compagnies. Il étoit doux, complaisant, flatteur, avoit l'air, l'esprit, les manières du monde, de prompt et excellent compte au jeu, où quelques gros gains qu'il ait faits, et qui ont fait son grand bien et la base et les moyens de sa fortune, jamais il n'a été soupçonné et sa réputation toujours entière et nette.

Un autre grand joueur était Langlée, qui donna à Mme de Montespan, à la grande admiration de Mme de Sévigné, « une robe d'or sur or, rebrodé d'or, rebordé d'or, et par-dessus un or frisé, rebroché d'un or mêlé avec un certain or », ce qui faisait « la plus divine étoffe qui ait jamais été imaginée » et qui ne pouvait être que l'œuvre secrète des fées.

Puis, ce fut le jeu de brelan, où les Vendôme, en 1696, gagnaient plus de 100,000 livres, et le lansquenet : on y jouait des sommes effrayantes avec une passion furieuse. « Les joueurs, écrit la Palatine, sont comme des insensés : l'un hurle, l'autre frappe si fort la table du poing, que toute la salle en retentit ; le troisième blasphème d'une façon qui fait dresser les cheveux sur la tête ; tous paraissent hors d'eux-mêmes et sont effrayants à voir[1]. » Les pertes énormes amenaient souvent des actes de désespoir. Le duc et la duchesse de Bourgogne jouèrent aussi un jeu effréné, et leurs pertes furent toujours comblées par la bourse inépuisable du Roi[2]. Parfois, de graves querelles s'élevaient. Le 28 août 1698, à Meudon, le prince de Conti, le duc de la Feuillade et le grand prieur de Vendôme jouaient à l'hombre. Il y eut un coup qui fit dispute. « Il échappa au grand prieur une aigreur et des propos qui eussent été trop forts dans un égal, et qui lui attirèrent une cruelle repartie, où le prince de Conti tançoit à bout portant et sa fidélité au jeu et son courage à la guerre, l'un et l'autre à la vérité fort peu nets. Là-dessus, le grand prieur s'emporte, jette les cartes, et lui demande satisfaction, l'épée à la main, de cette insulte. Le prince de Conti, d'un

[1] *Correspondance de Madame*, trad. par Jægle.
[2] Dangeau, 1702.

sourire de mépris, l'avertit qu'il lui manquoit de respect, mais qu'en même temps il étoit facile à rencontrer, parce qu'il alloit partout et tout seul. » (Saint-Simon.)

La scène fut telle, qu'on envoya prévenir le Roi à Versailles pendant la nuit. Le lendemain, le grand prieur fut envoyé à la Bastille; mais l'affaire s'arrangea par les soins de Monseigneur et du duc de Vendôme, et le 7 août, le grand prieur vint à Marly demander pardon au prince de Conti.

Comme cela devait être, le jeu ne fut pas toujours honnête et les traits de friponnerie n'étaient pas rares. Malgré le Roi, qui n'avait voulu qu'en faire un divertissement, il fut pour un grand nombre, non pas un divertissement, « mais une occupation, mais une profession, mais un trafic », et devait entraîner, selon l'expression de Bourdaloue, « l'oubli des devoirs, le dérèglement de la maison, la dissipation des revenus, des tricheries indignes[1] ».

Pour les distractions du carnaval, la mode était passée des grands ballets en machines mêlés de récits, comme avaient été le ballet des Arts et le ballet de la Nuit, ainsi que des comédies mêlées d'entrées et de récits, comme Molière les avait inventées, et bien que l'opéra fût à la mode, la Cour n'en demandait plus pour ses divertissements du mardi gras, trouvant que le même divertissement pendant un mois était un plaisir trop uniforme. Aussi, au lieu de ces comédies ou de ces opéras, elle faisait diverses petites mascarades, aussi coûteuses, mais plus variées et partant plus agréables. Le *Mercure galant* de 1688, qui nous donne ces renseignements, fait la description d'un bal masqué à la Cour de Versailles, à la même époque :

L'entrée n'en étoit ouverte qu'aux masques, et peu de personnes osoient s'y présenter sans être déguisées, à moins qu'elles ne fussent d'un rang très distingué. Comme ces déguisements se sont plutôt faits pour prendre et donner du divertissement que pour affecter de paroître magnifique, et qu'on est si bien mis à la Cour, que la plupart n'auroient eu besoin que de leurs habits ordinaires et d'un masque pour paroître dans le plus superbe ajustement, ou a cru que, pour se mieux divertir, il falloit masquer cette année avec des habits plaisants et qui fissent paroître l'invention, le génie et l'esprit de ceux qui les porteroient, aussi bien que l'adresse des ou-

[1] Sermon sur le Scandale.

DÉCORATION DU BAL MASQUÉ

DONNÉ PAR LE ROY

AVEC MARIE THERESE INFANTE D'ESPAGNE, la nuit du XXV au XXVI Février MDCCXLV...

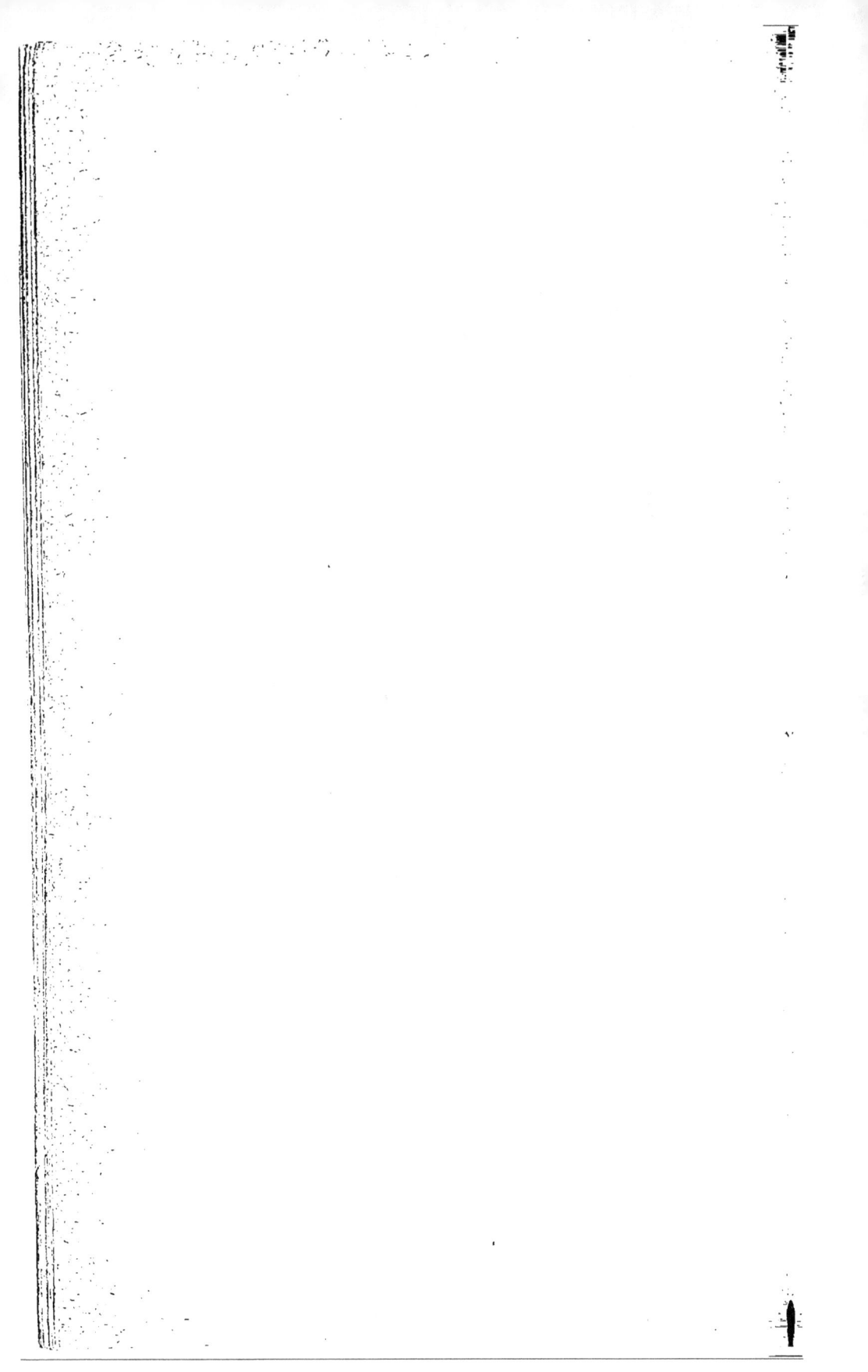

vriers. On a fait plus. Autrefois, quand ceux qui se déguisoient
alloient au bal, ils n'en sortoient que pour n'y plus retourner, et
plusieurs en sont sortis cette année jusques à huit et dix fois pour
aller changer d'habits.

On en a vu de grotesques, qu'on ne savoit comment appeler,
parce qu'ils n'étoient qu'un pur effet de l'imagination des inven-
teurs. En renouvelant les vieilles modes, on a choisi les plus ridicules, sur lesquelles on a encore renchéri pour rendre ces sortes
d'habits tout à fait plaisants. Il y a eu des figures d'une nouveauté
si surprenante, qu'un seul homme en représentoit jusques à quatre
tout à la fois. Enfin, l'on a vu jusques à des garnitures de porcelaines mouvantes et chantantes. Je dirai un mot de quelques-uns
de ces déguisements en parlant des lieux où ils ont paru. Monseigneur le Dauphin ayant changé huit ou dix fois d'habits chaque
soir, M. Bérain a eu besoin de tout son génie pour lui en fournir et
de toute sa vigilance pour les faire faire, à cause du peu de temps
qu'il y avoit depuis un bal jusqu'à l'autre. Comme ce prince ne
vouloit pas être reconnu, il n'y a sorte de personnage extraordinaire qu'on n'ait inventé pour le déguiser; et bien souvent, sous les
figures qu'il représentoit, on ne pouvoit deviner si celui qu'on
voyoit avec un masque étoit grand ou petit, gros ou menu; il
avoit même quelquefois des masques doubles et des masques de cire
si bien faits, sous un premier masque, que lorsqu'il s'est démasqué,
on a cru voir quelquefois un visage naturel qui a trompé tout le
monde. Comme ces sortes d'habits sont plus propres à réjouir la
vue qu'à être décrits, je ne m'étendrai pas davantage sur des chi-
mères, dont le pinceau même auroit de la peine à faire remarquer
toute la bizarrerie.

On ne peut paroître d'un air plus délibéré ni avec plus d'enjouement qu'a fait Monseigneur le Dauphin dans tous ces divertissements. La promptitude avec laquelle il changeoit d'habit n'a rien
qui l'égale. Il lassoit tous les officiers sans être fatigué, quoiqu'il
agît plus qu'eux en s'habillant et se déshabillant, et qu'il dansât
beaucoup. Ce prince fait connoître par les moindres choses, par la
manière dont il fait des exercices de cheval et par l'ardeur avec
laquelle il soutient le long travail de la chasse, combien il prendroit de plaisir à commander des armées, et que celui que les bêtes
les plus féroces n'étonnent point sentiroit renouveler sa vigueur
à la vue des plus redoutables ennemis. Aussi que ne doit-on pas
attendre d'un fils de Louis le Grand!

Monsieur, qui est toujours mis d'un si bon goût, a souvent paru
au bal avec des habits ordinaires, mais si magnifiques et si bien
entendus, qu'on n'eût pu rien ajouter à leur beauté et à leur richesse. Ce prince s'est aussi quelquefois déguisé d'une manière plaisante et qui a surpris par sa nouveauté tous ceux qui ont vu ces
déguisements. Vous remarquerez que, dans ces diverses fêtes, le
Roi a toujours été sans masque; qu'il a donné, pendant tout le carnaval, les mêmes heures qu'il donne ordinairement aux affaires de

l'Etat; qu'il ne s'est pas levé un moment plus tard que de coutume, et qu'il a pris part aux divertissements pour honorer par sa présence ceux qui les donnoient, et pour obliger sa Cour à goûter l'heureux repos que lui procurent ses veilles.

Le premier des cinq bals dont il faut que je vous parle fut donné par Monsieur le Grand, dans son appartement de la Galerie ou allée basse de l'aile neuve de Versailles. Ce bal s'ouvrit par une mascarade de Mlle de Nantes. On y jouoit alternativement un menuet et une gigue. Mais il n'y avoit que Mlle de Nantes qui dansât la gigue. Le menuet fut dansé par Mlle d'Armagnac et par Mlles d'Uzès et de Griguan ; quelquefois, elles le dansoient à quatre, quelquefois à trois, et ensuite à deux. Mlle de Nantes s'est fait admirer partout où elle a dansé. L'empressement de la voir étoit si grand que chacun montoit sur sa chaise pour la mieux considérer.

Monseigneur le Dauphin fit ce jour-là une mascarade avec M. le prince de la Roche-sur-Yon et plusieurs autres seigneurs de la Cour. Il étoit porté dans une chaise, accompagné d'un nombre de polichinelles à manteau et de plusieurs nains. Il se déguisa encore quatre ou cinq fois pendant ce bal, qui dura jusques à quatre heures du matin. Monsieur l'Amiral et Monsieur le duc de Vendôme furent de ces mascarades. Vous ne pouvez rien vous imaginer de trop touchant la magnificence de Monsieur le Grand. Tout alla chez lui jusqu'à la profusion.

NAISSANCE DU DUC DE BOURGOGNE
LA JOIE UNIVERSELLE (1682)

Le 4 août 1682, deux ans et demi après son mariage, le Grand Dauphin eut un premier enfant, qui fut le duc de Bourgogne. Cet événement compte parmi les plus importants de l'histoire du règne : « Si la Dauphine, dont la santé était délicate, ne devait jamais avoir d'enfants, et si quelque accident inopiné enlevait Monseigneur, c'était le trône passant à une branche collatérale dont le chef, Monsieur, frère du Roi, était peu aimé et peu estimé[1]. »

Une tradition très ancienne de l'étiquette royale, dont on ne s'était jamais départi, voulait que l'accouchement des princesses qui étaient dans la *ligne directe* se fît en quelque sorte en public, pour que toute supercherie ou supposition d'enfant fût rendue impossible. Les personnes qui, d'après le cérémonial de la Cour, avaient droit d'assister à la naissance

[1] D'Haussonville, *La Duchesse de Bourgogne.*

de l'héritier du trône étaient d'abord tous les princes et princesses du sang, puis les dignitaires de certaines grandes charges de la Cour. Enfin, bien que sans droits, les courtisans s'empressaient dans les appartements et vestibules, pour être vus du Roi en de telles conjonctures, et ce fut, durant la nuit, un concours ininterrompu vers les appartements de la Dauphine, qui étaient situés à l'extrémité de l'aile du Château[1].

Le *Mercure* donne d'intéressants détails sur cet événement qui assurait l'hérédité directe du trône. Nous ne pouvons que les résumer ici. Il signale l'empressement de la Cour à se rendre aux environs de l'appartement, et l'affluence est telle, qu'on n'en peut approcher, tandis que le reste du Château paraissait désert. On a expédié des courriers aux princes et on en a envoyé en divers endroits, à Paris et à Versailles, pour ordonner des prières. Des sommes considérables sont délivrées en même temps pour des aumônes... Les ambassadeurs, envoyés et résidents des princes étrangers sont venus :

... Afin de savoir la nouvelle de l'accouchement dans le même instant qu'on le publieroit et d'en faire part sur l'heure à leurs maîtres. Pendant cette soirée du mercredi, la nuit du mercredi au jeudi et la journée du jeudi, jusques à l'heure de l'accouchement de Madame la Dauphine, il n'y a rien de si tendre que ce qui se passa entre le Roi et cette princesse... Pendant que Madame la Dauphine souffroit le plus, elle dit au Roi qu'il lui étoit fâcheux d'avoir connu un si bon prince et d'avoir eu un si bon père et un si bon mari, pour les quitter sitôt. Le Roi qui, de son côté, renchérissoit sur ces marques de tendresse, lui dit qu'il seroit content qu'elle eût une fille, pourvu qu'elle souffrît moins et qu'elle fût plus tôt délivrée. Cette princesse dit à Sa Majesté, dans un autre temps, que son embarras ne venoit ni de ses douleurs, ni de la crainte de la mort; qu'elle oublieroit volontiers ses peines et qu'elle étoit prête de mourir, pourvu qu'en mourant elle laissât un prince qui obligeât le Roi et Monseigneur le Dauphin à se souvenir d'elle. Elle dit encore dans ses douleurs les plus violentes que ce qui causoit sa plus grande peine, c'étoit d'en donner au Roi et de voir que la bonté qu'il avoit pour elle le faisoit souffrir lui-même en le fai-

[1] La Dauphine de Bavière occupait en 1682, à l'extrémité de l'aile du Midi, un appartement remplacé aujourd'hui par la salle 149 (*ou de* 1830) et une partie de la galerie des Batailles.

sant compatir trop fortement à son mal. Quoiqu'elle ait souffert longtemps, elle a conservé le même caractère de grandeur, et son esprit a paru toujours égal...

Enfin, la princesse mit au monde un enfant mâle.

Sa Majesté annonça aussitôt cette nouvelle et nomma le prince duc de Bourgogne. On entr'ouvrit deux portes dans le même temps pour annoncer la grande nouvelle, qui n'étoit encore sue que de ceux qui étoient dans la chambre de Madame la Dauphine. Le Roi en ouvrit une et dit aux princesses, aux duchesses et aux autres dames du premier rang : « C'est un prince. » La dame d'honneur apprit la même chose aux hommes qui étoient dans une autre antichambre. L'éclat qui se fit alors est inouï et le mouvement presque incroyable... Les uns tâchoient de percer la foule pour aller publier partout l'heureuse nouvelle qu'ils venoient d'apprendre; et les autres, sans bien savoir où ils alloient, ni ce qu'ils faisoient, tant ils étoient transportés, forcèrent la porte de la chambre de Madame la Dauphine... Chacun embrassoit ceux qui étoient les plus proches, sans distinction de qualité. On ne voyoit que larmes de joie, et ceux qui se haïssoient oublioient leurs démêlés pour se réjouir ensemble de la naissance du prince. Plusieurs valets se trouvèrent, sans savoir où ils étoient, ni comment ils y avoient été portés, dans l'antichambre avec les princes et les dames de la première qualité. Le Roi défendit qu'on chassât personne et dit qu'ils n'avoient pas été maîtres de leur joie.

Le duc de Bourgogne fut ondoyé dans la chambre de la Dauphine par le cardinal de Bouillon, grand aumônier de France, en présence du curé de la paroisse de Versailles ; puis on amena l'enfant pour le montrer à la Dauphine. La maréchale de la Mothe, gouvernante, étant entrée dans une chaise à porteurs, on le mit sur ses genoux, et il fut ainsi porté jusque dans l'appartement qu'on lui avait préparé. Le marquis de Seignelay, secrétaire d'Etat et trésorier de l'Ordre, y vint aussitôt de la part du Roi et lui apporta la croix du Saint-Esprit, « parce que les fils de France naissent avec l'Ordre ». Après l'accouchement, qui avait duré deux jours et deux nuits, le Roi, qui avait été presque tout le temps sur pied, fut, en sortant des appartements de la Dauphine, l'objet d'une ovation telle de la part des courtisans, que « les tendres transports dont tout le monde était possédé » firent perdre de vue vis-à-vis de lui les règles sévères de l'étiquette, et que, pour aller jusque chez la Reine, le Grand Dauphin, très ému et accablé par les veilles, eut peine à soutenir le passage d'une extrême tristesse à une grande joie.

Cette naissance du duc de Bourgogne fut célébrée avec des emportements de joie inimaginables.

Dans les cours et dans les places, un nombre infini de feux de joie furent allumés... Il y eut des illuminations de toutes sortes, et tous les feux de Versailles donnant un nouvel éclat à l'or dont le Château est couvert, il ne s'est peut-être jamais rien vu d'aussi brillant.

MORT DE MARIE-THÉRÈSE (1683)

Le terrible drame des poisons avait produit sur Louis XIV une impression profonde qui acheva dans son âme, avec la lassitude, la conversion à laquelle Mme de Maintenon travaillait. Il revint à la Reine, qui n'avait cessé de l'aimer et qui en montra toute sa joie « d'une manière touchante et charmante, à en perdre la mesure qu'elle avait toujours gardée ». A quarante-quatre ans, elle se pare comme aux premiers temps de son mariage tant désiré, et on la voit « toute pleine de rubans de couleur ».

Malheureusement, la fin de ses jours heureux arriva vite : elle mourait le 30 juillet 1683. En cette année, elle avait accompagné le Roi dans un voyage qu'il avait fait en Alsace et en Bourgogne, et qu'elle parut avoir bien supporté[1]. Elle semblait, par son embonpoint et sa fraîcheur, annoncer une santé florissante, lorsque, dans la nuit du 26 juillet, elle ressentit un violent malaise. Les médecins découvrirent une tumeur au sein gauche. Ils décidèrent, sur l'avis de d'Aquin, et malgré les observations du chirurgien Dionis, de pratiquer une saignée au pied. Cette opération provoqua chez la Reine une grande faiblesse. L'émétique qu'on lui administra n'eut aucun succès, et elle expira le vendredi 30 juillet.

---

[1] Bossuet a parlé des fatigues des voyages royaux. Saint-Simon nous en fournit les détails : « Le Roi voyageait toujours en carrosse plein de femmes. Il fallait être en grand habit, parées et serrées dans leur corps, aller en Flandre, et plus loin encore, danser, veiller, être des fêtes, manger, être gaies et de bonne compagnie, changer de lieu, ne paraître craindre ni être incommodées du chaud, du froid, de l'air, de la poussière, et tout cela précisément aux jours et heures marqués, sans déranger d'une minute. »

Au Roi, qui lui demandait de marquer en toute liberté ses dernières volontés : « Monsieur, lui répondit-elle, je n'ai jamais eu d'autre volonté que la vôtre, et j'entre au tombeau avec ces mêmes sentiments, dans lesquels j'ai vécu. »

La mort de cette bonne créature, « humble non seulement parmi toutes les grandeurs, mais encore parmi toutes les vertus [1] », causa des regrets unanimes parmi le peuple, tant sa vertu était honorée. Louis XIV avait dit d'elle : « C'est le premier chagrin qu'elle m'ait causé. »

Il se rendit à Saint-Cloud. En montant en carrosse, il cachait sous un mouchoir son visage baigné de larmes. On l'entendit répéter : « Quoi ! il n'y a plus de reine en France. Quoi ! je suis veuf. Je ne saurais le croire, et cependant il est vrai que je le suis, et de là princesse du plus grand mérite. »

La Cour partagea ses regrets. On distingua en Mme de Montespan un esprit troublé, partagé entre les regrets du passé et la crainte de l'avenir. Elle pressent que le veuvage du Roi ne la rapprochera pas de lui : elle a conscience de la puissance latente de sa rivale, et elle reste anxieuse en se demandant ce qu'elle va devenir.

Cependant, le jour des obsèques arriva, et la *Gazette* en raconte longuement le cérémonial :

Le 31 juillet[2], le corps de la Reine fut ouvert et embaumé, et on en sépara le cœur et les entrailles. Le cœur fut embaumé et enfermé dans une boîte d'argent sur laquelle étoit cette inscription : « C'est le cœur de Marie-Thérèse, infante d'Espagne, épouse de Louis le Grand XIV du nom, décédée le 30 juillet 1683. » Les entrailles furent aussi embaumées et mises dans une urne.

Le corps, après avoir été embaumé et revêtu d'un habit de Saint-François par les femmes de chambre de la Reine, fut enfermé dans un cercueil de plomb, sur lequel on mit cette inscription : « C'est le corps de très haute, très excellente et très puissante princesse Marie-Thérèse, infante d'Espagne, épouse du roi Louis le Grand XIV du nom, laquelle est décédée au château de Versailles, le vendredi 30 juillet 1683, âgée de quarante-cinq ans. »

On le porta dans le grand cabinet, qui étoit tendu de deuil depuis le haut jusqu'en bas, avec trois bandes de velours et quantité d'écussons aux armes de la Reine ; et tandis que les prêtres de la Mission, établis dans la paroisse de Versailles, les Feuillans et les

[1] Bossuet, *Oraison funèbre de Marie-Thérèse*.

[2] *Gazette de France*.

Récollets chantèrent le *De profundis* et les autres prières, on le posa sur une estrade élevée de deux pieds, sous un dais de velours noir à grandes crépines d'argent, et garni d'écussons aux armes de la Reine. Le cercueil étoit couvert du drap mortuaire de la Couronne, d'or frisé et bordé d'hermines, avec des écussons aux armes de la princesse défunte, et une couronne d'or par-dessus, couverte de crêpe.

Le cœur fut posé dans le même cabinet, sur un des deux autels qu'on y avoit dressés pour célébrer des messes; et il y avoit autour de l'estrade et sur les autels un très grand nombre de chandeliers d'argent chargés de cierges.

La chambre de la Reine, l'antichambre, la salle, les portes et l'escalier étoient pareillement tendus de deuil, avec deux lés de velours chargés d'écussons aux armes de cette princesse.

Quatre évêques venoient tous les jours assister aux prières, étant placés à la droite du corps, et au-dessous d'eux il y avoit quatre aumôniers de la Reine. La marquise de Montespan, surintendante de la Maison de cette princesse, la duchesse de Créqui, dame d'honneur, la comtesse de Béthune, dame d'atours, et les dames du Palais étoient placées à la gauche; et elles étoient relevées de deux heures en deux heures par des duchesses et par d'autres dames qu'on avoit invitées.

Deux hérauts d'armes en robe de deuil, avec leur cottes et leurs caducées, étoient au pied de l'estrade. Ils présentoient l'aspersoir aux princes, aux princesses, aux ducs, aux duchesses, aux maréchaux de France, aux officiers de la Couronne, aux dames du Palais et aux autres dames qui alloient jeter de l'eau bénite aux heures qui leur étoient données.

Le 1er du mois d'août, Monsieur, Madame, Mademoiselle, le prince de Condé, le duc d'Enghien, le prince de la Roche-sur-Yon et le comte de Vermandois allèrent, le matin, jeter de l'eau bénite; et l'après-dîner, la grande-duchesse de Toscane, la duchesse d'Enghien, la princesse de Conty et Mlle de Bourbon s'acquittèrent de ce devoir. Ils furent tous reçus par les officiers et par les dames ayant charge dans la Maison de la Reine, et conduits par le marquis de Rhodes, grand maître des cérémonies, et par le sieur de Sainctot, maître des cérémonies, qui faisoient faire les pas aux officiers et aux officières selon le rang des princes et des princesses qu'ils recevoient.

Le 2 août, sur le soir, le cœur fut porté au Val-de-Grâce. Le cardinal de Bouillon, grand aumônier de France, fit la cérémonie de le lever et de le mettre sur un carreau de velours noir, couvert d'une couronne avec aussi un crêpe. Il le tint sur ses genoux dans le carrosse du corps de la Reine, où étoient Mademoiselle, la grande-duchesse de Toscane, la duchesse d'Enghien, Mlle de Bourbon et la princesse de Carignan, toutes en mantes. La marquise de Montespan, la duchesse de Créqui et la comtesse de Béthune accompagnoient aussi le cœur dans le même carrosse.

Il étoit environné par les pages et par les valets de pied de la Reine, par ses Cent-Suisses, qui avoient la pointe de leurs hallebardes en bas, et il étoit suivi par les gardes du Roi, tous portant des flambeaux de cire blanche.

Il y avoit un grand nombre d'autres carrosses drapés de noir, et à six chevaux, de Monsieur, de Madame, des princes et des princesses du sang, des seigneurs et des dames de la Cour qui devançoient et suivoient le carrosse du corps de la Reine, étant environnés de valets de pied qui portoient des flambeaux de cire blanche. On arriva en cet ordre au Val-de-Grâce.

Le 10, le corps fut conduit en l'église de Saint-Denis, avec toute la pompe due à une si grande princesse.

LOUIS XIV ÉPOUSE Mᵐᵉ DE MAINTENON

Après la mort de la Reine, Louis XIV alla rester quelque temps à Fontainebleau avec la Cour. On vit bien vite que la faveur de Mᵐᵉ de Maintenon avait augmenté. Le Roi la logea dans l'appartement de la Reine et commença à tenir ses conseils dans sa chambre; mais elle ne parut jamais aussi troublée, et cette agitation s'expliquait, a dit Mᵐᵉ de Caylus, « par une incertitude violente de son état, de ses pensées, de ses craintes et de ses espérances ». Sa principale règle devait être sans doute de faire le contraire de ce qu'elle avait vu chez Mᵐᵉ de Montespan : n'accorder rien pour arriver à tout obtenir. Cet esprit de conduite si politique, empreint d'ambition et de dévotion à doses égales, fut couronné de succès. Après la tendre La Vallière et l'impérieuse Montespan, Mᵐᵉ de Maintenon, la raisonnable, devait avoir, d'une manière solide et définitive, l'empire sur le cœur de Louis XIV.

Ce fut certainement pendant ce voyage à Fontainebleau que fut arrêté son mariage avec elle. D'après Lavallée[1], la date probable est la nuit du 12 juin 1684, où sept personnes se réunissaient mystérieusement dans la chapelle de Versailles; c'était, outre Louis le Grand et Françoise d'Aubigné, le Père de la Chaise qui dit la messe, l'archevêque de Paris qui donna la bénédiction, les marquis de Louvois et de

[1] *Mᵐᵉ de Maintenon et la Maison royale de Saint-Cyr.*

Montchevreuil qui furent les témoins, et le valet de chambre Bontemps qui prépara l'autel et servit la messe.

Louis XIV avait quarante-six ans, et Mme de Maintenon quarante-neuf; mais elle était en possession de toute sa beauté « majestueuse », qu'elle conserva intacte jusqu'à sa mort[1].

Quoique secrète, l'union n'était douteuse pour personne. Le Roi l'appelait Madame tout court et la traitait avec une déférence toute particulière; les princes et princesses de la famille royale avaient pour elle les mêmes égards; les papes lui adressaient des brefs. Mais rien d'extérieur ne révélait sa situation. Elle était, comme elle le dit elle-même, « une énigme pour le monde ». En effet, la Palatine, qui aurait dû être renseignée sur ce point, écrivait le 14 avril 1688 : « Je n'ai pas pu savoir si le Roi a oui ou non épousé la Maintenon. Il y en a beaucoup qui assurent qu'elle est sa femme, et que l'archevêque de Paris les a unis en présence du confesseur du Roi et du frère de la Maintenon; mais d'autres disent que ce n'est pas vrai, et il est impossible de savoir ce qu'il en est. En tout cas, ce qu'il y a de certain, c'est que le Roi n'a jamais eu pour aucune maîtresse la passion qu'il a pour celle-ci; c'est quelque chose de curieux à voir quand ils sont ensemble. Si elle est quelque part, il ne peut y tenir un quart d'heure sans aller lui parler à l'oreille et l'entretenir en secret, bien qu'il ait été toute la journée auprès d'elle. Cette femme est un méchant diable que chacun recherche et craint fort, mais elle est peu aimée. »

LA RETRAITE DE Mme DE MONTESPAN

Le mariage du Roi avec Mme de Maintenon amena pour Mme de Montespan une nouvelle existence. Elle resta à la Cour, non plus au titre de favorite, tantôt délaissée, tantôt recherchée, comme dans ces dernières années, mais au titre de mère des enfants qu'elle avait eus de sa liaison avec le Roi. Elle était descendue du premier étage au rez-de-chaussée. Le château de Clagny lui restait; la vie de Cour qu'elle

---

[1] En 1687, la terre de Maintenon fut érigée en marquisat.

18

aimait lui aida à supporter son abaissement. Cependant, peu
à peu, on lui fit sentir qu'elle ferait bien de s'éloigner, car sa
présence gênait. Son départ définitif eut lieu en 1691. L'année
suivante, quand aura lieu le mariage de ses enfants, Mlle de
Blois et le duc du Maine, Louis XIV ne permettra pas qu'elle
y paraisse. Bientôt après, son esprit se tourna vers le repentir ; elle se soumit aux plus dures mortifications, en souvenir
de sa vie passée ; elle n'avait d'ailleurs jamais oublié Dieu.
Elle expia pendant vingt-sept ans treize ans d'égarements,
avec des craintes et des troubles incessants, errant de couvent en couvent, sans trouver la paix. « Elle portait sans
cesse, dit Saint-Simon, des bracelets, des jarretières et une
ceinture à pointes de fer, qui lui faisaient souvent des plaies.
Et sa langue, autrefois si à craindre, avait aussi sa pénitence.
— Elle était, de plus, tellement tourmentée des affres de la
mort, qu'elle payait plusieurs femmes dont l'unique emploi
était de la veiller. »

Elle se retira définitivement au couvent de Saint-Joseph
qu'elle avait fondé. Elle devait mourir en 1707, aux eaux
de Bourbonne, à l'âge de soixante-six ans. Le duc d'Antin,
son fils légitime, accourut à la nouvelle de la maladie de sa
mère, mais il ne trouva pas de testament et repartit, en bon
courtisan, sans attendre ses funérailles. Le duc du Maine, qui
ne voyait que Mme de Maintenon, ne fut pas affecté par la
mort de sa mère ; il n'en fut pas de même du comte de Toulouse
et des princesses ses sœurs, mais un ordre supérieur leur
défendit de porter le deuil. Le Roi apprit la nouvelle de sa
mort à Marly. « Après avoir couru le cerf, dit Dangeau, il
s'est promené dans les jardins jusqu'à la nuit. » Mme de Maintenon fut impressionnée par la mort de cette personne avec
qui elle avait eu tant de rapports. « Mais son émotion fut
comme la commotion que cause la nouvelle de la mort d'une
personne qu'on a connue et dont on ne peut se défendre,
mais qui ne laisse dans le cœur aucune peine véritable. »

M. de Montespan, mort en 1701, s'était réconcilié avec sa
femme et l'avait faite son exécutrice testamentaire conjoin-
tement avec d'Aguesseau[1].

---

[1] *Jean Lemoine et A. Lichtenberger* ont découvert le testament du
marquis de Montespan à Toulouse, dans une étude de notaire (1907).

L'AVÈNEMENT DE Mme DE MAINTENON

Une fois reine de la main gauche, Mme de Maintenon ne cherche pas à jouer à la reine. « On sent dans cette liaison étrange, qu'enveloppe un certain mystère, dominer par-dessus toute chose le devoir et la lassitude. Elle avait entrepris le salut du Roi, dont elle se considérait comme responsable, sans autre but, disait-elle, que de le retirer des femmes et de le donner à Dieu, mais elle ne trouva dans l'accomplissement de cette tâche ni douceur, ni tendresse [1]. » Elle dut se soumettre à tout ce qu'il exigeait dans son égoïsme irrémédiable.

« Je l'ai vue quelquefois, dit Mlle d'Aumale, lasse, chagrine, inquiète, malade, prendre l'air le plus riant et le ton le plus satisfait, divertir le Roi par mille inventions, l'entretenir seule quatre heures de suite, sans répétitions, sans bâillements, sans médisances. Quand il sortoit de sa chambre à dix heures du soir, et qu'on fermoit son rideau, elle me disoit en soupirant : « Je n'ai que le temps de vous dire que je n'en « puis plus. » Quand elle étoit trop fatiguée, elle alloit se reposer à Saint-Cyr [2]. »

Il est reconnu aujourd'hui que Mme de Maintenon n'eut pas, comme l'a voulu le partial Saint-Simon, la puissance occulte d'un premier ministre et qu'elle ne fut pas la *Pantocrate*, comme l'appelait la Palatine. Voltaire apprécie son rôle avec plus de vérité :

« Son élévation ne fut pour elle qu'une retraite : renfermée dans son appartement, qui était de plain-pied à celui du Roi, elle se bornait à une société de deux ou trois dames retirées comme elle; encore les voyait-elle rarement. Le Roi venait tous les jours chez elle après son dîner, avant et après le souper, et y demeurait jusqu'à minuit: il y travaillait avec ses ministres, pendant que Mme de Maintenon s'occupait à la lecture ou à quelque ouvrage des mains, ne s'em-

[1] D'Haussouville, *La Duchesse de Bourgogne*.
[2] Lettre du 12 septembre 1698, citée par Lavallée.

pressant jamais de parler d'affaires d'Etat, paraissant souvent les ignorer, rejetant bien loin tout ce qui avait la plus
légère apparence d'intrigue et de cabale; beaucoup plus
occupée de complaire à celui qui gouvernait que de gouverner, et ménageant son crédit, en ne l'employant qu'avec une
circonspection extrême. Elle ne profita point de sa place
pour faire tomber toutes les dignités et tous les grands emplois dans sa famille. Son frère, le comte d'Aubigné, ancien
lieutenant-général, ne fut pas même maréchal de France; un
cordon bleu et quelques parts secrètes dans les fermes générales furent sa seule fortune...; le marquis de Villette, son
neveu, ou son cousin, ne fut que chef d'escadre; Mme de
Caylus, fille de ce marquis de Villette, n'eut en mariage
qu'une pension modique donnée par Louis XIV. Mme de Maintenon, en mariant sa nièce d'Aubigné au fils du premier
maréchal de Noailles, ne lui donna que 200,000 francs : le
Roi fit le reste[1]... La seconde femme du marquis de Villette, depuis Mme de Bolingbroke, ne put jamais rien obtenir
d'elle; je lui ai souvent entendu dire qu'elle avait reproché à
sa cousine le peu qu'elle faisait pour sa famille, et qu'elle
lui avait dit en colère : « Vous voulez jouir de votre modéra-
« tion, et que votre famille en soit la victime[2]. »

Mme de Maintenon fut pour le Roi une « compagne agréable
et soumise », se tenant le plus possible dans l'ombre. La
seule distinction par où son élévation pouvait paraître sensible, dit Voltaire, c'est qu'à la messe elle occupait une de
ces petites tribunes ou lanternes dorées réservées à l'usage
du Roi et de la Reine[3].

Son autorité ne se fit vraiment sentir qu'au point de vue de
la vie privée; elle influa sur le Roi en le poussant à la dévotion et en sauvegardant la décence de sa vieillesse. Mais la
rendre responsable des événements politiques qui vont s'accomplir, révocation de l'Edit de Nantes, persécution contre
les jansénistes, élévation des princes adultérins au rang de
princes du sang, serait une injustice. Voltaire dit qu'elle

---

[1] Le Roi donna à Mlle d'Aubigné 800,000 livres d'argent comptant,
plus 200,000 livres de pierreries, etc.

[2] Voltaire, *Siècle de Louis XIV*. (Suite des particularités et anecdotes.)

[3] Voir planche 7 de l'ouvrage de Demortain.

toléra les diverses persécutions, mais qu'elle n'y eut aucune part.

Cette opinion fait aujourd'hui autorité, mais on explique que cette dévotion du Roi, instinctive en lui, et entretenue par sa compagne, influa fortement sur la Révocation. Les voies ordinaires du salut ne suffisaient pas à un homme comme lui. Saint-Simon croyait qu'il « s'était toujours flatté de faire pénitence sur le dos d'autrui et se repaissait de la faire sur le dos des huguenots et celui des jansénistes ». Mme de Maintenon menait de pair les progrès de la dévotion et ceux de la résolution d'en finir avec l'hérésie. En août 1681, elle écrit : « Le Roi commence à penser sérieusement à son salut; si Dieu nous le conserve, il n'y aura bientôt plus qu'une religion dans son royaume. » Quelques semaines après la mort de la Reine : « On est fort content du P. de la Chaise; il inspire au Roi de grandes choses. Bientôt, tous ses sujets serviront Dieu en esprit et en vérité[1]. »

Les préparatifs de la révocation de l'Edit de Nantes coïncidèrent donc avec l'intervention de la dévotion à la Cour, due à l'élévation de Mme de Maintenon, sans qu'elle prît à cet événement capital une part directe, mais il est bien évident que cette influence morale se fit sentir sur toute la Cour, qui dut aussi tourner à la dévotion ; ce ne fut, bien entendu, pour beaucoup de courtisans, qu'une attitude. « Tel, dit la piquante Palatine, est dévot à Versailles et libertin à Paris[2]. » De là, la monotonie et l'ennui qui vont caractériser la vie de Versailles dans la deuxième partie du règne, si différente de la première, et qui eut un moment de gaieté, lors de l'apparition trop courte de la jeune duchesse de Bourgogne.

Mme de Maintenon ne cacha pas son peu de goût pour les affaires politiques. « Je ne sais point les affaires, disait-elle ; on ne veut pas que je m'en mêle... on aurait autant d'éloignement à me les communiquer que j'ai de répugnance à les entendre. »

Si elle eut ses amis et ses candidats préférés, « elle n'employa son crédit qu'avec les plus grands ménagements,

---

[1] Lavisse, *Histoire de France*, t. VII.

[2] Saint-Simon a raconté la plaisanterie que Brissac, major des gardes du corps, fit aux dames de la Cour.

qu'avec une circonspection extrême, beaucoup plus préoccupée de deviner et de suivre les goûts du Roi que de les combattre ou de lui imposer les siens propres ». D'ailleurs, avec
un homme aussi jaloux de son pouvoir, personne n'eût songé
à agir d'autorité, et elle faisait, en somme, comme Colbert
avait fait, comme Louvois faisait en ce moment. Il est bien
vrai toutefois que, sur la question de religion, elle montra
une ardeur contenue, mais réelle. Son zèle catholique de la
seconde partie de sa vie était tel, qu'elle ne désirait rien
autant que de convertir. L'*abbesse universelle* s'intéressa particulièrement aux affaires religieuses et vit avec plaisir la
conversion, même forcée, des protestants. Elle ne fut pas
trompée sur leur insincérité, mais, disait-elle, « les enfants
seront catholiques, si les pères sont hypocrites ». Comme la
grande majorité de ses contemporains, elle pensait que cette
prétendue destruction de l'*hérésie* était, selon la parole de
Bossuet, le « miracle » et « le digne ouvrage » du règne.
Dans le conseil, son jugement fut souvent sollicité par
Louis XIV, qui en appréciait fort la solidité.

En réalité, ce qu'elle aima le plus, ce fut l'éducation des
jeunes filles nobles qu'elle avait réunies dans la maison de
Saint-Cyr; c'est près d'elles qu'elle devait se retirer à la
mort du Roi, et y mourir en 1719, à l'âge de quatre-vingt-
quatre ans.

Saint-Cyr, fondé en 1685, aux portes de Versailles, reçut
deux cent cinquante jeunes filles pauvres de la noblesse, de
cette petite noblesse tenue à l'écart, dédaignée, qui rappelait
à Mme de Maintenon sa jeunesse malheureuse et sans appui.

Cette maison, bâtie par Mansart, malheureusement dans
un endroit bas et humide, fut inaugurée par le Roi l'année
suivante. Ce fut la *Maison royale de Saint-Louis*.

Le Roi y appela des jeunes filles nobles et principalement
celles issues de gentilshommes ayant porté les armes.

A leur sortie, on leur donnait une dot de 3,000 livres, sans
compter le trousseau. Préoccupée de leur destinée, qui devait
être le mariage ou le couvent, à cause de leur pauvreté,
Mme de Maintenon disait à ses collaboratrices : « Vous devez
former d'excellentes vierges pour les cloîtres et de pieuses
mères de famille pour le monde. En sanctifiant ainsi les
deux principaux états de votre sexe, vous contribuerez à

établir le vrai règne de Dieu pour tous les états et toutes les positions; car on sait combien une mère de famille a de part à la bonne éducation de ses enfants; combien une femme prudente et vertueuse peut insinuer la religion dans le cœur de son mari; combien une bonne maîtresse de pensionnaires, dans un couvent, peut faire de bien sur les jeunes filles qu'elle gouverne. » Elle veut que leur piété soit gaie, douce et libre. Elle veille à leur santé, à leur taille : « Ne souffrez pas qu'à l'église elles aient la tête de travers et le corps courbé; c'est le cœur qui doit être prosterné devant Dieu. » Elle veut une éducation solide, qui les accoutume aux divers travaux de la maison, sans négliger les arts d'agrément, la musique, le chant, la lecture à haute voix. En 1689, nous assisterons à de brillantes représentations théâtrales, lorsque Racine, sortant de la retraite, aura écrit, pour la scène de Saint-Cyr, *Esther* et *Athalie*.

LA CHAMBRE DE Mme DE MAINTENON DEVIENT LE CENTRE DES AFFAIRES
SON CABINET SERT DE SALLE DE COMÉDIE ET DE CONCERT

Bien qu'après son mariage Mme de Maintenon ne soit dans la hiérarchie officielle de la Cour que « la marquise de Maintenon, seconde dame d'atours de Madame la Dauphine », elle est de plus en plus visiblement traitée en épouse. Dès 1685, elle ne quitte pas le Roi. Dans son appartement de Versailles, de plain-pied avec le sien, Louis XIV, dès 1691, travaille, en sa présence, avec l'un ou l'autre de ses ministres, et il y va souper. Et il en fut ainsi jusqu'à la fin. Assise dans son fauteuil, un livre ou un fuseau à la main, « elle est initiée, autant ou plus que ne le fut jamais reine de France, à tout l'Etat. Confidente d'abord, puis de plus en plus conseillère ». « Quand le Roi travaille avec ses ministres, disait-elle elle-même, il est très rare qu'on ne m'appelle pas[1]. » Sa manière n'est pas de s'ingérer, ce qui ne serait pas toléré, mais de donner « des maximes générales », de suggérer[2]. Mais dans

---

[1] Lavisse, *Histoire de France*, t. VIII.

[2] « Souvenez-vous, lui écrivait un jour Fénelon, que les sentiments

les affaires religieuses, dont elle a le goût très vif et dont elle
se croit chargée par Dieu de s'occuper[1], elle ose prendre
parti, et, soutenue par Fénelon et d'autres prélats, elle ne
cesse d'obséder le Roi pour qu'il s'immisce dans « les choses
de la foi et de la piété », et qu'il parachève son œuvre en
abattant le *monstre janséniste*. Ici, son rôle paraît capital.

Dans la dernière période du règne, sa chambre devint le
principal lieu de la Cour. « Le Roi, écrit Dangeau, va souper
chez elle comme il alloit souper chez Mme de Montespan. »
En 1696, nous le voyons y tenir un conseil de guerre avec
les maréchaux de Villeroi et de Boufflers, et MM. de Puységur
et de Chamlay. C'est chez elle que le Roi reçoit en 1702 le
maréchal de Villeroi revenant de Crémone, le maréchal de
Boufflers, à son retour de l'armée de Flandre ; c'est chez
elle que, le 4 janvier 1703, il travaille avec Chamillart et
Villars qui partait à l'armée du Rhin ; c'est encore chez
elle qu'il reçoit, le 11 décembre 1708, le duc de Bourgogne
revenant de sa malheureuse campagne de Flandre.

Si la chambre de Mme de Maintenon fut très souvent pour
le Roi la salle du conseil, son cabinet servit de salle de comédie et de concert pour la jeune duchesse de Bourgogne, qui,
elle aussi, passa une partie de sa vie chez *sa tante*.

En 1689, ce cabinet servit aux répétitions d'*Esther*, dont
la première représentation eut lieu à Saint-Cyr le 26 janvier 1689. Ces répétitions eurent lieu en présence du Roi,
des princes du sang et de plusieurs personnes de « la première qualité, sans autre parure que leur habit ordinaire
qui était propre et mis de bon goût[2] ».

A partir de 1699, le grand cabinet de Mme de Maintenon
devient une véritable salle de comédie. On y joue : *Jonathas*
et *Absalon*, tragédies de Duché ; la *Ceinture magique*, de
Rousseau ; *Athalie* et les *Précieuses ridicules*. « Mme la duchesse de Bourgogne, M. le duc d'Orléans, le comte et la

---

du Roi ne sont jamais du premier mouvement, et qu'ils s'augmentent
par les réflexions suggérées. »

[1] « Il me parut, disait-elle, dans le changement qui m'arriva, que tout
était de Dieu, et je ne songeai qu'à entrer dans ses desseins. »

[2] *Mémoires sur Mme de Maintenon*, recueillis par les Dames de Saint-Cyr.

comtesse d'Ayen, le jeune comte de Noailles, Mlle de Melun y faisoient les principaux personnages en habits de comédiens, fort magnifiques. Le vieux Baron, excellent acteur, les instruisoit et jouoit avec eux et quelques domestiques de M. de Noailles. Il n'y avoit de place que pour quarante spectateurs. Monseigneur et les deux princes ses fils, la princesse de Conti, M. du Maine, les dames du Palais, Mme de Noailles et ses filles y furent les seuls admis. Il n'y eut que deux ou trois courtisans en charge et en familiarité, et pas toujours. Madame y fut admise avec son grand habit de deuil, parce qu'elle aimoit fort la comédie. »

Ces représentations se multipliaient. La Palatine mentionne le grand succès d'*Absalon*[1]. Enfin, le 14 février 1702, le cabinet de Mme de Maintenon vit la première représentation d'*Athalie*.

Le *Mercure* donne de ces brillantes représentations un compte rendu qui mérite d'être lu :

On a joué à la Cour l'*Athalie* de M. Racine avec tous les ornements et les chœurs mis en musique depuis longtemps par M. Moreau, qui avoit fait ceux d'*Esther*. Ces chœurs ont été parfaitement bien exécutés par les demoiselles de la musique du Roi. Mme la duchesse de Bourgogne a joué Josabeth avec toute la grâce et tout le bon sens imaginable, et quoique son rang pût lui permettre de faire voir plus de hardiesse qu'une autre, celle qu'elle a fait paroître, seulement pour marquer qu'elle étoit maîtresse de son rôle, a toujours été mêlée d'une certaine timidité que l'on doit plutôt nommer modestie que crainte. Les habits de cette jeune princesse étoient d'une grande magnificence. M. le duc d'Orléans a parfaitement bien joué le rôle d'Abner, et avec une intelligence que l'on n'attrape que lorsqu'on a beaucoup d'esprit; M. le comte d'Ayen a joué Joad, et Mme la comtesse sa femme, Salomith. Ceux qui les connoissent sont persuadés qu'ils ont très bien rempli leurs deux rôles. Quand on a de l'esprit infiniment, on réussit dans tout ce qu'on veut se donner la peine d'entreprendre.

Mme la présidente de Chailly s'est fait admirer dans le rôle d'Athalie. M. le comte de Lesparre, second fils de M. le duc de Guiche, qui n'a que sept à huit ans, a charmé dans le personnage du jeune roi Joas; M. de Champeron, qui est encore fort jeune, a fort bien réussi dans le rôle du fils du grand prêtre, et celui du grand prêtre a été joué par le sieur Baron, qui, au sentiment de tous ceux qui l'ont vu, n'a jamais joué avec plus de force.

[1] Lettre à Philippe V, roi d'Espagne (5 février 1702).

Le 22 février, les *Précieuses ridicules* y furent jouées avec le plus grand succès. Deux représentations d'*Athalie*, données le 23 et le 25 février, finirent les spectacles chez Mᵐᵉ de Maintenon jusqu'à la mort de la duchesse de Bourgogne.

C'était encore chez Mᵐᵉ de Maintenon que l'on tirait les belles loteries de bijoux, d'étoffes et même de lots d'argent pour la duchesse de Bourgogne et ses dames, et que le Roi venait entendre de petits concerts exécutés par l'un de ses musiciens nommé Pièche et par sa famille.

Après la mort de cette princesse, Louis XIV s'enferma plus que jamais chez Mᵐᵉ de Maintenon. Il y trouvait quelques femmes distinguées, spirituelles et aimables, dont la marquise avait formé sa société particulière. Très souvent, il y faisait porter son dîner; le soir, il y entendait de bonne musique, symphonies ou parties d'opéras. Il y jouait avec les dames, ou il écoutait les comédies de Molière, demeuré son auteur préféré et qui lui donnait ses derniers plaisirs.

Un nouveau théâtre s'organisa chez Mᵐᵉ de Maintenon. Les acteurs furent les musiciens du Roi, vêtus en habits de théâtre, et dressés par le Roi à jouer Molière. Habitué comme il l'était au jeu de Molière lui-même, Louis XIV ne pouvait pas supporter les acteurs de la Comédie-Française, qui avaient perdu la tradition et interprétaient fort mal leurs rôles.

LA TRANSFORMATION DE LA COUR DÈS 1684

« La Cour fut moins vive et plus sérieuse depuis que le Roi commença à mener avec Mᵐᵉ de Maintenon une vie plus retirée; et la maladie considérable qu'il eut, en 1686, contribua encore à lui ôter le goût de ces fêtes galantes qui avaient jusque-là signalé presque toutes ses années[1]. » D'autre part, reine de la main gauche, elle ne pouvait, dans bien des occasions, tenir la place de la Reine. De plus, la Dauphine de Bavière, triste et de santé chancelante, se refusait à tenir la Cour. Cet état de choses, joint à la régularité des mœurs et aux pratiques religieuses en honneur depuis

---

[1] Voltaire, *Siècle de Louis XIV*. (Suite des particularités et anecdotes.)

1684, explique la monotonie et l'ennui qui régnèrent à Versailles jusqu'au jour où une jeune princesse, gaie et spirituelle, vint présider aux divertissements. Ce fut Marie-Adélaïde de Savoie, duchesse de Bourgogne.

En attendant, le tableau est plutôt sombre : la mécanique de la Cour fonctionne au milieu de l'ennui général ; aucun élan dans ces plaisirs commandés, où il semble qu'on ait peur de se laisser aller. A la table du Roi, les dames se taisent, et quelquefois il y en a quarante au souper, toujours au moins une douzaine. Dans ces vastes salles de marbre et d'or, mal chauffées, il fait très froid. Pour échapper à l'ennui, on s'évade quand on peut. Seigneurs, ministres et princes ont des châteaux aux environs, où ils se retirent quand le Roi le permet, pour quelques jours, afin d'y goûter un peu de liberté. Louis XIV lui-même va à Trianon et surtout à Marly, où l'étiquette est moins sévère. Le Dauphin va à Choisy d'abord, ensuite à Meudon. Monsieur a Saint-Cloud, les Condé ont Chantilly, Monsieur le Duc, Saint-Maur. Les châteaux de Sceaux, de Rambouillet, d'Anet sont au duc du Maine, au comte de Toulouse, au duc de Vendôme. Quant à Paris, le Roi et la Cour n'y vont presque jamais.

Avec la monotonie, un autre caractère de ce milieu étroit et surchauffé de la Cour, c'est l'esprit d'intrigue, de vanité, d'hypocrisie, de médisance et de calomnie, justifiant la satire terrible de La Bruyère, qui a montré en traits immortels la dissimulation et la servilité de ces grands seigneurs et courtisans, « polis, mais durs comme le marbre », chez qui « la politesse ou la fortune tiennent lieu d'esprit et suppléent au mérite », « bas et timides devant les princes, pleins de hauteur et de confiance avec ceux qui n'ont que de la vertu », qui « vivent à l'aventure, poussés et entraînés par le vent de la faveur et par l'attrait des richesses ». Ceux qui ont vécu dans une de ces ruches, petites ou grandes, peuvent seuls se figurer exactement ce qu'a dû être l'existence de tant de personnes vivant ensemble : ce monde de courtisans se disputant toutes les faveurs du maître, jusqu'à un sourire ; chacun se croyant seul digne d'obtenir la chose donnée : cordon bleu, charge, grade, invitation, etc.; tous se chansonnant cruellement et crûment, se raillant à l'envi les uns les autres ; tous discutant sur les questions de rang, de préséance, de droits ;

Lorrains, ducs, bâtards, légitimés, luttant sans cesse; les ducs prétendant être les seuls « gens titrés[1] », appelant les autres nobles gens de condition ou de qualité, et ceux-ci se rebiffant[2]; le Roi obligé de « décider » sans cesse sur toutes ces prétentions, et d'imposer son autorité pour conserver la paix et l'ordre, au moins à la surface.

LA RELIGION A LA COUR
LES SENTIMENTS RELIGIEUX DE LOUIS XIV
LES COURTISANS ET L'HYPOCRISIE DE LA DÉVOTION

Les offices religieux tenaient à la Cour une place importante.

Louis XIV considérait la religion, avec ses pratiques minutieuses, comme un instrument de règne dans sa monarchie absolue, dont l'Eglise devait être l'un des fondements. Son éducation catholique avait été faite par sa mère, à l'espagnole, dans le sens d'une piété étroite et machinale.

Dans son adolescence, il se révolta contre ses contraintes, qui gênaient ses passions, et passa outre à ses avertissements ou reproches, mais en continuant à observer fidèlement toutes les pratiques religieuses. « Pourvu, disait de lui la Palatine, qu'il écoutât son confesseur et récitât son *Pater*, il croyait que tout irait bien[3]. » En effet, sa religion fut surtout formaliste et il l'accommoda avec ses amours adultères, malgré les allusions de Bossuet et de Bourdaloue.

Après la mort de Marie-Thérèse, converti par Mme de Maintenon à la vie régulière dont elle sut lui faire entendre que la nécessité s'imposait pour son salut, il prit le pli, dans son âme logique (le mot est d'un historien contemporain[4]), d'obéir aux instructions de son confesseur, et d'expier par une dévotion qui devint de plus en plus outrée et minutieuse les

---

[1] « Les titrés, c'est-à-dire ducs ou grands d'Espagne. » (Luynes, t. VII.)

[2] « Ici, dit la Palatine, la petite noblesse est fort peu considérée. »

[3] Saint-Simon, impitoyable et souvent clairvoyant, disait qu'il « avait un attachement pharisaïque à l'extérieur de la loi et à l'écorce de la religion ».

[4] Lavisse, *Histoire de France*, t. VIII.

scandales de sa vie passée. Aussi le verra-t-on, vers la fin de
son règne, entre les mains de son confesseur, le Père Le Tellier, successeur du Père La Chaise, « moine rustique et rude,
théologien passionné plutôt qu'homme d'action », prendre
parti pour l'ultramontanisme contre les jansénistes, et par là
même contre les gallicans.

Le Roi n'a de sa vie, dit Saint-Simon, manqué la messe qu'une
fois à l'armée, un jour de grande marche, ni aucun jour maigre,
à moins de vraie et très rare incommodité. Quelques jours avant le
carême, il tenoit un discours public à son lever, par lequel il témoi-
gnoit qu'il trouveroit fort mauvais qu'on donnât à manger gras à
personne, sous quelque prétexte que ce fût, et ordonnoit au grand
prévôt d'y tenir la main et de lui en rendre compte. Il ne vouloit
pas non plus que ceux qui mangeoient gras mangeassent ensemble,
ni autre chose que bouilli et rôti fort court, et personne n'osoit
outre-passer ses défenses, car on s'en seroit bientôt ressenti. Elles
s'étendoient à Paris, où le lieutenant de police y veilloit et lui en
rendoit compte...
... Il manquoit peu de sermons l'avent et le carême, et aucune des
dévotions de la semaine Sainte, des grandes fêtes, ni les deux processions du Saint-Sacrement, ni celles des jours de l'ordre du Saint-
Esprit, ni celle de l'Assomption. Il étoit très respectueusement à
l'église. A sa messe, tout le monde étoit obligé de se mettre à genoux
au *Sanctus*, et d'y demeurer jusqu'après la communion du prêtre; et
s'il entendoit le moindre bruit, ou voyoit causer pendant la messe,
il le trouvoit fort mauvais. Il manquoit rarement le salut les dimanches, s'y trouvoit souvent les jeudis, et toujours pendant toute
l'octave du Saint-Sacrement. Il communioit toujours en collier de
l'ordre, rabat et manteau, cinq fois l'année, le samedi Saint à la paroisse, les autres jours à la chapelle, qui étoient la veille de la Pentecôte, le jour de l'Assomption et la grand'messe après, la veille de
la Toussaint et la veille de Noël, et une messe basse après celle où
il avoit communié, et ces jours-là, point de musique à ses messes,
et à chaque fois, il touchoit les malades. Il alloit à vêpres les jours
de communion, et après vêpres il travailloit dans son cabinet, avec
son confesseur, à la distribution des bénéfices qui vaquoient. Il n'y
avoit rien de plus rare que de lui voir donner aucun bénéfice en
d'autres temps. Il alloit le lendemain à la grand'messe et à vêpres,
à matines, et à trois messes de minuit en musique, et c'étoit un
spectacle admirable que la chapelle; le lendemain, à la grand'messe,
à vêpres, au salut. Le jeudi Saint, il servoit les pauvres à dîner, et
après la collation, il ne faisoit qu'entrer dans son cabinet et passoit
à la tribune adorer le Saint-Sacrement, et se venoit coucher tout
de suite. A la messe, il disoit son chapelet (il n'en savoit pas davantage), et toujours à genoux, excepté à l'évangile. Aux grandes
messes, il ne s'asseyoit dans son fauteuil qu'au temps où on a cou-

tume de s'asseoir. Aux jubilés, il faisoit presque toujours ses sta-
tions à pied, et tous les jours de jeûne, et ceux du carême où il
mangeoit maigre, il faisoit seulement collation.

Il étoit toujours vêtu de couleur plus ou moins brune, avec une
légère broderie, jamais sur les tailles, quelquefois rien qu'un bou-
ton d'or, quelquefois du velours noir. Toujours une veste de drap
ou de satin rouge, ou bleu, ou verte, fort brodée. Jamais de bague,
et jamais de pierreries qu'à ses boucles de souliers, de jarretières
et de chapeau, toujours bordé de point d'Espagne avec un plumet
blanc. Toujours le cordon bleu dessous, excepté des noces ou autres
fêtes pareilles qu'il le portoit par-dessus, fort long, avec pour huit
ou dix millions de pierreries. Il étoit le seul de la Maison royale
et des princes du sang qui portât l'ordre dessous, en quoi fort peu
de chevaliers de l'ordre l'imitoient, et aujourd'hui presque aucun
ne le porte dessus, les bons par honte de leurs confrères, et ceux-là
embarrassés de le porter.

Dans la dernière partie du règne, il exigea de tous l'assiduité aux offices et les pratiques de piété, et les seigneurs qui
vouloient faire leur cour se firent dévots et purent, dans leur
manège hypocrite, se reconnaître dans ce trait sanglant de
La Bruyère : « Un dévot est celui qui, sous un roi athée,
serait athée. » Ecoutons le récit de Saint-Simon :

Brissac, major des gardes du corps, fit un étrange tour aux dames
(vers 1700). C'étoit un homme droit qui ne pouvoit souffrir le faux.
Il voyoit avec impatience toutes les tribunes de la chapelle bondées
de dames l'hiver, au salut, les jeudis et les dimanches, où le Roi ne
manquoit guère d'assister, et presque aucune ne s'y trouvoit quand
on savoit de bonne heure qu'il n'y viendroit pas, et sous prétexte
de lire dans leurs heures, elles avoient toutes de petites bougies
devant elles pour les faire connoître et remarquer. Un soir, que le
Roi devoit aller au salut, et qu'on faisoit à la chapelle la prière de
tous les soirs qui étoit suivie du salut, quand il y en avoit, tous
les gardes postés et toutes les dames placées, arrive le major vers
la fin de la prière, qui, paroissant à la tribune vide du Roi, lève son
bâton et crie tout haut : « Gardes du Roi, retirez-vous, rentrez dans
vos salles, le Roi ne viendra pas. » Aussitôt, les gardes obéissent,
murmures tout bas entre les femmes, les petites bougies s'éteignent
et les voilà toutes parties, excepté la duchesse de Guiche, Mᵐᵉ de
Dangeau et une ou deux autres qui demeurèrent. Brissac avoit
posté les brigadiers aux débouchés de la chapelle pour arrêter les
gardes, qui leur firent reprendre leurs postes, sitôt que les dames
furent assez loin pour ne pouvoir pas s'en douter. Là-dessus, arrive
le Roi, qui, bien étonné de ne point voir de dames remplir les tribunes, demanda par quelle aventure il n'y avoit personne. Au sortir
du salut, Brissac lui conta ce qu'il avoit fait, non sans s'espacer sur

la piété des dames de la Cour. Le Roi en rit beaucoup et tout ce qui l'accompagnoit. L'histoire s'en répandit incontinent après; toutes ces femmes auroient voulu l'étrangler.

Louis XIV entendait la messe tous les jours à la chapelle, sauf empêchement majeur : lorsqu'il prenait médecine, il la faisait dire dans sa chambre et l'entendait de son lit.

Lorsqu'il faisait « son bon jour », c'est-à-dire sa communion, à l'une des quatre « bonnes fêtes », Pâques, Pentecôte, Toussaint et Noël, il touchait les malades. Le 16 mai 1698, veille de la Pentecôte, il en toucha trois mille.

En carême, qu'il pratiquait fort sévèrement, les fêtes et les plaisirs cessaient : de nombreux exercices de piété et des sermons les remplaçaient.

Parmi les cérémonies observées régulièrement à la Cour, étaient celles des *Rois*, du *Jeudi Saint* et du *Saint-Esprit*.

La fête des Rois était quelquefois assez gaie, et il y avait un peu de détente dans le mécanisme [1].

Voici, sur la cérémonie du Jeudi Saint, quelques détails intéressants sur le lavement des pieds fait par le Roi à un certain nombre de pauvres :

Pendant les Ténèbres auxquels Sa Majesté assiste, l'un des aumôniers servant et le premier médecin du Roi, suivis des chirurgiens et barbiers, se rendent en un lieu où est assemblé un grand nombre de pauvres jeunes enfants, parmi lesquels on choisit treize petits, les plus agréables, qui sont visités par le premier médecin et par les chirurgiens et barbiers du Roi, pour voir s'ils sont nets et n'ont point aucunes fistules ou gales sur le corps, et notamment aux pieds, et ces treize petits enfants étant trouvés tels qu'il est nécessaire pour être présentés le lendemain, qui est le Jeudi Saint, devant le Roi, à la cérémonie du lavement des pieds, ils sont mis par M. le Grand Aumônier sur un rôle signé de lui, lequel est mis entre les mains du trésorier des aumônes et offrandes du Roi, afin qu'il donne ordre à ce qui est nécessaire pour la cérémonie, en ce qui dépend de sa charge.

Le Jeudi Saint, dès six heures du matin, ces treize petits pauvres sont menés à la fourrière, où le barbier du commun de la maison du Roi leur rase les cheveux et coupe les ongles du pied à chacun; puis on les fait chauffer, et on leur baille à déjeuner, et les officiers de la fourrière leur lavent après les jambes et les pieds avec de

---

[1] Nous donnons plus loin une description de la fête des Rois de 1708, qui eut un éclat sans pareil.

l'eau tiède et des herbes odoriférantes, afin que Sa Majesté n'en
reçoive aucune mauvaise odeur. Cela fait, ils sont habillés d'une
petite robe de drap rouge, ayant un chaperon à hache, attaché derrière, avec deux aunes de toile qui leur pendent depuis le col jusque en bas, où sont enveloppés leurs pieds, et sont conduits par
leurs pères et mères, ou quelqu'un de leurs parents, en la salle où
se doit faire la cérémonie, et assis le long d'un banc, le dos tourné
contre la table où le Roi les doit servir, et le visage vers la chaire,
où le grand aumônier, ou autre prélat choisi pour faire ce jour le
service divin devant Sa Majesté, doit faire l'exhortation sur le sujet
de cette cérémonie.

L'exhortation faite, on chante le *Miserere*, à l'issue duquel le grand
aumônier, ou autre prélat qui a fait l'exhortation, donne l'absolution ; puis le Roi s'avance vers les enfants, et, prosterné à deux genoux,
commence à laver le pied droit au premier, et le baise, et ainsi
continué aux autres. Le grand aumônier de France tient le bassin
d'argent doré, et l'un des aumôniers servant tient le pied de l'enfant que le Roi lave, essuie et baise après.

Ce lavement étant fait, les enfants sont passés de l'autre côté de
la table, où ils sont servis par le Roi, chacun des treize plats de
bois, les uns pleins de légumes, les autres de poisson, et d'une petite cruche pleine de vin, sur laquelle on met trois pains ou échaudés ;
puis le Roi passe au col à chacun d'eux une bourse de cuir rouge,
dans laquelle il y a treize écus, laquelle est présentée à Sa Majesté
par le trésorier des aumônes. Tous ces mets sont présentés au Roi
par les princes du sang royal et autres princes et grands seigneurs
qui se trouvent lors auprès de Sa Majesté ; le premier maître d'hôtel,
en l'absence du grand maître de France, marchant devant eux
avec son bâton de premier maître d'hôtel en grande cérémonie ; et
derrière les enfants il y a un aumônier servant qui prend tous les
plats sitôt que le Roi les a mis sur la table, et les remet dans des
paniers ou corbeilles qui sont tenus par les pères et mères, ou parents des enfants, auxquels le tout appartient.

Cette cérémonie ainsi parachevée, le Roi vient à la messe avec
une grande suite de princes, seigneurs et officiers de la Cour, et à
l'issue, avec un cierge blanc en main, suivi des mêmes princes et
seigneurs, il accompagne le Saint-Sacrement depuis l'autel où la
messe a été dite jusque dans un oratoire qu'on a préparé, où il est
posé en grande dévotion.   (*Du Peyrat.*)

Les cérémonies de l'ordre du Saint-Esprit, fondées par
Henri III, avaient lieu le Jour de l'an, à la Chandeleur et à la
Pentecôte. Elles commençaient par une procession des chevaliers en grand costume, dans la cour, puis on tenait le chapitre, et enfin on assistait à une grande messe.

Les processions de la Fête-Dieu étaient d'une rare magnificence. — Le *Mercure galant* décrit longuement celle de 1677,

qui paraît avoir été la plus belle. Un reposoir orné de toutes les richesses du cabinet du Roi, et de ses plus belles tapisseries, avait été dressé dans la cour du Château. Le Roi suivit la procession tête nue; il était accompagné de plus de mille pages, des Cent-Suisses, des Gardes du corps, portant à la main un flambeau de cire blanche, de toute la Cour, de tous les aumôniers de la Maison royale, enfin des Pères de la Mission et des Récollets.

PRINCIPAUX ÉVÉNEMENTS DU RÈGNE

LE DOGE DE GÊNES A VERSAILLES (1685)

L'année 1685 vit deux événements bien différents dans l'histoire intérieure du Château : la présence du doge de Gênes à Versailles et le mariage de Mlle de Nantes, fille de Mme de Montespan.

Gênes avait mécontenté Louis XIV en vendant de la poudre aux Algériens qu'il avait combattus et en construisant des galères pour l'Espagne. Ce fut l'origine d'une querelle, entretenue par le nouveau secrétaire de la Marine, Seignelay, fils de Colbert, « avide de toute espèce de gloire, dit Voltaire, ardent à tout ce qu'il entreprenait », qui envoya Duquesne faire une démonstration. Une partie de la ville fut bombardée et, en 1685, la République dut s'humilier pour prévenir une ruine totale. « Le Roi exigea que le doge de Gênes et quatre principaux sénateurs vinssent implorer sa clémence dans son palais de Versailles; et, de peur que les Génois n'éludassent la satisfaction, et ne dérobassent quelque chose à sa gloire, il voulut que le doge qui viendrait lui demander pardon fût continué dans sa principauté, malgré la loi perpétuelle de Gênes, qui ôte cette dignité à tout doge absent un moment de la ville. » (Voltaire, *Siècle de Louis XIV*.)

Imperiale Lescaro, doge de Gênes, avec les sénateurs Cornellino, Garibaldi, Duvazzo et Salvago, vinrent à Versailles, selon les ordres du Roi. Après avoir monté le grand escalier conduisant à ses appartements, ils entrèrent dans le salon de la Guerre et passèrent de là dans la Grande-Galerie, au bout de laquelle était le Roi[1].

Ce salon et cette galerie étaient magnifiquement meublés, et « il y avoit pour plusieurs millions d'argenterie »; la foule était également grande partout. Quelque ordre qu'on eût apporté pour laisser un passage libre le long de la Galerie, le Doge eut beaucoup de peine à la traverser. Le maréchal duc de Damas, capitaine des gardes du corps en quartier, qui l'avait reçu à la porte de leur salle, l'accompagna jusqu'au pied du trône de Sa Majesté. Il était d'argent et élevé seulement de deux degrés. Le Dauphin et Monsieur étaient aux côtés du Roi, environné de tous les princes du sang « et de ceux de ses grands officiers qui ont rang proche de sa personne en de pareilles cérémonies ». La suite du Doge étant fort nombreuse, la plus grande partie ne le put suivre jusqu'au trône et remplit le vide de la Galerie, qu'on avait tâché de tenir libre pour le laisser passer.

Dès que le Doge eût aperçu le Roi et remarqué qu'il en pouvoit être reconnu, il se découvrit. Il avança encore quelques pas et fit ensuite, et les sénateurs en même temps, deux profondes révérences à Sa Majesté. Le Roi se leva, et répondit à ces révérences en levant un peu son chapeau, après quoi ce monarque leur fit signe d'approcher, comme en les appelant de la main. Le Doge monta alors sur le premier degré du trône, où il fit une troisième révérence, ainsi que les quatre sénateurs. Le Roi et le Doge se couvrirent ensuite. Tous les princes en firent de même, et les quatre sénateurs demeurèrent couverts[2]...

Le Doge, en habit de cérémonie, parla couvert d'un bonnet de velours rouge qu'il ôtait souvent; son discours et ses marques de soumission étaient dictés par Seignelay[3].

... L'audience finie, le Roi saluant le Doge, baissa son chapeau plus qu'il n'avoit fait lorsque Sa Sérénité étoit arrivée. Le Doge fit trois profondes révérences en se retirant. Les sénateurs firent tous la même chose, et lorsqu'il se crut assez éloigné du Roi pour n'en plus être vu, il se couvrit et les sénateurs aussi. Ils revinrent dans le même ordre, et trouvèrent partout une aussi grande affluence de peuple; de sorte qu'ils eurent de la peine à entrer dans les divers endroits, où ils trouvèrent des tables prêtes à servir[4].

[1] Dans le salon de la Paix.
[2] *Mercure de France.*
[3] Voltaire, *Siècle de Louis XIV.*
[4] *Mercure de France.*

Le Doge fut charmé de la bonté et du faste avec lesquels le
Roi l'avait reçu... C'était, dit Voltaire, un homme de beaucoup d'esprit. Comme le marquis de Seignelay lui demandait
ce qu'il trouvait de plus singulier à Versailles, il répondit :
« C'est de m'y voir. » Comme celui-ci, ainsi que Louvois et
Colbert du Croissy lui faisaient sentir plus de fierté que
Louis XIV, il disait : « Le Roi ôte à nos cœurs la liberté par
la manière dont il nous reçoit; mais ses ministres nous la
rendent. »

MARIAGE DE Mlle DE NANTES (1685)
LA MORT DU GRAND CONDÉ

Le 23 juillet 1685, Mlle de Nantes, la fille aînée du Roi et de
Mme de Montespan, âgée de douze ans, et « belle comme les
anges », épousait le duc de Bourbon, petit-fils du Grand Condé,
qui en avait dix-sept. La veille, il y eut promenade en barque
sur le Grand-Canal : sur un yacht, la musique du Roi chantait
et jouait des airs de Lulli. Le souper fut servi dans les cabinets de verdure du Grand-Trianon, à la lueur d'un grand
nombre de lustres de cristal; ensuite, le Roi s'embarqua de
nouveau pour voir les illuminations et le feu d'artifice ; il ne
rentra qu'une heure après minuit.

Le jour du mariage, qui se fit dans la chapelle du Château,
Louis XIV et Monsieur le Prince réglèrent les dots respec-
tives. Le Roi donnait à sa fille un million d'argent comptant,
plus 100,000 écus de pierreries et 100,000 francs de pension.
Monsieur le Prince donna à son petit-fils 100,000 livres de
rente, et 100,000 écus de pierreries et quantité de meubles
précieux. Le Roi, de son côté, donnait 100,000 livres de pension au duc de Bourbon. « Le Grand Condé et son fils n'ou-
blièrent rien pour témoigner leur joie, comme ils n'avaient
rien oublié pour faire réussir ce mariage[1]. »

Le marquis de Sourches donne des détails curieux sur le coucher de ces deux tout jeunes mariés et qui nous font connaître
l'étiquette de la Cour. Un lit tout neuf avait été dressé dans

[1] Mme de Caylus.

une chambre du grand appartement du Roi : « Ce fut là qu'on déshabilla la mariée en présence de Madame la Dauphine et de toutes les dames, à la réserve des filles qui s'étaient arrêtées dans la Galerie, pendant qu'on déshabillait M. le duc de Bourbon en présence du Roi, dans la chambre voisine.

« Quand on eut mis la mariée dans son lit, le Roi amena M. le duc de Bourbon et le fit coucher dans le lit, mais ce ne fut que pour la cérémonie ; car le Roi leur ayant donné le bonsoir, Mme la Duchesse et Mme de Montespan demeurèrent aux deux côtés du lit, et y ayant passé une demi-heure, on fit lever les mariés et on les reconduisit chacun dans leur chambre. » On ne mit les époux ensemble que quelques années après.

L'année suivante, cette jeune princesse, dont la figure était « formée par les amours », fut atteinte à Fontainebleau de la petite vérole (novembre 1686). Louis XIV vint voir la princesse au lit, dans la journée du 12, et Monsieur le Prince arriva de Chantilly. Dans la matinée du 13, à la nouvelle que le mal avait empiré, le Roi se leva plutôt que d'habitude et monta à l'appartement de la princesse. Le Grand Condé, qui se trouvait dans l'antichambre, oubliant sa goutte qui le forçait à ne marcher qu'avec l'aide de deux hommes, se leva brusquement, et, s'étant placé devant la porte, dit au Roi que s'il ne pouvait l'empêcher d'entrer, il lui faudrait passer sur le ventre auparavant. Le Roi se rendit à ces remontrances, et, apprenant que la duchesse allait mieux, il partit pour la chasse et revint à Versailles[1].

Monsieur le Prince s'était surmené pendant la maladie de sa petite-fille, qu'il avait veillée assidûment. Il tomba gravement malade, et se sentant près de la mort, il écrivit au Roi pour lui demander la rentrée en grâce de son neveu le prince de Conti[2]. Louis XIV répondit sur-le-champ qu'il pardonnait et qu'il mandait le prince à Fontainebleau par un prochain courrier, et la mort du vainqueur de Rocroi, survenue quelques jours après, lui causa une tristesse et des regrets sincères. Ses funérailles se firent par son ordre[3], avec un

[1] Marquis de Sourches, *Mémoires*.
[2] Il avait été disgracié pour la légèreté de sa conduite.
[3] Le 10 mars 1687.

éclat extraordinaire, dans l'église Notre-Dame de Paris, en
présence de tous les ordres du royaume, et pour que tout fût
magnifique dans les honneurs rendus à un tel homme, il désigna pour l'oraison funèbre la grande voix de Bossuet.

L'AMBASSADE DE SIAM (1686)

« L'extrême goût que Louis XIV avait pour les choses
d'éclat » trouva une pleine satisfaction par l'ambassade qu'il
reçut du Siam. Ce pays, l'un des plus lointains de l'Asie, venait de voir les Français établir des comptoirs sur les côtes
de Coromandel et porter dans ces régions la réputation de
leur roi. Le grand vizir du royaume de Siam, Grec d'origine,
chargea les ambassadeurs, parmi lesquels se trouvaient deux
jésuites, de grands présents à Louis XIV, avec mission de
dire que ce roi indien ne voulait faire de traité de commerce
qu'avec la nation française et qu'il n'était pas même éloigné
de se faire chrétien.

Le 1er septembre 1686, le Roi donna audience aux ambassadeurs sur un trône qui fut élevé dans le salon de la Paix.
« Il avait un habit à fond d'or, tout chamarré de diamants
d'une grosseur prodigieuse[1]. » M. d'Aumont, premier gentilhomme de la chambre, avait réglé la cérémonie, qui fut fort
belle. « Les ambassadeurs, dit Dangeau, parlèrent fort bien ;
l'abbé de Lyonne, le missionnaire, leur servit d'interprète ;
ils demeurèrent au pied du trône jusqu'au moment qu'ils
présentèrent au Roi la lettre de leur maître ; ils montèrent
pour la lui rendre jusqu'à la dernière marche. Les Siamois
témoignèrent un profond respect par toutes leurs mines, et
s'en retournèrent jusqu'au bout de la Galerie, toujours à reculons, ne voulant pas tourner le dos au Roi. »

Cette ambassade siamoise eut d'ailleurs plus d'éclat que de
résultat[2].

[1] Marquis de Sourches, *Mémoires*.

[2] Une gravure de Sébastien Leclerc a conservé le souvenir de cette
réception.

LA MALADIE DE LOUIS XIV — L'OPÉRATION DE LA FISTULE (1686)

A la fin de l'année 1686, le 18 novembre, Louis XIV dut
subir une grande opération, celle de la fistule. D'Aquin, qui
était premier médecin, différa avec Fagon sur la nécessité
d'opérer ; enfin, l'opération décidée fut très bien faite par le
chirurgien Félix et couronnée d'un plein succès.

> Sur les sept heures du matin, le Roi se fit faire la grande opé-
> ration pour rendre sa guérison plus sûre, et las de porter un mal
> qui l'incommodoit, mais où il n'y avoit pourtant aucun danger. Cette
> résolution a surpris tout le monde. Elle avoit été prise, il y a six
> semaines, et personne ne le savoit que M. de Louvois, Mme de Main-
> tenon, le P. de la Chaise, le premier médecin, Fagon et Félix ; le
> Roi en avoit dit quelque chose à Fontainebleau à M. de La Roche-
> foucault. Il a souffert toute l'opération avec une patience admi-
> rable ; on lui a donné deux coups de bistouri et huit coups de
> ciseaux sans qu'il lui soit échappé le moindre mot. Félix avoit fait
> faire un instrument d'une manière nouvelle, qu'il avoit essayé sur
> différents malades, et cela a épargné encore quelques coups de
> ciseaux.
> Dès que l'opération fut faite, le Roi l'envoya dire à Monseigneur
> qui étoit à la chasse, à Madame la Dauphine dès qu'elle fut éveillée,
> à Monsieur et à Madame qui étoient à Paris, à Monsieur le Prince
> et à Monsieur le Duc qui étoient à Fontainebleau auprès de Madame
> de Bourbon, leur défendant de venir. Dès l'après-dînée, le Roi tint
> le conseil, où beaucoup de courtisans, et voulut qu'il y eût appar-
> tement et que l'on commençât le grand jeu de reversi qu'il avoit
> ordonné à Fontainebleau. Monsieur le Premier tint son jeu. Mme de
> Montespan partit en diligence pour venir trouver le Roi, mais ayant
> appris à Essonnes que le Roi s'en portoit très bien, elle retourna
> auprès de Madame de Bourbon. Monseigneur, apprenant la nouvelle,
> quitta la chasse dans l'instant et revint ici à toute bride en pleu-
> rant. (Dangeau.)

Après l'heureuse issue de l'opération[1], l'infirmité royale
était devenue à la mode parmi les gens de Cour. « Plusieurs
de ceux qui la cachaient avec soin, dit le chirurgien Dionis[2],

---

[1] Complètement guéri à la fin de l'année, le Roi donna à son chirurgien Félix, pour sa vie durant, la terre des Moulineaux, contenue dans
le parc de Versailles. Fagon eut 100,000 livres, d'Aquin 80,000.

[2] Chirurgien de Marie-Thérèse, de la Dauphine et des Enfants de
France.

n'ont plus eu honte de la rendre publique ; il y a eu même
des courtisans qui ont choisi Versailles pour se soumettre à
cette opération, parce que le Roi s'informait de toutes les circonstances de cette maladie. ... J'en ai vu plus de trente qui
voulaient qu'on leur fit l'opération, et dont la folie était si
grande qu'ils paraissaient fâchés lorsqu'on les assurait qu'il
n'y avait point nécessité de le faire. »

Et cette servilité se donna carrière encore lorsque Fagon
fut devenu premier médecin ; dès lors, toutes les maladies de
Versailles lui passèrent par les mains. On croyait par là
faire sa cour ; mais heureusement pour les courtisans, comme
le dit Fontenelle, ce premier médecin était aussi un grand
médecin.

Michelet, dans son *Histoire de France*, a voulu couper la
carrière de Louis XIV en deux, la diviser selon son état physique et dire qu'il y avait un Louis XIV « d'avant la fistule
et d'après ». Mais le *Journal* de Fagon montre que la grande
opération ne fut en réalité qu'un incident dans la santé générale du Roi[1]. Fagon remplaça d'Aquin comme premier médecin, en 1693, et, dès lors, le journal rédigé par lui prend un
intérêt particulier.

Fagon sut discerner la qualité du tempérament du Roi et
lui donner le régime qui lui convenait. C'était un tempérament lymphatique qui « avait besoin d'un entretien et d'un
ravitaillement continuel d'un fort régime ». Depuis 1682, il
est atteint de « vapeurs », de vertiges dus aux surcharges de
son estomac, car il avait un gros appétit et prenait une nourriture trop abondante. Cet excès lui valait des indispositions
fréquentes, mais passagères, et que son empire sur lui-même
parvenait le plus souvent à dissimuler. En vieillissant, la
goutte et la gravelle lui vinrent. Par contre, Louis XIV buvait peu ; Fagon corrigea l'effet du vin de Champagne, auquel
on l'avait habitué et dont l'effet était purement excitant, par
l'usage du *Rossolis du Roi*, cordial même un peu dépuratif,
composé d'eau-de-vie faite avec du vin d'Espagne, avec infu-
sion de semences d'anis, de fenouil, d'aneth, de chervis, de

---

[1] *Journal de la santé du roi Louis XIV*, écrit par Vallot, d'Aquin et
Fagon, tous trois ses premiers médecins, publié par Le Roi, dressé
depuis son enfance et allant jusqu'en 1711.

carotte et de coriandre, à quoi l'on ajoutait du sucre candi dissous dans l'eau de camomille et cuit en consistance de sirop. Malgré les murmures des *goulus* de la Cour, il combattit avec énergie l'intempérance du monarque, ce qui n'était pas toujours commode, surtout à la saison des primeurs. Louis XIV avait autant de peine que Charles-Quint et que Frédéric II (plus tard) à contenir son appétit.

Fagon fut une bien curieuse figure de médecin, de grand médecin[1], simple, sans pédantisme. « Il parle de médecine d'une manière si intelligible, dit Mme de Maintenon, qu'on croit voir les choses qu'il explique; un médecin de village veut parler grec[2]. » Il lui fallut autant de talent que de persévérante énergie pour avoir amené Louis XIV à ses soixante-dix-sept ans. « Que de saignées pour prévenir l'apoplexie sans cesse menaçante, et surtout que de purgations pour remettre en état un estomac et des intestins sans cesse surmenés. Et quel puissant sentiment du devoir pour lui faire étudier avec tant de soins ce que contenaient les bassins de la chaise de Sa Majesté après les purgations qui avaient lieu à peu près régulièrement toutes les six semaines[3]! »

La Palatine fait du savant praticien un portrait qui paraît peu bienveillant : « Il a les jambes grêles, dit-elle, comme celles d'un oiseau, toutes les dents de la mâchoire supérieure pourries et noires, les lèvres épaisses, ce qui lui rend la bouche saillante, les yeux couverts, la figure allongée, le teint bistre et l'air aussi méchant qu'il l'est en effet; mais il a beaucoup d'esprit. »

MORT DE LA DAUPHINE (1690) — Mlle CHOUIN A MEUDON

Le 20 avril 1690, mourait, à l'âge de vingt-neuf ans, la Dauphine, désignée sous le nom de Dauphine de Bavière : elle était d'un an plus âgée que son mari. Femme dis-

---

[1] Voir son curieux portrait au Louvre (œuvre de Jouvenet).

[2] Fontenelle a fait un éloge fin et charmant de Fagon. — Saint-Simon n'en dit que du bien.

[3] Dussieux, t. II. — Le *Journal* donne les plus consciencieuses analyses du résultat des médecines.

tinguée, cultivée, de grand air, aimant les arts et la musique, parlant le français et l'italien avec sûreté, elle eût pu
tenir le « cercle de Cour », interrompu depuis Anne d'Autriche. Louis XIV l'avait espéré, mais en vain; ses grossesses
et ses fausses couches, jointes à une vive nostalgie, la firent
se renfermer avec obstination[1]. Atteinte d'une maladie de
langueur, elle se retirait dans de petites pièces sombres, con-
tiguës au grand appartement de la Reine, qu'elle occupait
depuis la mort de Marie-Thérèse.

Cette Allemande nostalgique contrastait fort avec sa compatriote, haute en couleurs, caustique et indifférente, la
célèbre princesse Palatine, dont nous avons parlé. Elle s'était
prise d'une grande amitié pour une de ses femmes de
chambre nommée la Bessola, qu'elle avait amenée de son
pays. Le Dauphin, ennuyé d'entendre ces deux personnes
s'entretenir en allemand, finit par aller chercher des distractions ailleurs. Il se prit de passion pour Mlle de Rambures,
fille d'honneur de la Dauphine. Il passait une partie de ses
journées chez sa demi-sœur, la princesse de Conti, pour
laquelle il avait une sincère affection. Au mois de mai 1686,
le marquis de Sourches constate que le Dauphin, qui jusqu'alors avait aimé à se coucher de bonne heure, prenait
l'habitude de s'aller promener, après son souper, dans le
jardin et de pousser ses promenades jusqu'à une heure après
minuit.

Il s'éprit successivement, après Mlle de Rambures, de
Mlle de la Force, de la Raisin, célèbre comédienne dont il eut
une fille, de Mlle de Fleury, enfin de Mlle Marie-Emilie Joly
de Chouin[2], « grosse camarde, dit Saint-Simon, fraîche,
réjouie, fort laide, mais plaisante, hardie et de beaucoup
d'esprit ». Dangeau ajoute : « Elle était l'une des filles d'honneur de la princesse de Conti, fille du Roi; elle avait eu pour
amant M. de Clermont, qui courtisait en même temps la princesse de Conti. Leur correspondance tomba entre les mains
du Roi, qui, la trouvant remplie de railleries sur la princesse,

---

[1] Elle avait mis au monde trois fils : Louis, duc de Bourgogne
(6 août 1682), Philippe, duc d'Anjou (19 décembre 1683), et Charles, duc
de Berry (31 août 1686).

[2] Elle mourut en 1732.

et mécontent de la conduite de sa fille, exila M. de Clermont
et Mlle Chouin.

Mlle Chouin se retira à Paris, où le Dauphin continua
à la voir. Il en devint fort épris et l'épousa, dit-on, en secret,
vers 1695, comme il semble résulter d'une lettre qu'il écrivit
à Mme de Maintenon :

> J'avois résolu de vous aller voir ce matin, mais vous étiez à Saint-
> Cyr; ainsi je ne l'ai pas pu faire. Comme je sais, Madame, que je
> n'ai pas de meilleure amie que vous, et que je vous ai promis de
> vous parler de toutes mes affaires, je vous écris cette lettre. Je suis
> persuadé qu'elle vous surprendra fort ; car c'est pour vous dire que
> je commence à songer à me remarier, étant encore assez jeune
> pour sentir que je ne serais pas sage ; et comme je sais que la chose
> du monde que le Roi appréhenderoit le plus seroit que je tombasse
> dans la débauche, je vous prie de me mander véritablement votre
> sentiment là-dessus, et de me marquer quand je pourrai vous aller
> voir pour que nous puissions un peu parler ensemble. Je suis per-
> suadé que vous croyez bien que j'ai examiné tous les inconvénients
> qu'il peut y avoir, car je vous assure qu'il y a longtemps que je ne
> pense qu'à cela. Le premier, qui est le plus considérable, est qu'il
> me paroît que le Roi en est fort éloigné, et le second, que je ne vois
> pas de princesse qui me convienne. Voilà tout ce que je puis vous
> dire pour le présent par écrit. Je vous supplie de ne pas faire semblant
> de ce que je vous mande que je ne vous aie parlé. N'en parlez pas
> même au Roi, et faites-moi un mot de réponse; mais soyez assurée
> que je ne vous dis tout ceci que par conscience, et que j'aimerois
> mieux mourir que de faire quelque chose qui déplût au Roi. Croyez
> que personne n'est plus à vous que moi. Encore un coup, le secret
> et un peu d'audience quand vous le pourrez. Vous pouvez donner
> un petit mot de réponse à Joyeux, qui portera ma lettre[1].

Cette liaison resta d'abord secrète, mais peu à peu Mlle Chouin
parut, à Meudon, dans la même situation que Mme de Maintenon à Versailles; elle voyait de temps en temps le Roi et la
Cour chez Monseigneur, où on la considérait comme une
sorte d'épouse de la main gauche. Saint-Simon donne sur
cette personne une appréciation bienveillante qui paraît
juste :

> C'étoit une très bonne créature, qui ne sortoit ni de sa place, ni
> de son état avec ceux qu'elle voyoit; fort désintéressée, qui ne de-
> mandoit jamais, d'un bon esprit, sensée et raisonnable, pour qui

[1] Lettre citée par Dussieux, t. I.

Mᵐᵉ de Maintenon avoit de la considération, et qui refusa tout à la fin de se venir établir à Versailles, où le Roi la désiroit pour retenir Monseigneur, qui avoit autant ou plus d'abandon pour elle, et de malaise sans elle, que le Roi pour Mᵐᵉ de Maintenon.

MARIAGE DE Mˡˡᵉ DE BLOIS — MARIAGE DU DUC DU MAINE (1692)

En l'année 1692, Louis XIV, qui se préoccupait d'allier ses bâtards aux descendants naturels de la lignée royale, fit marier Françoise-Marie, qui s'appelait Mˡˡᵉ de Blois depuis que sa demi-sœur était devenue princesse de Conti[1], avec Philippe d'Orléans, duc de Chartres (le futur Régent), et un peu plus tard, le duc du Maine avec Mˡˡᵉ de Charolais, petite-fille du Grand Condé.

Monsieur mit beaucoup d'empressement dans le mariage de son fils, mais Madame accepta malgré elle ce qu'elle considérait comme une mésalliance. « La femme de mon fils croit lui avoir fait beaucoup d'honneur en l'épousant. Il n'est que le neveu du Roi et elle en est la fille. C'est oublier qu'on est aussi fille de sa mère. Jamais elle ne voudra le comprendre. » Saint-Simon raconte que, dans son dépit, elle souffleta son fils dans la galerie des Glaces. Au moment où on était allé attendre, comme à l'ordinaire, la levée du conseil et la messe du Roi, « Madame y vint. Monsieur son fils s'approcha d'elle, comme il faisait tous les jours, pour lui baiser la main. En ce moment, Madame lui appliqua un soufflet si sonore qu'il fut entendu de quelques pas, et qui, en présence de toute la Cour, couvrit de confusion ce pauvre prince, et combla les infinis spectateurs, dont j'étais, d'un prodigieux étonnement ». La dot fut immense, mais le mariage ne pouvait former un ménage bien uni. Comme on disait à Mˡˡᵉ de Blois que le duc était amoureux d'une personne de la Cour, elle répondit de sa voix lente : « Je ne me soucie pas qu'il m'aime, je me soucie qu'il m'épouse. » Un de leurs enfants devait être la fameuse duchesse de Berry, qui épousa en 1710, comme nous le verrons, le troisième fils du Grand Dauphin.

[1] Elle était née en mai 1677.

Le duc du Maine était le fils préféré de Louis XIV. Né en 1670, il était colonel-général des Suisses et Grisons et gouverneur du Languedoc. Il était né infirme, « les jambes tournées et estropiées », et les eaux de Barèges. où l'avait conduit Mme Scarron, qui l'aimait et l'éleva fort bien, n'avaient pu le guérir. Mais il était intelligent et instruit, avait une figure charmante et l'abord agréable. Le Roi lui fit épouser Louise-Bénédicte de Bourbon, Mlle de Charolais, petite-fille du Grand Condé et sœur de Monsieur le Duc, qui, avec autant d'esprit que son mari, était vive, emportée, courageuse, amie des arts, et qui allait jouer à la Cour, vers la fin du règne et au début de la Régence, un rôle inoubliable.

LES REPRÉSENTATIONS DE SAINT-CYR (1697)

Depuis sa maladie, le Roi perdit l'habitude d'aller aux spectacles. L'intérêt de sa santé et, par-dessus tout, l'influence de plus en plus grande de Mme de Maintenon lui donnèrent le goût d'une vie plus retirée. Aussi « ces fêtes galantes » qui avaient jusque-là signalé presque toutes ces années étaient devenues plus rares. Dès 1691, il n'allait plus à l'*appartement* et il éprouvait de temps en temps le besoin de s'échapper, à Marly, à Trianon, à Meudon, et à se livrer à l'un de ses plus vifs plaisirs : s'occuper de ses fontaines, de ses statues, de ses nouvelles plantations, faire tailler ou tailler lui-même ses arbres, peupler ses pièces d'eau de belles carpes de toutes couleurs.

En 1693, pris d'étourdissements graves, il avait quitté l'armée pour rentrer à Versailles. A partir de cette année, il ne parut plus à la guerre, où il avait aimé aller, surtout pour les sièges des villes, avec Vauban. D'ailleurs, il travailla plus que jamais, suivant jusqu'aux plus petits détails les opérations militaires et tenant souvent conseil avec ses ministres dans la chambre de Mme de Maintenon. Il y recevait les généraux qui partaient en campagne ou retournaient à l'armée.

Dans cette période, ce fut Saint-Cyr, dit Voltaire, qui ranima le goût des choses d'esprit. Mme de Maintenon pria Racine, qui avait renoncé au théâtre, de faire une tragédie qui pût être représentée par ses élèves; elle voulut un sujet tiré de la Bible. Racine composa *Esther*.

Cette pièce ayant d'abord été jouée dans la Maison de Saint-Cyr, le fut ensuite plusieurs fois à Versailles, devant le Roi, dans l'hiver de 1689. Son succès fut immense, d'autant plus que les courtisans reconnaissaient, « avec flatterie », Esther dans Mme de Maintenon, et, « avec malignité », Vasthi dans Mme de Montespan, Aman dans Louvois, et surtout les huguenots persécutés par ce ministre dans la proscription des Hébreux. Deux ans après, *Athalie*, jouée par les mêmes personnes, fut accueillie très froidement.

A propos des divertissements de la Cour, nous avons dit que tout ce qui était spectacle s'était concentré à Saint-Cyr, que Mme de Maintenon mit à la mode. Ce fut un grand privilège que d'y être invité. Le 26 janvier 1689, les demoiselles de Saint-Cyr avaient, nous l'avons vu, joué *Esther*; Moreau avait fait la symphonie pour les chœurs. Mme de Caylus avait dit, « mieux que la Champmeslé », le prologue de la Piété. Le talent scénique des jeunes actrices et les allusions que l'on trouva dans la pièce lui avaient fait un succès immense. « Il n'y eut ni petit, ni grand, dit M. de La Fayette, qui n'y voulut y aller; les ministres, pour se rendre à cette comédie, quittaient les affaires les plus pressées. » Mme de Sévigné, qui y assista, put dire au Roi qu'elle avait été charmée : « Ce que je sens est au-dessus des paroles. Le Roi me dit : « Racine a bien de l'esprit. » Je lui dis : « Sire, il « en a beaucoup, mais, en vérité, ces jeunes personnes en ont « beaucoup aussi; elles entrent dans le sujet comme si elles « n'avaient jamais fait autre chose. » Il me dit : « Oh! pour « cela, il est vrai. » Et puis, Sa Majesté s'en alla et me laissa l'objet de l'envie. » On trouva, toutefois, que les demoiselles de Saint-Cyr jouaient trop bien, et Mme de Maintenon, cédant aux obsessions de personnes dévotes, finit par défendre les représentations publiques[1]. Plus tard, l'éducation de la duchesse de Bourgogne à Saint-Cyr fit reprendre, avec éclat, ces exercices pour son amusement.

---

[1] Quelques années après, les demoiselles de Saint-Cyr vinrent débiter les vers de Racine, à Versailles, dans la chambre de Mme de Maintenon, devant Louis XIV. mais en habits de pensionnaires.

L'ÉDUCATION DU DUC DE BOURGOGNE — SON MARIAGE (1697)
MARIE-ADÉLAIDE DE SAVOIE, DUCHESSE DE BOURGOGNE
SON CARACTÈRE

« Les amusements ingénieux » recommenceront pour
l'éducation de la jeune princesse que le duc de Bourgogne
allait épouser dans l'année 1697. A cette époque, le fils du
Grand Dauphin avait quinze ans. Nous avons vu la joie de
Louis XIV à sa naissance ; un héritier direct assurait son
trône et sa race, et cet événement était pour lui « une dernière
victoire remportée sur cet ennemi invisible et toujours menaçant : le destin [1] ». Ce fut une joie générale, et l'enthousiasme
de Paris et de la province avait égalé celui de la Cour.

L'enfant était demeuré aux mains des femmes jusqu'à l'âge
de sept ans, sous les auspices de la maréchale de La Motte-
Haudancourt. « La meilleure femme du monde », dit Saint-
Simon, et qui avait déjà élevé le père. A sept ans révolus, il
passa sous la double autorité du duc de Beauvillier et de
l'abbé de Fénelon (septembre 1689). Gendre de Colbert, premier gentilhomme de la chambre, chef du Conseil des finances,
très lié avec Mme de Maintenon, Beauvillier passait pour
« un des plus sages hommes de la Cour et du royaume », et
possédait « son âme en paix », selon l'expression de son ami
Saint-Simon [2]. François de Salignac de la Mothe-Fénelon,
cadet d'une famille de noblesse périgourdine sans fortune,
s'était, par ses qualités supérieures, mis, dès 1688, au premier plan de l'Église. « A la Cour, son charme aristocratique, mêlé d'entrain gascon et d'une tendresse de cœur alors
peu fréquente, lui attiraient tous les cœurs [3]. » Devenu, par
Saint-Sulpice, le directeur et l'ami du duc de Beauvillier, de
la duchesse et du duc de Chevreuse, il était un des théolo-

---

[1] D'Haussonville, *La Duchesse de Bourgogne.*

[2] Saint-Simon fut aussi l'ami de l'autre gendre de Colbert, le duc de Chevreuse. Ce dernier fut, de 1694 à 1712, le confident intime de Louis XIV,
sans avoir de charge importante. Il était capitaine des chevau-légers
de la garde.

[3] Lavisse, *Histoire de France*, t. VIII.

giens consultants de Mme de Maintenon, et son influence devait
grandir jusqu'à l'affaire du Quiétisme, qui le renversa. Il
avait trente-huit ans. L'abbé Fleury fut sous-précepteur, et
l'abbé de Langeron lecteur.

Le jeune prince à élever n'était pas une nature ordinaire.
Entendons ce que dit Saint-Simon de son caractère :

Il naquit terrible, et sa première jeunesse fit trembler : dur et
colère jusqu'aux derniers emportements, et jusque contre les choses
inanimées; impétueux avec fureur, incapable de souffrir la moindre
résistance, même des heures et des éléments, sans entrer en des
fougues à faire craindre que tout ne se rompît dans son corps; opi-
niâtre à l'excès; passionné pour toute espèce de volupté; il n'aimait
pas moins le vin, la bonne chère, la chasse avec fureur, la musique
avec une sorte de ravissement, et le jeu encore, où il ne pouvait
supporter d'être vaincu, et où le danger avec lui était extrême;
enfin, livré à toutes les passions et transporté de tous les plaisirs;
souvent farouche, naturellement porté à la cruauté; barbare en
railleries et à produire les ridicules avec une justesse qui assom-
mait. De la hauteur des cieux, il ne regardait les hommes que comme
des atomes avec qui il n'avait aucune ressemblance, quels qu'ils
fussent. A peine messieurs ses frères lui paraissaient-ils intermé-
diaires entre lui et le genre humain... De cet abîme sortit un prince
affable, doux, humain, modéré, patient, modeste, pénitent et, autant et quelquefois au delà de ce que son état pouvait comporter,
humble et austère pour soi. Tout appliqué à ses devoirs et les comprenant immenses, il ne pensa plus qu'à allier les devoirs de fils
et de sujet avec ceux auxquels il se voyait destiné.

Au physique, on s'aperçut de bonne heure que sa taille
commençait à tourner. On employa aussitôt le collier et la
croix de fer, mais la nature demeura la plus forte; il devint
bossu d'une épaule.

Fénelon fut, à première vue, effrayé de son élève. « La
matière sur laquelle il allait avoir à travailler était bouil-
lante et rebelle, d'autant plus dangereuse qu'elle était
pleine d'esprit et comme pétrie de salpêtre et de feu. Un
Néron, un Domitien pouvait en sortir aussi bien qu'un Titus,
si l'on manquait l'œuvre et si l'on se trompait de moule[1]. »
Il a tracé de lui un portrait dans le goût de La Bruyère :
C'est Mélanthe, le *fantasque*, où les contrastes les plus

[1] Sainte-Beuve, *Le Duc de Bourgogne* (*Nouveaux Lundis*).

effrayants se heurtent[1] ; et ce portrait ressemblant, il le présenta au jeune prince de manière à lui faire peur et aussi à le forcer à sourire. Un autre jour, le précepteur a une invention ingénieuse : la *Médaille*. L'auteur suppose avoir reçu une lettre de Bayle l'informant qu'on vient de trouver en Italie une médaille antique ; il décrit cette médaille : « D'un côté, cette médaille, qui est fort grande, représente un enfant d'une figure très belle et très noble... le revers est bien différent : il est manifeste que c'est le même enfant, car on reconnaît d'abord le même air de tête, mais il n'a autour de lui que des masques grotesques ou hideux... Tout le monde convient qu'il s'agit d'un jeune prince éblouissant, qui promettait beaucoup et dont toutes les espérances ont été trompeuses[2]. » Ensuite, il compose des fables qui s'adaptent aux divers incidents d'une éducation littéraire très soignée et où le maître a affaire à un élève très inégal, mais « qui excellait et se surpassait par moment ». A côté des leçons et des réprimandes, non par gronderie et d'une manière directe, mais par des allusions où une imagination aimable se donne carrière, venaient les récompenses, les satisfecit : par exemple, la fable d'*Aristée* et Virgile. Virgile, le *Télémaque* et Homère, Virgile surtout, dit Sainte-Beuve, fut, après le christianisme, le plus grand auxiliaire de Fénelon dans sa tâche d'*humaniser* le duc de Bourgogne ; mais est-ce bien le mot ? Sans doute, un élève doué comme l'était le petit-fils de Louis XIV devait se transformer sous un tel maître, et son changement fut une sorte de merveille qui étonna les contemporains. « C'était, dit le sous-précepteur Fleury, un esprit de premier ordre. Il avait un goût exquis pour les beaux-arts, l'éloquence, la poésie, la musique, la peinture... » La Fontaine célèbre « ce goût exquis, ce jugement si solide » ; il joue aux fables avec lui, et l'on sait que le prince fit une jolie pièce sur la mort du fabuliste. Le cardinal de Polignac souhaita que le jeune prince lût son *Anti-Lucrèce* en manuscrit ; il eut même des conférences de philosophie avec lui.

En réalité, Fénelon et son collaborateur ne réussirent qu'à

---

[1] Le morceau est classique : « Qu'est-il donc arrivé de funeste à Mélanthe ? Rien au dehors, tout au dedans, etc. »

[2] Sainte-Beuve, *Le Duc de Bourgogne* (*Nouveaux Lundis*).

moitié dans une œuvre que rendait si difficile le tempérament de leur élève. Sainte-Beuve dit très justement qu'ils ne purent s'arrêter à moitié chemin. Ils firent de lui « un saint, c'est-à-dire plus un moine qu'un homme. De l'excès du mal, on passa à l'excès du bien. On traversa, renversa la nature, sans pouvoir y prendre pied et s'y arrêter. On ne trouva pas le milieu ni l'entre-deux[1] ».

Il est bien évident que l'éducation que Fénelon avait voulu lui donner, mais qu'il ne put d'ailleurs surveiller de près à cause de sa disgrâce, tourna dans un autre sens. L'aimable écolier virgilien avait fait place, en grandissant, tant sa dévotion fut étroite, « au pénitent du Père Martineau » : il regardait comme péché d'aller à la comédie, au bal et autres spectacles semblables; aussi y restait-il le moins possible, et si, une fois maître, il aurait laissé subsister le théâtre, c'eût été en le réformant sur le modèle des pièces de Saint-Cyr. En cela, il était d'accord avec Mme de Maintenon. Le Dauphin rétrogradait sur Louis XIV et semblait être un contemporain de saint Louis.

Michelet a pénétré avec beaucoup de force les raisons de cette éducation manquée. La médecine homéopathique dont on se servit (usage de la passion contre la passion) ne put qu'augmenter, dit-il, la fermentation d'une nature passionnée. « Elle l'ennoblit, mais l'exalta, et fit de l'enfant une trop fidèle image de Fénelon, mêlée du prêtre et du sophiste, de l'écrivain surtout. Sous ce dernier rapport, il était plus qu'imitateur, il était le singe du maître...

« C'était un être tout factice, nerveux et cérébral, affiné, affaibli par sa grande précocité morale et sexuelle. » Il semble bien que son infirmité (la déviation de sa taille) l'ait rendu triste au point de le jeter dans la grande dévotion. Nous le verrons à l'œuvre à l'armée.

Avec tout son esprit, il devait rester un écolier, marcher pour ainsi dire toujours à la lisière. Il demeura en toute chose un élève appliqué.

En novembre 1696, eurent lieu les négociations pour le mariage du duc de Bourgogne avec Marie-Adélaïde, fille du duc de Savoie, Victor-Amédée, et d'Anne d'Orléans, fille de

---

[1] Sainte-Beuve, *Le Duc de Bourgogne* (*Nouveaux Lundis*).

Monsieur, frère de Louis XIV, et d'Henriette d'Angleterre. En lui demandant sa fille pour son petit-fils, le roi de France lui rendait Pignerol et préludait, par un acte de justice, à la paix générale de Ryswick.

La jeune princesse n'était âgée que de onze ans : on avait, comme toujours, disposé d'elle à son insu ; quel visage allait-elle faire à sa nouvelle fortune? « A l'âge, ou peu s'en faut, que nos filles jouent encore à la poupée, ces filles de rois ou de princes savaient que leurs destinées s'agitaient dans les chancelleries, et que, vers douze ou treize ans au plus tard, il serait disposé d'elles sans qu'elles fussent consultées, même pour la forme. Elles acceptaient leur sort, comme on accepte l'inévitable, sans que l'idée d'une rébellion leur vînt un seul instant à l'esprit[1]. »

Marie-Adélaïde avait été fort bien élevée par sa mère, qui était demeurée Française comme si elle n'eût jamais passé les Alpes, et qui l'avait entretenue dans cette espérance qu'elle pourrait un jour approcher du trône de France[2] et habiter à Versailles, qui brillait alors d'un éclat sans pareil.

Le 4 novembre, Louis XIV partait de Fontainebleau pour aller à Montargis, à la rencontre de sa future petite-fille, et dit au marquis de Dangeau, qui avait été chevalier d'honneur de la princesse : « Pour aujourd'hui, voulez-vous que je fasse votre charge? » Il fut enchanté de sa gentillesse; il l'installa à Versailles, dans la chambre de la Reine, vacante depuis le décès de la Dauphine de Bavière, et Mme de Maintenon se chargea de continuer son éducation. Elle lui fit suivre à Saint-Cyr la *classe rouge*[3]. Son esprit naturel et ses manières aimables lui gagnèrent tous les cœurs. « Elle avait l'air sérieux et doux, et savait déjà accorder de la vivacité avec un air majestueux. Elle parlait peu et répondait avec de l'esprit et de la justesse[4]. »

---

[1] D'Haussonville, *La Duchesse de Bourgogne*. — C'est ainsi que la main de la princesse de Savoie fut offerte, tantôt au duc de Bourgogne, tantôt au fils de l'Empereur, suivant que les nécessités de sa politique tournaient Victor-Amédée du côté de la France ou de l'Allemagne.

[2] Marquis de Sourches, *Mémoires*.

[3] Ce nom venait des rubans portés par les élèves.

[4] Marquis de Sourches, *Mémoires*.

Voici le portrait que Mme de Maintenon fit d'elle à son arrivée :

Elle a la meilleure grâce et la plus belle taille que j'aie jamais
vue, habillée à peindre et coiffée de même ; des yeux très vifs et
très beaux, des paupières noires et admirables ; le teint fort uni,
blanc et rouge, comme on peut le désirer ; les plus beaux cheveux
blonds que l'on puisse voir et en grande quantité. Elle est maigre
comme il convient à son âge ; sa bouche fort vermeille, les lèvres
grosses, les dents blanches, longues et mal rangées, les mains bien
faites, mais de la couleur de son âge. Elle parle peu, au moins à ce
que j'ai vu, n'est point embarrassée qu'on la regarde, comme une
personne qui a vu du monde. Elle fait mal la révérence et d'un air
un peu italien. Elle a quelque chose d'une Italienne dans le visage,
mais elle plaît et je l'ai vu dans les yeux de tout le monde. Pour
moi, j'en suis tout à fait contente.

La jeune duchesse de Bourgogne fut la joie du vieux
Louis XIV. Il allait au-devant de tous ses désirs et cherchait
tous les jours quelque chose de nouveau pour l'amuser. « On
lui laisse faire tout ce qu'elle veut, dit la Palatine en 1699,
quoi que ce puisse être. Tantôt elle monte à âne, tantôt elle
va se promener en char ; elle court toute la nuit, seule, dans
le jardin ; bref, elle fait tout ce qui lui passe par la tête. Il
est certain qu'elle a beaucoup d'esprit. »

Le 6 décembre 1697, comme elle avait atteint sa douzième
année, le mariage fut célébré le lendemain à la chapelle de
Versailles. Pour cette cérémonie, la Cour déploya une magnificence de costumes inouïe. La messe fut dite par le cardinal
de Coislin ; après quoi, le Roi, le Dauphin, le duc et la duchesse
de Bourgogne, et les autres princes et princesses signèrent un
registre qui avait été apporté de l'église Notre-Dame, paroisse
du Roi. A la sortie de la Chapelle, le cortège monta l'escalier
et, après avoir traversé toute la Grande-Galerie, arriva dans
l'appartement de la duchesse de Bourgogne, où le dîner avait
été dressé sur une table en demi-cercle, présidée par le Roi,
et où les princes du sang se placèrent selon leur rang.

Après le dîner, pendant que le Roi était allé au conseil, on
se réunit dans la chambre de la duchesse, où l'ambassadeur
de Savoie vint la complimenter. Ensuite, la duchesse se rendit
dans l'appartement du Roi, où était Louis XIV, attendant
Jacques II et la reine d'Angleterre. A leur arrivée, on entra
dans la Grande-Galerie, éclairée par trois rangées de lustres

et de nombreuses girandoles; on passa dans la chambre du Portique, où l'on s'amusa pendant une heure à ce jeu. Du salon qui regarde l'Orangerie, à l'une des extrémités de la Galerie, on vit tirer le feu d'artifice qui avait été établi au bout de la pièce d'eau des Suisses. Après, l'on vint admirer le lit nuptial, tendu de velours vert en broderie d'or et d'argent, et les pièces d'orfèvrerie ornant la toilette de la mariée, puis on soupa dans l'antichambre de la Reine.

Après le souper, le cardinal de Coislin fit la bénédiction du lit nuptial. Le duc de Bourgogne se déshabilla dans un cabinet où l'on avait mis sa toilette, et le roi d'Angleterre vint lui donner la chemise, pendant que la Reine la donnait à la duchesse, qu'on déshabillait dans sa chambre. Sitôt qu'elle fut au lit, le Roi fit appeler le duc, qui entra en robe de chambre, le bonnet à la main et les cheveux noués par derrière avec un ruban couleur de feu, et se mit au lit au côté droit. Louis XIV fit entrer l'ambassadeur de Savoie et lui dit qu'il pouvait mander à son maître qu'il avait vu les mariés couchés ensemble. Un moment après, le duc de Bourgogne se releva, passa se rhabiller dans le grand cabinet et s'en retourna chez lui. Cette cérémonie, à cause de la jeunesse des conjoints, était donc de pure forme. Le jeune duc de Berry protesta, en disant qu'il n'aurait pas été aussi docile que son frère.

Le lendemain, la duchesse portait un habit de velours couleur de feu, brodé d'or, avec une parure de diamants.

Le mercredi 11, eut lieu dans la Grande-Galerie le plus grand et le plus magnifique bal qui se soit jamais vu à la Cour :

La place disposée pour la danse étoit de 30 pieds de long sur 19 de large, dans le milieu de la galerie, avec double rang de sièges pour les seigneurs et les dames du bal. Les fauteuils du Roi et ceux du roi et de la reine d'Angleterre étoient en face du salon qui regarde l'Orangerie, et vis-à-vis ces fauteuils l'enceinte du bal avoit une ouverture de 6 pieds, pour y entrer et pour en sortir. On avoit élevé des gradins dans toutes les croisées de la galerie, et on les avoit couverts de tapis de la Savonnerie; la galerie étoit éclairée par trois rangs de lustres d'un bout à l'autre. Celui du milieu étoit de huit, qui étoient les plus forts, et les deux autres de dix-sept chacun, mais plus petits. Il y avoit aussi de chaque côté trente-deux girandoles sur des guéridons dorés; mais ce qui l'éclairoit bien davantage, c'étoit huit grandes pyramides rondes, de 10 pieds de haut, qui portoient chacune cent cinquante bougies dans des flambeaux d'argent, posés sur huit degrés qui s'élevoient en pointe et qui étoient revêtus de gaze d'or. Ces pyramides étoient portées par des piédestaux carrés, de 4 pieds et 4 pouces de haut, et de 4 pieds de diamètre, revêtus de velours cramoisi avec des franges d'or. Quatre de ces pyramides étoient placées aux quatre coins de l'enceinte du bal et les quatre autres aux deux bouts de la galerie, à côté des portes des salons, lesquels étoient éclairés par cinq lustres chacun et par quatre girandoles sur des guéridons dorés. On avoit élevé dans les trois portes du salon du petit appartement du Roi, qui donne dans le milieu de la galerie, des échafauds pour les violons et les hautbois, et ces échafauds n'avoient point de saillie dans la galerie.

Avant quatre heures, tous les gradins des croisées furent remplis de monde, et entre six et sept, tous les seigneurs et toutes les dames de la Cour se rendirent dans l'appartement de Mme la duchesse de Bourgogne. Je n'entreprendrai point la description de la richesse et de la diversité des habits. Il suffit de vous dire que l'imagination ne peut aller plus loin et que les yeux en étoient éblouis. L'habit de Monseigneur étoit d'une étoffe d'or, avec des agréments en broderie d'argent. Messeigneurs les ducs de Bourgogne, d'Anjou et de Berry étoient en habits de velours brodés d'or en plein. Celui de Monseigneur le duc de Bourgogne étoit noir, et les deux autres de couleur, avec beaucoup de diamants. Monsieur avoit le même habit qu'il avoit porté le jour du mariage, de velours noir avec des boutonnières en broderies d'or et de gros boutons de diamants. Celui de M. le duc de Chartres étoit riche et galant. Il étoit d'une étoffe d'or relevée par des agréments d'or. Une partie des seigneurs, qui étoient en grand nombre, avoit des habits de velours, ou brodés, ou couverts de boutonnières appliquées, et l'autre en avoit de riches brocarts d'or. Il y en avoit quelques-uns de simples, mais la plupart étoient relevés de broderies ou d'agréments d'or et d'argent appliqués. Ils avoient tous des nœuds d'épaules fort riches, des bouquets de plumes à plusieurs étages, les manches du justaucorps chargées de dentelles d'or et d'argent et de rubans, et les gants pareillement garnis de dentelles, des bas de soie de diverses couleurs, brodés d'or, et des rubans sur les souliers. Les dames étoient encore plus superbement vêtues. L'habit de Mme la duchesse de Bourgogne étoit d'une étoffe d'or avec une garniture de diamants, dans laquelle, ainsi que dans sa coiffure, entroient les plus beaux diamants de la couronne. Madame, Mme la duchesse de Chartres, Mademoiselle, Mme la Duchesse, Mme la princesse de Conty et Mlle de Condé avoient toutes des habits qui se disputoient de richesse et d'agrément. Ceux de Mme de Chartres et de Mme la Duchesse étoient d'étoffes d'or, rehaussés de boutonnières d'or, et les jupes chamarrées d'une richesse qu'on ne sauroit exprimer, les corps et les coiffures chargés de pierreries. Mademoiselle et Mme la princesse de

Conty avoient des habits de velours brodés d'or. Enfin, toutes les dames du bal étoient généralement habillées ou d'étoffes d'or garnies d'agréments d'or et d'argent, ou de velours de toutes couleurs brodés d'or, et elles étoient brillantes de pierreries sur leurs habits et dans leurs coiffures.

Le Roi se rendit sur les sept heures dans la chambre de Mme la duchesse de Bourgogne; son habit étoit magnifique et majestueux. Il étoit de velours noir, couvert en plein d'une broderie d'or fine et délicate, et marqué sur les tailles d'une plus épaisse et plus riche, avec des boutons de diamants. Le roi et la reine d'Angleterre arrivèrent peu de temps après. La Reine étoit fort richement vêtue d'une étoffe d'or avec des agréments d'or. L'on passa dans la galerie, et le bal commença. Mgr le duc de Bourgogne ouvrit la danse par le branle, menant Mme la duchesse de Bourgogne, et lorsque le branle fut fini, ils dansèrent ensemble la première courante, et tout le monde en fut charmé. Mme la duchesse de Bourgogne prit Mgr le duc d'Anjou, et il prit Mme la duchesse de Chartres, laquelle prit Mgr le duc de Berry, qui prit Mademoiselle, et le reste passa dans l'ordre et selon le rang.

Comme le nombre des danseurs étoit fort grand, plusieurs de ceux qui avoient été nommés ne dansèrent point, faute de dames qui se trouvèrent en plus petit nombre. Mme la duchesse de Bourgogne se fit admirer dans le menuet et le passe-pied. L'on dansa souvent le menuet à quatre, afin de faire danser plus de monde.

Sur les huit heures, le Roi demanda la collation, qui fut apportée sur douze tables de formes inégales, couvertes de mousse et de verdure au lieu de nappes, et chargées par compartiment de toutes sortes de fruits de la saison et de confitures sèches entremêlées de fleurs; elles furent portées dans l'enceinte du bal; alors qu'elles furent rassemblées, elles formèrent une espèce de parterre très agréable, où paroissoient quatre orangers portant des oranges confites. Ces tables furent ensuite séparées, et passèrent l'une après l'autre autour de l'enceinte, au moyen des roulettes qu'elles avoient sous les pieds. On apporta aussi à la main une quantité prodigieuse de corbeilles pleines de paquets de confitures et de massepains, et une infinité de soucoupes chargées de liqueurs et de glaces. Après la collation, qui fut entièrement pillée, l'on fit nettoyer la place et l'on continua le bal jusqu'à dix heures et demie. Lorsqu'il fut fini, le Roi et Leurs Majestés Britanniques entrèrent dans le petit appartement de Sa Majesté, où le souper étoit servi dans l'antichambre. Tous les seigneurs et dames du bal sortirent par l'appartement de Mme la duchesse de Bourgogne. La table du souper étoit en demi-cercle, ainsi que celle du jour du mariage. Elle étoit remplie par Sa Majesté, le roi et la reine d'Angleterre, Monseigneur, Mgr le duc et Mme la duchesse de Bourgogne, MMgrs les ducs d'Anjou et de Berry, Monsieur et Madame, M. et Mme de Chartres, Mademoiselle, Mme la Duchesse et Mme la princesse de Conty. Après le souper, le roi et la reine d'Angleterre retournèrent à Saint-Germain et chacun se retira.

Le samedi suivant, il y eut encore un grand bal qui commença plus tard que le précédent, parce qu'on ne soupa qu'après le bal et qu'il y eut médianoche. La foule des spectateurs avoit été si grande au premier, qu'on trouva moyen d'accommoder le lieu où l'on dansa, de manière qu'il y eût encore plus de place pour les personnes de la première qualité. Mme la duchesse de Bourgogne mit ce jour-là un habit de velours noir tout couvert de diamants. Ses cheveux étoient nattés de perles, et tout le reste de sa coiffure étoit si rempli de diamants, qu'on peut dire sans exagération que la vue en pouvoit à peine supporter l'éclat. La plupart des princesses de la Maison royale mirent ce jour-là des habits de velours noir. Madame en avoit un chamarré de rubis et de diamants; la jupe d'entre-deux étoit de brocart d'or rebrodé d'or. L'habit de Mme la duchesse de Chartres étoit de velours noir, chamarré sur toutes les tailles de diamants brillants, et celui de Mademoiselle étoit aussi de velours noir, chamarré de gros diamants et de perles sur toutes les tailles. La jupe d'entre-deux de cette princesse étoit du même velours chamarré en plein de point d'Espagne or et argent. Toutes les coiffures étoient couvertes de pierreries. Les princes étoient en habit de brocart d'or rebrodé. Les uns avoient des brandebourgs de pierreries, et les autres seulement de gros boutons. Monsieur avoit des brandebourgs d'argent avec des boutons de rubis d'Orient et de diamants. L'habit de M. le duc de Chartres étoit de velours noir, les brandebourgs d'or mêlés de brandebourgs de diamants doublés de velours couleur de rose. Ses manches étoient garnies de dentelles d'argent. M. le duc du Maine et M. le comte de Toulouse se faisoient distinguer et admirer tout ensemble, tant leurs habits étoient riches, brillants et bien entendus. Enfin, à voir chaque habit en particulier, il sembloit que rien ne se pouvoit ajouter à tous ceux des princes, princesses, seigneurs et dames qui dansoient à ce bal, tant ils étoient somptueux et brillants, en sorte que, sans compter les pierreries, les habits seuls des deux bals revenoient à plusieurs millions. L'habit que la reine d'Angleterre avoit au second bal étoit de velours noir, avec une très belle parure de diamants.

La collation ne fut pas servie sur des tables comme la première, mais elle fut portée dans un nombre infini de corbeilles. Jamais il ne s'est rien vu de si brillant que ce bal. Il y avoit, tant dans la galerie où l'on a dansé que dans les appartements des environs, quatre à cinq mille lumières, ce qui faisoit beaucoup briller la richesse des habits et la magnificence des appartements[1].

Saint-Simon a laissé de la duchesse de Bourgogne un portrait inoubliable : « Ce n'était pas une beauté : la figure était gâtée par des joues pendantes, un front trop avancé et de mauvaises dents, mais ces imperfections étaient com-

[1] *Mercure de France*, 1697.

pensées par les yeux les plus parlants et les plus beaux du
monde, le plus beau teint et la plus belle peau. »

Elle vouloit plaire même aux personnes les plus inutiles et les
plus médiocres, sans qu'elle parût le rechercher. Sa gaieté,
jeune, vive, active, animoit tout, et sa légèreté de nymphe la portoit partout comme un tourbillon qui remplit plusieurs lieux à la
fois, et qui y donne le mouvement et la vie. Elle ornoit tous les
spectacles, étoit l'âme des fêtes, des plaisirs, des bals, et y ravissoit
par les grâces, la justesse et la perfection de sa danse. Elle aimoit le
jeu, s'amusoit au petit jeu, car tout l'amusoit ; elle préféroit le gros,
y étoit nette, exacte, la plus belle joueuse du monde, et en un instant faisoit le jeu de chacun ; également gaie et amusée à faire, les
après-dinées, des lectures sérieuses, à converser dessus, et à travailler avec ses dames sérieuses ; on appeloit ainsi ses dames du
Palais les plus âgées. Elle n'épargna rien, jusqu'à sa santé, elle
n'oublia pas jusqu'aux plus petites choses, et sans cesse, pour gagner Mme de Maintenon et le Roi par elle. Sa souplesse à leur égard
étoit sans pareille, et ne se démentit jamais d'un moment. Elle l'accompagnoit de toute la discrétion que lui donnoit la connoissance
d'eux, que l'étude et l'expérience lui avoient acquise, pour les
degrés d'enjouement ou de mesure qui étoient à propos. Son plaisir, ses agrémens, je le répète, sa santé même, tout leur fut immolé.
Par cette voie, elle s'acquit une familiarité avec eux, dont aucun
des enfants du Roi, non pas même ses bâtards, n'avoit pu approcher.
En public, sérieuse, mesurée, respectueuse avec le Roi, et en
timide bienséance avec Mme de Maintenon, qu'elle n'appeloit jamais
que « ma tante », pour confondre joliment le rang et l'amitié. En
particulier, causante, sautante, voltigeante autour d'eux, tantôt
perchée sur le bras du fauteuil de l'un ou de l'autre, tantôt se
jouant sur leurs genoux, elle leur sautoit au cou, les embrassoit,
les baisoit, les caressoit, les chiffonnoit, leur tiroit le dessous du
menton, les tourmentoit, fouilloit leurs tables, leurs papiers, leurs
lettres, les décachetoit, les lisoit quelquefois malgré eux, selon
qu'elle les voyoit en humeur d'en rire, et parlant quelquefois
dessus. Admise à tout, à la réception des courriers qui apportoient
les nouvelles les plus importantes, entrant chez le Roi à toute heure,
même des momens pendant le Conseil, utile et fatale aux Ministres
mêmes, mais toujours portée à obliger, à servir, à excuser, à bien
faire, à moins qu'elle ne fût violemment poussée contre quelqu'un,
comme elle fut contre Pontchartrain, qu'elle nommoit quelquefois
au Roi « votre vilain borgne », ou par quelque cause majeure,
comme elle le fut contre Chamillart. Si libre, qu'entendant un soir
le Roi et Mme de Maintenon parler avec affection de la Cour d'Angleterre dans les commencemens qu'on espéra la paix par la reine
Anne : « Ma tante, se mit-elle à dire, il faut convenir qu'en Angleterre, les reines gouvernent mieux que les rois, et savez-vous bien
pourquoi, ma tante ? » Et toujours courant et gambadant : « C'est que

sous les rois, ce sont les femmes qui gouvernent, et ce sont les hommes sous les reines. » L'admirable est qu'ils en rirent tous deux et qu'ils trouvèrent qu'elle avoit raison...

Le Roi ne se pouvoit passer d'elle. Tout lui manquoit dans l'intérieur lorsque des parties de plaisir, que la tendresse et la considération du Roi pour elle vouloit souvent qu'elle fît pour la divertir, l'empêchoient d'être avec lui; et jusqu'à son souper public, quand rarement elle y manquoit, il y paroissoit par un nuage de plus de sérieux et de silence sur toute la personne du Roi. Aussi, quelque goût qu'elle eût pour ces sortes de parties, elle y étoit fort sobre et se les faisoit toujours commander. Elle avoit grand soin de voir le Roi en partant et en arrivant; et si quelque bal en hiver, ou quelque partie en été lui faisoit percer la nuit, elle ajustoit si bien les choses qu'elle alloit embrasser le Roi, dès qu'il étoit éveillé, et l'amuser du récit de la fête...

LE MARIAGE RÉALISÉ
DU DUC ET DE LA DUCHESSE DE BOURGOGNE (1699)

Singulière situation. Tout mariés qu'ils fussent, le duc et la duchesse de Bourgogne continuaient à vivre d'une vie séparée. Le gouverneur couchait dans la chambre du duc; la dame d'honneur, dans celle de la duchesse. Le mari pouvait voir sa femme tous les jours et causer avec elle, mais à condition qu'il y eût toujours quelques dames présentes dans la salle. Les soirées se passaient chez Mme de Maintenon, où le Roi se trouvait. Cependant, on initiait la jeune duchesse à la vie officielle, à tenir un cercle, à donner audience aux ambassadeurs. A la fin de 1698, on lui permit, ainsi qu'à son mari et à ses jeunes beaux-frères, Anjou et Berry, d'assister pour la première fois à la comédie. On jouait le *Bourgeois gentilhomme*[1].

Le mois suivant (28 décembre), ils assistèrent à une représentation de *Bajazet*; puis, ce fut le tour de l'opéra. La duchesse de Bourgogne goûtait médiocrement la musique, mais elle raffolait de la danse et les bals la charmaient. Le *Journal* de Dangeau en mentionne un grand nombre, la plupart mas-

---

[1] Le compte rendu de cette représentation a été fait d'une manière à la fois plaisante et caustique par la Palatine. (*Lettres à la duchesse de Hanovre*, t. VI.)

qués. La duchesse étant entrée dans sa quatorzième année (le 6 décembre), le Roi ordonna, à l'occasion de son anniversaire, une mascarade qui eut lieu dans l'appartement de Mme de Maintenon. L'été, c'étaient des divertissements en gondoles et des promenades à Trianon. Dangeau est l'historiographe fidèle de toutes ces fêtes.

Il avait été réglé que l'éducation de la duchesse de Bourgogne serait complétée par les soins de Mme de Maintenon, qui fit placer près d'elle des personnes à sa dévotion, la duchesse du Lude entre autres.

Mme de Maintenon aima bien vite Marie-Adélaïde, qui lui rendit sincèrement son affection. La *tante* lui prodigua des marques véritables d'amour quasi maternel. Elle était arrivée à une période de lassitude et de dégoût pour une vie que les exigences égoïstes de Louis XIV lui rendaient bien dure, et l'apparition à la Cour de cette jeune princesse si séduisante réveilla ce sentiment de l'amour maternel qui sommeillait en son cœur. N'ayant jamais eu d'enfants, elle aima les enfants des autres. Elle aima la duchesse de Bourgogne comme elle avait aimé le jeune duc du Maine, auquel elle ne cessa de témoigner une vive tendresse, comme elle aimait ses élèves de Saint-Cyr.

Saint-Cyr fut justement le milieu où Mme de Maintenon voulut que, loin de certains plaisirs et de certaines influences, en particulier de celle des jeunes princesses ses tantes, dont la conduite était légère, elle reçût l'éducation d'une future reine de France. La duchesse de Bourgogne y vint pour la première fois le 25 novembre 1696, et puis ce fut pour elle une habitude d'y aller, le plus souvent, deux fois par semaine. Elle partageait parfois le repas des élèves, à la table des *rouges*; elle suivait les classes, se liait avec quelques jeunes filles[1] et revêtait même le costume de la maison. Le 30 janvier 1697, Mme de Maintenon offrit à la princesse une représentation d'*Esther*.

L'année 1699 était arrivée. Louis XIV jugeant qu'il était temps de *réaliser* le mariage de son petit-fils, lui donna un logement donnant sur le palier qui faisait communiquer l'ap-

---

[1] Elle se lia particulièrement avec la nièce de Mme de Maintenon, Mlle d'Aubigné, future maréchale de Noailles.

partement du Roi avec celui de la feue Reine, occupé par la duchesse de Bourgogne[1]. Le jeudi 22 octobre fut « celui de la consommation du mariage de Monseigneur le duc de Bourgogne », dit le *Mercure*. Le duc de Beauvillier cessant toute fonction auprès de lui, le Roi nomma trois nouveaux gentilshommes pour sa suite; ce furent le marquis d'O, le comte de Chiverny et le marquis de Gaumery, qui devaient être — faveur suprême — de tous les voyages de Marly. En même temps, pour bien marquer « la confiance qu'il mettait dans la maturité et le jugement de son petit-fils[2] », il l'appelait à siéger au *Conseil des Dépêches*.

Ainsi se trouvèrent définitivement unis un prince et une princesse si différents l'un de l'autre : celui-ci, passionné, mais contenu, d'une gravité précoce, plein de conscience, très pieux; celle-là, de nature sensible, affectueuse, mais gaie, légère, ardente au plaisir.

LE ROI, LA FAMILLE ROYALE ET LA COUR EN 1700

LE DUC D'ANJOU, PETIT-FILS DE LOUIS XIV,
PROCLAMÉ ROI D'ESPAGNE

Le Dauphin continuait à mener la même vie inutile, allant rarement dans les conseils du Roi, passant le temps à manger, boire, chasser et dormir. Depuis son veuvage (1690), il vivait avec Mlle Chouin, qu'il avait, dit-on, épousée. « On se marie étrangement dans cette famille », avait dit un jour la duchesse de Bourgogne, faisant allusion au double mariage supposé du Roi avec l'ex-gouvernante de ses bâtards[3]. Mlle Chouin n'en était pas moins considérée comme la maîtresse de la maison, dans ce *parvulo* de Meudon où l'on voyait parfois réunis « Monseigneur, beau-fils de Mme de Maintenon, la quasi-Reine; Mlle Chouin, la quasi-Dauphine; la duchesse

---

[1] Ce logement, très exigu, composa plus tard ce qu'on appelait les petits appartements de Marie Leczinska et de Marie-Antoinette. Quant au logement occupé par la duchesse de Bourgogne, c'est celui qui devint plus tard le grand appartement de Marie Leczinska.

[2] D'Haussonville, *La Duchesse de Bourgogne*, t. IV.

[3] *Ibid.*

de Bourgogne, belle-fille légitime du Dauphin ; les demi-
sœurs adultérines du Dauphin, lesquelles n'étaient que demi-
sœurs entre elles, l'une venant de Mlle de La Vallière, et
l'autre de Mme de Montespan. Les jours où le duc d'Antin,
fils de M. et de Mme de Montespan, demi-frère par conséquent
de Mme la Duchesse, se présentait à Meudon, il complétait la
famille compliquée du Roi très chrétien[1] ».

Nous avons vu le fils aîné du Dauphin, le duc de Bourgogne, transformé, devenu très doux au lieu d'emporté qu'il
était, mais étant passé à l'extrême opposé, studieux et dévot
à l'excès : de complexion amoureuse, il aima passionnément sa femme. Celle-ci, bien élevée dans sa famille, gâtée dès
son arrivée en France, vive, aimable, continuait à faire les
délices du Roi et de Mme de Maintenon.

Au second plan, les deux autres fils du Dauphin, le duc
d'Anjou et le duc de Berry[2] : le premier, futur roi d'Espagne,
lourd, autrichien d'aspect, sans volonté, machinal ; l'autre,
plus insignifiant encore ; tous deux sont l'objet des railleries
de l'impitoyable Palatine.

Tout à côté, les enfants naturels du Roi faisaient figure près
du premier rang, chéris particulièrement par leur père. Le
duc du Maine avait trente ans en 1700 ; le comte de Toulouse,
vingt-huit. Le premier vivait très retiré, poltron à la Cour
comme à la guerre, selon Saint-Simon, mais plein d'esprit,
d'agrément et de charme ; sa femme, petite-fille du Grand
Condé, avec autant d'esprit, avait en plus « du courage à
l'excès » ; jolie, aimable, gaie, mais fantasque dans sa vie
journalière, et faisant dire à Mme de Maintenon : « Si celle-là
m'échappe encore, me voilà en repos et persuadée qu'il n'est
pas possible que le Roi en trouve une dans sa famille qui
tourne à bien. » En effet, la belle Conti[3], fille de Mlle de La
Vallière, et la duchesse de Bourbon (l'ex-Mlle de Nantes)
avaient assez mal tourné.

[1] Lavisse, *Histoire de France*, t. VIII.

[2] Nés en 1683 et en 1686.

[3] Très belle, mais sans esprit, querelleuse et impertinente. Elle
eut des histoires amoureuses et de mauvaises habitudes. Elle fumait des
pipes empruntées au corps de garde des Suisses, se querellait avec
ses sœurs qui ne valaient pas mieux. Elle devint veuve en 1685.

La dernière des *légitimées*, Françoise-Marie, avait épousé le duc de Chartres en 1692; indolente et peu aimable, elle passait pour intempérante[1].

Le comte de Toulouse, par son sérieux (un peu glacial), par son honnêteté et son application à son office de grand amiral, fit honneur au Roi, et fut toujours considéré et respecté.

Le frère du Roi, Monsieur, continuait sa vie oisive et débauchée qui allait précipiter sa fin; et Madame (la Palatine), « toujours grondeuse, véridique avec malveillance », se tenait à l'écart, furieuse de voir les bâtardes du Roi avoir les faveurs « des *particuliers* du Roi », alors qu'elle en était écartée.

Leur fils, le duc de Chartres (sa sœur, Elisabeth-Charlotte (1676), épousa Léopold-Joseph, duc de Lorraine), né en 1674, avait vingt-six ans. Spirituel, artiste, amateur de peinture et de musique, instruit dans les sciences, en chimie surtout, libertin et athée, entendu dans la guerre, où il avait fait ses preuves, fuyant les gens de qualité, et Versailles pour Paris, où il fait volontiers des orgies. Il avait trois filles; son premier enfant mâle naîtra en 1703[2].

Les Condé et les Conti vivaient dans une demi-disgrâce depuis la mort du Grand Condé, en 1686. Son arrière-petit-fils, Louis-Henri, né en 1692, sera premier ministre de Louis XV. Le fils du premier prince de Conti, frère du vainqueur de Rocroi, Louis-Armand, mari d'une La Vallière, était mort sans enfants en 1685. Le frère de celui-ci, François-Louis, après une tentative infructueuse pour occuper le trône de Pologne (1697), mourra en 1709. Saint-Simon a laissé de lui un portrait inoubliable. Il avait un fils, Louis-Armand, né en 1695.

---

[1] Madame disait de sa belle-fille : « La femme de mon fils est une déplaisante personne : trois ou quatre fois par semaine, elle s'enivre comme un corroyeur. »

[2] Louis, grand-père de Philippe-Egalité. — « En 1700, lui naquirent un garçon et une fille, ce qui fit dire à Madame : « Mon fils est allé « hier à Paris rendre visite à ses accouchées; sa comédienne a mieux « fait son affaire que Mme de Chartres : elle a un garçon. C'est malheu-« reux que tous les bâtards de mon fils soient des garçons, et ses en-« fants légitimes des filles. »

En somme, malgré ses tares, la famille royale paraissait faire bonne figure au dehors, au début du xviiie siècle; la transmission de la couronne de mâle en mâle paraissait solidement assurée par la naissance des trois fils du Dauphin, et sans crainte de minorité; « depuis la monarchie, on n'avait pas vu tout à la fois le grand-père, le père et le fils en âge de gouverner le royaume ». (Dangeau.)

Sur ces entrefaites, une nouvelle couronne que Louis XIV n'avait nullement convoitée allait échoir à l'un de ses petits-fils. Charles II, roi d'Espagne, venait de mourir et laissait par testament son trône au duc d'Anjou. Louis XIV l'accepta pour son petit-fils, qui prit le nom de Philippe V. Il « semblait le monarque le plus heureux et le plus puissant de la terre. Il se voyait à soixante-deux ans entouré d'une nombreuse postérité; un de ses petits-fils allait gouverner, sous ses ordres, l'Espagne, l'Amérique, la moitié de l'Italie et les Pays-Bas[1] ».

Le 15 novembre 1700, le Roi était rentré de Fontainebleau à Versailles, et le lendemain 16, il fit connaître sa résolution et déclara le duc d'Anjou roi d'Espagne dans son cabinet, en présence de l'ambassadeur d'Espagne et d'une foule de courtisans.

« Messieurs, dit-il, voilà le roi d'Espagne. La naissance l'appelait à cette couronne : toute la nation l'a souhaité et me l'a demandé instamment, ce que je leur ai accordé avec plaisir. C'était l'ordre du ciel. » Puis, se retournant vers son petit-fils, il ajouta : « Soyez bon Espagnol, c'est présentement votre premier devoir; mais souvenez-vous que vous êtes né Français pour entretenir l'union entre les deux nations, c'est le moyen de les rendre heureuses et de conserver la paix de l'Europe. » Quand il annonça que Philippe V partirait le 1er décembre, le marquis de Castel dos Rios « dit fort à propos que ce voyage devenait aisé et que présentement les Pyrénées étaient fondues[2] ».

Pendant ce temps-là, le comte de Zinzendorf, envoyé de l'Empereur, attendoit l'audience qu'il avoit demandée au Roi pour lui donner part de la naissance de l'archiduc, et ne savoit rien de la

[1] Voltaire, *Siècle de Louis XIV.*
[2] Voltaire, *ibid.* — Le *Mercure de France* rapporte ainsi ces paroles de l'ambassadeur : « Quelle joie! Il n'y a plus de Pyrénées, elles sont abîmées et nous ne sommes plus qu'un. »

scène qui se passoit. Le Roi fit rentrer le roi d'Espagne et l'ambassadeur dans ses arrière-cabinets, et puis fit entrer le comte de Zinzendorf, à qui il donna son audience, qu'il n'auroit pas demandée s'il eût prévu le contre-temps.

L'audience finie, le Roi se mit en marche pour aller à la chapelle ; il fit marcher le roi d'Espagne à côté de lui et à sa droite ; ils entendirent la messe à la tribune, et comme le Roi vit que le roi d'Espagne n'avoit point de carreau, il se leva et lui voulut donner le sien. Le roi d'Espagne ne voulut pas le prendre, et le Roi ôta le sien ; ils n'en eurent ni l'un ni l'autre. A la messe, il eut la droite sur le Roi, et de même en revenant, et l'aura toujours en public pendant qu'il sera ici ; mais quand ils seront en particulier, ils vivront sans cérémonie. En revenant de la messe et passant dans le grand appartement, le Roi dit au roi d'Espagne qu'il lui avoit fait préparer cet appartement et qu'il le lui alloit laisser pour donner le temps aux courtisans de lui venir faire leur cour.

Le roi d'Espagne partira d'ici le 1er de décembre ; Mgr le duc de Bourgogne et Mgr le duc de Berry iront le conduire jusqu'à la frontière d'Espagne. Les ducs de Beauvilliers et de Noailles les accompagneront, et le Roi permet à tous les jeunes courtisans qui les voudront suivre de faire le voyage ; quelques-uns même le suivront jusqu'à Madrid.

L'ambassadeur d'Espagne dit fort à propos que ce voyage devenoit aisé, et que présentement les Pyrénées étoient fondues[1].

L'après-midi, le nouveau Roi alla voir son frère à Meudon, qui, après avoir couru, essoufflé, à sa rencontre, le reconduisit.

Quelques mois après (1701), mourait Monsieur au château de Saint-Cloud, d'une attaque d'apoplexie, hâtée par ses débauches. Il disait en 1696 que, comme il commençait à vieillir, il n'avait pas de temps à perdre, qu'il voulait « tout employer et s'amuser jusqu'à la fin ».

La Palatine n'eut pas grande satisfaction avec lui, pas plus d'ailleurs qu'avec les autres membres de sa famille, fils et petite-fille[2]. Le duc de Chartres prit le titre de duc d'Orléans. Madame éprouva une grande crainte d'être reléguée dans un couvent. A la suite d'une entrevue avec le Roi, où il lui fit observer que ses relations avec Mme de Maintenon ne pouvaient continuer avec le caractère d'hostilité qu'elles avaient, et après une autre entrevue avec Mme de Maintenon, il fut

---

[1] Le *Mercure* rapporte autrement cette scène historique, mais ce récit de Dangeau, que nous donnons, doit être tenu comme véridique.

[2] La fameuse duchesse de Berry, fille du Régent.

décidé qu'elle resterait à la Cour. Depuis lors, la plume de la
princesse Palatine fut moins acrimonieuse contre celle qu'elle
appelait « la vieille gunippe ».

NAISSANCE DU PREMIER DUC DE BRETAGNE (1704)

C'est dans la chambre de la Reine que la duchesse de
Bourgogne mit au monde, le 25 juin 1704, son premier
enfant, qui prit le nom de duc de Bretagne.

Le 25 du mois de juin, Mme la duchesse de Bourgogne commença
à sentir quelques douleurs qui augmentèrent un peu sur le midi ;
elles devinrent plus vives à une heure et demie, et depuis trois heures
jusqu'à cinq et un peu plus d'une minute, que cette princesse accoucha, elles furent très aiguës et très fréquentes. Elle en eut une
sur les trois heures qui lui fit faire d'assez grands cris pour faire
croire qu'elle étoit accouchée. Un de ses valets de chambre ayant
entendu M. Clément prononcer distinctement ces mots : « Je le
tiens! » crut qu'il parloit du prince dont il étoit persuadé que la
princesse venoit d'accoucher; cependant, M. Clément ne parloit que
d'un carreau qu'il avoit demandé. Ce valet de chambre, animé par
l'ardeur de son zèle, courut dans le petit appartement de Mgr le
duc de Bourgogne, où ce prince avoit résolu de demeurer pendant
tout le temps que la princesse seroit en travail, et lui dit que Mme la
duchesse de Bourgogne étoit accouchée d'un prince. A l'instant,
toutes les chambres de l'appartement de Mme la duchesse de Bourgogne, qui étoient remplies de monde, retentirent de cette grande
nouvelle, qui se répandit aussitôt dans tout Versailles, où on alluma
quantité de feux ; on envoya promptement des ordres pour les faire
éteindre, mais il n'étoit plus temps d'arrêter plusieurs courriers
qu'on avoit dépêchés à Paris pour porter la nouvelle de cet heureux accouchement. Avant que Mgr le duc de Bourgogne fût dé-
trompé, M. le duc d'Albe se jeta aux pieds de ce prince pour qui il
a une vénération particulière, et lui dit, en embrassant ses genoux,
qu'après la joie qu'il avoit de le voir père, il ne manqueroit rien à
son bonheur s'il voyoit que le Roi son maître le fût aussi. Mgr le
duc de Bourgogne répondit à ce duc : « Je sais, Monsieur, que votre
joie répond bien à la nôtre ; c'est un jour bien heureux pour nous,
j'en souhaite un pareil au roi d'Espagne. »
On apprit dans ce moment-là que la joie que l'on sentoit étoit
prématurée, ce qui donna beaucoup de chagrin ; mais enfin on
l'oublia à cinq heures, que Mme la duchesse de Bourgogne fut délivrée après avoir souffert ses douleurs avec une constance merveilleuse. Le Roi demeura toujours auprès de cette princesse, ainsi que
Monseigneur, tous les princes et princesses. M. Clément eut quelque

inquiétude lorsque Mme la duchesse de Bourgogne fut accouchée, parce que l'enfant ne crioit point; ce qui causa un silence qui dura quelques moments. Le Roi se baissa et demanda à l'oreille de M. Clément ce que c'étoit que l'enfant; il répondit tout bas que c'étoit un garçon. Sa Majesté lui demanda si elle pouvoit le déclarer. Mme la duchesse de Bourgogne, qui observoit le Roi, prit la parole et dit qu'elle connoissoit bien aux mouvements du visage de Sa Majesté que c'étoit un garçon, et la vérité fut aussitôt déclarée tout haut dans la chambre. Le Roi dit alors : « Voilà le quatrième que Clément me donne »; à quoi M. Clément répondit qu'il espéroit encore lui donner les enfants du prince qui venoit de naître.

Ce fut Mgr le duc de Berry qui annonça cette nouvelle à Mgr le duc de Bourgogne en l'embrassant. M. le Nonce fut le premier ministre étranger qui y fut introduit et qui, par conséquent, complimenta le premier Sa Majesté sur cette heureuse naissance. M. le duc et Mme la duchesse d'Albe entrèrent ensuite; M. le duc d'Albe dit au Roi que le bonheur de la France étoit une félicité pour l'Espagne, et qu'après la part qu'il y prenoit à ce bonheur public, rien ne le touchoit davantage que de le voir bisaïeul, Monseigneur aïeul et Mgr le duc de Bourgogne père. Le Roi lui répondit qu'il lui étoit obligé d'avoir de pareils sentiments, qu'il savoit qu'ils étoient sincères et qu'il étoit persuadé que ce bonheur seroit bien célébré en Espagne.

Le Roi alla à la porte de la chambre et fit des honnêtetés aux dames qui étoient en grand nombre dans le grand cabinet et reçut leurs compliments; il y avoit une infinité de personnes de l'un et de l'autre sexe, et Sa Majesté leur déclara qu'elle avoit donné au prince qui venoit de naître le nom de duc de Bretagne.

Cependant, l'on mit le jeune prince dans un lange et on le remit entre les mains de Mme la maréchale de la Mothe, qui le porta auprès du feu. Il fut ensuite ondoyé par M. le cardinal de Coislin, en présence du curé de Versailles; après quoi il fut emmailloté par la garde de Mme la duchesse de Bourgogne; ce prince se trouva si grand et si fort, qu'on fut obligé de lui mettre un bonnet du troisième âge et qu'on eut beaucoup de peine à lui enfermer les bras. Mme la maréchale de la Mothe prit ensuite le prince et le porta à Mgr le duc de Bourgogne, qui le baisa; puis elle le porta à la porte de la chambre, où l'on fit venir la chaise et les porteurs du Roi. Elle entra dedans, elle mit le prince sur ses genoux et le porta dans l'appartement qui lui étoit destiné. M. le maréchal de Noailles se chargea de l'y conduire, et Mgr le duc de Bourgogne lui en marqua sa joie. On nomma alors un des exempts qui servent auprès du Roi pour être auprès du prince et pour le servir alternativement avec ses camarades. Peu de temps après, M. le marquis de la Vrillière, secrétaire-greffier de l'ordre du Saint-Esprit, lui porta de la part du Roi le cordon bleu et la croix de l'ordre, que Mme la maréchale de la Mothe lui mit.

Le Roi s'étant acquitté de toutes les choses que je viens de vous

marquer, de la manière noble et aisée dont il remplit les plus
pénibles devoirs de la royauté, dit qu'il devoit aller remercier le
ciel de toutes les grâces qu'il répandoit sur lui tous les jours, et
alla prier Dieu à la chapelle. Mgr le duc de Bourgogne s'y rendit
aussi, et y demeura en prière pendant trois quarts d'heure. Ce
prince y avoit été seul fort longtemps le jour précédent, et l'on
avoit remarqué qu'il ne vouloit pas être connu.

Le Roi tint conseil de ministres au sortir de la chapelle, rien ne
pouvant déranger ce prince, qui ne remet jamais au lendemain les
affaires qui regardent son Etat et auxquelles le jour est marqué
pour y travailler. Il change seulement les heures lorsqu'il s'y trouve
obligé par des affaires très pressantes et qui ne peuvent être remises. Je ne puis m'empêcher de vous faire remarquer une chose
qui n'est pas ordinaire à tous les souverains, qui fuient avec soin
tous les spectacles douloureux et qui peuvent leur donner des idées
de la mort et même la leur représenter. Le Roi n'en a jamais usé
de même, et on l'a vu en plusieurs occasions passer des journées et
des nuits entières auprès des personnes mourantes qui le tou-
choient et donner tous ses soins à ce qui pouvoit contribuer au
rétablissement de leur santé et au salut de leurs âmes, donnant ses
ordres pour toutes ces choses et faisant lui-même une partie de ce
qui auroit pu être fait par d'autres. Ce prince a demeuré auprès de
la Reine sa mère, de la Reine son épouse et de Mᵐᵉ la Dauphine
presque jusqu'au moment qu'elles ont rendu l'âme, et lorsque les
deux dernières ont été sur le point de mettre des princes ou des
princesses au monde, il ne les a point quittées pendant leurs plus
vives douleurs, et l'on peut dire qu'il a toujours beaucoup contribué, par ses soins et sa présence, au soulagement de ces mêmes
douleurs.   (*Le Mercure.*)

Cet enfant mourut l'année suivante. Un second duc de
Bretagne naquit le 8 janvier 1707 et mourut le 8 mars 1712,
après avoir été Dauphin quelques jours. Enfin, le 15 février 1710, la duchesse de Bourgogne mettait au monde l'enfant qui devait être Louis XV.

LA DUCHESSE DE BOURGOGNE ET LA COUR

L'AFFECTION DE LOUIS XIV ET DE Mᵐᵉ DE MAINTENON
POUR LA JEUNE PRINCESSE

Nous avons dit que Louis XIV aima beaucoup la femme de
son petit-fils : parce qu'elle était aimable, d'abord, et pleine
de séduction, et puis, par besoin d'aimer. Il était né à la fois
égoïste et sensible, mais, avec l'âge, la sensibilité avait pris

le dessus. Une fois le feu des passions amorti, on voit se
développer en lui l'amour des siens, et de ce côté, jusqu'ici,
il avait trouvé bien peu d'aliment : l'indifférence épaisse du
Grand Dauphin, la gêne naturelle qui devait exister entre lui
et ses bâtards, qui lui avaient donné quelques déceptions[1].
Et c'est à cet âge où l'on est contraint à se détacher de plus
en plus des plaisirs de la vie « qu'il voyait inopinément
entrer dans son existence une enfant douée de toutes les
grâces, qui allait devenir sienne en perpétuant sa race et
qui semblait n'avoir qu'une pensée, celle de lui complaire.
L'égoïsme, la sensibilité, l'orgueil, tous les sentiments dont,
à dose inégale, se composait sa nature, y trouvaient leur
compte, et il n'est pas étonnant que l'enfant ait fait la conquête du vieillard[2] ».

La vie de la Cour, devenue un peu morne depuis quelques
années, tourne tout entière autour de cette jeune princesse,
et les divertissements reprennent.

Le Roi lui fit cadeau de la Ménagerie. Il désigna un certain
nombre de dames pour être de ses plaisirs, que Saint-Simon
appelle les duègnes; mais il y eut aussi des jeunes filles,
comme Mlles de Chevreuse, d'Ayen et d'Aubigné. C'est avec
celles-ci que la duchesse de Bourgogne faisait ses promenades. Il cherchait chaque jour quelque chose de nouveau
pour amuser la jeune femme : c'étaient de longues promenades en voiture et sur l'eau, des collations ou des soupers à Marly, des chasses à courre ou au filet, des pêches, etc...
Mais le plaisir le plus agréable pour le Roi, c'était la promenade de la princesse avec lui, à laquelle elle ne devait
jamais manquer. « Dès qu'il faut suivre le Roi, dit Dangeau,
la princesse ne se trouve point enrhumée[3]. »

Cette sensibilité quelque peu égoïste fut telle qu'il fallait
qu'il vît tous les jours la duchesse de Bourgogne. S'il était
malade, il la faisait venir dans sa chambre; si, au contraire,

---

[1] La princesse de Conti fut surprise tournant en ridicule les amours
du Roi et de Mme de Maintenon (correspondance saisie). — La duchesse
de Chartres était insignifiante. — La duchesse de Bourbon était redoutée
pour son esprit mordant.

[2] D'Haussonville, *La Duchesse de Bourgogne*.

[3] D'Haussonville. — Dangeau, t. VII.

c'était elle qui fût retenue chez elle par quelque indisposition, c'était le Roi qui allait la surprendre le matin dans son lit. Pour cette promenade journalière à pied ou en carrosse, si le Conseil se prolongeait, la princesse venait gratter à la porte et le Roi comprenait cet appel « que nul ne se serait permis ». L'amusement favori était la chasse à courre dans une petite voiture à deux places et à quatre chevaux, qu'il avait fait faire tout exprès. Débarrassés des entraves de l'étiquette, grand-père et petite-fille couraient ainsi de compagnie, à Marly et à Fontainebleau, les allées de la forêt.

Malheureusement, cette affection n'alla pas sans faiblesse, ni chez le Roi, ni chez Mᵐᵉ de Maintenon, et en ne l'écartant pas du jeu, par lequel on cherchait à la distraire, on fit naître en elle cette passion. Il n'est pas douteux que Mᵐᵉ de Maintenon voulut avant tout lui plaire et conserver son cœur, autant sans doute par affection sincère que par calcul intéressé; quoi qu'il en soit, pour l'amuser, on fit succéder pour elle les fêtes aux fêtes. Comme elle était aimable, amie des plaisirs, désireuse de plaire, c'était à qui lui offrirait les divertissements les plus captivants : le bal les dépassait tous. Saint-Simon, le *Mercure* relatent ceux que donnèrent M. le Prince, fils du Grand Condé, et la femme du ministre Pontchartrain, avec la collaboration du célèbre dessinateur Bérain.

La danse fut alors le plaisir par excellence à Versailles et à Marly. A Fontainebleau, où la Cour passait annuellement les mois de septembre et d'octobre, ce fut la comédie. La duchesse de Bourgogne avait aussi le goût du théâtre, non seulement comme spectatrice, mais aussi comme actrice[1]. Mᵐᵉ de Maintenon s'empressa d'organiser un théâtre dans son cabinet, où elle lui donna pour partenaire le comte et la comtesse d'Ayen, ses neveu et nièce, et d'autres membres de la famille Noailles; le célèbre acteur Baron y joua un rôle important. *Athalie* y fut représentée le 17 février 1702. Le Roi ne manquait aucune de ces représentations : au lieu de se placer, comme d'ordinaire, sur un fauteuil en face de la scène, il se plaçait près de la porte qui conduisait à la

---

[1] Elle n'alla pas cependant jusqu'à jouer en public et en habit de comédienne, comme la duchesse du Maine le faisait à Clagny, comme elle le fit plus tard à Sceaux. — D'ailleurs, son talent d'actrice paraît avoir été médiocre.

chambre à coucher de Mme de Maintenon, afin de pouvoir s'y retirer sans dérangement, quand un de ses ministres, Chamillart ou Ponchartrain, se présentait, car, jusqu'à la fin de sa vie, il ne négligea pas les affaires pour les plaisirs. Toutefois, l'échec de la duchesse dans le rôle de *Josabeth* fut peut-être une des causes qui firent abandonner ces représentations. Dès lors, le jeu devint sa passion dominante.

Louis XIV ne fit rien pour l'endiguer : c'était une occasion de rassembler près de lui un concours considérable de seigneurs et courtisans pour qui les jeux de hasard remplaçaient les brillantes fêtes d'autrefois. « Les joueurs obtenaient même certaines dispenses d'étiquette. Il leur était permis de ne pas se lever quand un prince, quand le Roi lui-même passait dans les galeries où les tables de jeu étaient installées, à l'abri des paravents[1]. »

Furieusement, la duchesse jouait au *brelan*, à l'*hombre*, au *reversi*, au *lansquenet* surtout, et ses pertes furent si grandes qu'elle dut supplier le Roi, par l'entremise de Mme de Maintenon, de les payer[2]. Celui-ci le fit volontiers, et plus d'une fois ; mais la passion était si impérieuse que tous deux finirent par se fâcher. « Ils entreprirent de lui faire entendre quelques remontrances sur la vie désordonnée qu'elle menait, où un jeu effréné ne faisait qu'alterner avec d'autres plaisirs, mais il était bien tard[3]. »

... « N'était-ce pas assez pour un jour, disait le Roi, qu'un dîner, une chasse, une cavalcade, une collation ? »... Une frénésie semble s'être emparée d'elle, et ne la laissait pas un moment en repos. Trois fois dans le même mois, elle allait en partie à Paris... courir les boutiques, où elle faisait des dépenses considérables. D'autres jours, elle allait à des foires, celles de Saint-Laurent, de Saint-Germain, de Nanterre, et s'amusait aux exercices des danseurs de corde, des faiseurs de tours ou aux représentations de marionnettes. Elle ne manquait aucune des fêtes que lui donnaient les courtisans, qui savaient ainsi gagner ses bonnes grâces, chez M. le Duc, à Saint-Maur (1702), chez Grammont, chez Lauzun, etc.

---

[1] D'Haussonville, *La Duchesse de Bourgogne.*
[2] Elle écrivit en mai 1700 une lettre charmante à Mme de Maintenon.
[3] D'Haussonville, *La Duchesse de Bourgogne.*

Quoique gâtée dans sa manière de vivre, et bien que Mᵐᵉ de Maintenon n'ait eu sur elle aucune prise d'éducation[1], la duchesse de Bourgogne conserva la bonté de son cœur. Ce fut, dit très bien son historien, une première Marie-Antoinette à Versailles, mais plus fine, plus spirituelle et plus adroite à faire tolérer ses vivacités et ses infractions à la règle. Ajoutons que les temps étaient plus propices pour la monarchie, bien que les signes de décadence allaient fortement commencer à se faire sentir. On lui pardonna tout, même son goût, où sa vertu n'était pas en jeu, pour quelques jeunes seigneurs. Elle vivait librement à la Ménagerie, qui fut son Petit-Trianon. Les deux Dauphines se ressemblaient par ce côté mondain et léger, cette joie du plaisir, ce goût pour les bijoux, cette avidité à fuir l'étiquette[2], à s'échapper en dehors du cercle étroit et figé de la Cour.

Mais cette légèreté de surface cachait un fond de nature sérieux et sensé que Louis XIV ne manqua jamais d'apprécier. Dangeau constate, en 1710, qu'il lui laisse l'entier gouvernement des affaires de sa maison et la disposition de toutes les charges qui y vaqueront; il lui marquait en cela une confiance qu'il n'avait jamais eue pour la Reine ni pour la première Dauphine.

Un des courtisans qui approchent le plus près du Roi lui dit à son coucher : « Apparemment, Sire, elle vous rendra compte de ce qu'elle fera là-dessus? » Et le Roi répondit : « Je me fie assez à elle pour ne vouloir pas qu'elle me rende compte de rien, et je la laisse maîtresse absolue de sa maison. Elle serait capable de choses plus difficiles et plus importantes. »

Nous avons dit que Louis XIV, qui avait toujours aimé les

---

[1] M. D'Haussonville dit avec raison qu'on ne fit aucun effort pour lui donner une direction morale; on se contentait de lui imposer des marques extérieures de dévotion, sans lui donner la notion du devoir et le goût de l'occupation.

[2] La duchesse de Bourgogne osa supprimer l'étiquette à quelques-uns de ses repas. Sortant d'un dîner fait au retour de la chasse, Dangeau dit qu'elle fit dîner ceux qui l'accompagnaient *à la clochette*, sans domestiques pour servir. « On fait mettre, dit-il, une petite table auprès de la grande, où il y a des verres, des assiettes, du vin et de l'eau, et une clochette pour appeler quand ils veulent qu'on desserve. »

cercles tenus autrefois par sa mère, distingués par des conversations aimables et fines, avait compté sur la jeune duchesse pour les faire revivre et arrêter ainsi la grossièreté qui avait remplacé l'ancienne politesse de la Cour[1] et dont la cause première semblait être la fureur du jeu[2]; mais l'expérience ne devait pas réussir : d'une part, la grande jeunesse de la duchesse, et d'autre part surtout, l'impuissance de faire revivre ce qui paraissait bien mort. Sans s'en douter, le Roi, dans son absolutisme, avait tué l'esprit de Cour comme le reste, et cet esprit s'était réfugié dans les salons de Paris. Il eut beau multiplier les cercles, les divertissements et l'appartement, les dames y étalaient surtout des pierreries et tout le monde courait au jeu, à tel point, apprend Dangeau, qu'on ne dit plus *il y a appartement*, mais *il y a jeu*.

D'ailleurs, la période de revers dans laquelle la France entrait était peu faite pour le plaisir, et la duchesse de Bourgogne, devenue Dauphine, prendra sa grande part des angoisses du pays.

LA FÊTE DES ROIS EN 1708

Cependant, Louis XIV voulait que les divertissements de la Cour n'eussent pas à souffrir des événements extérieurs. En 1708, la fête des Rois fut particulièrement brillante :

Un peu avant dix heures, le Roi entra chez Mme la duchesse de Bourgogne, où étoient le roi d'Angleterre et la princesse sa sœur, les princesses et les dames de la Cour. On entra dans la galerie, qui étoit éclairée extraordinairement, car il y avoit près de 2,000 grosses bougies, et de la galerie on entra dans la pièce qui est avant la chambre du Roi, où l'on trouva quatre tables de dix-huit couverts chacune : la première étoit tenue par le Roi, où étoient le roi d'Angleterre, la princesse sa sœur et Mme la duchesse de Bour-

---

[1] Voir *Mémoires de la Fare*, écrits vers 1699.

[2] C'est l'opinion de la Palatine. « Excepté le Roi et Monsieur, disait-elle, personne ne sait plus ce que c'est que la politesse. » — Il faudrait pouvoir citer ce que La Bruyère, dès 1688, disait de la Cour : « L'on parle d'une région où les vieillards sont galans, polis et civils, les jeunes gens, au contraire, durs, féroces, sans mœurs ni politesse, etc. »

gogne. La seconde table étoit tenue par Monseigneur, la troisième
par Mgr le duc de Bourgogne et la quatrième par Mgr le duc de
Berry. Après le souper, on rentra dans la galerie, et on passa dans
le grand appartement du Roi, où il y eut un bal magnifique dans
la pièce où sont les tribunes, et dans ces tribunes étoient les violons
et les hautbois. Les courtisans entroient par le bout de l'appartement du côté de la chapelle, hormis les grands officiers qui étoient
entrés avec le Roi... Il y avoit beaucoup de danseurs et de danseuses
qui n'avoient jamais eu l'honneur de danser devant le Roi. Les
dames étoient en grand habit et en grandes boucles. Le Roi demeura au bal jusqu'à une heure après minuit, et Monseigneur y
demeura jusqu'à la fin.   (*Dangeau.*)

Soixante-douze Suisses de la compagnie des Cent-Suisses de Sa
Majesté avoient été choisis pour porter les plats, et comme il étoit
impossible qu'il n'y eût de la confusion, si chacun ne savoit à quelle
table il devoit porter les plats dont il étoit chargé, ces quatre quadrilles de Suisses avoient chacune des rubans de couleurs différentes
et marquées pour chaque table, en sorte que ceux d'une quadrille
ne pouvoient se mêler avec ceux de l'autre, aucun ne se séparant
de ceux qui portoient des rubans d'une même couleur. On avoit
nommé plusieurs contrôleurs de la maison du Roi pour poser les
viandes, de manière qu'il y en avoit deux à chaque table pour faire
cette fonction.

Pendant que les reines burent, on suivit l'usage ancien et général,
et les cris de « la Reine boit » se firent entendre ; et comme il arrivoit quelquefois que deux ou trois reines buvoient dans le même
temps, le bruit que faisoient ces cris étoit plus ou moins grand,
mais toujours fort agréable, parce que les voix des dames l'empor-
toient sur celles des hommes qui étoient à ces tables ; et ce qui augmentoit encore le bruit du concert formé par tant de voix différentes, et que, quoique ceux qui servoient n'y mêlassent leurs voix,
les uns se frappoient dans les mains, et les autres trouvoient moyen
de frapper harmonieusement sur quelque pièce d'argenterie, de
manière que tous ces bruits ensemble et formés sur différents tons
avoient quelque chose de divertissant et convenoient fort à la cérémonie du jour...

Il y avoit dans la salle du bal 12 lustres, 10 torchères avec des
girandoles, et l'on avoit aussi placé plusieurs girandoles sur l'appui
des deux tribunes qui sont dans cette salle et qui servent ordinairement à placer la symphonie. Le cercle du bal étoit au milieu de
cette salle. Il y avoit à l'un des bouts de ce cercle deux fauteuils,
dont l'un étoit pour le Roi et l'autre pour le roi d'Angleterre. La
figure de ce cercle représentoit un carré long. et des pliants qui
suivoient les deux fauteuils dont je viens de parler achevoient de
former le premier rang ; il y en avoit un second de tabourets, et
un troisième de formes. Il y avoit, aux deux bouts de la salle et
dans les croisées, des gradins par étages pour les spectateurs. Les

officiers ordinaires de la musique étoient placés dans les deux tribunes; ainsi on peut juger que le nombre en étoit considérable,
et que tous les airs sur lesquels on dansa furent parfaitement bien
joués...

Il seroit difficile de vous faire une peinture bien exacte des habits
de toutes les dames et des pierreries qui leur servoient d'ornements.
Mme la princesse d'Angleterre étoit en robe, ce que l'on appelle aujourd'hui *grand habit*, et les habits de toutes les dames du bal
étoient de la même manière. Celui de cette princesse étoit de velours jaune; son corps étoit tout garni de pierreries aussi bien que
sa robe, dont les attaches, aussi de pierreries, étoient des plus brillantes, et la jupe de cette princesse n'avoit pas de moindres ornements. L'habit de Mme la duchesse de Bourgogne, qui étoit de
velours noir, étoit garni de même, et sa jupe étoit semée de plusieurs bouquets de pierreries. Ces deux princesses avoient de très
belles aigrettes, et toute leur coiffure étoit aussi mêlée de pierreries.
Tous les habits des dames étoient de velours de différentes couleurs
avec des parures de diamants, et les habits de celles qui étoient en
deuil étoient garnis d'hermine avec des attaches de diamants.

Le bal s'ouvrit par le roi d'Angleterre et Mme la princesse sa
sœur. On doit remarquer que la première fois que S. M. Britannique se leva pour danser, le Roi se leva aussi, et que S. M. se tint
debout pendant tout le temps que ce prince dansa. On doit observer aussi que les princes, les princesses, et généralement toutes les
personnes qui dansèrent, saluèrent LL. MM. avant que de danser.
Le roi d'Angleterre, après avoir dansé avec Mme la princesse sa
sœur, prit Mme la duchesse de Bourgogne, et ces deux princesses
s'en acquittèrent avec tant de grâces, que toute l'assemblée en fut
charmée...

Il est aisé de s'imaginer que toutes les danses qui sont aujour-
d'hui le plus en usage furent dansées, et que les contredanses ne
furent pas oubliées.

Le Roi quitta le bal à une heure. La collation, qui parut quelque
temps après, fut d'abord présentée à tout le cercle, et elle fut ensuite distribuée aux spectateurs..... Le bal recommença après la
collation, et l'on peut dire que ce divertissement fit tant de plaisir
aux danseurs et aux spectateurs, que l'assemblée ne se sépara que
sur les quatre heures du matin.

Le bal fini, S. M. Britannique et Mme la princesse sa sœur retournèrent à Saint-Germain. Les Gardes du corps, les Cent-Suisses,
ainsi que les Gardes Françoises et Suisses étoient sous les armes
dans leurs postes ordinaires, et les tambours battirent aux champs,
de même qu'ils font en plein jour lorsque LL. MM. Britanniques
viennent chez le Roi. (*Le Mercure.*)

MARIAGE DU DUC DE BERRY (1710)

En cette année 1710 (*6 juillet*) eut lieu le mariage du duc
de Berry avec la fille du duc d'Orléans. C'était une enfant
gâtée, depuis une maladie grave de son jeune âge. Sa grand'-
mère, la Palatine, la comparait à un cheval fougueux :

« Un jour, elle chasse; un autre, elle se promène en voiture; un troisième jour, elle va à la foire; d'autres fois, elle
fréquente les sauteurs de corde, la comédie, l'Opéra surtout;
elle va en écharpe et sans corset. Je la raille souvent en lui
disant qu'elle s'imagine aimer la chasse, mais que, dans le
fait, elle n'aime qu'à changer de place. Elle se soucie peu du
but de la chasse et elle préfère la chasse au sanglier à celle
du cerf, parce que la première procure à la table de bons boudins et des hures. »

Ce mariage fut un triomphe de la maison d'Orléans sur
celle de Bourbon-Conti : toutes deux s'étaient disputé le
petit-fils du Roi, mais la duchesse de Bourgogne, qui avait à
se plaindre des méchants propos de la duchesse de Bourbon
et de la princesse de Conti, avait fait pencher la balance en
faisant décider Louis XIV selon ses intentions.

La fille de Philippe d'Orléans, si elle avait l'esprit de son
père, en avait aussi les défauts et les vices : elle se révéla, dit
Saint-Simon, « prodige d'esprit, d'orgueil, d'ingratitude, de
folie et aussi de débauche »; elle boit trop à table et s'enivre; un
jour, « elle affiche qu'elle ne croit pas en la divinité ». Elle
traite fort mal son mari, rêve de se faire enlever par un de ses
écuyers, se comporte vis-à-vis de son père de façon à faire
croire à un inceste[1]. Un jour, dans un souper à Saint-Cloud,
où assistait la duchesse de Bourgogne, elle s'enivre avec le
duc d'Orléans, « mais elle bien plus que lui... au point que
Mme la duchesse de Bourgogne, Mme la duchesse d'Orléans et
tout ce qui était là ne surent que devenir ».

C'était la Régence avant la Régence, dit un historien[2]; et

[1] A Paris, on faisait allusion à l'histoire de Loth, par un écriteau apposé
au Palais-Royal : « Ici on fait des loteries. »
[2] Taine, *Saint-Simon* (*Essais de critique et d'histoire*).

cette princesse qui tournait si mal allait l'emporter sur
d'autres, comme, par exemple, Mme la duchesse de Chartres
et Mme la Duchesse, qui avaient l'habitude de fumer avec des
pipes qu'elles envoyaient chercher au corps de garde suisse,
ou Mme la princesse de Conti, dont les basses galanteries la
faisaient un jour appeler « sac à guenilles » par Mme de
Chartres, qu'elle avait appelée « sac à vin ».

L'APPLICATION DU DUC DE BOURGOGNE
DEVENU DAUPHIN EN 1711

IL SE PRÉPARE A BIEN REMPLIR SES FONCTIONS DE ROI

Très laborieux, attentif aux plus minutieux détails, porté
par nature, malgré Fénelon, aux vétilles, manquant *d'esprit
de synthèse*, *de coup d'œil*, tel le duc de Bourgogne fut au
début de son éducation, tel il sera à trente ans, au moment
de sa mort. Tout l'art de son précepteur ne put faire de lui
« un grand prince ouvert, sociable, accessible à tous » ; il
devait rester étroit, borné, trop porté à la lettre, et, en religion, d'une dévotion outrée.

En avril 1711, à la mort de Monseigneur, le voilà Dauphin,
demi-roi ; mais il devait, quelques mois après, le suivre dans
la tombe, en laissant à peu près intactes dans l'opinion les
grandes espérances qu'il avait fait concevoir. En ce moment,
chacun le sentait, le royaume était bien malade. « On avait
forcé le ressort monarchique sous ce long règne ; on avait
tout poussé à l'extrême ; la faculté de souffrir était à bout.
La dépopulation, l'abandon de la culture, la disette, l'épuisement, l'impossibilité de subvenir aux charges d'une guerre
désastreuse, tous ces fléaux, déjà excessifs depuis des
années, s'accroissaient de jour en jour dans une pro-
gression effrayante. Il n'y avait plus d'huile dans la lampe.
Tout criait[1]. » Alors furent mis au jour des projets de réforme
dont les auteurs[2] s'autorisaient du nom du Dauphin, qui avait
depuis longtemps provoqué une enquête auprès des inten-

---

[1] Sainte-Beuve, *Louis XIV et le duc de Bourgogne* (*Nouveaux Lundis*).
[2] Vauban, Boisguilbert, Boulainvilliers, l'abbé de Saint-Pierre, Saint-

dants sur la situation du royaume. Le duc de Bourgogne continua à étudier avec persévérance et un vif désir de soulager
le peuple; mais avec toutes ses vertus, sa piété, il paraissait manquer de génie politique, « de ce génie qui tient surtout au caractère et à la conduite, à la décision de vue dans
les crises, bien plus qu'aux règlements écrits et aux procédés
mécaniques de constitution ». Il avait la philosophie en aversion, au moment où le siècle de la philosophie venait de naître.

LES MALADIES DU VENIN (PETITE VÉROLE)
LA MALADIE DU DUC DE CHARTRES
LA MORT DE MONSEIGNEUR

A cette époque, les maladies du venin (variole) étaient les
plus fréquentes et les plus dangereuses. Au commencement
du XVIIIᵉ siècle, elles occasionnaient un décès sur dix. Il faut
arriver à Jenner et à la découverte de la vaccine pour voir ce
chiffre s'abaisser à un taux presque insignifiant. On ne connaissait pas alors de remède au mal, mais on prenait les
précautions les plus sévères pour l'isoler.

Dangeau nous dit ce qui se passa à propos de la maladie
du duc de Chartres :

Comme son appartement étoit voisin de celui du petit duc de
Bretagne, les médecins décidèrent qu'il devoit être transporté
ailleurs. Le Roi y consentit avec peine, sentant bien que Mᵐᵉ la
duchesse d'Orléans en seroit fort affligée; mais il se rendit à l'avis
des médecins. Il a envoyé ce matin à huit heures Blouin chez
Mᵐᵉ la duchesse d'Orléans, qui, dès que Blouin lui a porté l'ordre,
a pris une jupe, et sans se donner le temps de se chausser est
venue chez le Roi, et Sa Majesté lui a parlé avec tant de bonté
et tant d'amitié, qu'elle en est sortie fort contente. Le Roi lui
a dit : « Si je ne regardois que moi, il ne seroit pas question de
transporter votre fils; mais je dois compte à l'Etat, qui me repro-
cheroit d'avoir hasardé le duc de Bretagne pour trop ménager le
duc de Chartres. Cependant, si la petite vérole avoit paru, tout ce
qu'on m'auroit pu dire ne m'auroit jamais fait consentir à exposer

Simon lui-même, dont le projet de réforme est intitulé : *Projets de
Gouvernement résolus par Mgr le duc de Bourgogne, Dauphin, après y
avoir bien mûrement pensé.*

la vie de votre fils. Heureusement, il a bien passé la nuit; prenons
ce temps-là pour le faire transporter. Il est de votre intérêt, comme
du mien, d'éviter les reproches du public. Faisons porter votre fils
dans l'appartement de M. de Marsan, qui est de l'autre côté de la
chapelle. » Et dans le moment on y a porté le prince. M. le duc de
Chartres a bien passé la journée, et on compte que ce ne sera rien.

Mais la terrible maladie, qui avait épargné le duc de
Chartres, emporta le Grand Dauphin (14 avril 1711). Saint-
Simon a fait de cette mort un tableau inoubliable qui fait autant d'honneur au philosophe qu'au peintre. « Les passions
viles s'y étalent jusqu'à l'extrême; du premier mot, on y
aperçoit tout l'homme; ce n'est pas le mort que l'on pleure,
c'est un pot-au-feu perdu[1]. » Mais il faudrait tout citer :
    « Une foule d'officiers de Monseigneur se jetèrent à genoux
tout le long de la cour, des deux côtés, sur le passage du Roi,
lui criant avec des hurlements étranges d'avoir compassion
d'eux, qui avaient tout perdu et qui mouraient de faim... »
    La duchesse de Bourgogne, la duchesse de Berry, et leurs
maris, se tenaient dans les grands appartements, au milieu
des courtisans qui allaient et venaient.

Les premières pièces offraient les gémissements contenus
des valets; plus loin, il y avait la foule des courtisans dont
« les sots tiraient leurs soupirs de leurs talons et louaient
avec des yeux secs la bonté de Monseigneur ». Les plus fins
s'inquiétaient de la santé du Roi. D'autres, vraiment affligés,
pleuraient amèrement. « Les plus politiques, les yeux fichés
à terre et reclus dans des coins, méditaient profondément
aux suites d'un événement aussi peu attendu et bien davantage sur eux-mêmes. »
    « Le duc de Bourgogne pleurait d'attendrissement et de
bonne foi, avec un air de douceur, des larmes de nature, de
religion et de patience. Le duc de Berry, tout d'aussi bonne
foi, en versait en abondance, mais des larmes pour ainsi dire
sanglantes, tant l'amertume en paraissait grande, et poussant
non des sanglots, mais des hurlements... »
    Un peu plus loin, la duchesse de Bourgogne profitait « de
quelques larmes amenées du spectacle, entretenues avec

---

[1] Taine, *Saint-Simon* (*Essais de critique et d'histoire*).

soin » ; puis survint l'Allemande, Madame, barbotant à travers les bienséances, « rhabillée en grand habit, hurlante, ne sachant bonnement pourquoi ni l'un ni l'autre, et les inondant de ses larmes en les embrassant ».

Le duc de Beauvillier proposa enfin que tout le monde se retirât. Ce fut un soulagement, et la dispersion devint générale. « Un ou deux valets au plus demeurèrent auprès du corps. Un des courtisans qui ne l'avait jamais quitté, La Vallière, eut peine à trouver quelqu'un pour venir prier Dieu auprès du corps. »

Le Grand Dauphin ne fut pas qu'un ardent chasseur. Il ne s'était pas montré indifférent aux arts; il fut même un connaisseur, si l'on en juge par les merveilles qui s'entassaient dans son appartement.

On y voyait tout ce que l'on peut souhaiter de plus rare et de plus précieux, non seulement pour les meubles nécessaires, pour les tables, les cabinets, les porcelaines, les lustres et les girandoles, mais encore pour les tableaux des plus excellents maîtres, pour les bronzes, les vases d'agate, pour les camaïeux, et pour d'autres ouvrages et bijoux faits des métaux les plus précieux et des plus belles pierres orientales.

Les Comptes des Bâtiments ne permettent d'ajouter que bien peu de chose à cette description ; ils nous apprennent cependant que Boule travailla à ces cabinets en 1683 et 1684, et qu'il y fit les parquets en marqueterie, divers ouvrages de bronze doré, des scabellons et un coffre en marqueterie. Ils nous disent aussi que Ballin avait exécuté une grande table d'argent ciselé, supportée par quatre enfants assis sur des dauphins. Elle lui fut payée 68,259 livres. Les devants de cheminée étaient décorés de peintures sur fond d'or.

Le Grand Dauphin était un amateur distingué et son goût était sûr. Partout, à Versailles, à Marly, à Meudon, il avait les plus beaux objets d'art et d'excellents tableaux, toujours des meilleurs maîtres. Dès sa jeunesse, grâce à Israël Silvestre, son maître à dessiner, il avait aimé le dessin, et, comme son grand-père, il dessinait assez bien. Ce goût explique parfaitement le plaisir qu'il avait à posséder de belles œuvres d'art de toutes sortes.

TRISTESSES ET MISÈRES DE LA COUR A LA FIN DU RÈGNE
MORT DE LA DUCHESSE ET DU DUC DE BOURGOGNE (1712)
MORT DU DUC DE BRETAGNE

Les revers militaires se succédaient. Après Hochstedt, Turin; après Turin, Ramillies et Oudenarde. « Le duc de Bourgogne ne s'était jamais relevé de la disgrâce où la malheureuse campagne de 1708 l'avait fait tomber dans l'opinion publique. Il n'avait pas tenu tête à l'orage et s'était, au contraire, confiné dans une demi-retraite[1]. »

« Il n'y a plus à la Cour que tristesse, ennui et méfiance, écrit la Palatine en mai 1709; on répand contre le Roi et contre les généraux et les ministres des libelles qui sont un grand témoignage de la grande méchanceté de ce temps-ci[2]. »

Puis vint le terrible hiver de 1709, l'année de Malplaquet, où Villars avait été grièvement blessé, les gens du peuple mourant de froid « comme des mouches » et aussi de faim, car les moulins se trouvent arrêtés. Cette année, il faut que les riches fassent escorter le pain qu'on leur porte. Un jour, les boulangers sont pillés, et l'on marche sur la maison du lieutenant de police, d'Argenson. Du haut en bas de la société, on se plaint. A Paris, une « nation de nouvellistes » pérore dans tous les lieux publics, les salons, les assemblées de jeux et dans les cafés, « devenus des endroits politiques ». La génération de Voltaire est née, et, dès avant 1695, les émotions populaires, inconnues depuis longtemps, deviennent fréquentes. Le Dauphin, en sortant de l'Opéra, entouré par la foule qui criait : « Au pain! au pain! » ne s'en tire qu'en faisant jeter de l'argent et en promettant merveille. Il ne

[1] D'Haussonville, *La Duchesse de Bourgogne*, t. IV.

[2] *Correspondance de la duchesse d'Orléans* (Lettre à la comtesse Louise). — Cependant, certaines chansons étaient plaisantes, comme celle-ci :
　　Au Dauphin irrité de voir comme tout va :
　　« Mon fils, disait Louis, que rien ne vous étonne,
　　　« Nous maintiendrons notre couronne. »
　　Le Dauphin répondit : « Sire, Maintenon l'a. »

peut même plus courir le loup sans entendre tout près de lui le même cri poussé par les paysans.

Le Roi a déjà envoyé à la Monnaie sa vaisselle d'or et ses meubles d'argent, mais ce n'est pas assez. « Des murmures se font à sa porte », dit Mme de Maintenon, sur ses dépenses de Marly; mais les réductions qu'il fait de tous côtés ne sont que de bien faibles palliatifs, tant la misère est générale.

Cette situation lamentable du royaume est peinte dans le *Mémoire* que Fénelon, archevêque de Cambrai, adresse au Roi :

Si je prenais la liberté de juger de l'état de la France par les morceaux du gouvernement que j'entrevois sur cette frontière, je conclurais qu'on ne vit plus que par miracle, que c'est une vieille machine délabrée qui va encore de l'ancien branle qu'on lui a donné et qui achèvera de se briser au premier choc.

Le prêt manque souvent aux soldats. Le pain même leur a manqué souvent plusieurs jours; il est presque tout d'avoine, mal cuit et plein d'ordures. Ces soldats mal nourris se battraient mal, selon les apparences. On les entend murmurer et dire des choses qui doivent alarmer pour une occasion... Les peuples craignent autant les troupes qui doivent les défendre que celles des ennemis qui veulent les attaquer. L'armée peut à peine faire quelque mouvement, parce qu'elle n'a d'ordinaire du pain que pour un jour...

Les peuples ne vivent plus en hommes, et il n'est plus permis de compter sur leur patience, tant elle est mise à une épreuve outrée. Ceux qui ont perdu leurs blés de mars n'ont plus aucune ressource. Les autres, un peu plus reculés, sont à la veille de les perdre. Comme ils n'ont plus rien à espérer, ils n'ont plus rien à craindre. Le fonds de toutes les villes est épuisé. On en a pris pour le Roi les revenus de dix ans d'avance; et on n'a point honte de leur demander, avec menaces, d'autres avances nouvelles, qui sont déjà faites... Nos blessés manquent de bouillons, de linge et de médicaments; ils ne trouvent pas même de retraite... On accable tout le pays par la demande des chariots; on tue tous les chevaux des paysans. C'est détruire le labourage pour les années prochaines et ne laisser aucune espérance pour faire vivre ni les peuples, ni les troupes. On peut juger par là combien la domination française devient odieuse à tout le pays.

Les intendants font, malgré eux, presque autant de ravages que les maraudeurs. Ils enlèvent jusqu'aux dépôts publics ; ils déplorent publiquement la honteuse nécessité qui les y réduit; ils avouent qu'ils ne sauraient tenir les paroles qu'on leur fait donner. On ne peut plus faire le service qu'en escroquant de tous côtés; c'est une vie de bohèmes, et non pas de gens qui gouvernent. Il paraît une banqueroute universelle de la nation...

La nation tombe dans l'opprobre; elle devient l'objet de la dérision publique. Les ennemis disent hautement que le gouvernement d'Espagne, que nous avons tant méprisé, n'est jamais tombé aussi bas que le nôtre. Il n'y a plus dans nos peuples, dans nos soldats et dans nos officiers ni affection, ni estime, ni confiance, ni espérance qu'on se relèvera, ni crainte de l'autorité...

Heureusement, l'année 1710 sembla marquer un arrêt dans les désastres. La victoire de Vendôme à Villaviciosa assurait la couronne de Philippe V, et l'Angleterre ne tardait pas à se retirer de la coalition. Restaient la Hollande et les Impériaux, dont l'armée, commandée par le célèbre prince Eugène, s'était portée sur Landrecies et menaçait d'envahir la France. Le vieux Louis XIV, qui avait montré la plus grande fermeté dans l'adversité et n'avait jamais désespéré, allait avoir à Marly une entrevue avec le maréchal de Villars, qui est une page glorieuse dans l'histoire du Roi et de son lieutenant.

Mais des malheurs de famille, cruels entre tous, vinrent fondre sur lui et l'accabler. Cette triste année 1712 vit les deuils les plus cruels. Ce fut d'abord la mort de la duchesse de Bourgogne, suivie, quelques jours après, de celle de son mari.

A Fontainebleau, après le souper, elle avait cherché à amuser le Roi en disant des enfantillages, et elle avait remarqué que Mme la Duchesse et la princesse de Conti haussaient les épaules avec un air de dédain. Quand le Roi sortit, elle se mit à sauter et à chantonner : « Hé! je m'en ris, hé! je me moque d'elles! et je serai leur reine et je n'ai que faire d'elles, ni à cette heure, ni jamais, et elles auront à compter avec moi et je serai leur reine. » Elle continua à répéter ces paroles jusqu'à ce que le souverain rentrât. « Hélas! elle le croyait, la charmante princesse, s'écrie Saint-Simon, et qui ne l'eût cru avec elle? Il plut à Dieu, pour nos malheurs, d'en disposer autrement bientôt après. »

Le 5 février 1712, sur le soir, elle ressentit les frissons d'une fièvre pourprée ou rougeole. Le lendemain, elle se leva à son heure ordinaire; mais, le soir, la fièvre la reprit; les jours suivants, la fièvre augmenta. Le Roi lui faisait de fréquentes visites. Le Dauphin ne quittait pas la ruelle de son lit, ni Mme de Maintenon, sauf aux moments où le

Roi était chez elle. Elle reçut les sacrements d'un récollet, le Père Noël. Le vendredi 12 février, entre huit et neuf heures du soir, elle expirait après avoir eu la veille une consultation de sept médecins de la Cour ou mandés de Paris. Louis XIV partit avec Mme de Maintenon pour Marly. Leur douleur était si grande qu'ils n'eurent pas la force d'entrer chez le Dauphin.

> Avec elle s'éclipsèrent joie, plaisirs, amusements même, et toute espèce de grâces; les ténèbres couvrirent toute la surface de la Cour; elle l'animait tout entière, elle en remplissait tous les lieux à la fois, elle y occupait tout et elle en pénétrait tout l'intérieur. Si la Cour subsista après elle, ce ne fut plus que pour languir. Jamais princesse ne fut si regrettée, jamais il n'en fut plus digne de l'être. Aussi les regrets n'ont-ils pu passer, et l'amertume involontaire et secrète en est constamment demeurée avec un vide affreux qui n'a pu être diminué. (Saint-Simon.)

Le duc de Bourgogne, malade et désolé, ne sortait point de son appartement et ne voulait voir que quelques personnes très intimes. Le 14 février, il partit pour Marly. Le Roi, effrayé du mauvais visage de son petit-fils, ordonna une consultation des médecins et lui recommanda fort tendrement de se soigner; mais rien ne put relever ce prince de l'abîme où ce deuil l'avait plongé. La douleur avait pénétré « jusque dans ses plus intimes moelles ». Le 15, il fut au Conseil et travailla trois heures avec Torcy; le lendemain, il se sentit très mal; les plaques rouges apparurent et la fièvre devint horrible. « Le 18, son confesseur lui ayant dit que l'ardeur de cette fièvre pouvait, s'il l'offrait à Dieu, le « garantir des feux du purgatoire », il loua la bonté de Dieu, à « qui nous sommes obligés de nous avoir donné un moyen si facile de satisfaire à sa justice ». On l'entendit qui disait : « Je meurs avec joie. » Le 19, tout de suite après minuit, il reçut la communion, l'esprit tranquille, reconnaissant à Dieu de le tirer de ce monde où tant de pièges lui étaient préparés. Il reçut l'extrême-onction et mourut à huit heures, « mûr pour la bienheureuse éternité[1] ». Il avait vingt-neuf ans et demi, et la duchesse était dans sa vingt-sixième année.

[1] Lavisse, *Histoire de France*, t. VIII.

Le 8 mars, mourait de la rougeole le duc de Bretagne, enfant de cinq ans, qui se trouvait alors être Dauphin. Il fut la victime de neuf médecins « qui le soignèrent, comme ils avaient soigné son père et sa mère. Son frère le duc d'Anjou, atteint du même mal, fut épargné, parce que les médecins étaient occupés autour de l'aîné. Quand ils voulurent le soigner, les femmes s'y opposèrent et se contentèrent de tenir l'enfant au chaud[1] ».

Cette suite de morts survenant comme des coups de foudre devait être une belle matière pour des oraisons funèbres, mais Bossuet n'était plus là. Le Père de La Rue, cependant, arracha des larmes à son auditoire en commentant ce texte du prophète Jérémie[2] : « Pourquoi vous attirez-vous, par vos péchés, un tel malheur, que de voir enlever par la mort, du milieu de vous, l'époux, l'épouse et l'enfant? »

Et puis, l'inquiétude gagna les esprits. On ne crut pas que ces morts successives fussent naturelles, et l'on parla d'empoisonnements. L'affaire des Poisons était encore présente aux mémoires, et déjà, pour des morts soudaines ou précoces de personnages en vue, les soupçons avaient circulé. Quand mourut la première Dauphine, on accusa, dit Saint-Simon, la princesse de Conti, en grand crédit auprès de Monseigneur, laquelle s'était tenue près du lit « excessivement parfumée ». Le Grand Dauphin, Louvois passèrent aussi, aux yeux de certains, pour avoir été empoisonnés. Pour les morts du duc, de la duchesse de Bourgogne et de leur fils, qui parurent plus suspectes que toutes les autres, à cause de l'âge et de la rapidité pour ainsi dire ininterrompue, on accusa le duc d'Orléans, qui, par ses débauches, son attrait pour les « sciences », la chimie, et sa conduite en Espagne, « où il aurait bien voulu trahir Philippe V », était jugé « capable de tout ». Le prince s'indigna, réclama des juges pour son chef de laboratoire, qu'il pria le Roi d'envoyer à la Bastille. Mais le Roi ne s'émut pas; il ne regardait son neveu que « comme un fanfaron de crimes ».

[1] Lavisse, *Histoire de France*, t. VIII. — Mᵐᵉ de Ventadour, sa gouvernante, eut cette initiative.
[2] Oraison funèbre du Dauphin et de la Dauphine.

LE VIDE DE LA COUR
LES TRISTESSES DE Mme DE MAINTENON

La tristesse avait envahi la Cour à la mort de la duchesse de Bourgogne. « Tout est mort ici ; la vie en est ôtée », écrit Mme de Caylus à Mme des Ursins. Plus que jamais, Mme de Maintenon est triste. A chaque instant, elle exprime ses ennuis, elle fait entendre que sa faveur est la pire des servitudes ; elle se plaint surtout d'avoir à amuser un homme devenu inamusable. « Il faut dire que les distractions de Mme de Maintenon étaient bien monotones. Aux plaisirs mondains du théâtre, dangereux pour le *salut* du Roi, elle substituait des scènes détachées d'*Esther*, jouées dans sa chambre par quelques femmes de son entourage, et de la musique d'amateurs, avec mélange du profane et du spirituel. « Mlle d'Aumale brillait dans le profane ; elle avait la spécialité des chansons à boire : *Vive Bacchus! Vive Grégoire!... Vive Grégoire, pour nous verser à boire!* — Louis XIV, qui avait de la voix, faisait quelquefois sa partie dans la musique religieuse. Mlle d'Aumale chantait les vêpres, il se chargeait des répons, et c'était très édifiant. Pour divertissant, c'est une autre affaire, et il fallait que Louis XIV fût, malgré tout, assez bonhomme, assez soumis au régime de la pantoufle, pour ne pas tout envoyer promener[1]. » Mais il l'aimait et elle ne l'aima jamais. Elle aima en lui son ambition, le souci de sa réputation, la mission qu'elle se croyait de lui faire faire son salut.

Les lettres de Mme de Maintenon confirment cette opinion. « Ne voyez-vous pas, écrivait-elle à une dame de Saint-Cyr, que je meurs de tristesse dans une fortune qu'on aurait peine à imaginer. » Et à la mort du Roi, elle écrivait à la même : « Quel martyre j'ai souffert, et dans quelle gêne j'ai passé ma vie, pendant qu'on me croyait la plus heureuse femme du monde. » Toutefois, elle sut bien jouer son rôle devant le Roi, qui disait d'elle : « C'est une sainte ; elle a toutes les perfec-

---

[1] Arvède Barine, *Louis XIV et Mme de Maintenon* (*Débats*, 1908).

tions. » C'est qu'elle avait un grand empire sur elle-même et elle savait donner l'idée, quand on la voyait avec le Roi, qu'ils avaient un égal plaisir à être ensemble.

Son jeu a été démêlé très finement dans ces lignes :

« Ne l'aimant pas, son extraordinaire fortune ne lui avait apporté qu'une grande désillusion. Tant qu'elle avait été en lutte avec Mme de Montespan, l'intérêt et la chaleur de la bataille l'avaient empêchée d'examiner de sang-froid ce que serait son existence si elle l'emportait. Triomphante et épousée, il ne lui fallut pas longtemps pour reconnaître que les satisfactions d'ambition toutes sèches donnent un pauvre bonheur. Ce n'était vraiment pas la peine de tant intriguer pour s'ennuyer à ce point-là.

« De ses deux maris, ce fut Scarron le plus regretté[1]. »

DENAIN (1712)

Cependant, la guerre de la Succession d'Espagne continuait. Landrecies ne pouvait tenir longtemps, et on agita à Versailles, dit Voltaire, si le Roi ne se retirerait pas à Chambord, sur la Loire. Louis XIV avait dit qu'en cas d'un nouveau malheur, il convoquerait toute la noblesse de son royaume, qu'il la conduirait à l'ennemi, malgré son âge de soixante-quatorze ans, et qu'il périrait à la tête.

Alors, il manda à Marly le maréchal de Villars (16 avril 1712). C'est les larmes aux yeux qu'il lui dit : « Vous voyez mon état, Monsieur le Maréchal ; il y a peu d'exemples de ce qui m'arrive, et que l'on perde dans la même semaine son petit-fils, sa petite-fille et leur fils, tous de très grandes espérances et très tendrement aimés. Dieu me punit, je l'ai bien mérité. J'en souffrirai moins dans l'autre monde ; mais suspendons mes douleurs sur mes malheurs domestiques, et voyons ce qui peut se faire pour prévenir ceux du royaume. »

Louis XIV demande à Villars « quel serait son avis sur le parti qu'il avait à prendre pour sa personne, si la fortune

[1] Arvède Barine, *Louis XIV et Mme de Maintenon* (*Débats*, 1908).

venait à nous être contraire ». Comme Villars hésitait à répondre : « Hé bien, voici ce que je pense ; vous me direz après cela votre sentiment :

« Je sais les raisonnements des courtisans ; presque tous veulent que je me retire à Blois et que je n'attende pas que l'armée ennemie s'approche de Paris : ce qui lui serait possible si la mienne était battue. Pour moi, je sais que des armées aussi considérables ne sont jamais assez défaites pour que la plus grande partie de la mienne ne pût se retirer sur la Somme. Je connais cette rivière, elle est très difficile à passer ; il y a des places qu'on peut rendre bonnes. Je compterais aller à Péronne ou à Saint-Quentin, y ramasser tout ce que j'aurais de troupes, faire un dernier effort avec vous, et périr ensemble ou sauver l'Etat. Car je ne consentirai jamais à laisser approcher l'ennemi de ma capitale. Voilà comment je raisonne ; dites-moi présentement votre avis. »

Le maréchal de Villars lui répondit qu'ayant été témoin, dans des circonstances moins critiques, de ses résolutions héroïques, il ne voyait pas de meilleur parti pour un roi aussi grand homme que grand roi, « mais qu'il espérait que Dieu leur ferait la grâce de n'avoir pas à craindre de telles extrémités ».

Voilà à quelle extrémité était réduit celui qui avait été, selon l'expression de Saint-Simon, « le maître de la paix et de la guerre, ce distributeur de couronnes, ce conquérant, cet homme immortel pour qui on avait épuisé le bronze et le marbre » !

Jamais situation ne fut plus dramatique. Les négociations entamées au congrès d'Utrecht n'aboutirent pas. C'est au sort des armes qu'on allait remettre le salut de la France et de la monarchie. Heureusement, Denain fut une victoire décisive.

MORT DU DUC DE BERRY (1714)

En 1714, le 4 mai, la mort frappait le dernier petit-fils du vieux Roi, le troisième fils du Grand Dauphin, Charles, duc de Berry. Un enfant de quatre ans restait l'unique espérance du trône.

Et, en prévision de la régence, il prit des dispositions testamentaires. Sans doute, il restait de légitimes héritiers de la couronne, le duc d'Orléans et son fils et les deux jeunes princes de Bourbon-Condé; mais ils pouvaient disparaître, et, d'autre part, ils n'étaient pas de son sang personnel. C'est alors qu'il confirma l'édit de 1694, par lequel il avait donné rang à ses deux bâtards, le duc du Maine et le comte de Toulouse, après les princes du sang, et décida que les fils du duc du Maine auraient les mêmes honneurs que leur père; et, comme couronnement, il ordonna (édit de juillet 1714) qu'ils hériteraient de la couronne, au défaut de princes légitimes.

C'était aller à l'encontre de cette maxime fondamentale de la monarchie française, que la couronne se transmettait de mâle en mâle dans la descendance légitime; mais, en ce moment, le pouvoir absolu avait tout retourné et l'on pouvait répéter, avec une application un peu différente, le mot des vieux légistes : *Si veut le Roi, si veut la loi.* Si l'édit indigna Saint-Simon, il fut enregistré sans difficulté par le Parlement, qui était l'interprète de l'opinion publique.

Louis XIV régla en même temps la question de la régence dans son testament daté du 2 août 1714. Nous y reviendrons plus loin.

LA FIN DE LOUIS XIV (1715)

Louis XIV était à Marly au mois de janvier 1715, quand un soir, à son coucher, il se plaignit d'avoir ressenti, à sa promenade, la rigueur du froid comme jamais il ne l'avait éprouvée. Depuis quelque temps, sa santé diminuait à vue d'œil, dit Saint-Simon, quoiqu'il ne changeât rien à sa manière ordinaire de vivre. Le 9 du mois d'août de la même année, à Marly, il avait suivi la chasse en calèche, lorsque le lendemain il dut revenir à Versailles. Il avait une jambe enflée et la gangrène sénile s'y mettait. Mais écoutons ici Dangeau :

Sur les 10 heures, on a pansé la jambe du Roi, dans laquelle on lui a donné plusieurs coups de lancette et fait des incisions jusqu'à l'os, et comme on a trouvé que la gangrène gagnoit jusque-là, il n'y a plus eu lieu de douter, même à ceux qui auroient le plus voulu se flatter, qu'elle vient du dedans et qu'on ne peut y apporter aucun remède. Mme de Maintenon étoit seule dans la chambre et à genoux aux pieds du lit pendant qu'on pansoit Sa Majesté, qui l'a priée d'en sortir et de n'y plus revenir, parce que sa présence l'attendrissoit trop. Elle n'a pas laissé d'y revenir après la messe; mais après ce pansement, le Roi lui a dit que, puisqu'il n'y avoit plus de remède, il demandoit au moins qu'on le laissât mourir en repos.

A midi, Sa Majesté a fait entrer le petit Dauphin dans sa chambre, et après l'avoir embrassé, il lui a dit : « Mignon, vous allez être un grand Roi, mais tout votre bonheur dépendra d'être soumis à Dieu et du soin que vous aurez de soulager vos peuples. Il faut pour cela que vous évitiez autant que vous le pourrez de faire la guerre : c'est la ruine des peuples. Ne suivez pas le mauvais exemple que je vous ai donné sur cela; j'ai souvent entrepris la guerre trop légèrement et l'ai soutenue par vanité. Ne m'imitez pas, mais soyez un prince pacifique, et que votre principale application soit de soulager vos sujets. Profitez de la bonne éducation que Mme la duchesse de Ventadour vous donne, obéissez-lui, et suivez aussi, pour bien servir Dieu, les conseils du P. Le Tellier, que je vous donne pour confesseur. »

« Pour vous, Madame, dit-il à Mme de Ventadour, j'ai bien des remerciements à vous faire du soin avec lequel vous élevez cet enfant et de la tendre amitié que vous avez pour lui; je vous prie de la lui continuer, et je l'exhorte à vous donner toutes les marques possibles de sa reconnoissance. » Après quoi, il a encore embrassé le Dauphin par deux fois, et en fondant en larmes il lui a donné sa bénédiction. Le petit prince, mené par la duchesse de Ventadour, sa gouvernante, en est sorti en pleurant, et ce tendre spectacle nous a tiré des larmes à tous.

Un moment après, le Roi a envoyé quérir le duc du Maine et le comte de Toulouse, et leur a parlé la porte fermée. Il a fait la même chose avec le duc d'Orléans, qu'on a été quérir dans son appartement, où il étoit retourné; et dans le moment que ce prince sortoit de sa chambre, Sa Majesté l'a appelé jusqu'à deux fois.

A midi et demi, le Roi a entendu la messe dans sa chambre avec la même attention qu'il a accoutumé de l'entendre le jour qu'il a pris médecine, les yeux toujours ouverts, en priant Dieu avec une ferveur surprenante. Dans l'instant qu'elle alloit commencer, Sa Majesté a appelé le marquis de Torcy, ministre d'Etat des affaires étrangères, et lui a dit un mot. La messe finie, il a fait approcher de lui le cardinal de Rohan et le cardinal de Bissy, auxquels il a parlé pendant une minute, et en finissant de leur parler il a adressé la parole à haute voix à tout ce que nous étions de ses officiers dans la ruelle et auprès de son balustre. Nous avons tous approché de son lit, et il nous a dit : « Messieurs, je suis content de vos services; vous m'avez fidèlement servi et avec envie de me plaire. Je suis fâché de ne vous avoir pas mieux récompensés que j'ai fait ; les derniers temps ne l'ont pas permis. Je vous quitte avec regret ; servez le Dauphin avec la même affection que vous m'avez servi : c'est un enfant de cinq ans, qui peut essuyer bien des traverses, car je me souviens d'en avoir beaucoup essuyé pendant mon jeune âge. Je m'en vais, mais l'Etat demeurera toujours ; soyez-y fidèlement attachés, et que votre exemple en soit un pour tous mes autres sujets ; soyez tous unis et d'accord : c'est l'union et la force d'un Etat ; et suivez les ordres que mon neveu vous donnera. Il va gouverner le Royaume ; j'espère qu'il le fera bien. J'espère aussi que vous ferez votre devoir, et que vous vous souviendrez quelquefois de moi. »

A ces dernières paroles, nous sommes tous fondus en larmes, et rien ne peut exprimer les sanglots, l'affliction et le désespoir de tout ce que nous étions. Sa voix n'étoit point entrecoupée, et seulement beaucoup plus foible qu'à l'ordinaire.

Après la messe, le Roi a encore envoyé quérir le duc d'Orléans, qui a dit à ceux qui se sont trouvés auprès de lui au sortir de la chambre, du nombre desquels j'étois, que c'étoit pour lui recommander Mme de Maintenon ; et dans l'instant Sa Majesté a fait entrer dans sa chambre Madame et toutes les princesses, qui ont été suivies de leurs dames d'honneur. Elles n'y ont été qu'un moment, et je ne comprends pas comme le Roi a pu résister à leurs lamentations et aux cris qu'elles ont toutes faits.

Il faut avoir vu les derniers moments de ce Grand Roi pour croire la fermeté chrétienne et héroïque avec laquelle il a soutenu les approches d'une mort qu'il savoit prochaine et inévitable. Il n'y a eu aucun moment, depuis hier au soir 8 heures, où il n'ait fait quelque action illustre, pieuse et héroïque, non point comme ces anciens Romains qui ont affecté de braver la mort, mais avec une manière naturelle et simple comme les actions qu'il avoit le plus accoutumé de faire, ne parlant à chacun que des choses dont il convenoit de lui parler, et avec une éloquence juste et précise qu'il a eue toute sa vie, et qui semble s'être encore augmentée dans ses derniers moments. Enfin, quelque grand qu'il ait été dans le cours glorieux d'un règne de soixante-douze ans, il s'est encore fait voir plus grand dans sa mort. Son bon esprit et sa fermeté ne l'ont pas abandonné un moment, et en parlant avec douceur et bonté à tous ceux à qui il a bien voulu parler, il a conservé toute sa grandeur et sa majesté jusqu'au dernier soupir. Je défie les prédicateurs les plus pathétiques de trouver, dans les exagérations de l'éloquence, rien de plus touchant que tout ce qu'il a fait depuis hier au soir, ni d'expressions qui puissent mettre dans tout leur jour les marques qu'il a données d'un véritable chrétien, d'un véritable héros et d'un héros-Roi.

Sur les 2 heures, Mme de Maintenon étant seule dans la chambre du Roi, Sa Majesté a fait venir M. le Chancelier, et lui a fait ouvrir des cassettes dont il a fait brûler par le chancelier partie des papiers et lui a donné ses ordres sur les autres, avec la même présence et la même tranquillité d'esprit qu'il avoit accoutumé de les lui donner dans ses conseils. Ce travail dura environ deux heures. Il a fait encore venir sur les 6 heures M. le Chancelier, Mme de Maintenon présente, et a travaillé environ une demi-heure avec lui. Le reste de la journée, Mme de Maintenon y a été seule, et le P. Le Tellier, son confesseur, a eu de temps en temps des conférences de piété avec lui, comme il les a eues ce matin, et le dimanche, n'ayant pas été depuis sa confession une heure sans parler de piété à son confesseur ou à Mme de Maintenon.

A 10 heures du soir, on a pansé la jambe de Sa Majesté, et on a trouvé non seulement que la gangrène n'a fait aucun progrès depuis ce matin, mais qu'en tout la jambe est mieux, et comme les forces de Sa Majesté sont un peu revenues pendant l'après-dînée, cela donne une lueur d'espérance à ceux qui aiment à se flatter; mais ceux qui n'écoutent que la raison n'en ont guère.

Le mardi au soir, 27e. — L'état du Roi a été toute la journée presque semblable à celui d'hier, Sa Majesté s'affoiblissant de plus en plus et ayant même eu, quelques moments, des convulsions et quelque légère absence d'esprit; mais la gangrène n'a fait aucun progrès, et quand on l'a pansé le soir à 10 heures, elle étoit encore comme hier au-dessous de la marque que l'habitude qu'il a eue de porter toujours une jarretière a faite autour de sa jambe.

Pendant la nuit et le jour, il a fait entrer à vingt reprises le P. Le Tellier dans sa chambre pour lui parler de Dieu (Mme de Maintenon y a presque toujours été), et y a fait quelquefois entrer M. le Chancelier. Les premiers gentilshommes de la Chambre n'y sont entrés, comme hier, que dans les temps qu'il a pris des bouillons. Il a entendu la messe à midi; mais il a ordonné qu'il n'y eût que le premier aumônier et deux aumôniers de quartier qui entrassent dans sa chambre.

L'après-dînée, il a fait appeler sur le soir, par le P. Le Tellier, le comte de Pontchartrain, secrétaire d'État de sa maison et de Paris, qui étoit dans le cabinet, et lui dit : « Aussitôt que je serai mort, vous expédierez un brevet pour faire porter mon cœur à la maison professe des Jésuites et l'y faire placer de la même manière que celui du feu Roi mon père. Je ne veux pas qu'on y fasse plus de dépense. » Il lui donna cet ordre avec la même tranquillité qu'il ordonnoit, en santé, une fontaine pour Versailles ou pour Marly.

Il avoit ordonné dès avant-hier qu'on menât le Dauphin à Vincennes aussitôt qu'il seroit expiré, et il s'est souvenu aujourd'hui que le grand maréchal des logis n'avoit jamais fait le logement dans ce château, où il y a plus de cinquante ans que la Cour n'a logé, et a ordonné qu'on allât prendre un plan qu'il avoit de ce château dans un endroit qu'il a indiqué, et qu'on le portât au grand maréchal des logis pour lui faciliter le logement qu'il doit faire.

Il a dit le soir à Mme de Maintenon : « J'ai toujours ouï dire qu'il est difficile de mourir; pour moi, qui suis sur le point de ce moment si redoutable aux hommes, je ne trouve pas que cela soit difficile. » Il n'y a certainement point d'exemple qu'aucun homme ait envisagé la mort pendant un long temps avec un sang-froid et une fermeté semblables.

Mercredi 28e, au soir. — La nuit du Roi a été semblable aux précédentes; mais comme, sur les 7 heures du matin, il a envoyé quérir le P. Le Tellier, qui ne faisoit que sortir du cabinet où il avoit couché, on a cru qu'il étoit à l'extrémité, et cela a fait un si grand mouvement dans le Château, que tout le monde crut qu'il expiroit. Il a dans ce moment perçu dans ses miroirs deux de ses garçons de la Chambre qui pleuroient au pied de son lit; il leur a dit : « Pourquoi pleurez-vous? Est-ce que vous m'avez cru immortel? Pour moi, je ne l'ai jamais cru être, et vous avez dû vous préparer depuis longtemps à me perdre dans l'âge où je suis. »

Sur les 11 heures, il s'est présenté un Provençal, appelé Brun, inconnu de tout le monde, qui, venant de Marseille à Paris et ayant ouï dire sur le chemin l'état où est le Roi, a pris la poste et a apporté un élixir qu'il prétend être infaillible pour la gangrène, même qui tient du dedans. On l'a fait parler aux médecins, et, après qu'il leur a dit de quoi sa drogue est composée, on en a fait prendre, à midi, dix gouttes au Roi dans trois cuillerées de vin d'Alicante. Sa Majesté, en prenant ce breuvage, qui sent fort mauvais, a dit : « Je ne le prends ni dans l'espérance, ni avec désir de guérir, mais je sais qu'en l'état où je suis, je dois obéir aux médecins. » Cette drogue est un élixir fait avec le corps d'un animal, de la même manière à peu près qu'on fait les gouttes d'Angleterre avec les crânes d'hommes. Brun en a pris avant qu'on en ait donné au Roi, qui, une heure après, s'est senti un peu plus fort, effet des remèdes fort spiritueux; mais peu de temps après, Sa Majesté est tombée dans la foiblesse, et on a trouvé son pouls plus mauvais, ce qui a fait que, sur les 4 heures, il y a eu une si grande dispute entre les médecins et les courtisans pour savoir si on continueroit ou non à donner ce remède, que M. le duc d'Orléans a été appelé pour en décider. Il a fait entrer cette espèce de charlatan dans la chambre du Roi et lui a fait tâter son pouls; après quoi, il a été résolu que, puisqu'il n'y avoit plus d'espérance de sauver le Roi, on donneroit encore cet élixir pour le soutenir quelques heures de plus. Il en a pris à 8 heures du soir, et sa jambe a été pansée à 10, à l'ordinaire. On a trouvé, comme hier au soir, que la gangrène n'a fait aucun progrès, mais le pouls a été tout le jour très mauvais, l'assoupissement assez continuel, et la tête par intervalles embarrassée; en sorte que de la journée il n'a presque parlé qu'à son confesseur. Mme de Maintenon n'est venue dans sa chambre que l'après-dînée, même assez tard, et l'ayant trouvé fort assoupi, elle en est sortie sans lui parler et est allée sur les 7 heures du soir coucher à Saint-Cyr pour y faire ses dévotions demain matin et revenir si la vie du Roi se soutient.

Jeudi 29e, à minuit. — On a continué, la nuit dernière, et tout aujourd'hui, à donner au Roi, de huit heures en huit heures, le remède de Brun, et on l'a même fait entrer dans la chambre du Roi comme les autres médecins, toutes les fois que Sa Majesté l'a pris. Il a paru ce matin que cet élixir spiritueux ranimoit le Roi et lui donnoit plus de force qu'il n'en avoit eu la veille; et comme la plupart des gens sont extrêmes en tout, et surtout les dames, elles vouloient que Brun fût une espèce d'ange envoyé du Ciel pour guérir le Roi, et qu'on jetât tous les médecins de la Cour et de la ville dans la rivière. Enfin, il passoit pour si constant que le Roi alloit guérir, que ceux qui avec plus de raison disoient que le pouls du Roi étant toujours détestable, il ne falloit regarder l'effet de l'élixir que comme un peu d'huile qu'on remet dans une lampe qui s'éteint et qui s'éteindra entièrement dans peu de moments; il sembloit que ceux qui parloient ainsi ne souhaitoient pas la guérison du Roi, parce qu'ils parloient plus sagement que ceux qui s'abandonnoient à une espérance frivole.

Le Roi a ce matin entendu la messe, qu'il n'avoit pu entendre hier, et Sa Majesté a mangé, entre 6 et 7 heures du soir, deux biscuits dans du vin avec beaucoup d'appétit; elle a encore pris à 8 heures du soir de l'élixir de Brun. Il a paru, quand elle l'a pris, que la tête commençoit à être fort embarrassée, et Sa Majesté a dit elle-même qu'elle n'en pouvoit plus. Enfin, sur les 10 heures et demie du soir, on a levé l'appareil de la jambe pour la panser, et on a trouvé malheureusement que la gangrène est dans tout le pied, qu'elle a gagné le genou et que la cuisse est enflée. Le Roi, lui-même, quoique sa connoissance ne soit presque plus que machinale, a dit qu'il s'anéantissoit. Mme de Maintenon et son confesseur ont été presque tout le jour dans sa chambre, et il a encore, cette après-dînée, fait des actes de piété avec la résignation d'un vrai saint aux volontés de Dieu.

Vendredi, à minuit, 30 août. — Le Roi a été toute la journée dans un assoupissement presque continuel et n'ayant quasi plus que la connoissance animale. Son confesseur, qui ne l'a point quitté, n'en a pu rien tirer de toute l'après-dînée. On a levé ce soir l'appareil, à l'heure ordinaire; on a trouvé la jambe aussi pourrie que s'il y avoit six mois qu'il fût mort, et l'enflure de la gangrène au genou et dans toute la cuisse. Cependant ce prince est né avec une constitution si bonne et un tempérament si fort, qu'il combat encore contre la mort. Il prend de la gelée et boit de temps en temps de l'eau pure, car il repousse la boisson dès qu'il y sent du vin. Il dit en buvant quelques paroles, mais tout cela machinalement et sans connoissance distincte. Mme de Maintenon s'en est allée à 5 heures à Saint-Cyr pour n'en revenir jamais, et avant de partir elle a distribué dans son domestique le peu de meubles qu'elle avoit et son équipage. Elle a dit adieu à ses nièces pour ne les revoir jamais, car elle a déclaré qu'elle ne veut que qui que ce soit au monde l'aille voir à Saint-Cyr.

Samedi au soir, 31 août. — Le Roi a été sans connoissance toute la journée, les moments lucides ayant été fort courts, et plutôt une

connoissance machinale que de raison. Dans le peu de chose qu'il
a dit, il a paru qu'il s'impatiente de ne pas voir la fin d'une si
longue agonie. La gangrène a continué à faire du progrès, et cependant la mort ne sauroit venir à bout d'achever de le détruire,
tant la force de sa constitution étoit prodigieuse.

Dimanche, 1ᵉʳ septembre 1715. — Le Roi est mort ce matin, à
8 heures un quart et demi, et il a rendu l'âme sans aucun effort,
comme une chandelle qui s'éteint. La nuit s'étoit passée sans aucune
connoissance. Aussitôt qu'il a expiré, le duc d'Orléans est allé avec
tous les princes du sang saluer le jeune Roi, et dès que cet enfant a
entendu le traiter de Sire et de Majesté, il a fondu en larmes et en
sanglots, sans qu'on lui eût dit que le Roi fût mort.

Louis XIV mourait en la soixante-dix-septième année de
son âge et dans la soixante-treizième de son règne.

Mᵐᵉ de Maintenon avait passé cinq nuits en prières, dans
la ruelle du lit du Roi. Elle ne le quitta que le 30, à cinq
heures, quand il fut entré en agonie. Elle se retira, pour ne
plus en sortir, dans son cher Saint-Cyr, où elle devait rester
jusqu'à sa mort (17 août 1719).

La *Gazette de France* donne de longs détails sur les préparatifs funèbres. Le corps du Roi fut embaumé, et le cercueil
exposé dans la chambre où il était mort. Des messes furent
dites et on psalmodia le jour et la nuit, selon la coutume, jusqu'au transport du corps à Saint-Denis, le 9 septembre au soir,
sur un char d'armes couvert d'un poêle croisé de moire d'argent. Le service solennel eut lieu le 23 octobre et la messe
fut dite par le cardinal de Rohan, grand aumônier de France.
Le duc d'Orléans était le premier prince du deuil. L'évêque
de Castres prononça l'oraison funèbre.

« La messe dite, les gardes du corps, habillés de deuil,
transportèrent le corps au caveau, après qu'on eût ôté de
dessus le cercueil les honneurs, qui furent présentés aux ducs
qui devaient les porter. Les quatre coins du poêle étaient tenus
par le premier président du Parlement et par trois présidents
à mortier. Le roi d'armes approcha du caveau, où, après
que le corps eût été descendu, il jeta sa cotte d'armes et
son chaperon, puis il appela ceux qui devaient porter les
pièces d'honneur. Ces pièces, consistant en enseignes, ban-
nières, cottes d'armes, sceptres, main de justice, couronne
royale, etc., furent portées sur le cercueil. Puis, le duc de
la Trémouille, faisant fonction de grand maître de France,

mit son bâton dans le caveau et les maîtres d'hôtel rompirent les leurs. Ensuite, le duc de la Trémouille cria : « Le Roi est « mort!... » et le roi d'armes répéta par trois fois : « Le Roi est « mort!... prions tous Dieu pour le repos de son âme. » On fit ensuite une prière. Enfin, le roi d'armes cria trois fois : « Vive le roi Louis XV ! » aux acclamations de toute l'assemblée, et les trompettes sonnèrent dans la nef¹. »

¹ Extrait de la *Gazette de France* (Heuzé, *La Cour intime de Louis XIV*). — Plus tard, dans un service à la Sainte-Chapelle, Massillon prononçant l'oraison funèbre du Grand Roi, jeta à son auditoire cette antithèse éloquente : « Dieu seul est Grand, mes frères ! »

CHAPITRE XI

L'HISTOIRE AU CHATEAU

LOUIS XV

———

LA COUR DE VERSAILLES SOUS LA RÉGENCE (1715-1723)

Le règne de Louis XIV, si brillant pendant un demi-siècle, avait fini dans une sombre tristesse. Pendant que le vieux Roi, laissant sa succession à un enfant de cinq ans, orphelin, s'en allait « seul et sans pompe à Saint-Denis », le duc d'Orléans faisait casser son testament par le Parlement[1], heureux de sortir de l'étroite dépendance où il avait été tenu depuis la Fronde.

Cette période de la *Régence* est surtout caractéristique dans l'histoire des idées et des mœurs. La corruption morale, l'irréligion, déjà visibles à la fin du dernier règne, mais encore contenues, le cynisme, le libertinage et l'effronterie brisent les barrières et s'étalent au grand jour. « Philippe d'Orléans, a dit Michelet, dans sa facilité pour les idées nouvelles, dans sa curiosité scientifique, dans ses mœurs effrénées, est un des types du xviii⁰ siècle. » Il avait quarante-deux ans.

Voici comment le peint Saint-Simon, qui était son ami :

M. le duc d'Orléans étoit de taille médiocre au plus, fort plein, sans être gros, l'air et le port aisé et fort noble, le visage large,

---

[1] En 1715, ce furent les princes du sang, légitimés, Orléans, Bourbons de France ou d'Espagne, qui se disputèrent le pouvoir. Le duc d'Orléans réussit à le prendre tout entier, grâce au concours du Parlement.

agréable, fort haut en couleur, le poil noir et la perruque de
même. Il avoit dans le visage, dans le geste, dans toutes ses manières une grâce infinie, et si naturelle qu'elle ornoit jusqu'à ses
moindres actions, et les plus communes. Avec beaucoup d'aisance
quand rien ne le contraignoit, il étoit doux, accueillant, ouvert,
d'un accès facile et charmant, le son de la voix agréable, et un don
de la parole qui lui étoit tout particulier, en quelque genre que ce
pût être, avec une facilité et une netteté que rien ne surprenoit,
et qui surprenoit toujours. Son éloquence étoit naturelle jusque
dans les discours les plus communs et les plus journaliers, dont la
justesse étoit égale sur les sciences les plus abstraites, qu'il rendoit
claires, sur les affaires de gouvernement, de politique, de finance,
de justice, de guerre, de cour, de conversation ordinaire, et de
toutes sortes d'arts et de mécanique. Il ne se servoit pas moins
utilement des Histoires et des Mémoires, et connoissoit fort les
maisons. Les personnages de tous les temps et leurs vies lui
étoient présentes, et les intrigues des anciennes cours comme celles
de son temps. A l'entendre, on lui auroit cru une vaste lecture.
Rien moins. Il parcouroit légèrement, mais sa mémoire étoit si
singulière qu'il n'oublioit ni choses, ni noms, ni dates, qu'il rendoit avec précision ; et son appréhension étoit si forte qu'en parcourant ainsi, c'étoit en lui comme s'il eût tout lu fort exactement.
Il excelloit à parler sur-le-champ, et en justesse et en vivacité, soit
de bons mots, soit de reparties. Outre qu'il avoit infiniment d'esprit et de plusieurs sortes, la perspicacité singulière du sien se trouvoit jointe à une si grande justesse, qu'il ne se seroit jamais
trompé en aucune affaire s'il avoit suivi la première appréhension
de son esprit sur chacune. Avec cela, nulle présomption, nulle trace
de supériorité d'esprit ni de connoissance, raisonnant comme
d'égal à égal avec tous, et donnant toujours de la surprise aux
plus habiles. Rien de contraignant ni d'imposant dans la société, et
quoiqu'il sentît bien ce qu'il étoit, et de façon même de ne le pouvoir oublier en sa présence, il mettoit tout le monde à l'aise, et
lui-même comme au niveau des autres.

Il gardoit fort son rang en tout genre avec les princes du sang,
et personne n'avoit l'air, le discours ni les manières plus respectueuses que lui, ni plus noble avec le Roi et avec les fils de France.
Monsieur avoit hérité en plein de la valeur des rois ses père et
grand-père, et l'avoit transmise tout entière à son fils. Quoique il
n'eût aucun penchant à la médisance, beaucoup moins à ce qu'on
appelle être méchant, il étoit dangereux sur la valeur des autres. Il
ne cherchoit jamais à en parler, modeste et silencieux même à cet
égard sur ce qui lui étoit personnel, et racontoit toujours les
choses de cette nature où il avoit le plus de part, donnant avec
équité toute louange aux autres, et ne parlant jamais de soi ; mais
il se passoit difficilement de pincer ceux qu'il ne trouvoit pas ce
qu'il appeloit francs du collier, et on lui sentoit un mépris et une
répugnance naturelle à l'égard de ceux qu'il avoit lieu de croire

tels. Aussi avoit-il le faible de croire ressembler en tout à
Henri IV, de l'affecter dans ses façons, dans ses reparties, de se le
persuader jusque dans sa taille et la forme de son visage, et de
n'être touché d'aucune autre louange ni flatterie comme de celle-là,
qui lui alloit au cœur.

Ce singulier mélange de qualités brillantes et de graves
défauts, sa mère, la caustique Palatine, l'expliquait par un
apologue : « Toutes les fées avaient été convoquées au baptême
du prince et chacune lui avoit donné une qualité particulière : esprit, bravoure, franchise, gaieté de caractère ; mais
une vieille fée, furieuse d'avoir été oubliée, se vengea cruellement. Ne pouvant lui enlever les dons précieux qu'on lui
avait prodigués, elle lui donna l'insouciance, qui les rendait
inutiles. »

Insouciant et immoral, il le fut à un haut degré : ami de
tous les plaisirs, et surtout des plaisirs sensuels, poussés
même jusqu'à l'orgie. D'une intelligence claire, nullement
effrayé par la hardiesse des idées, *homme moderne,* comme
on l'a dit, il fut néanmoins obligé de rentrer dans la voie que
Louis XIV avait tracée[1]. Il fallait encore l'expérience d'un
règne, comme celui qui commence, pour hâter le triomphe
de l'esprit révolutionnaire qui, vers les dernières années du
Grand Roi, avait commencé à saper le pouvoir absolu.

Et d'abord, les tentatives de restauration du pouvoir aristocratique échouèrent. La noblesse, dont les dernières résistances avaient été brisées avec la Fronde, en vivant à la Cour
dans la dépendance du souverain, avait achevé de se séparer
du reste de la nation, abdiqué tout sentiment de fonction publique comme de dignité personnelle, passé sa vie uniquement dans l'attente des faveurs et du bon plaisir du Roi.

Dans la réaction universelle, l'aristocratie, émasculée par
Louis XIV, fut impuissante à jouer le rôle qu'aurait voulu
pour elle son champion le plus illustre, Saint-Simon. Quand
il arriva au pouvoir avec son ami le Régent, et qu'il chercha
de grands noms pour les postes importants, il reconnut qu'il
allait opérer dans le vide. « L'embarras, dit-il dans ses
Mémoires, fut l'ignorance, la légèreté, l'inapplication de cette

---

[1] Au point de vue du gouvernement intérieur, le pouvoir royal devait
rester absolu, malgré les tentatives de réaction aristocratique incarnée
dans la *Polysynodie.*

23

noblesse accoutumée à n'être bonne à rien qu'à se faire tuer, à n'arriver à la guerre que par l'ancienneté, et à croupir du reste dans la plus mortelle inutilité, qui l'avait livrée à l'oisiveté et au dégoût de toute instruction hors de guerre, par l'incapacité d'état de s'en pouvoir servir à rien. »

L'institution de *Conseils*, composés de soixante-dix nobles, à la place des anciens ministres, ne fonctionna que trois ans, et les secrétaires d'Etat, si détestés de Saint-Simon, furent rétablis. Décidément, le rôle de la noblesse était bien fini, et ceux qui portent les plus grands noms vont continuer leur métier de courtisans. Ils furent d'abord les *roués* de la Régence.

De 1715 à 1722, Versailles reste désert. La Cour, le Régent en tête, se presse aux fêtes de Paris. Celui-ci tient à distance la vieille Cour, qu'il appelle l'*Antiquaille*. Aux bals de l'Opéra, seigneurs et filles de théâtre nouent leurs intrigues amoureuses cyniquement étalées ; les gains exagérés, produits un moment par la baguette de Law, décuplent les dépenses et multiplient les fêtes et les scandales. Le duc d'Orléans avait donné depuis longtemps l'exemple des amours faciles ; mais aux actrices il mêlait aussi les dames de qualité, comme Mme de Parabère et Mme de Sabran ; il se montrait à Saint-Cloud avec Mme D'Ouesne, dans une chaise découverte, et quelques mois après, dans un bal public au Palais-Royal, il paraissait ayant au bras une nouvelle maîtresse, la duchesse de Falari. Dans les orgies du Palais-Royal, où il s'étalait avec ses *roués* : Broglie, frère du futur maréchal de France, Brancas, Biron, Nocé, Richelieu, des femmes, actrices et grandes dames, rivalisaient de luxure. La duchesse de Berry, « prodige d'orgueil et de débauche[1] », égalait son père pour le mépris des bonnes mœurs et de l'irréligion, et les princesses de Condé ne lui cédaient guère[2].

Sauf exceptions bien rares, tous les princes suivent l'exemple du Régent. « C'était un assaut de dévergondage, une émulation de scandale. Déjà s'étalaient et régnaient dans toute leur force insolente les principes cyniques que l'on doit tout ce que l'on peut, que le plaisir absout la faute, que l'or achète

---

[1] Saint-Simon.

[2] *Correspondance de la duchesse d'Orléans* (Jæglé). — On peut joindre à cette liste de femmes galantes la comtesse de Verrue.

et rachète tout. » Le type de ces débauchés est le duc de Richelieu, dont la Palatine disait : « Il est un archidébauché, un vaurien, un poltron, qui nonobstant ne croit ni à Dieu, ni à sa parole. De sa vie, il n'a rien valu et ne vaudra jamais rien ; il est faux, il est menteur, ambitieux avec cela comme le diable... il n'a pas vingt-quatre ans... »

Le Régent eut pour premier ministre son ancien précepteur, l'abbé Dubois, dont le portrait a été buriné avec une crudité terrible par Saint-Simon, qui l'avait en horreur : « Ce petit homme, effilé, chafouin, à perruque blonde et à mine de fouine... en qui tous les vices, la perfidie, l'avarice, la débauche, l'ambition, la basse flatterie combattaient à qui en demeurerait le maître. » Comme éducateur du prince, on s'accorde à reconnaître qu'il s'appliqua toujours à flatter ses passions et à satisfaire à tous ses désirs, dans l'espoir de le dominer et de se rendre indispensable.

Ce débordement de débauches et d'orgies avait été contenu vers les dernières années du dernier règne par la tenue sévère de la Cour, mais Saint-Simon nous en a montré la gangrène latente. Déjà, en 1697, la Palatine constatait que l'amour dans le mariage n'était plus du tout à la mode et passait pour ridicule. Mais cela ne fit qu'empirer. En 1721, elle écrivait à sa parente Louise : « Parmi les gens du commun, il est vrai, l'on trouve encore des hommes qui aiment leurs femmes... mais parmi les gens de qualité, je ne connais pas un seul couple qui s'aime et soit fidèle. » C'est dans ce même monde qu'on se fait, au témoignage de Mathieu Marais[1], « une sorte de gloire » de la « stérilité des femmes ». En plein Opéra, des dames de qualité se laissent aller « entre les bras des hommes qu'elles ne détestent pas... ce sont les manières du siècle[2] ».

Jamais la noblesse de France n'avait été moins noble, jamais elle n'avait étalé aussi cyniquement ses vices devant un peuple que de tels spectacles instruisaient et préparaient à des revendications prochaines. « Cinq ans à peine après la mort de Louis XIV, on en était arrivé presque à regretter son règne : on préférait les malheurs de 1709 et de 1713 à

---

[1] 23 février 1721.
[2] *Correspondance de Madame.*

l'étalage scandaleux qui se présentait aux regards et aux honteuses exhibitions du temps[1]. »

Le pamphlet suivant circula partout aux premiers temps de la Régence :

> Nous avons du Régent
> De reste,
> De reste.
> L'argent s'anéantit,
> Le banquier refuse crédit,
> Le marchand demande répit,
> Le courtisan languit,
> Le soldat réformé périt,
> Le noble s'avilit,
> Chacun pâlit.
> Le Régent rit, rit, rit.

. . . .

C'est dans un tel milieu que le petit Roi qui doit prendre la succession de Louis XIV s'élève et grandit.

Jusqu'à cinq ans, il n'a que le souffle, au point qu'on néglige sa première éducation pour ménager sa santé. « Notre capital est de vivre », dit sa gouvernante, la duchesse de Ventadour. Physiquement, c'est un bel enfant : « Il a de grands yeux très noirs, le visage rond, une jolie petite bouche qu'il tient cependant un peu trop souvent ouverte, un nez si bien fait qu'il serait difficile d'imaginer mieux, de jolies jambes ainsi que les pieds. » Tel est le portrait qu'en fait la Palatine. Il n'est pas d'un naturel gai ; il est taciturne, mais Mme de Ventadour dit qu'on en fait tout ce qu'on en veut, « pourvu qu'on lui parle sans humeur ». Quand le vieux maréchal de Villeroi, gouverneur nominal, prend en mains, dès 1717, l'éducation du jeune Roi, qui se sépare en pleurant de son affectueuse gouvernante, il veut forcer son naturel, ce qui eut pour effet d'augmenter sa taciturnité, et de provoquer chez l'enfant buté des rébellions soudaines, des manifestations répétées d'humeur chagrine et volontaire. Du moins, à côté du gouverneur, d'esprit peu éclairé et d'entêtement jaloux, se tiennent deux guides intelligents et affectueux qui dirigent l'instruction du

---

[1] Vicomte de Guichen, *Crépuscule d'ancien régime,* 1909.

prince : son précepteur, l'abbé Fleury, évêque de Fréjus, qui devait être son premier ministre, et l'abbé Vittement[1].

Le caractère de Louis XV devait rester indécis et inégal. Il avait souvent de l'humeur, et alors, bien qu'il eût l'élocution facile[2], il demeurait silencieux, au point qu'on pouvait difficilement lui arracher une parole quand on le sortait de son entourage intime. Il restera ainsi toute sa vie.

L'éducation de Villeroi, son système de claustration lui ont donné ce caractère « glorieux et timide », cette aversion pour tout ce qui concerne son « métier de roi », ce fond d'indifférence, d'insensibilité et d'ennui qui ne le quitteront plus.

Le peuple lui trouvait bon air et admirait sa grâce extérieure. En juillet 1721, devenu très malade, Paris et la France témoignèrent une vive douleur et la crainte de le perdre, par haine de la Régence. On fit courir le bruit qu'il avait été empoisonné, ce qui faillit provoquer une émeute. Le médecin Helvétius le sauva en lui donnant de l'émétique, et les réjouissances populaires éclatèrent.

Pendant le séjour de la Cour à Paris, Versailles fut assez négligé. Les fonds d'entretien pour les bâtiments furent réduits de moitié.

Mentionnons les deux voyages que Pierre le Grand y fit, le 24 mai et le 3 juin 1717, « où les eaux jouèrent ». Dans le dernier, il alla coucher à Trianon, où il occupa, avec toute sa suite, « les appartements du *Corridor* qui donne sur les *Goulottes* » (Trianon-sous-Bois).

Le Czar alla aussi au château de Clagny et à Marly. Il revint par Versailles, où il dîna. « Avant que de se mettre à table, il vit tous les appartemens et le cabinet des Curiosités, qui est auprès de la pièce de la Chapelle[3] ; on lui montra les médailles et les coquillages. Les livres curieux et les estampes magnifiques des anciens ballets du Roi l'occupèrent plus agréablement que toute autre chose. Il descendit à la Grande et à la

---

[1] Comte Fleury, *Louis XV intime*, 1899. — Malgré les attaques de ses ennemis, d'Argenson et Bernis, Fleury s'appliqua à instruire son royal élève au moins autant qu'à le divertir.

[2] *Journal inédit du duc de Croy.*

[3] Cette pièce de la Chapelle était le salon qui a été appelé *salon d'Hercule* et dont la décoration n'était pas encore faite.

Petite-Ecurie; il vit travailler, dans l'une et dans l'autre, plusieurs chevaux que les écuyers montèrent en sa présence. Il monta en carrosse sur les cinq heures[1]. »

Cependant, l'alliance que Pierre le Grand était venu offrir ne fut pas acceptée. Le Régent, qui tenait à l'amitié du roi d'Angleterre, George Ier, avec lequel il avait signé un traité intéressé, ne pouvait seconder contre les Suédois un souverain énergique dont les progrès dans la Baltique inquiétaient les Anglais[2].

Le 15 juin 1722, le Gouvernement et la Cour réintégraient Versailles.

La France et l'Espagne, brouillées à la mort de Louis XIV, à la suite d'un renversement d'alliances, s'étaient réconciliées l'année précédente, et le gage de cette paix fut deux mariages. Louis XV, âgé de douze ans et demi, était fiancé à l'infante d'Espagne, Marie-Anne-Victoire, fille de Philippe V, âgée de quatre ans, tandis que Mlle de Montpensier, fille du Régent, épousait l'infant Don Louis.

Malgré ses longs corsets et ses paniers, le premier cadeau que fit à l'Infante son royal fiancé fut une poupée.

Cette combinaison des mariages espagnols avait agréé au duc d'Orléans, parce qu'elle favorisait les espérances de sa maison, en ajournant indéfiniment la paternité du Roi, dont la santé délicate ne semblait pas promettre une longue vie.

Le Roi et l'Infante occupèrent « les appartements du feu Roi et de la feue Reine, et le maréchal de Villeroi fut logé dans les derrières des cabinets du Roi. Le cardinal Dubois eut toute la Surintendance entière pour lui seul, comme M. Colbert l'avait eue, et après lui M. de Louvois... M. le duc d'Orléans prit l'appartement de feu Monseigneur, en bas, et Mme la duchesse d'Orléans demeura dans celui qu'elle avait en haut, auprès du sien, qui resta vide[3] ».

---

[1] *Mercure de France*, 1717, juin.

[2] La politique française sous le Régent, conduit par Dubois, ne cessa d'être subordonnée à ses entreprises sur le trône de France. Ce fut là le secret de toutes ses alliances : *Traité de la Haye*, janvier 1717; *Quadruple alliance de Londres*, 1718. (Voir E. Bourgeois, *Manuel historique de politique étrangère*, tome Ier, XIV.)

[3] Saint-Simon, XIX.

Le Régent continua à Versailles, avec ses amis, les roués, la vie scandaleuse qu'il menait au Palais-Royal. On vivait en débauche ouverte et on voyait, sous un roi mineur, sans autorité, réguer tous les vices.

A la fin de juillet 1722, quelques courtisans se livrèrent la nuit, dans un bosquet, à une telle débauche, que le Régent lui-même fut obligé de punir les coupables. On en exila cinq, dit Barbier, et on mit le sixième à la Bastille.

Le 25 octobre, le sacre du jeune Roi eut lieu à Reims, suivant le cérémonial habituel.

Le 22 février 1723, Louis XV fut déclaré majeur au Parlement. Le duc d'Orléans restait premier ministre. Le cardinal Dubois ne survécut que de quelques mois : il mourut le 10 août, à la Surintendance.

Quatre mois après, le 2 décembre, ce fut le tour du Régent. Il mourait subitement d'apoplexie dans son appartement de Versailles[1]. La duchesse de Falari se trouvait près de lui. Comme c'était au moment où il se disposait à aller travailler près du Roi, il n'y avait personne dans les appartements, chacun était alors « à ses affaires ou en visite », de sorte qu'il s'écoula une bonne demi-heure avant la venue des médecins.

Sitôt que les gens du métier l'eurent envisagé, ils le jugèrent sans espérance. On l'étendit à la hâte sur le parquet ; on l'y saigna ; il ne donna pas le moindre signe de vie pour tout ce qu'on put lui faire. En un instant que les premiers furent avertis, chacun de toute espèce accourut ; le grand et le petit cabinet étoient pleins de monde. En moins de deux heures, tout fut fini, et peu à peu la solitude y fut aussi grande qu'avoit été la foule. Dès que le secours fut arrivé, la Falari se sauva et gagna Paris au plus vite.

La Vrillière[2] fut des premiers averti de l'apoplexie. Il courut aussitôt l'apprendre au Roi et à l'évêque de Fréjus, puis à Monsieur le Duc, en courtisan qui sait profiter de tous les instants critiques ; et dans la pensée que ce prince pourroit bien être premier ministre, comme il l'y avoit exhorté en l'avertissant, il se hâta de retourner chez lui, et d'en dresser à tout hasard la patente sur celle de M. le duc d'Orléans.....

Fréjus, dès la première nouvelle de l'apoplexie, avoit fait l'affaire de Monsieur le Duc avec le Roi, qu'il y avoit sans doute préparé

[1] Dans son cabinet (salle 49).

[2] La Vrillière, Louis Phélippeaux, comte de Saint-Florentin, était ministre de la Maison du Roi et secrétaire de la Régence. Son fils Louis devait être aussi ministre de la Maison du Roi.

d'avance sur l'état où on voyoit M. le duc d'Orléans, surtout depuis ce que je lui en avois dit, de sorte que Monsieur le Duc arrivant chez le Roi, au moment qu'il sut la mort, on fit entrer ce qu'il y avoit de plus distingué en petit nombre, amassé à la porte du cabinet, où on remarqua le Roi fort triste et les yeux rouges et mouillés. A peine fut-on entré et la porte fermée, que Fréjus dit tout haut au Roi que dans la grande perte qu'il faisoit de M. le duc d'Orléans, dont l'éloge ne fut que de deux mots, S. M. ne pouvoit mieux faire que prier Monsieur le Duc là présent de vouloir bien se charger du poids de toutes les affaires et d'accepter la place de premier ministre, comme l'avoit M. le duc d'Orléans. Le Roi, sans dire un mot, regarda Fréjus, et consentit d'un signe de tête, et tout aussitôt Monsieur le Duc fit son remerciement. La Vrillière, transporté d'aise de sa prompte politique, avoit en poche le serment de premier ministre, copié sur celui de M. le duc d'Orléans, et proposa tout haut à Fréjus de le faire prêter sur-le-champ. Fréjus le dit au Roi comme chose convenable, et à l'instant Monsieur le Duc le prêta. Peu après, Monsieur le Duc sortit; tout ce qui étoit dans le cabinet le suivit; la foule des pièces voisines augmenta sa suite, et dans un moment il ne fut plus parlé que de Monsieur le Duc[1].

LA COUR DE VERSAILLES
SOUS LE MINISTÈRE DU DUC DE BOURBON (1723-1726)

LE DUC DE BOURBON ET Mme DE PRIE
LE MARIAGE DE LOUIS XV ET DE MARIE LECZINSKA

Le duc de Bourbon, appelé par la grâce de Fleury à succéder au duc d'Orléans, prit aussitôt possession de son appartement.

Cet arrière-petit-fils du Grand Condé atteignait sa trente-deuxième année. « A l'extérieur, M. le Duc n'avait rien qui pût plaire. Il était grand, sec, le visage osseux. On lui avait reconnu toutefois une assez belle figure vers sa première jeunesse, mais un accident l'avait défiguré. Se trouvant à la chasse avec le duc de Berry, celui-ci l'avait blessé d'un plomb à l'œil gauche, qui en était resté crevé. Il avait toujours été très adonné aux exercices du corps, où il excellait, à la bonne chère et à la galanterie[2]. »

---

[1] Saint-Simon, XV.
[2] H. Thirion, *Madame de Prie* (Plon-Nourrit).

Second prince du sang, il avait bien mené, sans éveiller la jalousie du Régent, la vigoureuse campagne entreprise en 1717 contre les princes légitimés, dans l'intention de leur restituer le rang de simples pairs du royaume. Très riche avant le système de Law, il avait accru sensiblement sa fortune par l'agio.

Son esprit était ordinaire. « Il est poli et sait bien vivre, dit la Palatine, mais son génie n'a pas beaucoup d'étendue. Il n'est pas non plus fort instruit, mais il a de la hauteur dans le caractère, il sait garder son rang. » Néanmoins, il se laissa complètement dominer par sa maîtresse, la fille du financier Berthelot de Pléneuf, séparée de son mari, ambassadeur à Turin, et devenue marquise de Prie par la faveur de son amant. Ce fut elle qui, en réalité, gouverna la France pendant les deux années que dura ce ministère.

« Mme de Prie était belle ; bien faite, charmante par ces je ne sais quoi qui enlèvent, et de beaucoup d'esprit extrêmement cultivé. » Ainsi la juge Saint-Simon. D'Argenson, de son côté, la proclamait la « fleur des pois ». Toutefois, ses intentions et ses actes sont jugés sévèrement par tous les contemporains, et c'est elle qui porte la responsabilité devant l'histoire des événements accomplis sous le ministère du duc de Bourbon [1].

Mme de Prie eut pour conseil les frères Pâris, dont le rôle devait être important pendant une grande partie du règne de Louis XV et qui mirent un peu d'ordre dans l'administration financière ; mais une série de mesures incohérentes et brutales, tant à l'intérieur qu'en dehors, discréditèrent bientôt le gouvernement du duc de Bourbon.

Une préoccupation dominante pour lui et Mme de Prie fut de marier Louis XV sans tarder, afin qu'il eût le plus tôt possible des héritiers et qu'ainsi fut bridée l'ambition de la famille d'Orléans, à qui le mariage de Mlle de Montpensier assurait l'appui de l'Espagne, dont le roi, Philippe V, avait

---

[1] Un historien contemporain, M. H. Thirion, dans un ouvrage attachant sur Mme de Prie, a essayé d'établir que si elle a eu de l'ambition, « cela a été surtout pour son prince, à qui elle s'était sincèrement attachée et de qui elle voulait ainsi le triomphe, afin de le défendre et de se défendre elle-même contre leurs antagonistes ». Il a aussi tenté de faire justice des reproches de cupidité et d'avarice formulés contre la favorite.

refusé d'accorder au frère de la favorite le titre de grand d'Espagne qu'elle sollicitait.

Sur ces entrefaites, une maladie du Roi vint précipiter les choses.

Le Roi tomba malade, et quoique le mal ne fût pas menaçant et qu'il finît en peu de jours, Monsieur le Duc en fut tellement effrayé qu'il se releva une nuit, tout nu, en robe de chambre, et monta dans la dernière antichambre du Roi[1], de l'appartement bas de feu Monseigneur, où M. le duc d'Orléans étoit mort, et que Monsieur le Duc avoit eu ensuite. Il étoit seul, une bougie à la main. Il trouva Maréchal, qui passoit cette nuit-là dans cette antichambre, qui me le conta peu de jours après, et qui, étonné de cette apparition, alla à lui et lui demanda ce qu'il venoit faire. Il trouva un homme égaré, hors de soi, qui ne put se rassurer sur ce que Maréchal lui dit de la maladie, et à qui enfin, d'effroi et de plénitude, il échappa : « Que deviendrois-je ? répondant entre haut et bas à son bonnet de nuit ; je n'y serai pas repris s'il en réchappe ; il faut le marier. » Maréchal, avec qui il étoit seul à l'écart, ne fit pas semblant de l'entendre ; il tâcha de lui remettre l'esprit, et le renvoya se coucher. Ce fut l'époque du renvoi de l'Infante[2].

La petite Infante, qui n'avait que sept ans, fut donc renvoyée en Espagne. Le 5 avril 1725, elle partit de Versailles sous prétexte que son père demandait à la voir, pendant que le Roi, qui était allé ce jour-là à Marly, écrivait à Philippe V « qu'il avait beaucoup de peine à se séparer de l'Infante, mais qu'un roi étant plus à son peuple qu'à soi-même, il n'avait pu se dispenser, depuis sa dernière maladie, de céder aux vives sollicitations de son peuple pour se marier promptement, et prévenir, par une succession que Dieu voudrait bien lui donner, les troubles et les révolutions qui arriveraient s'il venait à mourir avant que l'Infante fût nubile[3] ».

Philippe V répondit en renvoyant en France Mlle de Beaujolais, l'une des filles du Régent, fiancée en 1722 à l'infant Don Carlos.

Il fallait chercher pour Louis XV une princesse capable de donner le plus tôt possible un héritier au trône et de ruiner ainsi toutes les espérances de l'héritier présomptif, tout en ne

[1] La salle de l'OEil-de-Bœuf, où il arriva par *l'escalier des Dupes*.
[2] Saint-Simon, XVI.
[3] Mathieu Marais, III. — Trois portraits de cette jeune princesse, exécutés par Belle, se trouvent au Musée de Versailles.

portant pas ombrage par son caractère au duc et à la marquise. Sans doute, Catherine de Russie aurait, même au prix d'une abjuration, donné sa fille au roi de France, mais « le sang violent de Pierre le Grand ne promettait pas une reine assez dépendante ». La fille aînée du duc de Lorraine fut aussi mise sur les rangs, mais elle était nièce du Régent par sa mère.

D'autres choix durent aussi être écartés.

Dans la hâte d'en finir, sur les conseils du financier Pâris-Duverney, Mme de Prie et le duc se décidèrent pour Marie Leczinska, fille du ci-devant roi de Pologne, Stanislas, qui vivait pauvrement à Wissembourg. Cette princesse, devant à la maîtresse du duc une fortune si brillante et si imprévue, en serait d'autant plus dévouée à ses intérêts.

Sans doute, elle était plus âgée que le Roi de six ans et demi, mais les « mœurs d'une personne de cet âge » devaient la rendre « plus propre à donner des héritiers bien constitués ». Le portrait de la « Polonaise » apporté à Versailles, inspiré d'un portrait[1] de la duchesse de Bourgogne, mère du Roi, par Santerre, plut au Roi, mais le mariage parut, dans le public et à la Cour, une mésalliance. Les négociations se firent, le 8 juin 1725, à Chantilly. On vint signer le contrat à Versailles le 9 août, et on repartit à Fontainebleau, où la bénédiction nuptiale fut donnée à Louis XV et à Marie Leczinska le 5 septembre. La Cour ne revint à Versailles que le 1er décembre.

Marie Leczinska monta par l'escalier des Ambassadeurs, qui était éclairé avec magnificence, aussi bien que les grands appartements du Roi et la Galerie, jusqu'à l'appartement de la Reine.

Ainsi se fit ce singulier mariage, où un jeune prince, à peine adolescent, devenait, par le jeu d'une ambition mesquine, l'époux d'une princesse plus âgée, vers laquelle aucune inclination n'avait pu le porter.

Cependant, en cette Cour dont elle ne connaît pas les écueils, la fille de Stanislas jouit avec modération de sa fortune inespérée, et elle garde au « chérissime papa »

---

[1] Le peintre Gobert avait été envoyé mystérieusement à Wissembourg pour faire le portrait de la princesse Marie.

qu'elle vient de quitter un souvenir plein de tendresse :
« On me dit les choses les plus belles du monde ; je subis
à chaque instant des métamorphoses plus brillantes les
unes que les autres ; tantôt je suis plus belle que les Grâces,
tantôt je suis de la famille des neuf sœurs ; hier, j'étais la
merveille du monde ; aujourd'hui, je suis l'astre aux bénignes
influences... Sans doute que demain je serai placée au-dessus
des immortels. Pour faire cesser ce prestige, je mets la main
sur ma tête et aussitôt je retrouve celle que vous aimez et qui
vous aima bien tendrement. » Une autre fois, elle écrit, en
signant : la petite *Maruchua*... « Mon âme est en paix...
Je n'ai de peine que celle de ne pas vous voir, mon chérissime papa... »

Son âme était en paix et elle ne demandait qu'à adorer son
mari. A son arrivée, elle lui avait demandé de quelle manière
elle devait se conduire et quels étaient ceux en qui il avait
le plus de confiance ; s'il aimait M. de Fleury. Le Roi, dit
Luynes, répondit : « Beaucoup. » Elle fit ensuite la même
question sur M. le Duc, et le Roi lui avait répondu : « Assez. »
Marie Leczinska devait sa fortune à M. le Duc et lui conser-
vait une juste reconnaissance ; mais après les réponses du
Roi, elle eut dû ne pas prendre parti. Elle l'oublia malheureusement bientôt après.

Le jeune Roi, à qui le bon sens ne manquait pas, à défaut de
volonté, avait senti de bonne heure les intrigues et les cabales qui s'agitaient autour de lui et réfléchi sans doute aux
raisons de son précoce mariage. Comme il ne pouvait se
passer de serviteur, il n'en voyait aucun de plus dévoué et de
plus d'expérience que son vieux précepteur. Il avait appris
de bonne heure à se renfermer et à dissimuler. Il ne s'ouvrait qu'à Fleury, qu'il sentait dévoué et en somme désintéressé. Avec la Reine, qui l'adorait, il restait taciturne et
méfiant.

Justement par crainte de cette influence, le duc et Mme de
Prie ourdirent une intrigue à laquelle la Reine se prêta inno-
cemment, pour faire renvoyer de la Cour le vieil évêque (1726).
Mais cette tentative se retourna contre eux et tous deux furent
exilés[1]. Vrai coup de théâtre. Le duc de Charost, capitaine

---

[1] La disgrâce du duc de Bourbon cessa l'année suivante : le 3 dé-

des gardes, entra dans le cabinet de M. le Duc et lui remit
une lettre de cachet par laquelle le Roi le remerciait du soin
qu'il avait pris de ses affaires, lui ordonnait de se retirer à
Chantilly et lui défendait de voir la Reine. Pendant ce temps,
Fleury portait une lettre de cachet à la Reine, par laquelle le
Roi la priait absolument de ne pas voir M. le Duc. Quant à
la pauvre Reine, Louis XV, qui aimait mieux son précepteur
que sa femme, lui en garda une rancune que sa dissimulation
rendait plus pénible.

LA COUR DE VERSAILLES
SOUS LE MINISTÈRE DE FLEURY (1726-1744)

Le 11 juin 1726, M. de Fréjus prenait officiellement la succession du duc de Bourbon. Il avait soixante-treize ans. Avec
lui, les factions cessèrent de gouverner et il s'appliqua de son
mieux au bien du pays, mais l'énergie devait lui manquer ;
il n'eut « que de la sagesse et, pour restreindre encore ce
mot, il n'eut que la sagesse d'un vieillard ». Les contemporains, d'Argenson, Barbier, Luynes, le jugent sévèrement et
sont d'accord pour reconnaître que l'emploi de premier ministre était « fort au-dessus de ses forces ».

Choisi par Louis XIV mourant pour être précepteur du
jeune Louis XV, il avait su gagner la confiance de son élève.
L'année de l'exil du duc de Bourbon, il avait été nommé cardinal, et dès lors son autorité fut plus grande que celle des
cardinaux-ministres qui l'avaient précédé.

Depuis le jour où la Reine, par reconnaissance pour le duc
de Bourbon, avait paru défavorable à celui qui était maître
de l'esprit de son jeune époux, elle avait vu « des changements » dans son amitié, et la « glace » que le vieux précepteur y avait mise ne devait jamais disparaître entièrement. Il y
eut des alternatives d'indifférence et de complaisance conjugale de la part de Louis XV, mais l'indifférence gagnant toujours. Quoi qu'il en soit, à cette époque, les couches royales

cembre 1727, il revenait à la Cour. La marquise de Prie était morte le
6 octobre, en son château de Courbépine, en Normandie, à peine âgée
de vingt-neuf ans.

vont se succéder. En 1727, on attendait un Dauphin, et, le
14 août, la Reine mettait au monde deux princesses! Au mois
de juillet 1728, une autre fille arriva : « Madame Troisième ».
« On est d'un très grand chagrin à Versailles, écrit Barbier;
cependant, le Roi a très bien pris la chose et a dit à la Reine
qu'il fallait prendre parole avec Pérard, son accoucheur,
pour l'année prochaine, pour un garçon. » — « J'espère que
Dieu exaucera les vœux de nos bons sujets pour moi, écrit
de son côté la Reine au maréchal Du Bourg; je mourrai contente si je leur laisse cette consolation. » Et, parlant de son
mari à son père : « On n'a jamais aimé comme je l'aime. »

Le Dauphin naquit à Versailles le 4 septembre 1729. Paris
et la Cour célébrèrent des fêtes magnifiques. C'est le moment
le plus heureux de la vie de la Reine. « Le portrait de Belle,
où elle est représentée assise dans sa chambre de Versailles,
sur un canapé écussonné aux armes de France et de Pologne,
enveloppée du grand manteau d'hermine fleurdelysé, tenant
sur ses genoux le Dauphin en bonnet ruché, avec le cordon
du Saint-Esprit, fixe le souvenir de cette heure éphémère[1]. »

Marie Leczinska, reine depuis trois ans, ne connaissait
pas encore Paris. Elle y vint pour la première fois le 4 octobre 1728, pour une sorte de vœu ou de pèlerinage à Notre-
Dame, en faveur de la naissance d'un héritier du trône, et
c'est ainsi que la peint le bourgeois-avocat Barbier : « Elle
est petite, plus maigre que grasse, point jolie, sans être désa-
gréable, l'air bon et doux, ce qui ne lui donne pas la majesté
requise pour une reine. Elle avait l'air bien contente. Elle a
fait un assez grand tour dans Paris, et elle a vu une affluence
de monde étonnante. »

Les couches de la Reine et les voyages du Roi sont presque
les seuls événements à mentionner pendant cette période
assez monotone de l'histoire du Château de Versailles[2].

En 1732, le Roi tint un lit de justice à Versailles. C'était

[1] A. Michel (*Débats*). — Ce portrait, daté de 1730, se trouve dans la
salle 44, appartement du Dauphin.

[2] Les naissances des enfants de Louis XV et de Marie Leczinska se succédèrent ainsi : En 1727, deux filles, Madame Elisabeth ou Madame Première, Madame Henriette ou Madame Seconde; en 1729, un Dauphin;
en 1732, Madame Adélaïde; en 1733, Madame Victoire; en 1734, Madame
Sophie; en 1737, Madame Louise.

la première fois que cette cérémonie avait lieu autre part
qu'au Parlement, à Paris. Il s'agissait de querelles entre jésuites et jansénistes au sujet de la bulle *Unigenitus*, qui passionna l'opinion. Le 18 août, le Parlement, en robes rouges,
fut introduit dans la salle des Gardes (aujourd'hui salle du
Sacre), qui avait été accommodée sur le modèle de la Grand'-
Chambre. Voici le récit de Barbier :

> Le lit de justice commença vers les onze heures. Le Roi étoit
> placé dans le coin de la salle, sur un siège élevé, avec un dais
> comme au Palais, et avoit à ses pieds M. le prince Charles de Lor-
> raine, grand écuyer, qui, dans ces cérémonies, a un grand bau-
> drier avec une grande épée, et M. le duc de Bouillon, grand cham-
> bellan. Il y avoit en princes du sang : M. le duc d'Orléans, Monsieur
> le Duc, M. le comte de Charolois, M. le comte de Clermont et le
> jeune prince de Conty ; douze ducs et pairs ; et en pairs ecclésias-
> tiques, M. l'évêque de Beauvais seulement. M. le Chancelier étoit
> accompagné de conseillers d'Etat et de six maîtres des requêtes en
> habit de satin, et il y avoit avec le Parlement quatre maîtres des
> requêtes en robes rouges. Il y avoit aussi des gouverneurs de pro-
> vinces et autres qui ont droit d'y assister.
>
> Cela formoit une assemblée magnifique par la qualité des per-
> sonnes et la diversité des habillemens. M. le Garde des Sceaux n'y
> étoit pas, et dans un coin fait en espèce de lanterne, on voyoit le
> cardinal de Fleury, qui regardoit ce spectacle.
>
> Le Roi dit : « Je vous ai fait venir ici pour vous apprendre mes
> intentions, que mon chancelier va vous expliquer. »
>
> M. le Chancelier a fait un discours dans lequel, après avoir parlé
> de la désobéissance du Parlement aux ordres du Roi, de la clémence
> de S. M., il leur a dit que le Roi entendoit faire enregistrer sa dé-
> claration du 18 août... M. le président Le Pelletier a parlé, confor-
> mément à l'arrêté de la Cour, pour montrer les raisons qui avoient
> déterminé la compagnie à refuser l'enregistrement de la déclaration.
> Son discours a été fort approuvé. Ensuite, M. Gilbert de Voisins,
> premier avocat général, a requis l'enregistrement pour satisfaire
> aux ordres du Roi, mais en faisant sentir la douleur qu'il avoit de
> remplir son ministère dans une pareille occasion... Nonobstant
> toutes ces belles harangues, le chancelier a fait inscrire l'enregis-
> trement sur le repli ; après quoi, le Roi, qui n'avoit parlé que par
> la bouche de son chancelier, a dit à son Parlement : « Je vous or-
> donne de ma propre bouche d'exécuter tout ce que vous avez en-
> tendu, et particulièrement de faire vos fonctions sans les disconti-
> nuer. » Puis l'assemblée s'est séparée.

En ce temps-là, la Cour menait à Versailles la même vie
que du temps de Louis XIV. Les mêmes usages se continuaient, du moins en apparence. Mais tout le monde, à com-

mencer par le Roi, ne se soumettait qu'avec répugnance à
cette vie si minutieusement réglée et si gênante.

Louis XV, qui n'aimait pas Versailles et s'y ennuyait, en
était absent le plus souvent possible. Versailles restait toujours sans doute la résidence officielle, où le Roi se trouvait
aux jours voulus, pour certaines cérémonies, pour la réception des ambassadeurs, pendant le carême, etc., mais qu'il
délaissait fréquemment pour aller chercher ailleurs des distractions.

Louis XV va souvent à Rambouillet passer deux ou trois
jours chez le comte de Toulouse, « qui a beaucoup d'esprit
et qui l'amuse »; il va à Chantilly, chez M. le Duc, qui a
de beaux équipages de chasse; il va à Compiègne au printemps, à Fontainebleau en automne, pour chasser. Quand
il va à Marly, il y séjourne longuement. Plus tard, nous le
verrons s'absenter de plus en plus de Versailles et ajouter à
ces voyages, qui ne sont jamais abandonnés, ceux de Choisy[1],
Trianon, la Meutte[2], Madrid, Bellevue, Saint-Léger, Saint-
Hubert. Et ce qu'il cherchera dans ces déplacements continuels, c'est d'échapper à l'ennui, à l'étiquette, aux ministres
et aux affaires, bientôt à la société de la Reine.

Dans cette période de 1726 à 1733, pendant que Fleury
mène les affaires de l'Etat, nous le voyons en joyeuse fête
avec les « Marmousets » dont il s'entoure, les Gesvres, les
Epernon et les autres, écoutant les propos d'alcôve et de cou-
lisse de son valet de chambre Bachelier. Bien que né avec
un goût vif pour les femmes, il est encore timide et retenu
par ses principes religieux. Il est encore fidèle à la Reine,
sans qu'il lui rende l'affection profonde qu'elle lui témoigne.

Mais le voilà qui commence à rechercher la société des
femmes, principalement dans le salon de la comtesse de
Toulouse, très honnête personne en son privé, mais qui
aime exercer de l'influence, « gouverner les affaires et les
hommes ». Il voit aussi, dans ce milieu, la sœur de M. le
Duc, Mlle de Charolais, d'esprit vif, de façons cavalières et de

---

[1] Mlle de Montpensier avait fait bâtir le château de Choisy (Choisy-
le-Roi), qu'elle légua au Grand Dauphin, fils de Louis XIV. Louis XV le
racheta au duc de La Vallière.

[2] Le Régent avait fait construire le château de la Meutte (Muette) et
y avait installé sa fille, la duchesse de Berry.

mœurs légères, et qui, elle aussi, veut avoir grand crédit sur le Roi, avec moins de scrupules sur le choix des moyens. D'ailleurs, elle corromprait le Roi « pour le plaisir de le faire ».

A côté de Mlle de Charolais, et animées du même esprit, sont d'autres princesses du sang, comme Mme de Modène, Mlles de Clermont et de la Roche-sur-Yon. Elles sont de toutes les parties, accompagnent partout le Roi et même assistent à ses petits soupers « pour en masquer l'indécence ». Mlle de Charolais a justement son château de Madrid tout près de celui de la Meutte, où le Roi va coucher souvent.

Fleury s'inquiéta de ces réunions de la Meutte. Un soir (c'était en 1732), dans un souper, servi à deux tables de douze convives, comme les courtisans causaient librement des femmes de la Cour, le Roi se lève subitement, porte une santé mystérieuse : « *A l'inconnue!* » et, après avoir bu, casse son verre, invitant tout le monde à faire de même. Il avait alors vingt-deux ans.

Mlle de Charolais, la maréchale d'Estrées et Bachelier furent les personnes qui choisirent la première favorite du Roi. Ce fut Mme de Mailly, de beauté médiocre, mais affectueuse et désintéressée, qui paraissait ne devoir jamais rompre l'influence dont la coterie comptait se servir.

On a prétendu que Fleury, craignant que Louis XV échappât à son influence, s'il rencontrait une maîtresse de caractère qui eût « le désir de se mêler aux affaires », aurait choisi lui-même, en Mme de Mailly, une personne aimable, complaisante, très propre à vaincre par sa sensibilité tendre la timidité du Roi, et surtout désintéressée. Plutôt, Fleury accepta facilement une situation qu'il ne pouvait pas empêcher. Il protesta pour la forme; après une feinte brouille avec le Roi, il accepta l'ouvrage fait par d'autres et qui mettait sa conscience à l'abri sans nuire à son autorité[1].

---

[1] Sainte-Beuve, *Marie Leczinska* (*Nouveaux Lundis*); — De Nolhac, *Louis XV et Marie Leczinska.*

L'ABANDON DE LA REINE
COMMENCEMENT DU RÈGNE DES FAVORITES

Ce fut le premier pas de Louis XV dans une voie où il devait aller loin ; mais il n'y entra pas tout d'abord sans remords ni retour. En décembre 1737, après avoir délaissé la Reine pendant huit mois, il se rapprocha d'elle pour faire ses dévotions de Noël ; mais les rechutes étaient fréquentes et elles le devinrent de plus en plus jusqu'à l'abandon définitif. Dans son âme molle et sensuelle, le devoir ne pouvait longtemps prévaloir.

Mme de Mailly était l'aînée des demoiselles de Nesle. Elles étaient cinq sœurs : Mmes de Mailly, de Vintimille, de Flavacourt, de Lauraguais, de la Tournelle, et avaient une sœur naturelle, Mme de la Guiche. Louis XV eut, ou chercha à avoir les six sœurs pour maîtresses.

Mme de Mailly, sans ambition, confiante et aimante, ressemblant par là à Mlle de La Vallière, fixa à Versailles sa sœur Mme de Vintimille, ambitieuse et passionnée, qui n'allait pas tarder à la supplanter.

La favorite eut d'abord un appartement dans l'aile du Nord, au rez-de-chaussée du pavillon dit de Noailles. En 1741, le Roi lui donna un nouveau logement situé auprès de ses entresols, et qu'on appelait l'*appartement vert*. Cet appartement est celui qu'on appelle aujourd'hui l'*appartement de Mme Du Barry*. Il est situé au-dessus des appartements de Louis XV, avec lesquels il communique par un escalier intérieur. Cet appartement a été occupé successivement par toutes les maîtresses en titre de Louis XV : Mmes de Mailly, de Châteauroux, de Pompadour et Du Barry.

D'Argenson s'est montré dur et injuste pour Marie Leczinska. « Le Roi, dit-il, au commencement de son mariage, vouloit jouer chez la Reine les soirs et y causer ; la Reine, au lieu de le mettre à son aise et l'amuser, faisoit toujours la dédaigneuse et la sotte railleuse, voulant paroître prendre de l'empire sur son mari, et d'ailleurs tenoit des propos fort ennuyeux, ce qui écarta le Roi et le fit tourner à passer ses soirées chez lui, d'abord avec des hommes, puis avec des

femmes, comme la cousine de Charolais, puis Mme la comtesse de Toulouse. »

Et ailleurs : « Une dame du Palais m'a conté que la plus
grande faute étoit à la Reine si le Roi avoit pris une maîtresse; elle se conduisoit en bégueule. Aussi personne au
monde n'a-t-il moins d'esprit que la Reine; elle n'a rien à
elle, elle n'est que ce qu'elle voit être aux autres; le torrent
de l'exemple la gagne plus que personne; elle a vu qu'en
France il étoit de bon air de dédaigner son mari, elle a pris
ce bon air. Elle disoit : « Eh quoi! toujours coucher, toujours
« grosse, toujours accoucher ! »

Sous prétexte de santé, elle refusait de recevoir le Roi.
D'Argenson nous raconte encore que la Reine avait peur des
esprits, et que, quoique le Roi fût auprès d'elle, il fallait
qu'elle eût une femme qui lui tînt la main pendant toute la
nuit et qui lui fît des contes pour l'endormir. Comme elle
était très frileuse, elle mettait des matelas sur elle, de sorte
que le Roi étouffait et se retirait chez lui tout en sueur.

Luynes, dont le témoignage doit faire autorité, dit que la
séparation, l'éloignement de Louis XV de Marie Leczinska
n'eurent pas pour cause la répugnance de la Reine au devoir
conjugal; ces répugnances n'existèrent jamais. Un accident
survenu en 1738, suivi d'un dérangement assez sérieux, l'obligea à « imposer quelques trêves aux impatiences du Roi, sur
l'ordre d'une Faculté trop méticuleuse; mais jusqu'à la fin,
et sans relâche, elle demeura désireuse de maternité. Les
commérages du temps, sans excepter ceux de D'Argenson,
interprètent fort mal les sentiments de la Reine sur ce point,
et lui prêtent des mots ou même des jeux de mots que dé-
mentent ses lettres, ses paroles et toute sa vie[1] ».

Marie Leczinska continua à aimer l'époux infidèle, mais
elle, qui ne devait pas détester les autres maîtresses du Roi,
elle ne pardonna jamais à la première de lui avoir ravi
son cœur. Elle fit en vain appel au cardinal Fleury pour
qu'il l'aidât à le ramener et la laissât désormais le suivre
partout. Mais ses assiduités parurent à celui-ci une gêne

---

[1] De Nolhac, *Louis XV et Marie Leczinska.* — Sainte-Beuve traite
aussi de commérages les récits de D'Argenson (*Nouveaux Lundis*,
t. VIII : *Marie Leczinska*).

et un espionnage qui le firent s'éloigner de plus en plus d'elle. « On a remarqué, dit Luynes, lorsque le Roi arrive dans le salon, que non seulement il ne s'approche pas de la table de cavagnole où la Reine joue; mais même, il y a quelques jours, la Reine se tint debout assez longtemps sans que le Roi lui dît de s'asseoir; et pendant ce temps, il parlait à Mme de Mailly. » C'était en 1738.

Malgré ses vives blessures, la Reine, qui était bonne et charitable, et dont les sentiments très chrétiens étaient pour elle une force, s'habitua peu à peu à une résignation calme et sans amertume[1]. Louis XV, se reposant sur son vieux ministre des affaires de l'Etat, continue sa vie de paresse et d'ennui. Fleury se met à recevoir les courtisans à son petit coucher. N'a-t-il pas toute l'autorité? « Toute la France, toute la Cour, poiloux[2] ou autres, useurs de parquet ou gens affairés », attendent à sa porte. La guerre de la Succession de Pologne, qui s'était faite malgré lui, amenait la disgrâce de son collaborateur Chauvelin, l'habile négociateur du traité de Vienne, par lequel la Lorraine allait devenir française; mais Fleury pensait que la vieille lutte contre la maison d'Autriche devait cesser. Il préférait faire avec elle une alliance qui ôterait « à l'avenir aux Anglais toute occasion de reprendre la balance des affaires de l'Europe ». Cette politique nouvelle, que Choiseul devait bientôt appliquer, Louis XIV l'avait entrevue en 1715 et le marquis de Torcy l'avait esquissée; elle était aux yeux du vieux ministre un gage de cette paix qu'il n'aurait jamais voulu rompre.

Mais Louis XV s'occupait alors fort peu de politique étrangère. Il continuait à satisfaire son goût pour la chasse, sa passion des femmes et sa manie du changement. On le voit à Fontainebleau, à la Rivière, maison de la comtesse de Toulouse; à Compiègne, où la Cour se transportait tous les ans; à Saint-Léger, près de Rambouillet, encore chez le comte de Toulouse; à la Meutte chez Mlle de Charolais, à Madrid. Le lundi gras de 1737, il était allé au bal de l'Opéra incognito, avec une suite de compagnons de plaisirs.

---

[1] C'est l'opinion des contemporains placés pour bien voir et impartiaux, comme Luynes par exemple.

[2] Vieux mot (*hommes de rien*).

Il avoit soupé à Versailles avec plusieurs seigneurs. L'un d'eux avoit acheté neuf dominos. Le Roi avoit une robe bleue avec un domino couleur de rose. Ils descendirent de sa grande calèche dans la rue Saint-Nicaise. Il n'y avoit que trois ou quatre hommes à cheval, en redingote. Le Roi et les autres vinrent à pied depuis la rue Saint-Nicaise jusqu'à l'Opéra, et comme ils n'avoient pris par inattention que sept billets et qu'ils étoient neuf, on les arrêta à la porte, et ils donnèrent deux écus de six francs pour entrer tous ensemble. Le Roi fut plus d'une heure et demie sans être reconnu de personne. M¹¹ᵉ de Charolais le reconnut, parce que quelque jeune seigneur lui en fit apparemment la confidence par galanterie. Il se divertit beaucoup. Il fut bien poussé, et ils s'en retournèrent à pied chez M. le Premier, au Carrousel, où étoient les équipages et où ils se déshabillèrent...

Le duc d'Ayen¹ avoit soupé avec le Roi, qui ne lui avoit rien dit de sa partie. Après que tout fut retiré, le Roi, éclairé par un garçon de la Chambre, monta à la chambre du duc d'Ayen qui étoit couché. Il cogna. Le duc d'Ayen demanda qui c'étoit; le Roi dit : « C'est moi. » Le duc dit : « Je ne sais pas qui c'est, je suis couché. » Le Roi dit : « C'est le Roi », et, ayant répété, le duc, qui reconnut sa voix, lui ouvrit et lui dit : « Et où allez-vous, Sire, à l'heure qu'il est? — Habille-toi promptement. — Et pour où aller? — Ne t'embarrasse pas. — Attendez donc que je sonne, je n'ai point ici de souliers. — Non, dit le Roi, que personne ne vienne. — Où allons-nous? — Au bal de l'Opéra. — Allons donc, dit le duc, je vais chercher les souliers que j'ai quittés. »

Lui habillé, ils sont descendus dans les cours. Le Roi, qui n'avoit pas de cordon bleu, prit le duc sous le bras pour passer les postes gardés par les sentinelles des gardes du Roi. Le duc dit : « C'est moi, le duc d'Ayen. — J'ai bien l'honneur de vous reconnoître, Monseigneur », dit le garde de sentinelle. Ils passèrent et allèrent joindre les calèches qui l'attendoient où étoient les seigneurs du complot. Après son souper, le Roi avoit écrit lui-même deux lettres : l'une à M. le premier Écuyer, pour donner ordre sur-le-champ de faire trouver des calèches par delà la grille et d'envoyer des relais à Sèvres, et l'autre à la Reine, pour lui apprendre qu'il alloit incognito et en secret au bal de l'Opéra, et qu'elle ne fût point inquiète.

Il rentra à six heures du matin dans Versailles; il fallut passer par les appartements, qui étoient fermés et gardés. On cogne à une porte. Le garde du corps ayant demandé qui c'étoit, on dit : « Ouvrez, sentinelle, c'est le Roi. — Le Roi doit être couché à présent, je n'ouvrirai point et vous ne passerez pas, qui que vous soyez, qu'avec la lumière. » Il a fallu, sans autre raison, attendre et aller chercher de la lumière. Alors il a ouvert, il a reconnu le Roi. « Sire, a dit la sentinelle, je demande excuse à V. M., mais je ne

---

¹ Fils aîné du maréchal de Noailles.

dois laisser passer ici personne; ainsi, ayez la bonté de me relever de ma consigne. » Le Roi a été très content de l'exactitude de sa garde[1].

Cependant, quoique délaissée, la Reine tenait la Cour de son mieux. Elle assistait aux *appartements*, au jeu, aux concerts, même aux comédies, « quand sa dévotion lui permettait de le faire ». On jouait chez elle tous les dimanches, mais comme on la savait peu influente, les courtisans mettaient peu d'empressement à venir. Dans son cœur de mère, elle souffrait de l'étiquette royale qui ne lui permettait pas de faire l'éducation de ses enfants et les tenait à distance. « Quand Mesdames aînées » sont en âge d'en remplir les devoirs, elles vont une fois par jour « faire leur cour » au Roi et à la Reine, sous la conduite de leur gouvernante, la duchesse de Tallard. Si la Reine peut les recevoir chez elle à des heures fixées, elle peut bien rarement les voir dans leur appartement, situé tout à l'extrémité du Château. Elle est plus heureuse auprès du Dauphin, qui habite au-dessus d'elle et dont elle peut, à côté de ses éducateurs, contribuer à redresser la nature violente[2], qui s'assouplit et se passionne bientôt pour le travail et l'étude. Elle influe sur sa formation morale et lui transmet, avec la foi chrétienne dont elle brûle, « un vif sentiment de la pitié et de la justice; elle veut, comme elle le dit, former un prince selon le cœur de Dieu ».

Cette action maternelle laissa chez le Dauphin de profondes traces; il y eut entre sa mère et lui communauté incessante d'idées et de sentiments. Il n'en fut pas de même entre Marie Leczinska et ses filles, qui échappèrent de très bonne heure à son influence, à l'âge « où les cœurs s'ouvrent et se mêlent ». En effet, Mesdames de France, victimes patientes de leurs hautes destinées, semblent placées dès leur naissance en dehors de la vie commune. Jusqu'à leur baptême tardif au couvent, elles ont pour noms des nombres ordinaux; ce sont Mesdames Première, Troisième, Quatrième, etc. En 1738, cinq d'entre elles quittent le château de Versailles; Fleury les envoie à Fontevrault, dont l'abbesse, Mme de Montmorin

---

[1] Barbier, III.

[2] Voir au Musée un charmant portrait de Tocqué représentant le Dauphin enfant. — Le duc de Châtillon fut le gouverneur du Dauphin, et l'abbé Alary son précepteur (son maître à lire).

de Saint-Hérem, sera surintendante de leur éducation. L'une d'elles, Madame Troisième, la petite Adélaïde, obtint au dernier moment la faveur de rester. Elle se présenta devant le Roi, lui baisa la main, se jeta tout de suite à ses pieds et se mit à pleurer. Le Roi fut touché de cette scène et lui promit qu'elle ne partirait pas. Le célèbre couvent était à treize jours de Versailles et Mesdames Cadettes n'en devaient plus revenir que leur éducation terminée[1]. Dans l'intervalle, le Roi voulut bien les envoyer peindre par Nattier, qui avait déjà fait à la Cour, avec un grand succès, les portraits de Mesdames Henriette et Adélaïde.

L'hiver de 1739 fut particulièrement brillant à la Cour, par le grand bal paré que le Roi y donna le 26 janvier, dans le salon d'Hercule. Lemoyne venait de terminer son beau plafond et l'admirable salle devenait le « Grand Salon de Versailles ». Le *Mercure* décrit longuement cette fête, qui rappela celle des grands jours de Louis XIV :

On avoit construit des gradins à quatre marches, et de la même hauteur, adossés dans les embrasures des sept croisées du salon, dont trois du côté du jardin et quatre du côté de la cour, le tout couvert de tapis cramoisis. Ces places furent occupées par les dames de la ville.

Il y avoit encore un autre amphithéâtre à quatre marches, de 30 pieds de long, vis-à-vis la cheminée et à la même hauteur des autres gradins, adossé contre le grand tableau des *Noces de Cana*, de Paul Véronèse. Cet amphithéâtre, couvert des mêmes tapis, fut rempli par les dames de la Cour qui ne dansoient pas.

Le gradin vis-à-vis, adossé à la cheminée, renfermoit 50 symphonistes du Roi, tous en dominos bleus.

L'enceinte pour la danse étoit en carré de 18 pieds de large sur environ 30 de long. Les fauteuils du Roi et de la Reine, le pliant de Mgr le Dauphin, au côté du Roi, et ceux de Mme Elisabeth et de Mme Henriette, au côté de la Reine, formoient la ligne supérieure en face du gradin de la musique. Les pliants des princesses et ceux des dames invitées, et qui dansoient, marquoient les deux lignes des côtés; le carré étoit formé par plusieurs rangs de banquettes, occupées par les seigneurs de la Cour nommés pour danser au bal paré.

Derrière les fauteuils du Roi et de la Reine étoient les tabourets

---

[1] Madame Sixième devait mourir au couvent, Madame Victoire fut ramenée en 1748, Mesdames Sophie et Louise deux ans plus tard, après douze années d'absence.

et banquettes pour le service de Leurs Majestés, celui de Mgr le Dauphin et de Mesdames de France. Les banquettes derrière les pliants étoient remplies par les ambassadeurs, les envoyés, les ministres et par des dames et des seigneurs de la Cour qui ne dansoient point.

Ce superbe salon, éclatant par lui-même de peintures, de dorures, de bronzes et de marbres exquis, étoit éclairé par sept grands lustres de cristal de roche, six sur les deux côtés du Roi et de la Reine, le plus gros au milieu. Le haut de tous les gradins étoit terminé par des girandoles de lumière, sept sur chacun des grands et cinq sur chacun de ceux des croisées, dont trois en éclairoient le fond, et les deux autres en saillie, ce qui formoit un double filet de lumière en dehors et en dedans. Les trumeaux, au nombre de six, étoient ornés de pilastres, avec leurs piédestaux peints en marbre, les moulures et ornemens dorés, portant chacun une gerbe de dix girandoles de cristal de roche, qui par leur éclat et leur masse de lumières interrompoient le filet du pourtour.

Les quatre coins du gradin de la musique portoient chacun une tige de 25 lys dorés et guirlandés de festons de cristaux, éclairés de grosses bougies.

Les deux tableaux du salon étoient couverts de grands rideaux de damas cramoisi et ornés de festons de drap d'or, avec des chutes pareilles.

Sur les sept heures du soir, le Roi passa chez la Reine; toutes les dames s'y étoient rendues vers cinq heures. Leurs Majestés, Mgr le Dauphin, Mesdames de France, les princesses du sang et les seigneurs et dames de la Cour, habillés magnifiquement et dont la parure ne se faisoit pas moins admirer par la richesse et le goût que par l'éclat prodigieux des pierreries, se mirent en marche et arrivèrent au son de tous les instrumens répandus dans toutes les pièces des grands appartemens, et se placèrent dans le salon dont on vient de parler.

Mgr le Dauphin ouvrit le bal, par un menuet, avec Madame Elisabeth, sa sœur aînée; il en dansa un second avec Madame Henriette, sa sœur cadette. Tous trois charmèrent cette illustre assemblée et firent voir autant de grâces dans leurs personnes que le sang y a mis de noblesse. Madame Henriette prit à danser ensuite M. le duc de Penthièvre, qui dansa un second menuet avec Madame Elisabeth.

Après les menuets dansés par les dames invitées et les seigneurs de la Cour, on dansa des contre-danses où Mgr le Dauphin et Mesdames de France n'excellèrent pas moins. La duchesse de Luxembourg et le duc de la Trémoille se distinguèrent dans la *Mariée* qu'ils dansèrent. La princesse de Rohan et le marquis de Clermont dansèrent un pas de deux qu'ils avoient composé et qui fut fort goûté. La comtesse de Rotambourg et plusieurs autres dames de la Cour qui dansèrent à ce superbe bal se firent distinguer, ainsi que le duc de Fitz-James.

Sur les neuf heures, le marquis de Livry, premier maître d'hôtel du Roi, entra dans le cercle par le côté de la Reine, accompagné du maître d'hôtel en quartier et suivi des officiers de la Bouche, portant dans des bassins de vermeil et de magnifiques corbeilles une collation superbe, qui fut présentée au Roi, à la Reine, et distribuée ensuite à toute la Cour.

Après la collation, Leurs Majestés se retirèrent, le bal paré cessa, et vers les onze heures le bal masqué commença dans tous les appartemens.

Toutes les pièces en étoient éclairées d'un grand nombre de beaux lustres et d'une prodigieuse quantité de girandoles de cristal de roche, posées sur de magnifiques torchères, dans les croisées et dans le pourtour de toutes les pièces du grand appartement. La grande galerie étoit illuminée de trois rangs de gros lustres à douze bougies, qui présentoient, en y entrant, une perspective de lumière, réfléchie encore dans les glaces, qui produisoit un coup d'œil admirable.

Chaque pilastre de cette galerie avoit pour l'orner et pour l'éclairer une torchère dorée, sur laquelle étoit posée une girandole à six bobèches. Les vases précieux qui sont sur les différentes tables placées dans la galerie portoient aussi chacun une girandole de lumière. Dans le fond de la galerie, à la distance d'environ trois toises du salon de la Paix, on avoit dressé et illuminé un très beau buffet pour la collation. Un pareil buffet occupoit le fond du salon de la Guerre. Le troisième étoit dans le salon de Vénus; il avoit son issue par l'escalier des Ambassadeurs. On ne peut rien ajouter à la magnificence, à la délicatesse, ni à la profusion de ces trois buffets. L'excellence des mets et des rafraîchissemens distribués le jour et la nuit, leur variété, et la politesse des officiers qui les servoient à tous les masques indifféremment, y confondoient le plaisir et l'admiration, et répondoient royalement aux grands sentimens de l'Auguste Maître qui avoit ordonné la fête.

On dansa jusqu'à huit heures du matin, au son de plus de trois cents instrumens placés sur des gradins dans toutes les pièces, excepté la galerie, où l'on avoit mis des banquettes des deux côtés pour reposer les masques. Les symphonistes étoient tous en dominos de diverses couleurs.

Le coup d'œil de l'illumination et du nombre infini de masques qui s'étoient mis sur tous les gradins, ou qui dansoient dans l'enceinte du bal paré, étoit un tableau admirable et qui formoit le spectacle le plus noble, le plus varié et le plus brillant qu'on ait jamais vu.....

Cette fête, qui, de l'aveu des plus anciens seigneurs de la Cour, passe pour une des plus grandes et des plus brillantes qu'on ait vues dans les grands appartemens, a été ordonnée par M. le duc de la Trémoille, premier gentilhomme de la Chambre de Sa Majesté.

L'habit que le Roi avoit au bal paré étoit de velours bleu ciselé, doublé de satin blanc, avec une garniture de boutons de diamants; le Saint-Esprit brodé en diamants; les paremens du même velours, et la veste d'une riche étoffe d'or. La Reine étoit en grand habit d'étoffe à fond blanc, avec des colonnes torses brodées en or, semées de fleurs nuées de soie; le corps de robe entièrement garni de pierreries, ayant un gros collier de diamants d'où pendoit le diamant en forme de poire nommé *le Sancy*. Le fameux diamant, qui n'a pas son pareil en Europe, du poids de 547 grains, nommé *le Régent*, faisoit le principal ornement de la coiffure de Sa Majesté.

La même année, le 26 août, eut lieu à la chapelle de Versailles le mariage par procuration de la fille aînée de Louis XV, Madame Elisabeth, avec l'infant Don Philippe, duc de Parme, fils de Philippe V et arrière-petit-fils de Louis XIV. La négociation qui aboutissait à ce mariage faisait disparaître les anciennes défiances entre la France et l'Espagne, suscitées par le mariage de Marie Leczinska, et l'alliance interrompue était renouée.

Madame Elisabeth avait douze ans et était fort aimée de Louis XV; aussi les fiançailles, qui s'accomplirent dans le salon de l'Œil-de-Bœuf, eurent-elles un grand éclat. Le duc d'Orléans (le même qui était allé à Strasbourg épouser pour Louis XV) représentait l'Infant à la cérémonie.

« Tout le monde étant assemblé, la cérémonie commença par la lecture que fit M. Amelot de la procuration du roi d'Espagne et ensuite du contrat de mariage. Ensuite, M. le cardinal de Rohan entra par la chambre du Roi; il était conduit par M. Desgranges, maître des cérémonies, précédé par M. le curé de Notre-Dame... M. le cardinal de Rohan fit les fiançailles, comme à l'ordinaire, après lesquelles le Roi et la Reine signèrent; ensuite, M. le Dauphin, Madame Infante, Mesdames, M. le duc d'Orléans, tous les princes et princesses et légitimés, suivant leur rang... Le spectacle était fort beau par la magnificence des habits et le nombre des dames. « Le soir, après les compliments d'usage à Madame Infante, la fête commença : « Le Roi vint prendre la Reine dans son appartement; ils entrèrent dans la galerie. Le Roi commença aussitôt le lansquenet, qui fut assez beau; il y avait quinze coupeurs. M. le Dauphin et Mesdames jouèrent à cavagnole. La Reine jouait à lansquenet avec le Roi, et outre cela grand nombre de tables de quadrille et de brelan. A huit heures, on alluma. Le coup d'œil de la galerie était admirable à voir. A neuf heures, le lansquenet fini, le Roi et la Reine se mirent à un balcon de la galerie. Le Roi ayant donné le signal, on commença à tirer le feu : il fut parfaitement bien servi[1]. »

Une grande foule était venue de Paris assister à ces fêtes et acclamer joyeusement la famille royale. Elles continuèrent le lendemain : la Ville de Paris offrit un feu d'artifice auquel Leurs Majestés assistèrent d'un balcon du Louvre construit devant ce qu'on appelait « le cabinet de l'Infante[2] », en souvenir de la fiancée de Louis XV. Ce jour-là, Paris vit pour la première fois la maîtresse du Roi, placée la première de toutes les dames, le plus près de lui, son pliant touchant à celui du Dauphin[2].

Mais la faveur de Mme de Mailly allait prendre fin. Elle fut supplantée par sa sœur Mme de Vintimille, qu'elle avait introduite à la Cour, personne intelligente et altière, sorte de Montespan, qui rêvait d'un roi actif, remplissant sa fonction et se mettant à la tête de son armée.

La guerre de la Succession d'Autriche venait de commencer ; au début de 1741, l'influence de Fleury, opposé à la lutte contre les Habsbourg, était ruinée, et, tout autour de Louis XV, sous l'impulsion de la favorite, une noblesse ardente, désœuvrée, avide d'aventures, ayant à sa tête le comte de Belle-Isle, petit-fils du surintendant Fouquet, eut raison de ses résistances, et quand on apprit que Frédéric II, roi de Prusse, entrait en campagne, la guerre fut décidée.

Sur ces entrefaites, Mme de Vintimille mourait presque subitement, à la grande douleur du Roi, qui l'avait aimée comme il n'aimera plus jamais ; l'égoïsme ne l'avait pas encore desséché. Il ne veut voir personne ni aucun courrier ; il se sauve à Saint-Léger pour chercher la consolation de l'indulgente comtesse de Toulouse ; il reste pendant des mois loin de tout plaisir, sombre, absorbé. Alors se mettent en avant les complaisants ordinaires, Mlle de Charolais et ce roi des roués, le duc de Richelieu, qui est aux aguets et, voyant le Roi définitivement las de « sainte Mailly », comme il l'appelle, et à la-

---

[1] Luynes, III.

[2] Madame Infante (Elisabeth), la seule des filles de Louis XV qui se soit mariée, était intelligente et vive. Elle devait mourir à Versailles, de la petite vérole, en 1757. Sa fille, l'infante Isabelle, qui vint enfant à la Cour de France, fut peinte par Nattier.

quelle il est pourtant revenu, en attendant, il prépare la candidature de la plus jeune des sœurs de Nesle.

La vie de plaisirs avait repris pour Louis XV son train ordinaire. La chasse, quelques voyages, tantôt chez le comte de Toulouse, tantôt à d'autres maisons de plaisance peu éloignées de la capitale, l'attention de Mlle de Charolais et de la comtesse de Toulouse à le divertir, et surtout ces soupers qu'il avait coutume de faire dans « ces réduits[1] délicieux » accessibles à ses seuls confidents, lui firent oublier Mme de Vintimille. Une porte secrète, pratiquée dans son appartement, lui donnait la liberté de s'y rendre, quand il le jugeait à propos, avec les privilégiés qu'il voulait bien y inviter.

C'étoit un petit temple où l'on célébroit fréquemment des fêtes nocturnes en l'honneur de Bacchus et de Vénus. Le « Sophi[2] » en étoit le grand-prêtre, « Rétima[3] » la grande-prêtresse ; le reste de la troupe sacrée étoit composé de femmes aimables et de courtisans galans, dignes d'être initiés à ces mystères. Là, par quantité de libations les plus exquises, et par différentes hymnes à la gloire de Bacchus, on tâchoit de se le rendre favorable auprès de la déesse de Cythère, à laquelle ensuite on faisoit de temps en temps de précieuses offrandes. Les libations se faisoient avec les vins les plus rares ; les mets les plus recherchés étoient les victimes ; souvent même, et c'étoit aux jours les plus solennels, ces mets étoient préparés par les mains du grand-prêtre. Comus étoit l'ordonnateur de ces fêtes, Momus y présidoit. Il n'étoit permis à aucun esclave d'oser troubler ces augustes cérémonies, ni d'entrer dans l'intérieur du temple qu'au moment que les prêtres et les prêtresses, comblés enfin des faveurs divines, tomboient dans une extase dont la plénitude prouvoit la grandeur de leur zèle et annonçoit la présence des dieux. Alors tout étoit consommé ; on enlevoit avec respect ces favoris des dieux, et on fermoit les portes du temple.

Il y avoit certains jours de l'année qui n'étoient consacrés qu'au dieu Bacchus, et dont les honneurs se faisoient pareillement par Comus. Ces jours, qu'on peut appeler les « petites fêtes », étoient

---

[1] Ces réduits étaient situés autour de la cour des Cerfs : ce furent les *Cabinets du Roi*, qui remplacèrent les appartements. On dit alors : « Il y a cabinet », comme on disait sous Louis XIV : « Il y a appartement ». La Cour des petits Cabinets se renouvelait avec chaque favorite. Sous Mme de Châteauroux, nous y voyons le duc de Richelieu, qui est le principal convive, MM. de Goutaut, d'Antin, d'Aumont, de Guerchy, de Fitz-James, Mlles de Charolais, de Clermont, de la Roche-sur-Yon, Mme de Lauraguais, Mme de Flavacourt, etc.

[2] Le Roi.

[3] Mme de Mailly.

ceux où le grand-prêtre admettoit dans le temple le comte de Toulouse, Mlle de Charolais et la comtesse de Toulouse, aux yeux desquels, comme profanes, on ne célébroit que les petits mystères.
En effet, loin de mériter d'être du nombre fortuné à qui les fonctions importantes et essentielles du culte étoient confiées, à peine
étoient-ils dignes du peu dont on vouloit bien leur faire part[1].

Mme de la Tournelle est, de toutes les sœurs, celle qui a
les traits les plus réguliers et qui montre le mieux, en toute
sa force, ce sang de Nesle « pour lequel le Roi garde un goût
si étrange ». « Celle-ci se donne à lui sans l'aimer et plus par
orgueil que par ambition[2]. » Richelieu négocie pour elle, aidé
de Mme de Tencin, qui sert le parti de son frère, le cardinal,
qu'elle veut voir dans les conseils du Roi. Elle exige d'abord
que Mme de Mailly quitte définitivement la Cour, et que son
petit appartement au second étage des Cabinets du Roi soit
fermé ; elle demande une place de dame du Palais. Le 3 novembre 1742, Mme de la Tournelle s'installait au Château, dans
l'appartement de sa sœur, en qualité de maîtresse déclarée,
à la façon de Mme de Montespan, aussi altière et aussi ambitieuse que sa sœur de Vintimille.

Elle fut créée duchesse de Châteauroux. Elle avait vingt-
cinq ans. Sa sœur, la duchesse de Lauraguais, devait rester
près d'elle et être pendant quelque temps dans l'intimité du
Roi. La dernière sœur, Mme de Flavacourt, échappa à ses
assiduités.

Ce fut le triomphe de Mme de Tencin et du duc de Richelieu,
qui avait brusqué l'affaire. Le 10 décembre, partant pour le
Languedoc, où il était lieutenant général, « il pouvait s'endormir satisfait dans sa confortable « dormeuse[3] ». Par la
nouvelle favorite, il allait être tout-puissant.

Le 29 janvier 1743, mourait à Issy, dans sa quatre-vingt-
dixième année, le cardinal Fleury, bien attristé par les malheurs de cette guerre de la Succession d'Autriche qu'il avait
désapprouvée. La France avait fait les affaires du roi de

[1] Pecquet, *Mémoires pour servir à l'Histoire de Perse*, cités par Dussieux.
[2] De Nolhac, *Louis XV et Marie Leczinska*; — P.-M. Masson, *Mme de Tencin*, 1909. — Une autre sœur, Mme de Flavacourt, avait été nommée dame du Palais, Mme de Mailly lui ayant cédé sa place.
[3] P.-M. Masson, *Mme de Tencin*, 1909.

Prusse et contribué à fonder la puissance de sa future et plus redoutable ennemie. Si on avait réussi à faire nommer l'électeur de Bavière empereur, à amoindrir l'Autriche, on n'avait pu empêcher Marie-Thérèse de conclure une paix particulière avec Frédéric II, d'infliger des échecs sérieux aux armées françaises et de les rendre impuissantes. Belle-Isle, le promoteur de cette guerre, devait se contenter de célébrer la retraite de Prague comme une nouvelle retraite des Dix-Mille.

Avec son idée fixe d'avoir la paix à tout prix, Fleury avait essayé de désarmer Marie-Thérèse et de lui demander son appui pour déjouer les manœuvres des intrigants qui s'agitaient secrètement autour du Roi et ruinaient l'influence du vieux ministre[1]. Il mourait, comme on l'a dit, trompé par les événements et joué par les hommes, et ses dernières années avaient gâté son œuvre au lieu de la couronner.

LOUIS XV ET SON TEMPS

Fleury fut le dernier premier ministre qui eut, au moins jusqu'aux trois dernières années de sa vie, le pouvoir souverain. A sa mort, Louis XV aurait dit : « Me voilà donc premier ministre! » Mot que le public avait ainsi expliqué : « Le cardinal est mort : vive le Roi! »

Louis XV a trente-trois ans; va-t-il enfin régner? « Grave question que chacun se posait et qui réveillait à la Cour toutes les ambitions, toutes les espérances. » Le maréchal de Noailles, commandant à la frontière du Nord, lui adressa un mémoire accompagnant une instruction confidentielle donnée par Louis XIV à son petit-fils, Philippe V, au moment où il allait régner en Espagne. Entre principaux articles, est la recommandation pour un roi de n'avoir jamais ni premier ministre, ni favori. Cette lettre du Grand Roi, confiée aux soins de Mme de Maintenon, pour être lue par son

---

[1] C'est déjà le commencement du *Secret du Roi*, dont nous parlerons plus loin (le secret de Belle-Isle, en attendant celui de Noailles et des autres).

jeune successeur, au moment où il pourrait l'entendre[1], a été transmise par elle, comme un legs sacré, à son parent par alliance.

Que ce fût ambition secrète d'obtenir le ministère ou intrigue pour rallier à ses idées la nouvelle favorite, les exhortations de Noailles paraissaient de bonne politique et dignes de tenter l'ambition d'un jeune roi. Louis XV remercia le maréchal et le fit entrer au Conseil.

Noailles dénonce vigoureusement les maux dont souffre le pouvoir, montre « qu'il y a, dans toutes les parties de l'administration du Gouvernement, une sorte d'engourdissement, d'indolence et d'insensibilité à laquelle il faut apporter le plus prompt remède[2] »; mais la paresse incurable rend Louis XV impuissant à suivre l'exemple de son bisaïeul. S'il n'a plus de premier ministre, il restera aux mains des femmes, et Richelieu sera le ministre occulte qui l'asservira par les plaisirs.

Voici le portrait qu'a fait de lui, justement à cette époque, un familier dévoué et bon observateur, le duc de Luynes, le Dangeau du règne de Louis XV. Pendant vingt-trois ans (de 1735 à 1758), il a tenu le registre le plus exact et le plus impartial de ce qui se faisait ou se disait à la Cour.

Le caractère de notre maître est plus difficile à dépeindre qu'on ne se l'imagine. C'est un caractère caché, non seulement impénétrable dans son secret, mais encore très souvent dans les mouvements qui se passent dans son âme. Le tempérament du Roi n'est ni vif, ni gai; il y auroit même plutôt de l'atrabilaire; un exercice violent et de la dissipation lui sont nécessaires. Il a assez souvent des moments de tristesse et d'une humeur qu'il faut connoître pour ne la pas choquer; aussi ceux qui l'approchent étudient-ils ces moments avec soin, et quand ils les aperçoivent, remettent-ils à un autre temps, s'il est possible, à prendre des ordres. Ces moments d'humeur sont-ils passés, le caractère du Roi est d'aisance et de douceur dans la société. On a vu plusieurs fois ses domestiques inférieurs, quelquefois même les principaux, manquer son service; il attend ou il s'en passe sans montrer aucune impatience.

A Choisy, à Rambouillet, il parle familièrement à ceux qui ont

---

[1] Sainte-Beuve, *Louis XV et le maréchal de Noailles* (*Nouveaux Lundis*).

[2] *Correspondance de Louis XV et du maréchal de Noailles*, publiée par M. Camille Rousset.

l'honneur de lui faire leur cour. On est souvent tenté d'oublier
qu'il est le maître, et j'ai vu quelquefois même qu'on l'oublioit et
qu'il ne faisoit pas semblant de l'avoir remarqué. Au souper dans
les cabinets, il est pour ainsi dire comme un simple particulier.
Cette aisance dans la société paroît encore plus à Choisy que partout ailleurs; il y est presque comme un seigneur particulier qui
fait avec plaisir les honneurs de son château.

Le Roi aime les femmes, et cependant il n'a nulle galanterie
dans l'esprit; on ne peut même s'empêcher de convenir qu'il y a
de la dureté dans son caractère. Le détail des maladies, des opérations, assez souvent de ce qui regarde l'anatomie, les questions sur
les lieux où l'on compte se faire enterrer, sont malheureusement
ses conversations trop ordinaires; les dames mêmes ne sont pas
exemptes de ces questions. Il paroît toujours voir d'un coup d'œil
assez noir les maladies dont on lui rend compte.

Il se trouve tous les jours des circonstances où il parle très à
propos; dans d'autres, ceux qui lui sont attachés voient avec douleur que le moindre discours de sa part seroit une récompense
pour ainsi dire, au moins une attention capable de contenter ceux
qui l'ont bien servi, et qu'il ne peut s'y déterminer. On voit quelquefois qu'il a envie de parler; la timidité le retient et ses expressions semblent se refuser; on ne peut douter même qu'il n'ait dessein de dire quelque chose d'obligeant, et il finit quelquefois par
une question frivole. Ses réponses aux ambassadeurs et aux harangues de toute espèce ne peuvent presque jamais sortir de sa
bouche.

Les rites et cérémonies de l'Eglise, le détail du calendrier font
un peu trop souvent le sujet de ses conversations. On ne peut concevoir jusqu'à quel point il est instruit sur ces matières; il l'est en
même temps sur beaucoup d'autres; il sait assez bien ce qui regarde
l'histoire de France; il a lu assez et lit encore. D'ailleurs, tous ceux
qui l'approchent lui content une infinité de faits en tous genres;
et, comme il a beaucoup de mémoire, tous ces faits lui sont présents...

Nous l'avons vu quelquefois ébranlé, touché, affecté; peut-être
l'est-il sans le paraître, mais il serait à désirer qu'il le parût davantage. Pendant le règne de Mme de Mailly, elle déterminoit quelquefois le Roi à parler; ce n'étoit pas sans peine, mais enfin elle en
est venue quelquefois à bout dans les occasions. Quand elle savoit
quelqu'un affligé du silence du Roi, elle en étoit au désespoir et
faisoit tout ce qui dépendoit d'elle pour obtenir quelques paroles,
et se faisoit un grand plaisir d'y avoir réussi. Mais c'est que Mme de
Mailly aimoit le Roi de bonne foi, et non seulement sa personne,
mais sa gloire; elle auroit désiré que tout le monde fût content
du Roi, au moins ceux qui le servent bien[1].

[1] Luynes, V.

Tel est ce prince de trente-trois ans, d'un caractère renfermé, défiant, inégal, parfois gai, souvent taciturne, sujet à
des mélancolies qu'il rompt par la dissipation : petits soupers
jusqu'au matin, griserie de champagne, jeu, débauche. Au
physique, assez haut de taille, robuste, passionné pour la
chasse. Il se plaît à des occupations mesquines qui iront s'ac-
centuant[1]. Il n'est pas méchant, comme son enfance semblait
le faire craindre, mais à sa dureté il joint parfois le sar-
casme ; son cœur est sec, et on ne le verra jamais regretter personne[2]. Il a une grâce naturelle qui charme, et sa politesse
est parfaite, surtout avec les dames, mais, comme le remarque Luynes, sans « nulle galanterie » ; ce sont des satisfactions sensuelles qu'il recherche de plus en plus, avec une
sorte de frénésie dénotant un tempérament mal équilibré,
morbide. Son égoïsme n'a pas pour contrepoids chez lui,
comme chez Louis XIV, la dignité personnelle et le vif sentiment de ses devoirs de roi. Inquiet, ennuyé, indifférent à
tout ce qui n'est pas sa santé ou son plaisir, incapable d'esprit de suite ou simplement de toute application, il réalise le
type du roi fainéant, avec un caractère de raffinement tout
particulier à l'époque. A partir de la quarantaine, tout s'ag-
gravera jusqu'à l'abjection des dernières années. Cependant,
il ne perdra jamais ce sentiment ou cet instinct de famille
qui le pousse à rechercher souvent la société de ses filles.
Disons à sa décharge que tout lui manqua en éducation.
Orphelin, il eut pour gouverneur Villeroi, le plus futile des
hommes ; il vit les turpitudes de la Régence ; il subit l'influence honnête, mais molle, de Fleury ; il ne sentit autour
de lui que des familiers prêts à le corrompre pour le gouverner. Il lui reste cependant quelques principes d'éducation
chrétienne qui ont peut-être empêché que le vicieux qu'il était
devînt un monstre. Mais, dans un milieu corrompu, il a sucé
la corruption, qui est pour ainsi dire l'air ambiant.

Si le XVIIIᵉ siècle fut le siècle de l'esprit, il fut aussi, dans

---

[1] Par exemple, broder des tapisseries, tourner des tabatières, faire de
la cuisine, etc.
[2] Cependant, comme nous l'avons dit, il avait paru très chagrin de
la mort de Mᵐᵉ de Vintimille, mais cela ne se renouvela pas.

les classes élevées, celui de la corruption profonde des mœurs. Dans cette société aristocratique, aimable, épicurienne et sceptique, « le seul Dieu reconnu et adoré, c'est l'amour ». L'amour est la passion par excellence, le but unique de la vie. Le mariage — et que dire des mariages de rois! — est devenu une affaire, d'où les principaux intéressés sont exclus. Règle presque générale : les époux ne se rencontrent que la veille ou le jour même où ils doivent être unis.

« Tout travers, tout vice franchement acceptés et avoués, avec des formes spirituelles, sont assurés de trouver la plus large indulgence. Il n'y a qu'une chose qu'on ne pardonne pas, c'est le ridicule. Le duc de Guines disait à ses deux filles, le jour de leur présentation à la Cour : « Souvenez-vous, mes « enfants, que dans ce pays-ci les vices sont sans consé- « quence, mais qu'un ridicule tue [1]. »

A cet esprit, qui n'épargne ni parents, ni amis, il faut joindre l'élégance du maintien, de la tenue, de la maison, le bon *air* et le talent de bien recevoir. Ce raffinement d'esprit et d'élégance a amené insensiblement la suprématie de la femme. « Tout pour elle et par elle », bien entendu dans ce royaume de l'amour où elle est dégagée de toute contrainte et nullement retenue par le lien conjugal, qu'il est de bon ton de dédaigner et de ridiculiser. « L'amour dans le mariage passe pour une faiblesse indigne de personnes bien nées », bonne tout au plus pour les gens de roture. Le libertinage est pour ainsi dire le code de la bienséance, et les maris donnent l'exemple, bientôt suivi par leurs femmes, à tel point que le prince de Ligne pouvait écrire : « La femme la plus sage a son vainqueur; si elle l'est encore, c'est qu'elle ne l'a pas rencontré. » C'est par les femmes que les jeunes nobles se poussaient dans le monde en vue. « Vous entrez dans le monde, disait Mme de Montmorin à son fils; je n'ai qu'un conseil à vous donner, c'est d'être amoureux de toutes les

---

[1] Voir Gaston Maugras, *La Fin d'une Société*. — *Le Duc de Lauzun et la Cour intime de Louis XV*, t. I.

Comment l'amour aurait-il pu exister dans le mariage? Au sortir du couvent, la jeune fille épousait un homme qu'elle ne connaissait pas, pour le choix duquel ses parents n'avaient considéré que la position et la fortune.

femmes. » Bien rares sont celles qui n'ont pas d'amants, et celles qui affectent de vouloir s'en tenir à une seule passion sont les puritaines, les vertueuses [1].

L'adultère était admis; le mari ne se piquait pas d'exiger de sa femme une vertu qu'il ne gardait pas lui-même; il n'usait presque jamais de ses droits, qui étaient la lettre de cachet capable de faire enfermer la coupable au couvent pour le restant de ses jours. Il tolérait, en imposant parfois quelques restrictions, comme ce grand seigneur qui disait à sa femme : « Je vous permets tout, hors les princes et les laquais. » Le mari trompé, trompeur à son tour, n'était plus ridicule; il l'eût été s'il s'était montré jaloux.

Tel était l'état des mœurs à cette époque, et Louis XV, avec sa vie licencieuse, n'était pas une exception dans son siècle. Sur les marches du trône, sa conduite scandaleuse le mettait en puissant relief, mais ne l'isolait pas du milieu où il vivait; d'ailleurs, cette corruption des mœurs dans les hautes classes était générale en Europe, et les Cours étrangères « étaient le théâtre de tels scandales, que la Cour de Versailles pouvait presque passer » pour vertueuse.

Que pouvait être dans de telles familles l'éducation des enfants? Nul frein, nulle moralité foncière; mais les apparences subsistaient comme un vernis de civilisation très léger. Si le mariage n'était pas un frein, la religion ne l'était plus en général. Le haut clergé, recruté parmi les cadets de famille sans vocation, donnait l'exemple de l'impiété; on prenait plaisir à saper les croyances. « Hommes et femmes, dit H. Walpole, tous, jusqu'au dernier, travaillent dévotement à cette démolition... les philosophes ne font que prêcher, et leur doctrine avouée est l'athéisme; Voltaire lui-même ne les satisfait point. Une de leurs dévotes disait de lui : *Il est bigot, c'est un déiste* [2]. » Et comme les femmes, une fois lancées, vont plus vite aux extrêmes, c'étaient elles les plus acharnées.

A cette incrédulité avait succédé la croyance au merveilleux, au surnaturel; on croit en Mesmer, en Cagliostro, qu'un prince de l'Eglise, un cardinal de Rohan, protège;

---

[1] Gaston Maugras, *Le Duc de Lauzun et la Cour intime de Louis XV*.
[2] *Lettres* (octobre 1765).

à la magie, au vendredi, aux diseuses de bonne aventure.
Pourtant, la vieille religion reste assez généralement pratiquée, « comme signe de bon ton et surtout comme un frein
nécessaire pour les basses classes » ; la classe noble feint de
croire, va à la messe, rend le pain bénit, remplit même, sans
y croire, ses devoirs religieux...

Telle est cette civilisation raffinée que la Révolution devait
faire disparaître, le bien comme le mal, la grâce et l'élégance
comme la corruption. Pour cette noblesse spirituelle, aimable
et frivole, brave aussi, la vie, c'étaient les fêtes, les plaisirs,
la guerre et l'amour. C'était le temps si doux qui faisait dire
à Talleyrand que celui qui n'avait pas vécu avant 1789
« n'avait pas connu la douceur de vivre ».

LES PRINCES DU SANG ET LES PRINCIPAUX FAVORIS

Les d'Orléans venaient rarement à la Cour, où ils étaient
suspects. Louis, fils du Régent, s'était retiré depuis 1742 à
l'abbaye de Sainte-Geneviève, dans l'étude et la religion. Sa
sœur Elisabeth, veuve de Louis Ier d'Espagne, s'était confinée
dans la dévotion. Son fils, Louis-Philippe, né en 1725, venait
de se distinguer à Dettingen. Il parut honorablement aux
armées jusqu'en 1757[1].

Les Bourbon-Condé vivaient dans le faste et la prodigalité.
Nous avons vu que M. le Duc, arrière-petit-fils du Grand
Condé, avait été exilé à Chantilly. Sa disgrâce ne dura
pas. Prodigieusement enrichi au temps de Law, il se distingua surtout par la munificence de ses chasses et de ses
écuries, que le Roi ne pouvait égaler. Son fils (Louis-Joseph),
prince de Condé[2], devait faire avec distinction la guerre de
Sept ans et partager son temps entre son gouvernement de
Bourgogne, l'embellissement de Chantilly et la construction

---

[1] Marié en 1743 avec Henriette de Bourbon-Conti, il eut deux enfants :
Louis-Philippe-Joseph (Philippe-Egalité) et une fille qui devint duchesse de Bourbon. Remarié secrètement en 1773, avec Mme de Montesson, il passa les dernières années de sa vie dans sa délicieuse retraite
de Bagnolet.

[2] Il fut plus tard le général en chef de l'émigration.

du Palais-Bourbon qui lui coûta 12 millions; ami des gens de
lettres et du Parlement, mais au fond hostile aux idées nouvelles et à l'*Encyclopédie*.

Le prince de Conti (Louis-François de Bourbon), plus fougueux encore, se couvrait de gloire à Coni et combattait
vaillamment en Flandre. Mme de Pompadour le fera écarter
des grands commandements. Dans la suite, après avoir été un
moment candidat au trône de Pologne, il dirigera la politique
occulte de Louis XV (*le Secret du Roi*), se mêlera aux querelles
du Parlement avec la Cour et se montrera l'adversaire des
philosophes[1].

Le dernier héritier des princes légitimés, le duc de Penthièvre, fils du comte de Toulouse, vit retiré dans ses résidences de Sceaux et d'Anet, partageant sa vie entre les pratiques de la dévotion et les bonnes œuvres. Il était très
populaire; le poète Florian fut son ami.

Princes du sang ou légitimés ont peu de faveur près de
Louis XV, qui s'appuie sur une certaine catégorie de nobles,
nobles de Cour, courtisans, au premier rang desquels se distingua le fameux duc de Richelieu, premier gentilhomme de
la chambre, brave et spirituel, mais sceptique, immoral, profondément dépravé. Il approche de la cinquantaine et ses
succès mondains datent de loin; ses galanteries avec les filles
du Régent, ses duels, ses emprisonnements successifs à la
Bastille, son ambassade à Vienne de 1725 à 1728, sa campagne de la Succession de Pologne, et plus que tout, son
grand nom, les brillants dehors de sa personne et son talent
de séducteur lui ont valu l'intime confiance du Roi. Il l'attirait invinciblement. Il était pour lui « son idéal inconscient :
c'était du moins un initiateur expérimenté, un compagnon de
plaisir qui lui semblait à peine son aîné[2] ». Il va combattre
en Flandre, à côté du maréchal.

Les autres seigneurs bien en Cour sont : le comte d'Argenson, ministre de la Guerre depuis 1742, habile, patient,
dissimulé, que Mme de Pompadour fera exiler; le comte de

---

[1] Il contribuera au renvoi de Turgot et mourra la même année (1776).
— Son fils, né en 1734, fut le seul prince du sang qui consentit à sanc-
tionner les *édits* du chancelier Maupeou.

[2] P.-M. Masson, *Mme de Tencin*, 1909.

Maurepas, ministre d'Etat depuis 1738, esprit léger et frivole, intelligence fine et déliée, rompu à toutes les intrigues,
capable de toutes les méchancetés, fertile en bons mots souvent redoutables; une épigramme contre la Pompadour le fera
disgracier quelques années après[1]. Noailles, époux, depuis
1698, de Françoise d'Aubigné, nièce de Mme de Maintenon[2]; il
avait pris part à la guerre de la Succession d'Espagne, présidé le Conseil des finances en 1715; maréchal de France en
1734, il avait fait la guerre de la Succession de Pologne et
commandé en chef en Italie. Au début de la guerre de la Succession d'Autriche, il avait livré en Allemagne la malheureuse bataille de Dettingen, où l'un de ses lieutenants com-
promit les bonnes dispositions qu'il avait prises. Noailles
était alors le confident très secret du Roi. Il allait passer en
Flandre avec lui et prendre une part active à la bataille de
Fontenoy; on le disait très ambitieux, exclusif et peu bienveillant. Citons encore le prince de Beauvau, négociateur du
mariage de François de Lorraine avec l'impératrice Marie-
Thérèse, orgueilleux et mécontent; et le brillant duc de Nivernois, descendant de Mazarin, qui, tout jeune, avait épousé
Mlle de Ponchartrain, ce qui l'avait fait beau-frère de Maurepas[3]. Il allait être chargé de trois ambassades successives.
C'était un homme d'esprit, lettré, acteur consommé; féru de
libéralisme, jusqu'à la suppression des droits féodaux exclusivement[4].

Tels sont les favoris du moment[5], dont la puissance est
toujours à la merci de quelque cabale ourdie par d'autres
ambitieux qui « s'agitent, se dépensent en belles paroles et en
petits complots ». D'Argenson, Richelieu, Maurepas en feront
l'expérience sous Mme de Pompadour, qui succédera à Mme de
Châteauroux.

---

[1] En 1749.

[2] Il portait alors le titre de duc d'Ayen. Il était né en 1678, et avait
alors soixante-quatre ans.

[3] Il devait épouser en secondes noces Mme de Rochefort.

[4] En 1795, il était devenu le citoyen Mancini.

[5] On voit aussi circuler dans les coulisses de ce théâtre l'abbé de
Broglie, « hardi, moqueur et mal vêtu ».

Mme DE CHATEAUROUX — LA MALADIE DU ROI A METZ

La nouvelle favorite, après avoir durement supplanté sa sœur, prétendit prendre en main les rênes, entourée de ses amis. « Vous me tuez », dit Louis XV, quand celle-ci lui parle de politique et de guerre. « Tant mieux, réplique-t-elle, il faut qu'un roi ressuscite. » Et un instant, le Roi sembla se transformer. Il partit pour l'armée des Flandres. Arrivé devant Ypres, il surveille les travaux de la tranchée, cherche à rétablir la discipline, s'expose au feu de l'ennemi. Et voilà que ces nouvelles passionnent la Cour et attachent Paris, la France au Roi ; on souhaite qu'il revienne en héros et en vainqueur ; la foi monarchique est encore vivace.

Tout à coup, on apprend avec stupeur qu'il vient de tomber gravement malade à Metz (8 août 1744). Il dut être confessé et administré ; mais les sacrements ne lui furent donnés par l'évêque de Soissons, premier aumônier, que sous la condition expresse du renvoi de Mme de Châteauroux, qui l'avait accompagné. Le 13 au soir, elle dut quitter Metz avec sa sœur, Mme de Lauraguais, et ordre de ne pas approcher de la Cour de plus de cinquante lieues.

Cependant, la Reine, avec le Dauphin et Mesdames, eut la permission de voir le Roi convalescent, qui lui demanda pardon « du scandale et des peines qu'il lui avait donnés ».

Malheureusement, ces bonnes dispositions devaient être éphémères, et la glace un instant fondue se reforma promptement. Elle ne fut pas autorisée, malgré ses désirs, à rester près de lui, à l'accompagner jusqu'à Strasbourg, et obtint pour toute réponse : « Ce n'est pas la peine. » En somme, le froid fut aussi grand que jamais.

Sitôt le danger passé, Louis XV, honteux de ce qu'on lui avait fait faire, reprit ses habitudes. Deux mois après, il était aux pieds de la duchesse de Châteauroux, dans son hôtel de Beaune, et elle était de nouveau triomphante. Mais l'émotion de la favorite avait été telle qu'une fièvre maligne survint et emporta « la seule femme qui eût réussi à tirer le Roi de son indolence ».

A la nouvelle de la grave maladie du Roi à Metz, la douleur publique avait été spontanée et sincère. A la seule sacristie de Notre-Dame, on paya six mille messes pour la guérison du Roi; la France oubliait le passé, voulait espérer un roi vaillant et glorieux : c'est alors qu'elle l'appela le *Bien-Aimé*. En même temps, une manifestation bien différente aurait dû avertir Louis XV de ses vrais sentiments. Quand sa maîtresse mourut, le 8 décembre 1744, il fallut l'enterrer de bon matin, à cause, dit Luynes, du déchaînement de la populace.

La faveur de la Reine n'avait duré que onze ans (jusqu'en 1736); le gouvernement des maîtresses en devait durer trente-huit, jusqu'à la mort du Roi. De 1736 à 1744, elles viennent de la noblesse, avec les sœurs de Nesle[1]; mais à la mort de Mme de Châteauroux, la bourgeoisie a le pas avec Mme de Pompadour, qui va régner en souveraine jusqu'à sa mort (1764). Puis, descendant d'un degré, pendant les dernières années, la majesté royale s'avilira de plus en plus « dans ce que la plèbe a de moins pur », avec Mme Du Barry et les petites maîtresses.

Après la mort de la duchesse de Châteauroux, le Roi se retira à la Meutte avec ses amis, d'Ayen, de Gontaut, Soubise, de La Vallière, et de là à Trianon, où Mmes de Modène, de Boufflers et de Bellefonds, amies de la défunte, vinrent le trouver; mais il ne songea pas à revenir à la Reine.

Marie Leczinska, qui avait eu à subir l'insolence de la favorite, vivait à Versailles dans sa petite Cour, composée de quelques amis fidèles : le duc et la duchesse de Luynes, la duchesse de Villars, dame d'atours; le président Hénault, aimable et spirituel; Moncrif, lecteur de la Reine; M. de Nangis, un jésuite, le Père Griffet, qui, au carême de 1751, osa malmener les amours du Roi, etc. Partagée entre ses livres et son ouvrage, elle voyait ses enfants; excellente musicienne, elle jouait du clavecin, de la guitare et de la vielle[2]; la plupart du

---

[1] Les deux dernières, Mmes de Flavacourt et de Lauraguais, furent l'objet d'un caprice passager.

[2] « Quand un luthier versaillais, Bâton, entreprit de réformer le jeu et le clavier de la vielle, il envoya le premier exemplaire de son mémoire

temps, elle allait souper chez le duc de Luynes et passait ses soirées dans le cabinet de la duchesse. Parfois, elle allait dans leur château de Dampierre. Instruite et d'esprit fin, elle avait « des saillies et des reparties extrêmement vives ». Elle était « obligeante, gracieuse, et le doux son de sa voix allait au cœur[1] ». Sa grande piété et sa vertu la faisaient vénérer. « On venait chez Mme de Luynes, et la Reine y tenait son cavagnole. Le Dauphin, la Dauphine, Mesdames y venaient régulièrement, mais le spectacle était monotone, peu attrayant, et personne ne se souciait d'y venir[2]. »

Le dimanche, au jeu habituel s'ajoutaient les concerts. Ils avaient lieu dans le *salon de la Paix* et se composaient de symphonies, de cantates, de musique religieuse, et principalement d'opéras et de ballets[3].

Le salon de la Reine fut comme un petit foyer d'opposition et le centre du parti dévot : on y flétrissait les maîtresses et on y soutenait les jésuites, fort combattus par l'opinion. Marie Leczinska n'avait plus avec son mari que des relations d'étiquette : elle allait tous les matins au petit lever du Roi, mais elle s'y trouvait avec la foule et ne pouvait jamais lui parler en particulier. Elle soupait avec lui quand il y avait grand couvert, et les relations en restèrent là jusqu'à sa mort.

Le château de Louis XIV fut un peu animé en 1745 par les cérémonies du mariage du Dauphin avec l'infante d'Espagne.

La bénédiction nuptiale fut donnée par le cardinal de Rohan. Après le dîner, on alla au manège de la Grande-Ecurie, où l'on avait construit une salle de spectacle, dans laquelle eurent lieu les fêtes célébrées en l'honneur de ce ma-

---

à la Reine. » (E. de Bricqueville, *Echo de Versailles*, 1909.) — Non qu'elle fût bien habile d'après Luynes, qui dit : « Elle joue de plusieurs instruments, médiocrement à la vérité, mais assez pour s'amuser. »

[1] Luynes, *Mémoires*; — Mme de Genlis, *Souvenirs*.

[2] Cheverny, *Mémoires*.

[3] On y représenta surtout les opéras de Lulli, puis quelques œuvres de compositeurs de l'époque moins connus. Parmi les artistes les plus appréciés étaient Chassé et Mlles Antier, Dangeville, Lenner, Duclos, Erremens.

riage et qui avaient été organisées par les frères Slodtz
(23 février).

Le 24, il y eut bal paré au Manège. Le 25, il y eut appartement dans la Grande-Galerie, à six heures.

Le Roi, — dit Luynes, — M. le Dauphin, Mme la Dauphine et Mesdames jouèrent au lansquenet; la table étoit dans le milieu de la
Galerie. La Reine jouoit à cavagnole du côté de son appartement.
Il y avoit d'autres tables rondes qui ne furent pas remplies, excepté
une où plusieurs dames jouèrent à cavagnole. D'ailleurs, beaucoup
d'autres tables de jeu et un monde prodigieux. Le coup d'œil de la
Galerie étoit admirable..... Dans le salon de la Guerre étoit une
grande table, longue et étroite, derrière laquelle étoient rangés une
cinquantaine d'instrumens des plus bruyans, trompettes, timbales,
tambourins, etc. Rebel, maître de musique en quartier, étoit monté
sur la table pour battre la mesure. A neuf heures, le Roi alla souper au grand couvert.

Le bal en masques commença à minuit. On n'y entroit que par
le salon d'Hercule, d'un côté, et de l'autre, par la salle des Gardes
et l'Œil-de-Bœuf. Dans chaque compagnie, une personne se dé-
masquoit à la porte; un huissier écrivoit son nom et le nombre des
masques qu'il menoit avec lui. Cet ordre fut observé quelque temps;
mais il devint insoutenable par la longueur excessive de temps que
l'on étoit obligé d'attendre. La foule s'augmentoit; elle étoit excessive dans la Galerie, du côté de la chapelle, encore plus de ce côté-ci,
dans l'antichambre du Roi; dans l'Œil-de-Bœuf, il y avoit peut-être
500 ou 600 masques assis par terre. On fut prêt à renverser la porte
de glaces. Enfin, les huissiers furent forcés, et la foule se trouva si
grande dans la Galerie, qu'on y étoit porté presque d'un bout à
l'autre sans mettre pied à terre. On estime qu'il peut y avoir eu
1,400 ou 1,500 masques dans l'appartement en même temps. On
n'avoit pas donné de billets.

Le Roi ne se démasqua point; il étoit masqué en if, lui et sept
autres[1]. M. le Dauphin et Mme la Dauphine étoient en berger et
bergère... La Reine se promena longtemps masquée.

Il y avoit trois tables pour les rafraîchissemens... Tout étoit
servi en maigre; il y avoit une quantité prodigieuse de poisson,
des vins de toute espèce, et l'on donnoit à chacun dans le moment
tout ce qu'il demandoit. L'indiscrétion des masques fut extrême.
On prétend qu'il y a eu des oranges du bal revendues au marché.
On dansoit dans quatre endroits différens. Le principal endroit étoit
dans le salon d'Hercule... Le bal dura jusqu'à huit heures du matin.

Les fêtes se continuèrent en mars, par des jeux, des concerts
et des bals.

---

[1] Voir l'estampe gravée par Cochin (page 263), qui a gravé aussi le
Jeu du Roi, dans la Grande-Galerie (*Chalcographie du Louvre*).

LA COUR DE VERSAILLES ET Mme DE POMPADOUR

Le bal masqué du 25 février 1745 inaugura le règne d'une nouvelle favorite.

Mme de Pompadour, qui devait rester célèbre entre toutes les maîtresses royales, n'était qu'une simple bourgeoise que sa mère, Mme Poisson, « belle et galante femme » d'un commis des Finances, jadis poursuivi pour malversations, dressait depuis longtemps pour la fonction si convoitée de favorite du Roi. Elle avait eu plusieurs amants haut placés, dont l'un, M. Le Normant de Tournehem, fermier général, passait pour le père de Mlle Poisson et de son frère, qui fut plus tard le marquis de Marigny.

Tout d'abord, la mère habile avait, par précaution, fait épouser à sa fille le neveu même de M. de Tournehem, M. d'Etiolles, qui en était devenu éperdument amoureux (1741). Le frère et la sœur, tous deux intelligents, furent élevés avec un soin extrême. Antoinette Poisson reçut des leçons de Jélyotte et devint musicienne accomplie; elle chantait et jouait du clavecin; elle gravait à l'eau-forte et sur pierres fines; Crébillon lui avait appris à réciter les vers. Cette éducation, reçue avec des dispositions remarquables, fait comprendre l'heureuse influence qu'elle devait avoir plus tard sur les arts.

Une telle femme, ayant de qui tenir, et ainsi éduquée, préparée par sa mère, ne pouvait considérer son mari. Les visées étaient plus hautes : il s'agissait de séduire le Roi. Elle n'avait pas attendu la mort de la duchesse de Châteauroux.

Quand le Roi chassait dans la forêt de Sénart, Mme d'Etiolles sortait de chez elle, vêtue de rose ou de bleu, montée dans un phaéton bleu ou rose, et attirait les regards de Louis XV. La duchesse de Châteauroux, qui n'entendait pas être évincée par une « grisette », fit défendre à « la petite d'Etiolles » d'assister aux chasses du Roi. A sa mort, la dame se fit voir de nouveau. Ce fut au bal masqué du 25 février qu'elle fit la conquête de Louis XV. Elle lutina longtemps le Roi et le charma par son esprit; et quand elle consentit à ôter son masque, il reconnut la belle chasseresse de la forêt de Sénart.

Binet, valet de chambre de Louis XV, qui était son parent, l'introduisit à Versailles le 2 avril, où elle assistait, « fort bien mise et fort jolie », à une représentation de la Comédie-Italienne. Le 10, la conquête était définitive, Louis XV soupait seul avec elle dans ses Cabinets. Le 23, elle dînait avec lui, et dès lors elle a un logement à Versailles, sans doute, comme le suppose Luynes, dans l'ancien appartement de Mme de Mailly, qui joint les petits Cabinets, mais elle n'est pas encore définitivement installée. A ce pauvre d'Etiolles, qui arrivait de province et qui redemandait sa femme, Tournehem dit qu'il ne comptât plus sur elle, « qu'elle avait un goût si violent qu'elle n'avait pu lui résister, et que pour lui il n'avait d'autre parti à prendre que de songer à s'en séparer. M. d'Etiolles tomba évanoui à cette nouvelle[1] ». Malgré tout, il dut accepter la séparation, et le Roi acheta pour Mme d'Etiolles le marquisat de Pompadour, dont elle allait porter le nom.

La nouvelle marquise s'installa provisoirement à Versailles au mois d'avril. Le portrait qu'en fait à cette époque un contemporain, bien placé pour voir, rappelle le pastel de Latour :

Elle étoit d'une taille au-dessus de l'ordinaire, svelte, aisée, souple, élégante; son visage étoit bien assorti à sa taille : un ovale parfait, de beaux cheveux, plutôt châtain clair que blonds, des yeux assez grands, ornés de beaux sourcils de la même couleur, le nez parfaitement bien formé, la bouche charmante, les dents très belles et le plus délicieux sourire; la plus belle peau du monde donnoit à tous ses traits le plus grand éclat. Ses yeux avoient un charme particulier, qu'ils devoient peut-être à l'incertitude de leur couleur; ils n'avoient point le vif éclat des yeux noirs, la langueur tendre des yeux bleus, la finesse particulière aux yeux gris; leur couleur indéterminée sembloit les rendre propres à tous les genres de séduction et à exprimer successivement toutes les impressions d'une âme très mobile; aussi, le jeu de la physionomie de la marquise de Pompadour étoit-il infiniment varié, mais jamais on n'aperçut de discordance entre les traits de son visage; tous conspiroient au même but, ce qui suppose une âme assez maîtresse d'elle-même. Ses mouvemens étoient d'accord avec le reste, et l'ensemble de sa personne sembloit faire la nuance entre le dernier degré de l'élégance et le premier de la noblesse[2].

[1] Luynes, VI.
[2] Le Roy, lieutenant des chasses du Roi.

Le Roi partit pour la Flandre au mois de mai. Pendant son absence, Mme de Pompadour demeura à la campagne, près de Paris, en attendant qu'on préparât ses appartements à Versailles.

La guerre de la Succession d'Autriche continuait, et c'est aux Pays-Bas que des coups retentissants allaient être frappés. Maurice de Saxe, qui commandait l'armée française, s'y révélait homme de guerre de premier ordre et remportait la victoire de Fontenoy, suivie de la prise de Tournay (11 mai). « Depuis trois cents ans, écrivait, au marquis d'Argenson, Voltaire, historiographe, les rois de France n'ont rien fait de plus glorieux. Je suis fou de joie. » Et ce fut l'impression générale. Louis XV, toujours au camp et sous les armes, recevait les hommages enthousiastes du pays tout entier. L'adulation officielle passa même toute mesure; le Roi sut pourtant y résister, comme l'atteste la lettre-circulaire qu'il adressa aux évêques pour demander le chant d'un *Te Deum* dans les églises, et où il reconnaissait que la victoire n'était due qu'au maréchal de Saxe et, après lui, à la Maison du Roi et aux carabiniers. Mais cette modestie même augmentait l'enthousiasme, et, malgré le ridicule excès de certaines démonstrations, le sentiment était sincère. Jamais événement national ne causa, dans tous les rangs de la population, une joie patriotique plus unanime.

Voltaire improvisa en moins de cinq jours la pièce qui figure dans ses œuvres sous le nom de *Poème de Fontenoy*. Il avait accompagné une demande d'audience à la favorite d'un de ces impromptus galants dans lesquels il était passé maître :

> Quand César, ce héros charmant,
> De qui Rome était idolâtre,
> Battait le Belge ou l'Allemand,
> On en faisait son compliment
> A la divine Cléopâtre!
>
> Quand Louis, ce héros charmant,
> De qui Paris fait son idole,
> Gagne quelque combat brillant,
> Il en faut faire compliment
> A la divine d'Etiole!

Le poème plut médiocrement, mais le poète fut agréé

comme courtisan. Grâce à l'amitié de sa protectrice, qu'il
avait connue enfant, il obtint un brevet de gentilhomme de
la chambre et une place à l'Académie[1].

Louis XV, revenu de Flandre, avait assisté le 8 septembre,
avec toute la Cour, à un *Te Deum* à Notre-Dame et à une
grande fête à l'Hôtel de Ville, où Mme de Pompadour figura
incognito. Le 14, elle était présentée au Roi par la princesse
de Conti, devant un grand concours de courtisans. C'était la
formalité obligatoire pour être reconnue.

Quelques semaines auparavant, la dauphine Marie-Thérèse était morte en couches (19 juillet), après avoir donné le
jour à une fille qui devait mourir l'année suivante. A la suite
de ce triste événement, toute la Cour se retira à Choisy.
Comme le séjour en était morne, Louis XV alla passer
quelques jours à Crécy, chez Mme de Pompadour. La favorite
demanda au Roi une patente de généralissime en faveur
du prince de Conti; elle se montrait ainsi reconnaissante
envers la mère, qui avait consenti à la présenter à la Cour.

Le maréchal de Saxe avait agréé cette proposition. Il était
très en faveur : aussi réussit-il dans son projet de donner
pour seconde femme au Dauphin (la raison d'État n'admettait pas de grand délai) sa propre nièce, Marie-Josèphe, fille
de l'électeur de Saxe, roi de Pologne. L'appui de Mme de
Pompadour lui fut précieux contre la Reine, qui, gardant au
fond d'elle-même « le petit coin de stanislaïsme », ne voyait
pas sans peine « que son fils deviendrait le gendre du prince
qui avait dépossédé son père du royaume de Pologne[2] ».

En 1747, le 9 février, le Dauphin épousait en secondes
noces la princesse Marie-Josèphe de Saxe. La Cour partit de
Choisy et alla à Corbeil le 7, au-devant de la jeune princesse,
et revint dîner à Choisy. La Dauphine, qu'on appela la Dauphine de Saxe, resta à Choisy après le départ de la Cour et
ne vint à Versailles que le 9.

Luynes la représente ainsi : « Un beau teint, assez blanche,
de beaux yeux bleu foncé, un assez vilain nez, des dents qui
seront belles quand on y aura travaillé, la taille très jolie;

---

[1] G. Lanson, *Voltaire.*
[2] De Nolhac, *Louis XV et Mme de Pompadour.*

elle se tient un peu en avant en marchant ; un peu plus grande
que Madame (Madame Henriette). Toutes les dames qui sont
venues avec elle disent qu'elle est charmante, que tout ce
qu'il y a à désirer est qu'elle ne se gâte point dans ce
pays-ci[1]... »

Le 9 février, la Dauphine étant arrivée à Versailles, la
bénédiction nuptiale fut donnée aux époux, à la Chapelle. Le
soir, toute la Cour se rendit au bal paré dans la salle du Manège. Le lendemain 10, il y eut appartement, musique et
jeu. Le 11, on représenta, dans la petite salle de spectacle du
Château, la comédie de La Chaussée, *La Gouvernante*. Le 12,
il y eut appartement. Le 13, on retourna au Manège voir le
ballet de l'*Année galante*. Le mardi gras, 14, il y eut bal en
masques, auquel le Roi prit part, revêtu d'un domino.

Le Dauphin avait alors dix-huit ans. Remarié presque
malgré lui, regrettant sa première femme, il ne tarda pas pourtant à subir le charme de Josèphe, fait surtout d'amabilité.
A la Cour, elle s'imposa vite par sa noblesse naturelle et sa
présence d'esprit, et la façon aisée avec laquelle elle supporta
l'étiquette et la bizarrerie de la mise au lit[2]. Mais l'étiquette
était parfois bien dure. Un jour, son oncle écrit, à l'occasion
d'une indisposition de la Dauphine, qui ne mangeait pas depuis deux jours :

C'est la grande fatigue qui en est cause... Il fait une chaleur partout dans les appartements, qu'il y a de quoi en mourir par la
grande quantité de monde et de bougies le soir. Avec cela, ses habits ont été d'un poids que je ne sais comment elle a pu les porter.
Ce qu'il y a de plus fatigant encore, ce sont toutes ces présentations
qui ne finissent pas ; et elle veut retenir tous les noms, ce qui est un
travail d'esprit terrible ; sans cesse occupée d'ailleurs de plaire et
d'attentions... Le Roi me fit prendre l'autre jour sa jupe qui était
sur un canapé, pendant que Mme la Dauphine était à sa toilette. Elle
pesait bien soixante livres ; il n'y a aucune de nos cuirasses qui en
pèse autant. Je ne sais comment elle a pu se tenir huit ou neuf
heures sur pied avec ce poids énorme[3].

---

[1] Il y a au Musée de Versailles trois portraits de Josèphe de Saxe. .

[2] *Lettres de Maurice de Saxe.* — Voir Sainte-Beuve, *Maurice, comte de
Saxe* (*Nouveaux Lundis*, t. XI).

[3] *Lettres de Maurice de Saxe*, publiées par le comte Vitzthum d'Esk-
staedt.

Louis XV aima sa belle-fille ; il l'appelait familièrement de son petit nom de *Pépa* et il se montra très affectueux au moment de ses couches. Peu à peu, elle gagnait le cœur du Dauphin, triomphant « de son deuil. de sa froideur. Elle se plia à son humeur et le rendit aussi heureux qu'il pouvait l'être ».

Louis de France était renfermé, pieux, instruit, de naturel triste, porté à l'ennui, fumant beaucoup et composant du plain-chant. Marie-Josèphe lui montra une affection et un dévouement constants ; elle lui donna douze enfants, dont cinq survécurent[1]. Quand elle devint veuve à trente-quatre ans (1765), elle écrivait à son frère : « Le bon Dieu a voulu que je survive à celui pour lequel j'aurai donné mille vies ; j'espère qu'il me fera la grâce d'employer le reste de mon pèlerinage à me préparer, par une sincère pénitence, à rejoindre son âme dans le ciel, où je ne doute pas qu'il demande la même grâce pour moi. »

La puissance de Mme de Pompadour commence en cette année 1745, pour durer, non sans lutte, jusqu'à sa mort, en 1764.

« L'intronisation de cette *robine*, préférée aux filles, aux sœurs, aux femmes de tant de hauts seigneurs, déchaîna une tempête de déceptions indignées et de venimeux quolibets. » Mais c'était une femme supérieure qui entrait en scène, et bien faite pour le rôle qu'elle voulait jouer : ambitieuse du pouvoir, nullement sentimentale, froidement calculatrice ; de plus, spirituelle, instruite, musicienne accomplie. Elle ne tarda pas à s'imposer. Elle désarma d'abord par sa politesse. Tout le monde la trouve « extrêmement polie ; elle a des égards pour la Reine. Non seulement elle n'est pas méchante et ne dit de mal de personne, mais elle ne souffre pas même que l'on en dise chez elle[2] ». Dès le début, elle n'a pas de hauteur. Elle sut conquérir Richelieu, gagner les ministres, en attendant qu'elle en dispose à son gré ; bientôt, elle dirigera la politique. Le tout était d'amuser Louis XV, toujours, quand même, et son esprit plein de ressources y réussit autant que

---

[1] Les trois rois de France Louis XVI, Louis XVIII et Charles X, Madame Elisabeth et la reine de Sardaigne.

[2] Luynes, VII.

cela était possible. Nous la verrons créer pour lui le théâtre des *petits appartements*, s'épuiser pour lui plaire en excitations de toutes sortes, et lorsqu'elle sera physiquement ruinée et finie pour l'amour, elle se fera la surintendante du « Parc-aux-Cerfs ».

Dès 1746, elle avait obtenu de monter dans les carrosses du Roi. Quatre ans après, Louis XV lui accordait un tabouret. Elle mit un manteau ducal à ses armes et aux housses de son carrosse. Mais pour avoir une place régulière et assurée à la Cour, qui lui servirait à conserver sa situation politique, il lui fallait être dame de la Reine, et elle le fut malgré les résistances de Marie Leczinska. Pour atteindre ce but, elle employa la supercherie. La Reine alléguait qu'elle ne pouvait avoir pour dame du Palais une femme séparée de son mari et qui ne pouvait s'approcher des autels pour y recevoir la communion.

Mme de Pompadour, pour aboutir, se jeta dans la dévotion et prit pour confesseur un jésuite, le Père de Sacy, qu'elle voyait souvent; elle affectait de se conduire d'après ses conseils. On parlait tout haut de la cessation de tout commerce avec le Roi. La marquise paraissait s'occuper de son salut : elle priait Dieu longtemps dans la journée, elle assistait aux offices de l'Eglise avec piété. Mais le confesseur refusait l'absolution. Pour la donner, il exigeait qu'elle retournât auprès de son mari et quittât la Cour.

La lutte fut longue; le confesseur tint bon, la marquise aussi; elle voulait rester à la Cour. Les courtisans se partagèrent en deux camps. Les uns disaient que Mme de Pompadour devait se retirer, si elle se repentait réellement de sa conduite passée; les autres croyaient qu'elle devait rester, parce que sa conversion pouvait agir sur l'esprit du Roi et le ramener à une vie plus chrétienne. Elle donna tort à tout le monde, resta et ne se convertit point.

Il y avait quatre ans que ces débats duraient. Le 6 février 1756, la marquise fut nommée dame du palais de la Reine. Pour arriver à ce résultat, Mme de Pompadour avait feint de vouloir se retirer; elle avait écrit à son mari pour lui demander pardon de sa conduite et le prier de vouloir bien la reprendre. En même temps, M. de Soubise alla prévenir le mari que, s'il agréait la demande de sa femme, il désoblige-

26

rait le Roi. M. Le Normant d'Etiolles n'avait nulle envie de reprendre la marquise; il s'empressa d'obliger le Roi et la lui laissa.

Après le refus du mari, la pauvre Reine n'avait plus d'objection à faire, n'osant pas dire la vraie raison de sa répugnance, qui eût été un blâme de la conduite du Roi. Elle céda; mais le Père de Sacy persista à refuser l'absolution à la marquise. On se passa de ce directeur incommode; Mᵐᵉ de Pompadour trouva un prêtre complaisant, communia et fut nommée dame du Palais. Elle cessa dès lors de faire la dévote, quitta les confesseurs, continua à diriger les affaires du royaume, en même temps qu'elle était la « surintendante du Parc-aux-Cerfs », et disait hautement que l'Etat lui avait obligation de ce qu'elle faisait[1].

Louis XV était revenu en Flandre, assister à la campagne de 1747, qui fut signalée en juillet par le combat de Lawfeld (2 juillet). Il écrivit le soir de l'action au Dauphin: il y avait un mot à l'adresse de la Dauphine, au sujet de Maurice de Saxe: « Dites-lui que notre général n'a jamais été plus grand qu'en ce jour, mais de le gronder, en le complimentant, de s'être exposé comme un grenadier. »

C'était la fin de la première période du règne de Louis XV. Fontenoy, escorté de Raucoux et de Lawfeld, était, comme on l'a dit, la dernière étoile qui brillait à l'horizon avant les désastres de la guerre de Sept ans. Malheureusement, le maréchal de Saxe, qui en fut le héros, mourait le 30 novembre 1750, d'une fluxion de poitrine. « Les alternatives de la grande guerre et le vis-à-vis de Frédéric, le roi-capitaine, lui ont manqué: une telle partie finale, jouée comme il l'aurait pu faire, eût agrandi et consacré sa réputation; elle l'eût placé au premier rang[2]. » Ajoutons que cette mort fut aussi un malheur pour nos armées, qui, sous sa conduite, auraient pu changer les destinées de notre pays.

A son retour de Flandre, Louis XV reprit son train habituel de voyages, de chasses et de petits soupers. Mᵐᵉ de Pompadour s'efforçait de varier les plaisirs ou les passe-

[1] *Mémoires du duc de Croy* (1727-1784).
[2] Sainte-Beuve, *Maurice, comte de Saxe* (*Nouveaux Lundis*, t. V).

temps de cette vie uniforme et désœuvrée. En avril 1748, elle donna un concert spirituel chez elle. Mais l'occupation principale des soirées était le souper, à Versailles et ailleurs.

A Versailles, Louis XV soupait dans ses petits appartements. La cour des Cerfs, avec ses escaliers, ses quatre étages de cabinets, de cuisines, d'offices, de confitureries, de laveries, de logements de gens de service, de volières, etc., était devenue le centre de sa vie. Ces appartements s'appelèrent les *petits Cabinets*, où il échappait à la tyrannie de l'étiquette et n'invitait que quelques rares amis.

Ce furent, dit-on, Mlle de Charolais et la comtesse de Toulouse qui imaginèrent les *petits soupers*[1], c'est-à-dire ceux que l'on faisait dans les *petits Cabinets*, que l'on rendit aussi commodes, aussi élégants, aussi secrets que l'art raffiné de ce temps pouvait le permettre.

Les premiers soupers sont du 26 juin et du 3 juillet 1738. Les invités furent : le prince de Dombes, MM. Du Bordage, de Soubise, de Coigny, de Chalais, de Meuse, les ducs de Villeroi et d'Ayen, le comte de Noailles ; Mme de Mailly, Mlles de Charolais et de Clermont, Mmes de Beuvron, d'Antin, de Rochechouart, d'Epernon, de Chalais, de Talleyrand, etc.

On y buvait du champagne, et l'on sortait de table à cinq heures du matin. Le Roi y gagna plus d'une indigestion. Dans ces réunions qui dégénéraient souvent en orgie, il paraît aimer qu'on le traite d'égal à égal et parfois qu'on se moque de lui à sa barbe. Elles se renouvelaient dans les diverses résidences où son ennui le poussait, à Rambouillet, chez la comtesse de Toulouse, et surtout à Choisy, sa résidence favorite.

Il finit par ne rester jamais plus de deux jours de suite à Versailles (vers 1753) ; en certaines années, il n'y coucha pas plus de cinquante-deux nuits. Malgré cette demi-désertion, Versailles voyait sa population monter de 17,000 âmes en 1722 à 50,000 en 1744 ; celle du Château, de 4,000 à 5,000 ; celle des annexes et dépendances (gardes, écuries, Grand-Commun, hôtels particuliers), de 4,100 à 5,000. La Cour atti-

[1] Mouffle d'Angerville, *Vie privée de Louis XV*, 1781. — Par opposition aux soupers officiels, qui étaient servis dans les appartements officiels. En effet, ces petits soupers étaient de très grands repas, en vins, en mets et en temps.

rait de plus en plus le nombre toujours croissant de ceux qui espéraient vivre d'elle, toute « une nuée de parasites bourdonnants et affamés ».

Ces déplacements continuels de Louis XV fatiguèrent beaucoup Mme de Pompadour. De santé délicate et souvent souffrante, « menacée de la poitrine plus que jamais », elle était obligée de le suivre, abandonnant son régime, forcée de courir, boire et manger, songeant à préparer, pour l'hiver qui vient, les pièces, ballets, opéras qui seront joués dans les petits Cabinets. « Il faut, dit d'Argenson, qu'il y ait dans cette beauté des forces inconnues qui la soutiennent fraîche et belle au milieu de tant de fatigues, et avec une poitrine détruite. Autrefois, on eût dit que c'était par un sort, un talisman, un anneau constellé. »

Malgré ces déplacements très onéreux et sa manie de bâtir partout, soit pour lui, soit davantage encore pour la favorite, Louis XV paraissait ne prendre de plaisir nulle part. Mme de Pompadour avait beau s'épuiser « en amusemens pour cette Majesté ennuyée, le Roi bâilloit à tout, concerts, soupers, comédies, ballets; aussi déclaroit-elle qu'elle ne savoit bientôt plus qu'y faire ». Cependant, il trouvait plaisir à rester quelques moments avec ses filles. Nous avons parlé de ce sentiment de la famille qui ne l'abandonna jamais. Mesdames eurent sur leur père une influence que Marie Leczinska ne put jamais prendre sur son mari. Leur appartement était tout proche du sien et il venait souvent leur rendre visite.

L'aînée, Madame Elisabeth, aimable, sensée, courageuse, allait épouser, à douze ans, l'infant Don Philippe, et s'appeler Madame Infante (1749); la seconde, Madame Henriette, délicate, mélancolique, « blanche comme l'ivoire », épouse manquée du duc de Chartres, mourut à la fleur de l'âge (1752).

Venaient ensuite Mesdames Adélaïde, Victoire et Sophie, à qui il avait donné, par plaisanterie de mauvais goût, des surnoms d'une trivialité choquante : Madame Adélaïde s'appelle *Loque*; Madame Victoire, la plus grasse, est appelée *Coche*; Madame Sophie a reçu le nom de *Graille*, surnom vulgaire de la corneille; la plus jeune, Madame Louise, petite personne pâle et fine, qui devait être, avant de se faire carmélite, une intrépide amazone, est *Chiffe*, la molle.

Nous les verrons à l'œuvre au milieu de leur coterie.

Louis XV n'eut pas d'affection pour son fils. Aussi pieux que sa mère, d'une nature emportée, le Dauphin menait une vie retirée. Il avait du bon sens et beaucoup de droiture; il était brave aussi, comme il le prouva à Fontenoy. Mais il n'aimait ni Mme de Pompadour, ni Choiseul; il passait à tort pour faire de l'opposition à son père, à qui les intrigants le rendirent bientôt suspect.

A propos de la familiarité de Louis XV avec ses filles, Mme du Deffand raconte une bien singulière anecdote :

Voici l'histoire : elle est d'environ huit jours. Le Roi, après souper, va chez Madame Victoire; il appelle un garçon de la chambre, lui donne une lettre, en lui disant : « Jacques, portez cette lettre au duc de Choiseul, et qu'il la remette tout à l'heure à l'évêque d'Orléans. » Jacques va chez M. de Choiseul; on lui dit qu'il est chez M. de Penthièvre; il y va; M. de Choiseul est averti, reçoit la lettre, trouve sous sa main Cadet, premier laquais de Mme de Choiseul; il lui ordonne d'aller chercher partout l'évêque, de lui venir promptement dire où il est. Cadet, au bout d'une heure et demie, revient, dit qu'il a d'abord été chez Monseigneur, qu'il a frappé de toutes ses forces à la porte, que personne n'a répondu; qu'il a été par toute la ville sans trouver ni rien apprendre de Monseigneur. Le duc prend le parti d'aller à l'appartement dudit évêque; il monte cent vingt-huit marches, et donne de si furieux coups à la porte, qu'un ou deux domestiques s'éveillent et viennent ouvrir en chemise. « Où est l'évêque? — Il est dans son lit depuis dix heures du soir. — Ouvrez-moi sa porte. » L'évêque s'éveille : « Qu'est-ce qui est là? — C'est moi, c'est une lettre du Roi. — Une lettre du Roi! hé, mon Dieu, quelle heure est-il? — Deux heures. » Il prend la lettre : « Je ne puis lire sans lunettes! — Où sont-elles? — Dans mes culottes. » Le ministre va les chercher, et pendant ce temps-là ils se disoient : « Qu'est-ce que peut contenir cette lettre? L'archevêque de Paris est-il mort subitement? Quelque évêque s'est-il pendu? » Ils n'étoient ni l'un ni l'autre sans inquiétudes. L'évêque prend la lettre; le ministre offre de la lire; l'évêque croit plus prudent de la lire d'abord; il n'en peut venir à bout et la rend au ministre qui lit ces mots :

« Monseigneur l'Evêque d'Orléans,

« Mes filles ont envie d'avoir du cotignac; elles veulent de très petites boîtes, envoyez-en; si vous n'en avez pas, je vous prie... »

Dans cet endroit de sa lettre, il y avoit une chaise à porteurs dessinée; au-dessous de la chaise :

« d'envoyer sur-le-champ dans votre ville épiscopale en chercher,

et que ce soit de très petites boîtes. Sur ce, Monsieur l'Evêque
d'Orléans, Dieu vous ait en sa sainte garde.

« Louis. »

Et puis plus bas, en post-scriptum :

« La chaise à porteurs ne signifie rien ; elle étoit dessinée par
mes filles sur cette feuille que j'ai trouvée sous ma main. »

Vous jugez de l'étonnement des deux ministres. On fit partir sur-
le-champ un courrier ; le cotignac arriva le lendemain ; on ne s'en
soucioit plus. Le Roi lui-même a conté l'histoire, dont les ministres
n'avoient point voulu parler les premiers. Je la fis raconter hier
par M. de Choiseul.

LE THÉÂTRE DES PETITS APPARTEMENTS
(OU DES PETITS CABINETS)

Dès 1745, dans l'intention de distraire le Roi et de consolider sa puissance, Mme de Pompadour imagina de créer dans
le Château un théâtre, dont elle serait la directrice sans cesse
agissante, l'organisatrice des représentations sans cesse renouvelées, et l'actrice inlassable.

Elle fut secondée par le duc de Richelieu, le duc de Nivernois et le duc de Duras. Des statuts furent rédigés[1] par la
marquise et le Roi, et promulgués.

Le *Théâtre des petits appartements* ou *Théâtre des petits
Cabinets* fut établi dans la Petite-Galerie. Le Roi y entrait par
le salon Ovale.

Voici la première composition de la troupe avant qu'elle
eût l'idée de chanter l'opéra : le duc de Chartres, les ducs
d'Ayen, de Nivernois, de Duras, le comte de Maillebois, le
marquis de Courtenvaux, le duc de Coigny, le marquis d'En-
traigues ; la marquise de Pompadour, la duchesse douairière de Brancas, la comtesse d'Estrades, la marquise de
Livry et Mme de Marchaix, fille du fermier général de La-
borde, mariée en premières noces à Marchaix, fils de Binet,
valet de chambre du Roi, devenue plus tard Mme d'Angivil-
liers. On choisit pour directeur le duc de La Vallière ; pour
sous-directeur, le lecteur de la Reine, l'académicien Moncrif ;
pour secrétaire et souffleur, l'abbé de la Garde, secrétaire et

---

[1] Voir Campardon, *Histoire de Mme de Pompadour* ; — Ad. Jullien,
Histoire du théâtre de Mme de Pompadour.

bibliothécaire de Mme de Pompadour. Le chef d'orchestre ordinaire était le célèbre Rebel. L'orchestre était composé à peu près de un tiers d'amateurs et deux tiers d'artistes de la musique du Roi. Les affiches étaient imprimées en or.

Le 16 janvier 1747, le *Théâtre des petits appartements* fut inauguré par la représentation de *Tartufe*, joué par Mme de Pompadour, des dames de la Cour et quelques grands seigneurs (MM. de Nivernois, d'Ayen, etc.).

Les comédies se continuèrent durant le mois de février, et Luynes en fait le compte rendu fidèle, dit le nom des acteurs et mentionne ceux qui sont applaudis par les rares auditeurs admis à ces représentations. La Reine et le Dauphin y assistent quelquefois; Mme de Pompadour s'y prodigue, jouant et chantant pour plaire au Roi. « Elle n'a pas un grand corps de voix, mais un son fort agréable; elle sait bien la musique[1]. » A la représentation du 18 mars, le maréchal de Saxe fut parmi les spectateurs; mais ceux-ci furent toujours peu nombreux et les invitations étaient faites par le Roi seul. Les femmes, à l'exception de Mme de Mirepoix, amie de Mme de Pompadour, ne furent point invitées pendant les deux premières années.

Fin 1747, les représentations recommencèrent, toujours dans la Petite-Galerie, avec quelques dispositions nouvelles dans la salle. L'orchestre fut placé en avant des spectateurs et, derrière le théâtre, on construisit deux retranchements pour permettre aux acteurs de s'habiller. Ainsi le théâtre occupait les salles 132 (spectateurs), 133 (orchestre et théâtre), 134 (scène et retranchement, ou loge pour les actrices), 137 (loge pour les acteurs secondaires) et 136 (partie du palier de l'escalier des Ambassadeurs, où se trouvaient les loges et les poêles pour les acteurs).

L'orchestre comprenait 28 musiciens. Le clavecin était tenu par M. Ferrand, parent de Mme de Pompadour, compositeur de musique. Il y avait 3 bassons, parmi lesquels le prince de Dombes, 2 flûtes, 10 violons, 7 violoncelles, 2 violes (M. de Dampierre et le marquis de Sourches), 2 hautbois et 1 trompette[2].

[1] Luynes, VIII.
[2] Les chœurs chantants étaient divisés en deux parties : *côté du Roi*

Les chœurs se composaient d'abord de 12 exécutants, mais leur nombre s'éleva promptement à 26, dont 6 femmes; ils étaient placés sous la direction de M. de Bury, surintendant de la musique du Roi. La danse ne devait comprendre que quelques jeunes garçons et quelques jeunes filles, âgés de dix à quinze ans : ils étaient dirigés par leur maître de ballets, Dehesse, célèbre acteur de la Comédie-Italienne et non moins célèbre chorégraphe. Passé douze ou quinze ans, les danseurs ou danseuses ne restaient plus dans la troupe, et ils entraient sans début à l'Opéra ou dans les corps de ballet de la Comédie-Française ou de la Comédie-Italienne.

Les choristes, les danseurs[1] et les acteurs avaient de riches costumes, exécutés sur les dessins de Péronnet.

La troupe avait pour coiffeur Notrelle, le plus célèbre perruquier de Paris.

La réouverture de 1747 commença par un prologue de Moncrif, joué par M. de Nivernois et M. de La Vallière, en présence du Roi, qui était revenu de bonne heure de la chasse. On joua d'abord le *Mariage fait et rompu*, comédie de Dufresny, puis la pastorale d'*Ismène*. Ce rôle fut tenu par Mme de Pompadour, dont l'habit de taffetas bleu, doublé de soie blanche et garni de gazes brochées, valait 475 livres. Le duc d'Ayen lui donna la réplique; M. de Courtenvaux y dansa « avec beaucoup de légèreté et de justesse ».

Voltaire, Crébillon et Gresset, que Mme de Pompadour avait connus dans la société de l'ami de sa mère, M. de Tournehem, furent les auteurs favoris de ces spectacles. Voltaire avait contre lui toute la famille royale; elle osa néanmoins faire jouer sa comédie, *L'Enfant prodigue*, et demander pour lui les entrées du théâtre[2].

---

et *côté de la Reine*. Ils étaient tous choisis, à l'ancienneté, dans les différents artistes de la musique du Roi. (Ad. Jullien, *Histoire du théâtre de Mme de Pompadour*.)

[1] Il n'y avait que quatre *danseurs seuls* : le marquis de Courtenvaux, 1er danseur; le comte de Langeron, 2e danseur; puis le duc de Beuvron et le comte de Melfort. (*Histoire du théâtre de Mme de Pompadour*.)

[2] Dans le principe, l'auteur de la pièce jouée ne pouvait assister à la représentation de son ouvrage. Mme de Pompadour fit lever cet interdit. A l'origine encore, les actes d'opéra n'étaient point imprimés : M. de La Vallière, comme directeur, présentait au Roi l'auteur des paroles, qui les remettait manuscrites au prince. (Ad. Jullien, *Histoire du théâtre de Mme de Pompadour*.)

Enchanté du succès de sa pièce, Voltaire adressa à la marquise les vers suivants :

> Ainsi donc vous réunissez
> Tous les arts, tous les dons de plaire,
> Pompadour! Vous embellissez
> La Cour, le Parnasse et Cythère.
> Charme de tous les yeux, trésor d'un seul mortel!
> Que votre amour soit éternel!
> Que tous vos jours soient marqués par des fêtes!
> Que de nouveaux succès marquent ceux de Louis!
> Vivez tous deux sans ennemis,
> Et gardez tous deux vos conquêtes!

On peut croire que de tels vers, ostensiblement publiés, étaient peu faits pour désarmer contre l'auteur les dévots de la Cour, les partisans de Marie Leczinska et du Dauphin. Mme de Pompadour y gagna aussi plus d'une insulte[1].

Le 10 janvier 1748, la troupe joua de nouveau *Ismène* avec le *Tartufe*, dont le rôle fut rempli par M. de La Vallière; Mme de Pompadour faisait Dorine; le marquis de Voyer, fils du comte d'Argenson, ministre de la Guerre, avait obtenu l'insigne faveur d'être chargé du rôle de l'exempt.

Mme de Pompadour ne présentait jamais deux fois de suite le même spectacle au Roi. Le 5 février, elle donna le *Méchant* de Gresset, qui avait été joué pour la première fois au Théâtre-Français, l'année précédente. Les acteurs de cette pièce furent, avec la favorite, MM. de Maillebois, de Gontaut, de Clermont-d'Amboise, le duc de Nivernois. Ce fut un succès complet, surtout pour ce dernier, qui dépassa celui qu'avait obtenu l'acteur Roséli.

Les représentations se succédèrent : il y en eut plusieurs en février, à l'occasion des jours gras. Le 27, on joua pour la première fois le ballet comique des *Amours de Ragonde*, composé par Malézieux ou Destouches, musique de Moret, pour les grandes nuits de Sceaux en 1706, et joué à l'Opéra en 1742. C'était une vraie farce de carnaval, accompagnée d'une musique endiablée. Mme de Pompadour, qui faisait Colin, abordait pour la première fois les rôles de *travestis*. M. de Sourches, qui avait quitté l'orchestre et la

---

[1] Voir le *Recueil Maurepas*.

viole pour jouer *Ragonde*, et « qui n'avait jamais monté
sur le théâtre, y joua à merveille[1] ».

La mort du duc de Coigny, tué en duel par le prince de
Dombes[2], empêcha la représentation du 4 mars, qui fut donnée
le 11. Six représentations eurent encore lieu jusqu'à celle du
30, qui clôtura la saison. Le lendemain, Mme de Pompadour
distribua les présents du Roi aux musiciens de l'orchestre :
M. de Dampierre, M. Ferrand et M. Duport (violoncelliste)
eurent chacun une tabatière avec le portrait du Roi ; les
autres, qui n'étaient pas musiciens de profession, eurent une
montre et une tabatière. Les musiciens du Roi, à l'orchestre
et sur le théâtre, étaient payés en argent, 25 ou 30 louis chacun. M. de Moncrif, comme auteur, eut une montre à répétition[3].

Rouvert le *27 novembre 1748*, le théâtre n'occupait plus
le même emplacement. On l'avait dressé dans la cage de
l'escalier des Ambassadeurs. Il était beaucoup plus grand,
ce qui permit d'ajouter à l'orchestre un assez grand nombre
de musiciens de la chambre du Roi. Il était, de plus, mobile
et s'enlevait ou se remettait à volonté.

A l'ouverture de la nouvelle salle, on joua les *Surprises
de l'Amour*, ballet-opéra de Rameau. Le Roi y assista avec
le Dauphin, la Dauphine et Mesdames ; il y avait une quarantaine de spectateurs, et parmi eux le président Hénault. M. de
Clermont s'y fit remarquer par son jeu et sa belle voix de
basse-taille. Il fit aussi merveille dans *Tancrède*, de Douchet,
dont la musique était de Campra, l'un des plus beaux opéras
de l'ancienne scène lyrique. « La voix de M. le chevalier de
Clermont, dit Luynes, est basse-taille, et celle de Mme de Pompadour est sans contredit ce qu'il y a de mieux. Ils sont très
bons acteurs l'un et l'autre. Les rôles les plus difficiles sont
exécutés par Mme de Pompadour avec une perfection qui ne
laisse rien à désirer[4]. »

---

[1] A cette époque, parut le recueil des *Comédies et ballets des petits
appartements*, portant en tête cette mention : *Imprimé par commandement exprès de Sa Majesté*, contre lequel s'élevèrent les ennemis de
Mme de Pompadour, le marquis d'Argenson en tête.

[2] Fils aîné du duc du Maine.

[3] Luynes, IX.

[4] *Ibid.*

La Reine assista rarement à ces représentations, mais le Dauphin, la Dauphine, Mesdames surtout y vinrent assidûment. Il est extraordinaire que Mme de Pompadour ait pu suffire à la fatigue qu'elles devaient lui imposer. Toujours en scène, quelquefois jouant trois rôles, comme dans le ballet des *Eléments*[1], et changeant de costumes qui étaient d'un goût et d'une richesse incomparables. En janvier 1749, elle figura dans la pastorale d'*Acis et Galatée*, de Lulli; une charmante gouache de Cochin la représente jouant devant le public habituel de la Cour et successivement dans *Jupiter et Europe*, de Dugué et Duport; *Zélie*, de Ferrand; les *Amours de Ragonde*, *Silvie*, de Lagarde; le ballet des *Eléments*, le *Prince de Noisy*, de Rebel et Francœur. Dehesse composait presque toutes les danses.

Dans cette année 1749, on admettait aux nombreuses répétitions beaucoup de gens de la Cour et de la ville, et même des étrangers de marque; aux représentations, il n'en était pas de même, et les élus furent toujours très rares.

En 1750, le 28 février, Voltaire y vit représenter sa tragédie d'*Alzire*. Mme de Pompadour y tint le premier rôle, et M. de Duras joua Zamore.

Voltaire alla le lendemain à la toilette de la marquise, après lui avoir adressé cet impromptu, dans lequel il rappelait le succès qu'elle avait obtenu la veille :

> Cette Américaine parfaite
> Trop de larmes a fait couler.
> Ne pourrais-je me consoler
> Et voir Vénus à sa toilette?

Alzire fut rejouée le 6 mars.

La comédie du *Méchant* fut la dernière représentation des *appartements* (23 novembre 1750). Ce théâtre fut fermé et remplacé par le théâtre de Bellevue.

---

[1] Une aquarelle de Cochin a représenté le ballet des *Eléments* joué sur le théâtre de Versailles, sans doute celui des Cabinets. La musique était de Rebel et Francœur.

LE CHATEAU DE BELLEVUE
LES DÉPENSES DE Mme DE POMPADOUR

En 1750, était achevé le château de Bellevue, que Mme de Pompadour avait fait construire par Lassurance. « C'est un endroit délicieux, écrivait-elle à une amie. La maison, quoique pas bien grande, est commode et charmante, sans nulle espèce de magnificence. Nous y jouerons quelques comédies ; les spectacles de Versailles n'ont pas recommencé. Le Roi veut diminuer sa dépense dans toutes les parties, quoique celle-là soit peu considérable : le public croyant qu'elle l'est, j'ai voulu en ménager l'opinion et montrer l'exemple... »

Il n'était plus temps. L'opinion du public était faite et se donnait carrière, à défaut de journaux, par des chansons, des quatrains, des estampes satiriques, etc... Elle savait la détresse du Trésor et en faisait remonter la première cause aux dépenses qu'occasionnaient ces voyages coûteux, ces petits soupers, ces constructions ou restaurations incessantes, au gré des caprices du Roi ou de sa favorite. Les sentiments ont bien changé depuis sa maladie à Metz.

Voici un spécimen de l'une de ces satires :

> Parmi ces histrions qui règnent avec toi,
> Qui pourra désormais reconnoître son Roi ?
> Tes trésors sont ouverts à leurs folles dépenses ;
> Ils pillent tes sujets, épuisent tes finances,
> Moins pour renouveler tes ennuyeux plaisirs
> Que pour mieux assouvir leur infâmes désirs.
> Ton Etat aux abois, Louis, est ton ouvrage ;
> Mais crains de voir bientôt sur toi fondre l'orage.
> Aujourd'hui l'on t'élève en vain une statue ;
> A ta mort, je la vois par le peuple abattue.

L'entretien de Mme de Pompadour coûta cher. Sans insister sur les revenus et les propriétés qui lui furent assurés par le Roi[1] et qu'on peut évaluer à plusieurs millions, elle fit bâtir en 1748 le château de Bellevue ; en 1752, un hôtel à Versailles,

---

[1] En 1749, Louis XV lui paie 600,000 ou 700,000 livres de dettes ; en 1751, encore 400,000 livres pour la même raison. (D'Argenson, VI.)

rue des Réservoirs[1]; en 1759, l'*Ermitage*, construit sur le terrain du Petit Parc (6 arpents donnés par le Roi). Elle avait aussi des ermitages à Fontainebleau et à Compiègne. En 1746, elle avait acheté le château de Crécy, près de Dreux; en 1748, celui de la Celle (Saint-Cloud). En 1760, elle acheta Ménars[2], qu'elle alla visiter. Son passage sur le nouveau pont d'Orléans, construit par Hupeau, donna lieu à ce quatrain satirique :

> Censeurs, Hupeau est bien vengé;
> Reconnaissez votre ignorance.
> Son pont hardi a supporté
> Le plus lourd fardeau de la France[3].

En 1751, sa fortune dépassait, selon d'Argenson, plus de 20 millions (terres, meubles, pierreries et bijoux).

Le relevé des dépenses et des recettes de Mme de Pompadour, contenu dans un précieux manuscrit des Archives de Seine-et-Oise[4], montre bien à quel degré de gaspillage Mme de Pompadour avait contribué à mener les finances de l'Etat. Elle dépensa en dix-neuf ans 37 millions environ et, à sa mort, elle devait 1,700,000 livres. Parallèlement à ce luxe, d'Argenson nous apprend que la misère générale avait gagné la Cour. Les domestiques ne touchaient plus leurs gages.

Le gaspillage, qui contribua pour une si forte part à la ruine de notre marine et à la perte de nos colonies, finit par soulever contre elle le peuple accablé d'impôts et aux prises avec la cherté du pain, qu'on accusait le Roi d'augmenter encore par ses spéculations sur les blés. En 1750, il y eut une émeute sérieuse à Paris, pendant laquelle le peuple voulut aller à Versailles brûler le Château. « On fut obligé de mettre sur le chemin des troupes pour garder le pont de Sèvres et le défilé de Meudon. »

Bellevue fut inauguré le 25 novembre 1750 par Louis XV.

---

[1] Aujourd'hui l'Hôtel des Réservoirs (en partie).

[2] Elle avait fait bâtir ce château pour son frère, le marquis de Marigny. — Ménars est à 7 kilomètres de Blois.

[3] Barbier, VII.

[4] Publié par Le Roi, bibliothécaire de la ville de Versailles, sous le titre de *Relevé des dépenses de Mme de Pompadour*.

Le luxe de la réception fut, dit d'Argenson, un scandale.
Les invités avaient tous des habits uniformes de couleur
pourpre[1]; il y eut pour 800,000 livres de fleurs de porcelaine, peintes au naturel[2]. Louis XV prit l'habitude d'y aller
chaque semaine jouir d'une liberté sans étiquette, chasser
dans les bois environnants, jouer, souper et assister à la comédie.

Le 8 mai 1758, la Reine vint à Bellevue, visiter les jardins
et les bosquets entourés de treillages et garnis de lilas.

La même année, Mme de Pompadour achetait, un peu plus
bas que Bellevue, une petite maison pour aller souper : on
l'appela le *Taudis*, et plus tard *Brimborion*.

LA COUR DE VERSAILLES

JUSQU'A LA MORT DE Mme DE POMPADOUR (1750-1764)

En 1750, le 26 août, la Dauphine accoucha d'une fille qu'on
appela la *Petite Madame*. En 1751 (13 septembre), elle mettait au monde un fils (un duc de Bourgogne) au milieu de la
nuit, et d'une manière si imprévue que le cérémonial ordinaire ne put être d'abord observé. Le Dauphin eut la présence d'esprit d'appeler et de faire entrer tous les gardes du
corps, Suisses, et ce qui se trouvait, pour être témoins. « Il
les a fait entrer, dit Barbier, en culotte seulement, et deux
porteurs de chaises qui étaient dans l'antichambre. Le Roi,
qui couchait à Trianon « avec ses fidèles », fut mandé aussitôt. Les fêtes de cette naissance eurent lieu en décembre :
jeu dans la Grande-Galerie, appartement dans la Galerie, feu
d'artifice dans le Parc et grand souper chez la Reine.

En 1752 (10 février), mourait Madame Henriette, seconde
fille du Roi, enlevée par une fièvre putride. Le Roi, qui l'aimait beaucoup, l'avait veillée une partie de la nuit. Le lendemain, à minuit, « on transporta le corps de Madame, à découvert et habillé, sur un lit au Louvre; le lendemain, on en

---

[1] D'Argenson, VI.

[2] Elles venaient de la manufacture royale de Vincennes, transférée à
Sèvres en 1753.

fit l'ouverture, cérémonie affreuse et cruelle. Dès l'instant de la mort, les spectacles cessèrent pour quinze jours. Le carnaval fut lugubre; à Paris, il ne resta aucune apparence de plaisir.

« Madame étant mise au cercueil, on la déposa dans une chambre ardente, qui était tendue de blanc, ainsi que la cour du Louvre : tout le monde put y aller. M. le Dauphin et Mesdames y vinrent jeter l'eau bénite. Le 25, on porta le cœur au Val-de-Grâce, et le 26, se fit le grand convoi pour conduire le cercueil à Saint-Denis[1]. »

La même année (1752), Mme de Pompadour allait occuper, au rez-de-chaussée du Château, une partie de l'ancien appartement de la comtesse de Toulouse (salles 56 à 59). Le reste de l'appartement fut donné à Madame Adélaïde.

Le 8 septembre 1753, un nouvel enfant naissait à la Dauphine. Baptisé duc d'Aquitaine, il mourait quelques mois après. Le 23 août de l'année 1754, elle mettait au monde le duc de Berry, qui devait être Louis XVI. Pendant ce temps, Louis XV était à Choisy, à ses plaisirs.

Enfin, cette année vit encore la maladie du Dauphin (août), atteint de petite vérole. Il guérit grâce aux soins dévoués de la Dauphine et du duc de Bouillon, qui ne craignirent pas de rester au chevet de son lit, et à l'habileté du médecin Dumoulin. Sa guérison fut célébrée par une illumination générale du Château et un feu d'artifice (20 août).

Mme DE POMPADOUR ET SES RIVALES
LES PETITES MAITRESSES

Pendant dix ans, Mme de Pompadour dut lutter pour écarter les rivales que les factions de la Cour ne cessaient de lui opposer.

Dès 1747, on mettait en avant la comtesse de Périgord, fille du prince de Chalais. Mais celle-ci, aussi vertueuse que belle, répondit aux assiduités de Louis XV en s'exilant vo-

[1] *Mémoires du duc de Croy* (1727-1784).

lontairement dans sa terre de Chalais, près de Barbezieux, qui n'avait pas été habitée depuis un siècle.

La princesse de Rohan et la princesse de Robecq s'étaient mises aussi sur les rangs, la première proposée par le duc d'Ayen [1], celle-ci, d'une figure charmante et plus redoutable; mais Mme de Pompadour parvint à déjouer toutes ces intrigues. Puis vint Richelieu, qui essaya de glisser une maîtresse de son choix; et d'autres noms furent prononcés, comme ceux de Mme d'Estrades et de la comtesse de Forcalquier. Mais la rivalité la plus dangereuse allait venir de la jeune comtesse de Choiseul-Romanet, une autre Fontanges, parente de Mme d'Estrades, et que Mme de Pompadour avait d'abord favorisée en la faisant nommer dame surnuméraire de Mesdames. Mme d'Estrades, rebutée pour elle-même et soutenue par d'Argenson, intrigua pour la jeune femme, que le Roi avait remarquée. Les têtes travaillaient à la Cour depuis que le nouveau caprice du Roi était connu, et un fort parti eût été heureux de renverser Mme de Pompadour. « Forces imposantes des deux côtés; en somme, pour déjouer l'habile combinaison du clan d'Estrades-d'Argenson, il fallait un négociateur adroit et avant tout un homme sans scrupules et sans préjugés [2]. »

Cet homme se rencontra dans le comte de Stainville, qui devait être duc de Choiseul et premier ministre. Nous verrons plus loin quel genre de service il rendit à la favorite, et dont l'effet fut de la rassurer au sujet de l'influence qu'elle tenait à exercer jalousement sur le Roi.

Ce fut alors que, pour être certaine de ne plus être menacée par une nouvelle maîtresse, elle commença, avec l'aide de Lebel et de Bachelier, premiers valets de chambre de Louis XV, à jeter au Roi des jeunes filles sans importance, « beautés inconnues », dont il s'amusait et qu'il changeait à volonté, « en les récompensant quand il les renvoyoit, soit pour les marier ou autrement ». (Barbier.) Lebel était en même temps concierge du Château. Il amenait dans son propre domicile, bientôt surnommé le *Trébuchet*, non pas

---

[1] Fils aîné du maréchal de Noailles et ami particulier de Louis XV. Son esprit caustique et son franc-parler étaient bien connus.

[2] Comte Fleury, *Louis XV intime*.

des enfants, comme on l'a répété à tort, mais de malheureuses filles vendues par leurs parents. Ce furent *les petites maîtresses*. Quelques-unes sont bien connues : ainsi la Morphise (Mlle Morphy) et Mlle de Romans.

Louis XV, dit Mme Campan, avait acheté, « au Parc-aux-Cerfs[1], à Versailles, une jolie maison où il logeait une des maîtresses obscures que l'indulgence ou la politique de Mme de Pompadour avait tolérées pour ne pas perdre ses droits de maîtresse en titre ».

La date de l'acquisition est sans doute l'année 1753, et Mme de Pompadour en devint, comme le nom lui en fut donné, la *surintendante*. Cette petite maison était située rue Saint-Médéric, sur l'emplacement des n°s 2 et 4 actuels; différents travaux l'ont complètement transformée. Elle pouvait loger une ou deux pensionnaires, avec quelques domestiques.

Le Roi se cachait pour y venir, se faisait passer pour un prince polonais. Parfois, ces malheureuses venaient chez Lebel, parfois rue Saint-Médéric. Le cas échéant, Mme de Pompadour mettait son ermitage de la rue Maurepas à la disposition de Sa Majesté, et Mlle de Charolais, sa maison de la Meutte. Mais, outre les maisons où demeuraient successivement « les petites maîtresses », il y en avait pour les accouchements, avec tout un personnel des *plaisirs secrets du Roi*, sous la direction de Mme de Pompadour, secondée par sa femme de chambre, Mme du Hausset, et par une dame Bertrand, qui était chargée, sous le titre de gouvernante, de la garde des pensionnaires. On avait organisé aussi un service spécial pour les pensions et les dots destinées aux enfants et aux mères. Il y avait des fonds pour payer les jeunes filles aux parents qui les livraient à Lebel, quand le Roi, après avoir vu leur portrait, les acceptait. Toutes ces dépenses se faisaient à l'aide des acquits-à-caution, c'est-à-dire des sommes délivrées au Trésor royal sur la simple signature du Roi, sans contrôle[2].

Ces désordres se continuèrent jusqu'à la mort de Mme de Pompadour (1764) et le commencement de la faveur de

---

[1] Ou, pour préciser, dans le quartier, alors presque désert, de l'ancien Parc-aux-Cerfs.

[2] Dussieux, *Le Château de Versailles*, t. I.

Mᵐᵉ Du Barry (1768). En 1762, il eut, d'une demoiselle de Romans, un fils qu'il reconnut[1] et qui devint l'abbé de Bourbon. Il mourut en 1787[2].

En 1771, Louis XV vendit sa maison de la rue Saint-Médéric.

LA POLITIQUE DE LOUIS XV — LE SECRET DU ROI

Dès 1755, Mᵐᵉ de Pompadour était devenue une sorte de premier ministre, bien qu'il n'y eût plus entre elle et le Roi que de « l'amitié ». Elle paraît plus omnipotente que ne le fut le cardinal de Richelieu. Louis XV est tellement l'esclave de sa basse sensualité qu'il ne peut rester un seul instant, comme le fut son bisaïeul, « le maître absolu de son esprit ». C'est « le caprice avec tout l'imprévu de ses fantaisies » qui, sous lui, gouverne la France. Mᵐᵉ de Pompadour tient les rênes avec l'aide des frères Pâris, plus influents que jamais depuis la mort de Fleury; elle nomme et chasse les ministres et les généraux[3], et tandis qu'elle comble sa famille de faveurs prodigieuses, elle bouleverse les alliances de la France.

De nature molle et dissolue, incapable de volonté, Louis XV a pourtant, dans les affaires extérieures, une certaine finesse, le sens de la dignité, mais il lui manque le courage d'agir. Pour laisser leur direction entre les mains de ministres ou de favorites, il ne s'en désintéresse pas et il s'en occupe dans

---

[1] Il fut baptisé dans l'église de Chaillot, sous le nom de Bourbon, fils de Louis de Bourbon et de demoiselle Anne Couppier de Romans, dame de Meilly-Colonge. Mˡˡᵉ de Romans épousa ensuite un marquis de Cavanac. (Comte Fleury, *Louis XV intime*.)

[2] Le nombre des bâtards de Louis XV est d'environ vingt-cinq ou trente, parmi lesquels l'abbé de Bourbon, l'abbé Leduc, fils d'une demoiselle Tiercelin, le comédien d'Orvigny, Mˡˡᵉ de Saint-André, une fille de la Morphise, etc. (Dussieux, *Généalogie de la Maison de Bourbon*.)

[3] Le comte d'Argenson, ministre de la Guerre, frère du marquis (ministre des Affaires étrangères de 1744 à 1747), qui avait fait d'excellentes réformes, fut enveloppé dans la disgrâce de Machault, ministre de la Marine, en 1757, et autre réformateur. Elle éleva Bernis aux Affaires étrangères et le remplaça plus tard par Choiseul, pour récompenser un service personnel; elle enleva le commandement de l'armée de Hanovre au maréchal d'Estrées et le remplaça par Richelieu; elle fit nommer Soubise maréchal de France, après Rosbach.

le secret, avec des hommes à lui, par esprit de défiance et aussi pour goûter la satisfaction secrète de jouer ses confidents les plus intimes, de les prendre en faute[1].

Ce *secret du Roi* est une sorte de gouvernement occulte qui surveille et contrecarre à l'occasion le gouvernement officiel. En 1742, Louis XV correspond avec le maréchal de Noailles sur les affaires de l'Etat, mais cette correspondance est d'un caractère assez trivial. « C'est le ton d'un roi qui se laisse aller[2]. » En 1752, il établit, avec l'aide du comte de Broglie, une sorte de ministère des Affaires étrangères clandestin qui durera vingt ans, mais sans grand esprit de suite. Il lui arrivera cependant d'imprimer à la politique étrangère une allure personnelle, par exemple, dans le renversement des alliances au moment de la guerre de Sept ans[3].

Dès 1758, l'Autriche cherchait avec la France un rapprochement, que finirent par rendre possible les brusques volte-face et les brutalités de langage de Frédéric II. Louis XV trouvait le roi de Prusse « ingrat pour le passé et inquiétant pour l'avenir ». Bernis, ambassadeur à Venise, protégé de Mme de Pompadour et nommé ministre des Affaires étrangères, en négociant avec le cabinet de Vienne, obéissait aussi bien aux vœux du Roi qu'au désir de la favorite. Il eut le mérite de montrer qu'en rendant trop puissants les rois de Sardaigne et de Prusse, nous n'avions fait « de ces deux princes que des ingrats et des rivaux », mais il eût voulu s'en tenir à une alliance défensive; malheureusement, Louis XV, cédant à Mme de Pompadour, abandonna Conti et la combinaison de son établissement sur le trône de Pologne. Il seconda, sous l'impulsion de la favorite, la Cour de Saxe, qui voulait réduire l'influence prussienne, et exauça le plus

---

[1] Louis XV entretint d'abord en Pologne, pour préparer l'élection du prince de Conti (projet qui ne devait pas aboutir), puis dans diverses autres Cours, des agents secrets qui correspondaient directement avec lui, à l'insu de ses propres ministres et de Mme de Pompadour. Parmi eux, il y eut des hommes de valeur, comme le baron de Breteuil, les comtes de Saint-Priest, de Vergennes, et aussi des aventuriers, comme l'équivoque chevalier d'Eon, Favier et Dumouriez.

[2] Sainte-Beuve, *Nouveaux Lundis*, t. X.

[3] Cette diplomatie secrète fut dirigée par Tercier à plusieurs reprises, surtout de 1762 à 1767. Le prince de Conti la dirigea également pendant une période du règne, de 1743 à 1756.

cher désir de Marie-Thérèse, de déchaîner une guerre continentale, avec la France pour alliée. Le traité de Versailles fut signé.

L'OPPOSITION — L'ATTENTAT DE DAMIENS

C'est l'apogée de la puissance de la favorite. L'indolence du Roi, vrai roi fainéant, est telle que, selon l'expression d'un contemporain, Mme de Tencin, « ce qui se passe dans son royaume paraît ne pas le regarder; il n'est affecté de rien ». Un observateur bien placé et impartial, le duc de Luynes, confirme à plusieurs reprises cette opinion et montre l'indifférence de Louis XV à s'occuper sérieusement des affaires de l'Etat, à faire exécuter ses décisions. Les intrigues continuelles, les changements de ministres, le relâchement de la discipline dans l'armée, l'absence de responsabilités, joints au désarroi du Trésor public, ont établi un état d'*anarchie dépensière* (le mot est de D'Argenson). La corruption est en tout lieu. On vole partout et surtout au loin, dans nos colonies, au Canada, que nous perdons, parce que l'Angleterre y a trois alliés qui la servent sans subsides : discorde, famine et concussion[1].

L'opposition devenait de plus en plus vive. Les parlements continuaient à s'agiter au sujet des impôts; partout on s'élevait contre la déprédation des finances. La royauté était attaquée dans son essence, et Voltaire écrivait : « Messieurs du Parlement brûleront bientôt les édits du seigneur roi. » La *Théorie de l'Impôt*, du marquis de Mirabeau, était lue dans tout le pays et le peuple faisait des émeutes : Paris se révolta à plusieurs reprises. A Versailles, on jetait partout, même chez le Roi, des billets d'une incroyable violence. En voici un :

> Tu vas à Choisy et à Crécy;
> Que ne vas-tu à Saint-Denis!

Au fort de ces luttes, le 5 janvier 1757, à six heures du soir, Louis XV, descendu de ses appartements, allait monter dans son carrosse, rangé contre les marches de la cour de

---

[1] La chute de Montcalm au Canada est de 1759.

Marbre, lorsqu'il fut blessé d'un coup de couteau par Damiens. Voici le récit de ce tragique événement fait par un contemporain :

Après dîner, le Roi revint de Trianon pour voir Madame Victoire qui était un peu incommodée. Il avait donné l'ordre à cinq heures et demie pour retourner à Trianon ; ses carrosses l'attendaient à la porte de la nouvelle salle des Gardes. Le Roi descendit à six heures, précédé par M. de Montmirail, ayant à sa droite et à sa gauche M. de Brionne et M. le Premier, en avant M. de Baudreville, écuyer de quartier, Mgr le Dauphin à côté de lui, du côté gauche, et M. le duc d'Ayen derrière lui. Il y a plusieurs marches de la salle des Gardes dans la cour ; le Roi était au bas de la dernière marche, lorsqu'il se sentit frappé du côté droit et dit : « On m'a donné un grand coup de coude. » On vit en même temps un homme, environ de quarante-cinq ans, habillé de brun avec une redingote brune, qui avait son chapeau sur la tête. Mgr le Dauphin lui dit : « Est-ce que tu ne vois pas le Roi ? » Et un garde du corps lui jeta son chapeau à bas. M. Didreville, écuyer du Roi auprès de Mgr le Dauphin, avait déjà saisi l'homme fortement par les deux épaules, mais était prêt à le lâcher (c'est de lui que je le sais), croyant que c'était un paysan étourdi. Le Roi ayant porté sa main à l'endroit du coup, qui est entre la quatrième et la cinquième côte, la retira pleine de sang et dit : « Je suis blessé, et c'est cet homme qui m'a frappé. » Le voyant arrêté, il ajouta : « Qu'on le garde et qu'on ne le tue pas. »

Il y avait eu un espace de quelques secondes depuis le moment du coup jusqu'à celui où l'écuyer du Roi saisit ce misérable. Il aurait pu profiter de ce temps pour se sauver au milieu des hommes et des chevaux ; mais, soit étonnement de l'horreur de son crime ou indifférence pour la vie, il resta..... Le Roi perdait beaucoup de sang ; cependant, il remonta son escalier sans être soutenu. Il devait coucher à Trianon ; aussi, n'y avait-il ni linge pour lui, ni draps dans son lit, ni valet de chambre, ni même M. de la Martinière, premier chirurgien, qui était venu à Versailles et retourné à Trianon. On coucha le Roi sur ses matelas, sans draps ; tous ceux qui se trouvèrent autour de lui le déshabillèrent. On avertit M. Hévin, chirurgien de Mme la Dauphine. Le Roi avait de l'étouffement en ce moment ; M. Hévin le saigna. M. de la Martinière étant arrivé, sonda la plaie ; la sonde entra jusqu'à la côte et lui fit voir que l'ouverture ne perçait point par en bas, mais seulement un peu en haut, et était en tout de la longueur d'environ quatre pouces, sans avoir vraisemblablement rien offensé, ce qui s'est vérifié depuis, à n'en pouvoir pas douter..... On saigna le Roi, le soir, une seconde fois. La nuit n'a pas été fort bonne, d'autant plus que le Roi a coutume de se coucher du côté droit, qui est celui de la plaie, et qu'il a été obligé de se tourner de l'autre côté ; cependant, il a dormi. M. de la Martinière lui a dit que s'il était un simple particulier, il aurait pu se lever en robe de chambre dès aujourd'hui, et l'on regarde la guérison de cette plaie comme une affaire de deux ou trois jours. (Barbier.)

Damiens avait à la main un couteau à deux lames et s'était servi de la plus mince pour frapper le Roi. Il lui fit une blessure légère qui ne demanda que quelques jours de repos.

CHOISEUL PREMIER MINISTRE

C'est dans la deuxième période de la guerre de Sept ans que Choiseul fut appelé au ministère des Affaires étrangères, à la place de Bernis.

Choiseul, Lorrain d'origine, n'était encore en 1753 que maréchal de camp et comte de Stainville. La première cause de sa fortune fut un service de courtisan rendu à Mme de Pompadour : un billet galant du Roi à la comtesse de Choiseul-Romanet, sa belle-sœur, trouvé par lui et porté à la favorite. Celle-ci, ainsi avertie, chassa de la Cour sa naissante rivale et eut raison du complot ourdi contre elle. Elle en récompensa Stainville en le nommant ambassadeur à Rome, puis à Vienne (1757). En 1758, il était créé duc de Choiseul, pair de France et appelé au ministère des Affaires étrangères. « Présomptueux, libertin, méprisant les femmes, il dut aux femmes, et à trois d'entre elles en particulier, la plus grande part de sa haute fortune » : Mlle Crozat, fille d'un millionnaire de la finance, femme de mérite, bonne et généreuse[1] ; Mme de Gramont, sa propre sœur, qui stimula l'ambition de son frère en l'empêchant de s'attarder au « badinage »; enfin, Mme de Pompadour, qui l'éleva jusqu'au sommet, en reconnaissance du service rendu. Physiquement, il était petit, roux et d'une figure peu agréable, mais son esprit était vif, sémillant et caustique; il avait de l'audace dans le caractère, de la décision, de la suite dans les desseins. Pendant les douze ans de son ministère, il eut le mérite de voir nettement les intérêts de la France et de comprendre que « la véritable guerre » était la lutte contre l'Angleterre. Malheureusement, la conti-

---

[1] H. Walpole disait d'elle : « C'est la plus gentille, la plus aimable créature qui soit sortie d'un œuf enchanté. » Il appelait Mme de Gramont « une amazone ».

nuité de la guerre continentale, consacrée par un nouveau traité, demandé par Mme de Pompadour et le Roi, et le manque de chefs énergiques firent échouer la guerre maritime. Il faudra en revenir à la politique pacifique de Bernis. En 1760, Choiseul espérait obtenir de l'Angleterre, par l'intermédiaire de la Russie, notre alliée, une paix avantageuse, mais il eût fallu céder à celle-ci une partie de la Pologne, que Louis XV, gagné par la Dauphine, voulait réserver pour un prince de Saxe ; et c'est ainsi que le *Secret du Roi* défaisait l'œuvre habile du premier ministre.

En 1761, Choiseul avait mis aux Affaires étrangères son cousin, Praslin, qui ne fut que sa doublure. Il prit pour lui les ministères de la Guerre et de la Marine[1]. La même année, il faisait signer le *Pacte de famille* (15 août), qui unissait *pour toujours* les deux familles de France et d'Espagne dans une protection réciproque contre l'Angleterre. Mais la mort de la tsarine Élisabeth (5 janvier 1762) et l'alliance de son successeur, Pierre III, avec Frédéric, jointes à l'épuisement des belligérants, ramenèrent la paix entre la France, l'Angleterre et l'Espagne par le traité de Paris (10 février 1763).

L'ÉTAT DE L'OPINION APRÈS LA GUERRE DE SEPT ANS

La guerre de Sept ans avait avili la France et la monarchie, et le langage de l'opposition contre le Gouvernement commença à devenir de plus en plus violent. A Grenoble, en 1763, on avait affiché un placard séditieux ainsi conçu : « O France, ô peuple esclave et servile ! En méprisant les lois, on t'arrache tes biens pour en former des chaînes. Le souffriras-tu, peuple malheureux[2] ? » Les succès de Frédéric II avaient fait de lui l'homme du jour ; ses portraits, aussi nombreux que ceux de Voltaire, encombraient Paris. C'était comme une protestation contre nos généraux incapables, créatures de favoris, comme Soubise, commandant des troupes,

---

[1] De 1766 à 1770. Il confia la Marine à son cousin, conserva la Guerre et reprit les Affaires étrangères.

[2] Vicomte de Guichen, *Crépuscule d'ancien régime* ; — *Paris et Versailles, Journal anecdotique de 1712 à 1789*, par Hippeau.

d'ailleurs mal recrutées et toujours prêtes à se révolter. Le comte de Saint-Germain, qui avait rallié l'armée après la défaite de Rosbach, constatait que le Roi avait « la plus mauvaise infanterie qui soit sous le ciel et la plus indisciplinée[1] ». Après ce désastre, un cri d'indignation générale avait été poussé contre Louis XV et la Cour. Le contraste entre ce roi dégénéré, mené par une maîtresse, et qui ternissait l'héritage de gloire laissé par ses ancêtres, et ce roi nouveau, vaillant et habile, infatigable, toujours à la tête de ses armées qu'il conduisait à des victoires éclatantes, avait surexcité les esprits au plus haut point et jusqu'à la démoralisation.

Les philosophes regardaient Frédéric, « le philosophe couronné », comme leur protecteur. D'Alembert se réjouissait de ses succès[2], Voltaire les glorifiait, et, malgré ses brouilles fréquentes, admirait un roi « qui emportait Bayle dans son bagage de campagne et qui n'avait peur d'aucune idée[3] ». Au milieu de ce désarroi et de cette désaffection, qui se traduisait par des libelles et des placards séditieux affichés aux endroits les plus fréquentés de Paris[4], on entendait vanter la libre Angleterre, la Prusse victorieuse, la Chine même, que personne ne connaissait. On parlait de « nation aplatie, de décomposition générale » ; on prononçait enfin le mot de *décadence*. Gouvernement, Noblesse, Église, la dissolution paraissait complète.

L'esprit public, de plus en plus hostile au pouvoir absolu, est favorable aux philosophes, à l'esprit d'examen ; partout, on raisonne furieusement « en matière de finance et de gouvernement ». « Les Français, écrit Walpole, affectent la philosophie, la littérature et le *libre penser*... J'ai dîné aujourd'hui avec une demi-douzaine de savants et, quoique tous les domestiques fussent là pour le service, la conver-

---

[1] Lettre à Pâris-Duverney. (Aubertin, *L'Esprit public au XVIIIe siècle*.) — C'est lui qui disait, en montrant le quartier général du comte de Clermont, son supérieur : « Voilà l'ennemi ! »

[2] Lettre de D'Alembert à Voltaire ; — Tocqueville, *Histoire philosophique du règne de Louis XV*.

[3] G. Lanson, *Voltaire*, 1906.

[4] Dans l'un, il était dit que « si l'on ne faisait payer cinquante millions au clergé et de grosses sommes aux fermiers généraux, qui jouissaient chacun de deux cent mille livres de rente, trois cent mille hommes étaient, avec un chef, prêts à prendre les armes ». (Barbier, VII.)

sation a été beaucoup moins réservée, même sur l'Ancien
Testament, que je ne l'aurais souffert à ma table en Angleterre, ne fût-ce qu'en présence d'un seul laquais [1]. »

Et dans une autre lettre : « Le rire est aussi passé de mode
que les pantins et les bilboquets. Les pauvres gens, ils n'ont
pas le temps de rire. D'abord, il faut jeter par terre Dieu et le
Roi ; hommes et femmes, tous, jusqu'au dernier, travaillent
dévotement à cette démolition. »

LA MORT DE Mme DE POMPADOUR — SON INFLUENCE

En 1764, la santé de Mme de Pompadour, depuis longtemps
compromise, devint tout à fait mauvaise. Délicate, elle n'avait
pas tardé à s'user à cette vie de Cour, vie terrible de représentations continuelles, de soupers de petits cabinets, de théâtre,
de voyages et de déplacements ininterrompus. Joignez à cela
les tracas d'argent [2] et les intrigues incessantes à nouer et à
dénouer, et sa position à défendre tous les jours. « Ma vie est
un combat », s'écriait-elle souvent, et elle ne cachait pas ses
larmes à ses amis. Épuisée par l'anémie, crachant le sang,
avec des palpitations terribles, « pendant lesquelles son
cœur semblait sauter », elle n'est plus que l'ombre d'elle-
même. Jaune, décharnée, elle cachait, à force de blanc
et de rouge, les ravages que la maladie imprimait à son
visage autrefois si frais et si aimable. La malheureuse femme
payait cher la satisfaction d'être une sorte de reine de France.
Enfin, dans un voyage de Choisy, pendant le mois de mars,
le mal fut plus fort que sa volonté ; elle fut contrainte de
garder le lit. Une diminution de la maladie permit de la
transporter à Versailles, mais elle n'y arriva que pour mourir

---

[1] A George Montagu, 22 septembre 1765. — Qu'on lise les lettres des
nombreux étrangers qui visitaient alors la France et approchaient le
monde de la ville et de la Cour ; ils sont unanimes à dénoncer cette
tendance bien caractérisée à l'athéisme, qui a ses pontifes et ses
fidèles.

[2] Depuis quelques années, le Roi ne pouvant plus lui donner le revenu
qu'elle recevait autrefois, elle s'était couverte de dettes. Quand elle mourut, elle n'avait plus que 37 louis chez elle. Elle devait 1,700,000 livres,
d'après son intendant Collin.

bientôt après (15 avril). Elle avait quarante-deux ans et demi[1].

Une loi formelle interdisait de laisser un cadavre séjourner dans la demeure royale. Pas plus que pour Mme de Vintimille, il ne fut fait d'exception pour Mme de Pompadour, et le soir même du 15 avril, on emportait son corps. « J'ai vu passer deux hommes portant une civière, raconta la duchesse de Praslin à Cheverny dans la soirée ; lorsqu'ils se sont approchés (ils sont passés sous mes fenêtres), j'ai vu que c'était le corps d'une femme, couvert seulement d'un drap si succinct que la forme de la tête, des seins, du ventre et des jambes se prononçait très distinctement... c'était le corps de cette pauvre femme qui, selon la loi stricte qu'aucun mort ne pouvait rester dans le château, venait d'être porté chez elle... » Et Mme de Praslin, en faisant son récit, encore sous le coup de l'émotion, fondait en larmes. « Ce fut pour nous deux, ajoute Cheverny, un beau chapitre de moralité qui fut interrompu bientôt par la quantité des courtisans que cette mort attirait à Versailles. »

Le Roi avait visité Mme de Pompadour tous les jours jusqu'à la veille de sa mort. Très triste d'abord, mais « voyant que la maladie était longue et sans ressource, il s'était fait un *calus* là-dessus et n'en paraissait pas affecté[2] ». Le soir de sa mort, il contremanda le grand couvert, mais il cacha si bien ses sentiments que les contemporains l'ont accusé d'indifférence. Les soupers des petits appartements ont repris et déjà les convoitises s'éveillent. « Chaque femme de la société, dit Cheverny, tâchait d'attraper le gant, si le Roi voulait le jeter. » Et Mme de Pompadour n'est pas encore ensevelie !... Cependant, le jour de l'enterrement arriva. Ainsi que l'avait ordonné son testament, le corps de la marquise, suivi de douze carrosses drapés, fut transporté le soir aux Capucines de la place Vendôme, et déposé près de sa fille Alexandrine, dans le caveau qu'elle avait acquis de la famille de la Trémoïlle, ce caveau dans lequel elle avait prétendu qu'elle se ferait ensevelir toute vive si jamais le Roi la quittait. Il avait été demandé qu'une oraison funèbre précédât l'inhumation. Le

[1] Elle était née en 1721.
[2] Duc de Croy, *Journal inédit*.

capucin chargé de cette mission difficile commença ainsi son discours : « Je reçois le corps de très haute et très puissante dame, Mme la marquise de Pompadour, dame du palais de la Reine. Elle était à l'école de toutes les vertus, car la Reine, modèle de bonté, de piété, de modestie et d'indulgence, etc. » Et pendant un quart d'heure, à propos de la marquise, il fit l'éloge de Marie Leczinska.

Le corps fut ensuite descendu dans le caveau, et comme le prétendit alors la princesse de Talmont, « les grands os de la Trémoïlle durent être bien étonnés de sentir près d'eux les arêtes des Poisson[1] ».

Si l'on en croit certains historiens[2], Louis XV, au moment où l'on emportait le corps de Mme de Pompadour, par une pluie battante, aurait dit en regardant, par la fenêtre, le funèbre cortège : « La marquise n'aura pas beau temps pour son voyage ! » La vérité, c'est que Louis XV oublia le lendemain Mme de Pompadour et chercha de nouvelles distractions ; la vie de Cour reprit aussitôt, mais, au jour des obsèques, comme le rapporte un témoin[3], « le Roi prend Champlost par le bras ; arrivé à la porte du cabinet intime (donnant sur le balcon qui fait face à l'avenue de la Cour), il lui fait fermer la porte d'entrée et se met avec lui dehors sur le balcon. Il garde un silence religieux, voit le convoi enfiler l'avenue, et malgré le mauvais temps et l'injure de l'air auxquels il paraissait insensible, il le suit des yeux jusqu'à ce qu'il perde de vue tout l'enterrement. Il rentre alors dans l'appartement ; deux grosses larmes coulaient encore le long de ses joues et il ne dit à Champlost que ce seul mot : « Voilà les « seuls devoirs que j'ai pu lui rendre ! » Paroles les plus éloquentes qu'il put prononcer dans l'instant. A Sénac, son médecin, Louis XV avait dit aussi : « Il n'y a que moi, Sénac, « qui sache la perte que je fais. » Une fois au moins, dans la seconde partie de sa vie, Louis XV fut accessible à un sentiment essentiellement humain. Ce sentiment a pu être de très brève durée, mais il a existé[4] ».

---

[1] Comte Fleury, *Louis XV intime.*
[2] Les Goncourt, *Mme de Pompadour*; — Sainte-Beuve, *Mme de Pompadour.*
[3] *Mémoires de Cheverny.*
[4] Comte Fleury, *Louis XV intime*, XII.

« Une connaissance de près de vingt ans et une amitié
sûre », tels sont, condensés en quelques mots, dans une lettre
qu'il adresse à son gendre, l'infant Don Philippe, souverain
de Parme, les regrets du Roi. Malgré les intrigues souterraines et les attaques des pamphlétaires, la Cour, d'une
manière générale, s'était habituée à cette souveraineté de
Mme de Pompadour. Puisque Louis XV ne pouvait se passer
de favorite, « on était, dit le duc de Croy, plus content de
celle-là que des autres, dont on aurait craint pis. Ce qu'il y
avait le plus à lui reprocher, c'étaient les dépenses considérables pour des riens et les dérangements que cela paraissait
mettre dans les finances. Tout le reste parlait en sa faveur :
elle protégeait les arts, et en général faisait du bien et point
de mal[1] ».

Il est cependant établi qu'elle n'hésita pas à frapper ceux
qu'elle avait élevés et qui avaient cessé d'être dociles, ou ceux
qui avaient blessé son amour-propre, sa susceptibilité fémi-
nine. Sans grands vices, suivant l'expression de Bernis, qui
eut à se plaindre d'elle, sans qu'il la juge injustement, elle
eut « toutes les petites misères et la légèreté des femmes
enivrées de leur figure et de la supériorité de leur esprit ; elle
faisait le mal sans être méchante, et du bien par enjouement;
son amitié était jalouse comme l'amour, légère, inconstante
comme lui, et jamais assurée ».

Elle était peu généreuse de nature et plutôt sèche, sous des
dehors aimables qui tenaient surtout à son désir de briller,
de dominer. Son tempérament de « macreuse », comme elle
le disait elle-même à Mme du Hausset, figeait sa sensibilité.
Plus d'une fois, elle se montra vindicative et peu capable de
pardonner à propos. Par les instincts et par les manières,
elle resta toujours une bourgeoise, sinon une *grisette*, suivant
le mot de Voltaire qui, alors, n'était plus courtisan. Malgré
son titre de marquise et ses qualités brillantes, elle ne fut
jamais une grande dame, comme l'avait été Mme de Châteauroux ou, sous Louis XIV, Mme de Montespan.

Elle fut vaniteuse, et c'est par là qu'elle chercha à avoir
pour elle l'opinion publique, portée aux idées nouvelles,
faisant des avances aux philosophes et aux écrivains, défen-

[1] Duc de Croy, *Mémoires.*

dant l'*Encyclopédie*, prêtant la main à l'expulsion des jésuites[1], comptant par cette tactique consolider son pouvoir et rester la dispensatrice de tous les dons et faveurs pour ses créatures, que ce fût dans l'armée, dans la finance ou dans la diplomatie.

Aux yeux de la postérité, elle passa pour avoir exercé une influence heureuse sur l'art de son temps. Ce serait le seul véritable bien qu'elle eût fait.

Voltaire, en dédiant à Mme de Pompadour sa tragédie de *Tancrède*, vante son action salutaire : « Continuez, Madame, à favoriser tous les beaux-arts ; ils font la gloire d'une nation, ils sont chers aux belles âmes ; il n'y a que les esprits durs et insipides qui les dédaignent. *Vous en avez cultivé plusieurs avec succès et il n'en est aucun sur lequel vous n'ayez des lumières...* »

En effet, son protecteur, Le Normant de Tournehem, lui avait fait apprendre, comme nous l'avons dit, tous les arts d'agrément : chant, clavecin, dessin, gravure à l'eau-forte et sur pierres fines. Elle pratiqua cette dernière au temps de sa puissance, avec les conseils de Boucher, de Cochin, de Guay, d'Eisen et de Vien, sans s'y être d'ailleurs véritablement distinguée.

L' « art Pompadour » ou « des Petits-Maîtres », fort décrié par l'école de David, bénéficia de la réaction qui devait s'opérer un demi-siècle plus tard. Dans une série d'articles de la *Gazette des Beaux-Arts* sur *l'Art et les femmes en France* (exclusivement consacrés en réalité à Mme de Pompadour), M. de La Fizelière écrivait, en 1859 : « ... Tableaux, statues, villas, palais, meubles, bronzes, bijoux, romans, madrigaux, toilettes portent l'empreinte irrécusable de l'esprit, de la gaieté, de la légèreté, de la grâce, de la sensualité et de la coquetterie de cette femme heureusement douée et irrésistible. Elle a cherché en toute occasion le plaisir dans l'art et n'a pas cessé d'inciter les artistes qu'elle favorisait à l'y introduire. Tout autour d'elle devint souple, facile[2]... »

---

[1] « Dans le fond de son cœur, disait un jour Voltaire, elle est des nôtres. »

[2] La manufacture royale de porcelaine de Vincennes avait été transférée à Sèvres en 1753. Ses merveilleux produits étaient exposés chaque

Paul Mantz attribue à Mme de Pompadour une influence
sur le style du mobilier, « style nouveau qui tranchait par sa
simplicité sur l'ancien »; mais les Goncourt s'élèvent contre
une doctrine qui tendait à se faire jour, regardant Mme de
Pompadour comme une sorte de restauratrice « de l'art grec
et des objets de mobilier et d'art attribués à son inspiration,
des objets aux lignes droites ».

En réalité, comme l'a dit avec raison un historien contemporain, Mme de Pompadour ne pouvait demeurer attachée à
des formes qui avaient eu leur plus grand succès bien avant
l'époque de sa faveur et que l'on commençait dès lors à
déclarer surannées et ridicules. « Elle s'est trouvée, au contraire, acquise de bonne heure au goût de l'antique, qui
s'affirmait en France dès le milieu du siècle et que l'administration de son frère[1] devait faire prévaloir dans tous les arts. »

Elle fut un des types les plus complets de l'amateur au
xviiie siècle, mais on entendait par là simplement qu'elle en
refléta « tous les goûts, bien plus qu'elle ne les suscita. Elle
suivit docilement l'évolution de la mode changeante[2] ». Quand
elle arriva au pouvoir, les représentants du style rocaille,
Oppenord et surtout Meissonnier, sont déjà en plein déclin.
Elle n'essaya pas de les défendre, de remonter un courant,
mais elle ne paraît pas avoir eu pour eux d'aversion bien
décidée[3].

Terminons sur ce chapitre avec l'opinion d'un critique
éminent : « Si la marquise fit nommer à la surintendance
des bâtiments son oncle, d'abord, puis son frère, ce fut sans
doute pour s'y assurer une influence immédiate et directe;
mais il y aurait vraiment un peu plus que de l'exagération et

annuée à Versailles. Mme de Pompadour, qui protégeait avec ardeur la
manufacture, se transformait pendant les expositions en marchande et
vendait de ses jolies mains les belles porcelaines tendres qui resteront
comme le plus charmant modèle de l'art décoratif du xviiie siècle.

[1] De Nolhac, *Louis XV et Madame de Pompadour*. — Son « frérot »,
comme elle disait, avait, sur ses conseils et pour se préparer à ses
futures fonctions de surintendant des Beaux-Arts, visité l'Italie, sous la
direction de Cochin, de Soufflot et de l'abbé Leblanc. Le Normant de
Tournehem avait préparé ce voyage.

[2] André Michel, *Journal des Débats*, 1903. — C'était aussi l'opinion
de Courajod.

[3] Comme cela paraît résulter de la commande pour sa table des
fameux moutardiers en argent ciselé de la collection Falize.

quelque ridicule à prétendre que ce fut pour préparer le triomphe d'une réforme, concertée et voulue par elle! En réalité, son peintre favori, celui qui l'a peut-être le mieux peinte, moins dans ses portraits officiels que dans cette sensuelle et grassouillette néréide nue, appuyée à l'épaule d'un triton, dans un coin et au premier plan du *Lever de Soleil*, c'est Boucher. Il lui a fourni infatigablement, jusqu'à sa mort, le principal du décor de ses appartements, et leurs deux noms resteront à bon droit associés dans l'histoire de l'art. Si elle a fait bon accueil à la mode nouvelle, que vit triompher Boucher vieillissant, mais toujours bien en Cour, rien n'autorise à dire qu'elle l'ait inspirée.

« Je ne pense pas, pour ma part, que la fantaisie, le goût ou l'autorité d'une femme suffisent à créer un style. La production des œuvres d'art et l'évolution des formes plastiques tiennent à des origines et à des lois plus générales et plus profondes. Mme de Pompadour elle-même fut un *effet*, plus qu'une *cause*, un joli bibelot de son temps[1]. »

FIN DU RÈGNE DE LOUIS XV (1763-1774)

LES INTRIGUES APRÈS LA MORT DE Mme DE POMPADOUR
LA SITUATION DE CHOISEUL
LA MORT DU DAUPHIN ET DE LA DAUPHINE

Mme de Pompadour à peine morte, les ambitions qui s'agitaient dans l'ombre se donnent carrière. Choiseul veut parer les coups qui le menacent en ayant pour lui la nouvelle favorite et n'hésite pas à laisser sa propre sœur (Mme de Gramont) se mettre sur les rangs. C'était une femme intelligente, d'esprit caustique et de vives saillies, qui eût sans doute réussi « sans son excès de décision. Le Roi n'aimait pas être pris d'assaut; il se détourna d'avances qui ne lui laissaient même pas le plaisir de désirer[2] ».

Alors, le parti des Rohan et celui des jésuites lancèrent la

---

[1] André Michel, *Journal des Débats*, 1903.
[2] F. Calmettes, *Introduction aux Mémoires de Choiseul*, 1904.

gracieuse Mme d'Esparbès, que le Roi avait jadis « honorée de
quelques passades ». Elle eut à Marly son appartement et
fut à la veille d'être déclarée; mais sa hâte à écrire au Roi
des dénonciations contre Choiseul et contre son cousin Praslin lui réussit très mal. Choiseul n'hésita pas à adresser au
Roi un fier et presque hautain mémoire où il mettait en relief les résultats de sa politique [1] (1763). Il était réputé partout comme un grand ministre, Frédéric II l'appelait le *cocher de l'Europe*, et il n'échappait pas à Louis XV que ses
services lui étaient nécessaires. D'autre part, des indiscré-
tions que Choiseul aurait habilement provoquées par l'intermédiaire d'une dame de la Cour, très intime de Mme d'Esparbès, lui avaient été rapportées. Le Roi ne pouvait plus hésiter.
« En son nom, le duc de la Vrillière signifia à la maîtresse
disgraciée d'avoir à se retirer dans les terres de son beau-
père, près de Montauban, d'où elle ne revint qu'après la
chute de Choiseul [2]. »

Malgré ses manœuvres, devait être élevée à la succession
de Mme de Pompadour une personne sortie de la lie du
peuple. Dès 1768, elle parut à Compiègne « dans un équipage brillant, qui attira d'autant plus l'attention du public
que les courtisans et les ministres découvrirent d'abord que
cette femme était là pour les plaisirs du Roi [3] ». Complaisant
de Mme de Pompadour, Choiseul ne voudra pas le devenir
de Mme Du Barry et préférera l'exil à l'humiliation de s'in-
cliner devant « une fille », comme nous le verrons plus loin.

Pour le moment, il demeure au pouvoir. Par scepticisme
et plus encore par calcul, il a pris parti pour les philosophes.
Il a flatté une puissance nouvelle, l'opinion, en favorisant les
parlements et en contribuant, avec Mme de Pompadour, à

---

[1] Nous trouvons ces résultats résumés dans la lettre qu'écrivit Mme de
Choiseul à Mme du Deffand : « Le plus mauvais ministère que la France
ait eu, comme disent quelques-uns, celui qui a perdu le royaume, a
pourtant pacifié l'Europe, rétabli la marine, réformé le militaire, dimi-
nué les subsides en conservant nos alliés, contenu l'Angleterre, armé le
Turc, effrayé la Russie, opéré une révolution en Suède et acquis deux
provinces à la France en temps de paix. »

[2] Comte Fleury, *Louis XV intime et les petites maîtresses*, 1899.

[3] Choiseul, *Mémoires*. Lettre XXII : « L'on croyait que le sort de cette
fille serait comme celui de vingt autres plus honnêtes, que l'on avait
enfermées au Parc-aux-Cerfs, à Versailles. »

l'expulsion des jésuites. Certes, les jésuites, déjà chassés du Portugal et d'Espagne, étaient détestés en France, à cause de leur hauteur avec le clergé séculier et de leur rigueur envers les jansénistes; en outre, ils étaient soupçonnés d'avoir poussé Damiens au meurtre du Roi pour hâter le règne du Dauphin, qui les protégeait. Il n'en fallut pas davantage pour que Louis XV, qui n'aimait pas son fils, signât l'arrêt de bannissement de l'ordre, qui se vengera plus tard en participant à la disgrâce du ministre.

Au moment où meurt Mme de Pompadour, Choiseul se trouve à l'apogée de sa puissance. Cependant, ses ennemis veillent dans l'ombre : le plus acharné est le précepteur du Dauphin, M. de la Vauguyon, qui escompte la prochaine montée sur le trône de son élève, chef du parti dévot; mais l'année 1765 devait voir la fin du jeune prince.

Au mois de juin, étant allé à Compiègne, il prit froid dans une manœuvre et contracta une maladie de poitrine que les médecins ne purent guérir.

Quand il fut au plus mal, les médecins lui firent donner les sacrements, et il édifia tout le monde par son courage et sa piété. Le Roi fut toujours dans une douleur noire... Les médecins étaient Sénac, La Broille, Lassonne; on donnait au malade des bouillons de tortue, des pilules, du sagou... Il mourut le 20 décembre, à Fontainebleau. Il avait demandé dans son testament d'être enterré à Sens, comme étant de ce diocèse. Dans huit jours, son corps devait y être conduit par M. le duc d'Orléans, et le cœur porté à Saint-Denis par M. le prince de Condé, le tout avec le moins de cérémonie qui se pourrait... Le 22, après la messe, je fus une heure dans le cabinet du Roi, à lui entendre raconter le rapport de l'ouverture du corps, dont il résultait que M. le Dauphin était mort de la poitrine, que les poumons étaient en pourriture et qu'il n'y avait plus de remède depuis longtemps[1].

Le Roi regretta dans son fils l'héritier de la monarchie. Au début de sa maladie, il écrivait à Choiseul : « Dernière réflexion qui me perce le cœur et que je n'ose confier à personne : l'état de mon fils... S'il me manquait, un enfant pendant des années est d'un bien petit secours. Au moins, avec

[1] De Croy, *Mémoires*.

mon fils, je suis sûr d'un successeur fait et ferme, et c'est tout vis-à-vis de la tourbe républicaine. »

Louis de France n'avait que trente-six ans[1]. Il laissait trois fils : le duc de Berry, âgé de onze ans, devenu Dauphin à la mort de son père, le comte de Provence et le comte d'Artois.

La mort du Dauphin fit la joie des philosophes, qui craignaient que ce prince dévot ne rappelât les jésuites, et, par cette désignation, il fallait entendre « à peu près tout le monde », c'est-à-dire le nombre toujours croissant de ceux qui voulaient le « renversement de toute religion » et « la destruction du pouvoir royal[2] ».

La Dauphine, Josèphe de Saxe, qui avait fort aimé son mari et lui avait prodigué ses soins, ne lui survécut que de quinze mois. Elle expira le 13 mars 1767. Deux médecins célèbres, Tronchin et Sénac, s'étaient disputés sur son cas, le premier diagnostiquant une maladie de foie, le second une « pulmonie ». A l'autopsie, dit le duc de Croy, il se trouva qu'il n'y avait rien au foie, « que les poumons étaient gâtés et ulcérés, et un d'eux adhérent depuis longtemps ; le cœur n'était pas lésé, mais flétri et dénué de sang. Il en résulta que Tronchin eut le dessous ; il parut qu'il s'était trompé, mais quand La Broille porta le procès-verbal au Roi, celui-ci dit : « Tronchin m'a donné cela avant la mort, et par écrit. » Cependant, en général, Sénac triompha, et cela fit beaucoup de tort à la réputation du fameux M. Tronchin ».

La Dauphine demanda à être enterrée à Sens, à côté de son mari. Le cœur fut porté à Saint-Denis par une princesse du sang.

Josèphe de Saxe, par son caractère énergique et volontaire, avait pris une grande influence sur Louis XV. Au moment de sa mort, elle ne désespérait pas de l'amener à ses desseins, qui étaient de faire épouser au Dauphin une de ses nièces et de ruiner ainsi les espérances de la maison d'Autriche.

---

[1] Pendant que son médecin cherchait à lui donner de l'espoir, le malheureux prince voyait de sa fenêtre les courtisans qui déménageaient, escomptant sa mort prochaine.

[2] H. Walpole. — Voir *Souvenirs* de Mme Vigée-Lebrun.

En 1768, le 24 juin, s'éteignit à soixante-cinq ans la reine Marie Leczinska, dont la santé était depuis longtemps ébranlée. Elle disparut silencieusement, regrettée de quelques amis fidèles; mais le rôle effacé qu'elle avait joué fit peu d'impression et ne paraît pas avoir laissé un grand vide[1].

Paris se rattrapa lors de la visite que fit en France, au mois d'août, le jeune roi de Danemark, et le deuil de la Reine n'empêcha pas la Cour de lui faire fête. « A Paris, toutes les beautés se jetaient à sa tête; il s'en tira avec réserve et politesse; une des plus jolies courtisanes lui ayant apporté son portrait, il fit semblant de ne regarder que le portrait et dit : « Elle est bien jolie, mais je ne mange pas de « ce pain-là[2]. »

Mais la grande préoccupation de la fin de l'année à la Cour fut la présentation qu'on craignait d'une dame Du Barry, qui faisait grand bruit. Cette présentation ne devait se faire toutefois que dans le milieu de l'année suivante[3].

L'ÉLÉVATION DE Mme DU BARRY

Même quand Mme Du Barry, après cinq ans d'intervalle, vient prendre la succession de Mme de Pompadour, le Parc-aux-Cerfs restera ouvert jusqu'en 1771.

Si la maison de la rue Saint-Médéric fut vendue à cette époque, dit un historien, c'est sans doute parce que Louis XV était arrivé à un état d'épuisement et d'hébétement tel, que ses continuelles absences d'esprit « faisaient croire qu'il se livrait à la boisson ».

En 1769, il touchait à la soixantaine, lorsque, par le duc de Richelieu[4] et par Lebel, il fit connaissance de la comtesse Du Barry. Cette fort jolie créature, d'une perfection de corps

[1] Le duc de Croy dit simplement que, dès qu'on l'administra, « cela fit du tort aux marchands, car on s'attendait à un long deuil, et le commerce de Paris en alla fort mal ».

[2] De Croy, *Mémoires.*

[3] Le 22 avril 1769.

[4] *Vie privée du maréchal de Richelieu*, t. II. — « M. de Richelieu est le héros de la bassesse à qui la France doit l'élévation indécente et le pouvoir extraordinaire de faire le mal où est parvenue la dame Du Barry : le

et de visage tout à fait hors de pair, était la fille naturelle d'une femme de rien, Anne Bécu.

Un ouvrage récent et des plus remarquables[1] fait justice des légendes malveillantes qui la font traîner dans le ruisseau de Paris[2]. Il n'en reste pas moins que, belle et pauvre, Jeanne Bécu était, par sa naissance, sa beauté et sa mauvaise éducation, vouée à la carrière du plaisir. Successivement femme de chambre, demoiselle de boutique, servante dans une maison de jeu; c'est là qu'elle rencontra un aventurier, un certain Jean Du Barry, petit gentilhomme toulousain, vicieux, ruiné, vivant du jeu et des femmes qu'il procure aux puissants, aux gens du grand monde, à beaux deniers. Elle s'appela chez lui Jeanne Vaubernier et fit les honneurs de son salon de jeu, rue de la Jussienne.

Un tel homme devait nécessairement connaître le roi des *roués*, Richelieu.

Celui-ci, qui rêvait de remplacer Choiseul par l'influence d'une femme auprès du monarque, lui ayant dit un jour, dans un souper, qu'il regrettait que le Roi n'eût pour maîtresses que des filles du Parc-aux-Cerfs, et qu'il serait désireux de lui voir une maîtresse déclarée, Du Barry prit le duc au mot, insista et obtint enfin cette réponse : « Eh bien, va voir Lebel; peut-être, par ce moyen, ta favorite obtiendra-t-elle pour un jour les honneurs du Louvre. »

Du Barry, qui ne voulait que de l'argent, suivit aussitôt ce conseil. Présentée au Roi sous le nom de Mlle Lange, qu'elle portait depuis quelque temps, elle lui plut extrêmement et voulut l'envoyer au Parc-aux-Cerfs, mais le rusé Du Barry fit comprendre à sa protégée que si elle y allait, elle serait vite oubliée dans la foule de celles qui habitaient ce séjour; il lui persuada d'épouser sur-le-champ son frère, qui devait aussitôt après se retirer en province[3].

Cette jeune personne, dont tous les contemporains s'accordent à louer l'incomparable beauté[4], n'est pas non plus

---

malheureux caractère du Roi n'aurait pas eu la force qui longtemps fera gémir le royaume, s'il n'avait été soutenu et ménagé par le vice lui-même, personnifié dans M. de Richelieu. (Choiseul, *Mémoires*, 1904.)

[1] *Madame Du Barry, d'après les documents authentiques*, par Claude Saint-André (Emile-Paul, éditeur).

[2] Vatel, dans son consciencieux ouvrage, avait déjà fait justice de ces légendes calomnieuses.

[3] Dutems, *Mémoires d'un voyageur qui se repose*, II.

[4] « Elle est grande, dit le prince de Ligne, bien faite, blonde à ravir,

une sotte, « la caillette » sans manières et sans esprit que les femmes de la Cour, surtout le parti Choiseul, s'empressent à l'envi de ridiculiser, ne lui reconnaissant que de l'effronterie. Elle est intelligente et assez cultivée. « Elle s'était affinée à voir chaque jour, et pendant des années, ces gentilshommes, ces gens de lettres, ces académiciens de belle humeur qui fréquentaient chez Du Barry[1]. » Et elle était prête à jouer le rôle auquel l'appelait un puissant protecteur comme Richelieu.

Par son mariage avec Guillaume Du Barry, le frère de Jean, Jeanne Bécu devenait une femme de qualité, autour de laquelle un parti pouvait à la Cour se constituer et gouverner. Pour en arriver là, on ne recula pas devant une série de faux en écritures publiques : on changea l'état civil de Jeanne Bécu, fille naturelle; l'aumônier du Roi, Gomard de Vaubernier, y prêta la main. On produisit un faux acte de baptême, duquel il résultait que la future comtesse était née le 17 août 1746 (ce qui la rajeunissait de trois ans); qu'elle était fille de J.-J. Gomard de Vaubernier, le frère de l'aumônier, mort depuis longtemps. Dans cette transformation, Anne Bécu, l'ancienne cuisinière, devenait marquise. Le mariage eut lieu le 1er septembre 1768, et Du Barry repartit immédiatement pour Toulouse, conformément à un contrat stipulant à chaque article la nullité du mari, qui devait rester absolument séparé de sa femme[2].

En attendant la présentation[3], qui était une formalité nécessaire pour que la favorite pût monter dans les carrosses du Roi, manger avec lui en public, le voir chez le Dauphin et chez Madame, avoir place aux cérémonies,

front dégagé, beaux yeux, sourcils à l'avenant, visage ovale avec de petits signes sur les joues pour le rendre piquant comme pas d'autres, nez aquilin, bouche au rire leste, peau fine, poitrine à contrarier la mode, en conseillant à beaucoup de gorges de se mettre à l'abri d'une comparaison. »

[1] De Nolhac, *Marie-Antoinette Dauphine.*

[2] Le scandaleux procès que se firent, de 1825 à 1833, les Bécu et les Gomard, pour savoir à qui appartiendraient les épaves de la succession de la comtesse, a dévoilé tous les faits de cette histoire.

[3] Par une décision du 17 avril 1760, Louis XV avait réglé les conditions dans lesquelles la faveur de la présentation pouvait être demandée. (Voir De Nolhac, *Marie-Antoinette Dauphine.*)

Mme Du Barry fut logée à Versailles, dans l'appartement de Lebel, et y fut la maîtresse très secrète de Louis XV, qui évitait, portant le grand deuil de la Reine, d'afficher ses plaisirs.

Cette question de la future présentation passionna la Cour, où deux partis s'étaient formés. Le parti Choiseul, ayant à sa tête Mme de Gramont, sa sœur, qui s'était mise sur les rangs sans succès pour la succession de Mme de Pompadour, se montra tout à fait hostile. Mme de Gramont « mit à braver le Roi et sa maîtresse une arrogance impérieuse et bruyante que ne semblait pas autoriser sa vertu depuis longtemps compromise ». Mme de Beauvau se montra aussi acharnée. Au fond, on en voulait beaucoup moins à la personne qu'à la place qu'elle allait occuper.

Ce fut avant tout une question politique. Aux yeux de l'opinion, Choiseul n'avait en vue que la dignité de la Couronne. Dans le parti dévot, ami des jésuites que le ministre venait de chasser, la nouvelle favorite était, par une étrange complaisance, regardée comme un sauveur, comme une nouvelle Esther qui allait à son tour chasser Aman et tirer le peuple de l'oppression[1].

Celui-ci triompha. Toutefois, on eut beaucoup de peine à trouver une femme de qualité pour présenter Mme Du Barry. La baronne de Montmorency s'étant montrée trop exigeante, on la remplaça par une comtesse de Béarn[2], joueuse acharnée et déchue de son rang, comme Mme de Montmorency du sien. Elle se fit payer cher. On lui donna 100,000 livres comptant, on lui fit gagner un procès de 100,000 écus, qui durait depuis plus d'un siècle, et son fils fut admis dans les carrosses du Roi et aux soupers des petits Cabinets.

Le 22 avril 1769, la présentation[3] eut lieu, comme d'habitude, dans le cabinet du Roi, le soir, après l'office.

---

[1] *Journal* de Hardy. — *Correspondance du comte de Mercy-Argenteau*, t. I (mai 1773), rapportant une conversation de Madame Adélaïde.

[2] G. Maugras, *Le Duc de Lauzun et la Cour intime de Louis XV*, t. I.

[3] « Le cérémonial des présentations était ainsi réglé : La veille, la présentée allait à Versailles, avec sa marraine, faire visite aux *honneurs*, c'est-à-dire à la dame d'honneur et à la dame d'atours de la Reine et de Mesdames. Le jour de la présentation, on était en *grand habit* de Cour ; on portait un énorme panier, une queue qu'on appelait bas de robe, et

Richelieu, remplissant sa charge de premier gentilhomme, était auprès du Roi. Choiseul était de l'autre côté. Tous deux attendaient, comptaient les minutes, s'observaient, guettaient le bruit, épiaient le Roi. Le Roi, mal à l'aise, inquiet, agité, regardait à tout moment sa montre et s'étonnait d'attendre. Il allait et venait, marmottait des paroles qu'il ne finissait pas, s'impatientait du bruit qu'il entendait aux grilles et aux avenues, et dont il demandait la cause à Choiseul. « Sire, répondait Choiseul avec sa finesse sarcastique, le peuple, informé que c'est aujourd'hui que Mᵐᵉ Du Barry doit avoir l'honneur d'être présentée à Votre Majesté, est accouru de toutes parts pour être témoin de son entrée, ne pouvant l'être de l'accueil que Votre Majesté lui fera. »

L'heure est depuis longtemps passée. Mᵐᵉ Du Barry ne paraît pas. Choiseul et ses amis rayonnent de joie. Richelieu, dans un coin de fenêtre, sent l'assurance lui manquer. Le Roi va vers la fenêtre, regarde dans la nuit : rien. Enfin, il se décide, et il ouvre la bouche pour contremander la présentation. « Sire, voilà Mᵐᵉ Du Barry, s'écrie Richelieu, qui vient de reconnaître la voiture et la livrée de la favorite; elle entrera si vous en donnez l'ordre. » Et, sur ces mots, Mᵐᵉ Du Barry paraît derrière la comtesse de Béarn. Elle entre, parée des cent mille francs de diamants que le Roi lui a envoyés la veille, parée de cette coiffure superbe dont le long échafaudage lui a fait manquer l'heure de la présentation, parée d'un de ces habits triomphants que les femmes du xviiiᵉ siècle appelaient « un habit de combat », armée de cette toilette où les yeux d'une aveugle, l'intuition de Mᵐᵉ du Deffant, voit le destin de l'Europe et le sort des ministres. Et c'est une apparition si rayonnante, si éblouissante, qu'au premier moment de surprise les plus grands ennemis de la favorite ne peuvent échapper au charme de la femme et renoncent à calomnier sa beauté.

. . . .

Dès 1769, Mᵐᵉ Du Barry fut installée à l'appartement des maîtresses, situé au-dessus des appartements particuliers du Roi[1]. Cet appartement se composait de quatre pièces

pouvait se détacher, afin qu'on pût l'ôter quand on rentrait chez soi. Elle était assez étroite et d'une longueur démesurée. La présentée faisait une révérence à la porte, une seconde un peu plus loin, et la troisième près de la Reine, dont elle prenait le bas de la jupe pour le baiser; la Reine l'en empêchait, disait quelques mots obligeants et faisait une révérence, ce qui signifiait qu'il fallait se retirer; on s'en allait à reculons, en faisant encore trois révérences et en poussant sa queue comme on pouvait. Le soir, on assistait au jeu de la Reine. » (G. Maugras, t. I.)

[1] En 1770, pendant un séjour de la Cour à Compiègne, Gabriel le restaura. L'appropriation ne se termina qu'en 1772. La partie de la bibliothèque de Madame Adélaïde située au-dessus de son salon (132) fut réunie à l'appartement de Mᵐᵉ Du Barry.

éclairées sur la cour de Marbre : la chambre à coucher, un grand cabinet, un salon et une bibliothèque[1], et de quatre autres pièces éclairées sur les cours intérieures : une grande pièce servant de lingerie et de garde-robe, la salle à manger, une antichambre et un cabinet de bains.

La chambre à coucher, le grand cabinet et le salon sont les plus jolies pièces; leurs élégantes boiseries sculptées et dorées sont intactes. La décoration est surtout riche dans les arrière-voussures et les ébrasements des fenêtres, qui forment en quelque sorte de charmants petits cabinets. Les deux L composant le chiffre du Roi s'y rencontrent avec les torches de l'Amour; c'est bien l'ornementation qui convient à l'appartement d'une maîtresse, et la date certaine de toute la décoration de cet appartement remonte à Mme de Pompadour.

Partout, les cheminées sont en très beau marbre et élégamment sculptées. La bibliothèque est intacte et conserve encore ses armoiries[2].

C'est dans ce somptueux appartement que Mme Du Barry recevait les courtisans et les ambassadeurs qui venaient à sa toilette. C'est là qu'elle donnait à souper au Roi, aux grands de sa Cour, aux ministres, aux ambassadeurs, même au nonce. Elle mettait au bas de l'invitation : « Le Roi m'honorera de sa présence. »

Si le Roi soupait quelquefois chez Mme Du Barry, la comtesse soupait encore plus souvent chez Louis XV. Elle était toujours des soupers qui suivaient les chasses, les soupers des cabinets. A ces repas, en présence d'une trentaine de courtisans et d'une vingtaine de personnes choisies parmi celles qui

---

[1] Ces pièces, dans l'ordre de leur énumération, étaient situées au-dessus de la chambre à coucher de Louis XV (126), du cabinet des Pendules (127), du cabinet du Roi (130). La bibliothèque était la partie de celle que Madame Adélaïde avait au-dessus de son salon et qu'elle céda.

[2] Ce témoignage, porté par Dussieux, est encore exact aujourd'hui. — Mme Du Barry avait aussi un hôtel à Versailles, avenue de Paris, 5, construit par Ledoux, en 1772, avec jardin (7, 7 bis). Elle avait encore un hôtel à Paris, rue de la Jussienne, démoli en 1880. En plus, Louis XV dut entretenir sa famille, une belle-sœur, un beau-frère, un neveu, et supporter jusqu'en 1773 le Jean Du Barry, le roué, l'ancien amant.

fréquentaient la Cour et les chasses, le Roi jouait au piquet, toujours avec Mme Du Barry, le plus souvent contre la maréchale de Mirepoix et le prince de Soubise, et quelquefois contre le marquis de Chauvelin.

Louis XV se plaisait aussi à souper joyeusement et sans gêne au pavillon de Louveciennes, qu'il avait donné en 1769 à sa favorite. Il y avait au-dessus de la salle une tribune pour les musiciens et pour les chanteurs qui se faisaient entendre pendant les repas[1]. « Tout était dans ce salon de l'art le plus raffiné et du travail le plus précieux, jusqu'aux serrures qui pouvaient être admirées comme des chefs-d'œuvre d'orfèvrerie, et les meubles étaient d'une richesse, d'une élégance au-dessus de toute description[2]. »

Après cette digression, reprenons le fil des événements. L'élévation de Mme Du Barry eut pour effet d'isoler le Roi dans sa Cour. Mmes de Beauvau, de Choiseul et de Gramont déclinèrent l'invitation des petits soupers, se bornant à paraître en public. Ce ne fut pas sans peine qu'il put former une société à la favorite : ainsi, au début, il lui fallut acheter, moyennant 100,000 livres par an, la maréchale duchesse de Mirepoix, pour servir de *soupeuse* à sa maîtresse. Mais la bouderie ne devait pas tenir contre les honneurs et les profits. Peu après, Mmes de Valentinois, de l'Hôpital, de Montmorency, de Flavacourt et d'Aiguillon suivirent l'exemple de Mme de Mirepoix; les ducs de Richelieu et d'Aiguillon, le prince de la Marche et le prince de Conti entraînèrent plusieurs seigneurs de leur suite. Néanmoins, beaucoup de gens de la Cour pensaient ce qu'écrivait plus tard la comtesse de Boufflers au roi de Suède, Gustave III, que ce fut l'injure la plus insigne et la moins excusable faite par Louis XV à « une nation délicate sur l'honneur » et à « une noblesse naturellement fière », non content du scandale qu'il avait donné par ses maîtresses et par

[1] Voir au Louvre, musée des dessins, n° 1196, un charmant dessin de Moreau le jeune, représentant un dîner offert par Mme Du Barry à Louis XV à Louveciennes (*Fête donnée à Louveciennes*, le 27 décembre 1771).

[2] Mme Vigée-Lebrun, de qui nous rapportons ces paroles, fit le portrait de Mme Du Barry à Louveciennes, en 1786.

Au sujet du luxe des appartements de Mme Du Barry à Versailles, mentionnons l'intéressante brochure de M. Le Roi.

son sérail à l'âge de soixante ans, d'avoir tiré « de la classe la plus vile, de l'état le plus infâme, une créature, la pire de son espèce, pour l'établir à la Cour, l'admettre à table avec sa famille, la rendre la maîtresse absolue des grâces, des honneurs, des récompenses, de la politique et des lois[1] ».

En cette année 1770, la plus jeune fille de Louis XV, Madame Louise, se décida à entrer au Carmel. Quand on regarde, à Versailles, l'admirable portrait que Nattier fit d'elle, lorsqu'elle était encore à Fontevrault, on est frappé de cet air sérieux et pensif qui avait tant plu à la bonne Marie Leczinska. Des quatre filles qui restaient au Roi, elle était la plus intelligente et la plus mondaine. Elle aimait le luxe et le plaisir, et tout à coup, à la stupéfaction générale, elle quittait le monde pour le couvent !

M. de Beaumont, archevêque de Paris, était depuis longtemps le seul dépositaire du secret de la vocation de Madame Louise ; elle le chargea, le 30 juin 1770, de l'annoncer au Roi, son père, afin d'obtenir son consentement pour son entrée en religion. Quelle fut la surprise du plus sensible des pères, à la nouvelle de cette résolution d'une fille qui lui était si chère ! Il recula de quelques pas, et dit au vertueux prélat, de ce ton qui déchire l'âme : « Et c'est vous, Monsieur l'Archevêque, qui m'apportez une pareille nouvelle ? » M. de Beaumont, interdit, demeura sans réponse ; et on assure qu'il a avoué depuis que, s'il avait pu prévoir toute la peine que cette nouvelle causa au Roi, jamais il ne se serait chargé d'une telle commission. Le Roi était appuyé sur le dos de son fauteuil, la tête dans ses deux mains, et il ne lui échappait que ces deux mots, dictés par le sentiment : « C'est cruel... c'est cruel ! » Enfin, ce religieux monarque sacrifie toute sa tendresse à sa religion. « Si Dieu la demande, dit-il, je ne puis pas la lui refuser » ; puis, se tournant vers M. de Beaumont : « Je répondrai dans quinze jours[2]. »

---

[1] Lettre publiée par M. Geffroy. — Il y eut trois femmes du nom de Boufflers, très en vogue toutes les trois, dans le même temps : la *duchesse*, qui fut la maréchale duchesse de Luxembourg ; la *marquise*, mère du spirituel chevalier de Boufflers, la vieille amie du bon roi Stanislas à la petite Cour de Lunéville, et la *comtesse*, femme « supérieure en figure, en agréments, en esprit et en raison », qui fut l'amie du prince de Conti, de Hume, de Jean-Jacques et du roi de Suède, Gustave III. — Mme du Deffand, dans sa *Correspondance*, la désigne sous le nom de l'*Idole*, c'est-à-dire l'idole du *Temple*, le prince de Conti ayant dans sa juridiction le Temple, en qualité de grand prieur.

[2] *Histoire de la vie édifiante de Madame Louise-Marie de France, tante du Roi, etc.*, 1788. — Extrait cité par Dussieux, t. I.

Louis XV accorda la permission, et, le 11 août, Madame Louise entrait aux Carmélites de Saint-Denis; après le postulat, sous le nom de sœur Thérèse de Saint-Augustin, elle prit le voile le 1ᵉʳ octobre de l'année suivante. Le Roi la visita quelque temps après. Saisi à l'aspect du vêtement de sa fille, il lui dit avec tendresse et douleur : « Vous avez donc renoncé à tous vos titres, à tous vos droits? — Non, mon père, puisque je conserve encore le titre de votre fille et tous mes droits sur votre âme. »

Ces derniers mots étaient l'explication de son acte. C'était, comme l'a bien dit un historien contemporain, « la réponse de la conscience chrétienne aux complaisances et aux espérances lâches du parti dévot, qui venait, à force d'intrigues, d'imposer à la Cour et à la France la Du Barry[1] ».

LE MARIAGE DU DAUPHIN
ARRIVÉE DE MARIE-ANTOINETTE A LA COUR

Choiseul se montrait plus hostile que jamais à Mᵐᵉ Du Barry, qui s'appliquait de son mieux à se montrer aimable avec tous. Elle n'eut jamais l'ambition de jouer un rôle politique, ne demandant qu'à vivre tranquillement dans sa fonction de maîtresse en titre. D'un caractère doux et conciliant, non seulement elle ne se montra pas vindicative, à la manière de Mᵐᵉ de Pompadour, mais elle fit tout pour désarmer Choiseul, pour s'appuyer sur lui. Aucune de ses démarches n'aboutit[2]. Il croyait au règne éphémère de la favorite et se montrait d'autant plus confiant en son étoile qu'il venait de négocier le mariage du Dauphin avec une archiduchesse d'Autriche. Cet acte était important pour sa politique; il con-

[1] De Nolhac, *Marie-Antoinette Dauphine*, chap. 1.

[2] Voir Gaston Maugras, *Le Duc de Lauzun et la Cour intime de Louis XV*, t. 1. — *L'entrevue de Lauzun et de Jean Du Barry* (Lauzun était le neveu de Choiseul). « Ma belle-sœur, dit le Roué, rend pleine justice à ce grand ministre, et son plus vif désir est de bien vivre avec lui. Elle a plus de crédit que n'en a jamais eu Mᵐᵉ de Pompadour. Que M. de Choiseul ne la force pas à s'en servir contre lui... Si M. de Choiseul veut la paix, nous ferons la moitié du chemin, mais qu'il n'oublie pas que ce sont les maîtresses qui chassent les ministres, et non les ministres qui chassent les maîtresses. »

solidait l'alliance de 1758 et par là même, croyait-il, sa situation de premier ministre. L'impératrice Marie-Thérèse était
heureuse d'espérer pour sa fille le trône de France, mais ces
projets avaient été tenus dans l'ombre. A la mort de la Dauphine de Saxe, qui voulait faire épouser son fils à une princesse de sa maison, Louis XV, qui s'était engagé par des
promesses, y accéda définitivement.

Le mariage fut célébré au mois de mai de l'année 1770.
C'est à Strasbourg qu'eut lieu la remise de la Dauphine à la
maison envoyée au-devant d'elle; la dame d'honneur était la
duchesse de Noailles et le comte de Tessé était le premier
écuyer. Elle descendit chez l'évêque, le cardinal de Rohan, le
7 mai. Le 13, la famille royale, qui avait couché à Compiègne,
alla le lendemain au-devant de la jeune princesse. La première entrevue eut lieu dans la forêt, et la bonne grâce avec
laquelle Marie-Antoinette aborda le Roi toucha tout le monde.
Le 15, en passant à Saint-Denis, elle fit visite à Madame
Louise, aux Carmélites. Le soir, il y eut à la Muette un dîner de
quarante couverts, auquel assista Mme Du Barry, « ce qui fit
juger qu'elle allait achever d'écraser le parti qui lui était
opposé ».

Le 16 mai, eut lieu à Versailles la cérémonie du mariage,
dont les fêtes, d'une splendeur inouïe, devaient durer jusqu'au 14 juillet; Louis XV avait voulu qu'on inventât des
merveilles, et le parti de Choiseul voyait son triomphe dans
leur éclat.

Le Roi, précédé des princes et de M. le Dauphin, se rendit à la
Chapelle en grand cortège, suivi de soixante-dix dames et de seigneurs de la Cour... Les mariés étaient sur des carreaux, au pied
de l'autel; le Roi à son prie-Dieu, fort reculé; trente-cinq femmes
faisaient, de chaque côté, un cordon éblouissant d'habits et de parure. Le mariage fut béni par l'archevêque de Reims, officiant.
Les mariés n'eurent pas l'air embarrassé et tout se passa de bonne
grâce. A deux heures, la cérémonie fut finie... le soir, on s'assembla
dans la galerie, bien décorée, où on avait disposé des bustes dorés
pour soutenir les girandoles. Le Roi y vint à six heures et demie,
et se mit au jeu[1], au milieu d'une grande table ronde. Les dames
faisaient partout des parties, ce qui, avec le reste des courtisans et

____

[1] Les dames qui ne jouent pas occupent des gradins, le long des
arcades.

des étrangers, faisait que la galerie était pleine... On laissa la balustrade pour les femmes de Paris. A dix heures, le Roi passa au festin royal; la galerie était garnie, au fond, par les musiciens des gardes-françaises, habillés en Turcs et faisant grand tapage d'airs de ce pays-là, qui sont fort extraordinaires. La salle de spectacle était arrangée en salle de festin (l'édifice avait coûté deux millions et demi). Le Roi et sa famille se tenaient à une table de vingt-deux couverts. Enfin, on procéda au coucher, mais il n'y eut d'admises que les dames à grandes entrées, et tout le monde se retira enchanté de cette belle journée[1].

Cette salle de spectacle, dont parle l'exact chroniqueur, n'est autre que la nouvelle salle d'opéra, qui avait été disposée en salle de banquet ou de festin. Le lendemain, 17 mai, ce fut son début comme théâtre. On l'inaugura par la représentation de *Persée*[2], de Lulli et Quinault. On avait ajouté, à la fin de l'opéra, un aigle qui venait allumer le feu de l'autel de l'Hymen, et quelques allusions au mariage avec une archiduchesse, d'un médiocre effet; mais les machines dirigées par le célèbre Arnould fonctionnèrent avec grande précision.

Après le spectacle, le Dauphin et la Dauphine furent conduits dans leur chambre à coucher et la vieille étiquette fut de nouveau scrupuleusement suivie. Un valet de chambre remet la chemise du Dauphin au duc d'Orléans, qui la présente au Roi, et celui-ci la passe à son petit-fils. La Dauphine déshabillée par ses dames, la jeune duchesse de Chartres lui passe la chemise. Puis, la princesse couchée, le Roi, ramenant le Dauphin, lui donne la main pour se mettre au lit. Aussitôt, les rideaux sont ouverts, et le défilé des princesses,

---

[1] Duc de Croy, *Mémoires*. — La toilette de la jeune Dauphine, avant la cérémonie, eut lieu dans son appartement du rez-de-chaussée. Plusieurs milliers de curieux étaient rangés derrière des balustrades, le long des grands appartements, pour assister au défilé du cortège, partant du cabinet du Roi à une heure de l'après-midi. De même, d'un bout à l'autre de la Galerie, au moment du jeu, courait une balustrade derrière laquelle les Suisses faisaient circuler la foule. Le graveur Cochin a représenté ces scènes de la cérémonie du mariage et du jeu d'une manière impérissable pour les fêtes de 1745, absolument semblables.

[2] *Persée* n'eut pas de succès, et la Dauphine n'y prit pas grand plaisir. « Cette musique noble, de bel ensemble, fit cependant bâiller tous les modernes, qui n'aiment pas les sautillages, le goût du beau récitatif simple et analogue à notre douce langue étant perdu par l'entassement des doubles croches italiennes. » (De Croy, *Mémoires*.)

des dames et des entrées de la chambre de la Dauphine se
déroule devant le lit.

Les jours suivants, les fêtes continuent. Le 19, il y eut bal
paré à l'Opéra, puis feu d'artifice et illuminations dans les
jardins, au milieu d'une foule innombrable répandue partout. Ils étaient éclairés par plus de 160,000 lampions ou
terrines. Le Tapis-Vert, le bassin d'Apollon, dont le pourtour
était décoré de vingt grandes arcades et de pyramides, la tête
du Canal, où l'on avait élevé une décoration représentant un
temple dont le fronton supportait un soleil de 180 pieds de
circonférence, et la flottille du Canal, formée de 40 gondoles,
dont tous les agrès étaient éclairés par des lanternes, formaient la partie principale de cette illumination. Douze bosquets et les allées qui y conduisent étaient aussi couverts de
feux. La Salle-des-Marronniers et la Salle-de-Bal avaient été
transformées en salles de danse, et 120 musiciens composaient les orchestres du Parc. Nicolet[1] joua plusieurs pièces
dans le bosquet du Dauphin; la fête dura jusqu'à six heures
du matin, et finit trop tôt, de l'avis de tout le monde.

L'illumination et le feu d'artifice, dont l'ordre avait été
confié à 700 hommes de la garde suisse et à une chaîne de
gardes-françaises, eurent un succès complet.

Le 21, il y eut un bal masqué dans la Galerie et dans les
salons d'Hercule, de Mercure et des Tribunes, avec des
buffets abondants aux salons de Vénus, de la Guerre et de
la Paix.

Les spectacles continuèrent à l'Opéra : le 23 mai, avec
Athalie et Mlle Clairon et Lekain; le 26, avec la seconde représentation de *Persée*; le 9 et le 13 juin, avec l'opéra de *Castor
et Pollux*, de Rameau; le 20 juin, avec *Tancrède* et le ballet
de la *Tour enchantée*; ils finirent, le 14 juillet, avec *Sémiramis* et Mlle Dumesnil, protégée de Mme Du Barry, dont le
jeu ému et vibrant annonçait un art plus personnel et qui
était encore nouveau.

---

[1] Nicolet était à cette époque directeur du *théâtre Nicolet*, qui prit le
nom de *théâtre de la Gaieté* en 1792. Il avait été d'abord directeur d'un
théâtre de la Foire, devenu célèbre par les comédies grivoises qui s'y
jouaient, les danses de corde et les animaux savants. Gaudon, le prédécesseur de Nicolet, avait aussi un théâtre dans une allée.

Qu'était cette jeune Dauphine de quinze ans qui allait devenir bientôt reine de France? Son éducation avait été plutôt négligée. Marie-Thérèse, quand le mariage fut arrêté, avait demandé pour elle un précepteur français. Choiseul envoya l'abbé de Vermond, fort honnête homme, et qui prit sa tâche à cœur pendant les dix-huit mois qu'elle dura. Il trouva une élève aimable et reconnaissante, mais légère, incapable d'effort, qu'il fallait instruire en l'amusant. Il lui apprit à parler convenablement français.

Au physique, elle est de taille moyenne; elle a une figure des plus agréables, sans qu'elle soit régulièrement belle, des yeux très vifs, une chevelure d'un blond cendré; le front est un peu trop haut et trop bombé; la lèvre inférieure est la lèvre autrichienne, épaisse, mais sans excès.

Dans les derniers temps, sa mère, son frère, l'empereur Joseph II, l'ont instruite de leur mieux sur les affaires de la politique, l'ont mise en garde contre les entraînements du pouvoir et les écueils de la Cour. Mais quelle expérience ne faudrait-il pas, ou quelle possession de soi-même, pour triompher des obstacles que la jeune Dauphine va trouver à Versailles dès le premier jour?

A peine arrivée, on chercha à la circonvenir, et les divers partis qui s'agitaient à la Cour s'appliquèrent à la compromettre et à s'en faire une alliée.

LA DISGRACE DE CHOISEUL — L'EXIL A CHANTELOUP

Marie-Antoinette avait promis à sa mère d'être toujours reconnaissante envers Choiseul, qui avait fait son mariage, et de l'avoir toujours en amitié. Son attitude franche à cet égard devait exciter aussitôt des défiances, d'autant plus qu'elle ne cacha point son aversion pour Mme Du Barry. D'autre part, la cabale qui avait pour chef le duc de la Vauguyon et Mme de Marsan[1] (le parti dévot) essaya par tous les moyens de s'emparer de son esprit et de la soustraire à l'influence de l'abbé

---

[1] Mme de Marsan était gouvernante des « petites Mesdames » Clotilde et Elisabeth. C'était une Rohan.

de Vermond et de la duchesse de Noailles, de lui imposer
même un confesseur[1]. Choiseul fit échouer tous ces plans.

Restait le parti de Mesdames : Madame Adélaïde, Madame
Victoire et Madame Sophie. La première, seule, comptait. De
caractère impérieux, Madame Adélaïde voulait conserver
son influence, dominer, sinon gouverner. Sans grand esprit,
ses intrigues dévoilent une singulière inconséquence. Elle a
d'abord haï Marie-Antoinette, et quand on est allé à sa rencontre avant le mariage, elle a dit : « Si j'avais des ordres à
donner, ce ne serait pas pour envoyer chercher une *Autrichienne* »; et ce mot ne sera pas perdu. Violente et agressive vis-
à-vis de Mme Du Barry, elle rêve parfois de la voir épouser
Louis XV[2]. Toutefois, obéissant à sa mère, qui jugeait Mesdames pleines de vertus et de talents, la jeune Dauphine va
essayer de « mériter » leurs amitiés. Madame Adélaïde abusera de sa franchise pour lui faire déclarer une guerre ouverte à la favorite. Et, dès que Marie-Antoinette secouera le
joug, elle donnera avec ses sœurs libre cours à ses méchancetés, et leur salon du rez-de-chaussée sera le principal foyer
des attaques et des calomnies lancées contre elle.

Pour apprendre à vivre à la Cour et maintenir l'autorité
respectueuse que sa naissance et son titre devaient lui donner, Marie-Antoinette ne pouvait compter sur le Dauphin. Il
avait reçu du duc de la Vauguyon une éducation étroite et
bigote. C'était un gros garçon de seize ans, lourd, sans élégance ni coquetterie, dont le seul goût, mais extraordinaire,
en dehors de la chasse, était le travail manuel, maçonnerie,
menuiserie, etc. « Il a toujours quelque chose de nouveau à
faire arranger dans l'intérieur de ses appartements, écrit le
comte de Mercy; il travaille lui-même avec les ouvriers à remuer des matériaux, des poutres, des pavés, et se livrant des
heures entières à ce pénible exercice, il en revient quelquefois
plus fatigué que ne le serait un manœuvre obligé de remplir

---

[1] L'abbé de Vermond n'eut en somme, malgré ses efforts, d'ailleurs
louables, que peu d'influence sur Marie-Antoinette. — La duchesse de
Noailles, femme du maréchal de Noailles (1715-1793), plus tard duc de
Mouchy, avait été surnommée par la Dauphine : « Madame l'Etiquette ».

[2] D'accord avec Madame Louise, la carmélite, Madame Adélaïde chercha à obtenir du Pape l'annulation du mariage de Mme Du Barry, de
façon que Louis XV pût épouser sa maitresse.

ce travail. J'ai vu en dernier lieu Madame la Dauphine excessivement impatientée et chagrinée de cette conduite; je puis en juger par la vivacité des plaintes qu'elle m'en fit[1]. »

Donc, aucun appui du côté de son époux pour cette jeune princesse vive et franche, d'esprit léger, sans méchanceté, mais maladroite, surtout parce qu'elle était étrangère et dépaysée dans un milieu où l'intrigue était souveraine.

Dès le début, elle eut contre elle tous ceux qui se disputaient sans succès le gouvernement de sa personne, et, en plus, le cercle de Mme Du Barry, parce qu'elle était acquise aux Choiseul. Les frères du Roi lui seront nuisibles aussi : le comte de Provence, par ambition, le comte d'Artois, par légèreté.

Comme la Dauphine aime le plaisir, elle s'y livre parfois un peu follement avec le jeune comte d'Artois, très étourdi, compromettant, qui continuera à entraîner Marie-Antoinette, reine, à toutes sortes de parties, aux courses, à l'Opéra de Paris, à des fêtes auxquelles le Roi ne paraîtra pas[2].

Reste le Roi. Louis XV a gracieusement accueilli la fille de Marie-Thérèse et lui montre une bonté toute paternelle. Elle lui dit : « Mon papa », et lui saute au cou. Toutefois, aucun secours sérieux ne peut venir de lui, et, d'autre part, Choiseul et ses partisans allaient avoir le dessous dans leur hostilité contre la favorite et ses amis.

Il n'eût tenu qu'à Choiseul, comme nous l'avons vu, de se concilier Mme Du Barry; mais, mal conseillé quant à ses intérêts par son entourage, il ne lui épargnait pas ses sarcasmes, et toute sa coterie, dirigée par sa sœur, la comtesse de Gramont, l'imitait[3]. Aux épigrammes de salon et aux satires sous le manteau de la cheminée vint s'ajouter « une campagne des plus violentes, de chansons, de ponts-neufs, de

[1] 17 juillet 1773. — Ces goûts persisteront, et nous verrons le Dauphin, devenu roi, faire des serrures et forger avec Gamain.

[2] Nous avons, pour nous renseigner sur la Cour de Versailles à la fin du règne de Louis XV, un témoin précieux, qui sait observer et voir juste. C'est le comte de Mercy-Argenteau, ambassadeur de Marie-Thérèse, dont la correspondance offre un tableau complet et fidèle de la Cour de France à cette époque.

[3] Mme du Deffand, très bien informée, reprochait à Mmes de Beauvau et de Gramont de mal conseiller Choiseul. — Le prince de Beauvau était maréchal de France et gouverneur du Languedoc.

vaudevilles, de pièces de théâtre qui furent autorisés par le lieutenant de police [1] ». Choiseul laissait publier ces libelles et payait pour les inspirer.

Louis XV, qui voulait avant tout sa tranquillité, essaya de rétablir la paix. Malgré que Choiseul ménageât beaucoup les parlements, qui faisaient une vive opposition au pouvoir royal, il appréciait les services de son ministre, auquel il était habitué. Il lui répugnait de voir de nouveaux visages et il lui écrivit une lettre pressante pour lui demander de changer d'attitude vis-à-vis de sa maîtresse :

Vous faites bien mes affaires, je suis content de vous, mais garez-vous des entours et des donneurs d'avis ; c'est ce que j'ai toujours haï et ce que je déteste plus que jamais. Vous connoissez Mme Du Barry, ce n'est assurément point M. de Richelieu qui me l'a fait connoître, quoiqu'il la connût, et il n'ose pas la voir, et la seule fois qu'il l'a vue un moment, c'est par mon ordre exprès. J'ai pensé la connoître avant son mariage. Elle est jolie, j'en suis content et je lui recommande tous les jours de prendre garde aussi à ses entours et donneurs d'avis, car vous croyez bien qu'elle n'en manque pas. Elle n'a nulle haine contre vous ; elle connoît votre esprit et ne vous veut point de mal. Le déchaînement contre elle a été affreux, à tort pour la plus grande partie. L'on seroit à ses pieds si....... Ainsi va le monde.

Elle est très jolie, elle me plaît ; cela doit suffire. Veut-on que je prenne une fille de condition ? *Si l'archiduchesse étoit telle que je la désirerois, je la prendrois pour femme avec grand plaisir*, mais je voudrois la voir et la connoître auparavant. Son frère en a été chercher une et il n'a pas réussi. Je crois que je verrois mieux que lui, car il faudra bien faire une fin ; et le beau sexe autrement me troubleroit toujours, car très certainement vous ne verrez pas de ma part une dame de Maintenon. En voilà, je pense, assez pour cette fois-ci...

Cette archiduchesse à laquelle Louis XV fait allusion est Elisabeth d'Autriche, une des sœurs de Marie-Antoinette sur laquelle il avait fait prendre des renseignements par l'intermédiaire du comte de Broglie, le chef de son ministère secret. Un agent fut envoyé de Vienne. Mais ce beau projet en resta là [2]. Louis XV ne l'avait jamais bien pris au sérieux.

[1] G. Maugras, *Le Duc de Lauzun et la Cour intime de Louis XV*, t. I, chap. XVII.

[2] *Correspondance de Louis XV*, I, publiée par M. Boutaric. — Un autre projet, plus étrange encore, fut celui du mariage de Louis XV avec

Choiseul ne céda pas aux instances du Roi et, dès lors, Mme Du Barry, désirant sa disgrâce, trouva des alliés pour le perdre dans l'esprit du Roi. Le chancelier de Maupeou fut pour elle l'auxiliaire le plus précieux, car il avait poussé Louis XV à briser la résistance des parlements contre les impôts arbitraires et « la tyrannie royale[1] », tandis que Choiseul était d'avis de les ménager. Il avait même pris le parti du Parlement de Bretagne et remplacé le gouverneur, le duc d'Aiguillon, accusé par le procureur général La Chalotais.

Avec son caractère indécis, le Roi avait résisté longtemps. Sans doute, le souvenir de la Fronde hantait son esprit, mais, d'autre part, le Parlement avait les sympathies du peuple et il lui semblait périlleux d'engager une lutte à outrance avec un corps immense, apparenté avec toute la moyenne noblesse, et qui était, aux yeux du pays, le représentant de la justice et des lois. Cependant, Maupeou, audacieux et sans scrupules, ingrat envers Choiseul qui l'avait appelé aux Sceaux, voulait occuper le poste de premier ministre en gagnant les bonnes grâces de la favorite. Celle-ci, pour amener le Roi à prendre une résolution énergique contre les parlementaires, avait mis dans ses appartements le portrait de Charles Ier, par Van Dyck, qu'elle avait acheté à Londres. Elle le fit placer dans son salon, et, toutes les fois que le Roi paraissait faiblir, elle lui rappelait la fin tragique de ce prince; le Parlement de Paris était comparé au Parlement anglais, qui avait livré le malheureux Stuart au bourreau.

D'autre part, l'abbé Terray, contrôleur général et âme damnée de Maupeou, pour perdre plus sûrement Choiseul dans l'esprit du Roi, exagérait le déficit des finances et prédisait la banqueroute, au moment où le premier ministre songeait à faire la guerre pour relever son crédit, et à soutenir, en vertu du Pacte de famille, l'Espagne contre l'Angle-

---

Mme Du Barry. Madame Louise, la carmélite, était à la tête de ces négociations (dissolution par le Pape du mariage de la favorite, afin qu'elle pût épouser le Roi). — Mercy, 1, 175.

[1] Au mois de novembre 1770, Louis XV avait lancé un édit par lequel il défendit à tous les parlements de se servir désormais des termes d'*unité*, d'*indivisibilité* ou de *classe*, de correspondre les uns avec les autres, etc. C'était une déclaration de guerre qui allait être bientôt suivie de leur suppression.

terre, si ces deux pays, comme il semblait, en venaient aux mains.

En somme, tout conspirait contre Choiseul : le parti dévot, qui ne lui pardonnait pas l'exil des jésuites, se rangea derrière Mme Du Barry contre le premier ministre, qui représentait à leurs yeux les parlementaires et les philosophes. Le Roi n'avait jamais compris les seconds ; quant aux premiers, il les haïssait, il se plaignait « de ces grandes robes qui voulaient le mettre en tutelle » et les regardait comme « une assemblée de républicains ». Le fait est qu'ils croyaient habile de demander la convocation des Etats généraux, et la seule pensée d'un tel événement le transportait de fureur.

Maupeou sut tirer parti de cet état d'esprit. La lutte du Roi avec le Parlement de Paris, à propos de l'édit de novembre 1770, devint une guerre ouverte. Le chancelier lui persuada que, soutenu secrètement par Choiseul, il provoquerait la guerre civile, et sa perte fut décidée. Mis au courant de la tension qui existait entre l'Angleterre et l'Espagne, le Roi mande Choiseul, lui fait avouer que la guerre est inévitable et qu'il faut s'y préparer. « Monsieur, s'écrie-t-il, furieux, je vous avais dit que je ne voulais point la guerre ! »

Le jour même (24 décembre 1770), M. de la Vrillière[1] lui portait une lettre du Roi qui l'exilait à Chanteloup. Il devait partir dans les vingt-quatre heures.

Détesté par le parti dévot qui faisait corps autour de la favorite, haï de l'héritier du trône, élève docile de la Vauguyon, Choiseul ne devait plus revenir aux affaires. Il se retira sans beaucoup d'amertume dans sa magnifique terre de Chanteloup, en Touraine, pour y vivre de la vie de famille, en simple gentilhomme campagnard. Mme du Deffand, qui l'y vit en 1772, écrivait à Walpole : « Il s'amuse de tout ; on ne peut être plus aimable, plus doux, plus facile... Il a trouvé en lui tous les goûts qui pouvaient remplacer les occupations, il semble qu'il n'ait jamais fait d'autre étude que de faire valoir sa terre. Il bâtit des fermes, il défriche des terrains ; il

---

[1] M. de la Vrillière, ministre de la Maison du Roi, s'était successivement appelé Phélippeaux, Saint-Florentin et La Vrillière, d'où cette épitaphe :

Ci-gît, malgré son rang, un homme fort commun,
Ayant porté trois noms et n'en laissant aucun.

achète des troupeaux pour les revendre au commencement de
l'hiver, quand ils auront engraissé les terres et qu'il aura
vendu leur laine. Je suis intimement convaincue qu'il ne re-
grette rien et qu'il est parfaitement heureux ! »

Cette disgrâce avait accru sa popularité parce qu'on voyait
en lui la victime d'une favorite détestée. On fit des portraits,
on frappa des médailles destinées à perpétuer le souvenir
de ce grave événement. Au dehors, l'émotion ne fut pas
moindre. « Il vaudrait mieux pour nous, disait-on en Angleterre, que la France eût dix provinces de plus, comme la
Corse, qu'un ministre comme M. de Choiseul. »

Pendant quelque temps, le Roi ne permit pas qu'on se ren-
dît près de l'exilé, mais bientôt, devant l'insistance de personnes haut placées, la rigueur des premiers refus fléchit,
pour faire place à cette formule : « Le Roi ne permet ni ne
défend. »

Aussitôt, ce fut une affluence ininterrompue. « Aller à Chanteloup, disait Mᵐᵉ du Deffand, c'est aller à la Cour, c'est rechercher le grand monde, se mettre au bon ton, acquérir le
bon air. » Rien ne met plus en lumière que cet empressement la décadence du prestige royal et le triomphe d'une
puissance nouvelle, l'opinion publique. Et pendant qu'une
infime coterie s'empressait autour de Mᵐᵉ Du Barry et l'en-
censait, comme la maréchale-duchesse de Mirepoix et
quelques autres, la grande masse de la noblesse se portait à
Chanteloup, jusqu'au duc d'Orléans, « ce gros prince, très
bon homme, content de tout ce qu'il voyait et de tout ce qu'il
faisait, ayant le mérite de laisser l'âme en paix... ». A la fin
de son exil, le duc de Choiseul, voulant témoigner à ses nombreux visiteurs la reconnaissance que lui inspirait leur constante sympathie, fit construire dans son parc une pagode chi-
noise, en pierres de taille et haute de plus de 120 pieds,
« l'édifice le plus beau, le plus extraordinaire que jamais
particulier ait élevé ». Dans le salon principal, six tables
de marbre, de 6 pieds de hauteur sur 3 de largeur, contenaient les noms, rangés par ordre alphabétique, de toutes les
personnes qui étaient venues à Chanteloup[1].

---

[1] Mᵐᵉ du Deffand, *Correspondance inédite*, publiée par le marquis de
Sainte-Aulaire, t. I.

Le bon abbé Barthélemy fut l'un des familiers les plus
assidus et les plus goûtés. C'est pour le duc et la duchesse
de Choiseul qu'il composa son charmant ouvrage, le *Voyage
d'Anacharsis en Grèce*, que le public accueillit avec une extrême faveur. On vivait paisiblement dans cet exil doré. La
matinée était employée à écrire d'un côté, à faire sa toilette
de l'autre, ensuite à des arrangements domestiques. On dînait à deux heures. Après dîner, c'étaient des parties de
whist ou de trictrac. A six ou sept heures, on se retirait pour
souper à dix. On faisait ensuite un pharaon jusqu'à une
heure. Pendant les longues journées d'hiver, souvent on
jouait la comédie, on faisait de la musique ; le duc avait la
faiblesse de jouer de la flûte, il avait même celle de faire de
la tapisserie[1]. En hiver, les chemins étaient trop mauvais
pour pouvoir sortir ; mais en été on faisait de longues promenades, quelquefois même des excursions dans le voisinage ; souvent, on chassait. La lecture tenait aussi une grande
place à Chanteloup : livres, discours académiques, brochures
et gazettes y étaient régulièrement envoyés par Mme du Deffand. Les philosophes y étaient très goûtés, sinon dans leur
personne, du moins dans leurs doctrines, dans les idées nouvelles qu'ils répandaient : on y était d'accord sur le terrain
de l'absolutisme royal, sans prévoir d'ailleurs le moins du
monde qu'ils aidaient à préparer la Révolution prochaine.

LA DAUPHINE MARIE-ANTOINETTE ET LA COUR

La chute de Choiseul avait porté à la tête du pouvoir trois
créatures de Mme Du Barry : le chancelier Maupeou, l'abbé
Terray et le duc d'Aiguillon, le *triumvirat*. Le premier continua son œuvre, qui se termina par un coup d'Etat. En 1772,
le Parlement de Paris était supprimé.

[1] Choiseul s'était fait dresser dans son salon un métier à tapisserie,
auquel il travaillait avec beaucoup d'assiduité. Le parfilage était l'occupation en honneur parmi les femmes, dans les salons de Paris et dans
les châteaux. On défaisait les galons, les épaulettes, les vieilles étoffes,
pour en retirer les fils d'or et d'argent, avec lesquels on faisait des objets
de toutes sortes, qu'on offrait en cadeau. Dans ce monde noble du
xviiie siècle, il n'était guère d'hommes qui n'eussent quelque talent de
salon : beaucoup rimaient, étaient acteurs de société, musiciens, peintres
de nature morte, etc.

Cet homme noir et blême, dont les yeux pénétrants, aigus et soupçonneux « semblaient errer sans cesse à la recherche d'une proie[1] », reçut les encouragements de Voltaire, qui ne pardonnait point aux parlements leurs persécutions contre les gens de lettres, le supplice de Calas et du chevalier de La Barre. A ses yeux, l'établissement des *six Conseils supérieurs* de justice suffisait pour rendre le règne de Louis XV « cher à la France », étant donné surtout que le ministre annonçait la suppression de la vénalité des offices, des épices, le rapprochement de la justice des justiciables.

Au fond, les philosophes et les encyclopédistes ne pouvaient qu'applaudir à ce renversement si facile d'un des plus solides étais du trône[2]. Pour le peuple, c'était un enseignement et, comme on l'a dit, une leçon de méthode révolutionnaire. La noblesse d'épée avilie, la noblesse de robe presque détruite, c'en était fait de la solidité du régime : le Roi allait bientôt se trouver seul, sans appui, en face de la nation.

Mais, en ce moment, Paris ne voyait dans l'acte de Maupeou qu'une provocation du pouvoir absolu. Les princes du sang prirent tous parti contre la royauté[3], et le prince de Conti se distingua par son ardeur. Ils se brouillèrent avec le Roi, et Mme du Deffand écrivait : « C'est la tour de Babel, c'est le chaos, c'est la fin du monde; personne ne s'entend, tout le monde se hait, se craint, cherche à se détruire. La guenon qui nous gouverne est aussi insolente que bête! »

En cette année 1771, troublée entre toutes, eut lieu le mariage du premier frère du Dauphin, le comte de Provence, avec une princesse de Savoie (14 mai). Tout se passa comme pour le Dauphin, avec le même cérémonial.

---

[1] F. Rocquain, *L'Esprit révolutionnaire avant la Révolution*, l. VIII.

[2] D'Alembert disait du Parlement Maupeou : « Celui-ci est une bête puante, mais l'ancien était une bête *venimeuse*. »

[3] Sauf le comte de la Marche, fils du prince de Conti, que celui-ci ne voulut plus voir. L'opposition des princes ne paraissait pas sérieuse aux yeux clairvoyants; ils ne cherchaient, pensait-on, comme au temps de la Fronde, qu'à faire payer leur complicité. En effet, leur brouille avec le Roi dura à peine deux ans. Moyennant des promesses, les maisons d'Orléans, de Condé, de Bourbon firent amende honorable. Seul, le prince de Conti résista, ce qui fit dire à Louis XV : « Mon cousin l'avocat n'est point las de chicaner. »

Il y eut appartement dans la Galerie, où le Roi joua au lansquenet; puis Sa Majesté alla souper au grand couvert dans la salle de spectacle. Le 15, Louis XV tint appartement dans la Galerie et y assista au très beau feu d'artifice qu'avaient préparé les artificiers du Roi, Torré, Morel et Seguin[1]. Les hauts du Parc et les Fer-à-Cheval furent le théâtre d'une brillante illumination. Le 16, la famille royale vit jouer, à l'Opéra, la *Reine de Golconde*; le 20, il y eut bal paré à l'Opéra; le 25, on donna la seconde représentation de la *Reine de Golconde*; le 29, on joua les *Projets de l'Amour*, ballet héroïque de Mondonville; le 31, *Gaston et Bayard*, tragédie de Debelloy. Le 5 juin, la seconde représentation des *Projets de l'Amour* termina les fêtes.

Le mariage du plus jeune frère, le comte d'Artois, avec une belle-sœur du comte de Provence, eut lieu en 1773, et ce fut l'occasion de nouvelles fêtes.

Le 18 novembre, la Cour assista à l'opéra d'*Ismenor*; le 19, il y eut bal paré dans le salon disposé sur la scène de la salle de l'Opéra. Après le bal, la Cour revint à la galerie des Glaces voir le feu d'artifice qu'on n'avait pu tirer le 16, à cause du mauvais temps. Le feu commença par une batterie de 800 gros marrons[2] et 700 fusées d'honneur. On vit ensuite une cascade de feu tomber dans l'eau des deux bassins du parterre du Nord, du centre desquels s'élevait un grand jet. Enfin commença le drame pyrique des *Forges de Vulcain*, œuvre de Torré, qui fut d'une magnificence et d'une précision étonnantes.

Le mariage des frères du Dauphin eut pour conséquence d'amener à la Cour deux nouvelles princesses, dont le caractère devait mal s'accorder avec celui de Marie-Antoinette. D'ailleurs, Mme Du Barry, pour se venger du mépris que lui témoignait la Dauphine, qu'elle savait toujours dévouée à l'exilé de Chanteloup, dressa ses batteries pour accaparer leur confiance. Elle composa leur maison de ses créatures[3].

Nous sommes au moment de l'apogée de l'influence de la

---

[1] Les détails de cette fête se trouvent dans un précieux album de la Bibliothèque de Versailles, composé de quinze aquarelles de Maurisant.

[2] *Marron*, espèce de pétard.

[3] Mme de Valentinois, qui était, avec la maréchale de Mirepoix, l'insé-

favorite. Avec le duc d'Aiguillon au ministère, elle comptait avoir, elle aussi, son Choiseul, et jamais le crédit de Mme de Pompadour n'avait atteint le sien. « Elle décidait de toutes les grâces et de tous les emplois, il n'y en avait que pour ses protégés et ses adulateurs. » L'abbé Terray, contrôleur général, dut trouver « trois millions et demi pour la Maison prodigieuse du comte de Provence, et celle du comte d'Artois menaçait d'être aussi grosse[1] ».

Malgré tout, le cercle de Mme Du Barry demeurait fort restreint avec ses trois intimes, Mme de Mirepoix, Mme de Valentinois et Mme de Montmorency, qui d'ailleurs se détestaient. La favorite ne cessait de se plaindre au Roi des « préventions et des haines » de la Dauphine à son égard, qu'elle disait, sinon suggérées, du moins entretenues à plaisir par Mesdames, et surtout par Madame Adélaïde, chef d'une coterie remuante, toujours disposée aux cancans et aux intrigues. Mesdames étaient d'une dévotion excessive, tracassière et jalouse. Louis XV intervint, pria l'ambassadeur de Marie-Thérèse de sermonner la Dauphine, afin qu'elle accordât au moins « le traitement que toute personne présentée était en droit d'attendre ». Mercy engagea la Dauphine à satisfaire le Roi et d'adresser « une seule fois la parole » à Mme Du Barry, lui disant que par là « tous les motifs spécieux de plainte cesseraient, et que si, après cela, on la voulait engager à des connaissances plus étendues, elle se trouverait avoir des armes pour s'en défendre ».

Malgré l'opposition de Madame Adélaïde, il fut décidé que, le 11 septembre, lorsque la Dauphine verrait Mme Du Barry au cercle, elle lui dirait un mot. Ce jour-là, le cercle se tenait chez la Dauphine[2]. Mme Du Barry y vint avec Mme de Valentinois ; Mercy s'y trouvait aussi et raconte la scène :

Mᵐᵉ la Dauphine m'appela pour me dire qu'elle avait peur, mais que tout l'arrangement subsistait. La partie de jeu étant sur la fin, Mme la Dauphine m'envoya me placer auprès de la favorite, avec

parable de Mme Du Barry, fut dame d'atours de la comtesse de Provence, tandis que le comte de Modène, l'âme damnée de La Vauguyon, devenait gentilhomme d'honneur du comte de Provence.

[1] Duc de Croy, *Mémoires.*

[2] Salle 116.

laquelle je liai conversation. Mme la Dauphine commença à parler aux dames ; elle arrivait de mon côté et n'était plus qu'à deux pas, lorsque Madame Adélaïde, qui ne la perdait point de vue, éleva la voix et dit : « Il est temps de s'en aller, partons ; nous irons attendre le Roi chez ma sœur Victoire. » A ce mot, Mme la Dauphine s'éloigna, et tout l'arrangement fut manqué.....

Le Roi en fut très mécontent : mais ce n'était que partie remise ; Marie-Antoinette parla à Mme Du Barry, celle-ci étant venue lui faire sa cour, suivant l'usage, en compagnie de Mmes d'Aiguillon et de Mirepoix. La princesse adressa d'abord la parole à Mme d'Aiguillon. Passant ensuite devant la favorite, et la regardant sans gêne ni affectation, elle lui dit : « Il y a bien du monde aujourd'hui à Versailles », après quoi elle parla tout de suite à Mme de Mirepoix (2 janvier 1772). Quelques mois après (26 juillet), la Dauphine fut un peu moins laconique. Mme Du Barry, accompagnée de la duchesse d'Aiguillon, étant arrivée chez elle après la messe du Roi, celle-ci, après avoir adressé la parole à cette dernière, se tourna ensuite vers la favorite. « Elle dit quelques mots sur le temps, sur les chasses, de façon que, sans interpeller directement la comtesse Du Barry, celle-ci pouvait cependant croire que ces paroles s'adressaient aussi bien à elle qu'à la duchesse d'Aiguillon. » La favorite et le Roi furent très satisfaits de cette concession de Marie-Antoinette.

La Dauphine, sur les conseils de sa mère, s'était affranchie de la domination de Mesdames ; dès lors, elles lui déclarèrent une guerre sourde. Leur cabinet[1] devint le principal foyer des attaques et des calomnies lancées contre Marie-Antoinette et qui, du rez-de-chaussée du Château, se répandaient promptement dans toute la Cour et à Paris.

Les filles de Louis XV eurent pour auxiliaires dans leur œuvre perfide les comtesses de Provence et d'Artois, la première surtout, qui croyait servir en cela l'ambition de son mari, qui hériterait de la couronne si le Dauphin n'avait pas d'enfant.

[1] Madame Adélaïde occupe une partie de l'appartement du Dauphin, au rez-de-chaussée ; Mesdames Sophie et Victoire sont logées dans l'ancien appartement des Bains (52, 53, 54, 55 et partie de 56, avec des dépendances). La salle 54, située à l'angle du Parterre d'Eau et du Parterre du Nord, leur servait de salon commun. Le Dauphin et la Dauphine sont logés dans les appartements de la Reine.

Nous savons, surtout par le comte de Mercy, grâce à sa correspondance régulière avec Marie-Thérèse, ce qui se passait dans cette Cour de la fin du règne de Louis XV. Le Roi baisse de plus en plus, sa tête s'affaiblit, il est en proie à un ennui occasionné peut-être par « le désordre général qui l'environne de toutes parts... il paraît ne pas se plaire dans la compagnie de Mme Du Barry », qui a « infiniment peu de ressource dans l'esprit et dans le caractère » ; il « ne trouve plus chez elle qu'une dissipation médiocre et entremêlée de tous les inconvénients dont il éprouve à chaque instant les effets » par ses « continuelles importunités pour obtenir des grâces souvent injustes, presque toujours pour des gens peu estimables... ».

Sans doute, son premier enthousiasme pour la favorite s'est refroidi avec le temps, mais l'habitude le tient attaché plus que jamais à ses liens et, pour essayer de se désennuyer, il se déplace, il fait toujours de petits voyages à ses maisons de plaisance, où Mme Du Barry ne peut jamais réussir à faire venir la Dauphine.

Celle-ci se sent tout de même bien isolée. Le Dauphin, atteint d'une légère infirmité qui lui interdit toute paternité, reste sept ans sans y porter remède, et il faudra que Joseph II, empereur d'Allemagne et frère de Marie-Antoinette, vienne en France pour le décider à subir une insignifiante opération, d'où dépend la succession directe de la Couronne. Bien qu'il ait organisé un petit théâtre dans son appartement, pour que la famille royale s'y distraie après le souper, il est surtout absorbé par ses travaux manuels. La Dauphine s'en plaint à plusieurs reprises avec vivacité, et comme elle aime le plaisir, elle écoute cet étourdi de comte d'Artois, qui la compromet en l'entraînant dans toutes les fêtes, aux courses, à l'Opéra de Paris [1].

Franche, enjouée, gracieuse, nullement infatuée, car elle

___

[1] Elle n'eut d'ailleurs jamais d'inclination véritable pour lui. Pendant une maladie du comte d'Artois, elle se montra très indifférente, et comme Mercy lui en faisait la remarque, elle répondit « qu'elle ne prenait aucun intérêt au prince, son beau-frère ; que, liée avec lui par des occasions de pur amusement, toute amitié cessait avec ces amusements, parce que le jeune prince n'avait aucune qualité qui pût lui concilier plus d'affection ». — « Je suppliai la Reine, ajoute M. de Mercy, de garder cette réflexion pour elle seule. »

sait accepter les conseils et les remontrances, sensible, bienveillante pour les faibles et pour les petits, Marie-Antoinette
a beaucoup de grandes qualités qui conviennent à une future
souveraine; mais elle est trop désireuse de plaire et, par là,
trop sensible à la flatterie; elle aime trop le plaisir, elle est
trop faible pour ses amis, ses protégés, elle dépend trop
de qui l'amuse. Cette légèreté de caractère peut, en 1773,
être mise sur le compte de l'âge et passer pour espièglerie.
Mercy note qu'elle est portée à se moquer des ridicules, sans
assez de retenue[1], d'où l'origine d'inimitiés qui ne pardon-
neront pas. Il relève chez elle sa légèreté, son manque de
réflexion, « dès qu'il s'agit de quelque objet sérieux et
qu'elle entrevoit de la gêne ». C'est de la paresse d'esprit,
résultant en partie de sa première éducation, au point qu'elle
n'a pas le goût de lire, sa lecture se bornant à « parcourir les
gazettes, aux nouvelles d'Autriche ».

Et puis, elle a des défauts d'enfant gâté. « Elle est ob-
stinée, impatiente et colère[2]. » L'adulation de Versailles,
de sa Maison, de ses tantes (dans les premières années), la
soumission de son mari, « né pour être gouverné toute sa
vie », l'ont rendue volontaire, entêtée, capricieuse. On s'en
aperçoit bien dans sa manière de traiter M. de Marigny[3], ou
l'architecte Gabriel, pour des travaux d'appartements qui
n'avancent pas assez vite à son gré ou dont l'exécution lui
déplaît.

Il ne lui arrive pas toujours de garder de la mesure dans
ses amitiés ou ses antipathies. Elle est extrême en tout :
M. d'Aiguillon fait « des horreurs »; M. de Saint-Mégrin, fils
de M. de la Vauguyon, « est encore plus dans l'intrigue, et
plus méchant que son père ».

Elle a souvent raison, quoiqu'elle doive poursuivre un

---

[1] Marie-Thérèse lui écrit : « On prétend que vous commencez à donner
du ridicule au monde, d'éclater de rire au visage des gens. Cela vous
ferait un tort infini, et ferait douter de la bonté de votre cœur... » Et
cela était vrai. Elle raillait souvent le parti dévot et son chef, M. de la
Vauguyon, ennemi de Choiseul.

[2] De Nolhac, *Marie-Antoinette Dauphine*, chap. V.

[3] M. de Marigny, frère de Mme de Pompadour, demeura directeur
général des bâtiments, jardins, arts et manufactures jusqu'en 1773. Il
donna sa démission et ne tarda pas à prendre le nom de marquis de
Ménars, du nom du château qu'il s'était fait bâtir en 1764.

jour, d'un ton presque aussi âpre, des ministres de Louis XVI qui seront Malesherbes et Turgot. Mais elle a appris à se mêler d'affaires de gouvernement « dans les petits comités de Mesdames, où l'on épluche la conduite des princes du sang et des ministres, et elle y adopte toujours les jugements violents de Madame Adélaïde[1] ».

Elle mécontente le prince de Condé à propos du lit de justice qui va casser le Parlement; elle s'aliène les Broglie, les Rohan, dont l'un d'eux, le prince Louis, ambassadeur à Vienne[2], futur cardinal, avait été rappelé pour ses agissements. Il y eut contre elle, de la part de cette famille puissante, des rancunes inassouvies, et on retrouvera sa main « dans toute la trame des calomnies ourdies contre Marie-Antoinette, devenue reine ».

Par tactique, le parti adverse opposait à cette attitude de la jeune Dauphine la conduite « irréprochable » de ses belles-sœurs, les comtesses de Provence et d'Artois, et il se formait un parti « piémontais », ayant pour chef secret le comte de Provence. Il prédisait que Marie-Antoinette apporterait dans les affaires politiques, si on la laissait faire, cet esprit turbulent avec lequel les archiduchesses ses sœurs, à Naples et à Palerme, « mettaient sens dessus dessous les Etats de leur mari[3] ». Le comte de Provence, sérieux et instruit, était dissimulé et fourbe. En juin 1774, les princes et les princesses étant réunis, eurent l'idée de répéter quelques scènes de comédie; on en choisit une de *Tartufe*. Le comte de Provence, ayant joué ce rôle : « Cela a été rendu à merveille, dit le Roi; les personnages y étaient dans leur naturel[4]. » Quant au comte d'Artois, il est toujours étourdi, maladroit, compromettant, peu respectueux.

Dans une lettre à sa mère, Marie-Antoinette juge en quel-

[1] De Nolhac, *Marie-Antoinette Dauphine*, chap. V.

[2] Le prince de Soubise, le vaincu de Rosbach, était le chef de cette maison. Le luxe et la vie dissipée du cardinal-ambassadeur avaient scandalisé l'impératrice Marie-Thérèse.

[3] « On se promettait bien d'en exploiter un jour le souvenir, pour peu que le sang de l'Autriche se montrât en France vif et entreprenant comme on l'avait vu en Italie. » (De Nolhac, *Marie-Antoinette Dauphine*, chap. V.)

[4] Mercy.

ques mots les trois frères : « ... plus je suis convaincue que, si j'avais à choisir un mari entre les trois, je préférerais encore celui que le Ciel m'a donné ; son caractère est vrai, et quoiqu'il est gauche, il a toutes les attentions et complaisances possibles pour moi [1]. »

Pour ses belles-sœurs, elles sont laides et jalouses, toujours prêtes, surtout la comtesse de Provence, aux petites trahisons. Madame, comme on l'appelle [2], a de l'esprit et une certaine grâce dans les manières, mais peu de bonté ; sa sœur, la comtesse d'Artois, est sotte, maussade et disgracieuse ; elle fut bientôt abandonnée par son frivole mari ; la fidélité de Monsieur devait durer quelques années.

La sœur du Dauphin, Madame Clotilde (*le gros Madame*), était fort bien élevée, douce, aimable ; mais à seize ans elle fut mariée (1775) et partit pour le Piémont, qu'elle édifia par ses vertus.

Madame Elisabeth, autre sœur du Dauphin, née en 1764, n'avait que six ans à l'arrivée de Marie-Antoinette à la Cour. Passionnément attachée à son frère, qu'elle ne voulut pas quitter pour se marier, elle devait partager son triste sort.

Nous avons dit que Mesdames, filles de Louis XV, s'étaient d'abord emparées de la jeune Dauphine, isolée et sans guide sérieux dans cette Cour dangereuse. Mais quand celle-ci secoua le joug, elles devinrent ses ennemies.

Une lettre très intéressante de Marie-Antoinette à Marie-Thérèse, datée du 12 juillet 1770, donne des détails curieux sur sa vie journalière :

Votre Majesté est bien bonne de vouloir bien s'intéresser à moi et même de vouloir savoir comme je passe ma journée. Je lui dirai donc que je me lève à dix heures ou à neuf heures, et, m'étant habillée, je dis mes prières du matin, ensuite je déjeune, et de là je vais chez mes tantes, où je trouve ordinairement le Roi. Cela dure jusqu'à dix heures et demie ; ensuite, à onze heures, je vais me coiffer. A midi, on appelle la chambre, et là tout le monde peut entrer, ce qui n'est point des communes gens. Je mets mon rouge et lave mes mains devant tout le monde ; ensuite les hommes sortent et les dames restent, et je m'habille devant elles. A midi est la messe ; si

[1] 15 décembre 1775.
[2] Le comte de Provence allait s'appeler « Monsieur » au début du règne de Louis XVI.

le Roi est à Versailles, je vais avec lui et mon mari et mes tantes à la messe; s'il n'y est pas, je vais seule avec M. le Dauphin, mais toujours à la même heure. Après la messe, nous dînons à nous deux devant tout le monde, mais cela est fini à une heure et demie, car nous mangeons fort vite tous les deux. De là je vais chez M. le Dauphin, et s'il a affaires, je reviens chez moi, je lis, j'écris ou je travaille, car je fais une veste pour le Roi, qui n'avance guère, mais j'espère qu'avec la grâce de Dieu elle sera finie dans quelques années. A trois heures, je vais encore chez mes tantes, où le Roi vient à cette heure-là; à quatre heures vient l'abbé[1] chez moi; à cinq heures, tous les jours, le maître de clavecin ou à chanter jusqu'à six heures. A six heures et demie, je vais presque toujours chez mes tantes, quand je ne vais pas promener; il faut savoir que mon mari va presque toujours chez mes tantes. A sept heures, on joue jusqu'à neuf heures, mais quand il fait beau, je m'en vais promener, et alors il n'y a point de jeu chez moi, mais chez mes tantes. A neuf heures, nous soupons, et quand le Roi n'y est point, mes tantes viennent souper chez nous; mais quand le Roi y est, nous allons après souper chez elles, nous attendons le Roi, qui vient ordinairement à dix heures trois quarts; mais moi, en attendant, je me place sur un grand canapé et dors jusqu'à l'arrivée du Roi; mais quand il n'y est pas, nous allons nous coucher à onze heures. Voilà toute notre journée. Pour ce que nous faisons les dimanches et fêtes, je me réserve à le lui mander une autre fois.

Telle était la vie de chaque jour, dont la monotonie était aggravée par les exigences de l'étiquette, qui lui devinrent insupportables. Elle chercha toutes les occasions de s'y soustraire, de multiplier les occasions de fêtes, et de s'y montrer en pleine possession de sa jeunesse heureuse et de sa naturelle gaieté. Elle donna des concerts très goûtés[2], elle y fut « charmante, attentive avec tout le monde... et donnant par là un spectacle plein de grâces et d'agréments, qui depuis longtemps n'était plus connu à cette Cour-ci[3] »; elle rétablit les bals, qui se donnaient régulièrement chez elle tous les lundis d'hiver, et y entraînait le Dauphin, dont on constatait avec plaisir l'humeur plus mondaine; elle assistait aussi à ceux que donnaient Madame Clotilde et Mme de Noailles, qui était encore sa dame d'honneur. Elle y vint la première fois avec le Dauphin, qui la conduisait sous le bras; il dit en entrant à la

[1] L'abbé de Vermond.
[2] Au salon de la Paix (114).
[3] Mercy, 12 juin 1772.

comtesse de Noailles : « J'espère, Madame, que vous voudrez
bien recevoir le mari et la femme; nous ne venons pas ici
pour apporter de la gêne, mais pour partager vos amusements. »

La chasse à travers les grandes forêts royales fut un de
ses plaisirs favoris, et elle aimait y accompagner le Roi et le
Dauphin, qui s'y passionnait jusqu'à l'extrême fatigue; elle
tint même à les suivre à cheval à côté du Roi, et Marie-
Thérèse, qui craint cette nouveauté, a dû se résigner, sachant
qu'elle est accompagnée de M. de Tessé et de M. de la Châ-
taigneraie, écuyers aussi prudents qu'habiles; elle a demandé
seulement d'avoir un portrait d'elle dans « l'habit de cheval
qui lui sied si bien. Ce pastel, placé à Schœnbrunn, avec le
joli buste de Lemoyne, a fait les délices de la famille : il est
dans le cabinet où travaille l'Impératrice et met sans cesse
devant ses yeux l'image déjà bien transformée de la chère
absente[1] ».

Sa bonté naturelle et sa générosité d'âme, qu'elle eut l'occasion de montrer en maintes circonstances, ses actes de charité spontanée, répandus dans le public, l'avaient vite rendue
populaire, et Paris lui fit, lors de son entrée solennelle, retar-
dée trois ans[2], un accueil triomphal. Elle eut lieu le 8 juin 1773,
au milieu des acclamations de tout un peuple, ce qui fit dire
galamment au maréchal de Brissac, gouverneur de Paris :
« Madame, vous avez là deux cent mille amoureux! » Très
émue, elle voulut, entraînant le Dauphin, se mêler à la foule;
et quand elle rendit compte à sa mère de cette fête inoubliable, Marie-Antoinette terminait ainsi sa lettre : « Qu'on
est heureux, dans notre état, de gagner l'amitié d'un peuple
à si bon marché! Il n'y a pourtant rien de si précieux : je
l'ai bien senti et ne l'oublierai jamais. » La lune de miel avec
Paris continua après cette éclatante journée : à l'Opéra, à la
Comédie-Française, où elle assiste au *Siège de Calais*, et
donne avec le Dauphin le signal des bravos; aux Italiens,
partout, elle cherche à communier avec les Parisiens; et puis

[1] De Nolhac, *Marie-Antoinette Dauphine*, chap. V.

[2] Il était d'usage que les Dauphines fissent leur entrée à Paris, sitôt
après leur mariage; mais l'entourage du Roi et l'influence de Madame
Adélaïde avaient reculé le plus possible cette cérémonie, par crainte
d'une manifestation enthousiaste en faveur de la Dauphine.

elle visite la capitale en détail, ses monuments; elle parcourt les baraques de la foire, se promène à pied à la fête de Saint-Cloud, va voir les bals en plein vent, et le petit peuple acclame cette princesse bonne, peu fière, dont la splendide jeunesse est un charme pour lui[1].

LA FIN DE LOUIS XV

Cependant, à la Cour, on commençait à s'inquiéter de la fin prochaine du Roi. Mercy écrivait, le 19 février 1774, à Marie-Thérèse :

A force de soins, j'ai découvert que les craintes de Mme Du Barry et de son entourage étaient fondées en partie sur des propos que le Roi commence à tenir de temps en temps sur son âge, sur l'état de sa santé, et sur le compte effroyable qu'il s'agira de rendre un jour à l'Etre suprême de l'emploi de la vie qu'il nous a accordée dans ce monde. Ces réflexions, occasionnées par le trépas de quelques personnes de l'âge du Roi, et mortes presque sous ses yeux[2], ont fort alarmé les gens qui retiennent ce monarque dans ses erreurs actuelles, et dès ce moment un chacun a cru devoir songer aux moyens de trouver un abri selon les événements possibles.

Mme Du Barry et son parti essayèrent, mais en pure perte, de se rapprocher du Dauphin et de la Dauphine. En même temps, ils s'efforçaient de distraire le Roi et de multiplier les petits voyages qui lui plaisaient, à Choisy, à Saint-Hubert, à Bellevue, à Trianon, mais de sombres pressentiments l'assiégeaient; il restait fort effrayé des paroles menaçantes de l'abbé de Beauvais, dans son prêche du jeudi saint à la cha-

---

[1] En cette année 1774, Marie-Antoinette rendait à l'art un service signalé en soutenant son ancien maître de musique, l'Autrichien Gluck, qui venait faire jouer, à l'Opéra de Paris, *Iphigénie en Aulide*, dont la première représentation eut lieu le 19 avril. Cet opéra ne fut goûté que des connaisseurs. Par contre, Mme Du Barry se préparait à faire venir à Paris le fameux Piccini, et « on se promettait grand plaisir à suivre cette rivalité des deux musiques, aiguisée par la lutte des partis à la Cour ». (De Nolhac, *Marie-Antoinette Dauphine*, chap. V.)

[2] Le marquis de Chauvelin était tombé mort en jouant aux cartes, le 23 novembre 1773; le maréchal d'Armentières venait de mourir subitement, ainsi que l'abbé de la Ville, directeur aux Affaires étrangères. Ce dernier avait été frappé au lever du Roi.

pelle de Versailles : « Encore quarante jours, et Ninive sera
détruite ! » Et il s'était fait à lui-même l'application de cette
prophétie.

Le 27 avril, s'étant trouvé malade à Trianon, La Martinière, son premier chirurgien, « homme décidé et un des
seuls qui lui parlât avec force », l'obligea à rentrer à Versailles. Le duc de Croy raconte longuement, et avec un vif
intérêt, ce drame à plusieurs scènes de la maladie mortelle
du Roi. Le 29 avril, Louis XV est saigné deux fois; le 30, la
petite vérole se déclare, bénigne dès les premiers jours, alar-
mante ensuite; Mesdames viennent dans sa chambre soigner
leur père, placé sur un lit de camp, et, malgré toutes les représentations et le danger de la contagion, elles refusent de
s'éloigner[1]. On discute avec la Faculté pour savoir si l'on
doit, oui ou non, cacher au malade le nom de son mal, et il
est décidé qu'on ne lui dira rien, mais qu'on ne le trompera
pas, s'il devine. Madame Adélaïde, en sa qualité d'aînée, a pris
la direction de l'intérieur. Le soir, quand Mesdames rentrent
chez elles, le valet de chambre, La Borde, introduit la favorite,
qui reste toute la nuit. « Je déplais à toute la famille, disait-
elle; qu'on me laisse m'en aller ! » Mais le duc d'Aiguillon
lui fait entendre qu'elle ne doit pas déserter son poste.

Dans cette crise, hors quelques gens de service comme
La Borde ou quelques amis personnels, comme MM. de
Noailles et de Soubise, c'est beaucoup moins la maladie du
Roi qui préoccupe la Cour que ses conséquences politiques.
« Je songeai d'abord, dit de Croy, à examiner les physionomies, et j'ai vu peu de spectacles aussi caractérisés. Tous
ceux, en grand nombre et bien connus, du parti de la dame
marquaient nettement la fureur et le désespoir. Tous ceux
qui s'étaient attachés au Roi, comme nous, marquaient la
douleur et l'inquiétude. En ce moment, je me retraçai le tableau de tous les caractères et de toutes les situations. Enfin,
pour cette fois, je considérai tous les miroirs de l'âme à découvert[2]. »

---

[1] Cette maladie était une menace pour toute la famille royale, car les
Bourbons, seuls parmi les maisons régnantes, avaient refusé d'accepter
l'inoculation.

[2] *Mémoires du duc de Croy* (1727-1784).

Cependant, la question de la confession du Roi et des sacrements passionnait les deux partis, *Barrien* et *Antibarrien*, qui se livraient bataille sur le corps du mourant. Le parti dévot ou des jésuites (ironie des choses!) s'opposait à la communion du Roi, qui aurait eu pour effet l'exil de Mme Du Barry, tandis que le parti Choiseul, qui était celui des philosophes et des incrédules, la demandait pour des raisons opposées. « On entendait crier au scandale des hommes et des femmes qu'on savait ne pas croire en Dieu. »

Comme l'état du malade s'aggravait de plus en plus, les partisans des sacrements l'emportèrent. Le 7 mai, le cardinal de la Roche-Aymon, grand aumônier de France, lui donna le viatique. Le duc d'Orléans et le prince de Condé, qui, en qualité de princes du sang, avaient veillé le Roi, tirèrent la nappe de communion, et aucun prince ne pénétra dans la chambre, à cause de la contagion. Ensuite, le cardinal s'avançant à la porte du cabinet[1] pour parler au public qui s'y trouvait, dit en substance : « Messieurs, le Roi me charge de vous dire qu'il demande pardon à Dieu de l'avoir offensé et du scandale qu'il a donné à son peuple. Que si Dieu lui rend la santé, il s'occupera de faire pénitence, de soutenir la religion et de soulager son peuple. » Le Roi ajouta : « J'aurais voulu avoir la force de le dire moi-même! » Puis s'adressant, quelque temps après, à Madame Adélaïde : « Je ne me suis jamais trouvé mieux, ni plus tranquille. »

Quand il avait été mis au courant de son état, il avait dit à Mme Du Barry : « Il ne faut pas recommencer le scandale de Metz. Si j'avais su ce que je sais, vous ne seriez pas entrée. Je me dois à Dieu et à mon peuple; il faut donc que vous vous retiriez. » Le lendemain, le duc d'Aiguillon l'avait fait conduire à sa propre maison de campagne de Rueil, à deux lieues de Versailles, tout prêt à la rappeler si un mieux se produisait, tant pour sa fortune personnelle que pour répondre au secret désir du Roi.

Le 8, ce mieux sembla se produire, et l'on vit aussitôt une longue file de carrosses se diriger sur Rueil : « les gens prudents allaient faire leur cour » à la favorite; mais l'amélioration ne se soutint pas, et le mardi 10 mai, vers quatre heures

---

[1] Du cabinet du Conseil.

de l'après-midi, le duc de Bouillon, grand chambellan, paraissait à la porte de l'Œil-de-Bœuf : « Messieurs, le Roi est mort. Vive le Roi ! »

« Ainsi finit un des hommes qui avaient le plus de bonnes qualités, s'il avait su se fier à lui-même, décider par lui-même, ne pas se livrer aux femmes et se laisser conduire par elles. » Cette opinion d'un duc de Croy, courtisan honnête et sans passion, observateur clairvoyant, est bien près de la vérité. Négligé dans son éducation première, corrompu de bonne heure par le milieu où il vivait, sans volonté, mais sans méchanceté, Louis XV fut le roi le plus néfaste de notre histoire ; à sa mort, il était devenu comme étranger au pays : son nom ne rappelait plus que les scandales de la débauche et la misère du pays accablé par les impôts.

Au moment où Louis XV mourait, Mme Du Barry était internée à l'abbaye de Pont-aux-Dames, en Brie, qui n'était pas seulement couvent, mais prison d'État pour les femmes placées sous le coup de lettres de cachet. En même temps, ses amis, d'Aiguillon, Maupeou, Terray, étaient disgraciés. Mais Maurepas, oncle de la duchesse d'Aiguillon, devenu premier ministre, ne tarda pas à être son libérateur. Elle quitta Pont-aux-Dames, après y avoir résidé du 10 mai 1774 au 25 mars 1775. Elle y laissa de bons souvenirs et y revint plus d'une fois par plaisir. Après avoir habité Saint-Vrain, près de Montlhéry, parce qu'elle ne pouvait s'approcher à moins de dix lieues de la Cour, à la fin d'octobre 1776, elle eut la permission de revenir à sa maison de Louveciennes, que Louis XV lui avait donnée et où elle s'établit définitivement[1].

Bien que le parti de Choiseul, contre lequel elle eut à défendre sa situation, l'eût avilie à plaisir, Mme Du Barry a trouvé grâce devant l'histoire impartiale comme, de son vivant, vis-à-vis des contemporains qui n'avaient pas eu à prendre parti. Tous les témoignages concordent, et les plus autorisés, comme ceux du duc de Croy et de Sénac de Meilhan[2], pour la présenter comme une personne bonne, ne

[1] Vatel, Mme Du Barry, t. II, XXIX.
[2] Fils du premier médecin de Louis XV. Sénac de Meilhan (1736-1803) était intendant général de la Guerre en 1776.

s'étant pas mêlée aux affaires d'Etat, « n'ayant jamais fait
de mal, avec tout pouvoir de nuire », généreuse, ayant « un
bien meilleur cœur » que Mme de Pompadour. En dépit de
sa mauvaise éducation première, elle sut prendre le ton et
les manières des femmes de la Cour, et sa causerie « avait
du charme ».

Depuis sa retraite, la lecture étant après sa toilette sa principale préoccupation, elle parut instruite.

Lors de la Révolution, dit Sénac, elle se signala par son
dévouement et une bonté singulière pour ceux qui étaient
menacés d'en être les victimes.

Elle avait protégé les arts par les commandes intelligentes
qu'elle avait faites et qui dénotaient un véritable goût, et, en
cela, elle suivit l'exemple de sa devancière ; grâce à elle, le
Louvre a pu acquérir quelques chefs-d'œuvre.

A Louveciennes, sa vie fut partagée entre l'amitié et les
devoirs de bienfaisance[1].

[1] Voir le très intéressant ouvrage de M. Claude Saint-André, *Madame
Du Barry, d'après les documents authentiques* (Emile-Paul, éditeur).

CHAPITRE XII

L'HISTOIRE AU CHATEAU

LOUIS XVI ET MARIE-ANTOINETTE (1774-1789)

Sitôt Louis XV mort, Versailles fut déserté. Le lendemain, la Cour partit pour Choisy. Le duc d'Ayen, le duc d'Aumont, le grand aumônier et le grand maître des cérémonies, M. de Dreux, restèrent, de par leur charge, autour du Roi; mais, à cause du caractère de la maladie, on ne put l'embaumer.

Pendant que Mme Du Barry était enfermée à l'abbaye de Pont-aux-Dames, « celui qui l'avait donnée au feu Roi, et qu'on appelait généralement du surnom de *Roué*, se cacha. On assura d'abord qu'on devait l'arrêter; cependant, il n'en fut rien. Ainsi finit ce beaucoup trop brillant règne d'une famille qui, quinze jours auparavant, menait tout[1] ».

Le 12 mai, à huit heures du soir, le cercueil, placé sur un vaste carrosse, escorté d'une vingtaine de pages et d'une quarantaine de gardes à cheval portant des flambeaux, se dirigeait sur Saint-Denis. A Versailles, le peuple encombrait les abords du Château; dans la cour, au passage du cortège, il resta silencieux, mais dans les avenues, il laissa éclater sa joie inconvenante, accueillant par les cris de : « Taïaut! taïaut! » le convoi qui partait au grand trot.

---

[1] Duc de Croy, *Mémoires*.

A Saint-Denis, à l'arrivée, à onze heures du soir, les mêmes scènes indécentes se reproduisirent : « Voilà le plaisir des dames, voilà le plaisir ! » chantait-on à la vue du cercueil[1]. Pendant le mois qui suivit sa mort, épitaphes injurieuses, placards, satires abondèrent, « et l'on ne se souvint du feu Roi que pour insulter sa mémoire[2] ».

Le 10 mai 1774, le Dauphin devenait roi sous le nom de Louis XVI.

Son avènement fut salué par les vœux de la nation. On se plaisait à lui reconnaître trois qualités inestimables : l'amour de la justice, l'économie et la pureté des mœurs. Le règne des favorites était passé.

La disgrâce du duc d'Aiguillon combla de joie ses ennemis. « Eh bien, voilà l'impie Achab détruit : la joie est universelle, écrit Mme du Deffand à Mme de Choiseul... enfin, on balaye la Cour, et quand elle sera bien nettoyée, bien propre, on y replacera les meubles qui doivent l'orner : je ne puis vous exprimer ma joie[3]. »

Il semblait, en effet, que la fortune de Choiseul allait de nouveau resplendir; la reine Marie-Antoinette lui restait profondément attachée et son influence était de plus en plus grande sur le Roi. La disgrâce de Maupeou et de l'abbé Terray, qui suivit celle de D'Aiguillon, pouvait le faire espérer. Mais Louis XVI, cédant à ses tantes et épousant la haine de son père et les rancunes de son ancien gouverneur La Vauguyon, resta inflexible. Choiseul put néanmoins reparaître à Versailles, mais accueilli froidement par le Roi, il reprenait le chemin de Chanteloup. Ses partisans, toutefois, ne désespérèrent pas de voir le monarque, qu'on savait faible et irrésolu, céder enfin aux sollicitations renouvelées de la Reine.

Louis XVI et Marie-Antoinette arrivaient au trône un peu prématurément. Le Roi a vingt ans, la Reine dix-huit. « Mon Dieu, qu'allons-nous devenir? écrivait-elle à sa mère. Nous sommes épouvantés de régner si jeunes ! » Malheureusement, ni l'un ni l'autre, avec des facultés sérieuses, n'au-

---

[1] De tous les courtisans, le prince de Soubise, frère de Mme de Marsan, fut le seul qui accompagna le cercueil à Saint-Denis.

[2] F. Rocquain, *L'Esprit révolutionnaire avant la Révolution*.

[3] 4 juin 1774.

ront les qualités maîtresses qui imposent l'autorité et la font respecter. Bon, animé des meilleures intentions, désireux de faire le bien du peuple, Louis XVI manque d'énergie et de fermeté. Il n'a pas de volonté.

Ainsi, sur le choix des ministres, il n'a pas d'idée arrêtée. D'après les conseils de Madame Adélaïde, il mande M. de Machault, pour lui confier le ministère. Le même courrier portait une lettre à M. de Maurepas, qu'on désirait consulter sur l'étiquette des funérailles. Maurepas, arrivé le premier, est aussitôt reçu par le Roi au moment où l'huissier vient annoncer que le Conseil est assemblé. Le Roi y entre sans congédier Maurepas qui le suit et, se croyant le premier ministre, s'assoit et prend part aux affaires. « C'est à ce singulier hasard qu'il dut de gouverner la France pendant dix ans[1]. »

N'ayant ni majesté, ni distinction, lourd et gauche, peu soigné dans sa mise, peu respecté de ses frères, Louis XVI n'est guère fait pour régner. Il aime la chasse, où il passe la plus grande partie de son temps. De 1774 à 1787, comme il le constate dans son Journal, il a tué 1,274 cerfs et 189,251 pièces de gibier de toute espèce. Les jours qu'il n'a pas chassé, Louis XVI écrit : *Rien*, et souvent il ajoute la cause. Ainsi : *Rien. Mort de M. de Maurepas. — Rien. Mort de l'impératrice Marie-Thérèse.*

Assez instruit sur certains points, en histoire et en géographie par exemple, il ne s'occupe en réalité que de travaux manuels. Comme lorsqu'il était Dauphin, il tourne, il forge ; avec l'aide de Gamain et de Durey, garçon de forge, il fait de la serrurerie. La Reine l'appelle parfois son *Vulcain*. Il est porté aux exercices violents et ses amusements avec ses frères dégénèrent plus d'une fois en pugilat. Mais ce sont là des défauts de jeunesse et d'éducation qui pouvaient sans doute se corriger ; malheureusement, ce qui reste inéluctable, c'est l'indécision et la faiblesse de son caractère, qui expliqueront, en grande partie, les malheurs de son règne.

---

[1] G. Maugras, *Le Duc de Lauzun et la Cour de Marie-Antoinette.* — Maurepas avait soixante-dix ans. Tout jeune, il avait été ministre sous Louis XV et il était resté en exil depuis vingt-cinq ans pour avoir chansonné Mme de Pompadour.

D'une moralité exemplaire, Louis XVI sut résister à toutes
les entreprises de la haute noblesse corrompue pour renouveler le règne des maîtresses royales [1], et ce fut un grand
soulagement pour l'opinion, qui espéra, avec la fin du favoritisme, plus d'ordre dans l'administration et dans les finances,
plus de justice dans la répartition des impôts.

Il voulut aussi entrer délibérément dans la voie des réformes, mais il n'eut pas la force de briser des résistances
intéressées. Dans son zèle sincère pour le bien public, il
appela Turgot au contrôle général; et quand celui-ci lui eut
dit : « Sire, j'avoue que j'aurais préféré garder le ministère
de la Marine..., mais ce n'est pas au Roi que je me donne,
c'est à l'honnête homme », le Roi lui prit les deux mains en
disant : « Vous ne serez pas trompé. — Sire, ajouta celui-ci,
je dois représenter à Votre Majesté la nécessité de l'économie
et Elle doit, la première, donner l'exemple; M. l'abbé
Terray l'a sans doute dit à Votre Majesté. — Oui, il me l'a
dit, mais il ne me l'a pas dit comme vous [2]. »

Malheureusement, quand les privilégiés, intéressés au maintien des abus, élevèrent la voix, Louis XVI n'osa pas soutenir
son ministre, et en n'aidant pas énergiquement à l'adoption
des réformes salutaires, il prépara insensiblement une révolution devenue inévitable.

La reine Marie-Antoinette était dans tout l'éclat de sa jeunesse et de sa beauté. Dans le bal masqué donné en 1775, en
l'honneur du mariage de Madame Clotilde, elle parut comme
une déesse. « On ne pouvait avoir des yeux que pour la
Reine, s'écrie Walpole; les Hébé et les Flore, les Hélène et
les Grâces ne sont que des coureuses de rue à côté d'elle. Quand
elle est debout ou assise, c'est la statue de la beauté; quand
elle se meut, c'est la grâce en personne. »

Et cet éloge, qui paraît un dithyrambe, s'accorde avec le

---

[1] Dès 1777, la cabale avait cherché à lui donner pour maîtresse une
actrice en renom, Mlle Contat, de la Comédie-Française. (Lettre de
Mercy à Marie-Thérèse, 16 avril.)

[2] C'est après cette entrevue que Turgot écrivait à Louis XVI la lettre
célèbre qui renferme l'exposé de ses idées sur l'administration des
finances et où il montre nettement les manœuvres prochaines des privilégiés et de la « Ligue pour les abus », qui prévaudra contre le ministre réformateur : « J'aurai à lutter contre la générosité de Votre
Majesté et des *personnes qui lui sont des plus chères*... etc. »

témoignage de tous les contemporains qui l'ont vue de près. Ce qui la rend surtout incomparable, ce n'est pas la régularité des traits, car elle tient de sa famille cet ovale long et étroit particulier à la nation autrichienne, c'est l'éclat du teint, l'agrément dans le port de sa tête, une élégance suprême dans toute sa personne. Mme Vigée-Lebrun[1], qui fit d'elle tant de portraits, dit qu'elle « était grande, admirablement bien faite. Ses bras étaient superbes, ses mains petites, parfaites de forme, et ses pieds charmants. Elle était la femme de France qui marchait le mieux ; portant la tête fort élevée, avec une majesté qui faisait reconnaître la souveraine au milieu de toute sa Cour, sans pourtant que cette majesté nuisît en rien à tout ce que son aspect avait de doux et de bienveillant ». L'éclat du teint a surtout enthousiasmé l'artiste habituée à voir de près tant de belles physionomies. Elle n'en a jamais vu d'aussi brillant, et brillant est le mot ; car sa peau était « si transparente, qu'elle ne prenait point d'ombre : les couleurs me manquaient, dit-elle, pour peindre cette fraîcheur, ces tons si fins qui n'appartenaient qu'à cette charmante figure et que je n'ai retrouvés chez aucune femme ».

Devenue Reine, elle resta ce qu'elle avait été Dauphine : gaie, légère, amie du plaisir. Malgré les conseils et les exhortations de l'impératrice Marie-Thérèse, qui ne cessait de lui dire : « En politique, abstenez-vous ; restez neutre au milieu des partis ; laissez agir le Roi », elle ne sut pas se pénétrer de ces devoirs, ni garder la réserve et la retenue qui convenaient à son état. Bonne et bienveillante, elle avait pourtant un penchant assez prononcé à la moquerie. Pour flatter son goût, son entourage essayait de la divertir aux dépens des autres, d'où des inimitiés vives qui se traduisaient parfois par des chansons[2].

Le besoin d'amitié dont elle ne trouvait pas la satisfaction dans sa famille, la gaucherie du Roi et son abstention singulière, l'hostilité sourde de certains membres de la famille

---

[1] Mme Vigée-Lebrun (1755-1842) peignit plus de vingt fois la Reine, dans toutes les poses et dans tous les costumes. Elle a laissé, sous le titre de *Souvenirs*, des mémoires fort intéressants.

[2] Exemple :

> Petite Reine de vingt ans,
> Vous qui traitez si mal les gens,
> Vous repasserez la barrière...

royale, la poussèrent à ces intimités féminines dont on devait plus tard lui faire un crime et qui étaient alors à la mode[1]. Ce fut une nouvelle forme de favoritisme, qu'on allait condamner avec plus de sévérité que l'ancien. Etrangère, appartenant à une nation dont la politique avait été fatale aux intérêts français, elle eut contre elle, dès le début, les ennemis de l'alliance autrichienne et les partisans des jésuites, ennemis de Choiseul, négociateur du mariage du Dauphin avec l'*Autrichienne*; Mesdames, tantes du Roi, qui ne lui pardonnaient pas d'avoir échappé à leur influence; les comtesses de Provence et d'Artois, par jalousie. De là allaient partir les médisances, les calomnies et les injures à son égard.

Quelles dispositions n'eût-il pas fallu à Marie-Antoinette, quels dons naturels, quelle prudence et quelle habileté pour parer le mal, pour se faire accepter par cette foule de mécontents, pour les désarmer tout au moins! Au lieu de cela, ce furent ses défauts réels qui choquèrent et irritèrent, le sans-gêne, la légèreté dans les paroles comme dans la conduite, la moquerie, le dédain de l'étiquette qui l'entraînèrent vers l'abîme. Dès le premier jour, « il s'établit des ateliers de calomnie qui jetèrent dans le public plus de contes odieux sur elle, plus de chansons, de vers et de prose de cette espèce, qu'il n'en fut jamais dirigé contre personne[2] ». C'était le vieux fonds de méchants et sales propos, déjà utilisé contre Mme Du Barry et d'autres maîtresses de Louis XV, « qu'on rajeunissait de temps en temps pour les besoins des sots et des mauvaises langues de la Cour »; et c'est de la Cour que partirent toutes les attaques odieuses qui signalèrent Marie-Antoinette, l'*Autrichienne*, aux haines populaires, comme une ennemie de la France et une femme perdue. A chacun ses responsabilités.

---

[1] « Elles portent des autels à l'amitié, elles récitent des hymnes à l'amitié. Le portrait de la délicieuse amie est caché dans le bracelet; elles ne parlent plus qu'en s'extasiant des charmes de l'amitié. Cet étalage de sensiblerie date de la même époque que les jockeys. » (*Tableau de Paris.*)

[2] Am. Renée, *Louis XVI et sa Cour*.

LES FAVORITES DE LA REINE
LA SUPPRESSION DE L'ÉTIQUETTE

Femme de tête comme sa mère, et capable de seconder ses vues politiques, Marie-Antoinette ne l'était nullement. Sur ce point, elle s'en tint à demander à Louis XVI que Choiseul pût reparaître à la Cour. Quant au reste, c'est-à-dire à pousser le Roi dans le jeu de la politique autrichienne, comme le demandaient Marie-Thérèse et le comte de Mercy, son représentant, ce fut peine perdue.

La jeune Reine ne songeait qu'au plaisir et la politique ne pouvait lui convenir. Tout entière à Trianon, que le Roi venait de lui donner, et à son amitié pour la princesse de Lamballe, elle ne se préoccupa que de supprimer l'étiquette et avec elle les ennuis qu'elle entraînait, au risque d'être blâmée par sa mère de tous les écarts qu'elle commettait [1].

La princesse de Lamballe [2] fut la première amie de la Reine. « Elle était extrêmement jolie, dit Mme de Genlis, et quoique sa taille n'eût aucune élégance, qu'elle eût des mains affreuses, qui, par leur grosseur, contrastaient singulièrement avec la grâce de son visage, elle était charmante sans aucune régularité ; son caractère était doux, obligeant, égal et gai, mais elle était absolument dépourvue d'esprit ; sa vivacité, sa gaieté et son air enfantin cachaient agréablement sa nullité ; elle n'avait jamais un avis à elle, mais, dans la conversation, elle adoptait toujours l'opinion de la personne qui passait pour avoir le plus d'esprit. »

Pour elle, Marie-Antoinette fit revivre la charge inutile de surintendante à la Cour qui avait été supprimée à la mort de

---

[1] Dans une lettre (16 juillet 1774), Marie-Thérèse la met en garde contre sa tendance à la familiarité : « On dit qu'on ne connaît pas la Reine des autres princes, que la familiarité est extrême... » contre la hardiesse du comte d'Artois : « On le dit hardi à l'excès ; cela ne convient pas que vous le tolériez, et vous pourriez à la longue vous en trouver le plus mal ; il faut rester à sa place, savoir jouer son rôle, etc... »

[2] Née à Turin en 1749 et l'une des filles du prince de Savoie-Carignan (Louis-Victor), elle avait épousé le prince de Lamballe, fils du duc de Penthièvre.

Mlle de Clermont, avec 200,000 livres d'appointements[1] ; mais l'influence de cette favorite fut assez éphémère, tant à cause de son peu d'esprit que des querelles incessantes qu'elle ne cessait d'exciter avec les dames d'honneur et d'atours. Elle aimait profondément la Reine et devait redevenir l'amie des mauvais jours.

Le laisser-aller excessif de Marie-Antoinette et son goût des fêtes ne purent s'accommoder de l'étiquette. Une fois reine, elle la supprima, et ce fut une véritable révolution dont les contemporains se font l'écho :

L'usage le plus anciennement établi voulait qu'aux yeux du public les reines de France ne parussent environnées que de femmes ; l'éloignement des serviteurs de l'autre sexe existait même aux heures des repas, pour le service de table ; et quoique le Roi mangeât publiquement avec la Reine, il était lui-même servi par des femmes pour tous les objets qui lui étaient directement présentés à table. La dame d'honneur, à genoux pour sa commodité sur un pliant très bas, une serviette posée sur le bras, et quatre femmes en grand habit, présentaient les assiettes au Roi et à la Reine. La dame d'honneur leur servait à boire. Ce service avait anciennement appartenu aux filles d'honneur. La Reine, à son avènement au trône, abolit de même cet usage ; elle se dégagea aussi de la nécessité d'être suivie, dans le palais de Versailles, par deux de ses femmes en habit de cour, aux heures de la journée où les dames n'étaient plus auprès d'elle. Dès lors, elle ne fut plus accompagnée que d'un seul valet de chambre et de deux valets de pied. Toutes les fautes de Marie-Antoinette sont du genre de celles que je viens de détailler. La volonté de substituer successivement la simplicité des usages de Vienne à ceux de Versailles lui fut plus nuisible qu'elle n'aurait pu l'imaginer [2].

Par là, Marie-Antoinette achevait la désorganisation de la Cour[3]. La manière dont elle comprenait les fêtes et les diver-

---

[1] En même temps, le frère de Mme de Lamballe obtenait 40,000 livres de pension et un régiment, et la comtesse de la Marche, son amie, après sa séparation d'avec son mari, une pension de 60,000 livres.

[2] Mme Campan, *Mémoires* (1752-1822). Elle fut lectrice de Mesdames vers 1767. Elle devint ensuite femme de chambre de Marie-Antoinette. Sous la Révolution, elle ouvrit à Saint-Germain un pensionnat où elle compta parmi ses élèves Hortense de Beauharnais. En 1807, elle fut placée à la tête de la maison d'Écouen.

[3] Il est bon de citer encore ce détail des *Mémoires* de Mme Campan, qui explique la résolution que prit Marie-Antoinette de rompre avec les importunités de l'étiquette :

« L'habillement de la Reine était un chef-d'œuvre d'étiquette ; tout y

tissements l'amena à y appeler toutes les personnes qui jouissaient d'une réputation de talent; d'où le mélange des classes qui augmenta de jour en jour. Les personnes qui tenaient aux vieilles formes furent trouvées gênantes et, pour la plupart, durent se retirer [1].

Il y eut plus de facilités de rapports entre tous les membres de la famille royale, et par là une familiarité peu propre à maintenir le respect dont Louis XIV avait voulu entourer la royauté. A cette première faute s'en ajoutèrent d'autres : le caprice dans le choix et la succession des favorites, et la préférence trop visible que la Reine marque à beaucoup d'étrangers avec lesquels elle semble surtout se plaire, les comtes Esterhazy et de Fersen entre autres. Le comte de La Marck lui en fait un jour la remarque, lui disant que les gentilshommes français pouvaient en être vexés. « Vous avez raison, lui répondit-elle, mais c'est que ceux-là ne me demandent rien. »

Après la princesse de Lamballe, les faveurs de la Reine

était réglé. La dame d'honneur et la dame d'atours, toutes deux si elles s'y trouvaient ensemble, aidées de la première femme et de deux femmes ordinaires, faisaient le service principal; mais il y avait entre elles des distinctions. La dame d'atours passait le jupon, présentait la robe. La dame d'honneur versait l'eau pour laver les mains et passait la chemise. Lorsqu'une princesse de la famille royale se trouvait à l'habillement, la dame d'honneur lui cédait cette dernière fonction, mais ne la cédait pas directement aux princesses du sang; dans ce cas, la dame d'honneur remettait la chemise à la première femme, qui la présentait à la princesse du sang. Chacune de ces dames observait scrupuleusement ces usages, comme tenant à des droits. Un jour d'hiver, il arriva que la Reine, déjà toute déshabillée, était au moment de passer sa chemise; je la tenais toute dépliée; la dame d'honneur entre, se hâte d'ôter ses gants et prend la chemise. On gratte à la porte, on ouvre : c'est Mme la duchesse d'Orléans; ses gants sont ôtés, elle s'avance pour prendre la chemise, mais la dame d'honneur ne doit pas la lui présenter; elle me la rend, je la donne à la princesse. On gratte de nouveau; c'est Madame, comtesse de Provence; la duchesse d'Orléans lui présente la chemise. La Reine tenait ses bras croisés sur sa poitrine et paraissait avoir froid. Madame voit son attitude pénible, se contente de jeter son mouchoir, garde ses gants, et, en passant la chemise, décoiffe la Reine, qui se met à rire pour déguiser son impatience, mais après avoir dit plusieurs fois entre ses dents : « C'est odieux ! quelle importunité ! »

[1] Ainsi la comtesse de Noailles, dame d'honneur, que la Reine avait surnommée *Madame l'Etiquette*. Elle fut remplacée par la princesse de Chimay (qui a donné son nom à *l'attique* du Château, aile du Midi). Elle resta dame d'honneur jusqu'en 1780.

allèrent à Mme de Guéménée, et, successivement, à la comtesse Dillon, à la comtesse de Polignac et à la comtesse d'Ossun. Plus tard, Mme de Lamballe redevint son amie. Les favoris français furent : MM. de Guines, d'Adhémar, de Vaudreuil, de Polastron, de Besenval, le duc de Coigny.

Les premiers mécontentements se manifestèrent dans la famille royale à l'occasion de la venue à Versailles de l'archiduc Maximilien, frère de la Reine (février 1775). Les princes du sang (Orléans, Condé, Conti) refusèrent d'aller voir l'archiduc, sous prétexte que, voyageant incognito, il leur devait la première visite, et le prince autrichien fut fêté par les seuls frères du Roi. Louis XVI lui donna, le 19 février, une fête dans le *salon d'Hercule* ; on joua la *Fête du Château*, intermède des Italiens. Le 27 février, les comtes de Provence et d'Artois lui donnèrent à leur tour une fête au *Manège*. Le terrain du Manège fut transformé en une foire ; on y traça sept rues couvertes, bordées de boutiques, de cafés et de différents spectacles. On mit à contribution l'Opéra et la Comédie-Italienne ; on joua entre autres un opéra-comique de Gluck, *Le Poirier ou l'Arbre enchanté*. Il y eut ensuite bal et souper. La fête coûta 600,000 livres.

Pendant ce temps, les Parisiens applaudissaient les princes venus dans la capitale afin de défendre devant un archiduc l'amour-propre national.

Cette même année, Versailles eut sa petite émeute à propos des réformes de Turgot. L'édit sur la libre circulation des grains et farines dans le royaume fit croire que le blé allait être accaparé. Le 5 mai, le Roi, qui voulait soutenir son ministre, tint un lit de justice, pendant que vingt-cinq mille hommes marchaient sur Saint-Germain et Paris révoltés. « Trois ou quatre cents paysans et femmes, sans armes, se portèrent au marché de Versailles, voulant tout piller ; le prince de Beauvau se porta au-devant d'eux, les calma, et ils se retirèrent[1] », pendant que Turgot allait apaiser Paris. Mais la préparation des réformes qu'il méditait : suppression des corvées et des jurandes, réforme de l'impôt, projet d'éducation nationale, etc., ne contentait que les philosophes. Tous ceux que ces changements contrariaient dans leurs

[1] Duc de Croy, *Mémoires*.

intérêts et leurs préjugés devinrent ses ennemis irréconciliables. Dans les émeutes de Versailles et de Paris, leurs mains semblaient visibles... « Beaucoup de ces émeutiers, qui, tout en criant contre la cherté du pain, pillaient ou brûlaient les magasins de blé, avaient des demi-louis d'or dans leur poche[1]. »

LES CÉRÉMONIES DU SACRE — LES FÊTES

La tranquillité revenue, le Gouvernement put faire procéder à la cérémonie du sacre, qui eut lieu à Reims, le 11 juin, et qui coûta des sommes énormes. Durant ces fêtes, la route de Reims sembla aussi fréquentée que la rue Saint-Honoré. D'immenses préparatifs sont faits pour l'entrée du Roi, l'ornement de la basilique, l'aménagement des logements de la Cour.

Les fêtes commencent le 9 juin. Les gardes-françaises s'échelonnent de la cathédrale à la porte de la ville, où s'élève le premier arc de triomphe; les représentants de la cité, en manteau noir et rabat, vont au-devant du carrosse royal, à une demi-lieue des murs. Le Roi fait son entrée dans la ville toute pavoisée, au bruit des salves d'artillerie et du carillon des cloches, précédé d'un détachement de mousquetaires, des gendarmes de la garde, des pages de la Grande et de la Petite-Écurie.

Après avoir été reçu pompeusement à la cathédrale par les évêques de la province, réunis autour du grand aumônier de France, et écouté le *Te Deum*, le Roi se retire au palais archiépiscopal, qui sera sa résidence pendant son séjour.

Le Roi et la Reine (celle-ci dans une salle voisine) écoutent les compliments et les harangues du Chapitre, du Corps de ville, de l'Université, du Présidial, des officiers de l'Élection, et y répondent.

Le 11 juin, dimanche de la Trinité, est le grand jour du sacre et du couronnement. Dès six heures, l'église magnifiquement ornée est pleine : le public y est venu « dès quatre heures[2] ».

[1] F. Rocquain, *L'Esprit révolutionnaire avant la Révolution*, l. IX.
[2] Duc de Croy, *Mémoires*.

La Cour prend place dans les tribunes. La Reine et les princesses sont assises en face des ambassadeurs. A sept heures, les trompettes annoncent l'arrivée du Roi et de son cortège. Dans sa longue robe de toile d'argent, il marche entre les deux évêques de Laon et de Beauvais, qui sont allés, suivant un très antique cérémonial, l'éveiller dans la chambre de parade de l'archevêché. Cette entrée est pleine de noblesse.

Mais voici « les douze pairs de Charlemagne » qui vont, avec l'archevêque, au-devant du souverain, précédés du connétable de France, que représente le vieux maréchal de Clermont-Tonnerre, tenant, la pointe en haut, l'épée royale. Les six pairs ecclésiastiques ne portent que leur vêtement pontifical, mais les six pairs laïques ont un splendide costume : veste d'étoffe d'or et manteau ducal de drap violet, bordé et doublé d'hermine, et la couronne d'or sur la tête.

Les deux frères du Roi représentent les deux premiers ducs, celui de Bourgogne et celui de Normandie, et les quatre princes du sang (Orléans, Chartres, Condé et Bourbon) les quatre autres.

« La tribune de la Reine, celle des ambassadeurs, les entre-colonnements garnis de dames couvertes de diamants faisaient un effet prodigieux. L'archevêque donna ensuite l'eau bénite et entonna le *Veni Creator*, pendant quoi la Sainte-Ampoule arriva entre les mains du prieur de Saint-Remy, monté sur un cheval blanc, marchant sous un dais porté par MM. de la Rochefoucauld, de Talleyrand, de Rochechouart et de la Roche-Aymon, qui étaient les quatre barons de la Sainte-Ampoule. Le clergé va recevoir le précieux vase, et les porteurs restent en otage jusqu'à ce qu'on l'ait rendu[1]. »

En ce moment de la cérémonie, on put voir une nouvelle preuve des passions qui s'agitaient autour de la royauté. Sous prétexte d'éviter au Roi la fatigue de trop nombreuses formalités, le clergé prit sur lui de supprimer la partie du cérémonial où, selon l'usage, on semblait demander au peuple son consentement à l'élection du Roi. Mais on maintint l'antique serment par lequel le monarque s'engageait à

---

[1] Duc de Croy, *Mémoires*.

exterminer les hérétiques, serment que Turgot ne put faire supprimer par Louis XVI, à cause de l'opposition de Maurepas[1].

Ensuite, la cérémonie continue : après les diverses onctions et la remise du long sceptre d'argent et de la main de justice, le sacre est accompli et le couronnement commence; alors entrent en scène le garde des Sceaux de France, faisant fonctions de chancelier[2], et les douze pairs qui se rangent autour de leur égal de la veille, leur maître d'aujourd'hui. L'archevêque prend sur l'autel la grande couronne de Charlemagne, il la soutient seul à deux mains sur la tête du Roi, sans le toucher, et, après quelques paroles et des prières, la met sur la tête du Roi. « Un moment avant, les pairs laïques et ecclésiastiques avaient porté tous la main sur la couronne pour la soutenir à un doigt de la tête du souverain. Ce moment causa la plus grande sensation[3]. »

On passa ensuite à l'intronisation; l'archevêque prit le Roi par le bras droit et le mena sur le trône élevé sur la décoration du jubé, d'où il pouvait être vu de partout.

On jeta des médailles au peuple, les troupes firent trois salves autour de l'église; les cris, les trompettes, les claquements de mains remplissaient l'air, et les pairs vinrent se placer sur les marches du trône. Ils répétèrent le cri de l'archevêque, qui, après avoir baisé le Roi, dit trois fois : *Vivat Rex in æternum!* Les applaudissements des assistants couvrirent leurs voix.

Les portes avaient été ouvertes et la foule enthousiaste avait rempli la nef de ses cris d'allégresse. Alors l'archevêque commença la messe et, malgré son extrême vieillesse, put aller jusqu'au bout de cette éclatante cérémonie. Après l'office, le Roi descendit en grand appareil et, débarrassé de ses ornements, reçut la communion.

Louis XVI avait fait preuve tout le temps de « beaucoup

---

[1] Il paraît qu'au moment de prononcer son serment, Louis XVI, pensant à Turgot, se troubla et murmura des mots inintelligibles. Cependant, le duc de Croy, qui assistait à la cérémonie, et dont la conscience et l'exactitude sont bien connues, dit que le Roi lut « haut et ferme » le serment en latin.

[2] M. de Miromesnil.

[3] Duc de Croy, *Mémoires.*

de résignation et d'attention respectueuse. Monsieur fut très décent, ainsi que le duc d'Orléans », mais il n'en fut pas de même du comte d'Artois et des autres princes du sang, « jeunes libertins » qui choquèrent la décence du duc de Croy, qui put se rendre compte combien le jeune frère du Roi « avait déjà secoué les principes et voulait copier le duc de Chartres » (le Régent).

Cette même année se célébrèrent les fêtes du mariage de Madame Clotilde, qui eut lieu par procuration, le comte de Viry, ambassadeur du roi de Sardaigne, étant venu demander solennellement sa main pour le jeune prince de Piémont, Charles-Emmanuel[1]. A l'escalier de Marbre l'attendait le marquis de Dreux-Brézé, grand maître des cérémonies. A travers la haie des Cent-Suisses, il se rendit au cabinet du Roi et fut conduit de là à l'audience publique de la Reine, puis à celle de Monsieur, de Madame et de Mgr le comte d'Artois. Après s'être rendu chez Madame Clotilde pour remettre à la princesse les cadeaux du prince de Piémont, il alla saluer Madame Elisabeth et Mesdames.

Huit jours après (16 août), eut lieu la cérémonie des fiançailles. Monsieur était chargé de représenter le fiancé, déjà son beau-frère. Pendant qu'ils étaient réunis chez le Roi, la Reine arriva par la galerie des Glaces, précédée par le comte de Tavannes, son chevalier d'honneur, et le comte de Tessé, son premier écuyer. « Madame Clotilde suivait, donnant la main au comte d'Artois, et la jeune Madame Elisabeth portait la queue de sa mante de gaze d'or; la comtesse de Marsan, gouvernante des Enfants de France, et la princesse de Guéménée, gouvernante en survivance, accompagnaient les deux sœurs. Venaient ensuite Madame, comtesse de Provence, et Mesdames tantes, avec leurs dames, leurs chevaliers d'honneur et leurs écuyers, la maréchale de Mouchy, dame d'honneur de la Reine, et la princesse de Chimay, dame d'atours. Tout ce cortège entra dans le cabinet et prit place[2]. » Puis les formalités s'accomplirent; après les signa-

---

[1] Il devait être roi de Sardaigne en 1796, sous le nom de Charles-Emmanuel II.

[2] De Nolhac, *La Reine Marie-Antoinette*, t. II.

tures, le cardinal de la Roche-Aymon, grand aumônier, célébra les fiançailles.

Le 21, le mariage fut célébré à la chapelle du Château. Le soir même, à la Grande-Galerie, où il y avait appartement et où Leurs Majestés tenaient jeu, Marie-Antoinette perdit 500 louis au lansquenet.

Le lendemain, un bal paré fut donné dans la salle de l'Opéra, où la beauté de la Reine excita l'admiration générale[1].

Le 23, l'ambassadeur offrit à Paris des fêtes magnifiques. Au bal masqué, « aux salles du nouveau boulevard, près de la barrière de Vaugirard », il y eut 26,000 personnes, et la Reine, en domino, y eut une conversation avec l'ambassadeur de Naples, qui « ne se douta pas que c'était la Reine qui lui faisait l'honneur de lui parler ». Cette aventure bien innocente alimenta un moment la chronique malveillante, à l'affût des moindres écarts de Marie-Antoinette.

MARIE-ANTOINETTE ET LA VIE DE LA COUR

Il y eut dans les premières années du règne un renouveau de fêtes de toutes sortes à la Cour : bals, comédies, jeu, soupers semblables à ceux des petits Cabinets de Louis XV, et où la suppression de l'étiquette permettait aux hommes de s'asseoir à table à côté des princesses royales.

Une nouveauté fut introduite dans les bals par Marie-Antoinette : il y eut « de nouvelles quadrilles composées de différentes sortes de mascarades; les contredanses figurées en ballet nécessitèrent la composition d'habillements qui absorbaient, dit Mercy, la majeure partie de son temps ». (Lettre du 7 octobre 1774.)

En même temps, le goût anglais des courses de chevaux commence à se développer en France et à intéresser la Cour : on allait assister à ces réunions à la plaine des Sablons, et l'attrait du jeu, des paris, passionna non seulement la noblesse, mais la petite bourgeoisie[2].

---

[1] Walpole. — En cette même année 1775, la comtesse d'Artois mettait au monde le duc d'Angoulème.

[2] Parmi les princes ou grands seigneurs qui faisaient courir, étaient

On imagina aussi des courses en traîneaux qui amusaient beaucoup la Reine, mais la passion qui posséda le plus fortement la Cour fut celle du jeu.

Cette passion sévit aussi, nous l'avons vu, dans la seconde partie du règne de Louis XIV : Mme de Montespan avait perdu des sommes énormes à la bassette, et plus d'une fois le Grand Roi dut payer les dettes de la jeune duchesse de Bourgogne. Sous la Régence et sous Louis XV, elle ne fit qu'empirer. Cependant, on ne voyait figurer à la Cour que les jeux de commerce, tels que le cavagnole, et non ceux de hasard. Le gros jeu se tenait chez la maîtresse en titre et jamais chez la Reine.

Sous Louis XVI, la passion du jeu prit des proportions inouïes. Marie-Antoinette[1] joua d'abord chez Mme de Guéménée et chez Mme de Lamballe ; puis, un jour, elle demanda au Roi la permission de jouer au pharaon et de faire venir des banquiers de Paris. « Louis XVI, faible comme toujours, objecta les défenses portées contre les jeux de hasard; enfin, par condescendance, il donna l'autorisation demandée, mais pour *une fois* seulement. Alors on joua pendant trente-six heures, et deux nuits de suite la Reine resta à la table de jeu jusqu'à cinq heures du matin.

« A partir de ce moment, le jeu est installé à la Cour, et il en résulte mille inconvénients qui ne sont pas sans gravité. Le moindre est l'introduction de gens tarés et dont le seul mérite est d'être joueurs[2]. »

Dans l'été de l'année 1775, Marie-Antoinette vit à la Cour une jeune femme qui, par la grâce de son visage et l'air de candeur aimable répandu sur sa personne, lui parut être l'amie sûre, discrète et dévouée qu'elle appelait de ses vœux et que n'avaient pas été complètement ni Mme de Lamballe, ni Mme Dillon, ni Mme de Guéménée.

La comtesse Jules de Polignac[3] n'était pas une habituée

le comte d'Artois, le duc de Chartres, le duc de Lauzun, le prince de Guéménée, etc.

[1] « La Reine, dit M. de Mercy dans sa *Correspondance*, avait un goût immodéré pour le jeu. »

[2] G. Maugras, *Le Duc de Lauzun et la Cour de Marie-Antoinette*, t. II.

[3] Née de Polastron. Elle mourut en Russie en 1793, à quarante-quatre

de la Cour; elle avait des goûts simples et se plaisait dans la vie de famille; elle était d'ailleurs peu fortunée. La Reine la pria de s'installer près d'elle avec les siens.

Personnellement, Mme de Polignac fut digne de l'amitié de Marie-Antoinette; elle demeura ce qu'elle était, désintéressée, modeste et délicate, mais elle fut l'instrument obligé et souvent inconscient de la coterie qui s'agita autour d'elle, âpre pour conserver l'influence et insatiable dans ses intérêts.

Cette coterie va exploiter l'esprit de frivolité de la Reine, qui gâte en elle tant de bonnes qualités. Elle se composait du comte Jules de Polignac, simple colonel, sans fortune; de la comtesse Diane de Polignac, belle-sœur de la comtesse Jules, de mœurs décriées, laide, spirituelle et boute-en-train, mais d'un esprit à l'emporte-pièce, et du comte de Vaudreuil, homme du meilleur monde, séduisant, fort à la mode, mais perdu de dettes, avide et impérieux, ne pensant qu'à faire fortune. Il accablera la Reine de ses exigences. Sa liaison avec la comtesse Jules était publique, et il possédait sur elle un empire absolu.

M. de Vaudreuil fit admettre dans la société deux de ses amis, MM. de Besenval et d'Adhémar. Le premier était un officier suisse, déjà sur le retour, ayant beaucoup d'esprit, de vanité, et de moralité nulle. Le second était aussi un homme aimable, spirituel et fort beau. Tels étaient les chefs, les maîtres de cette société intime, où la Reine se figurait trouver l'amitié, le dévouement et le désintéressement, tandis que ses membres n'avaient qu'un seul but, exploiter à leur profit le crédit de la souveraine. Les ducs de Coigny et de Guines vinrent aussi se joindre à cette société.

On sait les abus qui s'étaient manifestés au moment de la faveur de Mme de Lamballe. Avec les Polignac, la mesure fut comble et le favoritisme ne connut pas de bornes. Le comte fut fait duc; on créa pour lui une charge nouvelle, celle de survivancier du premier écuyer de la Reine, avec 80,000 livres d'appointements et une pension de 12.000 autres livres; on le nomma ensuite grand maître des relais de

aus. — « C'était, dit le duc de Lévis, la plus céleste figure qu'on pût voir. Son regard, son sourire, tous ses traits étaient angéliques. Elle avait une de ces têtes où Raphaël sait joindre une expression spirituelle à une douceur infinie. »

France. La comtesse, devenue duchesse, eut un tabouret à la Cour et fut nommée gouvernante des Enfants de France.

La comtesse Diane, malgré sa mauvaise réputation, devint dame d'honneur de Madame Elisabeth. D'autres membres de la famille eurent aussi leur part; enfin, pendant que le comte d'Adhémar devenait premier écuyer de Madame Elisabeth, M. de Vaudreuil touchait une pension de 30,000 livres. En réalité, Vaudreuil et Besenval, dont la conversation spirituelle avait séduit la Reine, dominaient la société des Polignac.

Cette liaison de la Reine avec la coterie Polignac fut jugée plutôt sévèrement. Marie-Thérèse, l'abbé de Vermond, tous ceux qui tenaient à elle, regrettaient de la voir si indulgente sur les mœurs et la réputation. Louis XVI, par faiblesse ou inconscience, laisse faire. Il se couche tous les soirs à onze heures. Après son départ, la Reine et ses intimes courent à leurs plaisirs. On va au bal masqué de l'Opéra, où la confusion des rangs est complète. « Elle croyait n'être jamais reconnue, dit le prince de Ligne, et l'était toujours; elle cherchait surtout à intriguer les étrangers. » Alors elle ne rentrait à Versailles qu'à six heures du matin. Une nuit, le Roi, mécontent, avait fait fermer toutes les grilles du Château, et la Reine et le comte d'Artois ne purent se faire ouvrir; mais Louis XVI pardonnait toujours.

Cette vie libre de Marie-Antoinette, cette passion des plaisirs frivoles, ses fréquentations avec le comte d'Artois et tant d'autres gentilshommes, français ou étrangers, provoquaient nécessairement les commentaires les plus violents et les plus perfides.

De même qu'on avait voulu donner une maîtresse au Roi, on voulut donner aussi un amant à la Reine, qui en fit l'aveu au prince de Ligne[1]. Ce grand seigneur était un de ces étrangers tout français et tout aimables avec lesquels se plaisait particulièrement Marie-Antoinette. C'était dans une de ces promenades à cheval, tout seul avec la Reine, quoique entourée de son fastueux cortège royal, qu'elle lui apprenait

---

[1] Le prince de Ligne (1735-1814), d'origine belge, était entré de bonne heure au service de l'Autriche. Il voyagea ensuite dans l'Europe occidentale, visita Voltaire à Ferney, et devint, à la Cour de Louis XVI, le favori de la mode. — Ses *Mélanges* sont un très curieux document des mœurs et de la physionomie d'une époque.

mille anecdotes intéressantes qui la regardaient et tous les
pièges qu'on lui avait tendus pour lui donner des amants.
Tantôt, c'était la maison de Noailles, qui voulait qu'elle en
prît le vicomte, tantôt la cabale Choiseul, qui lui destinait
Biron (Lauzun). « La duchesse de Duras, l'une des quinze
dames du Palais, quand elle étoit de semaine, nous accompagnoit à cheval; mais nous la laissions avec les écuyers, et
c'étoit l'une des étourderies de la Reine et un de ses plus
grands crimes, puisqu'elle n'en faisoit point d'autre que de
négligence à l'égard des ennuyeux et des ennuyeuses qui
sont toujours implacables[1]. » Sans doute, elle eut le tort d'être
un peu trop familière avec des hommes compromettants
comme Besenval. Mais, en réalité, il n'y eut que des imprudences et de la légèreté de la part d'une jeune femme qui
aimait démesurément les hommages[2].

Sa prétendue galanterie, sentiment profond d'amitié et
peut-être distingué pour une ou deux personnes[3], fut une
coquetterie générale de femme et de reine pour plaire à
tout le monde, comme le disait le prince de Ligne. Elle en
usa sans doute immodérément. Les imprudences continuelles
par lesquelles elle se livre à des ennemis qui la guettent,
cette « dissipation de la Reine », le comte de Mercy les
signale à Marie-Thérèse pour ainsi dire au jour le jour. Elle
ne peut résister d'aller aux bals du Palais-Royal et aux
bals masqués de l'Opéra. « Elle parle à tout le monde, s'y
promène suivie de jeunes gens, d'un nombre d'étrangers,
particulièrement des Anglais qu'elle distingue, et tout cela
s'est passé avec une tournure de familiarité à laquelle le
public ne s'accoutumera jamais[4]. »

Le Roi, d'ailleurs, n'y voyait aucun mal et approuvait tout
ce qu'elle faisait, riant de ses aventures, par exemple celle
du dimanche gras de 1779, au bal de l'Opéra, où il la laissa
aller seule, incognito, suivie d'une dame du Palais, et qui
prêta contre elle à une accusation grave, celle d'avoir été,

[1] Prince de Ligne, *Mélanges*.

[2] A propos de l'audience accordée à Lauzun, voir Mme Campan et
G. Maugras, *Le Duc de Lauzun*, t. II.

[3] Le duc de Coigny et M. de Fersen.

[4] Février 1776 (*Correspondance de Mercy*, II).

dans une maison particulière, à un rendez-vous que lui avait donné le duc de Coigny, premier écuyer.

Nous avons dit que le comte d'Artois l'entraînait souvent aux courses de chevaux, où sa majesté de reine avait à souffrir. En 1777, il imagina un nouveau genre d'amusement. Mercy en fait la description, non sans en être mécontent. Il avait fait « établir vers les dix heures du soir, sur la grande terrasse des jardins de Versailles, les bandes de musique de la garde française et suisse. Une foule de monde, sans en excepter le peuple de Versailles, se rendait sur cette terrasse, et la famille royale se promenait au milieu de cette cohue, sans suite et presque déguisée. Quelquefois, la Reine et les princesses royales étaient ensemble ; quelquefois aussi, elles se promenaient séparément, prenant une seule de leurs dames sous le bras. Le Roi a été une fois ou deux de son côté et seul à ces promenades ; il a paru s'en amuser, et cela les a d'autant plus autorisées ».

Ces promenades nocturnes furent l'objet de nombreuses critiques et devinrent l'occasion de nouvelles calomnies. Mme de Lamotte les mit à profit plus tard pour tromper le cardinal de Rohan.

Marie-Thérèse, en remerciant Mercy de sa vigilance, prévoit une catastrophe. Elle lui écrit : « Je suis bien touchée de vos services et attachement qui n'ont pas d'exemple ; mais je le suis aussi de l'état de ma fille, qui court à grands pas à sa perte, étant entourée de bas flatteurs qui la poussent pour leurs propres intérêts. »

Mais la principale occupation à la Cour était le jeu. Bien que le Roi eût interdit les jeux de hasard, Marie-Antoinette laissa jouer au pharaon chez elle ou chez Mme de Guéménée. Elle perdit 500 louis en une soirée, 7,556 en une année. C'était surtout à Marly que le jeu faisait rage, à cause du relâchement de l'étiquette.

Les parties devenaient plus d'une fois tumultueuses et indécentes, et occasionnaient de la part des banquiers des reproches à quelques grandes dames sur leur façon de jouer. « Il y eut un soir, entre le duc de Fronsac et la comtesse de Gramont, une scène assez vive en ce genre. De pareils scandales, qui ne peuvent être ignorés, ne manquent pas de faire naître bien des propos. La Reine en a senti tout l'embarras, et elle a cru en éviter une partie en retournant de temps en temps jouer chez la princesse de Guéménée. D'ailleurs, les pertes au jeu augmentent, les finances de la Reine en sont entièrement épuisées, les anciennes dettes par conséquent ne se paient pas, et il n'y a jamais de fonds pour des actes de bienfaisance[1]. »

Peu à peu, pour recruter le jeu, on en vint à admettre tout le monde, même des fripons. Une fois, on donna au banquier un rouleau de jetons pour un rouleau de louis ; une autre fois, au jeu de la Reine, on vola dans la poche du comte de Dillon un portefeuille qui contenait pour 300 louis de billets de banque.

La comédie se jouait sur plusieurs théâtres : à la salle de spectacle du Château, à l'Orangerie, chez la duchesse de Polignac, chez la comtesse Diane, chez Mme d'Ossun et chez la Reine, où l'on joua des proverbes en 1781. En 1775, elle avait organisé chez elle des concerts tous les lundis, sans étiquette, depuis six heures jusqu'à neuf ; elle y chantait dans une société de dames choisies et d'hommes aimables, qui n'étaient « pas de la jeunesse : M. de Duras, le duc de Noailles, le baron de Besenval, d'Esterhazy, M. de Polignac, de Guéménée, et deux ou trois autres[2] ». Et puis, c'est la comédie au Petit-Trianon, lieu de prédilection de la Reine, où elle fait venir dès 1776 les meilleurs acteurs de Paris. On y entend un jour le *Barbier de Séville*, et elle y donne ces représentations d'amateurs qui l'enchantent.

Sur le chapitre des modes, même ardeur pour la nouveauté. Le célèbre coiffeur Léonard imagina pour elle d'étranges et extravagantes coiffures : le *Quesaco* (aigrette) et le *pouf au Sentiment*, entre autres, furent les plus célèbres. Par l'échafaudage des gazes, des fleurs et des plumes, elles atteignent une telle hauteur que les femmes ne trouvaient pas de voitures assez élevées pour s'y placer[3].

Toutes les femmes s'affolaient du *pouf au Sentiment*. Le nom de *pouf* provenait de la confusion d'objets que cette coiffure pouvait contenir, et celui de *sentiment*, parce qu'ils

[1] 12 septembre 1777 (Mercy, III).
[2] *Ibid.* — Lettre au comte de Rosenberg.
[3] Mme Campan, *Mémoires*, I.

devaient se rapporter à ce qu'on aimait le plus. Bachaumont,
comme modèle du genre, cite celui de la duchesse de Chartres
et le décrit ainsi : « Au fond est une femme assise sur un
fauteuil et tenant un nourrisson ; ce qui désigne M. le duc de
Valois et sa nourrice. A la droite est un perroquet becquetant
une cerise, oiseau précieux à la princesse. A gauche est un
petit nègre, image de celui qu'elle aime beaucoup. Le surplus
est garni de touffes de cheveux de M. le duc de Chartres, son
mari, de M. le duc de Penthièvre, son père, de M. le duc
d'Orléans, son beau-père. Toutes les femmes veulent avoir
un *pouf* et en raffolent. »

Ce fut la mode des coiffures allégoriques : un cyprès et
une corne d'abondance, symboles de la mort de Louis XV et
des espérances du nouveau règne. Il y eut la coiffure de
l'Inoculation, où l'on voyait un serpent, une massue, un
soleil levant et un olivier. Mme de Polignac, après le combat
de la *Belle-Poule*, se mit sur la tête une frégate avec ses mâts
et ses voiles. La femme d'un amiral anglais, pour constater
la puissance de son pays, se coiffa d'une flotte tout entière.
La Reine porta un jardin anglais avec ses montagnes, ses
prairies et ses ruisseaux argentins, avec un immense panache
qui soutenait tout l'édifice par derrière. Cette coiffure avait
été imaginée par elle pour ses courses de traîneaux. On vit
encore des coiffures à l'Iphigénie, des bonnets à la Marmotte,
à la Daphné, à la Victoire, au Becquot, les coiffures en calèche,
à la Minerve, en corbeille, au Colisée, à la Voltaire, aux
Papillons, à l'Eurydice, aux Baigneuses, à la Modestie, à la
Frivolité, les poufs à la Puce, les toques à l'Espagnolette, les
casques à la Dragonne, les Levers de la Reine, etc. [1].

La Reine en vint à admettre chez elle Mlle Bertin, marchande de modes, qui donnait alors le ton à Paris. Cette
audacieuse innovation fut généralement blâmée. Mme Campan
en donne les raisons dans les lignes qui suivent : « L'art
de la marchande reçue dans l'intérieur, en dépit de l'usage
qui en éloignait sans exception toutes les personnes de sa
classe, lui facilitait les moyens de faire adopter, chaque
jour, quelque mode nouvelle. La Reine, jusqu'à ce moment,
n'avait développé qu'un goût fort simple pour sa toilette ;

[1] Dussieux, t. II.

elle commença à en faire une occupation principale : elle fut
naturellement imitée par toutes les femmes. On voulait à
l'instant avoir la même parure que la Reine, porter ces
plumes, ces guirlandes auxquelles sa beauté, qui était alors
dans tout son éclat, prêtait un charme infini. La dépense des
jeunes dames fut extrêmement augmentée; les mères et les
maris en murmurèrent; quelques étourdies contractèrent
des dettes; il y eut de fâcheuses scènes de famille, plusieurs
ménages refroidis ou brouillés, et le bruit général que la
Reine ruinerait toutes les dames françaises. »

A partir de 1776, la Cour perdit beaucoup de son animation, soit à cause du parti pris de Marie-Antoinette de ne
s'occuper que des personnes de sa société particulière[1], soit
à cause du gros jeu, qui éloignait beaucoup de gens. Les bals
étaient presque déserts, comme d'ailleurs le Palais ; le comte
de Mercy le constate en 1778, où, au Jour de l'an, « qui est
l'occasion la plus marquée, il n'y avait pas la moitié du
monde que l'on était accoutumé à y voir autrefois ».

La Reine, qui en avait été choquée, fit quelques efforts
pour attirer plus de monde ; elle fixa trois jours par semaine
où l'on serait « assuré de pouvoir lui faire sa cour », à l'heure
de son dîner et le soir, à son jeu.

Malgré cet effort, le gros jeu continuait à éloigner grand
nombre de personnes. La dissipation et le gaspillage devaient
continuer à se donner carrière sous un roi qui, voulant le
bien, n'avait pas la force de vouloir. Il se montre aussi
impuissant devant la marée montante des dépenses de la
Cour qu'en face des privilégiés qui combattent des ministres
réformateurs comme Malesherbes et surtout Turgot.

Les dépenses de la Cour et des maisons royales et prin-
cières étaient énormes : 37,700,000 livres, et le gaspillage
était éhonté.

En voici des exemples : Mesdames sont censées brûler
pour 205,000 francs de bougies ; les premières femmes de
chambre de la Reine se font 50,000 livres de revenu par la
vente des bougies. Madame Elisabeth est censée manger dans

---

[1] Cette raison est donnée par Mercy; il insiste sur cette sorte de société qui, en s'appropriant tous les agréments de la Cour, en exclurait
le reste de la grande noblesse...

l'année 70,000 livres de viande et 30,000 de poisson. Un premier maître d'hôtel tirait de sa charge 84,000 livres ; un secrétaire des commandements (à 900 francs d'appointements), 200,000 livres. Le nombre des officiers, serviteurs, valets, garçons est prodigieux : 4,000 dans la maison du Roi, 500 chez la Reine, 420 chez Monsieur, 456 chez le comte d'Artois, 256 chez Madame, 239 chez la comtesse d'Artois, 210 chez Mesdames, plus les maisons militaires[1].

Chacun, suivant son influence, pille le Trésor, qui peu à peu se vide, et cette curée, à laquelle Turgot voulait mettre bon ordre, va rendre nécessaires sous peu d'années la convocation des États généraux et la Révolution[2].

TURGOT — LA POLITIQUE DE LA COUR
LES RÉFORMES ET LES PRIVILÈGES

Au milieu des difficultés suscitées de toutes parts, le Ministère poursuivait son œuvre réparatrice. Malesherbes, le comte de Saint-Germain, chacun dans leur ministère, secondaient les vues du contrôleur général. « Nos ministres sont des chirurgiens qui nous coupent bras et jambes, écrivait la comtesse de La Marck à Gustave III[3] ; il faut espérer que le bon tempérament de la France supportera sans périr tant d'opérations cruelles. On est toujours dans l'attente de quelque ordonnance et nous trouvons la crise un peu forte. » Mais des cabales de plus en plus ardentes s'étaient formées à la Cour contre Turgot, qui eurent le Parlement pour appui.

---

[1] Baudrillart, *Histoire du Luxe*, t. VI. Cité par Dussieux, t. II.

[2] De 1774 jusqu'en 1789, les dépenses, d'après le *Livre Rouge* conservé aux Archives nationales, s'étaient élevées à 227,985,716 livres. Mesdames tantes ont obtenu sur ce total 754,000 livres. Le comte de Provence, le plus âpre à la curée, se fait donner en cinq fois 14,450,000 livres, dont 5 millions pour se constituer 500,000 livres de rente viagère. Le comte d'Artois obtient 11,800,000 livres en quatre fois. Tout le monde demande et a une part au butin, pension, dot pour sa fille, somme pour payer ses dettes : 800,000 livres à Mme de Polignac pour la dot de sa fille, 200,000 livres à M. de Sartine pour payer ses dettes, 100,000 à M. d'Angiviller, 200,000 à M. de Lamoignon, garde des Sceaux, 166,666 à Mme de Maurepas, après la mort de son mari. (Extrait du *Livre Rouge*. Dussieux, t. II.)

[3] Lettre citée dans Geffroy et d'Arneth, *Marie-Antoinette*, II.

Le Roi, qui d'abord avait tenu ferme et fait enregistrer les édits sur la suppression des corvées et des jurandes par un lit de justice (12 mars 1776), dut céder devant le nombre des ennemis puissants de son ministre : la Cour (les frères du Roi), le clergé, la magistrature, les financiers, les dévots et un parti nouveau, les *antiéconomistes*, qui ralliait la bourgeoisie industrielle et commerçante.

Le contrôleur général n'avait plus pour lui que le menu peuple et les philosophes; cependant, Louis XVI tenait bon, s'écriant, dit-on : « Je vois bien qu'il n'y a que Turgot et moi qui aimions le peuple. » Ici se place la funeste intervention de Marie-Antoinette. Poussée par son entourage, elle n'eut de cesse qu'elle n'eût obtenu sa disgrâce[1]. Le procès du comte de Guines, ambassadeur à Londres, en fut le prétexte. Celui-ci, accusé de contrebande, de jeu sur les fonds publics et de gains illicites par la divulgation du secret des affaires de l'Etat, fut cependant acquitté par le Parlement. La Reine, qui n'avait cessé de le soutenir, demanda le renvoi de Turgot, qui avait poursuivi l'affaire. Elle aurait même voulu qu'il fût envoyé à la Bastille, en même temps que le comte de Guines aurait été déclaré duc. « Il a fallu, dit Mercy, les représentations les plus fortes et les plus instantes pour arrêter les effets de la colère de la Reine, qui n'a d'autre motif que celui des démarches que Turgot a cru devoir faire pour le rappel du comte de Guines. Ce même contrôleur général jouissant d'une grande réputation d'honnêteté et étant aimé du peuple, il sera fâcheux que sa retraite soit en partie l'ouvrage de la Reine. Sa Majesté veut également faire renvoyer le comte de Vergennes, aussi pour cause du comte de Guines, et je ne sais pas encore jusqu'où il sera possible de détourner la Reine de cette volonté. »

Toute la Cour fut ravie du renvoi de Turgot. Quand Louis XVI traversa la Galerie, les applaudissements éclatèrent. « On aurait dit, écrit Mercier, une coalition de malfaiteurs qui se réjouissaient du licenciement des maréchaussées. »

En 1777, la nouvelle de l'arrivée prochaine à Paris de

---

[1] Le comte de Vergennes, ministre des Affaires étrangères, devait être englobé dans la disgrâce de Turgot.

l'empereur Joseph II, frère de la Reine, avait rempli d'espérance le parti de Choiseul. Mais il devait compter avec la cabale de Rohan, dont la vieille comtesse de Marsan était le personnage le plus remuant. La grande aumônerie étant vacante, elle rappela que cette charge avait été promise à son neveu, le prince Louis, dont la vie de désordre était peu faite pour la remplir. Il fut nommé pour un an. En même temps, un autre Rohan, le prince de Guéménée, obtenait du Roi d'importants fiefs en Alsace.

Sur ces entrefaites, Joseph II arrivait à Paris incognito, sous le nom de comte de Falkenstein. Il venait, au nom de Marie-Thérèse, pour observer, s'informer et conseiller sa sœur, dont les faits et gestes, rapportés par Mercy, ne laissaient pas d'inquiéter.

A peine arrivé, il se met à l'œuvre. La princesse de Lamballe lui déplaît. Il refuse de jouer au pharaon chez Mme de Guéménée, disant qu'il n'était pas assez riche et que, d'ailleurs, « le jeu fait entrer dans nos appartements des gens qui sont faits pour rester dans l'antichambre ». Il n'a pas de peine à voir que cette maison est un vrai tripot, ce qui n'empêche pas Marie-Antoinette d'y retourner faire sa partie quand l'Empereur est sorti. Il fait entendre à sa sœur que Mme de Polignac, dont il ne conteste pas les bonnes qualités, est trop jeune et a un entourage incapable de bons conseils. Il lui fait beaucoup de morale sur les dangers de son imprévoyance et de sa légèreté, d'autant plus regrettables qu'il lui reconnaît « de l'esprit et une justesse de pénétration » qui l'a souvent étonné [1].

La famille royale lui plaît médiocrement [2]. La froideur de Monsieur, la grossièreté « piémontaise » de Madame, et surtout l'étourderie et les impolitesses de ce « petit-maître »

---

[1] D'Arneth. Lettre de Joseph II à son frère Léopold.

[2] Joseph II fut scandalisé de la conduite indécente des frères du Roi au souper du 21 avril :

« Le souper fut plus que gai, dit M. de Mercy, de la part du Roi et des deux princes ses frères. Ils se mirent tellement à leur aise, qu'au lever de table ils s'amusèrent à des enfantillages, à courir dans la chambre, à se jeter sur les sophas, au point que la Reine et les princesses en furent embarrassées à cause de la présence de l'Empereur, qui, sans paraître faire attention à ces incongruités, continuait la conversation avec les princesses. Madame, dans un mouvement d'impa

de comte d'Artois le choquent. Il prédit à la Reine qu'elle se
fera le plus grand tort en continuant à le fréquenter. Il a de la
sympathie pour Louis XVI, le meilleur de la famille, « un
peu faible, mais point imbécile », apathique, mais ayant du
bon sens et du jugement.

L'Empereur n'avait pas seulement pour mission de mori-
géner sa sœur ; il devait encore engager le Roi « à renoncer à
l'étrange réserve qu'il observait près de la Reine. De ce côté
du moins, il obtint gain de cause, et, sur ses énergiques
observations, Louis XVI, après sept ans de réflexions et d'hé-
sitations[1] », se décida enfin, grâce à une légère opération
chirurgicale, à devenir pour Marie-Antoinette autre chose
qu'un mari platonique.

En quittant Paris, Joseph II causa une immense déception
au parti Choiseul en ne s'arrêtant pas à Chanteloup, par
égard pour le Roi, pour M. de Maurepas et les autres ministres ; ce fut la ruine définitive de toutes les espérances.

Les abus de toute espèce que Joseph II rencontra partout à
Versailles lui firent dire que, si on ne s'arrêtait pas, il y
aurait une révolution terrible. M. de Maurepas, le plus sceptique et le plus léger des hommes, « qui n'avait pas craint
d'appeler Turgot au ministère, le vit partir sans grand regret
et resta premier ministre ». Quand il l'eut remplacé par Clagny (et Malesherbes par Amelot), il avait dit en riant : « Au
moins, on ne m'accusera pas d'avoir choisi ceux-là pour leur
esprit. » Quelques mois après, le banquier genevois Necker,
réputé très compétent en matière financière, succédait en
réalité à Turgot, bien que sa qualité d'étranger et de protes-
tant ne lui eut valu que le titre de directeur général des
finances. Mais les réformes plus modestes qu'il essaya d'accomplir allaient voir se dresser contre elles cette *Ligue pour
les abus* qui avait renversé son prédécesseur.

Marie-Antoinette ne tint pas longtemps les promesses de
prudence et de déférence qu'elle avait faites à son frère.

---

tience, appela son époux et lui dit qu'elle ne l'avait jamais vu si enfant.
Tout cela se termina cependant de bonne grâce, sans que l'Empereur
eût laissé remarquer la surprise que lui avait causée un si étrange
spectacle. »

[1] G. Maugras, *Le Duc de Lauzun et la Cour de Marie-Antoinette*,
ch. VIII.

« Forte de son honnêteté, de son mépris ou de sa froideur pour le vice », elle se croyait tout permis. Elle reprend sa vie dissipée et les inconséquences continuent[1]. Sa mère s'évertuait à lui prodiguer ses conseils dans ses lettres, et il en sera ainsi jusqu'à sa mort, en 1780, le vigilant Mercy et le bon abbé de Vermond y ajoutant leurs respectueuses remontrances; elle continue à s'amuser « comme un page ».

En l'année 1778, la comtesse d'Artois mettait au monde son second fils, le duc de Berry, dont la destinée devait être tragique (24 janvier).

Mais l'événement important fut la naissance d'une princesse royale. Le 19 décembre, Marie-Antoinette, après huit ans de mariage, donnait le jour à son premier enfant. Marie-Thérèse-Charlotte de France fut appelée Madame Royale. Elle devait épouser plus tard le duc d'Angoulême.

Madame, fille du Roi, vint au monde avant midi, le 19 décembre 1778. L'étiquette de laisser entrer indistinctement tout ce qui se présentait au moment de l'accouchement des reines fut observée avec une telle exagération, qu'à l'instant où l'accoucheur Vermond dit à haute voix : « La Reine va accoucher », les flots de curieux qui se précipitèrent dans la chambre furent si nombreux et si tumultueux, que ce mouvement pensa faire périr la Reine. Le Roi avait eu, dans la nuit, la précaution de faire attacher avec des cordes les immenses paravents de tapisserie qui environnaient le lit de Sa Majesté ; sans cette précaution, ils auraient, à coup sûr, été renversés sur elle. Il ne fut plus possible de remuer dans la chambre, qui se trouva remplie d'une foule si mélangée, qu'on pouvait se croire dans une place publique. Deux savoyards montèrent sur des meubles pour voir plus à leur aise la Reine placée en face de la cheminée, sur un lit dressé pour le moment de ses couches. Ce bruit, le sexe de l'enfant que la Reine avait eu le temps de connaître par un signe convenu, dit-on, avec la princesse de Lamballe, ou une faute de l'accoucheur, supprimèrent à l'instant les suites naturelles de l'accouchement. Le sang se porta à la tête, la bouche se tourna, l'accoucheur cria : « De l'air, de l'eau chaude, il faut une saignée au pied! » Les fenêtres avaient été calfeutrées; le Roi les ouvrit avec une force que sa tendresse pour la Reine pouvait seule lui donner, ces fenêtres étant d'une très grande hauteur et collées avec des bandes de papier dans toute leur étendue. Le bassin d'eau

---

[1] Ainsi, en 1779, ayant la rougeole, elle demanda pour gardes-malades MM. de Coigny, de Guines, Esterhazy et de Besenval. Sous prétexte de contagion, le Roi est exclu de son appartement.

chaude n'arrivant pas assez vite, l'accoucheur dit au premier chirurgien de la Reine de piquer à sec; il le fit, le sang jaillit avec force, la Reine ouvrit les yeux. On eut peine à retenir la joie qui succéda si rapidement aux plus vives alarmes. On avait emporté la princesse de Lamballe sans connaissance. Les valets de chambre, les huissiers prenaient au collet les curieux indiscrets qui ne s'empressaient pas de sortir pour dégager la chambre.

Cette cruelle étiquette fut pour toujours abolie. Les princes de la famille, les princes du sang, le chancelier, les ministres suffisent bien pour attester la légitimité d'un prince héréditaire. La Reine revint des portes de la Mort; elle ne s'était point senti saigner, et demanda, après avoir été replacée dans son lit, pourquoi elle avait une bande de linge à la jambe. Le bonheur qui succéda à ce moment d'alarme fut aussi excessif que sincère. On s'embrassait, on pleurait de joie[1].

La même année, le 20 mars, Louis XVI reçut les commissaires américains à Versailles et, pour la première fois, on leur accorda le rang et les prérogatives de représentants d'un Etat indépendant. Franklin avait tenu à se montrer avec son simple costume habituel, sans aucun apparat extérieur, n'ayant pas même d'épée au côté. Il parut à la Cour « avec le costume d'un cultivateur américain ; ses cheveux plats sans poudre, son chapeau rond, son habit de drap brun contrastaient avec les habits pailletés, brodés, les coiffures poudrées et embaumantes des courtisans de Versailles. Cette nouveauté charma toutes les têtes vives des femmes françaises », dit Mme Campan.

La cause américaine avait dès le premier jour suscité en France le plus vif enthousiasme. Elle avait séduit cette noblesse qui n'était pas pourtant « démocrate », mais qui trouvait là sans doute un motif de manifester contre l'Angleterre, en même temps qu'une occasion de satisfaire cette humeur aventureuse et ce besoin d'activité qui n'étaient pas encore éteints en elle.

Parmi les milliers de volontaires de tous pays qui accoururent au secours des insurgents américains, les Français occupaient le premier rang. Pendant que Louis XVI disait à leurs délégués, Franklin, Deane et Lee : « Assurez bien le Congrès de mon amitié ; j'espère que ceci sera pour le bien des

[1] Mme Campan, *Mémoires.*

deux nations », le jeune marquis de La Fayette, à peine âgé
de vingt ans, venait, au lendemain de son mariage, prendre
congé de lui. Il partait pour l'Amérique, mettre son épée au
service de ceux qui combattaient pour leur indépendance.
« Dès que je connus la querelle, avait-il dit, mon cœur fut en-
rôlé et je ne songeai plus qu'à joindre nos drapeaux ! »

NECKER — LE TRIOMPHE DE LA COTERIE POLIGNAC
CALONNE — L'OPPOSITION

Cependant, le pauvre Louis XVI continuait à manquer de
prestige et d'influence. Comme il était de plus en plus le jouet
de sa femme, c'est à Marie-Antoinette, comme jadis aux favorites, que les courtisans s'adressaient. La coterie Polignac
était de plus en plus avide, et la comtesse Jules, avec son air
de candeur, s'en faisait l'infatigable intermédiaire. Ses prétentions ne connurent plus de bornes et elle poussa la Reine
à s'occuper de la politique. Par elle, la coterie disposait des
ministères. C'est elle qui provoqua le remplacement de Sartine, à la Marine, par le marquis de Castries; qui appela
à la Guerre, à la place de Montbarey, le comte de Ségur, que
la goutte rendait impotent (1780). C'est elle enfin qui décida
la chute de Necker. Celui-ci, qui ralliait contre lui, comme
Turgot, la masse des privilégiés, ne pouvait convenir à cause
de sa parcimonie, et Maurepas lui-même l'abandonnait (1781).
Malgré tout, le pays ne désespérait pas encore du Roi, qu'il
savait bon et bien intentionné, et Paris fêta le grand événement qui venait de s'accomplir : la naissance d'un Dauphin
(22 octobre 1781). — Louis XVI avait alors vingt-sept ans,
et Marie-Antoinette un an de moins.

La naissance d'un Dauphin assurait l'hérédité directe au
trône ; elle venait au moment où, malgré le renvoi de Necker,
« l'intérieur n'avait jamais été si tranquille », et la joie fut
générale et sincère. Elle se manifesta partout, principalement
aux spectacles gratuits. A la Comédie-Italienne, un couplet,
se rapportant à l'héritier du trône, finissait par ces paroles :

Qu'il soit tardif à y monter,
Tardif à en descendre...

Il y eut des fêtes nombreuses; la plus belle fut celle de

l'Hôtel de Ville, le 21 janvier 1782, où la Reine assista après avoir été à Notre-Dame et à Sainte-Geneviève.

Le 30 janvier, dans la salle des Machines[1] (les coulisses de l'Opéra), à Versailles, où eut lieu la fête des gardes du corps, elle « ouvrit le bal par une contredanse avec le premier garde du corps qui se trouva à sa portée. Le Roi ne dansa pas. La nuit, il y eut bal masqué dans la même salle. On avait distribué 3,000 billets pour le bal paré et 6,000 pour le bal masqué[2] ».

Le 22 novembre 1781, le comte de Maurepas mourait à l'âge de quatre-vingt-un ans, « dans l'appartement en haut des petits cabinets », mais sa disparition ne faisait pas un grand vide. Louis XVI parut un instant vouloir gouverner avec des ministres obscurs, mais incapables d'arrêter le torrent des dépenses; et la Reine, qui, « pour les grâces de la Cour », avait toujours de l'influence, céda encore à la coterie Polignac en faisant appeler, malgré les résistances du Roi, M. de Calonne au contrôle général, que M. de Vaudreuil voulait « absolument » (1783).

Élégant, spirituel et brillant, sans moralité, « panier percé[3] », Calonne, dévoué à ses protecteurs, tint vis-à-vis d'eux les engagements qu'il avait pris et leur donna, à la Reine la première, à pleines mains. Mais le déficit devenu énorme devait bientôt l'acculer à une mesure quasi révolutionnaire : la convocation d'une assemblée de notables.

Le duc d'Orléans mourait en 1785, à l'âge de soixante ans. Ce fut un prince peu ambitieux, affable, généralement aimé. Il vivait, depuis son veuvage, tantôt au Palais-Royal, plus souvent dans sa délicieuse propriété de Bagnolet, en compagnie de Mme de Montesson, que le Roi ne lui permit pas d'épouser. Il avait vécu en mécène, protégeant les artistes et les gens de lettres, sans faire d'opposition au pouvoir royal.

Son fils, le duc de Chartres, qui, malgré ses concessions aux

---

[1] Duc de Croy, *Mémoires.* — Cette année-là (3 mars), Madame Sophie mourait au Château. — Le 20 mai, le grand-duc (depuis Paul Ier) et la grande-duchesse de Russie, sous le nom de comte et comtesse du Nord, vinrent habiter Versailles pendant un mois.

[2] Le mot est de Maurepas, qui ajoutait, au moment où Calonne briguait de succéder à Necker : « Mettre les finances dans sa main ! Le trésor royal serait bientôt aussi sec que sa bourse. »

idées nouvelles, devait mourir sur l'échafaud en 1793[1], fut un tout autre personnage. Sec et égoïste, il n'eut pour amis que des compagnons de plaisir et de débauche. En 1769, il avait épousé Mlle de Penthièvre, dont la vie fut irréprochable, mais qui ne put fixer son volage époux. Quand, à l'occasion des fêtes du mariage, ils parurent tous deux au bal de l'Opéra, « les filles de Paris les plus renommées assistèrent à la représentation en costume de veuves. Elles purent bientôt quitter leurs crêpes, car le prince ne fut pas long à leur revenir ».

Marie-Antoinette avait marqué de bonne heure son antipathie pour le prince ; quand il demanda la charge de grand amiral, elle lui fut refusée. Il se mit alors à la tête d'un parti d'opposition qui ralliait un grand nombre de seigneurs mécontents : il était d'ailleurs de bon ton alors, pour les princes du sang, de fronder le Gouvernement et de soutenir les revendications populaires, dans la mesure où leurs propres intérêts ne devaient pas en souffrir. Au fond, le prince, devenu duc d'Orléans à la mort de son père, se faisait, comme tous les gens de la haute société, une illusion complète sur les événements, et aucun d'eux ne croyait à une véritable révolution.

A cette époque, les représentants les plus brillants de l'aristocratie étaient entrés dans la franc-maçonnerie ; Marie-Antoinette écrivait à sa sœur : « Tout le monde en est ; on sait ce qui s'y passe ; où donc est le danger ? » On applaudissait, au théâtre du Château, ces vers de la tragédie de *Brutus* :

> Je suis fils de Brutus, et je porte en mon cœur
> La liberté gravée et les rois en horreur.

Les doctrines de la liberté et de l'égalité, acclamées au théâtre, soutenues comme instruments de protestation, répandues par les brillants officiers français revenus d'Amérique, s'insinuaient peu à peu dans le public et jusque dans les couches inférieures du peuple. Elles devaient bientôt engendrer des actes.

Nous sommes au beau temps du ministère de Calonne,

---

[1] Connu surtout dans l'histoire sous le nom de *Philippe-Égalité* ; il fut le père du roi Louis-Philippe.

quand il dit à la Reine : « Madame, ce qui est possible est fait, ce qui est impossible se fera » ; qu'il lui achète le château de Saint-Cloud, et au Roi, celui de Rambouillet ; quand il tient bourse ouverte aux courtisans et aux femmes. On ne connut que plus tard sa méthode désastreuse d'anticipations. Pour le moment, l'argent s'échappait du Trésor comme d'une source inépuisable, devant le public ébloui ; les parlements avaient désarmé, et « à la Cour, d'où paraissaient enfin bannis les mots d'économie et de réforme, on était dans l'enchantement ».

Mais l'illusion dura peu. Les emprunts succédant aux emprunts, à des taux de plus en plus élevés, le Parlement protesta. Il se plaignit qu'une partie des deniers de l'Etat servît à payer les dépenses du comte de Provence et du comte d'Artois, et à acheter pour la Reine et pour le Roi des châteaux de plaisance et des forêts de chasse.

L'opposition du Parlement devait ruiner le crédit du contrôleur général, qui eut beau faire intervenir Louis XVI. Le Roi réclama « sans partage le pouvoir législatif », qui résidait en lui seul. Ces procédés arbitraires se greffant sur les dépenses et les gaspillages de la Cour, en provoquant des luttes semblables à celles qui avaient agité la fin du règne de Louis XV, créèrent un état d'esprit de moins en moins favorable à la royauté, aux princes du sang, à Marie-Antoinette surtout. Elle put s'en apercevoir le jour où elle se rendit en grande pompe à Notre-Dame pour remercier Dieu de la naissance du duc de Normandie. Sur son passage, il n'y eut pas une acclamation. « Mais que leur ai-je donc fait? » s'était-elle écriée, surprise et affligée de ce silence [1].

L'AFFAIRE DU COLLIER

Cette même année, Marie-Antoinette se vit atteinte plus cruellement par un événement qui eut le plus grand retentissement. Ses ennemis voulurent l'exploiter contre elle pour sa condamnation ; mais, en réalité, ce fut « la condamnation de la calomnie ».

[1] F. Rocquain, *L'Esprit révolutionnaire avant la Révolution.*

Depuis qu'il avait été rappelé de Vienne, le cardinal de Rohan était en disgrâce auprès de Marie-Antoinette, dont il voulait regagner la faveur. Grand seigneur, dissipé, ami du charlatan Cagliostro[1] qu'il avait présenté à Paris, entouré de flatteurs et d'espions, il fut victime d'une étrange machination.

Le 3 août 1785, les joailliers Bœhmer et Bossang réclamaient à Mme Campan, dame d'honneur de Marie-Antoinette, 1,600,000 francs, prix d'un collier que le cardinal de Rohan, grand aumônier de France, avait acheté au nom de la Reine. Marie-Antoinette, mise au courant de ce qui s'était passé par Bœhmer, alla aussitôt se plaindre au Roi, qui, le 15 août, jour de l'Assomption, à midi, au moment d'aller à la messe, fit appeler le cardinal dans son cabinet. La Reine l'attendait aussi. Là eut lieu la scène suivante, dont Mme Campan fait le récit :

Le Roi lui dit : « Vous avez acheté des diamants à Bœhmer? — Oui, Sire. — Qu'en avez-vous fait? — Je croyais qu'ils avaient été remis à la Reine. — Qui vous avait chargé de cette commission? — Une dame appelée Mme la comtesse de Lamotte-Valois, qui m'avait présenté une lettre de la Reine, et j'ai cru faire ma cour à Sa Majesté en me chargeant de cette commission. »

Alors la Reine l'interrompit et lui dit : « Comment, Monsieur, avez-vous pu croire, vous à qui je n'ai pas adressé la parole depuis huit ans, que je vous choisissais pour conduire cette négociation, et par l'entremise d'une pareille femme? — Je vois bien, répondit le cardinal, que j'ai été cruellement trompé; je paierai le collier. L'envie que j'avais de plaire à Votre Majesté m'a fasciné les yeux; je n'ai vu nulle supercherie et j'en suis fâché. »

Alors il sortit de sa poche un portefeuille dans lequel était la lettre de la Reine à Mme de Lamotte pour lui donner cette commission. Le Roi la prit, et la montrant au cardinal, dit : « Ce n'est ni l'écriture de la Reine, ni sa signature; comment un prince de la maison de Rohan et un grand aumônier de France a-t-il pu croire que la Reine signait *Marie-Antoinette de France?* Personne n'ignore que les reines ne signent que de leur nom de baptême. Mais, Monsieur, continua le Roi en lui présentant une copie de sa lettre à

[1] Cagliostro, venu on ne sait d'où, eut vite un succès enthousiaste, mais éphémère, dans ce monde de la Cour qui ne croyait plus à Dieu, mais se passionnait pour le surnaturel. Le cardinal de Rohan l'avait reçu dans son château de Saverne et dans son palais à Paris. Il fit aussitôt un grand nombre de prosélytes (le duc de Chartres, MM. de Caylus, de Luxembourg, de Créquy, Lauzun).

Bœhmer, avez-vous écrit une lettre pareille à celle-ci? » Le cardinal, après l'avoir parcourue des yeux : « Je ne me souviens pas, dit-il, de l'avoir écrite. — Et si l'on vous montrait l'original signé de vous? — Si la lettre est signée de moi, elle est vraie. — Expliquez-moi donc, continua le Roi, toute cette énigme; je ne veux pas vous trouver coupable, je désire votre justification. Expliquez-moi ce que signifient toutes ces démarches auprès de Bœhmer, ces assurances et ces billets? »

Le cardinal pâlissait alors à vue d'œil, et s'appuyant contre la table : « Sire, je suis trop troublé pour répondre à Votre Majesté d'une manière... — Remettez-vous, Monsieur le cardinal, et passez dans mon cabinet; vous y trouverez du papier, des plumes et de l'encre; écrivez ce que vous avez à me dire. »

Le cardinal passa dans le cabinet du Roi, et revint un quart d'heure après avec un écrit aussi peu clair que l'avaient été ses réponses verbales. Le Roi lui dit alors : « Retirez-vous, Monsieur. »

Le cardinal fut arrêté[1] et conduit à la Bastille, non sans avoir pu faire brûler toute la correspondance de Mme de Lamotte, et ainsi disparurent les preuves écrites de l'escroquerie de cette aventurière et de l'innocence absolue de la Reine dans cette odieuse machination.

Le 22 août, Marie-Antoinette écrivait cette lettre à son frère Joseph II :

Vous aurez déjà su, mon très cher frère, la catastrophe du cardinal de Rohan. Je profite du courrier de M. de Vergennes pour vous en faire un petit abrégé. Le cardinal est convenu d'avoir acheté en mon nom et de s'être servi d'une signature qu'il a cru la mienne, pour un collier de diamants de 1,600,000 francs. Il prétend avoir été trompé par une Mme Valois de Lamotte. Cette intrigante du plus bas étage n'a nulle place ici et n'a jamais eu d'accès auprès de moi. Elle est depuis deux jours dans la Bastille, et quoique par son premier interrogatoire elle convienne d'avoir eu beaucoup de relations avec le cardinal, elle nie fermement d'avoir eu aucune part au marché du collier. Il est à observer que les articles du marché sont écrits de la main du cardinal; à côté de chacun, le mot « approuvé » de la même écriture qui a signé au bas « Marie-Antoinette de France ». On présume que la signature est de la dite Valois de la Motte. On l'a comparée avec des lettres qui sont certainement de sa main; on n'a pris nulle peine pour contrefaire mon écriture, car elle ne lui ressemble en rien, et je n'ai jamais signé : de France. C'est un étrange roman aux yeux de tout ce pays-ci que de vouloir

[1] Le jour de l'Assomption, à midi, au moment où il se rendait à la chapelle du Château, en camail et en rochet, pour y revêtir les habits pontificaux et officier en présence de la famille royale.

supposer que j'ai pu vouloir donner une commission secrète au cardinal.

Tout avoit été concerté entre le Roi et moi; les ministres n'en ont rien su qu'au moment où le Roi a fait venir le cardinal et l'a interrogé en présence du garde des Sceaux et du baron de Breteuil. J'y étois aussi, et j'ai été réellement touchée de la raison et de la fermeté que le Roi a mise dans cette rude séance. Dans le moment que le cardinal supplioit pour n'être pas arrêté, le Roi a répondu qu'il ne pouvoit y consentir, ni comme roi, ni comme mari. J'espère que cette affaire sera bientôt terminée, mais je ne sais encore si elle sera renvoyée au Parlement ou si le coupable et sa famille s'en rapporteront à la clémence du Roi; mais dans tous les cas je désire que cette horreur et tous ces détails soient bien éclaircis aux yeux de tout le monde.

En réalité, le crédule cardinal, qui croyait en Cagliostro, avait été dupe encore une fois. Dans son vif désir de recouvrer la bienveillance de la Reine, il se laissa persuader par l'intrigante de Lamotte qu'elle lui saurait gré de lui acheter ce beau collier qu'elle désirait. En même temps, elle lui procurait des entrevues nocturnes, dans le parc de Versailles[1], avec une fille nommée Oliva, qui ressemblait vaguement à la Reine.

M. de Vergennes, qui conseillait d'étouffer l'affaire, ne fut pas écouté. Forte de son innocence, la Reine avait demandé l'arrestation et le procès.

Le retentissement fut énorme et la Cour fut universellement blâmée du scandale soulevé. Le clergé, la haute noblesse se rangèrent autour de la famille de Rohan (Rohan-Soubise-Guéménée), encore si puissante. Cagliostro, à cause de ses relations avec le prélat, fut aussi embastillé.

On employa tout pour rendre l'accusé sympathique; la chanson proclamait l'innocence du cardinal :

> Notre Saint-Père l'a rougi;
> Le Roi, la Reine l'ont noirci;
> Le Parlement le blanchira.
>   Alléluia[2].

Au lieu de l'appeler devant un tribunal ecclésiastique, on le cita devant le Parlement, où il avait beaucoup de parents et

[1] Dans le bosquet de Vénus, aujourd'hui *bosquet de la Reine* (ancien Labyrinthe). Voir Fr. Funck-Brentano, *L'Affaire du Collier*, 1901.

[2] On portait des chapeaux de paille au fond écarlate et bordés d'un

d'amis; quant aux juges suspects de peu de sympathie, on essaya de les corrompre par l'argent et par les femmes[1]. Enfin, le 30 mai 1786, le cardinal comparaît. Tous les Rohan, les Guéménée, les Soubise étaient rangés à la porte de la Grand'Chambre. Quand les juges parurent : « Messieurs, leur dit la comtesse de Marsan en s'avançant, vous allez nous juger tous. »

L'arrêt fut rendu le 31 mai. Le cardinal était renvoyé purement et simplement, ainsi que Cagliostro et la demoiselle Oliva. Mme de Lamotte était condamnée au fouet et à la détention à la Salpêtrière. Le cardinal triomphant fut acclamé par la foule et, le lendemain, dut paraître au balcon de son hôtel illuminé[2].

Ce jugement était pour Marie-Antoinette une cruelle injure ; elle écrivait à Mme de Polignac : « Venez pleurer avec moi, venez consoler votre amie, ma chère Polignac. Le jugement qui vient d'être prononcé est une insulte affreuse. Je suis baignée dans mes larmes de douleur et de désespoir. On ne peut se flatter de rien quand la perversité semble prendre à tâche de rechercher tous les moyens de froisser mon âme. Quelle ingratitude ! Mais je triompherai des méchants en triplant le bien que j'ai toujours tâché de faire. Il leur sera plus aisé de m'affliger que de m'amener à me venger d'eux. Venez, mon cher cœur. »

Mais l'animosité contre elle ne devait pas cesser, au point que, pour éviter des insultes grossières, on dut retirer du Salon de peinture son portrait qui y était exposé.

LES DERNIÈRES ANNÉES DU SÉJOUR DE LA COUR (1787-1789)

A bout de ressources et d'expédients, Calonne en fut réduit à proposer au Roi des réformes qui lui firent dire : « Mais

---

ruban de même couleur (on les appela *Cardinal sur paille*). On vendait des tabatières au *Cardinal blanchi* (d'ivoire avec un tout petit point noir au milieu).

[1] Mme Campan.

[2] Mais le triomphe fut court. Le Roi lui enleva la grande aumônerie, le dépouilla de ses charges et pensions, et l'exila à la Chaise-Dieu.

c'est du Necker tout pur que vous nous donnez là. — Sire, répondit-il, dans l'état des choses, on ne peut rien vous donner de mieux. » Il s'agissait de faire ratifier, non par le Parlement hostile, mais par une assemblée de cent quarante-quatre personnes des plus considérables du clergé, de la noblesse et de la magistrature, la création d'assemblées provinciales chargées de répartir l'impôt, d'étendre l'impôt foncier à toutes les terres du royaume, de diminuer les tailles et les gabelles, de supprimer la corvée et les douanes intérieures, etc... C'était presque du Turgot!

Les notables furent divisés en bureaux, présidés par des princes de la famille royale ou des princes du sang. Celui que présidait le comte d'Artois décida à la presque unanimité de demander au Roi que le nombre des députés du tiers état égalât celui des autres ordres réunis. En réalité, cette assemblée n'inspirait de confiance à personne. Ouverte le 22 février 1787, à Versailles, à l'hôtel des Menus[1], Calonne se heurta presque aussitôt au mauvais vouloir de ses membres, qui ne voulaient pas abdiquer leurs privilèges.

Il fut exilé et remplacé le 1er mai par l'archevêque de Toulouse, Loménie de Brienne. Le choix n'était pas heureux. Comme il fallait à tout prix de l'argent, le Roi vint à Paris, pour faire enregistrer par le Parlement deux édits relatifs à un emprunt. On promettait en même temps la convocation des États généraux en 1792 et l'état civil aux protestants. Le duc d'Orléans, qui avait protesté contre l'illégalité de la mesure, fut exilé à Villers-Cotterets. Le peuple, assemblé autour du Palais, lui fit une ovation à la sortie. Dès que son exil fut connu, une manifestation eut lieu au Palais-Royal et dans les rues de Paris. On criait partout : « Vive Monsieur le duc d'Orléans! »

Les parlements suivirent le mouvement et demandèrent, comme l'opinion presque tout entière, la convocation des

---

[1] Construit en 1750, l'hôtel des *Menus-Plaisirs* comprenait des ateliers et des magasins destinés à renfermer le matériel nécessaire aux grands et menus plaisirs du Roi (cors et armes de chasse, paumes, raquettes, échelles de gymnastique, etc.). On y avait établi, en 1754, un cabinet de physique pour les Enfants de France. Une vaste salle avait été construite, entre le bâtiment et la rue des Chantiers, pour la réunion des notables. Elle devait servir à l'ouverture des États généraux (5 mai 1789).

Etats généraux. Le Gouvernement dut céder devant la pression publique et annoncer cette convocation pour mai 1789.

En même temps, comme la situation financière devenait de plus en plus mauvaise, Brienne imposa des réformes et des économies dans la Maison royale, dans le service, dans les charges et les pensions, qui furent considérablement réduites.

Cela ne faisait pas l'affaire des courtisans, qui se fâchèrent[1]. « Il est affreux, disait Besenval, de vivre dans un pays où l'on n'est pas sûr de posséder le lendemain ce qu'on avait la veille. Cela ne se voit qu'en Turquie. »

La malheureuse Reine fut rendue responsable de ces changements. C'est à ses prodigalités despotiques qu'on devait cette situation nouvelle, et les cabales s'agitèrent. D'immondes pamphlets furent distribués et affichés partout. « Tout est honteusement travesti. » Marie-Antoinette protège quelques étrangers; aussitôt on lui donne pour amants lord Strathavon[2], lord Fitz-Gérard, le duc de Dorset, Fersen[3], Stedingk, Esterhazy, Arthur Dillon, etc...

Et ces calomnies partaient de l'entourage immédiat de la Reine et étaient lancées par sa propre famille : le comte de Provence, irrité de voir le trône lui échapper; le comte d'Artois, brouillé depuis quelque temps avec Marie-Antoinette qu'il a compromise; Madame Adélaïde, dont la méchanceté accueille avec plaisir pamphlets, sottises, récits équivoques sur sa nièce qu'elle déteste !

Puis vient la tourbe des courtisans qu'elle a comblés et qui ne peuvent lui pardonner d'être réduits à la portion congrue.

---

[1] Ainsi les Noailles, qui touchaient 1,800,000 livres de pension, les voyaient réduites à un million.

[2] « Dans ces salons hostiles, on parle avec malignité des écossaises que la Reine aime à danser chez la comtesse avec le jeune lord Strathavon. On compose à ce sujet des couplets odieux qui, après avoir fait sourire à la Cour, vont faire crier dans Paris. » (Voir De Nolhac, *La Reine Marie-Antoinette*, ch. III.)

[3] Sans doute, la Reine eut du penchant pour le beau Suédois, le comte Axel de Fersen, mais celui qu'elle avait distingué ne s'écarta jamais de la réserve et du respect qu'il devait à une reine. En 1780, il partait pour l'Amérique avec les gentilshommes français qui allaient au secours des insurgents.

Enfin, les ennemis déclarés, le duc d'Orléans en tête, les Rohan, les d'Aiguillon, les Marsan, les Guéménée, continuent à soulever l'opinion contre cette malheureuse femme, dont le tort a été d'être imprudente, légère, capricieuse.

« Ce n'est donc pas le peuple, et la constatation vaut la peine d'être faite, qui le premier a attaqué la Reine. Ensuite, il est vrai, il a ramassé dans la boue toutes ces perfidies, toutes ces ordures; mais il n'en était pas l'auteur, et il était presque en droit de croire à leur authenticité, puisqu'elles venaient de la Cour même.

« C'est dans les méchancetés et les mensonges répandus, de 1785 à 1788, par la Cour contre la Reine, dit le comte de La Marck, qu'il faut aller chercher le prétexte des accusations du Tribunal révolutionnaire contre Marie-Antoinette[1]. »

En 1787, à une représentation d'*Athalie* à laquelle elle assistait, elle est sifflée en entrant, et un public délirant applaudit cette phrase de Joad :

> Confonds dans ses desseins cette Reine cruelle !
> Daigne, daigne, mon Dieu, sur Mathan et sur elle
> Répandre cet esprit d'imprudence et d'erreur,
> De la chute des rois funeste avant-coureur.

Les Polignac, pour lesquels Marie-Antoinette avait eu tant de complaisances, suivirent le mouvement et, voyant leurs pensions diminuer, étalèrent leur noire ingratitude.

La Reine avait présenté une observation sur le déplaisir qu'elle avait à rencontrer certaines personnes chez Mme de Polignac. Celle-ci, soumise à ceux qui la dominaient, et malgré sa douceur habituelle, n'eut plus honte de répondre à Marie-Antoinette :

« Je pense que, parce que Votre Majesté veut bien venir dans mon salon, ce n'est pas une raison pour qu'elle prétende en exclure mes amis. »

La Reine s'éloigna insensiblement et prit l'habitude d'aller souvent et familièrement chez Mme la comtesse d'Ossun[2], sa

---

[1] G. Maugras, ch. XXII. — Tous ces pamphlets passaient la frontière et circulaient dans les Cours étrangères.

[2] Geneviève de Gramont, comtesse d'Ossun, était parente de Choiseul et sœur du duc de Guiche.

dame d'atours, peu brillante, mais bonne et sans ambition, dévouée de cœur et d'âme, et dont le logement était tout près de son appartement. « Elle y venait dîner avec quatre ou cinq personnes ; elle y arrangeait de petits concerts, dans lesquels elle chantait ; enfin, elle montrait là plus d'aisance et de gaieté qu'elle n'en avait jamais laissé apercevoir chez Mme de Polignac. » Instruite par l'expérience, elle plaçait sûrement son amitié ; elle trouva chez Mme d'Ossun de bons conseils, une affection sincère et un complet désintéressement. Mais c'était la fin.

Les élections pour les États généraux eurent lieu dans les premiers mois de l'année 1789 et la séance royale d'ouverture fut fixée au 5 mai.

Le renvoi de Necker, qu'on avait dû rappeler en 1788, après la chute de Brienne, avait troublé au plus haut point les esprits. Dans les rues, le peuple se pressait et, dès les premiers jours de juillet, il se soulevait. Nous sommes à la prise de la Bastille (14 juillet).

Les événements se pressent alors avec une rapidité prodigieuse. Dans la nuit du 4 août, la noblesse faisait l'abandon de ses privilèges dans un enthousiasme irréfléchi qui ne devait pas avoir de lendemain. « Ce fut, dit Rivarol, une *nuit des dupes*, où les députés de la noblesse frappèrent à l'envi sur eux-mêmes, et du même coup sur leurs commettants. »

Ils frappaient aussi indirectement sur l'autorité du Roi et préparaient les journées révolutionnaires, en s'avouant vaincus sans combattre. Mais la noblesse n'avait jamais eu d'esprit politique, et, depuis Richelieu et Louis XIV, le pouvoir royal n'escomptait que sa soumission, moyennant des charges et des pensions. Elle était ainsi arrivée à un état de corruption qui la rendait incapable de quelque effort coordonné.

« A quoi donc pensent ces gens-là ? Ne voient-ils pas les abîmes qui se creusent sous leurs pas ? » Ces paroles de Mirabeau au comte de La Marck étaient une prophétie. Il était déjà trop tard pour faire connaître à Louis XVI et à Marie-Antoinette les dangers de la situation. Un autre jour, il lui dit avec véhémence : « Tout est perdu ; le Roi et la Reine y périront, et, vous le verrez, la populace battra leurs cadavres. »

Nous n'insisterons pas sur les journées si connues des 5 et 6 octobre, dont le prétexte fut le repas des gardes du corps dans la salle de l'Opéra du Château[1]. Elles provoquèrent le départ pour Paris du Roi et de la Reine, qui ne devaient jamais plus revoir Versailles, et qu'aucun souverain ne devait plus habiter.

[1] Nous en avons parlé à propos de la description des appartements.

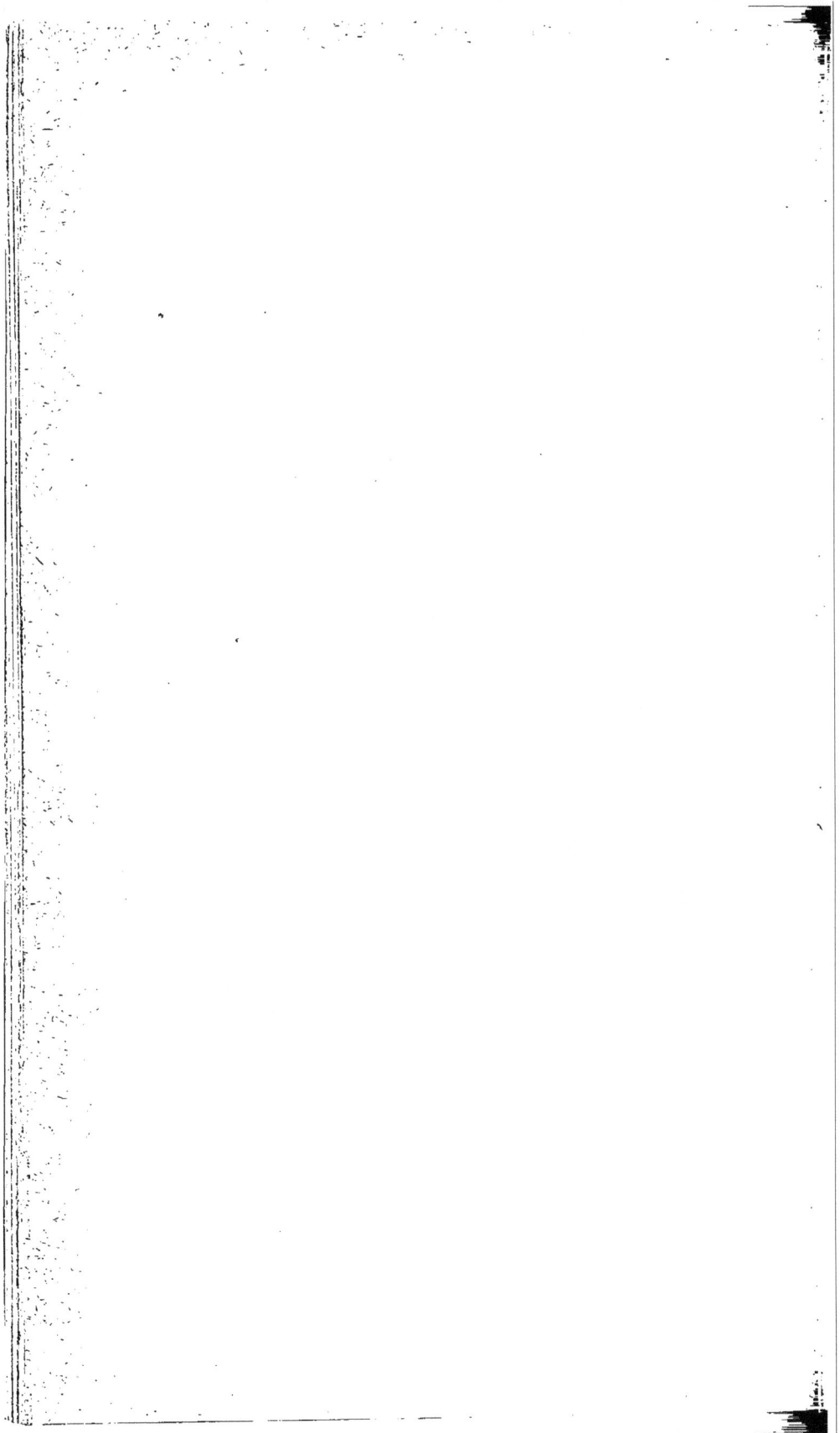

CHAPITRE XIII

LES DÉPENDANCES DU CHATEAU

I. — LE GRAND-COMMUN. — LE SERVICE DE TABLE
SOUS LOUIS XIV

Le *Grand-Commun* fut construit par Mansart, de 1682 à 1685[1]. Il était attenant à l'aile des Ministres (côté du midi). Depuis 1832, il est devenu un hôpital militaire.

Très vaste bâtiment, éclairé par 500 fenêtres, il renfermait 32 appartements au premier étage et 34 au second, pour divers officiers de la Maison du Roi, et un grand nombre de logements pour des gens de service; en tout, 1,000 pièces, grandes ou petites, entresolées ou non, et au moins 1,500 habitants. Il y avait aussi une chapelle. Cette population, trop dense pour un aussi petit espace, fut facilement accessible aux épidémies, fréquentes à cette époque.

Au rez-de-chaussée étaient les cuisines, où se préparaient la *viande du Roi* et la nourriture des nombreuses personnes qui avaient *bouche à Cour*.

Le service de la table du Roi relevait du grand-maître de la Maison du Roi, et était dirigé : 1° par le *premier maître d'hôtel*, assisté de douze maîtres d'hôtel, servant par quartier et portant alors, en signe de leur autorité, un bâton garni

---

[1] Il s'appela d'abord le *Grand-Carré des offices communs du Roi, de la Reine, de Monseigneur et de Madame la Dauphine.*

33

d'argent vermeil; 2° par le *grand-panetier*; 3° par le *grand-échanson*; 4° par le *grand-écuyer tranchant*. Mais ces trois derniers officiers ne figuraient qu'à de certaines cérémonies solennelles, au sacre par exemple. A l'ordinaire, leurs fonctions étaient remplies par les 36 gentilshommes servants du Roi, qui servaient aussi par quartier.

Il serait trop long d'entrer ici dans le détail du cérémonial très compliqué du dîner du Roi et des ordonnances de sa Maison relatives à la manière dont devait être portée la « viande de Sa Majesté[1] ». Ce qu'il peut être curieux de savoir, c'est que la viande partait du *Grand-Commun*, traversait la rue, entrait au Château par la porte située en face du Grand-Commun, montait un escalier (détruit par Louis-Philippe, et sur l'emplacement duquel se trouve aujourd'hui la Chambre des Députés), traversait divers corridors et salles, et arrivait enfin à la table du Roi, dressée ordinairement dans la chambre du Roi (salle 124).

Nous trouvons dans Dussieux, d'après un manuscrit conservé à la Bibliothèque de Versailles, quel était le menu de la *table du Roi*, « à 2 plats, 2 assiettes et 5 services, et les hors-d'œuvre ». Nous transcrivons :

Potages : 2 chapons vieux pour potage de santé; — 4 perdrix aux choux.

Petits potages : 6 pigeonneaux de volière pour bisque; — 1 de crêtes et béatilles[2].

Deux petits potages hors-d'œuvre : 1 chapon haché pour un; — 1 perdrix pour l'autre.

Entrées : 1 quartier de veau et une pièce autour, le tout de 20 livres; — 12 pigeons pour tourte.

Petites entrées : 6 poulets fricassés; — 2 perdrix en hachis.

Quatre petites entrées hors-d'œuvre : 3 perdrix au jus; — 6 tourtes à la braise; — 2 dindons grillés; — 3 poulets gras aux truffes.

Rôt : 2 chapons gras; — 9 poulets; — 9 pigeons; — 2 hétoudeaux (jeunes poulets); — 6 perdrix; — 4 tourtes.

Le *fruit* ou dessert se composait de 2 bassines de porcelaine remplies de fruits crus, de 2 autres remplies de confitures sèches et de 4 compotes ou confitures liquides.

---

[1] Voir l'*Etat de la France*, 1712.

[2] Menues viandes délicates (ris de veau, etc...).

Le souper n'est pas moins plantureux :

Potages : 2 chapons vieux; — 12 pigeons de volière.

Deux petits potages hors-d'œuvre : 1 perdrix au parmesan ; — 4 pigeons de volière.

Deux petites entrées : 6 poulets; — 8 livres de veau.

Quatre petites entrées hors-d'œuvre : 3 poulets gras ; — 1 faisan; — 3 perdrix; — 8 livres de veau. — On ajouta deux autres entrées, savoir : 4 perdrix à la sauce à l'espagnole et 2 poulets gras en pâté grillés.

Rôt : 2 poulardes grasses; — 4 hétoudeaux; — 9 poulets; — 8 pigeons; — 6 perdrix (qui furent réduites à 4); — 4 tourtes. — Le rôt fut augmenté de deux petits plats, savoir : 1 chapon, 2 bécasses et 2 sarcelles; — 5 perdrix.

En *hors-d'œuvre*, il était servi, selon les temps et les saisons : des saucisses, boudins blancs, casseroles, salpicon[1], miroton et autres choses que l'on sert ordinairement sur la table du Roi, suivant les menus faits tous les samedis au *Bureau.*

Les jours maigres, le Roi a toujours un bouillon fait avec un chapon *viel*, 4 livres de bœuf, 4 livres de veau et 4 livres de mouton. On lui présente à dîner :

Potages : 1 carpe de pied 2 doigts; — 1 cent d'écrevisses; — 1 potage au lait.

Petits potages : 2 tortues ; — 1 potage aux herbes.

Deux petits potages hors-d'œuvre : 1 sole ; — 1 oille (ragoût) à l'eau.

Entrées : 1 grand brochet; — 4 truites de pied 4 doigts.

Petites entrées : 3 perches; — 4 moyennes soles.

Quatre petites entrées hors-d'œuvre : 2 perches ; — 2 soles ; — 1 cent d'huîtres; — 6 vives.

Rôt : demi-grand saumon; — 6 soles.

A souper :

Potages : 2 carpes de pied 2 doigts; — 1 potage aux herbes.

Deux petits potages : 1 perche; — 1 potage aux herbes ou autre.

Deux petites entrées : 1 brochet de pied et demi; — 3 perches.

Quatre petites entrées hors-d'œuvre : 3 soles pour deux (entrées); — 1 truite de pied 4 doigts; — 2 macreuses.

Rôt : demi-grand saumon; — 1 grande carpe.

---

[1] Pâté composé de volaille, de gibier ou de poisson, avec truffes, foies gras et champignons, le tout haché.

Louis XIV dînait de bonne heure, généralement vers dix heures. Le dîner était toujours *au petit couvert*, c'est-à-dire que le Roi mangeait seul. Le souper, au contraire, était toujours *au grand couvert*, c'est-à-dire que le Roi mangeait avec la *Maison royale*. « Il ne fait manger avec lui, dit Dangeau, les princesses du sang que dans les grandes cérémonies. Ces soupers étaient, vers la fin du règne, généralement tristes. « Le soir, dit la Palatine, je soupe avec le Roi ; nous sommes cinq ou six à table ; chacun s'observe comme dans un couvent, sans proférer une parole ; tout au plus un couple de mots dit tout bas à son voisin. »

Mais écoutons Saint-Simon :

A ces repas, tout le monde étoit couvert ; ç'eût été un manque de respect dont on vous auroit averti sur-le-champ de n'avoir pas son chapeau sur la tête ; Monseigneur même l'avoit ; le Roi seul étoit découvert. On se découvroit quand le Roi vous parloit ou pour parler à lui... On se découvroit aussi pour parler à Monseigneur ou à Monsieur, ou quand ils vous parloient. S'il y avoit des princes du sang, on mettoit seulement la main au chapeau pour leur parler ou s'ils vous parloient..... Le Roi seul avoit un fauteuil ; Monseigneur même, et tout ce qui étoit à table, avoient des sièges à dos de maroquin noir, qui se pouvoient briser pour les voiturer, qu'on appeloit des perroquets..... Ailleurs qu'à l'armée, le Roi n'a jamais mangé avec aucun homme, en quelque cas que ç'ait été, non pas même avec aucun prince du sang, qui n'y ont mangé qu'à des festins de leurs noces, quand le Roi les a voulu faire...

Le dîner étoit toujours au petit couvert, c'est-à-dire seul dans sa chambre, sur une table carrée, vis-à-vis la fenêtre du milieu. Il étoit plus ou moins abondant, car il ordonnoit le matin petit couvert ou très petit couvert. Mais ce dernier étoit toujours de beaucoup de plats, et de trois services sans le fruit. La table entrée, les principaux courtisans entroient, puis tout ce qui étoit connu, et le premier gentilhomme de la Chambre en année alloit avertir le Roi. Il le servoit si le grand chambellan n'y étoit pas...

J'ai vu, mais fort rarement, Monseigneur et Messeigneurs ses fils au petit couvert, debout, sans que jamais le Roi leur ait proposé un siège. J'y ai vu continuellement les princes du sang et les cardinaux tout du long. J'y ai vu assez souvent Monsieur, ou venant de Saint-Cloud voir le Roi, ou sortant du conseil de dépêches, le seul où il entroit. Il donnoit la serviette et demeuroit debout. Un peu après, le Roi voyant qu'il ne s'en alloit point, lui demandoit s'il ne vouloit point s'asseoir ; il faisoit la révérence, et le Roi ordonnoit qu'on lui apportât un siège. On mettoit un tabouret derrière lui. Quelques momens après, le Roi lui disoit : « Mon frère, asseyez-vous donc. » Il faisoit la révérence et s'asseyoit jusqu'à la fin du dîner, qu'il

présentoit la serviette. D'autrefois, quand il venoit de Saint-Cloud,
le Roi, en arrivant à table, demandoit un couvert pour Monsieur, ou
bien lui demandoit s'il ne vouloit pas dîner. S'il le refusoit, il s'en
alloit un moment après, sans qu'il fût question de siège ; s'il l'accep-
toit, le Roi demandoit un couvert pour lui. La table étoit carrée ;
il se mettoit à un bout, le dos au cabinet. Alors le grand chambellan, s'il servoit, ou le premier gentilhomme de la Chambre,
donnoit à boire et des assiettes à Monsieur, et prenoit de lui celles
qu'il ôtoit, tout comme il faisoit au Roi ; mais Monsieur recevoit
tout ce service avec une politesse fort marquée. S'ils alloient à son
lever, comme cela leur arrivoit quelquefois, ils ôtoient le service au
premier gentilhomme de sa chambre et le faisoient, dont Monsieur
se montroit fort satisfait. Quand il étoit au dîner du Roi, il rem-
plissoit et égayoit fort la conversation. Là, quoiqu'à table, il donnoit
la serviette au Roi en s'y mettant et en sortant ; et en la rendant au
grand chambellan, il y lavoit. Le Roi, d'ordinaire, parloit peu à
son dîner, quoique par-ci par-là quelques mots, à moins qu'il n'y
eût de ces seigneurs familiers avec qui il causoit un peu plus, ainsi
qu'à son lever.

De grand couvert à dîner, cela étoit extrêmement rare : quelques
grandes fêtes[1], ou à Fontainebleau quelquefois, quand la reine d'Angleterre y étoit. Aucune dame ne venoit au petit couvert. J'y ai
seulement vu très rarement la maréchale de la Mothe, qui avoit
conservé cela d'y avoir amené les Enfans de France, dont elle avoit
été gouvernante. Dès qu'elle y paroissoit, on lui apportoit un siège,
et elle s'asseyoit, car elle étoit duchesse à brevet.

Au sortir de la table, le Roi rentrait tout de suite dans son
cabinet.

Quelquefois (et cela devint moins rare dans les trois dernières années de sa vie), Louis XIV allait dîner à Marly ou à
Trianon, avec la duchesse de Bourgogne, Mme de Maintenon
et les dames de la Cour. Il travaillait ensuite avec quelqu'un
de ses ministres, et, pendant l'été, passait le reste du temps
« à se promener avec les dames, à jouer avec elles et assez
souvent à leur faire tirer une loterie ». En 1712, la solennité
de ces repas finit par fatiguer le Roi, qui, comme nous l'apprend Dangeau, commença à faire porter son dîner chez
Mme de Maintenon.

Le souper « au grand couvert » avait pour témoins la
Maison royale, ainsi que beaucoup de courtisans et de
dames, tant assises que debout... « Les jours de médecine,

---

[1] A la Pentecôte, par exemple, le Roi dînait en public avec la famille
royale. — Le jour de la Saint-Louis, vingt-quatre violons jouaient pendant le dîner.

qui revenoient tous les mois au plus loin, il la prenoit dans son lit, puis entendoit la messe, où il n'y avoit que les aumôniers et les entrées. Monseigneur et la Maison royale venoient le voir un moment; puis M. du Maine, M. le comte de Toulouse, lequel y demeuroit peu, et Mme de Maintenon venoient l'entretenir. Il n'y avoit qu'eux et les valets intérieurs dans le cabinet, la porte ouverte. Mme de Maintenon s'asseyoit dans le fauteuil au chevet du lit. Monsieur s'y mettoit quelquefois, mais avant que Mme de Maintenon fût venue, et d'ordinaire après qu'elle étoit sortie; Monseigneur toujours debout, et les autres de la Maison royale un moment. M. du Maine, qui y passoit toute la matinée et qui étoit fort boiteux, se mettoit auprès du lit sur un tabouret, quand il n'y avoit personne que Mme de Maintenon et son frère. C'étoit où il tenoit le dé à les amuser tous deux, et où souvent il en faisoit de bonnes. Le Roi dînoit dans son lit, sur les trois heures, où tout le monde entroit, puis se levoit, et il n'y demeuroit que les entrées. Il passoit après dans son cabinet, où il tenoit conseil, et après il alloit à l'ordinaire chez Mme de Maintenon, et soupoit à dix heures au grand couvert. »

Le *Journal de la santé du Roi*[1], par Vallot, d'Aquin et Fagon, ses trois premiers médecins, donne des détails curieux sur l'appétit prodigieux de Louis XIV, qui ne cessait d'étonner ceux qui le voyaient. Il supporte d'ailleurs assez mal cette nourriture trop abondante et succulente qui le rend malade; il a des migraines continuelles, des vapeurs, comme on disait, des mélancolies, des vertiges, des étourdissements; avec cela, la goutte et la gravelle.

C'est la rançon de l'intempérance, qui le rend incapable de résister à la tentation de se modérer. Si son principal médecin, Fagon, obtient pour le moment quelque promesse de sobriété relative, « les goulus de la Cour » murmurent, le blâment et veulent que le Roi mange davantage; et dans cette modération passagère pour le souper, il mange tout de même quatre ailes, quatre cuisses et quatre blancs de poulet[2]. A Versailles, Fagon est à peu près le maître; mais à Marly, Louis XIV

---

[1] Précieux manuscrit qui se trouve à la Bibliothèque nationale. Il a été publié par Le Roi (1862).

[2] Fagon, *Journal*, 1708.

était plus libre ; il y avait *grand couvert* matin et soir, et de forts festins.

Aussi le Roi aime les Marlys, mais il en revient toujours malade.

« Constipations, indigestions, vapeurs, étourdissements continuels exigent une médication constante ; et il a fallu un grand talent à Fagon pour mener Louis XIV à ses soixante-dix-sept ans. Mais aussi, que de saignées pour prévenir l'apoplexie sans cesse menaçante, et surtout que de purgations pour remettre en état un estomac et des intestins sans cesse surmenés ! Et quel puissant sentiment du devoir chez Fagon pour lui faire étudier avec tant de soins ce que contenaient les bassins de la chaise de Sa Majesté après les purgations, qui avaient lieu à peu près régulièrement toutes les six semaines. Le *Journal* donne les analyses les plus consciencieuses du résultat des médecines[1]. »

Le *Grand-Commun* était le centre des *sept offices*[2] chargés de la préparation des mets et des boissons destinés à la table du Roi et des princes de sa Maison : les officiers de la *Paneterie-Bouche* préparaient tout ce qui regarde le couvert du Roi, le pain, le linge de table et le fruit ; ceux d'*Echansonnerie-Bouche* ou du *Gobelet* étaient pour le vin et l'eau ; ceux de *Cuisine-Bouche* préparaient le manger du Roi ; ceux de la *Fruiterie* fournissaient les fruits, les bougies, flambeaux et girandoles ; ceux de la *Fourrière* fournissaient le bois de chauffage et le charbon qui se brûlaient dans toute la maison du Roi. Cette administration compliquée était surveillée par le Bureau du Roi, composé du premier maître d'hôtel, du maître d'hôtel ordinaire, des maîtres d'hôtel de quartier, des maîtres de la chambre aux deniers (ayant dans ses attributions la dépense de la Maison du Roi et des princes), du contrôleur général et du contrôleur ordinaire de la Bouche, etc. Le contrôleur général recevait les viandes et le poisson, en surveillait l'emploi, avait l'œil sur toutes les dépenses du Gobelet et de la Bouche, etc.

---

[1] Dussieux, t. II.

[2] L'*Etat de la France* de 1712 porte que les sept offices occupaient 324 personnes. Ils étaient chargés du *Gobelet du Roi*, de la *Bouche du Roi* ou *Cuisine-Bouche*, de la *Paneterie-Commun*, de l'*Echansonnerie-Commun*, de la *Cuisine-Commun*, de la *Fruiterie* et de la *Fourrière*.

Le même service existait au *Grand-Commun* pour la Reine, le Dauphin et la Dauphine.

Le *Petit-Commun*, qui datait de 1664, était une cuisine destinée à servir la table du grand-maître et celle du grand-chambellan, et établie dans le sous-sol occidental de l'aile sud des Ministres, à côté du *Grand-Commun*. Elle se composait de deux maîtres d'hôtel, de quatre écuyers du *Petit-Commun* et de deux aides ordinaires.

Cette organisation devait durer jusqu'à la fin de la monarchie.

Sous la Révolution, le *Grand-Commun* devint une manufacture d'armes, dont le chef fut Boutet, arquebusier versaillais fort habile. Il s'agissait de répondre au décret de la Convention (23 août 1793) sur la levée en masse. Douze cents ouvriers, dont beaucoup de Liégeois, y furent occupés, et, grâce à l'habileté de son directeur, la manufacture de Versailles devint, pour les armes de guerre et de luxe, un établissement célèbre dans toute l'Europe. Ses fusils, carabines et pistolets ciselés, sculptés, damasquinés ou gravés, étaient donnés par le Gouvernement en récompense de services militaires éclatants et, plus tard, en cadeaux aux puissances alliées.

Au retour des Bourbons (1814) Boutet[1], renvoyé du Grand-Commun, vint s'établir rue de la Pompe, n° 1 (rue Carnot actuellement), à l'hôtel de Noailles. En 1815, les Prussiens dévastèrent ses ateliers.

Sous la Restauration, on établit au *Grand-Commun* une école modèle d'enseignement mutuel, des écoles de dessin et de musique, une institution pour les enfants pauvres. Un petit étage fut construit alors au-dessus de la corniche principale, ce qui dénatura l'architecture du bâtiment en l'alourdissant.

Enfin, en 1832, le *Grand-Commun* devint ce qu'il est encore actuellement, un hôpital militaire.

[1] Voir Capitaine Bottet, *La Manufacture d'armes de Versailles* (Leroy, éditeur, 1903).

II. — LES ÉCURIES DU ROI

Les Ecuries du Roi[1], Grande et Petite-Ecurie, commencées
en 1679, furent achevées en 1682. Mansart en fut l'architecte.
Ce sont aujourd'hui des casernes affectées à l'artillerie et au
génie[2].

Le *Mercure* de 1686 en a fait une longue description : « Ce
sont deux grands corps de bâtimens séparés l'un de l'autre,
regardant le Château en face. Ils sont situés entre les trois
avenues qui forment une patte d'oie, par laquelle on arrive à
Versailles. Ces écuries font partie de la clôture de la grande
avant-cour ou place d'Armes. Elles consistent chacune en
cinq cours, dont la grande, plus étroite à l'entrée que dans
le fond, n'est fermée devant que par une grille de 32 toises
de long; et les pavillons de 9 toises, qui flanquent les ailes
de 37 toises de long, retournent vers le fond de la cour pour
la terminer en demi, lune par deux portions de cercle d'ouverture, de 34 toises, qui se vont joindre à un grand avant-
corps où est la principale porte. Après sont les deux moyennes
cours, entourées de bâtimens de 20 toises sur 12. Aux côtés
du dehors paroissent les deux petites cours pour les fumiers,
de 20 toises de long sur 9 de large, fermées par devant d'un
mur de clôture, de la hauteur du premier étage.

« Toute la décoration du dehors n'est que de bossage ou de
pierres de refend. Les croisées des rez-de-chaussée sont bom-
bées et prises dans des arcades, et celles du premier étage
sont carrées-longues en hauteur. Il y a des tables de briques
dans les trumeaux des ailes. Les combles sont d'une belle
proportion, et les lucarnes qui éclairent l'étage en galetas sont

[1] Primitivement, les chevaux et les carrosses du Roi étaient placés au
pavillon La Vallière, rue de la Pompe (Carnot), nº 7, qui fut affecté ensuite aux écuries de la Reine, de la Dauphine et de la duchesse de Bourgogne.

[2] La Grande-Ecurie, construite sur l'emplacement de l'hôtel de
Noailles, est entre l'avenue de Saint-Cloud et l'avenue de Paris. — La
Petite-Ecurie, située sur l'emplacement des hôtels de Lauzun et de Gui-
try, est entre les avenues de Paris et de Sceaux.

de plomb. Ces bâtimens sont assez bas pour ne point empêcher la vue du Château ; ainsi, le niveau des faîtes répond à
peu près au pavé de marbre de la petite cour, outre qu'il n'y
a point de souches de cheminées apparentes au dehors[1]. Le
plan des grilles est aussi cintré, en sorte que, de quelque
aspect qu'on regarde les Ecuries, on voit les quatre pavillons
des ailes.

« La plus grande renferme les chevaux de main. De la
grande arcade qui est au fond de la cour et dans le milieu de
l'avant-corps, on entre dans un grand manège couvert, de
20 toises sur 8, aux côtés duquel sont deux écuries. Derrière
l'écurie est un grand manège pour les joutes et tournois, au-
devant duquel est le chenil. La sculpture de l'avant-corps du
milieu renferme de grands bas-reliefs, des trophées d'armes,
des harnois et autres ouvrages de cette nature, et dans les
pilastres de la grille de devant sont les épées du grand
écuyer[2].

« Quant à la Petite-Ecurie, les remises des carrosses sont
dans les arcades de la demi-lune du fond de la cour, au
nombre de huit à neuf de chaque côté. De la porte de l'avant-
corps du milieu on entre dans la plus large écurie à deux
rangs, chacun de 25 chevaux, entre lesquels on passe ; et au
bout est une grande coupe ou voûte sphérique, de 12 toises
de diamètre, qui sépare les deux autres écuries, où les chevaux de chacune sont sur deux rangs de 34 chevaux chacun.
Les râteliers sont le long des piliers qui la séparent en deux
berceaux et laissent encore assez d'espace derrière les chevaux pour y pouvoir aller en carrosse ; et en retour, au bout
de celle-ci, sont deux écuries à un rang, chacun de 47 chevaux. Le dôme est porté sur quatre pendentifs ; il est voûté
de pierres et éclairé par un jour au milieu, dont le châssis de
fer, un peu cintré, porte les vitres.

« Derrière cette écurie est encore une entrée principale au
milieu d'un grand avant-corps environné d'un fronton trian-

---

[1] On y voit malheureusement aujourd'hui deux grandes cheminées
édifiées pour les ateliers de construction du matériel d'artillerie.

[2] Le manège de la Grande-Ecurie a été reconstruit sous la Restauration. Les grilles actuelles datent de la même époque. Le fronton,
représentant des chevaux conduits par un cocher du cirque, est l'œuvre
de Lecomte.

gulaire, dans lequel est un bas-relief qui représente Alexandre qui dompte Bucéphale. Ce bas-relief est de Girardon.

« Derrière cette écurie sont deux autres grandes écuries de 54 chevaux chacune ; et dans la cour qui est interposée entre cette augmentation et le corps de la Petite-Ecurie, est un petit manège.

« Outre ces écuries, il y a une cour derrière, où est l'infirmerie des chevaux ; ce sont de petites écuries de 2, de 4 et de 6 chevaux. »

En 1686, les Petites-Ecuries renfermaient cinq attelages à 10 chevaux (de poil noir, bai, gris-perle, tigres et feuilles-mortes), un fort grand nombre de très beaux chevaux de selle et d'attelages.

L'attelage du carrosse qui servait uniquement aux entrées des ambassadeurs était de 12 chevaux.

Là se trouvaient aussi les selleries, dans une série d'armoires renfermant toutes les lances, les dards, toutes les brides d'argent et de vermeil doré, et tout ce qu'il y a de plus riche dans ces sortes de harnais : les housses, croupes et chaperons de pistolets très riches... « nombreuses selles enrichies de toutes sortes de broderies[1], selles à l'anglaise avec leurs petites housses, housses en souliers d'une très grande richesse, et servant pour les cavalcades et les promenades avec les dames[2]... ».

Dans l'écurie du Roi seulement, étaient 48 chevaux français et anglais ; sa sellerie particulière était toute lambrissée de menuiserie.

« On compte plus de 600 chevaux dans tous les lieux qui forment la Petite-Ecurie. Le nombre des carrosses, calèches, soufflets et calèches nommées diligentes, à cause de leur vitesse, est grand à proportion, et tout cela est fort riche. Il y en a pour le Roi, pour Monseigneur, pour Mgr le duc de Bourgogne, et pour leur suite. Entre les calèches, on en voit une pour le Roi, à trois bancs, dans laquelle il y a place pour seize personnes. Il y a aussi un carrosse de parade pour Sa Majesté, d'une magnificence extraordinaire, tout brodé

---

[1] Voir le Musée des Voitures, à Trianon, qui possède un tableau de Vau der Meulen représentant quatre selles à la française.

[2] *Mercure* de 1686.

dedans et dehors, dont le train est très beau et les harnois extrêmement riches. Elle a encore beaucoup d'autres carrosses en divers endroits, et particulièrement dans les remises de Paris et de Vincennes. »

Le *Mercure*, qui donne une description minutieuse des Ecuries du Roi, à l'occasion de la visite des ambassadeurs de Siam, en 1686, ajoute ces détails au sujet de la Grande-Ecurie :

Les ambassadeurs allèrent le même jour à la Grande-Ecurie. M. le comte de Brionne, reçu en survivance de la charge de grand-écuyer que possède M. le comte d'Armagnac, son père, les y reçut. Il étoit accompagné de ses écuyers, sous-écuyers, gouverneurs des pages, de plusieurs autres officiers, de 50 à 60 pages et valets de pied, d'un très grand nombre d'autres gens de livrée servant aux carrosses et aux chevaux, et d'autres qui ont diverses fonctions dans les écuries. Ils furent d'autant plus surpris de voir tant de personnes vêtues de livrée, qu'ils en venoient de voir à la Petite-Ecurie un nombre qui leur avoit paru infini. Cependant, ils auroient été moins étonnés s'ils avoient su que plusieurs voyageurs ont remarqué, et même fait imprimer dans les livres de voyage qu'ils ont donnés au public, qu'il y a peu de souverains en Europe, même parmi les plus puissants, dont la Maison soit composée d'autant d'officiers que le roi de France a seulement de personnes de livrée à son service. Les ambassadeurs remarquèrent d'abord la beauté du bâtiment, dont ils s'entretinrent avec M. le comte de Brionne. Ils firent le tour des écuries et virent plus de 200 chevaux de manège, attachés aux râteliers avec des bridons à l'angloise. Ces chevaux avoient des rubans comme ceux de la Petite-Ecurie. Parmi ce nombre, il y en avoit beaucoup des haras du roi d'Espagne, d'autres d'Italie et des barbes de différent poil, des plus beaux qu'il y ait au monde, que Sa Majesté entretient, tant pour sa personne dans le temps de guerre, que pour faire apprendre à ses pages à monter à cheval. Ils virent ensuite 100 très beaux coureurs anglois que le Roi entretient pour la chasse..... On leur montra aussi la sellerie. Je ne vous en dis rien, parce que je viens de vous en décrire deux. Vous pouvez par là vous représenter cette dernière; elle est au Roi, et toutes les choses qui appartiennent à ce monarque sont également belles.

Les Ecuries du Roi[1] étaient sous les ordres du grand-écuyer de France, successeur des anciens connétables (*comes stabuli*), et qu'on appelait tout court *Monsieur le Grand*. Il avait sous ses ordres un personnel nombreux, réglait toutes les

---

[1] Ainsi que le haras royal de Saint-Léger, près de Montfort-l'Amaury.

dépenses de la Grande-Ecurie et recevait le serment de tous ceux qui dépendaient de son service. Un de ses principaux privilèges était de marcher devant le Roi, portant l'épée royale dans le fourreau de velours bleu fleurdelisé d'or et pendue au baudrier de même étoffe, son cheval caparaçonné de même, lorsque le Roi faisait une première entrée à cheval dans les villes de son royaume. Il portait aussi l'épée royale aux pompes funèbres. A la mort du Roi, tous les chevaux de l'écurie et du haras devenaient sa propriété.

La Grande-Ecurie renfermait 300 chevaux : chevaux de main du Roi et des princes, et coureurs.

Le premier écuyer, qu'on appelait tout court *Monsieur le Premier*, commandait la Petite-Ecurie ; il avait dans son service les carrosses, les calèches, les chaises roulantes, les chaises à porteurs.

Le personnel de la Petite-Ecurie se composait de 20 écuyers pour accompagner le Roi à la guerre et à la chasse, ou le suivre quand il allait en carrosse, de 3 écuyers de la Petite-Ecurie, de 32 pages, de 15 valets de pied, de 12 maîtres palefreniers, de 4 maréchaux de forge, de 4 porte-chaises, de 4 cochers du corps, de cochers des carrosses et de postillons. En 1712, le Roi avait 25 beaux attelages, chacun de 10 chevaux.

Le nombre des chevaux sous Louis XV était, en 1750, de 2,200, dans la Grande et la Petite-Ecurie, sans compter les 300 chevaux de la Vénerie[1].

Les pages de la Chambre du Roi et ceux des deux écuries appartenaient tous à la noblesse. Ils étaient instruits à toutes sortes d'exercices, à monter à cheval, à voltiger, à tirer des armes, aux exercices de guerre, à la danse, gymnastique du temps. Ils avaient un gouverneur et des précepteurs pour les mathématiques, le dessin, l'histoire et la géographie.

Les fonctions des pages auprès du Roi étaient nombreuses. Ils l'accompagnaient à la guerre et étaient attachés à son service et à celui des aides de camp du Roi. Le soir, ils éclairaient le Roi en portant un flambeau de poing en cire blanche. Quand il allait tirer, ils tenaient ses chiens, portaient les fusils et le gibier dans les carniers ; dans certaines

---

[1] Dussieux, *Les Ecuries du Roi*. (*Le Château de Versailles*, t. II.)

circonstances, ils servaient à la table du Roi ; ils éclairaient autour de son carrosse quand il revenait, la nuit, de Marly. Des pages remplissaient le même service près du Dauphin et du duc de Bourgogne[1].

Il n'est pas un étranger de marque que Louis XIV n'ait invité à visiter ses écuries, dont il était très fier : rois, ambassadeurs et princes étrangers.

Pendant la période qui va de 1682 à la Révolution, de nombreuses fêtes eurent lieu dans la Grande-Écurie.

En 1682, il y eut dans la carrière deux défis à la bague courus par le Dauphin, en présence de la Reine, de la Dauphine et d'une grande partie des dames de la Cour.

Dans la seconde course, le Roi était présent, et l'adresse des jouteurs fut telle qu'il fut impossible de proclamer un vainqueur.

La même année, dans le Manège, transformé en salle de spectacle, fut exécuté le nouvel opéra de Lulli, *Persée*, qui eut un grand succès. Le Roi complimenta le compositeur ainsi que les principaux interprètes, « Mlle Le Rochois, la cantatrice la plus parfaite qu'eût encore possédé l'Opéra, et Pécourt, danseur célèbre[2] ».

L'année 1685, on y donna la première représentation de l'opéra de *Roland*, de Lulli et Quinault (8 janvier). Le 5 mars, on exécuta l'opéra d'*Armide*, des mêmes auteurs.

Les 4 et 5 juin, il y eut un grand carrousel dont le sujet était tiré des *guerres de Grenade*. Écoutons Dangeau :

C'étoit les Abencérages et les Zégris. Monseigneur étoit chef des premiers, et M. de Bourbon des autres. On avoit joint aux Abencérages les Gazuls, les Alabèzes et les Almoradis, et aux Zégris les Vanègues, les Gomèles et les Maces ; ainsi, quoiqu'il n'y eût que deux partis, il y avoit huit troupes distinguées par les couleurs.

M. le duc de Saint-Aignan étoit maréchal de camp général ; le duc de Gramont commandoit les Alabèzes et les Almoradis, et je commandois les Abencérages et les Gazuls ; le duc d'Uzès et le marquis de Tilladet étoient maréchaux de camp des Zégris, et en commandoient chacun vingt. Il y eut une course pour les dames, et en-

---

[1] *État de la France*, 1712.
[2] Le Roi, *Histoire de Versailles* (d'après le *Mercure galant* de 1682).

suite on courut trois courses pour le prix. Le prince Camille de Lorraine le gagna : il fit onze têtes dans ses trois courses, et personne ne disputa avec lui ; il étoit des Gazuls. Le prix est une fort belle épée de diamants, qu'il vint recevoir à cheval des mains du Roi, qui étoit sur son échafaud. Après les courses finies, nous rentrâmes tous dans le Manège par les quatre coins où nous étions postés, et fîmes une petite comparse devant le Roi, que S. M. trouva fort bien entendue, et ensuite nous remarchâmes jusque dans la grande cour du Château, dans le même ordre que nous étions venus. M. de Saint-Aignan, MM. de Gramont, d'Uzès, de Tilladet et moi saluâmes le Roi de l'épée ; tous les chevaliers que nous conduisions marchoient la lance à la main.

Le mardi 5, on recommença le carrousel ; on fit la même marche, et, malgré le vilain temps qui nous incommoda fort, le Roi trouva le spectacle encore plus beau que le premier jour. On retrancha la course des dames. Le marquis de Plumartin, qui étoit Alabèze, du parti des Abencérages, sous le duc de Gramont, emporta les douze têtes dans les trois courses ; personne ne lui disputa le prix, et il vint le recevoir des mains du Roi ; c'étoit une épée de diamants fort bien mise en œuvre, et à peu près de même valeur que celle du prince Camille.

Les ambassadeurs moscovites, qui n'avoient point vu la fête le jour d'auparavant, étoient sur les échafauds de la droite, d'où les spectateurs se retirèrent fort vite durant la pluie ; mais, dès qu'elle fut passée, toutes les places furent bientôt reprises.

Un nouveau carrousel eut lieu l'année suivante : il dura deux jours (28 et 29 mai 1686).

Sous Louis XV, la salle du Manège, dont l'acoustique était bonne, servit aux représentations d'opéra. Le grand ordonnateur de ces fêtes était le maréchal de Richelieu, premier gentilhomme de la Chambre et favori du Roi.

La plus éclatante fut celle en l'honneur du mariage du Dauphin avec l'infante d'Espagne, Marie-Thérèse, et qui dura plusieurs jours (1745). On représenta le ballet de la *Princesse de Navarre*, dont les paroles étaient de Voltaire et la musique de Rameau. Le théâtre, décoré selon le style de l'époque, représentait les Pyrénées, et Voltaire, paraphrasant la parole célèbre de Louis XIV, faisait chanter à l'Amour, descendu sur son char, son arc à la main :

> De rochers entassés, amas impénétrable,
> Immense Pyrénée, en vain vous séparez
> Deux peuples généreux à mes lois consacrés ;
> Cédez à mon pouvoir aimable ;

> Cessez de diviser les climats que j'unis ;
> Superbe montagne, obéis ;
> Disparaissez, tombez, impuissante barrière,
> Je veux dans mes peuples chéris
> Ne voir qu'une famille entière.
> Reconnaissez ma voix et l'ordre de Louis ;
> Disparaissez, tombez, impuissante barrière...

« La montagne s'abîmoit insensiblement et il se formoit à sa place un vaste et magnifique temple consacré à l'Amour, au fond duquel est un trône que l'Amour occupe. » (*Mercure.*)

Malgré les critiques nombreuses des ennemis de Voltaire, la *Princesse de Navarre* avait réussi. « Le Roi en a été très content, écrivait le maréchal de Saxe à Mme du Châtelet, et même il m'a dit que l'ouvrage n'étoit pas susceptible de critique. »

Le 24 février, il y eut bal paré. Le 27, on rejoua la *Princesse de Navarre*, et le 1er mars, un autre opéra de Lulli et Quinault, *Thésée*, fut représenté.

Le 31 mars, on donna une autre œuvre de Rameau, *Platée*, qui eut moins de succès que la *Princesse de Navarre*; le divertissement parut trop long et trop uniforme.

La même année, le 27 novembre, au lendemain de la victoire de Fontenoy, Louis XV assista, au Manège, à un ballet à grand spectacle, *Le Temple de la Gloire*, dû à la collaboration de Voltaire et de Rameau. On déploya un luxe prodigieux. Toutefois, si la musique plut, il n'en fut pas de même des paroles, qui furent très critiquées. « Voltaire était le soir au souper du Roi, et le Roi ne lui a dit mot », dit Luynes. Cependant, le poète avait voulu se montrer bon courtisan; sous une allégorie transparente, Louis XV était comparé à Trajan, souverain victorieux et clément.

L'année 1745 finit avec la représentation d'*Armide*. En 1746, il n'y eut que quatre représentations; elles eurent lieu dans le courant de mars et furent interrompues par la mort de la Dauphine. Mais elles recommencèrent en 1747, lors du mariage du Dauphin avec la princesse Marie-Josèphe de Saxe, le 9 février.

Le jour du mariage, un grand bal paré fut donné au Manège. « On dansa, dit Luynes, une vingtaine de menuets; ensuite, il y eut une grande collation, après laquelle on dansa deux contredanses. »

Le 13 février, fut jouée au Manège l'*Année galante*, dont la musique était de Mion, favori de Mme de Pompadour, ce qui disposa le Roi à goûter ce spectacle.

La dernière fête qui devait y être donnée fut celle du lundi gras de 1775. Les frères de Louis XVI y offrirent à l'un des frères de Marie-Antoinette, l'archiduc Maximilien, un grand bal, qui attira beaucoup de Parisiens.

Quand la salle de l'Opéra fut construite au Château, le Manège cessa d'être le théâtre des grandes fêtes de la Cour. Quand vint la Révolution, les Ecuries royales finirent d'exister et tout fut dispersé.

En l'an IX, la Grande-Ecurie devint une école de trompettes.

Pendant l'Empire et la Restauration, on y installa de nouveau les pages, et on y logea divers officiers des écuries de l'Empereur et du Roi.

De 1830 à 1848, elle servit de magasins et de logements à quelques employés du Château.

En 1849, elle devint le siège de l'*Institut agronomique*, qu'une loi de l'Assemblée nationale de 1848 avait heureusement créé; il avait le domaine de Versailles tout entier pour théâtre de ses cultures et de ses expériences. Mais il fut supprimé en 1852, sous la présidence de Louis-Napoléon, et le domaine servit aux chasses. La Grande-Ecurie devint alors une caserne pour les Cent-Gardes, et un peu plus tard on y installa l'Ecole et le mess des officiers de l'artillerie de la Garde.

En 1871, on y établit une partie des bureaux de la justice militaire et des conseils de guerre chargés de juger les *communards*. Aujourd'hui enfin, on y trouve, sur l'emplacement des anciens manèges, une caserne d'artillerie, bâtie sous Napoléon III, les bureaux de la Subdivision militaire de Seine-et-Oise et ceux de la place de Versailles, et on y a établi de grands ateliers de construction d'affûts pour l'artillerie. On ne peut que déplorer, au point de vue esthétique, les deux cheminées d'usine qui se dressent, dans toute leur laideur, au-dessus de ces beaux édifices de la place d'Armes, et qui font pendant au nouvel Hôtel de Ville, dont la hauteur démesurée contrarie la symétrie du style de Louis XIV.

34

III. — LA VÉNERIE

Le service de la Vénerie tenait une place importante dans la Maison du Roi, dont la chasse était le premier des plaisirs, le plaisir royal par excellence.

Il était dirigé par quatre chefs principaux : le *grand-veneur*, le *capitaine général des toiles*, le *grand-fauconnier* et le *grand-louvetier*.

Le grand-veneur avait sous ses ordres un nombre considérable de lieutenants, gentilshommes, pages, valets, fourriers, piqueurs, gardes à cheval, etc... Son hôtel était sur l'emplacement actuel du Tribunal civil ; le Chenil, sur celui de la Préfecture et d'une partie de la rue Saint-Pierre et de la rue de Jouvencel.

Chacune des chasses de la Cour (chasse à courre ou à bruit, chasse au chien d'arrêt ou au chien couchant, au chien courant ou au rabat, chasse au vol) exigeait un service et des équipages particuliers.

Les équipages pour la chasse du cerf étaient au Chenil. Mais il y avait encore : l'hôtel du Vautrait pour la chasse du sanglier, la louveterie du Roi, la louveterie de Monseigneur.

Le Roi et les princes chassaient dans les bois des environs de Versailles, de Marly et de Meudon, dans les parcs de ces châteaux, dans la forêt de Saint-Germain, dans la plaine Saint-Denis, qui était alors très giboyeuse, dans la plaine de Créteil, dans le bois de Boulogne, dans le bois de Vincennes, dans la garenne de Rocquencourt, où l'on prenait des renards, à Choisy, et de temps à autre à Chantilly, Rambouillet, Fontainebleau, Compiègne, Saint-Léger, etc.

Les chasses n'étaient pas toujours sans dommage pour les paysans, mais si des dégâts étaient commis, ils remettaient une réclamation par écrit ; on en faisait l'estimation et l'on payait[1].

[1] Lettre de la Palatine (édition Jæglé, t. II).

« Déjà fort nombreuses pendant le temps que M. de la Rochefoucauld était grand-veneur, les meutes augmentèrent encore quand le comte de Toulouse le remplaça. Vers la fin du XVIIe siècle, les plus belles meutes étaient celles du Roi, de Monseigneur, du duc de Vendôme, de son frère le grand-prieur, du chevalier de Lorraine, de M. de Bouillon, du duc du Maine et du comte de Toulouse. Ce dernier avait, en 1698, une meute célèbre ; on appelait ses chiens les « sans-quartier », parce qu'ils couraient tout ce qu'ils lançaient. Réunies, ces meutes formaient un total de plus de mille chiens. » (Dussieux, t. II.)

Quelques-uns de ces chiens avaient le privilège d'être commandés par un capitaine. On cite en effet le capitaine des chiens écossais « chassant le lièvre pour les plaisirs du Roi », le capitaine des levrettes de la Chambre. D'autres étaient plus heureux encore : c'étaient les « petits chiens de la Chambre et les chiennes couchantes du Cabinet du Roi ». Aux premiers, le pâtissier-bouche donnait des biscuits, et à ces dernières le Roi lui-même distribuait force biscotins ; il avait plaisir à chasser avec quatre ou cinq d'entre elles bien dressées, qui allaient toutes ensemble au même arrêt. (Dangeau.) Quelques-unes ont été peintes par Desportes, arrêtant des faisans ou des perdrix ; elles sont aujourd'hui au Louvre. Il peignit encore plusieurs chiens de Louis XV, notamment *Pompée* et *Florissant*, que nous voyons aussi au Louvre.

Toute une série de peintres célèbres ont représenté sur la toile les belles chasses de Louis XIV et de Louis XV, avec les costumes, les meutes et les chevaux de l'époque. Ainsi, au Louvre, sont les tableaux de Desportes, de Van der Meulen d'Oudry, de Carle Vanloo (*Une Chasse du prince de Condé*) ; — à Versailles, un tableau de Martin ; — à Compiègne, un tableau d'Oudry ; — à Fontainebleau, plusieurs toiles de Parrocel, de Carle Vanloo, d'Oudry et de Desportes : peintures charmantes et d'un grand intérêt documentaire.

Louis XIV aima la chasse comme il avait aimé tous les plaisirs du corps. Saint-Simon dit qu'il « aimait fort l'air et les exercices, tant qu'il en put faire. Il avait excellé à la danse, au mail, à la paume ».

Le *Journal* de Dangeau nous donne des renseignements

copieux sur la manière de chasser du Roi ; c'était ordinairement au sortir de la messe.

Il était accompagné de pages et de porte-arquebuses qui lui mettaient le fusil entre les mains. Quelquefois, il permettait de tirer à
quelques personnes de sa suite, à Monsieur le Grand, au grand
veneur, au grand maître, au chevalier de Lorraine, etc. Le temps
le plus mauvais, le froid, la chaleur, rien n'empêchait Louis XIV
de chasser ou de sortir. « Rien ne l'incommode. » Cependant, le
Roi resta tout un mois (janvier 1691) sans chasser, à cause du froid
et du mauvais temps. Lors du terrible hiver de 1709, pendant lequel
le thermomètre descendit jusqu'à 23°, il cessa de se promener,
d'aller à Trianon ou à Marly, quand il vit que ses gardes et les officiers qui le suivaient souffraient trop du froid. Monseigneur, que
rien n'incommodait aussi, renonça à chasser pendant cet hiver ; son
troisième fils, le duc de Berry, continua. Mgr le duc de Berry alla
tirer malgré le froid excessif, et un de ses pages qui lui porte ses
fusils a eu la main si gelée qu'on croit que l'on sera obligé de lui
couper les doigts.

Ce prince avait une passion extraordinaire pour la chasse.
Le 30 juillet 1706, il tira sept cents coups de fusil dans la plaine
Saint-Denis, et Dangeau observe que c'était chose sans
exemple. Le 6 août de la même année, le duc de Berry retourna dans cette plaine et tua deux cent quatre-vingt-huit
pièces sur seize cents qui furent abattues.

Louis XIV avait fait faire beaucoup de routes aux environs
de Versailles, afin de pouvoir courre le cerf.

C'était sa chasse de prédilection, surtout à Marly et à Saint-
Germain. Quelques dames qui montaient à cheval, la princesse Palatine, la duchesse de Bourgogne, la duchesse de
Bourbon, y prenaient part ; d'autres dames suivaient en calèches découvertes.

La curée, qui se faisait après la chasse, était un spectacle
très couru ; sous Louis XIV, elle avait lieu le plus souvent
à Versailles, dans la cour des Cerfs, parfois à Rambouillet,
à Fontainebleau, à Marly, etc...

Sous Louis XV, elle se fit au Chenil. Ce prince, dans sa jeunesse, aimait à voir ce spectacle. « A l'arrivée du Roi, qui
avoit aussi son habit d'équipage, le grand veneur, qui avoit
reçu deux gaules du commandant, en donnoit une à Sa Majesté
et gardoit l'autre. Les chiens alors commençoient par manger
la mouée (la soupe) ; après quoi on les tenoit sous le fouet au-

tour de la carcasse et des membres du cerf, jusqu'à ce que le grand veneur, d'après l'ordre du Roi, eût fait signe de la gaule de leur laisser toute liberté ; alors le commandant sonnoit et les autres veneurs ensuite ; les uns et les autres, pendant la curée, parloient de temps en temps aux chiens en criant : *Hallali, valets, hallali, hallali !* En les tenant sous le fouet avant la curée, on leur dit : *Derrière, chiens, derrière !* La curée faite, c'est-à-dire les os bien nettoyés, le dernier valet de chiens prenoit le forhu[1], appeloit les chiens en criant : *Tayau, tayau !* en les menant du côté du chenil, et lorsqu'ils étoient près de la porte, le valet de chiens jetoit au milieu d'eux ce forhu, qui étoit avalé dans la minute ; à cet instant, les fanfares redoubloient et on finissoit en sonnant la retraite. Le Roi pour lors rendoit sa gaule au grand veneur, lequel, à la tête de tous les veneurs, accompagnoit Sa Majesté jusqu'à son carrosse[2]. »

La chasse du sanglier dépendait du capitaine général des toiles de chasse et de l'équipage du sanglier ou vautrait.

Cet officier était chargé de prendre avec ses toiles, dans toutes les forêts de France, les cerfs, biches, faons et autres animaux, pour repeupler les parcs des maisons royales. Il avait sous ses ordres un nombre considérable de gens et la direction de la chasse du sanglier, soit qu'on l'attaquât dans l'enceinte des toiles, soit qu'on le chassât avec le vautrait[3]. L'attaque dans les toiles[4] était préférée. Dans la chasse au vautrait, celui qui tuait le sanglier avait la hure et en apportait l'oreille au Roi, au bout de son sabre, à la manière de Perse. (Dangeau.)

A la date du 30 octobre 1707, le *Mercure* raconte ainsi une chasse à Fontainebleau :

Les toiles étoient tendues dans les ventes de Bombon. Il y avoit dans l'enceinte un grand nombre de sangliers et d'autres bêtes fauves, savoir : des cerfs, des biches, des chevreuils et des renards.

[1] La panse du cerf vidée, lavée et mise au bout d'une fourche.
[2] D'Yauville, *Traité de Vénerie.*
[3] Equipage de vautres, c'est-à-dire de chiens destinés à la chasse du sanglier et se vautrant comme eux dans la boue.
[4] On appelle ainsi les filets destinés au sanglier.

La Cour s'y rendit, et le Roi, la reine d'Angleterre, le Roi son fils, la princesse sa sœur, Mme la duchesse de Bourgogne et Madame étoient dans le même carrosse, et toutes les princesses et les dames suivoient dans les carrosses et dans les calèches du Roi et de Mme la duchesse de Bourgogne, et un grand cortège de seigneurs à cheval suivis d'un grand nombre de carrosses. Il y avoit plusieurs chariots préparés dans l'enceinte en manière de plate-forme, garnis de sièges couverts de tapis pour les dames, et des dards. Il y avoit aussi un grand nombre de chevaux de main, prêts pour les seigneurs qui voudroient aller à coups d'épée sur ces animaux. Le roi d'Angleterre et Mgr le duc de Berry en dardèrent plusieurs. On en tua seize des plus considérables et quelques renards. Cette chasse donna beaucoup de plaisirs à Leurs Majestés Britanniques, aussi bien que le spectacle qui accompagne toujours ces chasses, à cause de la multitude des gens qui environnent les toiles et de la grande quantité de peuple que la curiosité fait monter sur les arbres et qui forme une tapisserie admirable par sa diversité, partout où la vue peut s'étendre.

Le service de la chasse au loup était dirigé par le grand-louvetier. C'était la chasse de prédilection du Dauphin fils de Louis XIV, et pour laquelle il avait une écurie spéciale. La plus belle fut celle de Meudon, le 7 août 1699, où il fit une telle destruction de loups qu'il en purgea les environs de Paris.

La Volerie se composait du service du grand-fauconnier et du vol du Cabinet, ce dernier indépendant. Le grand-fauconnier dirigeait les neuf vols suivants : 2 vols pour milan; 1 vol pour héron; 2 vols pour corneille; 1 vol pour les champs, c'est-à-dire pour la perdrix; 1 vol pour rivière, c'est-à-dire pour le canard; 1 vol pour pie; 1 vol pour lièvre. Les oiseaux de chasse étaient le gerfaut, le tiercelet, le sacre, le faucon, le lanier, l'allet, l'autour, l'épervier, l'émerillon et le marot. Des lévriers et des épagneuls étaient attachés, les premiers au vol pour le héron, les seconds au vol de la perdrix.

Le capitaine du vol du Cabinet commandait à cinq vols pour corneille, pour pie, pour les champs, pour émerillon et pour lièvre.

Louis XIV et Louis XV goûtèrent peu ce genre de chasse, si à la mode jusqu'alors. Dangeau nous dit que Louis XIV prenait souvent le prétexte du mauvais temps pour ne pas aller voler.

« Au début du règne, quand le Roi volait, il était à cheval,
ainsi que les dames qui l'accompagnaient. Plus tard, il allait
à la volerie en calèche. En 1698, il abandonna au duc de
Bourgogne la direction de la Volerie et plaça le grand faucon-
nier sous ses ordres. Le 24 avril de la même année, le Roi
alla cependant voler dans la plaine du Vésinet, en compagnie
du roi d'Angleterre et du prince de Galles. Madame, qui ne
manquait aucune occasion, y était à cheval, ainsi que Mme la
Duchesse. On prit un milan noir, et le Roi fit expédier une
ordonnance de six cents écus pour le chef du vol ; il en donne
autant tous les ans au premier milan noir qu'on prend devant
lui. Autrefois, il donnait le cheval sur lequel il était monté et
sa robe de chambre[1]. »

L'Electeur de Bavière, qui était passionné pour cette
chasse, trouva magnifiques, en 1713, les équipages de la
Volerie.

Dangeau mentionne aussi les accidents de chasse arrivés
aux princes et aux princesses : ils étaient fréquents[2].

Louis XIV, qui était prudent, en eut cependant trois à son
avoir. Il se cassa le bras, à Fontainebleau, en 1666. Le 15 mars
1706, « à la fin de la chasse, le cerf étant aux abois, vint
droit à la calèche du Roi, qui lui donna un coup de fouet ; le
cerf sauta entre les deux chevaux de derrière de la calèche,
et emporta les rênes que le Roi tenait à la main ». Le
23 mars 1713, « un des chevaux de la calèche du Roi s'abattit
dans une descente et dans un endroit assez dangereux ; mais
le Roi, qui est fort adroit et qui mène mieux qu'homme du
monde, porta les trois autres chevaux du côté où il n'y
avoit rien à craindre. Madame, dont la calèche suit toujours
celle du Roi, dit qu'il auroit été en grand danger s'il eût été
moins adroit ».

La princesse Palatine, mère du Régent, qui fut une intrépide chasseresse, courant tous les jours le loup ou le cerf,
tomba vingt-quatre ou vingt-cinq fois. Elle écrit en 1683 :

Dans la dernière chasse que nous avons suivie à Fontainebleau,
il aurait pu m'arriver un grand malheur si, me souvenant à propos

---

[1] Dangeau, (*Mémoires*, 1688-1709-1713).

[2] Le Dauphin, intrépide chasseur de sangliers et surtout de loups,
eut trois accidents ; le duc d'Orléans (le futur Régent) eut le bras démis.

de mes anciens sauts, je ne me fusse lestement élancée de mon cheval. Une biche effrayée par la chasse, et de plus par la rencontre d'un cavalier qui me précédait, s'élança droit sur moi avec une telle violence que, malgré tous mes efforts pour retenir mon cheval, je ne pus l'arrêter assez court pour éviter le choc de la bête, qui vint en bondissant frapper ma monture à la bouche, et brisa les branches, le mors et la bride. Mon cheval eut si peur, qu'il ne savait plus ce qu'il faisait; il soufflait comme un ours et se jeta de côté. Mais quand je vis qu'il ne tenait plus le mors, je lui tournai la bride dans la bouche, et m'élançant à terre, je le tins ferme jusqu'à ce que mes gens accourussent à mon aide. Si je n'avais pas fait cela si lestement, mon cheval m'aurait infailliblement cassé le col. Cette aventure a fait un tel bruit à la Cour, que, pendant deux jours, on n'a pas parlé d'autre chose. Ici, on transforme la moindre bagatelle en une grosse affaire.

En 1697, il lui arriva un accident plus grave, à Fresnes.

Je vais vous raconter, écrit-elle, ce qui m'est arrivé. Il y a un mois, je fus avec M. le Dauphin à la chasse du loup. Il avait plu, le terrain était glissant. Nous avions cherché un loup durant deux heures, et, ne le trouvant pas, nous nous rendîmes dans une autre enceinte où nous comptions en trouver un. Au moment où nous suivions un sentier, il en part un presque devant mon cheval, qui s'emporte et se dresse sur ses deux pieds de derrière; il glisse et s'abat sur le côté droit, mon coude rencontre une grosse pierre et je me démis l'os.

L'accident le plus dramatique fut celui qui coûta la vie au duc de Berry. Il s'était déjà blessé trois fois, en 1704 et 1705; en 1712, il avait crevé un œil à Monsieur le Duc. En 1714, il se blessa de nouveau et en mourut. Comme il chassait au bois, son cheval glissa des pieds de devant sur la terre humide. Il le retint avec force, et le cheval se releva si brusquement que le pommeau de la selle l'atteignit entre la poitrine et l'estomac; « le même soir, rapporte la Palatine, il fit du sang, et défendit à son valet de chambre d'en parler », et le samedi il alla à la chasse. Ce même jour, un paysan qui avait vu le coup que le prince avait reçu, demanda à un des gens du Roi : « Comment se porte M. le duc de Berry? — Fort bien, répondit l'autre, car il court le loup aujourd'hui. — Si cela est qu'il se porte bien, dit le paysan, il faut que les princes aient les os plus durs que nous autres paysans, car je lui vis recevoir un coup à la chasse, en relevant son cheval, dont trois paysans en seraient crevés. »

Louis XV fut moins féru de chasse que Louis XIV; une autre passion, peu avouable, l'absorbait trop. Son fils, le Dauphin, n'y eut aucun goût. Ses filles y prirent quelque plaisir, l'une surtout, Madame Adélaïde, qui était bien faite, avait l'air léger et était parfaitement bien à cheval. (Luynes.)

Nous n'entrerons pas ici dans le détail sur la vénerie de ce temps, sujet sur lequel se complaît le duc de Luynes[1]; il est bon de dire pourtant que c'est à Louis XV qu'on doit le pavillon de chasse de Saint-Hubert, entre la forêt de Rambouillet et celle de Saint-Léger, ainsi que ceux du Butard, de Verrières et de Fausses-Reposes.

Louis XVI fit bâtir le pavillon des coteaux de Jouy, au-dessus du Pont-Colbert. Il fut chasseur plus ardent que roi énergique; témoin son *Journal* (du 1er janvier 1766 au 31 juillet 1792), dont la chasse occupe une place considérable. En treize ans, il tua 1,274 cerfs et 189,251 pièces de gibier de toutes sortes[2].

Depuis la Révolution, les domaines de Versailles et de Marly n'ont plus été que les théâtres de simples chasses au rabat. Les *tirés* de Marly sont réservés pour le Président de la République.

---

[1] Luynes, *Mémoires*, t. Ier.

[2] D'après son *Journal*, publié en 1873, par M. Nicolardot.

CHAPITRE XIV

LES JARDINS ET LES EAUX

LE PETIT-PARC — LE GRAND-PARC — LE POTAGER

LES PREMIERS TRAVAUX

Louis XIV avait voulu que les travaux des jardins et des eaux marchassent de pair avec les constructions. Ils commencent dès 1662. De ce côté, peu de chose existait. Sous Louis XIII, comme le montre le plan de Gomboust, le jardin entourant le Château du côté de l'ouest comprenait une dizaine de carrés de plates-bandes en arabesques, avec petits jets d'eau, et de parterres de gazon en grandes broderies, selon le style de la Renaissance italienne, exécutés en buis taillés, en espaces sablés et en pelouses de couleurs différentes. Il était l'œuvre de Jacques de Menours[1], neveu et successeur de Jacques Boyceau.

Comme on le voit, le jardin avait peu d'importance, le parc acquis par Louis XIII ayant été disposé surtout pour la chasse. C'est en 1662 seulement que commencent les grands travaux de Le Nôtre, secondé par l'énergique volonté de Louis XIV, dont les ambitions de grandeur ne pouvaient

[1] Batiffol, *L'Origine du Château de Versailles* (*Revue de Paris*, 15 juin 1909).

s'accommoder d'un espace si restreint et si pauvre d'eau.
Pour construire « des terrasses, des bosquets, des escaliers
élevés, des orangeries hautes comme des cathédrales, il
fallut violenter la nature, amasser terrassements sur terrassements, détourner des rivières, fouiller la terre jusqu'à des
proportions immenses, et forcer le site à se prêter aux combinaisons architecturales du nouvel art[1] ».

A proprement parler, ce style n'était pas nouveau, puisqu'il venait d'Italie, mais il fut élargi et adapté à une fonction nouvelle. Il n'a pas manqué de critiques. Il faut bien
dire qu'à cette époque le sentiment pur de la nature
n'était pas en honneur ; par eux-mêmes, les objets inanimés
n'avaient ni âme, ni beauté propre ; ils avaient, pour « l'honnête homme » du XVIIe siècle, l'importance accessoire d'un
cadre ou d'un fond de tableau. Comme Taine le dit si justement, toute l'attention était occupée par le tableau lui-
même, c'est-à-dire par l'intrigue et le drame humain. Le
paysage devait se conformer à cette conception, perdre ce
qu'il pouvait avoir de « sauvage », s'humaniser, présenter
l'aspect ordonné d'un salon, d'une galerie à colonnades,
d'une grande cour de palais[2].

Malgré cette subordination de la nature à l'architecture,
bien moins frappante aujourd'hui que les profondes allées
ombreuses ont remplacé les charmilles du temps (véritables
murailles qui atteignaient jusqu'à 8 mètres), le jardin français, tel que Le Nôtre l'a créé, excite notre admiration,
comme elle excitait celle des contemporains ; on subit le
charme de cette vaste étendue, de ces futaies immenses, si
riches de tons quand l'automne les colore, de ces belles allées
bordées de blanches statues, dont la symétrie contraste
délicieusement avec des coins de bois ravissants, des endroits
touffus, solitaires et comme perdus au fond des campagnes.

Et d'ailleurs, dans cet ordre qui paraît tout d'abord si

[1] Cl. Riat, *L'Art des Jardins* (A. Picard et Kahn).

[2] Taine, *Voyage en Italie*, t. Ier. — De cet esprit s'inspiraient les paysages
de Claude Gelée et surtout du Poussin ; ce sont des architectures destinées à plaire « à des gens de Cour qui veulent retrouver la Cour dans
leurs terres ». Comme exemple de cette esthétique du temps, Taine compare l'île de Calypso dans Homère, « sauvage et rocheuse », à celle de
Fénelon (*Télémaque*), arrangée pour le plaisir des yeux.

régulier, la variété n'est pas absente ; allées, bosquets et
parterres sont tous, quand on y regarde, de dessins différents.
Les essences des arbres sont d'une diversité rare ; les perspectives changent comme à l'infini, quand on s'engage en
certains endroits ; à défaut des allées sinueuses des jardins
anglais, il y en a de circulaires qui donnent au promeneur
la sensation de l'imprévu et le perdent dans une sorte de
labyrinthe. Si l'ensemble est symétrique, les détails sont des
plus variables. Ainsi, la disposition des plantations situées à
droite et celles créées à gauche du Palais, par exemple le
parterre du Nord et le parterre du Midi, ne se ressemblent
nullement.

De plus en plus, les voyageurs du monde entier, quand
ils visitent le Château de Versailles, se pressent sur la terrasse du parterre d'Eau qui domine le bassin de Latone.
De ce point de vue unique dans son genre, « le vieux parc
prend aux regards un air de splendeur extrême : il réjouit la
vue par son développement normal, pondéré, harmonieux,
où les divisions se correspondent sans dur parallélisme, où la
raison ne fut pas assez absolue pour supprimer toute trace
de fantaisie ; son dessin en est clair, facile à saisir. Ces
taches blanches sur le fond vert des taillis, c'est l'*Aphrodite
de Gnide*, la *Vénus de Richelieu*, la *Vénus de Médicis*, la
Nymphe à la Coquille, tout ce peuple de divinités gracieuses,
enfanté par une race si semblable à la nôtre[1] ». Et tout au
fond, après l'*Apollon* de Tubi, conduisant ses coursiers, se
déploie la masse liquide du Grand-Canal, avec sa bordure
d'arbres centenaires et qui semble se prolonger et se confondre avec l'horizon illimité.

L'idée géniale de Le Nôtre fut de ménager autour du Palais
de vastes espaces libres. « A lui revient l'honneur d'avoir
créé, en prolongement du Tapis-Vert et du Grand-Canal, cette
admirable perspective s'étendant presque à l'infini, et d'avoir
ainsi préparé ces prestigieux effets de lumière que produit
l'embrasement général de la façade du Château aux derniers
feux du soleil couchant, par les belles soirées d'été[2]. »

[1] Cl. Riat, *L'Art des Jardins.*
[2] Guiffrey, *André Le Nostre.* — Lecture faite à l'Institut de France,
le 24 octobre 1908.

André Le Nôtre, né à Paris en 1613, fils du surintendant
des jardins du Roi aux Tuileries, avait d'abord étudié la
peinture dans l'atelier de Simon Vouet, où il connut Mignard,
Le Brun et Le Sueur. Mais sa vocation le poussait vers
la profession paternelle. Il travailla à Vaux-le-Vicomte, chez
Fouquet, où Louis XIV le trouva avec Le Vau, Le Brun et
La Quintinie. En 1678-79, il voyagea en Italie, où Louis XIV
l'envoya chercher de nouvelles inspirations. Il dessina à
Rome les jardins de la villa Ludovisi, ceux du Quirinal, du
Vatican et de la villa Albani, qui le rendirent encore plus
célèbre.

Le Nôtre eut constamment la faveur du Roi, qui aimait
son caractère autant que son talent et qui l'anoblit. Sa
bonhomie, ses reparties sans gêne étaient très goûtées[1].

Un jour, raconte Dangeau, le Roi « le fit mettre dans une
chaise roulante comme la sienne. Il le promena par tous les
jardins, et M. Le Nôtre disait : « Ah ! mon pauvre père, si tu
« vivais et que tu puisses voir un pauvre jardinier comme
« ton fils se promener en chaise à côté du plus grand roi du
« monde, rien ne manquerait à ma joie ».

Le *parterre d'Eau*, par où nous allons commencer l'examen
de l'œuvre de Le Nôtre, n'eut pas d'abord sa forme définitive,
et les gravures du temps présentent des transformations successives. Ce furent, en premier lieu, quatre carrés de broderie analogues à ceux du plan de Gomboust ; puis, à partir
de 1665, deux plates-bandes de gazon à contour irrégulier,
brodées de buis et précédant un bassin de forme ronde qui
dominait la demi-lune du Petit-Parc (descente de Latone).
Pour le moment, les pentes n'avaient pas d'escaliers.

De 1671 à 1674, d'autres transformations devaient suivre,
et pendant trente années les travaux n'y cessèrent pas ; mais,
dès cette époque, Le Nôtre abandonnait le décor en broderie
de gazon et de fleurs, et trouvait définitivement « dans la
lumière et les reflets d'une grande surface liquide la vie et
la beauté de ces larges espaces ». (A. Pératé.)

Le Brun voulait compléter par des statues de marbre les

---

[1] Il mourut en 1700, âgé de quatre-vingt-sept ans, et choyé jusqu'à
sa dernière heure.

bordures des bassins, conformes à l'allégorie décorative du
xvıı^e siècle et imitées de l'Italien Bernin. Son plan comprenait quatre groupes en pyramide, plus vingt-quatre statues
représentant les quatre Eléments, les quatre Parties du
Monde, les quatre Parties de l'Année, les quatre Parties du
Jour, les quatre Tempéraments et les quatre Poèmes. En
outre, dans le milieu de la grande pièce d'eau, devait se
dresser un rocher, le Parnasse avec Apollon, les Muses et
Pégase s'élevant en faisant jaillir la fontaine Hippocrène,
dont l'eau, tombant en nappe au devant de quatre ouvertures, laissait entrevoir au travers « le fleuve Hélicon, accompagné de ses nymphes assises ensemble sous le rocher[1] ».
Mais toutes ces œuvres, confiées aux meilleurs sculpteurs,
reçurent une autre destination. On peut voir aujourd'hui
ces statues le long des palissades du parterre du Nord et sur
la haute bordure du bassin de Latone[2].

En face de la demi-lune qui bordait le terrassement du
parterre d'Eau commençait une longue allée centrale, qui
sera plus tard élargie et nommée l'*Allée-Royale* (Tapis-Vert
actuel). Elle allait aboutir à un vaste bassin, « le Grand-Rondeau », appelé aussi *bassin des Cygnes*, à cause des oiseaux
que le Roi y avait fait mettre. Il deviendra le bassin d'Apollon
et restera le plus grand de tous, tant que le bassin de Neptune ne sera pas creusé. Un ru assez important, qui traversait
alors obliquement le bas du Parc, fut utilisé pour son alimentation. En 1663, le transport des terres y occupait régulièrement plus de quatre cents hommes.

La même année, Le Vau construisait la première Orangerie[3]. Elle fut bâtie de briques et de pierres, au midi du
Château, sur une partie de l'endroit où sera constituée plus
tard la grande terrasse dominant la grande Orangerie de

---

[1] A. Pératé, *Versailles. Le Parterre d'Eau* (*Revue de l'Histoire de Versailles*). — Les quatre groupes en pyramide devaient représenter quatre
enlèvements, dont un seul, celui de Proserpine, de Girardon, est demeuré à Versailles (à la Colonnade).

[2] Entre autres : l'*Air*, de Le Hongre ; l'*Eau*, de Legros ; le *Point du
Jour*, de G. Marsy, etc.

[3] Cette petite Orangerie, de Le Vau, est celle qu'on a longtemps attribuée à l'architecte Lemercier et qu'on a reproduite en gravure comme
une Orangerie de Louis XIII. (De Nolhac, *La Création de Versailles*,
notes.)

Mansart. Elle n'avait pas une étendue considérable. Elle s'étendait gracieusement sur onze arcades, entre deux escaliers d'une vingtaine de marches seulement, au-dessous d'un parterre, le long d'un petit bois situé sur la gauche.

En 1664, comme il résulte des Comptes des Bâtiments, on dispose à nouveau « les parterres du gazon » du côté des réservoirs (parterre du Nord), on trace des labyrinthes (peut-être le bosquet de l'*Etoile* et le futur grand Labyrinthe), on plante une allée de quatre rangs de tilleuls le long de la clôture du Petit-Parc [1], au couchant, puis une allée de chênes verts. Des milliers d'arbres, ifs, sapins, etc., transportés de Normandie et du château de Vaux, partie des dépouilles de Fouquet, furent mis en pépinière. En 1665, on creuse près de l'étang de Clagny, qui longe le chemin de Saint-Germain, un grand rondeau qui deviendra le bassin du Dragon ; on crée le « jardin bas », ou « nouveau parterre », au-dessous du parterre en broderies, avec un rondeau de forme ovale, futur parterre et bassin de Latone, ce qui occasionna des travaux considérables. En même temps finissait de s'élever la *Ménagerie* [2], réunion de petites constructions, de volières, de cours destinées à abriter des animaux rares et devenir « le palais le plus magnifique que les animaux aient au monde ».

Avec cette première époque de constructions coïncida l'œuvre des premiers sculpteurs et décorateurs, placés sous la haute direction de Le Brun. Ces artistes étaient en même temps employés par Colbert aux travaux du Louvre. En 1666, Michel Anguier, Thibaut Poissant, Lerambert, Jacques Houzeau firent, pour une partie du « Jardin des Fleurs [3] », des termes de pierre à double face, à l'imitation de ceux du château de Vaux.

Dès 1666, on voit poindre les noms des frères Marsy, de Baptiste Tubi et de Philippe Caffiéri, mais c'est pour quelques menus travaux intérieurs. Plus tard, ils apparaîtront avec plus d'éclat, au moment des grandes transformations de Versailles.

[1] Voir le chapitre spécial consacré au Petit-Parc.
[2] Voir le chapitre XV, *Les Maisons royales*.
[3] Le *Jardin des Fleurs* ou le *Fer-à-Cheval* (parterre de Latone).

Grâce aux Comptes des Bâtiments, nous sommes renseignés sur la valeur et le prix des commandes, ainsi que sur le nom des artistes. Dès 1663, de grandes statues de 7 pieds de haut sont commandées à Lerambert, à Philippe de Buyster ; ce sont des sujets mythologiques, des nymphes. des faunes et des satyres, le dieu Pan et un joueur de tambour, avec un petit Amour, etc. Elles furent placées autour du Grand-Rondeau (bassin d'Apollon) jusqu'en 1673, où elles émigrèrent au Palais-Royal[1]. En même temps, Michel Anguier, Nicolas Legendre et Tubi donnaient des modèles de vases en cire pour être fondus en bronze[2], et en 1666 paraît la première figure de plomb, « représentant un amour sur un cygne, pour mettre à un bassin de fontaine de Versailles ».

Toutes ces œuvres de décoration extérieure de la première époque du Château ne tardèrent pas à disparaître. Les changements de goût de Louis XIV, le désir bien royal d'avoir sans cesse du nouveau sous les yeux, la curiosité qui s'attachait aux œuvres de plus jeunes artistes, furent parmi les causes qui contribueront à ce résultat. « Ces sculptures, d'ailleurs, qui sont toutes de pierre, devront naturellement céder la place, à mesure que s'élèvera le Versailles de marbre. Les ouvrages de la première heure seront comptés pour peu de chose, alors qu'on aura à peine assez d'espace pour ceux des maîtres qui s'annoncent, les Marsy, Tubi, Girardon, Legros, Desjardins, Coysevox et tant d'autres, qui vont, pendant trente ou quarante ans, travailler aux mêmes lieux pour le Roi[3]. »

Cependant, Le Nôtre poursuivait activement son œuvre et faisait, en 1666, travailler aux terrasses et descentes du futur bassin de Latone. Toutefois, ce qui manquait le plus, c'étaient les pièces d'eau qui jouaient un si grand rôle dans la conception de son œuvre, c'était le plaisant murmure des fontaines qui, dans les jardins d'Italie, accompagne et enchante le promeneur. Mais Louis XIV, qui demandait, coûte que coûte,

---

[1] On peut les voir dans les anciennes estampes, celles de Lepautre entre autres.

[2] Ces premiers fondeurs furent Ambroise Duval, Denis Prévost, François Picart. Le plombier s'appelait Pierre de la Haye.

[3] De Nolhac, *La Création de Versailles.*

ce « contentement des fontaines », et qui avait fait ce miracle de volonté d'élever son palais sur une montagne de terres rapportées, allait permettre d'en accomplir un autre plus audacieux en transformant « le bourg du Val-de-Galie, lieu sans ressources ni rivières, en royaume enchanté des eaux ».

« En 1668, il n'y avait encore dans les bassins du Parc que quelques jets d'eau sans intérêt. Le service de ces jets était assuré par une pompe mue par un manège à deux chevaux et par trois moulins à vent, dont les arbres faisaient tourner des chaînes à godets. Ces machines élevaient l'eau de l'étang de Clagny. C'était là tout le service des eaux du Parc[1]. » Quoique rudimentaire encore, ses effets en furent très admirés dans la grande fête du 18 juillet de cette année, donnée par Louis XIV, deux mois après la paix d'Aix-la-Chapelle.

La création de nouveaux bassins et du parterre d'Eau nécessita de la part des ingénieurs du Roi de nouveaux travaux. Dès 1668, commencèrent les travaux d'adduction de l'eau de la Bièvre dans les réservoirs du Château. En même temps, fut augmenté le nombre des machines qui puisaient l'eau dans l'étang de Clagny; ce fut l'œuvre des Francine[2].

Ce furent eux qui, pour alimenter au gré du Roi les bassins voisins du Château (de la Sirène, de la cour de Marbre, du parterre du Midi), créèrent, sous la terrasse même, trois grands réservoirs recevant l'eau qui venait de jouer dans ces bassins supérieurs, et qui put être utilisée au jeu des bassins inférieurs. Ils furent exécutés en 1672.

Toutefois, l'étang de Clagny ne put suffire longtemps à donner toute l'eau nécessaire. Colbert fit élargir et créer sur le territoire de Glatigny et du Chesnay tout un système de drainage pour y ramener les eaux superficielles. En 1674, aux pompes existantes fut ajoutée la Grande-Pompe.

---

[1] L.-A. Barbet, *Les Grandes Eaux de Versailles*, 1907. — Quelques-unes de ces installations mécaniques sont mentionnées par Mlle de Scudéry, dans la *Promenade à Versailles*, 1669. La Pompe avait été construite en 1665, avec une tour d'eau. Celle-ci, œuvre de Le Vau, était située sur l'emplacement de l'ancienne Préfecture de Seine-et-Oise, aujourd'hui annexe de l'Hôtel des Réservoirs.

[2] François Francini et son frère Pierre étaient fils du Florentin Thomas Francini, venu en France à la fin du XVIe siècle.

Le Nôtre avait chargé de l'entretien des fontaines et du Parc, d'abord l'ingénieur Denis Jolly jusqu'en 1670, ensuite Claude Denis, fontainier, « demeurant au château royal de Versailles ». Les Denis devaient rester, de père en fils, au service des fontaines du Château presque jusqu'à la fin du règne de Louis XV.

En 1680, l'eau des étangs arriva à Versailles, et les pompes cessèrent leur service. Tous les réservoirs, sauf ceux sous la terrasse du Château, disparurent en 1684, pour laisser la place à l'aile du Nord qui allait être construite. Le réservoir de la grotte de Thétis fut remplacé par un autre, appelé le *Château-d'Eau*. Ce réservoir existe dans les bâtiments de la rue Colbert et alimentait les bassins qui dépendaient du réservoir de la grotte[1], mais il est inutilisé actuellement.

L'étang de Clagny dut disparaître ; il fut comblé sous le règne de Louis XV par Gabriel, qui créa un nouveau quartier sur son emplacement (1736).

Il semble que l'année 1668 peut être considérée comme marquant les premiers travaux d'adduction de l'eau de la Bièvre, à Versailles, dont l'eau fut refoulée sur le plateau de Satory. En 1674, on adopta un plan de Francine pour recueillir, par des rigoles, les eaux de pluie tombant sur ce plateau. Ces installations durèrent jusque vers 1688.

Mais ni l'étang de Clagny, ni la Bièvre ne pouvaient suffire pour procurer à Louis XIV, coûte que coûte, « le contentement des fontaines ». Colbert prêtait l'oreille aux propositions faites par des ingénieurs en renom. Le projet de Riquet, d'adduction de la Loire à Versailles, dut être abandonné[2], après l'avis autorisé que le niveau de la Loire était plus bas que celui du parc de Versailles, donné par un homme très connu de son temps, mais qui semble avoir été oublié depuis. Dans son remarquable ouvrage, M. Barbet lui rend la justice qui lui est due. L'abbé Picard[3] proposa des moyens moins grandioses, mais plus pratiques. Créateur du

---

[1] L.-A. Barbet, *Les Grandes Eaux de Versailles.*

[2] *Ibid.* — Il en fut de même d'un projet de Francine pour détourner la Juine (forêt d'Orléans).

[3] Né à La Flèche en 1620, mort en 1682. Il fut le plus grand astronome de son temps. (Voir Barbet.)

niveau à lunettes, il fut le véritable auteur des étangs arti-
ficiels qui devaient alimenter d'une manière régulière les
eaux des jardins du Château.

En effectuant des nivellements, il remarqua que les mares
des plateaux de Trappes et de Bois-d'Arcy, au-dessus de
Saint-Cyr, étaient plus hautes que la superficie des réservoirs
de Versailles. Il imagina alors le vaste plan des étangs arti-
ficiels[1] recevant les eaux pluviales, pour qu'elles soient conduites au parc royal. Leur nombre fut augmenté sous la
surintendance de Louvois, au moment où Louis XIV installait
à Versailles sa résidence définitive. Le ministre voulut alors,
avec la collaboration de Vauban (l'abbé Picard n'était plus
là), détourner le cours de l'Eure[2] dans les étangs nouvellement creusés. Malheureusement pour Versailles, l'entreprise devait avorter.

En 1681, commença, sous la direction des Liégeois Arnold
de Ville et René Sualem, l'immense installation hydraulique
connue dans le monde entier sous le nom de Machine de
Marly. Tout cet ensemble de travaux fut revu par Vauban,
sur l'ordre de Louvois, et amélioré par le grand ingénieur
français. Les eaux de Marly arrivèrent à Versailles, dans les
réservoirs de Montbauron, à la fin de 1685. Mais, presque
aussitôt, l'on réserva l'eau de Seine pour le château de Marly,
et les réservoirs de Montbauron furent utilisés pour recevoir
les eaux des étangs supérieurs qui commençaient à arriver
abondamment à Versailles.

Pour en revenir à l'année 1666, les rapports à Colbert de
son agent Petit nous donnent les plus intéressants renseignements sur les premiers essais de la distribution des eaux
et sur leurs effets, sur l'œuvre et sur les ouvriers. Un des
plus importants par la masse est celui du rondeau où sera
bientôt le *Dragon*, et qu'on appelle justement alors le *bassin
du Grand-Jet*. Au bassin de l'Ovale (Latone), six jets secondaires sont groupés autour du jet central, et on se dispose à
l'entourer de termes sculptés par Houzeau. Au bas du Parc,
le grand bassin des Cygnes présente une infinité de jets d'eau

---

[1] Les étangs de Trappes ou de Saint-Quentin, de Bois-d'Arcy, de Bois
Robert, de Saclay, de Saint-Hubert, du Perray, etc...

[2] Entre Chartres et Maintenon.

qui, dit Félibien, « réunis ensemble, font une gerbe d'une hauteur et d'une grosseur extraordinaires ». On crée le bassin et la fontaine des jardins en terrasse sur le devant du Château, probablement le rondeau qui fera place au bassin de Latone.

En même temps que s'élargit l'*Allée-Royale* (Tapis-Vert), Louis XIV consulte l'Académie des Sciences pour savoir si un canal ne pouvait pas être creusé dans cette partie du Parc, et, sur sa réponse affirmative, les travaux commencèrent en 1668; mais le Canal complet, tel que nous le voyons aujourd'hui, ne sera exécuté qu'à partir de 1671.

Après les fêtes de 1668, quand l'ancien Château de Versailles va se transformer, le Parc n'est modifié ni dans ses dimensions, ni dans son plan, mais les bassins que nous connaissons vont recevoir les groupes magnifiques lançant dans toutes les directions des masses d'eau considérables, dont les bouillons [1], toujours renouvelés, donnent la vie aux perspectives créées par Le Nôtre.

Déjà, en 1668, les artistes [2] avaient les commandes des principaux groupes dessinés par Le Brun. Leurs sujets sont principalement tirés du mythe d'Apollon.

Le souvenir de la Fronde reste gravé au cœur du Roi. Apollon terrassant le serpent Python est pour lui le symbole figurant l'émeute vaincue.

Le bassin du Dragon, où le serpent est représenté percé de flèches, est l'un des premiers créés.

Et ce sera toujours le même thème, le plus favorable pour la flatterie. Le Roi est comparé à Apollon, le Dieu-Soleil. Au moment de la construction de la grotte de Thétis, Charles Perrault songe que Louis XIV ayant pris le soleil pour devise, « et la plupart des ornements de Versailles étant pris de la fable du Soleil et d'Apollon », il est séant de représenter

---

[1] Si, dès 1668, les principaux bassins sont en place, leurs effets d'eau ne se composent que de très modestes bouillons. Ce furent les humbles débuts des grandes eaux de Versailles que l'inauguration qu'en fit Louis XIV en avril 1666.

[2] Gaspard et Balthazar Marsy entre autres : ils furent chargés des figures de plomb et des ornements de sculpture pour les fontaines du Dragon, des Tritons, etc...

« Apollon qui va se coucher chez Téthys, après avoir fait le tour de la Terre, pour représenter que le Roi vient se reposer à Versailles, après avoir travaillé à faire du bien à tout le monde ». Ce symbolisme sera complété par la création du Char d'Apollon et du groupe de Latone. D'ailleurs, l'Olympe a envahi les jardins. Dieux et déesses, nymphes et satyres y mêlent partout la mythologie aux arbres et aux fontaines.

Pierre Francine fut l'ordonnateur de cette merveilleuse grotte de Thétis, à l'imitation des constructions en rocaille, dont la mode venait encore d'Italie.

Les rocailles furent l'œuvre de Delaunay, et Denis Jolly y ramena les eaux de manière à produire « les effets les plus variés et les plus inattendus ». Van Opstal fit la sculpture du devant de la grotte, ainsi que la figure du fleuve du fond[1]. Girardon, Regnaudin, Gilles Guérin et les Marsy préparèrent, pour en orner l'intérieur, différents groupes de marbre qui, dans la pensée de Charles Perrault, comme nous l'avons dit, devaient exalter Louis XIV sous les traits d'Apollon.

C'est le sujet que nous trouvons aujourd'hui dans le bosquet des *Bains d'Apollon* : « Apollon dans la grande niche du milieu, où les nymphes de Thétis le lavent et le baignent », tandis que dans les deux niches des côtés sont représentés « les quatre chevaux du Soleil, deux dans chaque niche, où ils sont pansés par des tritons ». Cette conception des frères Perrault fut agréée par le Roi, et Le Brun, après en avoir fait le dessin en grand, le donna à exécuter aux sculpteurs renommés. Toutefois, cette œuvre fut de quelques années postérieure à 1667, où la partie purement ornementale de la grotte existait seulement. Celle-ci devint à partir de cette époque la grande attraction, bientôt célèbre, du palais de Versailles, et les fêtes y furent nombreuses pendant la courte durée de son existence.

Cette « merveille » a été très exactement décrite par Mlle de Scudéry, dans sa *Promenade à Versailles*.

Tout d'abord, étant dans les jardins, elle ne tarit pas d'admiration à la vue « de ces grands parterres, de tous ces

---

[1] Voir les gravures de Lepautre.

jets d'eau qu'on voit de tous les côtés, de cette gerbe prodigieuse qui est au canal des Cygnes, et qui, par cent aigrettes ramassées, fait un objet qu'on ne peut trouver en nul autre lieu..... des vases de fleurs dont les balustrades des fossés et des terrasses sont bordées. Une partie de ces vases sont en porcelaine, et les autres de bronze d'un travail admirable, principalement ceux qui sont sur la balustrade du premier parterre, où l'on voit de petits enfants appuyés sur les anses des vases qui, avec une attention enfantine, semblent admirer les fleurs dont ils sont remplis ».

Après être passée par le *bassin de la Sirène*, qui a plusieurs figures dorées qui jettent de l'eau en abondance, et décrit la belle perspective que, de droite et de gauche, elle a sous les yeux, elle entre dans la Grotte, dont elle détaille tous les enchantements, s'informe comment elle est alimentée d'une si considérable quantité d'eau, voit ces réservoirs à balustrades qui contiennent des fleuves entiers, la Pompe, l'étang de Clagny, « ce paisible étang » d'où viennent ces torrents que l'art a entrepris d'élever pour le divertissement du Grand Roi. Elle parcourt ensuite, en passant de l'autre côté, le jardin de fleurs, à balustrade dorée, bordé de cyprès et d'arbustes différents, et rempli de mille espèces de fleurs... Ce jardin, aussi bien que tous les autres, a ses terrasses bordées de vases de cuivre peints en porcelaine. Au-dessous de cette terrasse à balustrade, est le jardin des orangers et des myrtes. « Nous fûmes, au sortir du jardin des Orangers, voir en passant le *Labyrinthe*[1], et, entre des bois verts entrecoupés d'allées et de fontaines, gagner le haut de ce superbe jardin qu'on appelle le *Fer-à-Cheval*[2] à cause de sa figure... La terrasse qui règne au-dessus est un endroit admirable pour la vue, rien de trop loin, rien de trop près ; elle est bordée d'arbustes sauvages, toujours verts. Et ce grand jardin en amphithéâtre, avec trois perrons magnifiques et trois rondeaux situés en triangle, a quelque chose de surprenant qu'on ne peut décrire. Tout y rit, tout y plaît, tout y porte à la joie et marque la grandeur du Maître... Et cette belle allée qui part de l'allée découverte, et qui va se rendre au canal des

[1] Il était sur l'emplacement du bosquet de la Reine.
[2] Parterre de Latone.

PLAN

DES JARDINS ET DU PETIT-PARC DE VERSAILLES

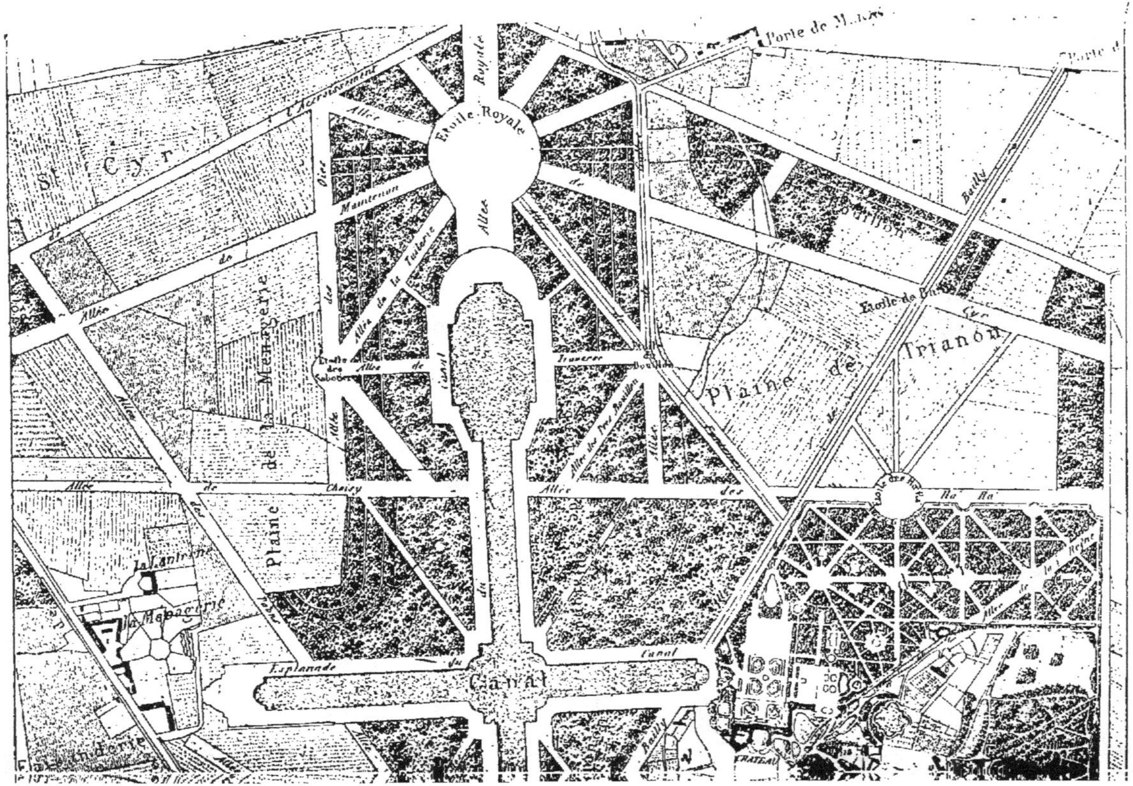

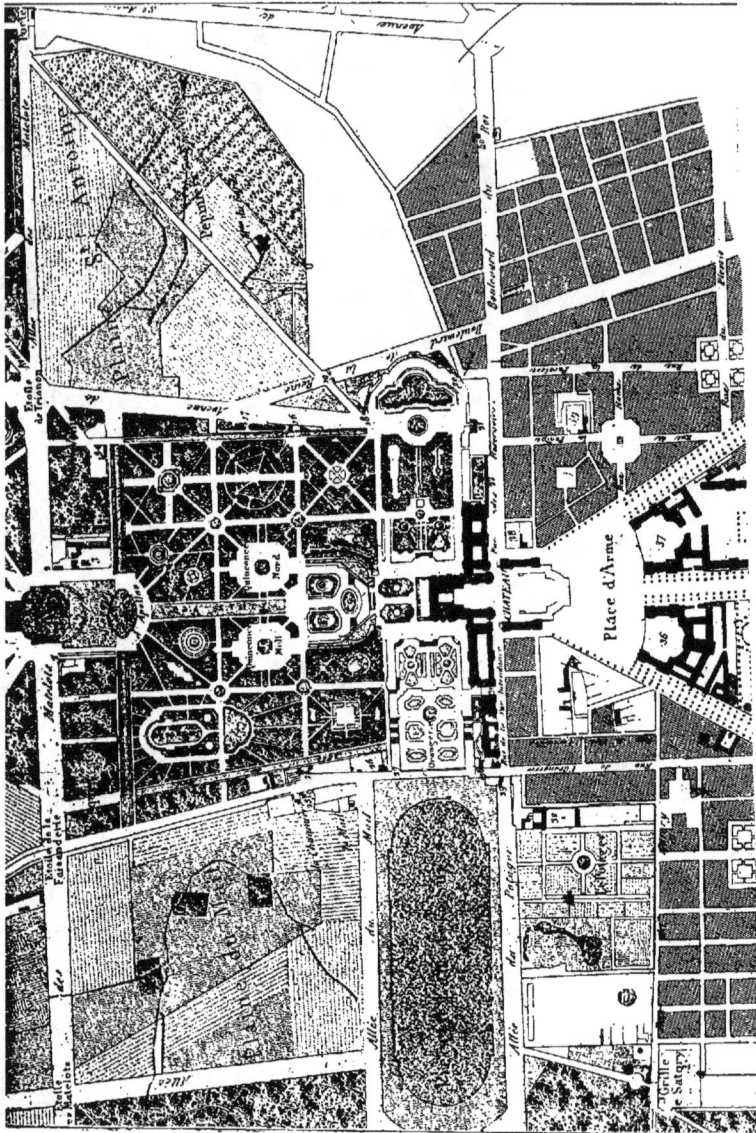

Plan des Jardins et du Petit-Parc de Versailles.

Cygnes[1], où cette merveilleuse gerbe d'eau fait un objet qui
plaît infiniment... Ce magnifique jardin, aussi bien que les
autres, a ses vases de fleurs sur ses terrasses, et la vue des
bosquets qui sont à droite et à gauche, au delà, inspire
l'amour et le plaisir à ceux qui en ont le cœur capable... »
Ce que la « visiteuse » trouve de plus singulier dans ces jardins, « c'est qu'ils sont propres à toutes sortes de divertissements... Il est vrai qu'il y a des endroits pour des car-
rousels, et le Roi y en fit un où toute sa Cour parut avec
éclat, et où il effaça tous ceux qui pouvaient effacer tout le
reste du monde. Mais il y a d'autres endroits, dans ces
mêmes jardins, aussi propres pour le moins à la solitude et
à la rêverie d'un amant mélancolique... ».

Ce fut, après, le tour de la *Ménagerie* qui venait d'être
inaugurée et qui n'avait pas encore l'importance qu'elle aura
plus tard. Néanmoins, la curiosité était déjà vivement sollicitée, d'abord par la disposition du lieu (pavillon d'une symétrie particulière, ayant un escalier au milieu et un grand
cabinet à huit faces, « avec un corridor à l'entour d'où l'on
voit sept cours différentes remplies de toutes sortes d'oiseaux
et d'animaux rares »), ensuite par la variété des volatiles et
des quadrupèdes, « poules d'Egypte, que ceux qui les montrent appellent des demoiselles, à cause de leur bonne grâce
et de leur beauté... pélicans, oies d'Inde, canes maritimes,
éléphants, gazelles, marmottes et civettes, et un certain
animal appelé chapas, plus beau et mieux marqueté qu'un
tigre, doux et flatteur comme un chien ».

Enfin, quand elle arrive avec sa « belle Etrangère » devant
la Grotte, l'admiration redouble. « Comme elle a trois grandes
arcades, qu'elle est ornée de basses-tailles, la belle Etrangère
l'eût prise pour un magnifique arc de triomphe, si elle n'eût
pas remarqué que les arcades étaient fermées par des portes
à jour toutes dorées, d'un travail admirable, avec un soleil à
celle du milieu. La seule chose qui lui fît connaître d'aussi
loin que c'était une grotte, fut un long rang de coquilles dorées, qui règne au haut des arcades. Mais lorsque les portes
s'ouvrirent et que toutes ces personnes aperçurent la merveilleuse beauté de cette grotte, elles dirent cent choses ingé-

---

[1] Bassin d'Apollon.

nieuses pour marquer leur admiration..... Cette grotte est
très magnifique, grande, spacieuse[1], ayant trois enfoncements dont les diverses beautés ont pourtant du rapport
entre elles. Le soleil est encore représenté en haut de la
grotte, comme un astre dominant en tous lieux. Tous les ornements que l'architecture peut recevoir y paraissent formés
par des coquillages, du moins ceux qui peuvent convenir aux
eaux, comme des poissons ou des oiseaux aquatiques, vrais
ou fabuleux. On voit aussi, en divers endroits, des masques
et des trophées d'armes, industrieusement formés de coquillages et de nacres de diverses couleurs, dont la nuance et la
variété, jointes à une juste symétrie, font mille objets très
nouveaux et très surprenants et des arabesques qui plaisent
infiniment. On voit à toutes les encoignures de grandes coquilles de marbre jaspé, d'où l'eau s'épanche avec une abondance extrême. Neptune est représenté dans l'enfoncement
du haut de la grotte, tenant une urne renversée, d'où il sort
une si grande quantité d'eau, qu'il s'en forme une grande
nappe de cristal mobile qui occupe toute la largeur de la
grotte, et, par sa beauté comme par son murmure, remplit
l'esprit d'étonnement et d'admiration. On voit encore des
Tritons et des Néréides en divers endroits, formés de nacres
et d'autres coquillages qui jettent de l'eau abondamment et
qui portent pour tribut à Neptune des oiseaux ou des poissons de leur empire.

« A l'entrée de la grotte, paraît une table de marbre rouge ;
il est vrai qu'elle devient bientôt une table d'eau par un jet
d'une grosseur prodigieuse qui part avec tant d'impétuosité
qu'on dirait qu'il va percer le haut de la grotte et monter
jusques au ciel..... » Et plus loin : « On voit quatre chandeliers
aquatiques, s'il est permis de les nommer ainsi, qui sont
d'une invention admirable ; ils ont, au lieu de lumière, chacun six branches dorées en figure d'algue marine, qui jettent
de l'eau en abondance et dont les jets, se croisant, font un
objet merveilleux et nouveau. Au-dessus des deux coquilles
de marbre jaspé, qu'on voit en entrant, paraît le chiffre du
Roi sur un fond de coquillage gris de lin, formé de petites
coquilles de nacre qui semblent des perles ; la couronne fer-

[1] Elle avait, à l'intérieur, 18 mètres de long sur 13 1/2 de large.

mée, qui est au-dessus du chiffre, est ornée de fleurs de lis
de nacre, entremêlées d'ambre, qui semble de l'or. Plusieurs
miroirs, enchâssés dans des coquillages, multiplient encore
tous ces beaux objets, et mille oiseaux de relief, parfaitement
imités, trompent les yeux pendant que les oreilles sont agréablement trompées; car, par une invention toute nouvelle, il
y a des orgues[1] cachés et placés de telle sorte qu'un écho de
la grotte leur répond d'un côté à l'autre, mais si naturellement et si nettement que, tant que cette harmonie dure, on
croit effectivement être au milieu d'un bocage où mille
oiseaux se répondent, et cette musique champêtre, mêlée au
murmure des eaux, fait un effet qu'on ne peut exprimer..... »

La même année 1668, en automne, des personnages de
marque dans « la république des Lettres » visitèrent les
beautés nouvelles de Versailles. La Fontaine vint lire à ses
amis, Racine, Molière et Boileau, son roman de *Psyché*,
dans la grotte de Thétis. Après avoir décrit en prose les trois
portes grillées du Bruxellois Van Opstal, « Polyphile » (La Fontaine) décrit aussi longuement la grotte :

> ..... Le dedans de la grotte est tel que les regards,
> Incertains de leur choix, courent de toutes parts...
> La voûte et le palais sont d'un rare assemblage ;
> Les cailloux que la mer pousse sur son rivage,
> Ou qu'enferme en son sein le terrestre élément,
> Différents en couleur, font maint compartiment.
> Par-dessus six piliers d'une égale structure,
> Six masques de rocaille, à grotesque figure,
> Songes de l'art, démons bizarrement forgés,
> Au-dessus d'une niche en face sont rangés.
> De mille raretés la niche est toute pleine :
> D'un côté un Triton, de l'autre une Sirène,
> Ont chacun une conque en leurs mains de rocher ;
> Leur souffle pousse un jet qui va loin s'épancher.
> Au haut de chaque niche un bassin répand l'onde ;
> Le masque la vomit de sa gorge profonde ;
> Elle retombe en nappe, et compose un tissu
> Qu'un autre bassin rend sitôt qu'il l'a reçu.
> Le bruit, l'éclat de l'eau, sa blancheur transparente,
> D'un voile de cristal alors peu différente,

---

[1] En réalité, il y avait un orgue hydraulique dont l'harmonie imitait
le ramage et le gazouillement des oiseaux.

Font goûter un plaisir de cent plaisirs mêlé.
Quand l'eau cesse, et qu'on voit son cristal écoulé,
La nacre et le corail en réparent l'absence :
Morceaux pétrifiés, coquillage, croissance,
Caprices infinis du hasard et des eaux,
Reparaissent aux yeux, plus brillants et plus beaux.
Dans le fond de la grotte, une arcade est remplie
De marbres à qui l'art a su donner la vie.
Le dieu de ces rochers, sur une urne penché,
Garde un morne repos, en son antre couché.
L'urne verse un torrent; tout l'antre s'en abreuve;
L'eau retombe en glacis et fait un large fleuve.

Ces marbres, ces groupes, dont ne parle pas Mlle de Scudéry dans son exacte description, et qui sont l'Apollon et les Nymphes de Girardon, de Regnaudin et de Tubi, les chevaux du Soleil de Gilles Guérin et des Marsy, La Fontaine les connaissait, et il les a décrits comme s'il les avait vus en place; on sait qu'ils ne furent posés que plus tard.

Quand le Soleil est las et qu'il a fait sa tâche,
Il descend chez Téthys, et prend quelque relâche.
. . . .
Ce dieu, se reposant sous ces voûtes humides,
Est assis au milieu d'un chœur de Néréides.
Doris verse de l'eau sur la main qu'il lui tend;
Chloé dans un bassin reçoit l'eau qu'il répand;
A lui laver les pieds, Mélicerte s'applique;
Delphine entre ses bras tient un vase à l'antique;
Chimène auprès du dieu pousse en vain des soupirs.
. . . .
Les coursiers de Phébus, aux flambantes narines,
Respirent l'ambroisie en des grottes voisines.
Les Tritons en ont soin : l'ouvrage est si parfait
Qu'ils semblent panteler du chemin qu'ils ont fait.

Racine (Acanthe) avait entraîné ses compagnons dans les jardins. Ils admirent la Ménagerie, l'Orangerie, cette longue suite de beautés toutes différentes qu'on découvre du haut du Fer-à-Cheval, et La Fontaine note en vers leurs impressions :

Là, dans des chars dorés, le Prince avec sa Cour
Va goûter la fraîcheur sur le déclin du jour.....

Il peint le Fer-à-Cheval et le bassin de Latone, les nobles sphinx de Lerambert :

En face d'un parterre au palais opposé
Est un amphithéâtre en rampes divisé.
La descente en est douce et presque imperceptible ;
Elles vont vers leur fin d'une pente insensible.
D'arbrisseaux toujours verts les bords en sont ornés :
Le myrte, par qui sont les amants couronnés,
Y range son feuillage en globe, en pyramide,
Tel jadis le taillaient les ministres d'Armide.
Au haut de chaque rampe, un sphinx aux larges flancs
Se laisse entortiller de fleurs par les enfants.

. . . .

Au bas de ce degré, Latone et ses gémeaux
De gens durs et grossiers fait de vils animaux.

. . . .

A l'entour de ce lieu, pour comble de beautés,
Une troupe immobile et sans pieds se repose,
Nymphes, héros et dieux de la métamorphose,
Termes[1], de qui le sort semblerait ennuyeux
S'ils n'étaient enchantés par l'aspect de ces lieux.
Deux parterres ensuite entretiennent la vue.
Tous deux ont leurs fleurons d'herbe tendre et menue;
Tous deux ont un bassin qui lance ses trésors.....

Ensuite, il décrit l'Allée-Royale, « aussi large que belle »,
le Rondeau, où sera bientôt le Char d'Apollon :

Phébus, sortant de l'onde,
A quitté de Téthys la demeure profonde.

Toute cette belle nature arrangée plaît infiniment au poète,
et il la décrit avec ses parterres, ses ifs taillés, ses eaux et
son canal :

Jamais on n'a trouvé ces rives sans zéphyrs :
Flore s'y rafraîchit au vent de leurs soupirs.
Les nymphes d'alentour souvent dans les nuits sombres
S'y vont baigner en troupe à la faveur des ombres.
Les lieux que j'ai dépeints, le canal, le rond d'eau,
Parterre d'un dessin agréable et nouveau,
Amphithéâtres, jets, tous au palais répondent,
Sans que de tant d'objets les beautés se confondent.
Heureux ceux de qui l'art a ces traits inventés !

[1] Les termes de Thibaut Poissant.

Et voici enfin des vers tout à fait de la bonne veine :

On ne connaissait point autrefois ces beautés.
Tous parcs étaient vergers du temps de nos ancêtres ;
Tous vergers sont faits parcs ; le savoir de ces maîtres
Change en jardins royaux ceux des simples bourgeois,
Comme en jardins des dieux il change ceux des rois[1].

Dans la même année 1668-1669, Claude Perrault fit l'Allée-d'Eau, avec la Cascade et la Pyramide[2], décorées de plombs dorés. L'allée fut bordée d'ifs plantés dans des vases de cuivre et de fontaines ornées de groupes d'enfants en bronze, fondus par Duval, le fondeur le plus célèbre avant les Keller. Si l'on veut juger de l'effet de cette allée splendide, comprise entre les bassins de la Sirène et du Dragon, de ses fontaines et de ses eaux, il faut voir la gravure de Silvestre ; il est impossible, croyons-nous, de pousser plus loin l'élégance d'une décoration, qu'on essayerait vainement de décrire. On élargit la Grande-Allée ou Allée-Royale, et on la borda d'ifs, de vases et de statues de marbre (1674-87). Le Nôtre y planta de grands arbres venus de Compiègne, ce qui ne s'était encore jamais vu ; aussi, en parlant de ce fait et des nombreux orangers plantés en terre, le *Mercure* était-il autorisé à dire que Le Nôtre faisait « des miracles de ces superbes jardins[3] ».

A la même époque, Gaspard et Balthazar Marsy commencèrent les figures du bassin de Latone, et Tubi, le groupe du Char d'Apollon ou du Soleil (1668-70), la divinité symbolique qui allait occuper la première place dans ce nouvel Olympe[4].

LES TRAVAUX DES JARDINS A PARTIR DE 1670

Successivement, à partir de 1670, sous l'impulsion de Le Nôtre, bosquets et bassins s'élèvent et semblent émerger du

[1] On eut pu inscrire ces vers-là, a dit justement un écrivain contemporain (André Hallays, *Débats*), sous un portrait de Le Nôtre.
[2] Les sculptures de Girardon furent exécutées d'après ses dessins, ainsi que les bas-reliefs de la Cascade ou Bains de Diane.
[3] Dussieux, *Le Château de Versailles*, t. II.
[4] Voir *Versailles immortalisé*, de Monicart.

sol. En même temps, Pierre Francine et son adjoint Denis plaçaient les conduites d'eau pour le service des bassins[1]. De 1671 à 1674, le Grand Parterre, appelé désormais parterre d'Eau, se transforme une seconde fois; le sculpteur Sibrayque pose les bordures de marbre. C'est un bassin central de forme ronde, cantonné de quatre autres bassins à bords irréguliers, qui communiquent avec lui; des deux côtés, sont deux pièces d'eau plus petites.

Sur cette vaste surface devait s'étendre une série de statues de marbre d'un symbolisme classique, que Le Brun avait dessinées (4 groupes et 24 statues)[2].

De 1680 à 1682, le Parterre subit d'autres changements : les bassins sont enclavés dans un décor rectangulaire de gazon et de fleurs; mais c'est en 1683 que, sur l'ordre de Louvois, Mansart et Le Nôtre entreprirent la dernière transformation, et, en 1685, le Parterre se présente « avec ses deux bassins, dans la nouveauté de leurs margelles de marbre »; de chacun jaillissent sept jets d'eau. Puis vinrent les magnifiques bronzes, figures couchées de fleuves, de rivières et de groupes d'enfants, tels que nous les admirons aujourd'hui, œuvres de cette pléiade de remarquables sculpteurs dont Coysevox fut pour ainsi dire le chef de chœur. « Les Keller », les grands fondeurs, entrent en scène dès 1683, sitôt que sont arrêtés les premiers modèles.

En 1670, on commença le bosquet du Marais sur l'emplacement de celui où sont aujourd'hui les Bains d'Apollon. Il fut dessiné par Mme de Montespan « pour amuser le Roi agréablement ». C'était un grand carré d'eau où un arbre de bronze jetait de l'eau par toutes ses feuilles de fer-blanc.

---

[1] A ces œuvres collaborèrent un grand nombre de maîtres ouvriers, le Flamand Jean Bette, pour la pose des glaises ; Duez, pour l'application des ciments; les marbriers, avec toutes les variétés venues des Pyrénées, du Languedoc et aussi d'Italie et de Grèce ; puis la pléiade des sculpteurs, fondeurs, doreurs; le rocailleur Berthier, le serrurier Delobel, qui exécutait les ouvrages de serrurerie décorative en fer ciselé et doré; les ferblantiers Gascoin et Guillois, pour les roseaux et bouquets en feuilles de cuivre et autres ouvrages de laiton et de fer-blanc pour l'ornement des fontaines.

[2] A. Pérate, Le Parterre d'Eau du Parc de Versailles (Revue de l'Histoire de Versailles, 1899). — Voir le tableau n° 727 du Musée (salle 34) qui représente à peu près cet état du parterre d'Eau.

D'autres jets très nombreux jaillissaient des roseaux qui bordaient les côtés[1].

En 1671, surgirent les *bosquets de l'Amphithéâtre* ou *Théâtre-d'Eau* (le *Rond-Vert*) et *de la Salle-des-Festins* (aujourd'hui l'*Obélisque* ou les *Cent-Tuyaux*). Le Théâtre-d'Eau occupait le compartiment qui fait suite au bosquet des Trois-Fontaines. Il fut le témoin de fêtes admirables, entre autres de la fête de 1674 décrite par Félibien, avec ses allées bordées de jets d'eau et ses nombreuses statues[2]. Le milieu de la Salle-des-Festins était « comme une isle entourée d'un fossé d'eau et de huit bassins d'où partaient de nombreux jets et qui étaient ornés de groupes d'enfants[3] ».

La *Montagne-d'Eau* fut établie dans le bosquet de l'Etoile, pour disparaître en 1704. Celui-ci faisait suite au quinconce du Nord, qui venait lui-même après le bosquet des Bains d'Apollon[4].

En 1672, furent édifiés les *bassins de Cérès* et *de Flore*, la première exécutée par Regnaudin, la seconde par Tubi ; le Miroir date aussi de cette époque. Puis, successivement, vinrent le *bassin de Bacchus* (1673), des frères Marsy ; l'*Ile-Royale* (*Jardin du Roi*), de 1674 à 1683 ; le *bassin de Saturne*, de Girardon, commencé en 1675. Le Brun avait fait les dessins de tous ces bassins. En 1675, ce fut le tour de l'Encelade, « le géant accablé sous les rochers qu'il a entassés les uns sur les autres pour escalader le ciel ». Il fut exécuté par les frères Marsy. En 1677, on commença le bosquet de l'*Arc-de-Triomphe* et le bosquet des *Trois-Fontaines*. Celui-ci, par exception, ne renferma pas de sculptures. Il remplaça le *Berceau-d'Eau*, sous lequel on pouvait, dit Félibien, « se promener sans être mouillé », malgré le grand nombre de ses jets d'eau. Il était aussi de goût italien et ne tarda pas à disparaître.

En 1678, l'artisan de toutes ces belles œuvres, Le Nôtre,

[1] Le *Marais* fut terminé en 1673. Il fut souvent choisi dans les fêtes comme rendez-vous pour le goûter et détruit en 1704.

[2] Il disparut vers 1750.

[3] Il fut remanié par Mansart en 1706, et la fontaine de l'*Obélisque* fut placée au centre.

[4] Ce quinconce, avec la fontaine du Dauphin, n'existe plus.

alla faire un voyage en Italie, et Mansart fut chargé de compléter ses travaux. Cette même année, il commença, d'après
les plans un peu modifiés de son prédécesseur, le bassin de
Neptune, qui fut achevé en 1684; toutefois, la décoration sculpturale date de Louis XV[1]. De l'autre côté du Château, pour
lui faire pendant, il creusait la vaste *pièce d'eau des Suisses*[2]
(1678-1682). En même temps, il inaugurait les travaux de la
Nouvelle Orangerie, « galerie profonde comme une nef de
cathédrale, ou comme les voûtes antiques du Palatin, dont
il avait pu à Rome étudier et dessiner les ruines[3] ». Non
loin de là, s'édifiait la *Salle-de-Bal*, dessinée par Le Nôtre,
et dont les rocailles étaient l'œuvre de Berthier. Enfin, en
1688, Mansart terminait la fameuse Colonnade.

Saint-Simon rapporte à ce propos une boutade de Le Nôtre.
Louis XIV lui montrait la nouvelle construction et lui demandait son avis : « Eh bien, Sire, que voulez-vous que je vous
dise? D'un maçon vous avez fait un jardinier, il vous a donné
un plat de son métier. » Le Roi se tut et chacun sourit. « Et
il était vrai que ce morceau d'architecture, qui n'était rien
moins qu'une fontaine et qui la voulait être, était fort déplacé
dans un jardin. »

A cette époque, Louvois, qui avait pris la haute main sur
les bâtiments à la mort de Colbert, avait remplacé Le Nôtre
par Mansart, et il est douteux que l'art qui convenait y ait
gagné. La *Colonnade* est plutôt une œuvre d'architecture
qu'un ornement pour jardin, de même que les *Dômes* et la
plupart des créations de Mansart dans les jardins.

En dehors des jardins, Mansart couronnait son œuvre en
terminant la *Ménagerie* et en bâtissant *Trianon*; c'était leur
véritable prolongement jusqu'à l'horizon illimité.

Les travaux de la pièce d'eau des Suisses, avec ses glacis
de gazon et ses allées d'arbres, furent définitivement terminés

---

[1] Le bassin de Neptune, qui était resté mal entretenu, fut refait entièrement de 1733 à 1736, sous la direction de l'architecte Gabriel, élève
de Mansart. (Barbet, *Les Grandes Eaux de Versailles.*)

[2] La pièce d'eau des Suisses mesure 618 mètres de longueur sur
213 mètres de largeur; elle a un périmètre de 1,620 mètres et une
surface de 12 hectares 67 ares.

[3] A. Pératé, *Versailles.* — Elle fut achevée en 1687.

en 1687. Un grand étang couvrait le centre de l'emplacement de la Pièce d'eau et le Potager actuel ; on combla la partie de l'étang où devait être le Potager avec les terres enlevées à la Pièce d'eau ; les grands travaux furent exécutés à prix d'argent par le régiment des gardes suisses.

En 1688, on plaça au bout de la Pièce d'eau la statue de *Curtius se jetant dans les flammes*, œuvre du Bernin, retouchée par Girardon. Cette statue équestre, dernière œuvre du fameux sculpteur romain, représentait d'abord Louis XIV gravissant la montagne de la Gloire; Dangeau nous apprend que lorsque le Roi la vit, dans l'Orangerie, en 1685, il la trouva si mal faite qu'il voulut la faire briser; mais il revint sur cette résolution, et Girardon fut chargé de modifier l'œuvre. Il changea les traits du visage et sculpta des flammes dans la masse du rocher, de façon que Louis XIV devint un Curtius se précipitant dans un gouffre pour apaiser les dieux irrités. La statue ainsi transformée avait été placée d'abord au pourtour du bassin de Neptune[1].

La date de 1688 marque à peu près l'époque de l'achèvement du Jardin. L'œuvre était terminée après vingt-six ans d'efforts et de dépenses ; elle fit l'émerveillement des étrangers, avec ses fontaines, ses 1,400 jets d'eau, ses marbres, ses bronzes, ses plombs dorés, ses vases, ses gondoles dorées dans tout l'éclat de leur nouveauté, ses allées sablées ou vertes, bordées de charmilles et de palissades de 15 à 20 mètres de hauteur, où l'on pratiquait des niches d'eau dans lesquelles on plaçait des vases, des statues et des bancs : elles étaient quelquefois percées en arcades et en portiques. De tous les côtés, il y avait des décorations de verdure; partout les arbres étaient taillés en formes diverses, en pyramides allongées, en caisses avec l'arbre en boule. Les bosquets étaient de petits bois percés d'allées disposées suivant diverses combinaisons, en étoile par exemple, avec une salle au milieu, bordée de charmilles, tapissée de gazon, décorée d'une fontaine, de jets d'eau, de statues et de mille ornements de marbre, de bronze, de cuivre, de fer doré, etc.

Les gravures du temps illustrant les descriptions du *Mer-*

---

[1] Elle céda la place à la *Renommée* de l'Italien Guidi qui arrivait de Rome.

cure galant, de Félibien et de Piganiol de la Force permettent d'apprécier ce que fut « cette incomparable merveille ». Mais, dans leur ensemble, les jardins (le Parc, comme nous disons aujourd'hui) sont demeurés ce qu'ils étaient. Notons en passant que les plantations ne furent pas seulement faites de jeunes arbres. Louis XIV voulut, en certains points, des résultats immédiats; plus d'une fois, une masse considérable de gros arbres furent transplantés, ormes, tilleuls, ifs, épicéas venus de Compiègne, de Flandre, du Dauphiné, de Normandie; en 1688, 25,000 arbres furent amenés de l'Artois, en voiture, malgré les difficultés du transport; la même année, on planta des marronniers d'Inde.

Nous avons vu que toute une armée de sculpteurs, français pour la plupart, avaient été employés, sous la direction de Le Brun (et de Mignard vers la fin), à la décoration du Jardin, qui devint un nouvel Olympe; partout leurs œuvres représentaient des personnages mythologiques. Dangeau nous donne, dans ses *Mémoires*, d'intéressants détails sur la vie de Louis XIV dans ses jardins. Il se plaisait à s'y promener et à les montrer aux étrangers. A ses promenades, il faisait toujours couvrir les courtisans. Le 26 novembre 1700, parcourant les jardins de Marly avec le marquis de Bedmar, ambassadeur du roi d'Espagne, il « commanda à ceux qui l'accompagnaient de mettre leurs chapeaux, honnêteté qu'il a toujours accoutumé d'avoir ». Les Espagnols en furent un peu étonnés, et le Roi leur dit : « Messieurs, jamais on ne se couvre devant moi, mais aux promenades je veux que ceux qui me suivent ne s'enrhument point et n'aient aucune incommodité; aussi je leur fais mettre le chapeau. »

Louis XIV se promenait à pied, visitant ses fontaines, ordonnant des changements. Dans la belle saison, il y avait promenade pendant la soirée, quelquefois jusqu'à minuit, en compagnie de Monseigneur et de la princesse de Conti. Plus tard, le Roi eut un chariot, comme on le voit sur les tableaux de Cotelle et de Martin. En 1699, le grand-duc de Toscane fit présent au Grand Dauphin d'un attelage de petits chevaux noirs pour mener les petites calèches dont on se servait quelquefois dans les jardins.

Dangeau nous instruit encore sur la manière dont le public

fréquentait les jardins. L'entrée fut libre tout d'abord, « mais le Roi, ne pouvant plus se promener dans ses jardins sans être accablé par la multitude du peuple qui venait de tous les côtés et surtout de Paris, ordonna aux gardes de n'y plus laisser entrer que les gens de la Cour et ceux qu'ils mèneraient avec eux. La canaille qui s'y promenait avait gâté beaucoup de statues et de vases ».

Les promenades avaient quelquefois lieu en roulettes, fauteuils suspendus et conduits par des Suisses ; c'est pourquoi il y avait, sur plusieurs degrés des jardins, des plans inclinés en marbre, comme les marches elles-mêmes.

Sous Louis XV, les jardins avec leurs fontaines furent pendant une assez longue suite d'années entretenus avec soin. On acheva la décoration du bassin de Neptune et de nombreuses fêtes y furent données : en 1739 (mariage de Madame Elisabeth avec l'infant d'Espagne Don Philippe) ; en 1751, à l'occasion de la naissance du duc de Bourgogne ; de 1770 à 1773, pour le mariage des trois petits-fils du Roi, le Dauphin, le comte de Provence et le comte d'Artois. Toutefois, soit par le peu de goût de Louis XV pour Versailles et ses jardins, soit à cause de la mode qui, sous l'influence de J.-J. Rousseau, allait aux jardins anglais, l'œuvre de Le Nôtre tomba en défaveur, et « les eaux des fontaines étaient sales et puantes, les bassins étaient à demi secs[1] ».

Les épigrammes abondaient contre les jardins réguliers, et l'on ne voulait plus voir que le Petit-Trianon. Puis les actes vinrent. En 1775, le comte d'Angiviller, directeur et ordonnateur général des Bâtiments, fit abattre, pour les vendre, tous les bois de futaie, de ligne et de décoration, et des taillis en massif des jardins de Versailles et de Trianon. De cette dévastation, nous avons deux témoins précieux : ce sont deux tableaux d'Hubert Robert, représentant le Parc ainsi rasé[2].

Il faut dire que la plupart des arbres étaient vieux et malades ; mais, comme Dussieux le fait justement remarquer en rapprochant cette destruction complète des critiques lancées contre les jardins et des projets de reconstruction du

[1] Marmontel, *Mémoires*.
[2] Ils sont dans la salle qui fait suite aux appartements du Dauphin.

Château, exécutés en partie sous Louis XV (de 1772 à 1774), on ne peut s'empêcher de soupçonner que l'abatage des arbres faisait partie d'un grand plan de remaniement général du Versailles de Louis XIV, pour le mettre à la mode du jour.

En 1776, on commença la replantation, dirigée par Lemoine, le jardinier du Parc, qui conserva la disposition générale de Le Nôtre, en modifiant cependant quatre bosquets : les Bains d'Apollon, qui furent transformés par Hubert Robert; le Labyrinthe, qui devint le bosquet de la Reine; les bosquets du Dauphin et de la Girandole, changés en quinconces et plantés de marronniers. Les deux premiers bosquets furent dessinés comme Trianon, dans le nouveau goût, ornés de beaux arbres étrangers et disposés avec beaucoup d'art.

Mais la faveur est tout entière au Trianon de Marie-Antoinette, où, loin de l'étiquette de la Cour, la jeune Reine, élève de Berquin et de Florian, s'amuse à jouer avec des houlettes, des agneaux enrubannés, des bergeries, des laiteries et des chaumières. Louis XVI y assistait quelquefois, mais il préférait le jardin agricole que, sous l'influence des économistes, il avait fait établir le long de l'appartement du Dauphin. Là, la bêche à la main, il donnait à son fils des leçons d'agriculture.

En 1793, les jardins furent un moment menacés de destruction, comme le Château. La Convention avait envoyé à Versailles un de ses membres, Delacroix, en qualité de commissaire du Gouvernement. Un jour, il dit en se promenant sur la terrasse : « Il faut que la charrue passe ici. » Aussitôt, un de ses compagnons proposa de donner à la Convention les bronzes des jardins pour en faire des canons. Mais l'opposition de Charbonnier et de Delaval, membres de l'une des sections de Versailles, secondés par Antoine Richard, directeur des jardins de Trianon, empêcha ce vandalisme. Richard usa d'un stratagème qui réussit. Il proposa, dans un mémoire à la Convention, tout en conservant le Parc comme il était, de le transformer en un jardin de rapport, et il « planta des pommes de terre et des arbres fruitiers dans les deux parterres de Latone, les plus exposés aux regards ».

La tempête passée, les jardins, ou, comme on commençait alors à les appeler, le Parc, étaient devenus une sorte de désert. Vers cette époque, A. Chénier, qui s'était retiré à Versailles, écrivit son hymne célèbre débutant par ces deux vers :

> O Versailles, ô bois, ô portiques,
> Marbres vivants, berceaux antiques...

Pour la première fois depuis 1788, les eaux de Versailles jouèrent en l'honneur du cardinal Consalvi, venu en France pour négocier le Concordat, et en présence d'une affluence immense. Alexandre Berthier, futur ministre de la Guerre, était parmi les spectateurs. Le 3 juin 1804, les eaux jouèrent devant les autorités du département, qui visitèrent les bosquets. Sous l'Empire, le Parc restauré était redevenu le théâtre des promenades de la Cour. Le 17 juillet 1811, l'Empereur, l'Impératrice et le Roi de Rome, porté sur les bras de sa nourrice, le visitaient en grand apparat. Napoléon décida alors qu'à partir du 5 mai les petites eaux joueraient le premier dimanche de chaque mois, de quatre à sept heures.

En 1850, Questel, architecte du Château, refit les deux grands réservoirs souterrains du parterre d'Eau, dont les voûtes s'effondraient, et en même temps il restaura les deux bassins de ce parterre et le bassin de Latone. Les réservoirs, dégradés et mal entretenus depuis longtemps, ne retenaient plus l'eau qui, en s'échappant, creusait le sol, le minait en tous sens, traversait les murs des terrasses et menaçait d'une destruction complète et prochaine toute la partie haute du Jardin, et avec elle tout le système hydraulique de Francine. On se rendra compte de l'intensité du mal en sachant que ces réservoirs contiennent 3,436 mètres cubes d'eau, et que, depuis vingt ans, ils se vidaient en six jours, tant leur maçonnerie était en mauvais état. C'était une rivière souterraine qui détruisait lentement, mais sûrement, le jardin de Versailles.

L'empereur Napoléon III donna à la reine d'Angleterre, le 25 août 1855, une grande fête de nuit au Château et dans le Jardin. Le feu d'artifice, qui représentait le château de Windsor, fut tiré au bout de la pièce d'eau des Suisses. Le 21 août 1864, une nouvelle fête de nuit fut donnée au roi d'Espagne. Le feu d'artifice fut tiré entre le bassin d'Apollon et la tête du Canal. Dans les intervalles, des feux de Bengale teignaient tour à tour en pourpre ou en vert clair les bosquets les plus

éloignés; la décoration était complétée par l'illumination
de la façade entière du Château. Alphand en fut l'ordonnateur.

En raison du mauvais état des arbres plantés en 1774,
Questel, résolu à refaire la plantation en entier, procéda
méthodiquement, bosquet par bosquet. Cette opération, commencée en 1860, fut terminée en 1881. Elle fut contrariée
par le rude hiver de 1879-1880, qui vit périr beaucoup de
beaux arbres.

DESCRIPTION DES JARDINS

O Versailles, cité des Eaux, jardin des Rois!
Henri de Régnier.

Les jardins de Versailles sont, sans contredit, la merveille
de Louis XIV. Plus encore que dans le Château, il y goûta
« les joies de sa vie. Il y fut le créateur. Il y créa à l'encontre
de Dieu[1] ».

Tout porte ici l'empreinte de sa volonté, à commencer par
ce miracle d'avoir transformé un lieu boisé, marécageux,
sans sources ni rivières, en royaume enchanté des eaux. Non
seulement l'ordonnance générale a été respectée, mais bassins et bosquets, marbres et bronzes, tout s'y trouve à la
place marquée par le Grand Roi et ses collaborateurs immédiats, Le Brun, Le Nôtre et Mansart.

Les guides qui conduisent les visiteurs dans les salles du
Château ne manquent jamais d'attirer leurs regards sur le
spectacle prestigieux qui se déroule des fenêtres de la galerie
des Glaces. De ce belvédère, au premier plan, l'immense
parterre d'Eau semble couché aux pieds de la demeure du
Roi-Soleil, avec ses deux bassins parallèles où se mire, quand
le ciel est limpide, sa blanche architecture, ses margelles de
marbre où s'accoudent les divinités des eaux vêtues de
bronze; tout autour, et se prolongeant à l'infini, les statues
de marbre ressortant dans la verdure, sorte de vaste musée
de la sculpture française pendant deux siècles; les arbres

[1] Lavisse, *Histoire de France*, t. VII (Hachette).

séculaires, dont les magnifiques frondaisons d'automne sont
la joie des yeux et les délices des peintres, le Tapis-Vert
continué par le Grand-Canal jusqu'à l'horizon illimité, le
magnifique cadre circulaire des collines boisées qui semble
séparer Versailles du reste du monde, ce splendide isolement
que Louis XIV a voulu et que l'on constate également du
côté de la ville [1], cet ensemble est, au témoignage de tous les
voyageurs, unique dans son genre.

Nous allons commencer cette visite des jardins par la
partie qui s'offre la première aux regards, de la terrasse du
Château, et qui semble en commander l'ordonnance : le
parterre d'Eau. Admirons tout d'abord les deux vases de
marbre colossaux, aux anses en tête de bélier, qui ornent
le degré supérieur. Celui du nord est de Coysevox, et ses
bas-reliefs représentent la défaite des Turcs à Saint-Gothard,
en Hongrie, et la prééminence de la France reconnue par
l'Espagne. Celui du sud est de Tubi, et représente des allégories à la paix d'Aix-la-Chapelle et au traité de Nimègue
(1678-1679).

Nous avons vu que le *parterre d'Eau*, après plusieurs
changements, ne fut définitif qu'en 1684. Ses deux grands
bassins sont bordés d'une tablette de marbre blanc entourée
de gazon. Les margelles supportent des bronzes superbes,
« le plus important ensemble qui existe dans le monde ».
Tout le long, sont, de chaque côté, quatre statues couchées,
quatre groupes de nymphes et quatre groupes d'enfants
représentant des Amours et des Génies, debout, au coin de
la pièce d'eau. Toutes ces statues furent fondues par les frères
Keller, originaires de Zurich, dans les ateliers de l'Arsenal
de Paris.

Les sculpteurs durent subordonner scrupuleusement leurs
travaux à la conception de l'ensemble. Ainsi le voulut le
grand ordonnateur de l'œuvre, Le Brun : tous les croquis destinés à ses collaborateurs étaient de sa main. Quand le Roi
les avait approuvés, ils étaient remis aux artistes chargés
d'exécuter, après une maquette préalable, le modèle définitif.

---

[1] Quand on est dans la cour de Marbre, ou mieux, dans la cour Royale,
et, mieux encore, dans la chambre de Louis XIV. Cet effet a été gâté
malheureusement par la construction du nouvel Hôtel de Ville.

Vue du Château de Versailles du côté de la Terrasse, d'après Rigaud.

Il y eut ainsi unité d'exécution, mais non pas impersonnalité. Il suffit de voir, au bassin du midi, la *Loire* et le *Loiret*, de Regnaudin, et, mieux encore, le *Rhône* et la *Saône*, de Tubi, près des degrés de Latone. Si, au bassin du nord, la *Marne* et la *Seine*, de Le Hongre, paraissent un peu figées, la *Garonne* et la *Dordogne*, de Coysevox, sont pleines de vie. La *Garonne*, superbement accoudée sur son urne, la bouche ouverte, « rit spirituellement à quelques visions dans l'espace », tandis que la *Dordogne*, avec ses urnes jumelles symbolisant les deux sources (la Dore et la Dogne), « regarde avec ravissement vers le ciel [1] ».

Les Nymphes du parterre d'Eau, avec leurs petits Amours, ont été modelés, au midi, par Le Hongre et Raon, au nord, par Legros et Magnier ; le motif, varié seulement dans l'expression, reste le même : ce sont les génies de l'Eau, de l'Air et de la Terre. Les groupes d'enfants sont dus à Legros, Poultier, Van Clève et Lespingola. Toutes ces figures sont d'un dessin exquis. Ces nymphes et ces enfants qui jouent avec tant de calme, d'attitude si digne et de gestes si mesurés, portent la marque parfaite de l'art le plus pur du XVIIe siècle, où la raison, comme en toutes les autres œuvres, domine, et tout le parterre est égayé de toute cette « enfance » qui se mire dans les eaux, que Louis XIV voulait voir répandre partout, mais que nous ne retrouvons avec une telle abondance que dans la frise du salon de l'Œil-de-Bœuf.

A ce groupe imposant d'enfants rangés le long des margelles, n'oublions pas de rattacher ces deux génies ailés en bronze, portés sur des sphinx de marbre, et qui immortalisent les noms des sculpteurs Jacques Sarrazin et Lerambert, son élève ; ils sont rangés à l'entrée du parterre du Midi [2]. Ils furent d'abord placés au-dessus des degrés de Latone.

A la tête du degré conduisant au parterre du Nord sont les deux figures accroupies de l'*Arrotino* et de la *Vénus pudique*, deux bronzes célèbres, d'une patine superbe. L'*Arrotino* (le Rémouleur) est la copie d'un antique des Uffizi de Florence. Il représentait, aux yeux des contemporains de Louis XIV, un

---

[1] De Nolhac, *Les Jardins de Versailles*.

[2] Sarrazin les modela et Duval les fondit en 1670. Lerambert sculpta les sphinx de marbre, qui furent tout d'abord dorés.

personnage de Tacite, Milicus, affranchi de Scévinus, aiguisant pour son maître le couteau de sacrifice avec lequel celui-ci veut immoler Néron. Le marbre original de la *Vénus pudique* est au Louvre. Celle du parterre d'Eau date de 1686 ; elle est l'œuvre de Coysevox, qui, selon sa manière, a imité l'antique plus qu'il ne l'a copié. Elle est exquise de grâce harmonieuse, et sur le bronze, d'un beau vert sombre, la chair semble palpiter. A ses pieds est une tortue, « symbole du devoir féminin », les femmes vertueuses devant être aussi retirées dans leurs maisons que cet animal l'est dans son écaille[1].

A remarquer, tant par la matière que par la variété d'invention, la série des vases en bordure le long du parterre d'Eau, surtout les petits vases de bronze, œuvre de Claude Ballin, orfèvre du Roi. Avant de quitter ce parterre, l'œil s'arrête sur deux « cabinets de verdure à l'italienne » : à gauche, la *fontaine du Point-du-Jour*[2] ; à droite, la *fontaine de Diane*, avec leur entourage. Chacun d'eux renferme un bassin, de forme carrée, décoré de groupes d'animaux et de statues de marbre. Au cabinet du *Point-du-Jour*, Houzeau a représenté un tigre terrassant un ours et un limier abattant un cerf, d'une exécution pleine de vie. Tout près, sont trois statues de marbre : celle de Gaspard Marsy, le *Point-du-Jour*, qui a donné son nom à ce cabinet d'animaux (sa main gauche se lève pour indiquer l'aurore) ; le *Printemps*, de Magnier, et l'*Eau*, de Legros ; les deux dernières faisaient partie de cette série de marbres dont Le Brun avait reçu la commande de Colbert pour les méandres projetés du parterre d'Eau. Le *cabinet* ou *fontaine de Diane* est situé, au point de descente le long du parterre du Nord, vers l'ancien bosquet des *Trois-Fontaines*. Van Clève y a représenté deux groupes d'animaux en bronze : un lion terrassant un sanglier et un lion terrassant un loup, d'une allure passionnée.

Tout autour du bassin, dans une situation parallèle à celui

---

[1] De Nolhac, *Les Jardins de Versailles.*

[2] Près de celle-ci, en haut de la rampe qui descend à l'Orangerie, est une copie de la *Cléopâtre* ou *Ariane* du Vatican. Van Clève la copia à Rome.

du midi, sont trois gracieuses statues : l'*Air*, de Le Hongre, portant à la main un caméléon, animal symbolique « qui ne vit que d'air », déesse gracieuse a la robe flottante et qui regarde le ciel ; à ses pieds, l'aigle, roi des airs, semble la contempler ; — la *Diane chasseresse*, qui représente l'heure du soir, de Desjardins : « elle a le croissant des nuits dans ses cheveux, en couronne » ; c'est une œuvre rare et des plus vivantes ; — la *Vénus tranquille*, de G. Marsy, d'un art délicat et souple, « qui regarde tendrement le Cupidon qui est à ses pieds[1] ».

A la suite, le long des palissades du parterre du Nord, sous le dôme des marronniers centenaires, se dressent sur leurs piédestaux toute une rangée de statues, puis des deux côtés de la Pyramide, de Girardon, enfin le long des rampes de Latone et des allées du Tapis-Vert. Après la *Vénus* de Marsy, en descendant l'allée des Trois-Fontaines, sont : l'*Europe*, de Mazeline, très élégante dans sa tenue guerrière, en qui on a voulu voir une image de Mme de Montespan ; — l'*Afrique* (commencée par Sibrayque et finie par J. Cornu, de Dieppe) ; elle a pour coiffure la peau d'une tête d'éléphant ; elle tient dans ses doigts une défense d'ivoire, à ses pieds est un lion couché ; — la *Nuit* (de Raon), nue jusqu'à la ceinture, aux cheveux couronnés de pavots, relève sa robe semée d'étoiles ; à ses pieds est un oiseau des ténèbres ; elle tient un falot d'où s'échappe une flamme ; — la *Terre* (de Masson), avec une corne d'abondance, symbole de fécondité ; — le *Poème pastoral* (de P. Granier), « jeune femme de grâce ingénue, couronnée de fleurs, se prépare à jouer de la syrinx et tient aussi son bâton de bergère ».

Dans le carrefour de l'*allée de Cérès* et de celle des *Trois-Fontaines*, est rangée en hémicycle une assemblée de termes, d'une grandeur imposante ; ce sont des orateurs et des sages de l'antiquité, aux graves figures : *Isocrate*, le maître de Démosthène ; *Apollonius*, précepteur de l'empereur Marc-Aurèle ; *Théophraste*, « le parleur divin, qui tient dans sa main des pavots, car il était l'ennemi du sommeil, disant

---

[1] Voir, pour la description du Parc, le petit volume de A. et M. Masson, *Le Parc de Versailles; Emplacement et reproduction de tous les vases, groupes, statues, etc.* (Versailles, L. Bernard).

que la plus folle dépense que l'on puisse faire est celle du
temps[1] » ; *Lysias* (de Dedieu), d'une maîtrise supérieure ; enfin,
Ulysse, tenant à la main la fleur que lui donna Mercure et
qui fut un talisman contre les enchantements de Circé.

Ensuite, dans l'allée qui va aboutir au Château en passant
par la *Pyramide*, la série des statues continue ; ce sont successivement : l'*Automne*, de Regnaudin ; c'est un Bacchus
jeune, un peu lourd ; l'*Amérique*, de Guérin, avec, à ses pieds,
une tête de « visage pâle » ; l'*Été* ou *Cérès*, de Hutinot, et
l'*Hiver*, de Girardon, un des chefs-d'œuvre du célèbre Troyen,
dont l'effet est saisissant quand il se détache sur un fond de
bois dépouillés de leur magnifique frondaison. Il est aussi le
symbole de l'âge, « qui n'a désormais que les souvenirs sans
espoir et s'achemine vers le tombeau[2] ».

Dans un enfoncement, de chaque côté de l'Allée-d'Eau,
sont deux des vingt-quatre figures que Le Brun avait dessinées pour le parterre d'Eau : le *Colérique*, de Houzeau, qui
semble lever le poing sur un adversaire et exciter un lion, et
le *Sanguin*, de Jouvenet, couronné de grappes de raisins et
jouant de la flûte. Ensuite, quatre autres statues bordent la
palissade qui va vers le Château ; ce sont : le *Poème satirique*, de Ch. Buyster, satyre à la figure malicieuse, s'appuyant sur un tronc d'arbre ; l'*Asie*, de Roger, avec un vase
de parfums (les nards de l'Arabie) pour symbole et un
turban à ses pieds ; le *Flegmatique*, de Lespagnandel, les
bras croisés, une tortue près de lui ; enfin, le *Poème héroïque*,
de Drouilly, éphèbe habillé à la romaine, en qui on a voulu
voir Louis XIV.

Vu du parterre d'Eau, le *parterre du Nord*, qui a conservé
très exactement le dessin de Le Nôtre, offre un aspect des
plus agréables à l'œil avec ses bordures de buis encaissant
la terre rapportée où s'épanouissent, à la belle saison, les
fleurs multicolores ordonnées avec un goût parfait, et qui
passent l'hiver dans les serres[3]. Les arbustes fleuris, surtout
les lilas roses, y font au printemps une harmonie charmante,

---

[1] De Nolhac, *Les Jardins de Versailles.*

[2] *Ibid.*

[3] L'entretien de ces parterres fait grand honneur au chef jardinier,
M. Bellair.

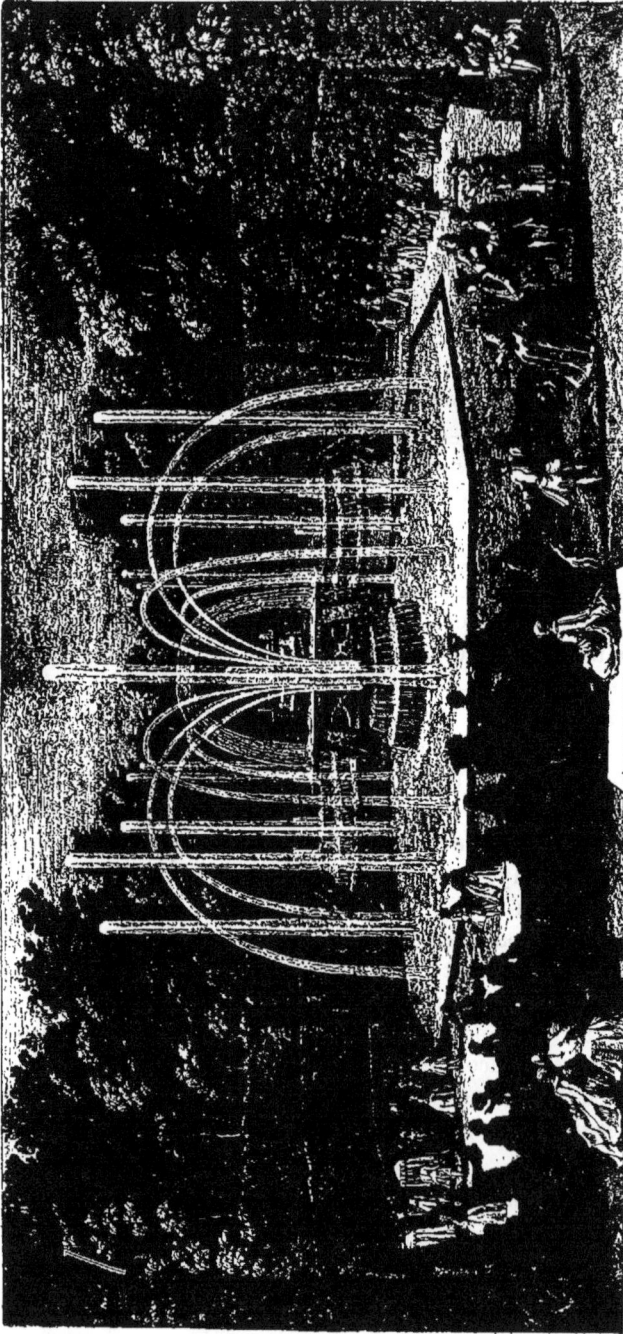

Les Trois-Fontaines, d'après RIGAUD.

très goûtée des peintres. Au centre, sont les deux *bassins des Couronnes*, ornés chacun d'un groupe de quatre Tritons et Sirènes.

La fontaine de la *Pyramide*, dessinée par Claude Perrault, fut empruntée dans ses lignes générales à l'art italien, mais l'exécution, qui est du grand artiste Girardon, est de style bien français. La mesure, l'élégance, l'invention des morceaux, qui tous répondent à l'idée principale, font un chef-d'œuvre de ce petit monument. Dans ses quatre vasques superposées, elle présente des types de « la flore, de la faune et des dieux de la mer, que les eaux caressent en cascades. Le plomb, jadis entièrement doré, fut travaillé comme en orfèvrerie ». Mise en place en 1669, elle fut restaurée en 1822.

Au-dessous de la Pyramide est le bassin carré appelé la *Cascade*, ou le *Bain des Nymphes de Diane*, œuvre du même Girardon ; chef-d'œuvre aussi, peut-on dire, par la beauté de ses bas-reliefs représentant « onze nymphes chastement nues », avec leur patine de plomb dédoré, d'une grâce charmante.

L'*Allée-d'Eau*, appelée communément l'*allée des Marmousets*, fut encore une conception de Claude Perrault ; commencée en 1676, elle fut définitivement achevée en 1688. Elle comprend vingt-deux petits bassins en marbre blanc enfermés dans les plates-bandes de gazon qui la bordent et se faisant face. Chacun de ces bassins est orné d'un groupe en bronze, composé de trois enfants qui supportent une cuvette en marbre du Languedoc : petits Tritons, Satyres, Termes et Amours, toute cette « enfance » joue et rit sous les hautes branches des marronniers centenaires, ayant en main coquilles ou fruits, tambours de basque, flûtes et flageolets ; ceux-ci ont sur la tête des corbeilles, ceux-là s'ébattent avec des poissons, d'autres portent les attributs de la chasse, enfin « des jeunes filles » jouent avec un perdreau. Ces groupes d'une vie intense, où l'exécution, d'après les dessins de Le Brun, a su rester originale, sont dus au ciseau de Legros, de Le Hongre et de Lerambert.

La décoration de l'allée était complétée par des vases de cuivre, nous dit Félibien, peints et dorés, et remplis de petits arbrisseaux verts qui ont disparu. Les Marmousets étaient d'abord de plomb; on les fit en bronze en 1688. A cette époque, furent ajoutés les groupes voisins du *bassin du Dragon*, œuvres de Mazeline et de Buirette, en contre-bas de l'allée, en éventail; ils sont d'une exécution moins parfaite.

Le *bassin du Dragon* termine l'Allée-d'Eau, ouverte par la *Pyramide*, et précède le bassin colossal de Neptune. Le Dragon, c'est la bête mythologique, le serpent Python qui fut tué par Apollon. C'est encore une allégorie[1]. Il est représenté les ailes éployées, la tête renversée, la gueule ouverte, les griffes en dehors, prêt à s'élancer sur les dauphins qui l'entourent, suivis de jeunes enfants d'une grâce exquise, montés sur des cygnes et fuyant apeurés; l'un d'eux a lancé une flèche dans la poitrine du monstre. Tout le groupe, en plomb doré à son origine, était l'œuvre de Gaspard Marsy; elle a été détruite depuis longtemps. L'œuvre que nous voyons aujourd'hui est une restitution un peu réduite, due au sculpteur Tony Noël, qui la termina en 1889, au moment des fêtes du centenaire des Etats généraux[2].

Le *bassin de Neptune* (*appelé aussi d'abord les Grandes-Cascades*)[3], inspiré par Louis XIV, dessiné par Le Nôtre et surveillé par Mansart pour la construction, fut établi de 1679 à 1684. C'est la plus grandiose décoration de plomb qui existe au monde. Vaste hémicycle, « sorte de théâtre à l'antique, mais dont les bancs seraient en gazon et le parterre une nappe liquide... », avec, en guise de lampions, « une prodigieuse rampe de jets d'eau, au nombre de quarante-quatre, dont la moitié s'échappent de grands vases de plomb superbement ornés; et tous montent à une même hauteur de 20 mètres, tandis que des cascades en éventail retombent sur le bassin, d'où jaillissent six grandes gerbes[4] ».

Le bassin est bordé par une tablette de 160 mètres de longueur, supportant vingt-deux vases de plomb richement ornés. Au milieu de l'immense mur de soutènement est le

---

[1] Les contemporains y voyaient Louis XIV terrassant la rébellion (la Fronde).

[2] Le 5 mai 1889, les eaux du *Dragon* et de *Neptune* jouèrent devant le président Carnot. (Voir le tableau de Roll dans la salle du Sacre.)

[3] Voir l'étude d'Alfred Leclerc, ancien architecte du Palais de Versailles, publiée dans *Versailles Illustré*.

[4] A. Pératé, *Versailles*.

groupe principal, *Neptune et Amphitrite*, assis dans une grande conque, entourés de Néréides, de Tritons et d'animaux marins. Neptune brandit son trident, tandis qu'Amphitrite reçoit d'une naïade une branche de corail représentant « les richesses de la mer ». Ce groupe colossal, dû à Sigisbert Adam, date de 1740, époque à laquelle toute la décoration sculpturale fut placée. A gauche, est le *Protée* de Bouchardon, assis sur une licorne marine ; à droite, l'*Océan*, étendu sur un monstre marin, par J.-B. Lemoyne. Aux deux extrémités du bassin, nous retrouvons Bouchardon avec deux dragons géants, chevauchés par deux Amours espiègles, d'une grâce adorable.

Deux statues et un groupe en marbre décorent le pourtour du bassin opposé à celui de l'Allée-d'Eau : *Faustine*, femme de Marc-Aurèle ; *Bérénice*, l'héroïne de Racine ; au centre, le *groupe de la Renommée du Roi*, allégorique : la jeune Renommée foule aux pieds l'Envie[1]. Il fut exécuté à Rome, d'après les dessins de Le Brun, et achevé en 1686. C'est l'œuvre de Domenico Guidi. On remarque, parmi les trophées du socle, les médaillons d'Alexandre, de César et de Trajan, « les émules et les modèles du monarque français ».

En 1674, le bosquet de l'est de l'*Allée-d'Eau* était occupé par la fontaine du Pavillon, et celui de l'ouest par la fontaine du Berceau-d'Eau. Ces deux bassins de goût italien devaient bientôt disparaître. En 1677, le Pavillon-d'Eau fut remplacé par les magnificences du bosquet de l'*Arc-de-Triomphe*, de la composition de Le Nôtre et du dessin de Le Brun, et aménagé en 1678, l'année de la glorieuse paix de Nimègue. On y trouvait trois fontaines et un arc de triomphe. A l'entrée, la fontaine de France[2] était décorée d'un groupe en plomb représentant la *France triomphante*, assise sur son char et écrasant l'Espagne et l'Empire. Ce beau morceau de sculpture, œuvre de Tubi et Coysevox, existe encore. A droite, en montant vers l'arc de triomphe, était la *fontaine de la Victoire*, de Mazeline, et à gauche, la *fontaine de*

---

[1] L'œuvre a été revue sous la Restauration, le médaillon original, dû à Girardon, ayant été gratté en 1792.

[2] Elle fut restaurée, mais inachevée, par Alfred Leclerc, architecte du Palais.

la Gloire, de Coysevox. On arrivait à l'*Arc-de-Triomphe* par
un perron de marbre, précédé de quatre obélisques ou pyramides à jour et en fer doré, dans lesquels l'eau se jouait et
tombait en nappes; tout au fond, était l'arc de triomphe
avec ses trois portiques de fer doré, au-dessus desquels
étaient sept bassins d'où s'élançaient des jets d'eau; d'autres
jets existaient aussi dans le milieu des portiques. Toutes ces
eaux retombaient en nappes sur les gradins de marbre.
Vingt-deux autres jets s'élançaient de vasques placées sur
des piédestaux de marbre qui bordaient à droite et à gauche
la charmille du bosquet.

La forme et les bois du bosquet existent seuls aujourd'hui,
avec le groupe de la *France triomphante*[1]. On y a transporté
quelques restes du fameux Labyrinthe, détruit sous Louis XVI :
l'*Amour*, qui tient le *fil d'Ariane*, de Tubi; l'*Esope*, à la laideur expressive (de Legros), qui semble réciter une de ses
fables; au milieu est une statue de *Méléagre tuant le sanglier de Calydon*.

Les *Trois-Fontaines*, qui remplacèrent le Berceau-d'Eau,
sont de la même époque que l'Arc-de-Triomphe. Pour former
une perspective, Le Nôtre utilisa habilement la pente du terrain. Le bosquet était bordé d'une palissade en treillage, au
pied de laquelle étaient deux gradins de gazon, dont le plus
élevé supportait des ifs plantés de distance en distance. On
y voyait trois fontaines ou bassins entourés de rocailles fines,
et de nombreux jets d'eau s'élançaient dans diverses directions. La fontaine du milieu et celle du fond s'étageaient sur
des gradins de marbre et de rocaille. Aujourd'hui, l'emplacement seul existe.

Le *Théâtre-d'Eau*, actuellement simple cuvette gazonnée
appelée le Rond-Vert, était sans conteste la fontaine la plus
importante par ses effets hydrauliques, l'une de celles que
les étrangers admiraient le plus. Commencé dès 1671, il fut
le témoin de fêtes splendides. Il était en ruines dès 1750.
Félibien nous apprend que le Théâtre était une grande pièce
à peu près ronde, de 26 toises de diamètre, divisée en deux
parties. Dans la première, trois marches avaient été élevées

[1] La *France* est l'œuvre de Tubi, le *Jeune Homme* et le *Vieillard* sont
de Coysevox. Ce groupe de la *France triomphante* a été restauré sous
la direction d'Alfred Leclerc, architecte du Château.

L'Arc-de-Triomphe, d'après RIGAUD.

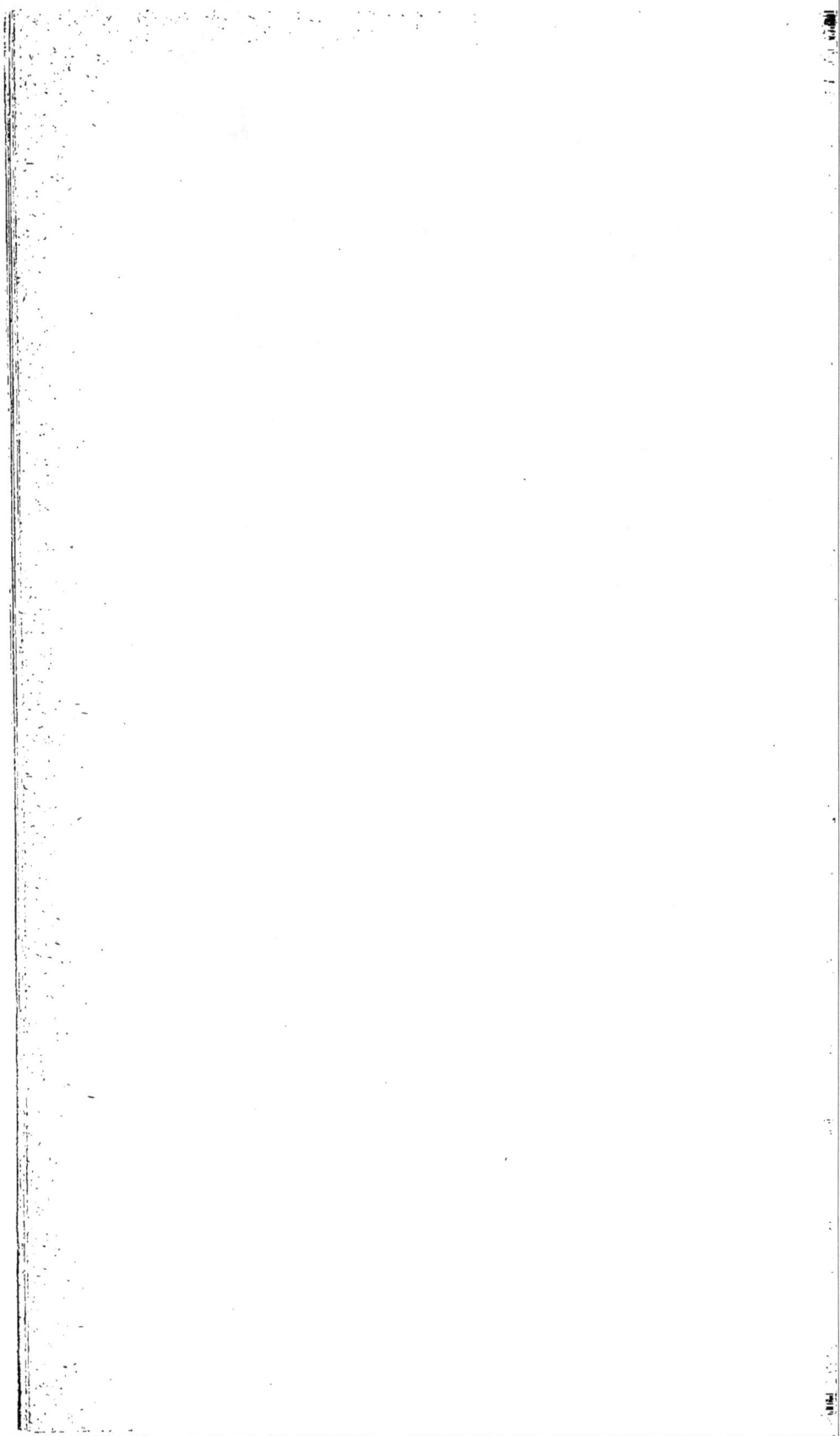

pour servir d'amphithéâtre; dans l'autre, était le théâtre, sur un petit talus de gazon. Tout autour, des ormes et des palissades de charmes. Derrière, se trouvaient trois allées d'eau, sur la pente la plus élevée, bordée de treillages. Il ne reste plus rien de ce bosquet que le charmant petit *bassin des Enfants* qui se trouvait à l'entrée. Ces huit Amours charmants qui s'égayent dans l'eau sont l'œuvre de Hardy, qui a aussi attaché son nom à la frise de l'Œil-de-Bœuf.

Dans le bosquet qui fait suite, à l'ouest, à l'ancien bosquet de l'Étoile[1], où une montagne d'eau jaillissait au centre de cinq allées, est la *fontaine de l'Obélisque*, appelée aussi les *Cent-Tuyaux* ou la *Gerbe*. Elle fut établie par Mansart en 1706, sur l'emplacement de la *Salle-des-Festins* ou du *Conseil*. C'est un grand bassin surélevé et gazonné, avec, au centre, un massif de roseaux d'où s'élèvent de puissants jets d'eau, en forme de pyramide ou d'obélisque.

Non loin de là, dans un coin retiré, se trouve le *bassin d'Encelade*, de B. Marsy (1676). On voit le géant accablé sous les rochers qu'il a entassés les uns sur les autres pour escalader le ciel. Il sort de sa bouche un jet d'eau de 78 pieds de haut. L'Encelade, qui était autrefois doré, confond aujourd'hui sa masse grise avec les énormes pierres qui l'environnent et s'en détache avec peine.

Le *bosquet des Dômes*, commencé en 1676, est le dernier des six massifs du nord. Il s'appela d'abord *fontaine de la Renommée*, de la statue en plomb doré qui représentait au milieu la Renommée, debout sur un globe lançant dans l'air un jet très haut de la trompette qu'elle embouchait. Mansart construisit deux pavillons (dans ce décor de Le Nôtre) ou dômes de marbre blanc, décorés de colonnes en marbre rouge et de bas-reliefs en bronze doré, représentant des armes. Il avait enlevé les groupes d'Apollon, jadis placés dans la grotte de Thétis pour les mettre au Marais, qui prit alors le nom de bosquet des Bains d'Apollon. Il ne reste aujourd'hui que l'emplacement des deux pavillons, mais le bassin a été réparé de nos jours. Il est octogone et entouré d'une balustrade en marbre blanc, aux balustres en fer doré.

---

[1] Voir Docteur Remilly, *Le Parc de Versailles;* les *Origines,* les *Bosquets disparus.*

Le dessus supporte une goulette d'où sortent, de distance en distance, des bouillons d'eau. Le bassin est entouré d'une balustrade extérieure circulaire, coupée par quatre escaliers de trois marches et reposant sur un soubassement formant banquette. Lors de la restauration du bosquet, on y a rétabli sur leurs piédestaux les remarquables statues qui l'ornaient à la fin du règne de Louis XIV, sauf une *Amphitrite* qui est restée au Louvre. Ce sont : le *Point du Jour*, de Legros, un jeune homme portant un flambeau ; *Ino*, déesse marine, de Rayol ; une *Nymphe de Diane*, de Flamen, suivie d'une levrette ; l'*Arion*, dont la musique sut charmer les dauphins, de Raon ; la *Galatée* de Tubi, qui devait orner la grotte de Thétis ; *Acis* (du même sculpteur) ; l'*Aurore*, de Magnier.

Le *Mercure* décrit ces cabinets, « aussi riches que galants », qui furent, comme les Bains d'Apollon, le théâtre de nombreux divertissements. Dangeau nous apprend que Louis XIV s'y rendait souvent en compagnie de dames et y entendait la musique.

Après avoir fait cette course rapide à travers les bosquets et les fontaines de la partie septentrionale du Jardin ou du Parc, comme nous dirions aujourd'hui, nous n'avons accompli que la moitié de notre course, et celle qu'il nous reste à faire présente au moins le même intérêt. Si nous revenons au parterre d'Eau, d'où l'œil peut embrasser facilement tout l'ensemble, nous découvrons, à main gauche, le parterre du Midi, et, à ses pieds, l'Orangerie, complétée jusqu'aux hauteurs boisées de Satory par la pièce d'eau des Suisses ; en face, dans l'axe de la partie médiane du corps principal du Château, au premier plan, au bas des degrés imposants où la foule des visiteurs, venus pour voir jouer les grandes eaux, s'assied en rangs pressés, est la *fontaine de Latone* avec ses parterres ; ensuite, l'allée majestueuse du Tapis-Vert, bordée de blanches statues, se déroule jusqu'au bassin d'Apollon, continué par le Grand-Canal.

Le *parterre du Midi* s'appelait autrefois le parterre des Fleurs. Il est enveloppé de trois côtés par des terrasses dont les tablettes de marbre supportent trente vases de bronze, et l'on y descend, de la terrasse méridionale du Château, par

un perron de marbre blanc appelé le degré des Sphinx, qui
tire son nom des deux charmantes sculptures de Lerambert.

Au fond, à l'entrée de la terrasse occidentale du parterre,
on voit les marches de marbre blanc, teinté de rose, qui ins-
pirèrent ces vers charmants d'Alfred de Musset :

> Que ces trois marches sont jolies!
> Combien ce marbre est noble et doux!
> Maudit soit du ciel, disions-nous,
> Le pied qui les aurait salies!
> ..... Voyez-vous ces veines d'azur,
> Légères, fines et polies,
> Courant, sous les roses pâlies,
> Dans la blancheur d'un marbre pur!
> ..... Marches, qui savez notre histoire,
> Aux jours pompeux de votre gloire,
> Quel heureux monde en ces bosquets!
> Que de grands seigneurs, de laquais,
> Que de duchesses, de caillettes,
> De talons rouges, de paillettes,
> Que de soupirs et de caquets,
> Que de plumets et de calottes,
> De falbalas et de culottes,
> Que de poudre sous ces berceaux,
> Que de gens sans compter les sots!

L'*Orangerie* actuelle remplaça la première Orangerie que
Le Vau avait construite, comme nous l'avons vu, et qui était
trop petite. Mansart l'éleva de 1684 à 1686. Elle émerveilla
les ambassadeurs de Siam, qui admirèrent la magnificence
du Roi, « d'avoir fait un si superbe bâtiment pour servir de
maison à des orangers ». Elle est située en contre-bas du
parterre du Midi, dont elle soutient les terres à l'aide de
murs de 4 à 5 mètres d'épaisseur. Elle est exposée au midi et
consiste en une galerie centrale et deux galeries latérales
d'ordre toscan. La galerie du milieu a 156 mètres de long sur
12^m,50 de large; ses voûtes font l'admiration de tous les
connaisseurs. Elle est éclairée par douze grandes fenêtres
cintrées qui sont dans l'ébrasement des arcades. Au milieu
est une statue colossale en marbre représentant Louis XIV
vêtu à la romaine, par Desjardins. Aux deux extrémités,
dans de vastes niches, étaient deux statues colossales d'*Hercule* et de *Mercure*. Elles ont émigré au Louvre.

Chacune des deux galeries latérales est côtoyée par deux

escaliers de cent trois marches conduisant du parterre du
Midi au parterre de l'Orangerie et à la route de Saint-Cyr.
« Le parterre des Orangers » se compose de six pièces de
gazon et d'un bassin rond. C'est un charme, à la belle saison,
de contempler, de la balustrade du parterre du Midi, cette
forêt d'arbustes rares, rangés symétriquement dans leurs
caisses vertes, orangers surtout, puis grenadiers, myrtes,
lauriers-roses; beaucoup sont gros comme des arbres.

Louis XIV avait une prédilection pour l'oranger.

Dans les fêtes brillantes qu'il donna dans ses jardins, il
voulut qu'on employât toujours les orangers à la décoration
des portiques et des salles de verdure. Ils abondaient dans
la galerie des Glaces; chaque entre-deux de fenêtre en
avait quatre, garnis chacun de leur caisse d'argent avec une
base du même métal. Il en fit mettre aussi dans la salle de
billard et jusque dans ses appartements; et « ses jardiniers,
pour satisfaire son goût sur cet objet, avaient même trouvé
le secret d'en avoir en fleurs toute l'année ».

L'Orangerie est séparée de la route de Saint-Cyr par deux
belles grilles dont les piliers supportent quatre groupes
représentant : *Zéphyr et Flore, Vénus et Adonis,* de Lecomte;
Aurore et Céphale, Vertumne et Pomone, de Legros. Il y
avait autrefois, à chaque angle des deux pièces de gazon les
plus rapprochées de l'Orangerie, une statue en bronze.
C'étaient l'*Hercule terrassant l'Hydre,* une *Diane chasseresse,*
le *Mercure et Psyché,* et la *Vénus de Médicis;* mais, en 1707,
elles n'y étaient déjà plus. En outre, deux groupes ornaient
le parterre : l'*Enlèvement de Cybèle par Saturne,* de Regnaudin, et l'*Enlèvement d'Orythie par Borée,* de Gaspard Marsy.
La *Renommée* de Guidi s'y trouvait aussi en 1686, avan
d'être transportée au pourtour du bassin de Neptune.

Du haut des degrés du parterre d'Eau se montre le *parterre de Latone,* en forme de fer à cheval, avec ses rampes
bordées d'ifs à forme conique, plus massifs que du temps
de Le Nôtre[1], et ses tapis gazonnés, parsemés de fleurs si bien

---

[1] On en peut juger par les tableaux et les estampes du temps qui
montrent des arbustes élancés n'écrasant pas le décor sculptural. Les
ifs, tels qu'ils sont aujourd'hui, ne sont donc pas dans la tradition. De

Fontaine des Bains d'Apollon et les Dômes, d'après Cotelle.

assorties par l'art du jardinier. Au milieu, dans l'axe du
Grand-Canal, se dresse le groupe de Balthazar Marsy. Latone, ayant à ses pieds ses deux enfants, Apollon et Diane,
implore Jupiter contre les paysans de la Lycie, qui l'ont in-
sultée quand elle leur demandait à boire, et que le roi de
l'Olympe change en grenouilles. Sur les trois étages du bassin, placés sur un vaste soubassement, sont divisés en symétrie plus de cinquante jets d'eau lancés par des grenouilles,
par six « demi-grenouilles », c'est-à-dire par des hommes et
des femmes ayant des têtes et des pattes de grenouille, et par
des tortues. Ces jets d'eau, qui se croisent au-dessus de Latone, sont d'un très bel effet.

La métamorphose continue dans les deux petits bassins
circulaires du parterre, appelés les *bassins des Lézards*.

Le groupe de Latone est de marbre, les autres figures sont
de plomb doré; la place centrale accordée à ce sujet mythologique et allégorique s'explique facilement. C'est, en somme,
l'idée dominante dans la décoration sculpturale du Parc. Latone est la mère d'Apollon, et celui-ci, dieu du Soleil, est le
symbole, la personnification de Louis XIV; au bout du Tapis-
Vert, le Char d'Apollon fait pendant, et c'est à l'extrémité du
Grand-Canal « qu'en certains jours le Soleil se couche dans
sa gloire ». Les artistes et les poètes ont illustré ce symbole.

Une gravure de Lepautre, datée de 1678, nous montre le
bassin de Latone dans sa disposition primitive, qui différait
sensiblement de celle d'aujourd'hui. D'autre part, le projet
d'une décoration plus somptueuse de ce parterre, telle que
la représente réalisée une gravure d'Israël Silvestre, n'eut
jamais lieu.

Le long des rampes du parterre de Latone s'échelonne
toute une série de figures antiques, copiées presque toutes en
Italie par les élèves de l'Académie de Rome, et établies en
1687 et 1688.

Il faut admirer les vases placés entre les deux perrons et
sur divers points du parterre; ils sont au nombre de douze
et représentent des sujets antiques, mythologiques ou grecs :

---

même ont disparu les hautes palissades de Le Nôtre, « ces grands
murs rectilignes qui convenaient si bien, comme l'a fait remarquer
M. de Nolhac, aux marbres auxquels ils servaient de fond ».

l'Enfance du dieu Mars, le *Sacrifice d'Iphigénie*, une *Bacchante*.

Au bas du parterre, le long des *allées de l'Eté* et de *l'Automne*, de chaque côté du Tapis-Vert, sont rangés, face au Château, d'admirables termes, inspirés de l'art romain, mais « animés d'un sentiment tout moderne » et pleins de vie. Ce sont : *Diogène* (Lespagnandel), avec un rouleau à la main, rien ici du Cynique traditionnel ; *Cérès* (Poulletier), semblable à une matrone romaine ; un *Faune* (Houzeau), aux cornes pointues, qui grimace en prenant une grappe ; une *Bacchante* (Dedieu), au bras à la courbe harmonieuse, joue du tambour de basque ; *Hercule* (Lecomte), ceint de la peau du lion de Némée et tenant dans sa main les pommes du jardin des Hespérides.

Quatre groupes sont rangés dans la *demi-lune* qui précède le Tapis-Vert. Ils sont des copies d'antiques. A droite : *Papirius et sa mère*, de valeur médiocre, et le *Laocoon*, copié par Tubi sur l'original du Vatican ; à gauche : *Pætus et Arria*, copié par Lespingola. En réalité, ce marbre, dont l'original fut exécuté en Asie Mineure (Ecole de Pergame), représente un Gaulois et une Gauloise « pendant une déroute infligée par les Grecs à leurs envahisseurs barbares[1] ». *Castor et Pollux*, nus et couronnés de fleurs, faisant un sacrifice ; le premier tient l'encens, l'autre la torche allumée. C'est une copie par Coysevox du groupe du musée du Prado, à Madrid ; rien n'assure que la désignation de ces éphèbes de la mythologie soit exacte, et le sacrifice paraît être fait plutôt aux divinités souterraines[2]. Ce marbre, qui date de 1712, est le seul de la demi-lune qui soit, depuis Louis XIV, demeuré en place. Au lieu du *Laocoon* et des deux Gaulois, il y avait les deux chefs-d'œuvre de Puget, le *Milon de Crotone* (1682) et le *Persée délivrant Andromède* (1684), qui ont été transportés au Louvre en 1850.

Les *termes de l'allée de l'Automne* font pendant à ceux de *l'allée de l'Eté* que nous avons énumérés. Ce sont : l'*Achéloüs* (Mazière), tenant dans ses mains la corne d'abondance ; *Pandore* (Legros), plein de jeunesse, tenant de sa main gauche

---

[1] De même est un Gaulois le prétendu *Gladiateur mourant*.

[2] Voir De Nolhac, *Les Jardins de Versailles*.

la boîte fatale; *Mercure* (Van Clève), coiffé du *pétase*; *Platon* (Rayol), personnage vénérable, à grande barbe, tenant un médaillon représentant son maître Socrate; *Circé* (Magnier), la magicienne homérique, qui lui fait face, avec son sourire énigmatique.

Au bas des deux rampes de Latone et se faisant face symétriquement, aux deux extrémités, sont placées sur un socle deux superbes copies de l'antique : le *Gaulois mourant*, de Magnier, dont l'original, qu'on appelait le *Gladiateur mourant*, est au Musée du Capitole, et la *Nymphe à la Coquille*, remplie de grâce, puisant l'eau qui coule d'une urne; elle est une imitation plus qu'une copie et un nouveau chef-d'œuvre de Coysevox. L'original est au Louvre.

Nous voici au *Point de vue du bas de Latone*. C'est l'expression même de Louis XIV dans son *Itinéraire* écrit, d'après lequel les officiers de sa Maison devaient conduire les invités[1]; on est au bas de la rampe septentrionale du Fer-à-Cheval.

La vue que l'on a de cette place est très belle et prouve l'accord qui n'a cessé de régner entre Mansart et Le Nôtre pour la décoration du Jardin. On a, d'un côté, le Château et le parterre de Latone, et de l'autre, le Tapis-Vert (Allée-Royale), le bassin d'Apollon, le Canal, les « gerbes » des fontaines de Flore et de l'Obélisque, la gerbe de Saturne, enfin celles de Bacchus et de Cérès[2].

De chaque côté du Tapis-Vert sont deux quinconces[3] ornés de quelques termes, dont quelques-uns (*Morphée, Pan, Minerve*) proviennent de Vaux-le-Vicomte et ont été dessinés par Nicolas Poussin.

L'*Allée-Royale*, appelée aussi autrefois la *Grande-Allée du Tapis-Vert*, est comprise entre le parterre de Latone et le bassin d'Apollon. Elle est la plus belle et la plus fréquentée de toutes les allées du Jardin, surtout les jours de grandes

[1] La Bibliothèque nationale en possède un exemplaire original.

[2] Le Point de vue se trouve à la fin de l'allée du parterre de Latone, à l'intersection de l'axe du Château et du Tapis-Vert, et de l'axe des allées de Bacchus et de Cérès.

[3] Les musiques militaires jouent dans le quinconce du Midi.

eaux. Elle a une longueur de 330 mètres et une largeur de 40. Sous Louis XIV, elle était formée par une palissade de hautes charmilles, précédée d'arbres très élevés[1], et décorée de douze vases de marbre et de douze statues. Toute cette décoration sculpturale est encore à sa place. A droite, en allant vers le Grand-Canal, nous trouvons : la *Fourberie* (Lecomte), jeune femme vêtue en chasseresse tenant un masque en ses mains ; à ses pieds est un renard symbolique ; *Junon*, peut-être, en tout cas figure antique de femme, trouvée à Smyrne[2] (tête et bras refaits par Mazière) ; *Hercule et Télèphe* (copie du Vatican par Jouvenet) ; la *Vénus de Médicis*, antique célèbre (copiée par Frémery en 1686) qui est à Florence ; *Cyparisse* (Flamen), inconsolable d'avoir tué le faon qu'il aimait et changé par Apollon en cyprès ; *Artémise* (Desjardins), qui va boire le breuvage où sont diluées les cendres de Mausole, son époux.

A gauche sont : la *Fidélité* (Fèvre), qui tient un cœur dans ses doigts[3] ; la *Vénus de Richelieu* (Legros), composée d'après le torse antique ayant appartenu au cardinal ; un *Faune* (Flamen), copié de l'antique : c'est le *Faune au chevreuil*, du Musée de Madrid ; *Didon* (Poulletier) ; la reine de Carthage, abandonnée par Enée, est montée sur le bûcher ; une *Amazone* (Buirette), à la tunique dorienne, semble soutenir un arc de ses mains ; enfin, *Achille* (Vigier) ; le jeune Grec, envoyé par Thétis à Scyros, est découvert par Ulysse.

Les douze grands vases, œuvres remarquables, alternent harmonieusement avec les douze statues et constituent un ensemble des plus majestueux pour cette allée, vraiment royale, que tout le monde foule aujourd'hui librement. Sur son tapis vert et feutré, le jour des grandes eaux, toute une multitude est assise et s'ébat : elle le traverse en tous sens et se repaît du magnifique spectacle qu'elle a sous les yeux. Commencé en demi-lune, le Tapis-Vert s'achève de même, autour du bassin d'Apollon, où sont rangés symétriquement

---

[1] Les arbres ont été replantés en 1872, à la suite d'un violent coup de vent.

[2] De Nolhac, *Les Jardins de Versailles*.

[3] Elle a été faite comme la *Fourberie*, son pendant, d'après un dessin de Mignard.

Le Théâtre-d'Eau, d'après RIGAUD.

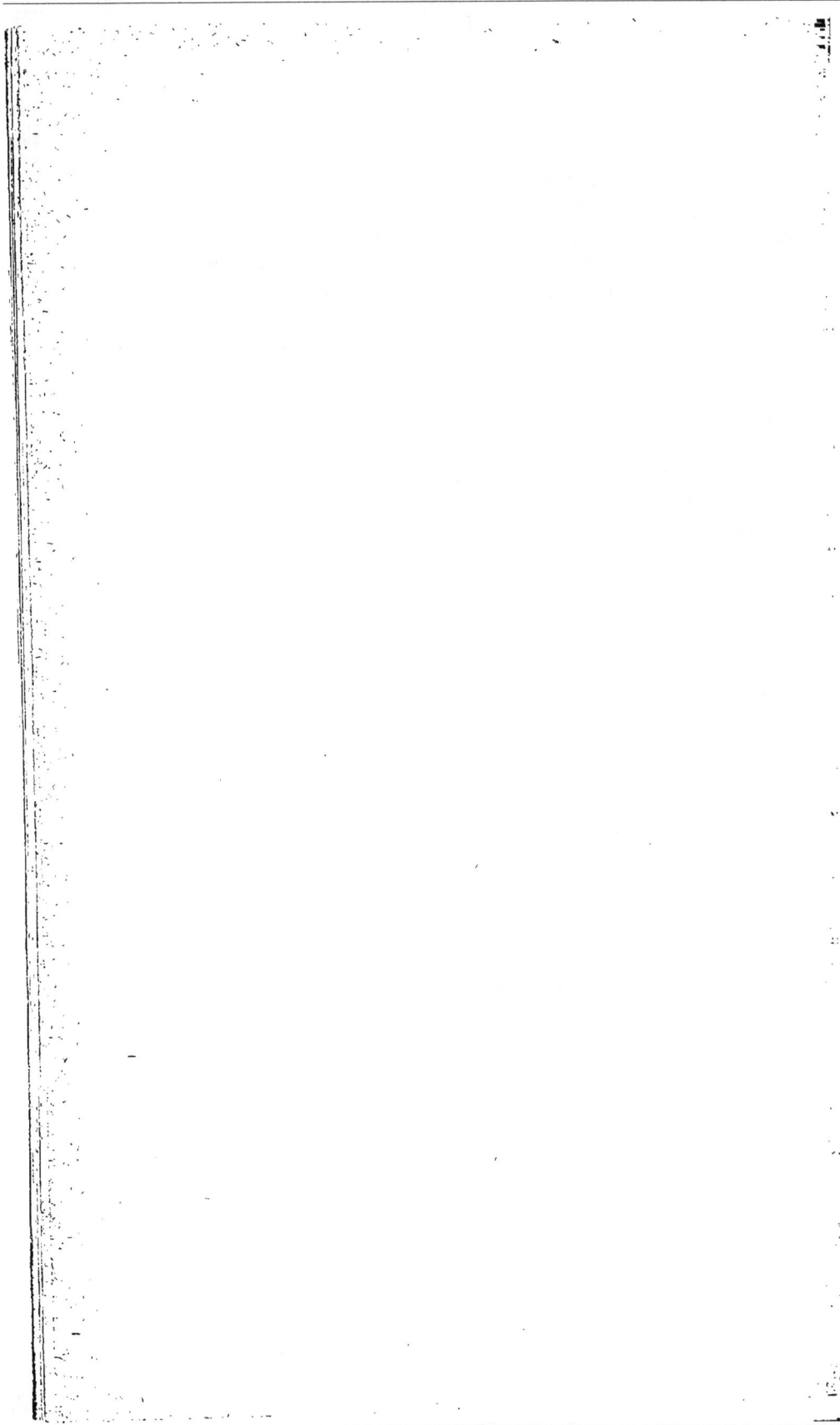

termes et statues. Du côté droit, d'abord un groupe : *Aristée et Protée* (Slodtz, 1723); le berger lie sur un rocher le dieu marin pour l'obliger à prédire l'avenir, « car le fils de l'Océan ne livre ses secrets qu'à la force »; ensuite quatre termes : *Syrinx* (Mazière, 1689), chasseresse, compagne de Diane, se noie pour échapper aux poursuites de Pan; elle sera aussitôt métamorphosée en roseaux, desquels « le dieu des bergers et des prairies fera la flûte appelée du nom de la chaste nymphe »; *Jupiter* et *Junon* (Clérion), d'après l'antique; *Vertumne* (Le Hongre), époux de Pomone et dieu des vergers. A l'extrémité est la statue de *Silène portant Bacchus*, cet antique qui est trois fois répété dans le jardin de Versailles.

Du côté gauche, en regardant le bassin d'Apollon, faisant pendant au groupe d'*Aristée et Protée*, est le marbre d'*Ino et Mélicerte* (P. Granier), d'après une cire de Girardon; Ino ou Leucothée se jetant dans la mer avec son fils pour échapper aux fureurs du roi de Thèbes, Athamas. Puis, dans le même ordre, quatre termes : *Pomone* (Le Hongre), *Bacchus* (Raon), le *Printemps* (Mazière), jeune femme couronnée de roses; *Pan* (Mazière), jouant de la syrinx, couronné de roseaux, d'après Girardon; et une statue correspondant au *Silène*, celle de *Bacchus*, statue antique « refaite au xviie siècle, dit M. de Nolhac, mais de la façon la plus heureuse ».

C'est dans ce décor que se développe le Grand-Bassin, appelé aujourd'hui le *bassin d'Apollon*, de forme octogone, de 110 mètres de long sur 75 mètres de large. Le dieu du Jour est représenté sur son char, sortant de l'onde pour venir éclairer la Terre : c'est toujours le mythe allégorique du Roi-Soleil, si en honneur dans l'imagination des contemporains, et que nous avons vu plusieurs fois répété, tant dans le Palais que dans les jardins. Cette œuvre élégante et forte est d'un des meilleurs sculpteurs de l'époque, Jean-Baptiste Tubi.

Derrière ce bassin imposant, des grilles séparent les jardins de l'ancien « Petit-Parc », qui a conservé presque intact son mur de clôture. Celui-ci est traversé par le Grand-Canal, qui pénètre dans les jardins par une pièce d'eau octogone, où un large degré de plusieurs marches marque l'endroit où la Cour s'embarquait pour des promenades sur l'eau.

Le *Grand-Canal*, sans contredit une des plus heureuses créations de Louis XIV, fut à la fois une œuvre d'assainissement et d'embellissement; il mesure 1,670 mètres de longueur; sa largeur dans la partie la plus étroite (prolongement du Tapis-Vert) est de 62 mètres; elle atteint 190 mètres dans la partie extrême, dite la Tête du Canal, au milieu de glacis de gazon.

Vers le milieu, le Canal est coupé par une traverse formant la Croix. Elle mesure, de l'escalier du Fer-à-Cheval du Grand-Trianon à la Ménagerie, une longueur de 1,070 mètres sur 75 mètres de largeur.

Le périmètre du Canal est de 5,500 mètres; il cube 441,860 mètres cubes d'eau et couvre une surface de 23 hectares, entièrement entourée de bois et taillis, avec allées superbes pour les promenades[1]. De la façade centrale du Château à la grille extrême du Petit-Parc, on mesure 3,340 mètres, et l'horizon dans le prolongement de l'allée de Villepreux, formant un rideau de peupliers, atteint au moins 8 kilomètres.[2] De la Terrasse, on peut y admirer de superbes soleils couchants.

Commencé en 1667-1668, agrandi à partir de 1671, il prit en peu d'années la forme grandiose qu'il possède aujourd'hui. Tout le pourtour fut bordé d'une tablette de pierre à fleur de terre, supportée par un mur.

La pièce d'eau voisine du bassin d'Apollon servit de port aux bateaux, chaloupes ou galiotes que Louis XIV avait fait construire pour les promenades sur l'eau. En 1670, il eut même un vaisseau sur le Canal, avec trente-deux petits canons sculptés par Gaspard Marsy; il en eut un autre de 1681 à 1686, et de plus une galère, qui furent sculptés par Philippe Caffiéri et Briquet[3]. Il y eut un personnel du Canal d'environ

---

[1] Ces renseignements ont été contrôlés par Gavin, ancien inspecteur des Eaux de Versailles, et sur un plan du Parc dressé par Bieuville, ancien géomètre-expert des Domaines.

[2] L'axe horizontal du Jardin, entre la statue de la *Renommée* (bassin de Neptune) et la statue du *Curtius* à l'extrémité de la pièce d'eau des Suisses, est de 1,900 mètres.

[3] Le plus beau navire était la grande galère *La Réale*. Les canons avaient été fondus à l'Arsenal par les Keller.

soixante hommes, matelots, charpentiers, calfats, qui avaient pour capitaine le Marseillais Consolins et, après lui, le chevalier Paulin.

En 1679, la République de Venise fit don à Louis XIV d'une gondole dorée, qui fut voiturée de Rouen à Versailles. Au début, elle avait fourni quatre gondoliers, et ce nombre grossit jusqu'à quatorze en 1687. Ils logeaient dans les bâtiments situés à la tête du Canal et qui s'appellent encore aujourd'hui la *Petite-Venise*[1].

On partait des degrés du Canal pour aller à Trianon ou à la Ménagerie : galères et gondoles, les jours de fêtes, étaient remplies de musiciens, de trompettes et de timbaliers. Dangeau, qui donne tous ces détails, ainsi que le *Mercure galant*, ont noté toutes les journées marquantes. Louis XIV, le Grand Dauphin, la duchesse de Bourgogne soupaient quelquefois en barque; pendant les belles nuits d'été, celle-ci, et de même la duchesse de Bourbon, montaient en gondole à deux heures du matin, avec leurs dames, et se promenaient jusqu'au lever du soleil[2].

D'autres fois, la promenade avait lieu en carrosse autour du Canal. En hiver, les jeunes ducs de Bourgogne et de Berry allaient glisser ou patiner sous les yeux de Mme de Maintenon et de la duchesse de Bourgogne. Parfois, on s'y livrait à la pêche[3].

Pour ces fêtes, le Canal était superbement illuminé. Une des plus belles fut celle de 1674, où Vigarani avait dirigé l'illumination générale des jardins; les dernières et peut-être les plus magnifiques eurent lieu, sous Louis XV, pour le mariage de son petit-fils avec l'archiduchesse Marie-Antoinette[4].

Mais, sous ce prince, les plaisirs des promenades en gondoles n'étaient plus goûtés; il y eut cependant quelques courses en traîneaux. En 1751, les filles de Louis XV partirent de la terrasse du Château et firent le tour du Canal par la Ménagerie

[1] Il y avait aussi, à la *Petite-Venise*, un grand magasin où l'on tenait tous les riches ornements des gondoles et les beaux habits des gondoliers. (Voir J. Fennebresque, *La Petite-Venise*, 1899.)

[2] Dangeau, 10 juillet 1699.

[3] *Ibid.*, 23 janvier 1704.

[4] L'image en a été fixée dans un dessin célèbre par Moreau le Jeune.

et Trianon. Néanmoins, peu à peu, on se détourna de ces distractions qui plaisaient à Louis XIV, et le Canal fut abandonné. En 1788, il est en très mauvais état et les habitants se plaignaient qu'il leur donnât la fièvre. Les réparations furent commencées par le comte d'Angiviller : de 1789 à 1808, le Canal fut à sec. En 1811, Napoléon et Marie-Louise vinrent en gondole de Trianon à Versailles pour assister aux grandes eaux. Le lendemain, ils firent une nouvelle promenade sur le Canal et rentrèrent à Trianon, où ils résidèrent quelque temps.

En 1878, le génie militaire a fait construire, au bout du bras de la Ménagerie, une école de ponts.

La Société de la Flottille du Canal y donne actuellement des fêtes vénitiennes charmantes, et une nombreuse flottille de bateaux à rames et à pétrole donne en été une grande animation sur cette belle pièce d'eau.

En revenant vers le Château, par le Tapis-Vert, nous voyons à droite, près de la grande allée, « comme un débris de monument antique merveilleusement conservé », la *Colonnade* de Mansart. Commencée en 1685, elle fut terminée en trois ans[1]. Elle est de forme circulaire et a 32 mètres de diamètre. Trente-deux colonnes de marbre coloré, renforcées de pilastres, soutiennent des arcades avec frise légère; sur l'attique, trente-deux vases sont posés. Cette variété de marbres, brèche violette, rouge du Languedoc et bleu turquin, est du plus heureux effet.

« Dans les vingt-huit entre-colonnements sont placés autant de bassins, aussi de marbre, d'où s'élance un jet d'eau qui, dans sa chute, forme une nappe dans un chéneau de marbre qui sert de soubassement à toute cette architecture[2]. »

Les grands sculpteurs du siècle ont laissé ici leur trace immortelle : nombreux bas-reliefs représentant des Génies et des Amours, des têtes de Nymphes, de Naïades et de Sylvains au claveau de chaque voûte, et qui rappellent les noms de Coysevox, Tubi, Mazière, Granier, Le Hongre et Lecomte.

---

[1] Elle fut construite sur l'emplacement de l'ancienne *fontaine des Sources*.

[2] Blondel, *Traité d'Architecture*, 4 volumes (voir la nouvelle édition Lévy, éditeur).

Le Labyrinthe de Versailles, par AVELINE.

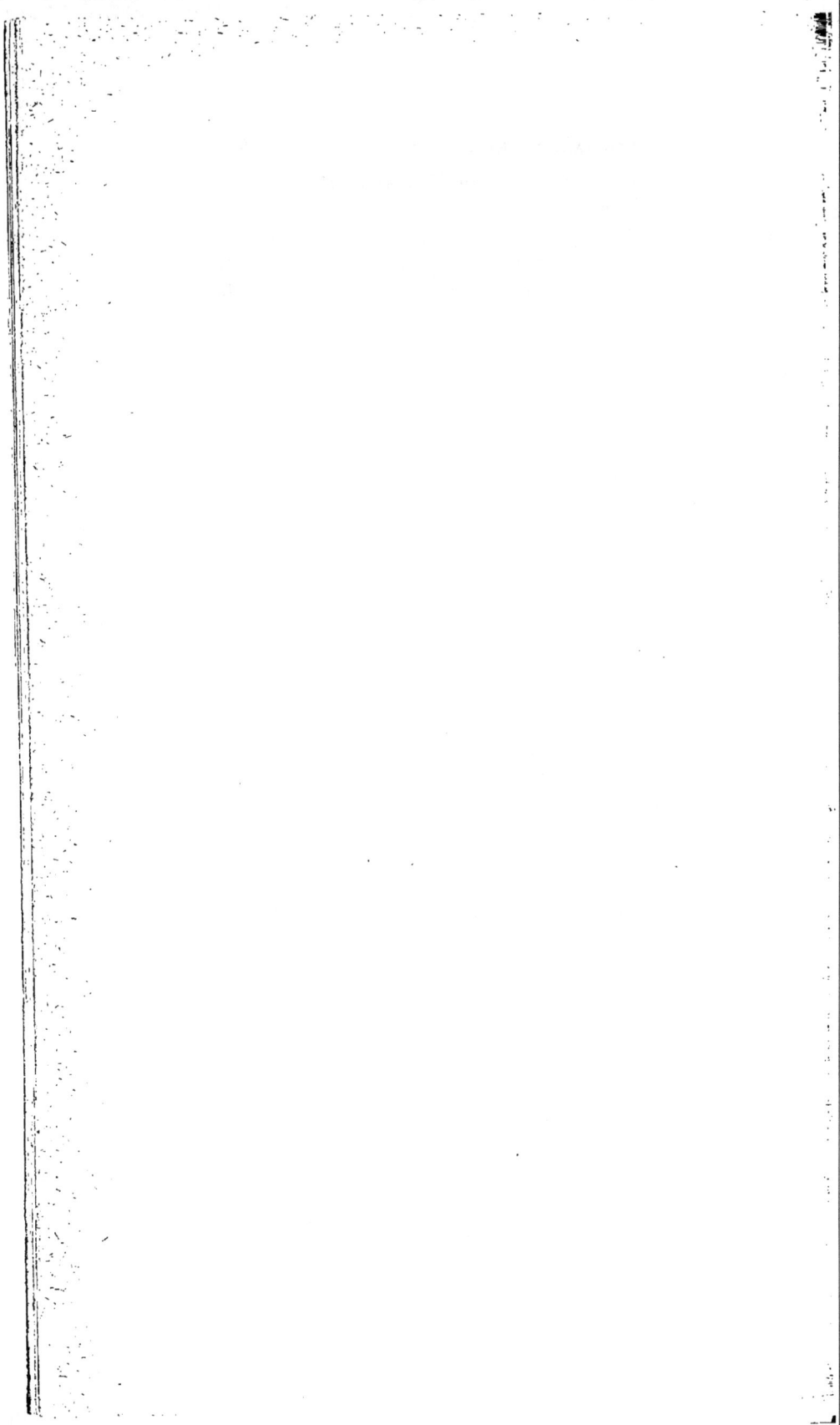

Le groupe du milieu, représentant l'*Enlèvement de Proserpine par Pluton*, en achève l'harmonie. Cette œuvre est, avec les bas-reliefs du piédestal, où l'on voit le dieu des Enfers emmenant dans son char la fille de Cérès, au nombre de celles qui font le plus d'honneur à Girardon, qui les exécuta en 1699, d'après les dessins de Le Brun.

La *Colonnade* servait, comme la plupart des bosquets, aux collations pendant les promenades de la Cour.

De l'autre côté de l'allée de Bacchus est le *bosquet de la Reine*, dont l'emplacement était occupé par le *Labyrinthe*, construit de 1667 à 1674. Le Nôtre y avait tracé « une infinité de petites allées, tellement mêlées les unes aux autres qu'il était presque impossible de ne pas s'y égarer ; mais aussi, afin que ceux qui s'y perdaient pussent s'y perdre agréablement, il n'y avait pas de détour qui ne présentât plusieurs fontaines en même temps à la vue, en sorte qu'à chaque pas on était surpris par quelque nouvel objet ».

Les sujets des trente-neuf fontaines avaient été tirés des Fables d'Esope : l'exécution en était pleine d'ingéniosité et de naïveté. Les animaux en plomb[1], de grandeur naturelle, coloriés au naturel, « semblaient être dans l'action même qu'ils représentaient ». L'explication de la fable était contenue dans un quatrain de Benserade, gravé en lettres d'or sur une plaque de bronze.

Les bassins étaient composés de rocaille fine et de coquilles brillantes, exécutées par Berthier[2].

A l'entrée du Labyrinthe étaient deux statues : celle d'*Esope*, par Legros, et celle de l'*Amour*, par Tubi ; elles sont actuellement dans le bosquet de l'*Arc-de-Triomphe*.

Détruit en 1775, lors de la replantation du Parc, il prit le nom de *bosquet de la Reine*. On y introduisit alors quelques

---

[1] Les animaux furent modelés par Mazeline, Masson, Legeret, Drouilly, etc. — Dussieux dit que les restes du Labyrinthe furent soigneusement recueillis par Soulié, l'ancien conservateur du Château. Il demandait si on ne pourrait pas replacer dans le bosquet de la Reine les restes les mieux conservés de l'ancienne décoration et produire quelques œuvres de sculpteurs d'animaux du XVIIe siècle qui compléteraient ceux des cabinets de *Diane* et du *Point-du-Jour*. La même question peut se poser aujourd'hui.

[2] Voir les deux tableaux de Cotelle (salle 34). — Voir A. Jehan, *Le Labyrinthe de Versailles et le Bosquet de la Reine*, (L. Bernard, 1901.)

arbres exotiques, aussi rares à Versailles qu'ils sont nombreux à Trianon, tulipiers de Virginie, cèdres du Liban; quelques vases et statues, dont la principale est le *Gladiateur*

Ce bosquet rappelle la nuit d'été de 1784 où Mlle d'Oliva trompa le cardinal de Rohan, qui la prit pour Marie-Antoinette (affaire du Collier).

Tout près de la *Colonnade*, vers l'ouest, est l'ancienne *Galerie-d'Eau* ou Cabinet des Antiques, devenue, au XVIIIe siècle, la *Salle-des-Marronniers*. Il y avait vingt-quatre figures de marbre, la plupart copies d'antiques, alignées parmi les orangers, les jets d'eau et les *goulettes* de marbre remplies d'eau courante. Le sol était dallé en marbre de deux couleurs. Il ne restait de tout cela, au XVIIIe siècle, que huit bustes de marbre blanc et les deux antiques, *Méléagre* et *Antinoüs*[1]. C'est l'état actuel. Ce bosquet était très recherché pour sa fraîcheur, avec son haut treillage rempli de chèvrefeuille. A chaque extrémité se trouve un petit bassin circulaire, au milieu duquel est une vasque en marbre : c'est tout ce qui reste de l'ancienne *Galerie-d'Eau*.

Tout près, le *bassin du Miroir* ou *Vertugadin*[2], à cause de la forme de son dessin, fut creusé en 1683, en même temps qu'une pièce plus grande, aujourd'hui comblée, l'*Ile-Royale*[3] ou l'*Ile d'Amour*, qui est devenue le *Jardin du Roi*. Ces deux pièces étaient séparées par une chaussée qui existe encore, où était établie une cascade qui tombait dans l'*Ile*. Le pourtour du Vertugadin était décoré de quarante petites vasques d'où sortaient autant de jets d'eau. Il est entouré d'un beau massif de verdure percé de cinq grandes allées du plus bel effet.

La grande pièce appelée, depuis la fin du XVIIIe siècle, l'*Ile d'Amour* ne tenait plus l'eau depuis longtemps. « Elle était devenue un marais fangeux, couvert de roseaux, et qui, pendant les chaleurs de l'été, répandait des exhalaisons fétides

[1] Voir la gravure de Rigaud. — Le *Cabinet des Antiques* est représenté sur le tableau de J.-B. Martin (Musée de Versailles, n° 758).

[2] Ce terme désigne « un glacis de gazon » en amphithéâtre, dont les lignes circulaires qui le terminent ne sont pas parallèles.

[3] Elle tirait ce nom d'une petite île qui se trouvait au milieu de cette grande pièce et que l'on voit marquée sur le plan d'Israël Silvestre de 1680.

dans la partie basse du Parc. On venait y jeter les décombres de la ville. En 1816, Louis XVIII chargea l'architecte Dufour de la transformer en jardin anglais, sur le plan, dit-on, du jardin de la maison d'Hartwell, que le Roi avait occupée en Angleterre.

L'*Ile-Royale* est devenue un bosquet charmant où sont de belles pelouses, avec des massifs superbes et des arbres de toute beauté. Au fond, une colonne élégante supporte une statue de *Flore*. Aux angles, sont deux jolies salles de verdure remplies de roses printanières, avec vases imités de l'antique. Hors du treillage, de chaque côté du *Jardin du Roi*, vers le fond, apparaissent les statues colossales de l'*Hercule Farnèse* et de la *Flore Farnèse*, copiés par Cornu et Raon.

En rentrant vers le Château, nous passons devant les bassins de *Saturne* et de *Bacchus*, correspondant à ceux de *Flore* et de *Cérès*, de l'autre côté du Tapis-Vert. Saturne, l'époux de Cybèle, est un vieillard à grande barbe, aux grandes ailes déployées comme celles du Temps; tout autour, des Amours ailés contrastent avec cette sévère figure de dieu déchu. C'est une des plus belles œuvres de Girardon. Non moins remarquable est le *Bacchus* de Marsy, couronné de pampres et étendu au milieu des raisins, entouré d'enfants aux pieds de chèvre, tout joyeux de presser des raisins sous leurs lèvres avides.

Le *bosquet des Rocailles* ou *Salle-de-Bal* est tout à fait caché derrière un massif voisin. Sur ses gradins de verdure tombent des cascades étagées où viennent se mêler des jets d'eau. Si nous n'avons plus l'arène hexagone limitée par un fossé décoré de coquillages, sur laquelle on dansait parfois au temps de Louis XIV, il reste les rocailles d'où s'échappent ces nappes d'eau dont l'effet aux lumières était si prestigieux. Au-dessus se tenait l'orchestre. Le jour des grandes eaux, le public s'assoit sur les cinq gradins où s'asseyaient les courtisans, les soirs de bal. La décoration de plomb, qui fut installée en 1683, subsiste encore : quatre vases (Lecomte) en haut des cascades, quatre torchères (Legros et Masson) en bas, quatre autres torchères (Mazeline) près des entrées, quatre vases (Le Hongre) au-dessus de l'amphithéâtre de gazon.

A l'origine, les bosquets avaient été entourés de grilles.

Louis XIV les fit enlever en 1704, afin d'y donner libre accès au public[1], mais les vols et les mutilations devinrent si fréquents qu'on fut obligé de les replacer en 1730. L'observation de Blondel jette un triste jour sur les mœurs du temps. « Il eût été à désirer, dit-il, qu'on eût pris plus tôt ce parti ; bien des figures de marbre, mutilées aujourd'hui, auraient été conservées dans leur entier. D'ailleurs, celles de métal, les conduites de plomb, les robinets de cuivre, rien n'était en sûreté ; et malgré l'attention des fontainiers à cet égard, il est arrivé plus d'une fois que plusieurs pièces d'eau rendaient imparfaitement leur effet, la plupart des tuyaux qui étaient à découvert ayant été enlevés la veille. »

Le même auteur nous fait savoir que les eaux jaillissantes, lorsqu'elles jouaient toutes ensemble, dépensaient un tel volume d'eau qu'on se contentait ordinairement, durant l'été seulement, de faire jouer depuis dix heures du matin jusqu'à dix heures du soir, pendant le séjour du Roi à Versailles, les parterres d'eau et quelques bassins qui s'apercevaient du Château et des terrasses. Les grandes eaux ne jouaient publiquement qu'aux fêtes de la Pentecôte et de Saint-Louis, ou bien lorsque quelque ambassadeur ou quelque étranger de marque venait visiter Versailles. Actuellement, le jeu des grandes eaux a lieu les premiers dimanches de chaque mois, de mai à octobre, et à certaines fêtes spéciales annoncées par la presse ; il exige 10,000 mètres cubes d'eau avec 607 jets.

Beaucoup de prosateurs et de poètes ont été inspirés par les beautés de Versailles. Il est juste de citer ici le comte Robert de Montesquiou-Fezensac qui, entre autres œuvres sur Versailles, a publié un remarquable livre de sonnets, *Les Perles rouges* ; un roman de Marcel Batilliat, *Versailles-aux-Fantômes* ; de Régnier, *La Cité des Eaux* ; E. Delerot, *Ce que les Poètes ont dit de Versailles* ; Pierre Gauthiez, *A Versailles* ; plusieurs romans de Chaperon dont l'action se passe à Versailles. Les peintres sont encore plus nombreux ; citons cependant Lobre, Helleu, Latouche, Charmaison, Guérand de Cévola, Tenré, d'Altamura, Bosch-Reitz, Marcel Lambert, Pallandre, etc., etc.

[1] Dangeau, 1704.

LE PETIT-PARC

Le Petit-Parc de Louis XIV existe encore, avec son mur percé de 16 portes ou grilles. Il renfermait la Ménagerie et sa ferme, le village de Choisy (détruit), la mare aux Bœufs, devenue le bassin de Choisy, le Grand-Canal, l'Etoile-Royale, au bout du Canal, d'où partaient la grande avenue de Villepreux et huit allées; la ferme de Galie, Trianon, le plateau, la ferme et les bois de Satory, le bois du Cerf-Volant et la pièce d'eau des Suisses. Sa contenance est de 5,083 arpents et 50 perches, soit 1,738 hectares.

Les fermes de Galie et de Chèvreloup avaient été vendues pendant la Révolution, le 19 mars 1797, par les administrateurs du département de Seine-et-Oise; elles furent rachetées, le 25 février 1806, par Napoléon Ier.

Le Petit-Parc a toujours servi aux chasses des rois ou des empereurs. L'abondance du gibier y était telle sous Louis XV, qu'en 1730 le Roi tua lui seul, en trois heures, 318 pièces.

Actuellement, la chasse du Parc est louée à M. Gordon-Bennett, ainsi que le pavillon de la Lanterne, à côté de la Ménagerie.

Dès le règne de Napoléon III, la ferme de Satory fut cédée à la Guerre, qui construisit sur le plateau les docks du Génie.

En 1874, on créa les docks de l'Artillerie. Aujourd'hui, le plateau de Satory est occupé par un polygone d'artillerie, un autre pour le génie. Sur ces terrains ont lieu les manœuvres de la garnison de Versailles.

Sous Louis-Philippe et Napoléon III, des courses de chevaux y eurent un grand succès.

Un polygone ou école de chemins de fer a été créé en 1875, à côté de la gare des Matelots, sur le chemin de fer de l'Ouest.

En 1878, le *Stand* de Versailles a été établi dans la plaine du Mail.

LE GRAND-PARC.

On commença à créer le Grand-Parc en 1668. En 1677, Louis XIV acheta de nombreuses terres pour le compléter et le fit entourer de murs. Il avait 6,614 hectares. Le mur était percé de 25 portes, dont chacune était gardée par un Suisse. Il longeait le bois des Gonards, passait près de Trou-Salé, des Loges, de Toussus, de Châteaufort, de Magny[1], de Voisins-le-Bretonneux, de Montigny, de Trappes, des Clayes, de Valjoyeux, de Villepreux, de Saint-Nom-la-Bretèche.

A Marly, le mur séparait les deux parcs de Versailles et de Marly; de là, il arrivait à la porte Saint-Antoine, bâtie en 1678, reconstruite sous Louis XVI, en laissant en dehors Rocquencourt et le Chesnay.

Le Grand-Parc renfermait les villages de Bailly, de Bois-d'Arcy, de Bouviers, de Buc, de Fontenay-le-Fleury, de Guyancourt, de la Minière, des Moulineaux (avec une faisanderie plus grande que les jardins de Versailles), de Noisy, de Rennemoulin, de Saint-Cyr, avec la Petite-Normandie, de Trou, de Vauluceau, de Villaroy, et les étangs de Bois-d'Arcy et de Bois-Robert, aujourd'hui cultivés, et ceux de Trappes et de Trou. Le Grand-Parc contenait plusieurs fermes, plusieurs pavillons de chasse, entre autres ceux de Fausses-Reposes et du Butard; il était rempli de buissons et de remises à gibier, qui y foisonnait. On y courait le cerf, le lièvre; on y chassait à tir, et on y faisait aussi la chasse du vol avec les équipages entretenus par le Roi; le nombre des faisans était prodigieux. Parlant de la chasse du 18 novembre 1707, Dangeau dit : « Jamais on ne vit tant de faisans en l'air; le Roi en tua beaucoup et en donna à toutes les dames qui avoient suivi la duchesse de Bourgogne. »

Presque tout le Grand-Parc a été aliéné pendant la Révolution; l'Etat n'a conservé que les bois et les dépendances du service des eaux, étangs et rigoles.

[1] Port-Royal était un peu plus loin.

LE POTAGER

Pour remplacer le potager de Louis XIII, détruit par de nouvelles constructions, Louis XIV appela à Versailles La Quintinie, avocat distingué qui, après un voyage en Italie, où il avait admiré les beaux jardins de ce pays, s'était adonné à l'horticulture.

Mansart fit choix de l'emplacement du nouveau potager. La Quintinie planta le jardin de 1679 à 1682, à côté de la pièce d'eau des Suisses ; la grande serre, la maison bâtie pour La Quintinie et les logements des jardiniers sont de 1683 ; l'étang qui occupait le sol fut comblé, et La Quintinie fit merveille pour triompher des difficultés. Il divisa le Potager en vingt-neuf jardins limités par des murs de refend. Les allées étaient bordées de contre-espaliers ; au milieu était un bassin circulaire. Sous Louis XV[1], on ajouta un grand carré situé au sud-est, le « clos aux asperges ».

A cette époque, l'arboriculture était déjà fort à la mode. Arnauld d'Andilly publia en 1662 un Traité sur la manière de cultiver les arbres fruitiers ; le premier, il fit usage des espaliers ; son jardin de Port-Royal devint un modèle ; chaque année, il offrait à la reine Anne d'Autriche des pêches magnifiques. La Quintinie donna tous ses soins à la production et à la beauté des fruits. Ce qui a fait sa grande réputation à la Cour de Louis XIV, c'est la culture des primeurs ; il établit les cultures forcées sous châssis et en serres chaudes. Il obtint de bonnes pêches dans les jardins du Roi, mais le figuier était la principale culture du Potager, Louis XIV aimant beaucoup ses fruits. Il y avait aussi des « fruiteries » destinées à conserver les fruits pendant l'hiver. On ne cultivait aucun fruit exotique.

Les produits du Potager n'étaient pas pour le Roi seul[2] ; on en distribuait une partie au public.

[1] Avant 1732.

[2] La Quintinie donna au Roi des asperges et de l'oseille nouvelle

Louis XIV aimait, dans les grands repas, à voir sa table couverte de fleurs et de fruits. Aux hautes pyramides de fruits (œuvres), le Roi et La Quintinie substituèrent les « hors-d'œuvre », c'est-à-dire les corbeilles pleines de fruits que l'on mangeait, tandis que ceux de l'œuvre n'étaient que pour les yeux des convives. Louis XIV venait souvent converser avec La Quintinie et apprenait de lui la taille des arbres.

Ce grand agronome mourut en 1688; il avait été anobli par Louis XIV en 1687. Nombre d'étrangers de distinction vinrent au Potager. Louis XV ne le visita qu'une fois. Sous son règne, les cultures s'augmentèrent de celle de l'ananas.

Pendant la Révolution, le ministre Bénezech sauva le Potager en y établissant, à l'usage des élèves de l'Ecole centrale, un jardin botanique planté par Antoine Richard. En même temps, on créait une pépinière nationale dans le clos aux asperges.

En 1848, le Potager fut annexé à l'Institut agronomique. Une loi du 16 décembre 1873 a transformé l'ancien Potager de Louis XIV en une école d'horticulture très florissante. En 1876, on y a élevé une statue à La Quintinie. Celui-ci, dès 1670, avait le titre de directeur des jardins potagers et fruitiers des maisons royales. On y a inauguré également, le 22 mai 1898, une fontaine surmontée du buste de M. Hardy, premier directeur de l'Ecole nationale d'Horticulture[1]. Le Potager renferme aujourd'hui de belles serres, des espaliers et contre-espaliers, 1,100 variétés d'arbres fruitiers, un jardin botanique.

C'est l'unique école de ce genre qui soit en France.

---

en décembre; des radis, des laitues pommées, des champignons en janvier; des choux-fleurs en mars, des fraises dès les premiers jours d'avril, des petits pois en avril, des figues et des melons en juin.

[1] Voir, dans le *Versailles Illustré* (1898), article de M. Nanot, et son volume en collaboration avec M. Deloncle, *Histoire et description de l'Ecole nationale d'Horticulture de Versailles*, Paris, 1898.

CHAPITRE XV

LES MAISONS ROYALES

I. — LA MÉNAGERIE

Dès 1663, d'après les ordres de Louis XIV, Le Vau commença à transformer la ménagerie embryonnaire de Louis XIII; en 1668, tout était terminé. Le Roi eut ainsi un nouveau « petit château », décoré de peintures, de cuivres ciselés, de rocailles et de balustres en marbre.

Les animaux, les oiseaux y étaient nombreux; la volière était la plus belle de France, le colombier renfermait trois mille pigeons. On empaillait les animaux qui mouraient, pour en former une collection.

Pendant les fêtes de 1664, Louis XIV mena toute la Cour à la Ménagerie; le cardinal Chigi, nonce du Pape, le doge de Gênes la visitèrent. Le « petit château » servait à faire collation.

Le Roi le donna à la duchesse de Bourgogne en 1698 : il fut pour cette princesse comme un petit Trianon où elle trayait ses vaches et faisait du beurre. Dangeau nous apprend qu'on dépensa plus de 5,000 écus pour embellir la résidence de la jeune Dauphine; les travaux furent terminés en 1700.

La Ménagerie avait sa principale entrée à l'extrémité du chemin qui venait de Versailles : on arrivait à deux pavillons entre lesquels était une grille qui fermait la cour du château. La forme de ce bâtiment était celle d'un L renversé; la partie postérieure comprenait une galerie et un salon octogone, percé de sept fenêtres et terminé par un dôme au-dessous duquel était une grotte; les salles du rez-de-chaussée ne servaient qu'aux gardes. Les pièces du premier étage, fort petites, étaient revêtues de charmants panneaux sculptés et dorés[1], peints de grotesques en coloris. Les cheminées étaient des marbres les plus rares; au-dessus des portes étaient des tableaux dans des cadres dorés. La guerre de la Succession d'Espagne empêcha la décoration complète et arrêta les travaux. Parmi les merveilles de ce château, l'on citait la balustrade en fer doré d'un des escaliers et un balcon situé à l'extérieur du premier étage du château, d'où l'on pouvait voir à l'aise les animaux qui peuplaient les cours, au nombre de six, disposées en éventail autour de la tour octogone.

La duchesse de Bourgogne allait se promener presque tous les jours à la Ménagerie, et souvent elle y soupait avec ses dames. Louis XIV y vint assez souvent jusqu'en 1707. Quelquefois, le duc de Bourgogne, dévot et sérieux, venait prendre part aux amusements coutumiers; la duchesse pêchait, faisait collation, jouait aux jeux à la mode, montait à âne, plus tard (1707) à cheval; elle organisait des cavalcades.

Après la mort de la jeune princesse (1712), la Ménagerie est abandonnée pour toujours. Marie Leczinska y retourna quelquefois, mais la curiosité d'aller la voir passa de mode. En 1767, Ducis y habita[2]. Elle fut pillée sous la Révolution et les animaux furent transportés au Jardin des Plantes, à Paris (1793). Bernardin de Saint-Pierre, qui en fut l'intendant, n'y trouva que cinq bêtes.

Le « petit château » fut dégradé peu à peu. La ferme devint en 1799 une sorte de bergerie-école, où l'on entretenait des moutons, des taureaux, des vaches, boucs, chèvres, etc.

Le 22 décembre 1799, le Premier Consul donna au citoyen Sieyès, à titre de récompense nationale, le domaine national de Crosnes[3], qu'il échangea contre la ferme de la Ménagerie.

---

[1] Ils étaient l'œuvre de Dugoulon. — La décoration des panneaux et du plafond avait été exécutée sur les dessins d'Audran. Les peintres Allegrain, Boulogne l'aîné et Blanchard y travaillèrent.

[2] Comme elle renfermait plusieurs bâtiments, on y logeait quelques protégés. Ducis habita l'un d'eux avec sa sœur et y composa sa tragédie d'*Hamlet*.

[3] Entre Paris et Corbeil, sur l'Yères.

La Ménagerie, d'après PERELLE.

Le 12 janvier 1801, l'Etat vendait la ci-devant Ménagerie des animaux et les bâtiments annexes. Ce domaine, d'une étendue de plus de 5 hectares, fut acheté aux enchères par un certain Bunout; mais, finalement, Sieyès racheta toutes les dépendances de l'ancienne Ménagerie de Louis XIV, en tout 251 hectares, qu'il revendit plus d'un demi-million à Napoléon Ier, désireux de reconstituer le domaine de Versailles. Le peu qui restait, et qui était demeuré la propriété d'un nommé Fessart, fut acquis par Louis-Philippe.

Ce qui subsiste aujourd'hui du séjour favori de la duchesse de Bourgogne se réduit aux deux pavillons de la Laiterie, avec leurs frontons sculptés[1].

Sur les terrains de la Ménagerie, on a construit des hangars servant à l'Ecole d'aérostation du génie.

II. — LE GRAND-TRIANON

Ce fut primitivement le nom d'un humble et très ancien hameau, avec une église dédiée à Notre-Dame (*Divæ Mariæ de Triennio*), qui se trouvait enclos dans le parc du Roi.

De 1668 à 1670, quand le petit château de Versailles était en train de devenir le palais « du Grand Roi », Louis XIV, après avoir fait démolir l'église et les chaumières qui l'entouraient, y fit élever un château de plaisance, qui fut appelé *Trianon*.

Ce fut d'abord un pavillon d'un étage, entouré de quatre pavillons moindres et de jardins tracés par l'habile Michel Le Bouteux; il était destiné à être un lieu de plaisance et de divertissement, bien situé en face de la *Ménagerie*, à l'extrémité du bras septentrional de la Croix du Canal, qui se terminait en ce moment.

Bâti par l'architecte Dorbay, en l'honneur de M\u1d50ᵉ de Montespan, il prit le nom de *Trianon de Porcelaine*, à cause de

---

[1] Le degré sur le Canal, refait en 1847, est décoré de deux statues modernes de Nanteuil.

sa décoration de goût chinois[1]. Regardé alors, dit Félibien, « comme un enchantement », l'admiration qu'il provoqua lui valut de nombreuses imitations, comme le témoignent les gravures du temps.

De tout cet ensemble, terminé en 1672, rien n'a survécu, ni des revêtements intérieurs, ni des ornements de plomb doré, multipliés sur les combles en faïence, jeunes Amours armés de dards et de flèches, chassant après des animaux, ni des vases de porcelaine disposés de degré en degré jusqu'au faîte, avec « différents oiseaux représentés au naturel ». (Félibien.)

Le Hongre, Houzeau, Sibrayque, Jouvenet, Caffiéri avaient travaillé à cet ensemble, et aussi Temporiti et Lespagnandel ; Mazeline avait modelé les stucs d'intérieur. Il y avait un *cabinet des Parfums* qu'admirèrent fort, d'après le *Mercure*, les ambassadeurs de Siam en 1686.

Maison de plaisance et repos d'été de réunions peu nombreuses, réservée aux collations et aux soupers, tel fut le *Trianon de Porcelaine* ; son principal attrait fut son jardin, dont Le Bouteux fut le maître. Il y réunit, sous le contrôle assidu de Colbert, les fleurs les plus rares et dont l'odeur était la plus forte : jasmins et orangers d'Espagne, tulipes, anémones, giroflées doubles et « neuf mille oignons, tant narcisses de Constantinople que jacinthes et autres fleurs, héliotropes, jonquilles et tubéreuses ». Il imagina une orangerie en pleine terre « où poussaient dans le sol même les fleurs et les arbustes du Midi », de telle sorte qu'on y voyait l'hiver, ce qui faisait l'admiration générale, « un nouveau jardin, plus surprenant que celui d'été ».

Les serres de Trianon furent l'objet d'un soin particulier, et l'air y était en toute saison parfumé de l'odeur des jasmins et des orangers. Grâce au système des pots de grès où l'on mettait une quantité prodigieuse de fleurs, que l'on en-

---

[1] « Le goût pour la Chine naissait alors, à la suite des relations écrites par les missionnaires sur ce pays, ainsi que sur l'Inde. Les laques, les porcelaines, les étoffes et les peintures chinoises étaient alors recherchées avec ardeur ; la fameuse Tour de porcelaine, située près de Nankin, passait pour la huitième merveille du monde. » (Soulié, *Le Trianon de Porcelaine. — Mag. pittor.*, 1857.) — En 1685, Louis XIV envoya en Chine cinq Jésuites missionnaires pour établir une mission française à Pékin. (M. Henri Cordier, membre de l'Institut, a fait en novembre 1908 une communication sur ce sujet.)

terrait dans les plates-bandes, on pouvait, si on le voulait, changer tous les jours et même deux fois par jour ce tableau féerique des parterres, aux couleurs si variées. Louis XIV prisait fort ces changements à vue.

Ce premier Trianon, si bien situé, ne cessa de servir aux plaisirs ordinaires de la Cour. C'est là qu'eut lieu la seconde journée de fêtes données à l'occasion de la reprise de la Franche-Comté, le 11 juillet 1674.

A ces collations si fréquentes de Trianon, le Roi conviait les dames ; la Reine y allait quelquefois de son côté avec les siennes. Un jour (le 12 juin 1675), elle allait, nous apprend Mme de Sévigné, prendre Mme de Montespan à Clagny ; elle la fit entrer dans son carrosse, ce qui ne laissa pas d'étonner ; mais la bonne Reine voulait encore paraître ignorer la faveur que son royal amant lui avait faite.

A partir de 1682, la Cour définitivement installée à Versailles, les soupers de Trianon devinrent plus fréquents. La flottille du Canal, toujours augmentée, ne cessait d'y transporter les brillantes compagnies. En ce lieu charmant, Louis XIV pouvait admirer son œuvre et se dire qu'ici, comme dans ses jardins de Versailles, il avait lui-même créé.

Le 12 juin 1684, après s'y être longtemps promené, il le trouva, nous dit Dangeau, plus beau que jamais ; et cependant, par un caprice inexplicable, si ce n'est par la manie de la nouveauté, il démolissait en 1687 le *Trianon de Porcelaine* et faisait construire, par Mansart, un nouveau Trianon où le marbre fut prodigué. D'après les Comptes des Bâtiments, cinquante-six sculpteurs y travaillèrent, sans parler de treize sculpteurs spéciaux pour les boiseries[1]. Domenico Cucci fit tous les ouvrages en cuivre doré.

Construit dans le style italien, à un seul étage, le Trianon de Mansart était couronné d'une balustrade surmontée de statues, de groupes d'enfants et de vases (détruite depuis 1789). Un péristyle à jour, œuvre de Robert de Cotte, dit-on, et décoré de colonnes du plus beau marbre vert-campan, réunit les deux corps de bâtiments latéraux. Il a été fermé en 1805 par des vitrages mobiles.

[1] Dussieux, t. II. — Voir le plan à la fin du volume.

Le bâtiment de droite est relié par une galerie à une aile en retour, appelée le *Trianon-sous-Bois*, à cause de son voisinage du *jardin des Sources*, formé « d'un petit bois coupé par de nombreuses rigoles et d'une délicieuse fraîcheur ». La grande cour est bordée, à droite et à gauche, par deux bâtiments, et au fond, par le péristyle. Le bâtiment de gauche servait, ainsi que les constructions qui entourent la *cour des Cuisines*, aux offices et au logement des officiers. Le bâtiment de droite renfermait d'abord la *salle de Comédie*, détruite vers 1704, puis l'appartement de Louis XIV, qu'on établit sur l'emplacement de cette salle, et qui se composait d'une antichambre, d'une chambre à coucher, de trois cabinets pour le service du Roi et du cabinet du Conseil.

L'appartement de Louis XIV a été modifié par Louis XV. Louis-Philippe en changea aussi la disposition intérieure. Il comprend aujourd'hui une petite galerie et trois pièces désignées sous le nom d'appartement de la reine Victoria[1].

Du côté des jardins, à gauche du péristyle, on trouve l'ancien appartement de Monseigneur, comprenant le *salon des Glaces*, avec un cabinet et une chambre, le *salon de la Chapelle* (dans un renfoncement était placé l'autel) et le *salon des Seigneurs*, aujourd'hui vestibule des appartements de l'aile gauche. Napoléon et Louis-Philippe l'ont habité.

De l'autre côté du péristyle sont : le *salon des Colonnes* ou *salon Rond* (aujourd'hui vestibule des appartements de l'aile droite, qui servit de chapelle sous Louis XV et sous son successeur), le *salon de Musique* (actuellement salle de billard), l'*antichambre des Jeux*, la *chambre du Sommeil* (les deux pièces sont aujourd'hui réunies), le *cabinet du Couchant* et le *salon Frais*; les six pièces constituèrent l'appartement de Louis XIV jusqu'en 1705. Derrière, on trouvait le *Buffet*, un cabinet, le *cabinet du Repos*, le *cabinet du Levant* et le *salon des Sources*, donnant tous également sur le *jardin du Roi*. Ces cinq pièces, appelées *petits appartements*, ont été habitées par Mme de Maintenon, par Louis XV (1744), après la mort de Mme de Châteauroux, par Stanislas Leczinski, et enfin par Mme de Pompadour. Napoléon Ier en avait fait ses cabinets de

---

[1] Dussieux, t. II. En 1846, Louis-Philippe avait préparé cet appartement pour la reine d'Angleterre, qui n'y vint pas.

Le Grand-Trianon, du côté de l'avenue, d'après RIGAUD.

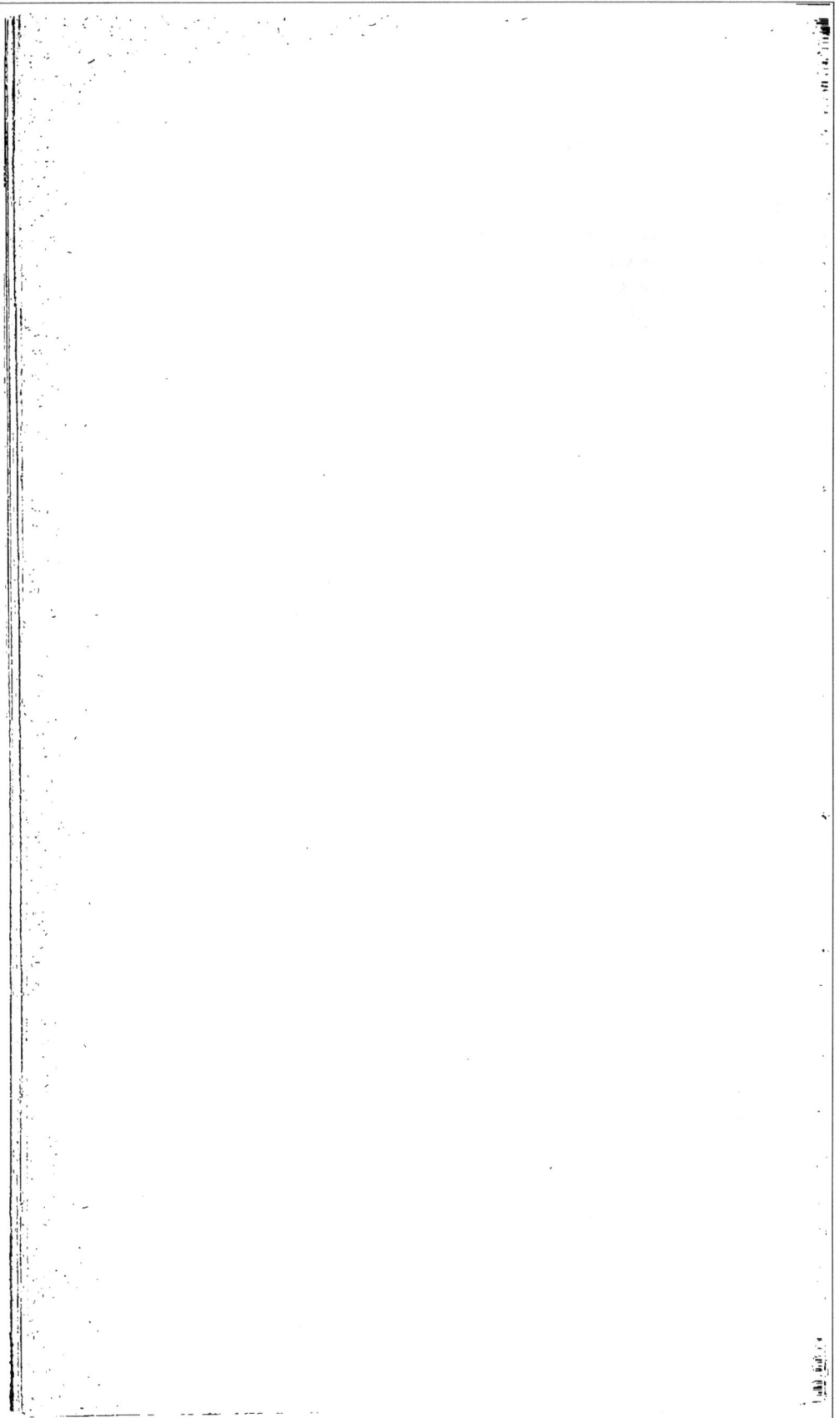

travail et de conseil; sa bibliothèque était au *salon des Sources*.

Au *salon Frais* commençait la *Galerie*, décorée sous Louis XIV des tableaux de Cotelle, Allegrain et Martin, représentant les vues de Versailles et de ses bosquets. La *Galerie* aboutissait au *salon des Jardins*, d'où l'on entrait dans la *salle de Billard*, transformée sous Louis-Philippe en une chapelle, où la princesse Marie fut mariée, le 17 octobre 1837, au duc Alexandre de Wurtemberg.

A ces deux corps de logis, Mansart ajouta une aile que l'on désigna sous le nom de *Trianon-sous-Bois*. Elle s'étend à droite et est contiguë aux jardins du Petit-Trianon. Ce fut sous Louis XIV le logement de Monseigneur et de Monsieur, puis du duc et de la duchesse de Bourgogne et de la Palatine.

Luynes nous apprend qu'en 1752, sous Louis XV, on y fit six appartements pour Madame Adélaïde, la Reine, la duchesse de Luynes et ses dames d'honneur, le Dauphin et la Dauphine, et Mme de Brancas.

Louis XIV avait suivi de près la construction de Trianon. Ici se place une curieuse anecdote finement racontée par Dangeau et qui date sans doute de 1687 : « Le Roi, qui aimoit à bâtir et qui n'avoit plus de maîtresses, avoit abattu le petit Trianon de porcelaine qu'il avoit fait autrefois pour Mme de Montespan, et le rebâtissoit pour le mettre en l'état où on le voit encore. Louvois étoit surintendant des Bâtimens. Le Roi, qui avoit le coup d'œil de la plus fine justesse, s'aperçut d'une fenêtre de quelque peu plus étroite que les autres; les trémeaux ne faisoient encore que de s'élever et n'étoient pas joints par le haut. Il la montra à Louvois pour la réformer, ce qui étoit alors très aisé. Louvois soutint que la fenêtre étoit bien. Le Roi insista, et le lendemain encore, sans que Louvois, qui étoit entier, brutal et enflé de son autorité, voulût céder.

« Le lendemain, le Roi vit Le Nôtre dans la Galerie. Quoique son métier ne fût guère que les jardins, où il excelloit, le Roi ne lassoit point de le consulter sur ses bâtimens. Il lui demanda s'il avoit été à Trianon. Le Nôtre répondit que non. Le Roi lui ordonna d'y aller. Le lendemain, il le vit encore;

même question, même réponse. Le Roi comprit à quoi il tenoit tellement qu'un peu fâché, il lui commanda de s'y trouver l'après-dînée même, à l'heure qu'il y seroit avec Louvois. Pour cette fois, Le Nôtre n'osa y manquer. Le Roi arrivé et Louvois présent, il fut question de la fenêtre, que Louvois opiniâtra toujours de largeur égale aux autres. Le Roi voulut que Le Nôtre l'allât mesurer, parce qu'il étoit droit et vrai, et qu'il diroit librement ce qu'il auroit trouvé. Louvois, piqué, s'emporta. Le Roi, qui ne le fut pas moins, le laissoit dire, et cependant Le Nôtre, qui auroit bien voulu n'être pas là, ne bougeoit. Enfin, le Roi le fit aller, et ce pendant Louvois toujours à gronder et à maintenir l'égalité de la fenêtre avec audace et peu de mesure. Le Nôtre trouva et dit que le Roi avoit raison de quelques pouces. Louvois voulut imposer, mais le Roi, à la fin trop impatienté, le fit taire, lui commanda de faire défaire la fenêtre à l'heure même, et, contre sa modération ordinaire, le malmena fort durement.

« Ce qui outra le plus Louvois, c'est que la scène se passa non seulement devant les gens des bâtimens, mais en présence de tout ce qui suivoit le Roi en ses promenades, seigneurs, courtisans, officiers des gardes et autres, et même de tous les valets, parce qu'on ne faisoit presque que sortir le bâtiment de terre, qu'on étoit de plain-pied à la cour, à quelques marches près, que tout étoit ouvert, et que tout suivoit partout. La vespérie fut forte et dura assez longtemps, avec les réflexions des conséquences de la faute de cette fenêtre, qui, remarquée plus tard, auroit gâté toute cette façade et auroit engagé à l'abattre.

« Louvois, qui n'avoit pas accoutumé d'être traité de la sorte, revint chez lui en furie et comme un homme au désespoir. Saint-Pouange, les Tilladet et ce peu de familiers de toutes ses heures en furent effrayés, et, dans leur inquiétude, tournèrent pour tâcher de savoir ce qui étoit arrivé. A la fin, il le leur conta, dit qu'il étoit perdu, et que, pour quelques pouces, le Roi oublioit tous ses services qui lui avoient valu tant de conquêtes; mais qu'il y mettroit ordre et qu'il lui susciteroit une guerre telle qu'il lui feroit avoir besoin de lui et laisser là la truelle, et de là s'emporta en reproches et en fureurs. Il ne mit guère à tenir parole. Il enfourna la guerre par l'affaire de la double élection de Cologne; il la confirma

en portant les flammes dans le Palatinat et en laissant toute
liberté au projet d'Angleterre. »

Trianon fut achevé en 1688. L'ameublement fut complet
trois ans après; il était en damas cramoisi broché d'or. L'on
y voyait des tapis de Perse, de Turquie, des porcelaines de
Chine et diverses curiosités des Indes. La décoration intérieure se composa surtout de nombreux tableaux exécutés
par Le Brun, Mignard, les deux Coypel, Jouvenet, Houasse,
Delafosse, Corneille l'aîné, les deux Boulogne, de Sève, Allegrain, Cotelle et Martin[1], Bertin, Blain de Fontenay et Baptiste[2], ces deux derniers excellents peintres de fleurs et de
fruits. Claude Lorrain y fit quatre paysages qui prirent place
dans la chambre de Monseigneur[3].

LES JARDINS

Comme le Trianon de Porcelaine, le Trianon de Mansart se
distingua par l'excellente tenue des jardins et l'abondance
des fleurs. « Tout y est parfumé, disait Piganiol, on n'y respire que violettes, orangers et jasmins. »

Devant le château étaient plusieurs grands parterres à
l'anglaise (à grands dessins bordés de buis taillés et à petites
allées tortueuses), appelés aujourd'hui parterres français; le
jardin du Roi, dans l'angle formé par le bâtiment de son
appartement et l'aile droite; le bosquet des Sources, dans
l'angle formé par la Galerie et le Trianon-sous-Bois. Nous
avons déjà dit que la princesse Palatine fut l'un des hôtes
de l'aile droite. Dans une de ses lettres, elle parle de ce bosquet des Sources, « si touffu qu'en plein midi le soleil n'y
pénètre pas. Il y sort de terre plus de cinquante sources qui
font de petits ruisselets larges d'un pied à peine, et que, par

---

[1] Leurs vues de Versailles sont aujourd'hui au Musée de Versailles.

[2] Jean-Baptiste Monnoyer, qu'on appelait communément « Baptiste »,
était un très habile peintre de fleurs, genre alors peu pratiqué. Son fils
(Antoine) et son gendre, Blain de Fontenay, furent aussi des peintres
fleuristes. (Olivier Merson, *La Peinture française au XVII*e *et au
XVIII*e *siècle*.)

[3] Ces quatre tableaux : *Le Débarquement de Cléopâtre, David sacré
roi, Ulysse remettant Chryséis à son père, Vue d'un port de mer*, sont
maintenant au Louvre.

conséquent, on peut tous enjamber; ils sont bordés de gazon et forment de petites îles suffisamment larges pour y mettre une table et des chaises, de façon à pouvoir y jouer à l'ombre. Il y a, des deux côtés, de larges degrés, car tout est un peu en pente; l'eau court aussi sur ces degrés, et fait de chaque côté une cascade. C'est, comme vous voyez, un endroit très agréable. De mon côté, les arbres entrent presque dans mes fenêtres; aussi appelle-t-on les corps de logis où sont la princesse de Conty, Monsieur le Dauphin, moi et Madame la Duchesse, Trianon-sous-Bois ». Ce charmant bosquet fut détruit, avec le jardin du Roi, lors de la replantation de Trianon, en 1775.

Entre le château et la tête du Canal étaient les parterres de fleurs. Plus loin, venaient la *Cascade* ou le *Buffet*, la plus belle des fontaines de Trianon, dessinée par Mansart, aujourd'hui remarquablement restaurée[1]; — la *Petite-Gerbe*; — la *pièce du Dragon*; — la *salle d'Atalante*; — la *salle Triangulaire*; — la *salle de Zéphire et Flore*; — la *salle des Grands-Portiques*; — la *salle des Deux-Ronds*, où l'on voyait deux beaux vases de Girardon faits pour Colbert et donnés au Roi par Seignelay; — la *salle ronde des Quatre-Figures*; — la *salle de Diane*; — la *salle de Mercure*; — le *jardin des Marronniers*, où se trouvait le groupe de *Laocoon*, copié par Tubi; — la *salle ronde des Six-Figures*.

Ces beaux jardins, dessinés par Mansart, ont gardé à peu près leur ancienne disposition, mais les noms ont changé. Toujours instable, Louis XIV fit faire de nouvelles fontaines en 1695; cinq ans après, le parc ayant été agrandi, d'autres parterres furent créés. Tous les ans, de nouveaux arbres étaient plantés en présence du Roi, et on les taillait sans cesse devant lui, d'une façon différente, car un de ses plus grands plaisirs était de se tenir dans les lieux où il faisait travailler et d'y surveiller les travaux[2].

---

[1] C'est une sorte de grand escalier en marbre blanc et de Languedoc, avec ornements en bronze doré; le dessus supporte les statues de *Neptune* et d'*Amphitrite*; les faces des gradins sont décorées de bas-reliefs. Les sculpteurs du Buffet sont Van Clève, Mazière, Granier, Poirier, Le Lorrain, Lemoine, Hardy et Lapierre.

[2] D'après le *Cicérone* de 1804, les jardins de Trianon furent remaniés par l'architecte Le Roy.

HISTOIRE (1688-1789)

En janvier 1688, Louis XIV fit son premier dîner au nouveau Trianon, pour la première fois en nombreuse compagnie. Puis, les dîners se succédèrent, auxquels s'ajoutèrent les grandes collations, les soupers, les ballets, la comédie, l'opéra[1] et les bals; mais, pour plus d'aise, le nombre des invités fut toujours fort restreint. Le 7 février 1689, le roi et la reine d'Angleterre vinrent à Trianon.

En 1694 (avril), le Roi couchait à Trianon pour la première fois. Des appartements y furent préparés pour les membres de la famille royale. « Le premier gentilhomme de la chambre, dit Dangeau, le capitaine des gardes et le grand maître de la garde-robe en ont aussi. Les autres courtisans viendront faire leur cour aux heures qu'ils voudront, comme à Versailles. Toutes les dames y pourront venir faire leur cour depuis trois heures jusqu'au souper. Mme la Duchesse et Mme la princesse de Conti en nommeront chacune deux, qui y dîneront, y souperont et retourneront coucher le soir à Versailles. »

Quand Marly fut achevé, Louis XIV délaissa quelque peu Trianon, où il ne trouvait pas assez d'air, mais il y eut des alternatives de faveur. Toutefois, en 1707, Marly redevint la maison préférée; aussi son histoire est plus importante. Le plus souvent, Louis XIV venait se promener à Trianon et retournait aussitôt à Versailles, sauf quand avaient lieu les parties de gondole sur le Canal.

La princesse de Savoie vint à Trianon pour la première fois le 12 décembre 1696, et, l'année suivante (17 décembre), il y eut, en l'honneur de son mariage, une grande fête : le roi et la reine d'Angleterre y assistèrent, ainsi que Madame et toutes les princesses ; on servit dans la salle de comédie « une magnifique collation en corbeilles ; ensuite, l'opéra

---

[1] *Thétis et Pélée*, de Colasse; *Atys*, de Quinault et Lulli; *Enée et Lavinie*, de Colasse. dont Bérain fit les décors et les costumes. En 1695 ce fut le tour de la *Galatée*.

40

commença, qui était l'opéra d'*Issé*, dont le Roi fut fort content. Le spectacle fut fort beau ». (Dangeau.)

Un des grands plaisirs de ce séjour était les parties en gondole. On descendait l'escalier à double rampe près duquel aboutit un bras du Canal du Petit-Parc, et qui forme en quelque sorte, pour le palais de Trianon, comme la porte d'eau de ces palais qui bordent le Grand-Canal à Venise. Sur la terrasse du jardin, Louis XIV, dans la soirée du 16 juillet 1699, regardait embarquer Monseigneur, la duchesse de Bourgogne et toutes les princesses.

Dangeau en fait le récit agréable :

Monseigneur étoit dans une gondole avec Mgr le duc de Bourgogne et Mme la princesse de Conty ; Mme la duchesse de Bourgogne étoit dans une autre avec des dames qu'elle avoit nommées ; Mme la duchesse de Chartres et Mme la Duchesse séparément dans d'autres gondoles. Tous les musiciens du Roi étoient sur un yacht. Le Roi fit apporter des sièges au haut de la balustrade, où il demeura jusqu'à huit heures à entendre la musique, que l'on faisoit approcher le plus que l'on pouvoit. Quand le Roi fut rentré au château, on alla jusqu'au bout du Canal, et on ne rentra au château que pour le souper. Le Roi avoit d'abord résolu de s'embarquer ; mais comme il a quelque disposition à un rhumatisme, M. Fagon ne lui conseilla pas, quoique le temps fût fort beau. Après le souper, Monseigneur et Mme la duchesse de Bourgogne se promenèrent jusqu'à deux heures après minuit dans les jardins et sur la terrasse qui est au haut de la maison ; après quoi Monseigneur alla se coucher. Mme la duchesse de Bourgogne monta en gondole avec quelques-unes de ses dames, et Mme la Duchesse dans une autre gondole, et demeurèrent sur le Canal jusqu'au lever du soleil. Puis Mme la Duchesse s'alla coucher, mais Mme la duchesse de Bourgogne attendit que Mme de Maintenon partit pour Saint-Cyr ; elle la vit monter en carrosse à sept heures et puis elle s'alla mettre au lit sans paroître fatiguée d'avoir tant veillé. Mgr le duc de Bourgogne, qui étoit retourné à Versailles, veilla de son côté, se promena dans les jardins jusqu'au jour et puis alla jouer au mail jusqu'à six heures.

Dans les dernières années de son règne, Louis XIV ne fit plus à Trianon que de rares promenades ; la dernière eut lieu le 11 août 1715.

Pendant la Régence, Trianon fut abandonné. Louis XV enfant se plaignait au maréchal de Villeroi de ne pas aller à Trianon. « Mon oncle, lui disait-il, me fait aller à Saint-

Cloud, à Vincennes. D'où vient qu'il ne me mène pas à Versailles, à Trianon? J'aime tant Trianon[1]! »

Le 24 mai 1717, Pierre le Grand, après avoir visité Versailles, alla à Trianon; il y revint le 5 juin et y coucha « dans les appartements du corridor qui donne sur les goulottes[2] ».

Quand la Cour revint à Versailles, en 1722, Louis XV alla visiter Trianon le 6 juillet et y retourna plusieurs fois, mais sans y faire séjour. Le 8 mars 1723, il y chassa le daim, et, le 28 décembre, l'Infante-Reine[3] ayant la rougeole, il vint y coucher. En 1724, le 2 mai, il y reçut Cassini, directeur de l'Observatoire, qui lui expliqua les causes de l'éclipse totale de soleil, qui avait lieu à sept heures du soir. En 1725, le 13 décembre, nous y voyons pour la première fois Marie Leczinska.

Le roi de Pologne, Stanislas Leczinski, et sa femme séjournèrent à Trianon en juin 1747. Comme Marie Leczinska paraissait s'y plaire, Louis XV, nous apprend Luynes, lui fit don de ce palais qui, n'étant pas habité depuis longtemps, eut besoin de grandes réparations; mais il ne semble pas que Marie Leczinska y ait beaucoup séjourné. En 1749, Mme de Pompadour, pour amuser le Roi, y fit établir une vacherie.

« Ce fut, dit d'Argenson, une ménagerie d'utilité apparente plus que de curiosité, une grande laiterie, beaucoup de poules, quantité de belles vaches qu'on tire de Hollande; et la marquise de Pompadour, inventive pour les amusements du Prince, ne sachant plus à quoi l'amuser, évoque toutes ces inutilités qui peuvent le distraire de sa mélancolie[4]. »

Trianon revint alors à la mode et fut une sorte de maison de campagne où le Roi et la favorite s'amusaient des pigeons et poules de différentes espèces. « Ils en ont partout, dit Luynes, à Trianon, à Fontainebleau, à Compiègne, à l'Ermitage, à Bellevue, et même le Roi en a dans ses cabinets, dans les combles. M. de Gesvres, qui a ce même goût, est souvent

---

[1] Mathieu Marais, *Mémoires*, t. Ier, 1720.

[2] C'est-à-dire à Trianon-sous-Bois. Les *Goulottes* ou les *Sources*.

[3] Marie-Anne-Victoire, qui devait être renvoyée en Espagne.

[4] « Le Roi, dit Barbier, a une grande disposition à s'ennuyer partout, et c'est le grand art de Mme de Pompadour de chercher à le dissiper. » (*Mémoires*, t. IV, 1750.)

appelé dans ces détails. M. le prince de Conty donna de beaux pigeons au Roi ; on les porta dans les combles. Mme de Pompadour vint les voir. »

Avec ce prince ennuyé, cette passion pour les pigeons et pour les poules ne dura pas très longtemps et fit place à un nouveau goût : l'agriculture et la botanique. En 1755, Claude Richard, jardinier en chef de Saint-Germain et réputé le plus habile jardinier de l'Europe, vint construire à Trianon de belles serres à la façon de Hollande ; on y plaça des plantes exotiques et on y cultiva d'excellentes fraises très goûtées du Roi. Il organisa, vers 1758, un superbe jardin botanique[1], où Bernard de Jussieu fonda cette œuvre de génie des *Familles naturelles*, que son neveu Antoine-Laurent devait perfectionner[2].

Dans son nouveau potager, Louis XV fit construire en 1751 un salon pour jouer et causer à l'aise avec Mme de Pompadour. C'est le *Pavillon français*, devant lequel Richard planta un jardin en style français (c'est le jardin français actuel du Petit-Trianon)[3].

Ce fut alors que le nom de *Petit-Trianon* ou de *Nouveau Jardin du Roi* fut donné au Pavillon français et à son jardin. En 1766, Louis XV compléta son œuvre ; il chargea Gabriel de lui bâtir un petit château, commode, élégant et agréable à habiter. Le nouveau bâtiment, construit au bout du jardin du *Pavillon français* et vis-à-vis de ce pavillon, s'appela le château du Petit-Trianon, du nom que portait déjà l'ensemble des récentes créations de Louis XV[4].

Ce roi habita dès lors le Petit-Trianon. Ce fut une occasion de satisfaire son goût pour le confortable et l'isolement, et de se soustraire aux ennuis de l'étiquette et de la vie presque en commun au milieu des splendeurs incommodes de Versailles.

[1] Il était situé, dit Dussieux, sur l'emplacement du fleuriste actuel du Petit-Trianon, entre l'orangerie et le bâtiment où demeure le jardinier en chef du Petit-Trianon.

[2] Jaubert, *Inventaire des cultures de Trianon*. — Le jardin de Trianon fut très admiré de Linné, ami de Jussieu, « et qui se plaisait à proclamer Richard le plus habile jardinier de l'Europe ».

[3] Dargenville (*Voyage pittoresque des environs de Paris*) l'appelle le *Nouveau Jardin du Roi*.

[4] Dussieux, t. II. — Desjardins, *Le Petit-Trianon*.

Tous les membres de la Maison royale partageaient les mêmes goûts. Versailles les fatiguait tous et on parlait déjà de rebâtir le Palais, afin de l'aménager au goût du jour.

En 1775, les arbres du parc de Trianon furent abattus, et la replantation eut lieu l'année suivante, sous la direction de l'architecte Le Roy. La faveur royale était passée au Petit-Trianon.

Le Roi trouva des imitateurs dans cet abandon des grands palais pour les *maisons de campagne*, et nous citerons à ce propos la remarque intéressante faite par Dussieux :

Il est curieux de trouver en même temps : le Roi remplaçant le Grand-Trianon par le Petit; les d'Orléans préférant Bagnolet à Saint-Cloud ; les Condé ajoutant à Chantilly, leur royale demeure, Saint-Maur, Vanvres, Villeginis; les Conty s'en allant à Issy, puis à l'Isle-Adam; Mesdames, à Bellevue; le comte d'Eu abandonnant Clagny. Mᵐᵉ de Pompadour, qui suivait le Roi partout, avait l'Ermitage; Mᵐᵉ Du Barry aura Louveciennes. Quelques années plus tard, l'émigration de Versailles redoublera : Madame Elisabeth s'en ira à sa maison de l'avenue de Paris; Monsieur, à Brunoy; Madame, à Montreuil ; la comtesse d'Artois fera construire Bagatelle. L'apparat et le faste dont Louis XIV aimait à s'entourer, et les châteaux de Mansart, si beaux mais si peu agréables à habiter, fatiguaient tout le monde.

III. — LE PETIT-TRIANON (1766-1789)[1]

C'est au Petit-Trianon que Louis XV, le 27 avril 1774, sentit les premières atteintes du mal qui devait l'emporter le 14 mai suivant. En voici la relation faite par un témoin :

Le Roi étant à Trianon de la veille, dit le duc de la Rochefoucauld-Liancourt[2], se sentit incommodé de douleurs de tête, de frissons et de courbature. La crainte qu'il avoit de se constituer malade, ou l'espérance du bien que pourroit lui faire l'exercice, l'engagea à ne rien changer à l'ordre qu'il avoit donné la veille. Il

[1] Voir le très remarquable ouvrage de G. Desjardins, *Le Petit Trianon* (L. Bernard, 1885).
[2] *Relation de la dernière maladie de Louis XV.*

partit en voiture pour la chasse; mais, se sentant plus incommodé,
il ne monta pas à cheval, resta en carrosse, fit chasser, se plaignit
un peu de son mal et revint à Trianon vers les cinq heures et demie,
s'enferma chez Mme Dubarry, où il prit plusieurs lavements. Il n'en
fut guère soulagé, et quoiqu'il ne mangeât rien à souper et qu'il
se couchât de fort bonne heure, il fut plus tourmenté pendant la
nuit des douleurs qu'il avoit ressenties pendant le jour, et auxquelles se joignirent des maux de reins.

Lemonnier[1] fut éveillé pendant la nuit; il trouva de la fièvre.
L'inquiétude et la peur prirent au Roi; il fit éveiller Mme Dubarry.
Cependant, cette inquiétude du Roi ne paroissoit point encore
fondée, et Lemonnier, qui connoissoit sa disposition naturelle à
s'effrayer de rien, regardoit cette inquiétude plutôt comme un effet
ordinaire d'une telle disposition que comme le présage d'une maladie. Il voyoit avec les mêmes yeux les douleurs dont le Roi se
plaignoit, et en rabattoit dans son esprit les trois quarts, toujours
par le même calcul. Voilà ce qui arrive toujours aux gens douillets;
ils sont comme les menteurs; à force d'avoir abusé de la crédulité
des autres, ils perdent le droit d'être crus quand ils devroient réellement l'être. Mme Dubarry, qui connoissoit le Roi comme Lemonnier, pensoit comme lui sur la réalité des douleurs dont le Roi se
plaignoit et s'inquiétoit, mais regardoit comme un avantage pour
elle les soins qu'elle pourroit lui rendre et l'occupation qu'elle
pourroit lui montrer avoir de lui. La bassesse de M. d'Aumont[2] la
servit parfaitement dans cette circonstance. Ce plat gentilhomme
de la chambre, au mépris de son devoir, renonça au droit qu'il
avoit d'entrer chez le Roi, d'en savoir des nouvelles lui-même, de
le servir, pour empêcher d'entrer ceux qui avoient le même droit
que lui, et pour laisser le Roi malade passer honteusement la journée à un quart de lieue de ses enfants, entre sa maîtresse et son
valet de chambre...

Cependant, il étoit trois heures, et personne n'avoit encore pu
pénétrer chez le Roi. On n'en savoit qu'imparfaitement des nouvelles, et par celles qui transpiroient on jugeoit le Roi seulement
incommodé d'une légère indisposition. Mme Dubarry en avoit fait
part à M. d'Aiguillon, qui étoit à Versailles, et avoit, d'après ses
conseils, formé le projet de faire rester le Roi à Trianon tant que
dureroit cette incommodité. Elle passoit par ce moyen plus de
temps seule auprès de lui, et plus que tout encore elle satisfaisoit
son aversion contre M. le Dauphin, Mme la Dauphine et Mesdames,
en écartant le Roi d'eux, et rendoit vis-à-vis de lui leur conduite
embarrassante. L'incertitude où étoit Lemonnier de la suite de cette
incommodité, l'embarras dont étoit, dans une chambre aussi petite,
le service du Roi, le scandale et l'indécence dont ce séjour pro-
longé devoit être, rien ne pouvoit déranger Mme Dubarry de ce pro-

[1] Premier médecin ordinaire.
[2] Premier gentilhomme de la chambre, qui était d'*année*.

jet déraisonnable et indécent, conçu pour narguer la famille royale. M. d'Aumont s'y prêtoit de toute sa bassesse, et n'avoit même mandé à personne l'état du Roi, pour faciliter à cette femme le parti qu'elle voudroit prendre.

Le premier chirurgien, La Martinière, venu à Trianon, décida Louis XV à revenir à Versailles, au milieu de la famille royale et loin de la Du Barry. Et comme le Roi lui parloit de sa maladie et de la diminution journalière de ses forces, en disant : « Je sens qu'il faut enrayer. — Sentez plutôt, lui répliqua La Martinière, qu'il faut dételer. »

Louis XV se plaignait toujours beaucoup du mal de tête, de maux de reins, de maux de cœur; aussi, dès que les voitures furent amenées, il se laissa de suite porter dans son carrosse. Les courtisans mettaient ses plaintes sur le compte de la faiblesse et de la peur, personne ne croyait à la gravité du mal. Sitôt rentré à Versailles, la petite vérole se déclara et Louis XV mourut le 14 mai.

La Dauphine Marie-Antoinette avait souhaité d'avoir à elle une maison de plaisance où elle pût faire ce qu'elle voudrait. Louis XVI, sitôt roi, la pria d'accepter pour son usage particulier le Grand et le Petit-Trianon! « Ces beaux lieux, lui dit-il en termes galants, ont toujours été le séjour des favorites des rois, conséquemment ce doit être le vôtre. » Très sensible à ce compliment, la Reine lui répondit en riant « qu'elle acceptait le Petit-Trianon, à condition qu'il n'y viendrait que lorsqu'il serait invité[1] ».

Louis XVI changea la décoration des quatre pièces de ce charmant hôtel du xviiie siècle : la salle à manger, le petit salon, le grand salon et le petit cabinet : tout le reste est du style Louis XV : lambris sculptés, cuivres ciselés, cheminées d'une ornementation pleine de goût. Les sculptures des lambris étaient peintes en vert clair sur fond blanc[2]. On ne peut qu'admirer les sculptures de Guibert, les panneaux ouvragés,

---

[1] Bachaumont (28 mai 1774). — Trianon fut pour Marie-Antoinette le lieu où elle put s'amuser à « faire acte de souveraineté indépendante; elle y édicta des règlements portant un intitulé jusque-là inusité en France, pays de loi salique, où les femmes n'étaient pas reconnues aptes à exercer en leur nom l'autorité royale ». (Desjardins, Le Petit-Trianon.)

[2] Elles sont aujourd'hui badigeonnées à la colle grise; ce fut l'œuvre malheureuse des architectes de Louis-Philippe et de l'Empire.

les garnitures de cheminées et des fenêtres en cuivre ciselé
et doré, et la rampe de l'escalier en fer forgé.

Les dépendances pour le service et les écuries étaient à
gauche de la cour d'entrée, ainsi que la chapelle (1773), avec
les sculptures de Rousseau.

La véritable innovation fut le jardin. Les jardins à l'anglaise remplaçaient maintenant les créations qui avaient fait
la gloire de Le Nôtre et de ses successeurs; on les trouvait
plus près de la nature, que J.-J. Rousseau avait fait aimer aux
âmes sensibles. Il y en avait de célèbres, comme ceux d'Horace Walpole en Angleterre, du prince de Ligne en Belgique,
de Monceau, qui appartenait au duc d'Orléans, d'Ermenon-
ville, propriété de M. de Girardin. Le comte de Caraman en
avait un à Paris, attenant à son hôtel de la rue Saint-Domi-
nique, que visita Marie-Antoinette et qui lui plut. L'architecte Mique, qui venait de succéder à Gabriel, fut chargé de
demander au jardinier Antoine Richard et à son fils un plan de
jardin anglais, qui fut trouvé trop compliqué; celui que présenta à la Reine le comte de Caraman lui agréa et fut exécuté.
Le motif principal en était une petite rivière coulant du point
le plus élevé du jardin et faisant le tour de l'enceinte en ar-
rosant de vastes pelouses ornées de corbeilles de fleurs sous
les fenêtres du château, tandis que trois groupes de bosquets
étaient disposés de manière à former des points de vue. Les
Richard s'employèrent pour le réaliser; ils durent détruire
une grande partie du jardin botanique, mais ils décorèrent
le nouveau parc d'arbres magnifiques qui font aujourd'hui
l'admiration de tous les visiteurs. Le sol fut creusé pour
avoir des lacs et une rivière, ou surélevé pour produire des
mouvements de terrain. Mique et Hubert Robert construi-
sirent un pavillon, un temple, un hameau, une vacherie, des
ponts, pour animer le paysage[1]. Le goût des cascades et des
statues était entièrement passé.

Le Petit-Trianon ne tarda pas à exciter l'admiration des
contemporains.

> Disparaissez, monuments du génie,
> Parcs, jardins immortels que Le Nôtre a plantés[2]!

Desjardins, *Le Petit-Trianon*, t. II. — Mique était né à Nancy et avait
pris la suite des travaux de Gabriel.

Delerot, *Ce que les poètes ont dit de Versailles*.

Le Petit-Trianon (côté du Jardin français), par SADOUX.

s'écrie le chevalier Bertin, poète et capitaine-écuyer du comte d'Artois; et dans son *Élégie*, qui nous a laissé un dessin complet du nouveau jardin, il en vante les délices :

> O champs aimés de Flore, ô douce promenade,
> Oui, vous êtes l'asile et l'ouvrage des dieux !

On y respire, dit le prince de Ligne en 1781, l'air du bonheur et de la liberté, on se croit à cent lieues de la Cour... Je ne connois rien de plus beau, continue-t-il, et de mieux travaillé que le Temple et le Pavillon. La colonnade de l'un et l'intérieur de l'autre sont le comble de la perfection, du goût et de la sculpture. Le rocher et les chutes d'eau feront un superbe effet dans quelque temps, car je parie que les arbres vont se presser de grandir pour faire valoir tous les contrastes de bâtisse, d'eau et de gazon. La rivière se présente à merveille dans un petit mouvement de ligne droite vers le Temple. Le reste de son cours est caché ou vu à propos. Les massifs sont bien distribués et séparent les objets qui seroient trop rapprochés. Il y a une grotte parfaite, bien placée et bien naturelle. Les montagnes ne sont pas des pains de sucre ni de ridicules amphithéâtres. Il n'y en a pas une qu'on ne croiroit avoir été là du temps de Pharamond. Les plates-bandes de fleurs y sont placées partout agréablement...

Les dispositions du Petit-Trianon n'ont pas changé, nous pouvons donc le décrire d'après ce que nous voyons aujourd'hui. Le parc renferme : au bout du grand lac, un *hameau*, construit par Mique et Hubert Robert, de 1782 à 1786, et qui se compose du *Moulin*, du *Boudoir*, de la *Maison du Bailli*, du *Presbytère*, de la *Laiterie*, où la crème était mise dans des vases de porcelaine placés sur des tables de marbre blanc; de la *Tour de Marlborough*, dont les escaliers étaient couverts de fleurs; de la *Ferme*, où la Reine avait un superbe troupeau de vaches suisses qui pâturaient dans les prairies environnantes; de la *porte du Hameau* et du *Vieux-Château* : c'est là que la Reine et sa société, le Roi et ses frères s'amusaient à jouer des bergeries de Florian ou de Berquin; — un *temple de l'Amour*, élégante construction, décorée de charmantes sculptures par Deschamps et d'une statue du dieu par Bouchardon[1], ombragée de grands arbres et entourée de

---

[1] *L'Amour adolescent se taillant un arc dans la masse d'Hercule;* cette statue datait de 1746. C'est une répétition de l'original qui est au Louvre.

massifs de rosiers et d'arbustes odoriférants; — le *Pavillon de Musique* ou *du Déjeuner*, appelé aussi le *Belvédère*, autre construction aussi jolie que la précédente, ornée à l'extérieur de fines sculptures, également de Deschamps, et à l'intérieur de peintures représentant des instruments de musique[1]; — la *Grotte*, toute tapissée de mousse, située sur le bord du petit lac, où Hubert Robert a pratiqué une crevasse permettant la vue sur la prairie; — la *Salle de Comédie*; — le *jeu de bagues*, placé près du château, dans un pavillon chinois, aujourd'hui détruit, où l'or et l'azur reflétaient avec éclat les rayons du soleil[2].

Le grand voyageur anglais Arthur Young, qui visita le Petit-Trianon en 1787, y admira beaucoup la beauté des arbres et des arbrisseaux exotiques, le *Sophora japonica*, les cèdres, les pins de lord Weymouth, les sapins de toute espèce, les mélèzes, les cyprès de la Louisiane au bord du grand lac, les tulipiers, les chênes rouges, les chênes à feuilles de saule, les chênes au kermès, etc., dont la plus grande partie avait été plantée sous Louis XV[3].

Marie-Antoinette, avec sa tendance à la familiarité, rendit le jardin très hospitalier au public. Tous les dimanches, il y avait un bal où étaient reçues toutes les personnes vêtues honnêtement, et surtout les bonnes et les enfants. Elle dansait une contredanse pour montrer qu'elle prenait part au plaisir auquel elle invitait les autres. Elle appelait les bonnes, se faisait présenter les enfants, leur parlait de leurs parents et les comblait de bontés ordinairement; presque toute la famille royale était avec elle[4].

Elle venait à Trianon presque chaque jour, soit le matin, soit le soir; elle y séjournait quelquefois un mois de suite, affranchie de toute étiquette, et y avait établi tous les usages de la vie de château.

Elle entrait dans son salon sans que le piano-forte ou les métiers de tapisseries fussent quittés par les dames, et les hommes ne sus-

---

[1] Marie-Antoinette, dès 1781, y venait déjeuner le matin sur une table de marbre gris reposant sur trois pieds de bronze doré.

[2] Dussieux, *Le Petit-Trianon* (*Le Château de Versailles*, t. II).

[3] « Le monde entier, disait-il, a été mis à contribution pour l'orner. »

[4] Comte de Vaublanc, *Souvenirs*.

pendaient ni leur partie de billard, ni celle de trictrac. Il y avait
peu de logements dans le petit château de Trianon. Madame Elisabeth y accompagnait la Reine, mais les dames d'honneur et les
dames du palais n'y furent point établies : selon les invitations
faites par la Reine, on y arrivait de Versailles pour l'heure du
dîner. Le Roi et les princes y venaient régulièrement souper. Une
robe de percale blanche, un fichu de gaze, un chapeau de paille
étaient la seule parure des princesses ; le plaisir de parcourir toutes
les fabriques du Hameau, de voir traire les vaches, de pêcher
dans le lac enchantait la Reine ; et, chaque année, elle montrait
plus d'éloignement que jamais pour les fastueux voyages de Marly[1].

Elle y vivait au milieu de ses familiers : la princesse de
Lamballe, la princesse de Guéménée, la duchesse Jules de
Polignac[2]. Les autres membres de cette petite Cour étaient :
la comtesse Diane de Polignac, Mmes d'Andlau, de Châlons,
de Chimay et de Dillon, le comte d'Artois, M. de Guines, le
duc et le comte de Coigny, MM. de Crussol, d'Adhémar, de
Besenval, de Lauzun, de Polignac, de Vaudreuil, de Guiche,
de Polastron, d'Esterhazy. Le spirituel prince de Ligne et le
duc de Dorset, ambassadeur d'Angleterre, étaient souvent
admis à ce cercle d'intimes[3]. Le choix de quelques-uns
ne resta pas sans critique : dans ce monde de Cour du
XVIIIe siècle, où l'amour avait une si grande place, les intrigues
étaient fréquentes et la fidélité conjugale était assez rare.
Ainsi, la princesse de Guéménée vivait séparée de son mari ;
on parlait de ses relations avec M. de Coigny, comme de celles
de M. de Vaudreuil avec la duchesse de Polignac. Il y eut évidemment dans cette petite Cour privilégiée un laisser-aller
un peu exagéré, et la tenue n'y paraît pas y avoir été toujours du meilleur ton. En général, les lectures, les causeries
et les travaux à l'aiguille alternaient avec la musique de
Gluck ou de Grétry, jouée sur le clavecin, les amusements
dans le parc, les travestissements, les danses sur les pelouses.
Plus de Cour, plus d'étiquette, plus de repas officiels si en-

---

[1] Mme Campan, *Mémoires*.

[2] *Ibid.*

[3] Parmi les étrangers de haut rang qui furent invités au Petit-Trianon,
nous citerons l'empereur Joseph II (1777), le prince de Hesse-Darmstadt
(1780), le comte du Nord et la comtesse (1782), le roi de Suède (1784),
le prince Henri de Prusse, l'archiduc Albert de Saxe-Teschen et l'archiduchesse Marie-Christine.

nuyeux, plus de disgracieuses toilettes d'apparat. L'étiquette
est si complètement mise de côté, dit un historien, que la
Reine va de Versailles à Trianon, une baguette à la main,
suivie d'un valet de pied.

C'est avec bonheur qu'elle faisait aux étrangers de marque
les honneurs de son jardin. « J'accepte avec grand plaisir
votre proposition, Madame, écrivait-elle à une princesse allemande en mai 1780 ; je vous prierai seulement de me faire
dire de bouche, par l'homme que j'envoie, lequel des jours
vous aimez mieux, de demain ou de vendredi, si vous voulez
venir à mon jardin tout de suite. Il fait si beau que je serai
charmée de vous le montrer, ainsi qu'à MM. les princes hérédi-
taires et Frédéric. Pour la princesse Charlotte, j'espère qu'elle
me connaît assez pour ne pas douter du plaisir que j'ai toutes
les fois que je la vois, ainsi que vous, Madame, que j'embrasse
de tout mon cœur. Comme il fait plus beau le matin que le
soir, si vous voulez venir à midi, je vous donnerai à déjeuner.
Je serai toute seule. Ainsi, je vous demande en grâce de ne
point venir parée, mais comme on est à la campagne, et ces
messieurs en frac[1]. »

A Trianon, les fêtes succédèrent aux fêtes, surtout dès 1776,
avec illuminations, spectacles et soupers. La Reine y recevait
la famille royale. En avril 1777, elle y conduisit son frère, Joseph II ; ils y eurent pour ainsi dire un tête-à-tête et, dans
leur promenade à travers les jardins, l'Empereur « reprit les
objets essentiels d'une conversation commencée à Versailles.
Il chercha de nouveau à ouvrir les yeux de la Reine sur les
écueils qui l'environnaient, sur la facilité avec laquelle elle
s'y laissait entraîner par l'appât trompeur des dissipations. Il
en présenta les conséquences infaillibles et effrayantes pour
l'avenir. Dans ce chapitre furent compris les articles de la
négligence envers le Roi, des sociétés de la Reine, de l'abandon de toute occupation sérieuse et de la passion pour le
jeu ».

L'Empereur, prenant le ton de l'intérêt et de la sensibilité,
mit une mesure si juste à ses remontrances, qu'elles n'effa-
rouchèrent aucunement la Reine. Cette princesse lui fit des

[1] De Reiset, *Lettres de Marie-Antoinette à la Landgrave.*

aveux plus étendus sur le Roi, sur ses entours; elle convint des raisons de l'Empereur, en mettant cette restriction « qu'il viendrait un temps où elle suivrait de si bons avis ». La princesse de Lamballe avait fort déplu à l'Empereur; la Reine « convint que, par engouement, elle s'était trompée sur cette favorite et qu'elle était au repentir de l'avoir mise à la place qu'elle occupe. En revanche, la Reine vit avec plaisir que son auguste frère avait pris assez bonne opinion du duc de Coigny[1] ».

Joseph II assista à Trianon à une soirée de fête, et quitta sa sœur sans l'avoir convertie. Au mois d'avril de 1779, la Reine eut la rougeole, se fit soigner par les ducs de Coigny et de Guines, par le comte Esterhazy et le baron de Besenval, et se fit suivre de ses quatre chevaliers pour achever sa convalescence à Trianon. Sans doute, le Roi, accoutumé à ne rien refuser, s'était prêté à cette étrange combinaison; il n'en resta pas moins que des propos très fâcheux et de mauvaises plaisanteries se donnèrent libre carrière.

L'on mit en question, dit Mercy, de savoir quelles seraient les quatre dames choisies pour garder le Roi dans le cas où il tomberait malade. A peine les quatre personnages susdits furent-ils installés à leur poste, qu'ils prétendirent veiller la Reine pendant la nuit. Je m'opposai fortement à cette ridicule idée; je fis intervenir le médecin Lassonne, qui, toujours faible et tremblant, n'ose s'opposer aux choses que son état le met en droit de contrarier. Enfin, je me donnai tant de mouvement, avec l'abbé de Vermond, qu'il fut décidé que ces messieurs sortiraient de la chambre de la Reine à onze heures du soir, et n'y rentreraient que le matin.

Indépendamment du mauvais effet qu'une forme si inusitée devait produire, j'ai encore eu à m'affliger davantage de toutes les idées nuisibles suggérées à la Reine dans ses conversations avec ces quatre personnages; des insinuations d'intrigues, des personnalités, des vues fausses en tout genre, rien n'a été omis pour induire la Reine en erreur. Elle avait exigé absolument, par attention pour le Roi, qu'il n'entrât pas chez elle. La société susdite osa critiquer l'acquiescement du Roi à cette volonté de la Reine, et elle prit de l'humeur contre son époux. Je tremblai des suites que cette tracasserie pouvait avoir, et le dixième jour de la maladie j'imaginai, de concert avec l'abbé de Vermond, de porter la Reine à écrire quelques lignes d'amitié au Roi. La proposition en fut d'abord reçue et rejetée avec une aigreur extrême. Je dois la justice à l'abbé de Vermond que ce fut lui seul qui ramena la Reine. Elle

[1] *Correspondance de Mercy*, t. II.

écrivit en peu de mots « qu'elle avait beaucoup souffert, mais que ce qui la contrariait le plus était de se voir privée encore pour plusieurs jours du plaisir d'embrasser le Roi ». Ce billet produisit tout l'effet que je m'en étais promis; le Roi en fut enchanté; il répondit sur l'heure très tendrement, et cette correspondance s'est soutenue presque journellement; elle fit aussi une grande sensation dans Versailles, et dès ce moment les propos se calmèrent.

La convalescence de la Reine fut célébrée par une fête dont nous trouvons le détail dans la *Correspondance* de Grimm [1].

Tous les fossés qui entourent le jardin, rapporte l'auteur, étaient semés de fascines allumées, dont la lueur, mêlée à celle de plusieurs lampions cachés avec beaucoup d'art dans le feuillage des bosquets les plus touffus, répandait au milieu de la nuit une clarté douce semblable au clair de lune ou aux premiers rayons de l'aube matinale. Ayant fait remarquer à Sa Majesté l'effet singulier de la nouvelle aurore, on lui donna le désir de descendre dans le jardin. Là, elle fut surprise par les sons d'une musique céleste et, en suivant les accents d'une mélodie si touchante, elle aperçut dans une des niches du bosquet un berger jouant de la flûte : c'était le duc de Guines. Plus loin, deux faunes exécutèrent d'abord un duo de cor et de hautbois, et, réunissant leurs accords avec ceux de la flûte, formèrent un trio charmant. Des couplets chantés par d'autres divinités champêtres terminèrent ce joli impromptu, mais les couplets ne sont point encore sortis du sanctuaire pour lequel ils ont été inspirés.

Vers cette époque, la Reine mit à la mode les chapeaux de paille unie. Ainsi coiffée, en robe de percale blanche, en fichu de gaze, elle courait les jardins avec ses amies et ses invités, menant son monde boire son lait et manger ses œufs frais, entraînant le Roi, qui prenait un vif plaisir à ces réunions, du bosquet où il lisait, à un goûter sur l'herbe, tantôt regardant traire les vaches, tantôt pêchant dans le lac ou bien assise sur le gazon...

Le divertissement qui l'emporta sur tous les autres à Trianon fut la comédie de société, alors très à la mode. Marie-Antoinette composa une troupe où figuraient à ses côtés Madame Elisabeth, les duchesses de Guiche et de Polignac et la comtesse Diane de Polignac, le comte d'Artois, le comte Esterhazy, et MM. d'Adhémar, de Crussol, de Guiche et de Vaudreuil. Les spectateurs devaient être le Roi, Monsieur et

[1] *Correspondance secrète*, t. II (rééditée par M. Tourneux).

les princesses qui ne jouaient pas, et, pour stimuler les acteurs, on fit occuper les premières loges par les lectrices, les femmes de la Reine, leurs sœurs et leurs filles, en tout une quarantaine de personnes; ainsi étaient sans doute diminués les inconvénients et même les dangers de ces représentations, qui trop souvent, comme l'écrivait à Mercy l'impératrice Marie-Thérèse, finissent ou par quelque intrigue, ou par quelque esclandre.

La première salle de comédie fut placée au rez-de-chaussée du Petit-Trianon, derrière l'escalier. Elle devint bientôt insuffisante, et Mique construisit en 1779, à droite du jardin français, une vraie salle de spectacle, avec foyer des acteurs, des musiciens et des figurants. Un plafond de Lagrenée et d'élégantes sculptures décorent cette petite salle, qui est charmante et très bien disposée[1]. Quand elle fut achevée, en 1780, l'inauguration eut lieu, le 1er août, par deux pièces de Sedaine et Monsigny: *Le Roi et le Fermier* et *La Gageure imprévue*. La Reine joua dans la première pièce le rôle de Jenny, et dans la seconde celui de la soubrette. Le Roi parut s'amuser fort à cette représentation. Le comte d'Artois y joua aussi un rôle, mais l'acteur hors pair fut le comte de Vaudreuil.

Les représentations se poursuivirent. Le 16 septembre, Mercy écrivait à Marie-Thérèse, qui l'avait chargé de surveiller le théâtre de Trianon, que depuis un mois toute l'activité de la Reine y était concentrée.

Le temps nécessaire à apprendre les rôles, celui qui a dû être employé à de fréquentes répétitions, joint à d'autres détails accessoires, a été plus que suffisant pour remplir les journées. Le Roi, en assistant fort assidûment à tous ces apprêts, a donné preuve du goût qu'il prend à ce genre de dissipation. Il ne s'est plus trouvé de moments pour le jeu, non plus que pour les promenades du soir, de manière que ces avantages semblent compenser quelques inconvénients qui tiennent à la nature de l'objet dont il est question.

La Reine a persisté invariablement dans la résolution de n'admettre d'autres spectateurs que les princes et les princesses de la famille royale, sans personne de leur suite. Je sais par les gens de service en sous-ordre, les seuls qui aient entrée au théâtre, que les représentations s'y sont faites avec beaucoup d'agrément, de grâce

---

[1] Elle a été restaurée en 1836, sous Louis-Philippe.

et de gaieté, et que le Roi en marque une satisfaction qui se manifeste par des applaudissements continuels, particulièrement quand la Reine exécute les morceaux de son rôle. Ces spectacles, qui durent jusqu'à neuf heures, sont suivis d'un souper restreint à la famille royale et aux acteurs et actrices. Au sortir de table, la Cour se retire, et il n'y a point de veillée.

Une manière d'amusement qui se borne à un si petit nombre de personnes devient un indice d'autant plus marqué de faveur pour ceux qui y sont admis, et par conséquent un motif de jalousie et de réclamation pour les exclus. La princesse de Lamballe, en raison de sa charge de surintendante, a cru pouvoir prétendre à une exception qu'elle n'a point obtenue. Les grandes charges et les dames du palais de semaine ont représenté que, d'après les usages établis, aucune circonstance ne devait les priver de l'avantage de faire leur service, lequel se trouvait réduit à paraître les jours de dimanche et de fête à la toilette de la Reine et aux offices de l'église : toutes pareilles instances, qui sont restées sans effet, ont causé des dégoûts et ont donné lieu à quelques propos qui, de Versailles, se sont répandus à Paris[1].

Pour calmer cette légère effervescence, la Reine resta toute la semaine à Trianon, et il n'y eut point de spectacle. Cependant, la curiosité de tous était piquée au vif au sujet de cette salle dont on disait merveille. Elle était blanc et or ; les sièges de l'orchestre, les appuis des loges étaient recouverts de velours bleu. Des pilastres portaient la première galerie. Des mufles de lions se terminaient en dépouilles et des manteaux d'Hercule soutenaient la seconde. Au plafond, œuvre de Lagrenée, Apollon dansait, accompagné des Grâces et des Muses ; tout autour, les amours voltigeaient[2].

A la quatrième représentation, on donna *Rose et Colas*, opéra-comique de Sedaine et Monsigny, et le *Devin du Village*, paroles et musique de J.-J. Rousseau. Mercy, par faveur, y assista, placé dans une loge grillée, invisible. Les acteurs étaient, dans la première pièce, le comte d'Artois, le duc de Guiche, le comte d'Adhémar, la duchesse de Polignac et la duchesse de Guiche. La Reine exécutait le rôle de *Colette* dans la seconde, le comte de Vaudreuil chantait le rôle du *Devin*, et le comte d'Adhémar celui de *Colin*. « La Reine, dit Mercy, a une voix agréable et fort juste, sa manière de jouer

---

[1] Mercy, *Correspondance*, t. III.
[2] Desjardins, *Le Petit-Trianon. Le Théâtre*, V.

est noble et remplie de grâce; au total, ce spectacle a été aussi bien rendu que peut l'être un théâtre de société. J'observai que le Roi s'en occupait avec une attention et un plaisir qui se manifestaient dans toute sa contenance; pendant les entr'actes, il montait sur le théâtre et allait à la toilette de la Reine. Il n'y avait d'autres spectateurs dans la salle que Monsieur, M^mo la comtesse d'Artois, Madame Élisabeth; les loges et les balcons étaient occupés par des gens de service en sous-ordre, sans qu'il y eût une seule personne de la Cour. Le théâtre, qui a été construit en petit sur les dessins du grand théâtre de Versailles, est d'une forme très élégante et d'une richesse en dorures qui devient presque un défaut, et qui a été un objet de grande dépense. »

Cependant, Marie-Thérèse agissait, par l'intermédiaire de Mercy, afin que sa fille renonçât au théâtre, dont l'effet était d'engendrer des familiarités dangereuses, de faciliter l'intrigue ou l'ambition de ceux qui l'approchaient, à leur profit ou à celui des leurs. Marie-Antoinette promit « qu'à l'époque du voyage de Marly il ne serait plus question de spectacles; qu'elle n'avait jamais pensé qu'à en faire un amusement très passager, et que pendant l'hiver prochain elle s'était bien proposé de donner plus à la représentation et aux moyens de rendre la Cour nombreuse à Versailles ».

Quelques semaines après, la mort de Marie-Thérèse (29 novembre 1780) interrompait les représentations royales. Quand elles reprirent, la Reine n'y joua plus[1]; elle se borna à diriger et à inviter[2].

Pendant l'été de 1781, Joseph II, voyageant sous le nom de comte de Falkenstein, vint à Versailles. Au Petit-Trianon, il assista à la représentation d'*Iphigénie en Tauride*, de Gluck, qui était alors le principal organisateur de ces plaisirs. « L'art avec lequel on avait, non pas illuminé, mais éclairé le jardin anglais, produisit un effet charmant; des terrines, cachées par des planches peintes en vert, éclairaient tous les massifs d'arbustes ou de fleurs, et en faisaient ressortir les diverses teintes, de la manière la plus variée et la plus agréable; quel-

[1] Cependant, en 1782, elle joua le rôle de Babet de la *Veillée villageoise*, l'un de ses meilleurs.

[2] Bachaumont, *Mémoires*, 1781.

ques centaines de fagots allumés entretenaient, dans le fossé, derrière le Temple de l'Amour, une grande clarté qui le rendait le point le plus brillant du jardin[1]. »

L'année suivante, ce fut le tour des grands-ducs de Russie, le comte et la comtesse du Nord. Il y eut opéra, souper, promenade dans le parc brillamment éclairé.

Dans une occasion où les illustres voyageurs avaient passé la journée à Trianon, seuls avec la Reine, racontait Mercy dans une lettre à Joseph II, l'intimité se trouva si bien établie que le grand-duc fit à la Reine des confidences dont certains points causèrent a Sa Majesté quelque embarras. Ce prince lui parla, avec quelque amertume, de la gêne et des contrariétés, même des noirceurs qu'il était dans le cas d'éprouver à Saint-Pétersbourg. Sans jamais nommer l'Impératrice sa mère, les phrases portaient sur les articles bien délicats de la manière d'être de cette souveraine... Le prince, se croyant autorisé à demander confidence pour confidence, pria la Reine de lui dire comment, du vivant de Louis XV, elle s'était comportée vis-à-vis de la comtesse Du Barry. Sa Majesté se prêta à le lui expliquer, lui indiquant que la base de sa conduite dans cette conjoncture avait été d'éviter de choquer le défunt monarque et d'omettre envers la favorite toute marque d'approbation[2].

Au cours de cette année 1782, la Reine prit l'habitude des longues promenades à travers la campagne. Un jour que le peintre Boze était dans une auberge à Rocquencourt, il aperçut la Reine qui venait y prendre une tasse de lait. Elle abaissa son voile et mit un doigt sur ses lèvres pour lui défendre de la reconnaître. Elle avait adopté pour l'été un vêtement commode, une robe blanche flottante et sans aucun ornement, à l'instar des *gaulles* des créoles de Saint-Domingue réfugiées en France. Tant de simplicité paraissait au public incompatible avec la majesté royale, mais Marie-Antoinette persista et se fit peindre, l'année suivante, par Mme Vigée-Lebrun, vêtue d'une *gaulle* de mousseline blanche. De mauvais plaisants dirent : « Voilà la dame en chemise », et d'autres : « La France, sous les traits de l'Autriche, réduite à se couvrir d'une panne[3]. » Le portrait fit scandale au Salon, et il fallut le retirer. Le bruit courait que la suppres-

[1] Mme Campan, *Mémoires*, t. 1er.
[2] D'Arneth, *Correspondance secrète*, t. 1er.
[3] A. Savine et F. Bournaud, *Les Derniers Jours de Trianon*.

sion des robes de soie ruinait Lyon et que la nouvelle fantaisie de la Reine était le résultat d'une entente avec Joseph II pour faire vendre le linon de Bruxelles[1].

En 1784, le roi de Suède, qui parcourait l'Europe sous le
nom de comte de Haga, et qu'un habitué de Trianon, le comte
de Fersen, avait rejoint à Nuremberg, accepta l'invitation, à
Versailles, de Marie-Antoinette, mais il arriva au débotté et
sans se faire annoncer. Louis XVI, dans sa hâte, s'habilla seul
et se présenta chaussé d'un soulier à talon rouge et l'autre à
talon noir. La Reine le reçut dans son petit cabinet et s'in-
forma, par Mme Campan, « si elle avait un dîner suffisant
pour l'offrir à son hôte royal, et de le faire augmenter, si cela
était nécessaire. Le roi de Suède l'assurait qu'il y aurait toujours assez pour lui, et moi, pensant à l'étendue du menu du
dîner du Roi et de la Reine, dont plus de la moitié ne paraissait pas quand ils dînaient dans les cabinets, je souriais involontairement. La Reine me fit des yeux un signe imposant,
et je sortis. Le soir, la Reine me demanda pourquoi j'avais
paru si ébahie quand elle m'avait donné ordre de faire augmenter son dîner. « Vous auriez dû juger de suite que la
« trop grande confiance du roi de Suède avait besoin d'une
« leçon. » Je lui avouai que la scène m'avait paru si bourgeoise, qu'involontairement j'avais pensé aux côtelettes sur le
gril et à l'omelette qui, dans les petits ménages, viennent
augmenter un trop mince ordinaire. Elle s'amusa beaucoup
de ma réponse et la conta au Roi, qui en rit à son tour[2] ».

La fête donnée le 21 juin en l'honneur de Gustave III, à
Trianon, fut des plus brillantes.

Il a lui-même décrit cette fête dans une de ses lettres : « On
soupa dans les pavillons du jardin, et après souper le jardin
anglais fut illuminé. C'était un enchantement parfait. La
Reine avait permis de s'y promener aux personnes honnêtes
qui n'étaient pas du souper, et l'on avait prévenu qu'il fallait
être habillé en blanc, ce qui formait vraiment le spectacle
des Champs-Elysées. La Reine ne voulut pas se mettre à
table, mais fit les honneurs comme l'aurait fait la maîtresse
de maison la plus honnête. Elle parla à tous les Suédois, et

---

[1] Desjardins, *Le Petit-Trianon*, XII.
[2] Mme Campan, *Mémoires*.

s'occupa d'eux avec un soin et une attention extrêmes[1]. »
On y joua le *Dormeur éveillé*, de Marmontel et Grétry, avec
grand appareil de décors et de ballet; puis on soupa dans les
bosquets, pendant que le jardin anglais était illuminé. Marie-
Antoinette avait ouvert le parc à de nombreux invités; toutes
les dames étaient en blanc. Ce fut une vraie féerie, digne,
selon le Roi, des Champs-Elysées[2]. Le roi de Suède trouva
le Petit-Trianon si charmant qu'il pria Marie-Antoinette,
comme Joseph II l'avait fait aussi, de lui donner les dessins
et les plans de tout ce qu'il avait admiré dans ce beau lieu.
Mique fut chargé d'en former aussitôt un atlas.

En 1785 (19 août), le *Barbier de Séville*, de Beaumarchais,
qui était présent, fut donné en représentation par la troupe
royale. Dazincourt, de la Comédie-Française, en avait dirigé
les répétitions. La Reine joua le rôle de Rosine, le comte
d'Artois celui de Figaro, M. de Vaudreuil celui du comte
Almaviva; les rôles de Bartholo et de Basile furent tenus, le
premier par le duc de Guiche, et le second par M. de Crussol.
Le petit nombre de spectateurs admis à cette représentation
y trouva « un accord, un ensemble qu'il est bien rare de
voir dans les pièces jouées par des acteurs de société : on
a remarqué surtout que la Reine avait répandu, dans la
scène du quatrième acte, une grâce et une vérité qui n'auraient pu manquer de faire applaudir avec transport l'actrice
même la plus obscure. Nous tenons ces détails d'un juge
sévère et délicat, qu'aucune prévention de Cour n'aveugla
jamais sur rien ». (Mme Campan.)

En ce moment, le *Mariage de Figaro*, où Beaumarchais
faisait une satire incisive de l'ancien régime, obtenait un
énorme succès à la Comédie-Française, et c'était une singulière inconséquence de la Reine, après l'opposition que
Louis XVI y avait faite, d'inviter l'auteur dramatique à assister à cette représentation.

Après 1785, les spectacles deviennent rares, et le *Barbier
de Séville* paraît être la dernière pièce jouée à Trianon. Le
Parlement venait d'innocenter le cardinal de Rohan, et la

---

[1] Desjardins, *Le Petit-Trianon*, XII.
[2] Geffroy, *Gustave III à la Cour de France*.

Reine était dans le deuil de sa défaite. Puis, le Roi venait de lui acheter Saint-Cloud[1]. De Saint-Cloud, elle allait facilement aux spectacles de Paris, et puis, comme tout lasse et que la nécessité d'apprendre des rôles demandait un réel travail, l'engouement de la comédie de société avait cessé[2].

En 1787, Mme Vigée-Lebrun fit, au Petit-Trianon, le portrait de Marie-Antoinette avec ses enfants[3]. L'année suivante, la Reine y reçut les ambassadeurs hindous de Tippoo-Saïb, qui faisaient alors courir tout Paris.

En 1789, la Reine était à Trianon et le Roi à la chasse, à Meudon, quand on apprit la marche sur Versailles des femmes de Paris. Elle se promenait seule dans les jardins, qu'elle parcourait pour la dernière fois de sa vie, dit Mme Campan, et s'était assise dans la grotte pour s'y reposer quelques instants, quand arriva l'envoyé de M. de Saint-Priest. Elle partit précipitamment et rentra à Versailles, où elle pressa aussitôt le Roi de la rejoindre. « Par la suite, il ne pouvait être question de Trianon : les loups avaient envahi la bergerie. »

Les objets précieux que Marie-Antoinette avait réunis à Trianon, vases et gobelets en cristal de roche et en jaspe, laques du Japon, porcelaines chinoises bleu céleste, cuvettes en jaspe, etc., y furent enlevés le 10 octobre 1789 et déposés chez Daguerre, bijoutier à Paris, où ils restèrent jusqu'au 30 brumaire an II (20 novembre 1793), époque à laquelle ils passèrent au Musée du Louvre.

LES TRIANONS DEPUIS 1789

En 1794, les Trianons furent vendus comme propriété nationale ; mais Antoine Richard obtint de la Commission exé-

---

[1] Au prix de 6 millions et de 200,000 livres d'épingles pour la duchesse de Chartres.

[2] Desjardins, Le Petit-Trianon.

[3] Ce portrait est, avec celui de Vertmuller, d'après Mme Campau, le seul bon portrait de Marie-Antoinette. — Le portrait de Vertmuller, fait en 1785, est à Stockholm. Le Musée de Versailles en a une copie faite par Eugène Bataille, en 1867.

cutive de l'Instruction publique qu'il serait sursis provisoirement à la vente du Petit-Trianon, à cause de ses richesses
végétales contenues dans le jardin et les serres[1]. Le 12 mai 1795,
le représentant en mission, André Dumont, rendit un arrêté
par lequel il défendait de donner suite à celui pris par
son prédécesseur Delacroix, tendant à la vente de Trianon.
Grâce à lui, les richesses végétales de Trianon servirent aux
démonstrations du cours de botanique de l'Ecole centrale de
Versailles; un café fut établi au Pavillon français, un poste
d'invalides fut créé au Petit-Trianon pour veiller à la conservation des bâtiments, jardins et bois[2].

En 1805, Napoléon ordonna des travaux à Trianon. Sa sœur
Pauline, princesse Borghèse, s'établit, en 1806, au Petit-
Trianon. En 1807, Napoléon y envoya les objets d'art offerts
par le czar Alexandre après le traité de Tilsit[3]. Le 16 décembre 1809, jour de la dissolution de son mariage avec
Joséphine, Napoléon se retira à Trianon, où il resta quelques
jours. En 1810, il y alla avec Marie-Louise et y résida du
21 juin au 10 août; il y revient en juillet 1811. Le 16, il y
eut promenade en gondole sur le Canal et ensuite promenade en calèche pour assister aux grandes eaux dans le
parc de Versailles. Le Roi de Rome fut promené dans les
jardins. Le 25 août, il y eut cercle à la Cour, dans les grands
appartements de Trianon, et représentation dans la salle de
spectacle du Petit-Trianon, suivie d'un ballet. Après le spectacle, l'Empereur, l'Impératrice et toute la Cour parcoururent
ses jardins entièrement illuminés.

Rien de remarquable à signaler aux Trianons pendant la
Restauration. Louis-Philippe mit tous ses soins à les mieux
approprier pour les commodités de la famille royale (1837).
L'appartement du Roi et de la Reine fut agrandi par

---

[1] Le représentant en mission dans le département de Seine-et-Oise,
Charles Delacroix, rendit, le 23 janvier 1795, un arrêté par lequel il sus-
pendait la vente du jardin botanique et des serres, afin de donner le
temps au Muséum d'Histoire naturelle de venir en prendre, à la saison
favorable, les richesses végétales. Tout le reste, « repaire des débauches
d'Antoinette et de son exécrable Cour », devait, dans son idée, être
vendu et détruit.

[2] Ces arrêtés de Delacroix et de Dumont sont conservés à la Bibliothèque de Versailles.

[3] On les voit aujourd'hui dans 'ancien *salon Frais*.

l'architecte Nepveu, qui établit un sous-sol pour les cuisines et offices. De nombreux changements de détails furent faits partout; ce fut sous Louis-Philippe que Massey, directeur du Potager, planta le beau jardin anglais à gauche de l'entrée du Grand-Trianon. Louis-Philippe restaura aussi le Petit-Trianon, et souvent la famille royale vint résider à Trianon, dans les deux maisons.

En 1867, l'impératrice Eugénie fit, au Petit-Trianon, une exposition d'objets ayant appartenu à Marie-Antoinette.

Pendant le règne de Napoléon III, les Trianons furent visités par d'illustres étrangers. Après 1870, le Petit-Trianon devint la promenade favorite de Thiers, alors Président de la République. Le Grand-Trianon fut le théâtre du procès du maréchal Bazaine (6 octobre 1873)[1].

Les Trianons renferment un grand nombre de précieux objets d'art (porcelaines de Chine, camées, table Louis XIV en bois doré sculpté, de P. Lepautre; console Louis XVI en bois doré sculpté, avec dessus en malachite; une *Vénus* et une *Géométrie* de Jean de Bologne, etc.), des bronzes florentins, les portraits de Louis XV et de Marie Leczinska par Carle Vanloo, quatre tableaux de Boucher, un beau paysage d'Allegrain, un buste de Joséphine par Bartolini, deux vases de Sèvres décorés de fleurs, etc.

Au Petit-Trianon, il y a des tableaux de Pater et de Vien, le buste de Louis XVI par Pajou, des bronzes de Gouthière, de merveilleux cuivres ciselés décorant des meubles, et surtout ceux qui ornent la cheminée de la chambre à coucher de Marie-Antoinette, etc., etc.

Des Trianons dépend le bâtiment construit par Questel, en 1851, sur l'emplacement d'un ancien corps de garde, et qu'on appelle le *Musée des Voitures*.

On y voit neuf voitures de cérémonie[2], des chaises à porteurs et des traîneaux du temps de Louis XIV et de Louis XV, des selles et harnais, des armes et des housses arabes, etc.

---

[1] Bazaine, détenu à l'entresol du Trianon-sous-Bois, fut condamné à mort, le 10 décembre 1873, par un conseil de guerre présidé par le duc d'Aumale.

[2] Les principales sont : la *voiture du sacre de Charles X* (1825), qui a servi au baptême du Prince impérial, en 1856 (les armes de l'Empire y

Les pépinières du Grand-Trianon, fondées par Louis XV,
ont été réorganisées sous Charles X, surtout grâce aux soins
du savant botaniste Massey, qui en fut le directeur.

IV. — CLAGNY[1]

Aussitôt après le Trianon de Porcelaine, et aussi voisine
du Château de Versailles, s'éleva une autre construction,
celle de Clagny.

Le fief de Clagny avait été acquis par Louis XIV en 1665,
avec sa tour féodale qui ne fut pas abattue. En 1674, le registre des Bâtiments portait un chapitre de dépenses nouveau, avec cette désignation : « Pour la construction d'une
maison à Versailles pour Messeigneurs les enfants naturels
du Roi. »

C'était le moment de la plus grande faveur de la marquise
de Montespan, qui triomphait ainsi en obtenant pour ses
fils et pour elle l'édification d'un beau château qui devait
coûter plus de 2 millions de livres. La favorite s'y tint
constamment pour pousser les travaux et y donnait audience. Elle y recevait naturellement de nombreuses visites.
« Il y a des dames qui ont été à Clagny, écrit Mme de Sévigné. Elles trouvèrent la belle si occupée des ouvrages et des
enchantements que l'on fait pour elle, que, pour moi, je me
représente Didon qui fait bâtir Carthage. » La Reine même
y vint.

Glatigny, acheté pour 300,000 livres, fut joint à Clagny.
« Que vous dirai-je? s'écrie Mme de Sévigné, c'est le palais
d'Armide... Vous connaissez la manière de Le Nôtre; il a
laissé un petit bois sombre qui fait fort bien; il y a un
petit bois d'orangers dans de grandes caisses; on s'y promène; ce sont des allées où l'on est à l'ombre, et pour cacher

ont été substituées aux armes de France); — la *voiture du baptême du
duc de Bordeaux* (1821), qui a servi, en 1853, au mariage de Napoléon III; — la *Topaze*, voiture du mariage de Napoléon et de Marie-
Louise (1810).

[1] Voir *Le Château de Clagny*, par Bonnassieux (Picard, 1881).

Le Château de Clagny (côté de l'entrée), par AVELINE.

les caisses, il y a des deux côtés des palissades à hauteur d'appui, toutes fleuries de tubéreuses, de roses, de jasmins, d'œillets. C'est assurément la plus belle, la plus surprenante, la plus enchantée nouveauté qui se puisse imaginer. »

Ce premier bâtiment, élevé en 1674, n'ayant pas été trouvé assez commode par la favorite, le Roi en fit faire un plus considérable. Dès 1676, il consistait en une série de pavillons « agréables et magnifiques », et en un beau jardin accompagné d'une orangerie. Hardouin-Mansart en fut l'auteur. « Château superbe, dit Saint-Simon, avec ses eaux, ses jardins, son parc[1]. » Ce fut le premier pas de la fortune de ce jeune architecte, dont l'œuvre devait être si importante.

« Ce château, dit le *Mercure de France* de 1686, est presque de la même position que celui de Versailles ; le corps n'a point de partie détachée et consiste dans un grand corps de bâtiment simple ayant deux ailes doubles en retour, au bout desquelles sont encore, en retour et sur la face du devant, deux autres ailes simples. La cour a 32 toises de large sur 32 de profondeur, sans y comprendre une demi-lune qui la ferme par devant et qui en augmente la grandeur... La distribution du plan de l'étage au rez-de-chaussée, qui est le principal et bel étage, consiste en un grand salon qui sert de passage pour aller de la cour au jardin, et dégage et communique deux appartements pour le Roi. Ce salon est décoré par dedans de grands pilastres corinthiens avec leur entablement régulier, au-dessus duquel est un ordre attique qui porte la voûte surbaissée... Il y a une grande galerie de 35 toises de long et de 25 pieds de large, qui est composée de trois salons un peu plus larges dans les intervalles qui les joignent. Elle est décorée d'un grand ordre corinthien dont l'entablement régulier est enrichi de sculptures. La voûte est ornée de divers compartiments qui renferment des cadres où doivent être des tableaux qui représentent l'histoire d'Enée. Au-dessus de la corniche et à la naissance des arcs-doubleaux sont des groupes en relief de figures assises qui représentent plusieurs divinités : les *Eléments*, les *Saisons* et les *Parties de la Terre*, avec les attributs... » Au bout de la galerie, un peu en contre-bas, se trouvait une orangerie pavée

[1] Voir les estampes de Pérelle.

de marbre, et, au coin opposé, était la chapelle, d'ordre corinthien, de plan rond et de 30 pieds de diamètre.

Ce bâtiment, très harmonieusement édifié, dont les ornements de sculptures, dus au ciseau de Desjardins, Raon, Magnier, etc., étaient remarquables sans doute, mais d'une importance relativement secondaire, fut entouré de très beaux jardins, d'un bois de haute futaie, de plusieurs parterres en broderie et de boulingrins de diverses figures, ainsi que de bosquets de charmille et de cabinets de treillage ornés d'architecture. Des palissades de myrte, dissimulant des caisses remplies d'orangers[1], donnaient l'illusion qu'ils étaient nés en pleine terre. Au bas des jardins était le grand étang de Clagny, avec son île, faisant l'office de canal et qui ne devait être comblé que plus tard[2]. Sous Louis XIV, il servait aussi, grâce aux moulins élévatoires construits à cet effet, à fournir l'eau au Château et à alimenter quelques jets du Jardin.

Le château de Clagny et la terre, le manoir et la terre de Glatigny furent donnés en forme régulière à Mme de Montespan en 1685. Ce domaine était « substitué » au duc du Maine et à ses enfants mâles, faute desquels il était réversible à la Couronne. Mais, à cette date, l'astre de la favorite avait pâli, et depuis longtemps déjà.

Dès 1676, au moment du jubilé, avait eu lieu la première séparation des amants, provoquée par les remords de conscience de Louis XIV ; on sait le propos recueilli ou arrangé par La Beaumelle : « Vous serez content de moi, disait le Roi à Bourdaloue, Mme de Montespan est à Clagny. — Sire, répondait le prédicateur, Dieu le serait bien plus si Clagny était à quarante lieues de Versailles. » Mais l'appartement que Mme de Montespan avait à Versailles était trop voisin de celui du Roi ; toutefois, si elle fit encore un voyage avec lui, en février 1678, celui de Flandre et de Lorraine, elle vit cette année même sa faveur s'anéantir.

<hr>

[1] *Mercure* de 1686.

[2] Il fut entretenu tant que Clagny fut habité, et on ne songea à le recombler définitivement qu'en 1736. Il fut comblé « par rapport au mauvais air qu'il causait à Versailles ». Un nouveau cours, la rue Neuve, avait été créé le long de l'étang. — De Nolhac, *La Création de Versailles.*

Mme de Montespan morte en 1707, aux eaux de Bourbon-l'Archambault, le duc du Maine, son fils, prit possession de Clagny.

Après avoir appartenu au prince de Dombes, l'aîné de ses enfants, puis à son frère, le comte d'Eu, il revint par voie d'échange, en 1766, en la possession du Roi. Louis XV accorda d'abord 11 arpents du parc à la reine Marie Leczinska pour l'établissement de son couvent de chanoinesses régulières de Saint-Augustin, qui exista jusqu'à la Révolution et dont les bâtiments, œuvre de l'architecte Mique, sont occupés par le lycée Hoche.

D'autres parcelles furent bientôt détachées des anciens jardins. Enfin, le château, resté inhabité depuis plus de quarante ans et dégradé par suite de cet abandon autant que par l'humidité du sol, fut livré à la destruction. Il commença à être démoli, par adjudication, en 1769, et le peintre de Machy prit dans ces travaux le sujet de plusieurs tableaux. Avant que finît le règne de Louis XV, aucun vestige ne subsista plus de la première grande œuvre de Mansart[1].

V. — MARLY

Lieu de retraite, de repos, à mi-chemin de Versailles et de Saint-Germain, Marly reproduit en petit dans son histoire celle de Versailles, « dont il est, dans sa splendeur définitive, comme un raccourci[2] ».

Il est probable que Saint-Simon a bien pénétré les desseins de Louis XIV choisissant comme séjour de passage ce lieu

---

[1] Les bâtiments détruits occupaient un emplacement qui se trouverait aujourd'hui sur la voie du chemin de fer de la Rive droite, un peu en avant des hangars qui sont à l'entrée de la gare. Ils allaient jusqu'au boulevard de la Reine ; l'aile méridionale du château coupait le tracé de ce boulevard à la hauteur du petit lycée. Un des premiers grands changements dans les jardins de Clagny fut amené par l'ouverture du boulevard de la Reine, en octobre 1773. (De Nolhac, *La Création de Versailles*.)

[2] De Nolhac, *La Création de Versailles*.

encore ignoré. « Lassé à la fin, dit-il, du beau et de la foule, il se persuada qu'il voulait quelquefois du petit et de la solitude. » La représentation incessante de Versailles le fatiguait parfois. Il chercha « un petit ermitage » dont la situation bornée ne l'entraînerait pas à de grandes dépenses, et l'ermitage fut fait.

Ce n'était que pour y coucher trois ou quatre nuits, du mercredi au samedi, deux ou trois fois l'année, avec une dizaine de courtisans en charges les plus indispensables. « Peu à peu, l'ermitage fut augmenté d'accroissement en accroissement, les collines taillées pour faire place et y bâtir, et celle du bout largement emportée pour donner au moins une échappée de vue fort imparfaite. Enfin, en bâtiments, en jardins, en eaux, en aqueducs, en ce qui est si connu et si curieux sous le nom de machine de Marly, cela est devenu ce qu'on le voit encore, tout dépouillé qu'il est depuis la mort du Roi. »

Un nombre prodigieux de paysans fut employé à combler les marécages existants. Les premiers travaux commencèrent en 1679. A partir de 1686, la Cour commença à y séjourner; le premier séjour fut de trois jours.

Le château, ou grand pavillon, terminé par Mansart en 1684, comprenait un rez-de-chaussée et un étage à neuf fenêtres de façade. « Il a vingt et une toises en tous sens, dit Piganiol de la Force. La décoration extérieure est de peintures à fresques[1]; elle consiste en pilastres d'ordre corinthien, en trophées et en devises que l'on a mis entre les croisées de l'étage qui est au rez-de-chaussée.

« Dans chaque face, il y a un avant-corps aussi de peintures à fresques, couronné par un véritable fronton sculpté. Aux quatre faces principales, des perrons conduisent à des vestibules. On entre par quatre portes dans le salon, orné de seize pilastres, d'ordre ionique, couronné de son entablement. Il est éclairé par quatre croisées pratiquées dans l'attique au centre de l'édifice. » Un grand salon octogone, décoré de sculptures, occupait toute la hauteur du château, avec un balcon intérieur.

[1] Les fresques furent exécutées par Nocret, Monnier, Bonnemer, Rambour, Simon, et surtout par Rousseau.

En avant de ce château s'étendaient de grands bassins. Six pavillons de chaque côté, réservés aux seigneurs, formant comme un cortège de douze satellites, étaient reliés entre eux par des berceaux de verdure. Derrière le château, le coteau boisé était coupé par la rivière ou Grande-Cascade[1].

Rousseau peignit, entre autres, le *Grand-Pavillon*, résidence du Roi ; c'étaient des pilastres d'ordre corinthien, en trophées et en devises, entre les croisées du rez-de-chaussée. Dans chaque face était un avant-corps de peinture à fresque, couronné, dit Piganiol, par un véritable fronton, dont la sculpture était de Jouvenet et de Mazeline ; aux perrons d'angle du château étaient des groupes d'enfants ; aux perrons du milieu, des sphinx ; le tout de Coustou et de Lespingola.

Le Brun avait fait les dessins des frontons et dirigé l'exécution. Le pavillon royal figurait le *Palais du Soleil*, avec le char d'Apollon aux quatre heures du jour, mais il y eut dans ce décor des modifications ; ainsi, en 1688, ces frontons sont chargés par les sculpteurs Jouvenet, Mazeline et Barrois d'un élégant couronnement d'amours et de fleurs, en même temps que d'autres sculpteurs posent sur la balustrade autour du toit les douze torchères et les seize cassolettes que représentent les estampes.

Les douze petits pavillons inventés par l'infatigable Le Brun, habités par les courtisans, avaient chacun deux portes et deux appartements ; ils étaient aussi peints à fresque, avec des couronnements en sculpture, tous d'ornementations différentes. Ainsi des édifices, pareils de forme et de dimension, variaient par l'aspect.

Les sculpteurs se donnèrent une large carrière à Marly ; ils s'appelaient Caffiéri, Mazeline, Le Hongre, Jouvenet, Masson, Legros, Lespingola, Laviron, Van Clève, Hurtrelle, Prou, Cornu, Monnier, Van Opstal, Lecomte, Mazière, Carlier. Ces premiers travaux, dont quelques-uns remarquables, entre autres l'ornementation de stuc de Mazeline dans le beau salon octogone qui occupait toute la hauteur du château, sont néanmoins « peu de chose auprès de tous ceux que

---

[1] Aujourd'hui, l'enceinte murée subsiste encore le long de la route de Rocquencourt à Marly.

Louis XIV entassera à Marly, quand Versailles sera plein, et dont la seule énumération remplirait des pages[1] ».

Dans les années qui suivent 1686, les dépenses s'accroissent au point de dépasser celles de Versailles ; Louis XIV y renouvelle les jardins et y accumule les œuvres sculpturales, dont les plus célèbres sont les groupes équestres de Coysevox et de Guillaume Coustou[2].

La facilité d'avoir les eaux par la fameuse machine qui les puise à la Seine, au bas du coteau de Marly, pour les envoyer à Versailles, décide Louis XIV à jeter dans ses jardins toute une rivière. La construction de la Grande-Cascade (1695), qui part du sommet de la colline et descend majestueusement vers le château par soixante-trois larges degrés de marbre, entraîne d'autres créations hydrauliques dans les bas jardins.

Ce sont d'abord les *Grandes-Nappes*, qui dégorgent dans un bassin inférieur les eaux réunies par l'immense pièce d'eau placée au centre des jardins; puis l'*Abreuvoir*, qui sera conservé et qui date de 1698; enfin, la *Grosse-Gerbe*, qui jaillit plus bas encore et hors du parc, et pour laquelle le régiment du Roi a dû aplanir les hauteurs au-dessus de l'*Abreuvoir*. Marly se développe ainsi, suivant un plan aisé à comprendre, et qui va toujours en avant et en descendant[3].

Les bosquets, sans cesse remaniés, n'existent plus aussi que par le souvenir : les *Salles-Vertes*, « où étaient les célèbres bassins des carpes »; la *Fontaine de Diane*, « où les dames travaillaient à leurs ouvrages »; les bosquets de Louveciennes se déployant sur une vaste étendue derrière les pavillons de l'aile de gauche. C'était dans cette partie des jardins que se trouvaient la *Salle des Muses*, le *Théâtre*, la *Cascade rustique*, les *Bains d'Agrippine*, « autant de réduits délicieux que décoraient les plus beaux antiques et les œuvres les plus parfaites des artistes modernes[4] ».

Caprices coûteux, certes, d'un prince dont les goûts pour

[1] De Nolhac, *La Création de Versailles*.
[2] Les chevaux de Marly, « de Coustou », furent portés à Paris le 11 septembre 1795 et placés à l'entrée des Champs-Elysées.
[3] De Nolhac, *La Création de Versailles*.
[4] *Ibid.*

Panorama du Château et des Jardins de Marly, par GUILLAUMOT, architecte.

les bâtiments ont dégénéré, semble-t-il, en manie. Après le premier Marly, un second fut créé en effet ; quant aux jardins, aux bassins, ils ne cessèrent d'être changés. « C'est peu de dire, affirme Saint-Simon, que Versailles tel qu'on l'a vu n'a pas coûté Marly. Que si l'on ajoute les dépenses de ces continuels voyages, qui deviennent enfin au moins égaux aux séjours de Versailles, souvent presque aussi nombreux, et tout à la fin de la vie du Roi, le séjour le plus ordinaire, on ne dira point trop sur Marly seul, en comptant par milliards. » Exagération tout de même, comme l'établissent les Comptes des Bâtiments du Roi, au moins pour le premier Marly.

Louis XIV allait très souvent à Marly avec M\u1d50\u1d49 de Maintenon. Il s'amusait à faire planter de nouvelles allées. A la fin de 1698, on commença à l'*Abreuvoir*. En 1703, autres plantations, ainsi qu'en 1706, 1708, 1709, 1710, 1711. En 1714, dans son parc agrandi, il célèbre, pour la dernière fois, la Saint-Hubert.

Etre invité aux voyages de Marly était l'ambition de tous les courtisans. On le demandait au Roi selon la formule consacrée : « Marly, Sire » ; et le Roi montrait à son souper, la veille du voyage, la liste des invités. Les premières fêtes furent données le 23 juillet et le 3 septembre 1684. A celle du 21 août 1685, on joua le *Sicilien*, de Molière. Dès 1687, les séjours deviennent plus fréquents. Louis XIV faisait venir Racine à Marly. « On dirait qu'à Versailles, écrit Racine, il (le Roi) est tout entier aux affaires, et qu'à Marly il est tout à lui et à son plaisir. » A la vérité, il gouvernait à Marly comme à Versailles, et travaillait presque tous les jours avec ses ministres. Le 4 septembre 1689, il y eut une loterie, et on joua dans le salon le *Bourgeois gentilhomme*.

On joua aussi beaucoup à Marly : plus gros jeu et plus longtemps que jamais, dit Dangeau. En même temps, les mascarades, les bals et les loteries abondaient. Le carnaval de 1700 fut très gai à Versailles et à Marly ; les bals se succédaient sans relâche. La musique, devenue très à la mode dès 1700, servait à varier les divertissements.

En 1702, les séjours s'allongent ; ils sont alors de quinze jours et deviendront plus longs encore. Le 6 août 1704, la duchesse de Bourgogne, qui venait de donner le jour au duc de Bretagne, vint à Marly ; il y eut une fête splendide qui fut contrariée par le temps ; le Roi put toutefois lui faire de riches présents. Quand commencent les désastres de la guerre de la Succession d'Espagne, il y a peu d'entrain dans cette résidence. « Quoique à dîner, dit la Palatine, nous soyons ici quatorze ou seize personnes à table, tout est plus calme que dans un réfectoire de religieuses ; chacun se tient à part soi et on ne dit pas un mot, et personne ne songe à rire. Le Roi n'assiste qu'aux commencements des divertissements. » Le 23 janvier 1705, la princesse des Ursins, après avoir été disgraciée par Louis XIV l'année précédente, fut, grâce à Mᵐᵉ de Maintenon et à la duchesse de Bourgogne, reçue en triomphe à Marly, et fit grande figure au bal, au milieu des familles royales de France et d'Angleterre[1]. Le 12 février 1706, le duc de Vendôme y vint, à cause de ses succès militaires en Italie, qui consolaient des revers d'Allemagne et des Pays-Bas, et on lui fit le plus grand accueil. « Jamais, dit Dangeau, personne n'a été si bien reçu à la Cour » ; et Saint-Simon ajoute : « Jamais triomphe n'approcha de ceux de M. de Vendôme en ce voyage. » Le 6 mai 1708, Louis XIV, écrasé par les revers, promenait le banquier Samuel Bernard dans ses jardins de Marly. Les finances étaient épuisées, et le Roi dut l'amener à lui prêter de l'argent. « J'admirois, dit Saint-Simon, cette espèce de prostitution du Roi, si avare de ses paroles, à un homme de l'espèce de Bernard. » Mais ce Bernard était le plus riche banquier de l'Europe, « et qui faisait, selon ses expressions, le plus gros et le plus assuré commerce d'argent ».

Après la mort du Grand Dauphin, à Meudon, le 14 avril 1711, Louis XIV vint cacher pendant trois mois sa douleur à Marly, où les plaisirs, même le jeu, cessèrent en ces années sombres. En 1712, six jours après sa femme, morte à Ver-

---

[1] Quand le duc d'Anjou devint roi d'Espagne, la princesse des Ursins, nommée camarera mayor de la Reine, n'avait pas tardé à s'emparer de son esprit et, par elle, de l'esprit du Roi : elle était ainsi devenue maîtresse de l'Espagne. Dénoncée comme dangereuse à Louis XIV par le cardinal d'Estrées et rappelée à Versailles, elle sut si bien s'y prendre qu'elle retourna à Madrid plus forte et plus puissante que jamais. — Saint-Simon fait un tableau des plus piquants de cette réception de 1705.

sailles, le duc de Bourgogne mourait à Marly, le 12 février.
Ces deuils cruels, auxquels vint s'ajouter celui du petit duc
de Bretagne, accablèrent le vieux Roi sans l'abattre, et rien
ne le détourna « de son application aux affaires[1] ».

« La première fois que j'ai eu l'honneur de voir le Roi à
Marly, raconte Villars dans ses *Mémoires*[2], après ces fâcheux
événements, la fermeté du monarque fit place à la sensibilité
de l'homme ; il laissa échapper des larmes et me dit, d'un ton
pénétré qui m'attendrit : « Vous voyez mon état, Monsieur le
« Maréchal, il y a peu d'exemples de ce qui m'arrive, et que
« l'on perde dans la même semaine son petit-fils, sa petite-
« fille et leur fils, tous de très grande espérance et très ten-
« drement aimés. »

Marly vit encore la mort du jeune duc de Berry, le 4 mai
1714. Pour Louis XIV, la vieillesse accomplissait en ce moment rapidement son œuvre ; malade, il quittait Marly le
10 août 1715, pour ne revoir jamais « cet ouvrage de ses
mains ».

A peine Louis XIV est-il mort que le Régent veut faire démolir Marly. Saint-Simon l'empêcha de mettre ce projet de
féroce économie à exécution. Il alla le trouver au Conseil et
l'entretint d'urgence de cette question.

« Je vis clairement qu'il n'avoit pas fait la plus légère réflexion à rien de tout cela. Il convint que j'avois raison, me
promit qu'il ne seroit point touché à Marly, et qu'il continueroit à le faire entretenir, et me remercia de l'avoir préservé de
cette faute. Quand je m'en fus bien assuré : « Avouez, lui
« dis-je, que le Roi, en l'autre monde, seroit bien étonné s'il
« pouvoit savoir que le duc de Noailles vous avoit fait ordon-
« ner la destruction de Marly, et que c'est moi qui vous en ai
« empêché. — Oh ! pour celui-là, répondit-il vivement, il est
« vrai qu'il ne le pourroit pas croire. » En effet, Marly fut
conservé et entretenu ; et c'est le cardinal Fleury qui, par
avarice de procureur de collège, l'a dépouillé de sa rivière,
qui en étoit le plus superbe agrément. »

[1] Dangeau, *Mémoires*, 1712.

[2] Le Roi avait donné audience au maréchal de Villars, qu'il envoyait
commander l'armée de Flandre.

Cependant, le duc de Noailles obtint que tous les meubles, linges, etc., seraient vendus, en persuadant au Régent qu'on en tirerait beaucoup d'argent; et Saint-Simon déplore de n'avoir pu empêcher « cette très dommageable vilenie ».

En réalité, Marly fut laissé à l'abandon, et on le dépouilla de quelques-unes de ses plus belles sculptures. Pierre le Grand le visita le 6 juin 1717. Sous Louis XV, les résidences de la Cour y furent plus rares. Toutefois, chaque année on l'y retrouve, et l'on s'y livre au jeu d'une façon effrénée. Mme de Pompadour y faisait des gains énormes; Mme Du Barry y parut en 1769, peu après sa présentation. Elle logeait au château « dans un petit appartement ménagé exprès, qui joignait à celui du Roi ».

En 1771, le roi de Suède, Gustave III, vint voir Marly. Sous Louis XVI, la Cour y allait de temps en temps. Au premier voyage, Marie-Antoinette se donna le plaisir d'aller voir le lever de l'aurore sur les hauteurs des jardins.

En 1778, elle et ses invités organisèrent un café, mais le jeu prédominait; et comme on admettait tout le monde, les vols au jeu se répétèrent; un mousquetaire, Duluques, substitua un rouleau de louis faux à un véritable[1].

Vers la fin du règne, Marly était à peu près abandonné; il disparut, comme la Ménagerie, au moment de la Révolution. Les jardins étaient détruits avant la vente du mobilier, qui commença le 6 octobre 1793. Les statues et les vases furent mutilés, et les chevaux de Coustou préservés à grand'peine.

Le représentant Delacroix ordonna de vendre par lots séparés le domaine de Marly. Un décret du 5 août 1796 prescrivit de transporter au palais du Corps législatif un certain nombre de statues de marbre et de bronze destinées à décorer le palais, sa terrasse et son jardin, et aussi les Tuileries.

Le 31 mars 1799, l'État vendit à un prix dérisoire le domaine de Marly à un certain Sagniel. Une filature et une fabrique de draps de laine furent établies dans les dépendances du château, sans succès d'ailleurs; mais, pour soutenir cette industrie, on avait démoli les bâtiments, négocié les marbres et les matériaux provenant des démolitions, les bois de haute futaie, les tuyaux de conduite, les plombs des bâtiments, les

---

[1] Bachaumont, *Mémoires*, 1778.

grilles, les rampes en fer, etc. Ce vandalisme put être continué jusqu'au bout, sans que l'Etat intervînt. Quand Sagniel eut tout démoli, tout vendu, quand il eut détruit sans pitié un des plus exquis chefs-d'œuvre de l'art français, il vendit le sol, le 27 juillet 1810, 288,000 francs, à un M. Gandulphe Andriane, qui vendit à son tour, à Napoléon Ier, le domaine de Marly, le 2 septembre 1811, pour 421,000 francs.

Marly était également célèbre par sa Machine. Tout étranger visitant autrefois Paris ne pouvait manquer d'aller voir cette *merveille*. Elle fut construite par deux Liégeois, Arnold de Ville et Rennequin Sualem : le premier, jeune avocat, adroit courtisan ; le second, maître charpentier complètement illettré. On prétend que de Ville[1] ne s'occupa que de la négociation de l'affaire et que ce fut Rennequin Sualem qui exécuta le tout. Quoi qu'il en soit, après la construction d'une machine d'essai qui fonctionna heureusement à Saint-Germain, devant le Roi, les travaux de la fameuse Machine furent entrepris et exécutés de 1681 à 1684.

La Machine fut installée en aval de Bougival, quelques mètres en amont de celle qui existe aujourd'hui ; elle se composait de 14 roues à palettes, de 12 mètres de diamètre, actionnant, soit directement, soit par des tirants portés par des *chevalets*, 221 pompes à peu près identiques. Ces pompes élevaient en trois fois les eaux de la Seine à la partie supérieure du célèbre aqueduc de Louveciennes, à 162^m,15 au-dessus du niveau de la Seine.

On estimait que la machine pouvait élever au maximum 4,000 mètres cubes d'eau par jour ; elle coûta 3,674,864 livres 8 sous. Son entretien dépassait la somme de 70,000 livres par an, en moyenne. Arnold de Ville mourut en 1722, baron du Saint-Empire ; il avait à la Machine une belle résidence qui existe encore[2] et, indépendamment des gratifications, touchait 16,000 livres de pension. Rennequin Sualem mourut à la Machine en 1708 : il avait 2,000 livres par an et un beau logement ; sa petite-nièce continua de résider à la Machine jusqu'à la Révolution ; elle avait 400 livres de pension.

La Machine de Marly, abandonnée sous la Révolution, fut

---

[1] Voir *Les Grandes Eaux de Versailles*, par L.-A. Barbet, p. 93 et suiv.
Le château de Louveciennes, dit aussi « Du Barry ».

réparée par Napoléon Ier et continua à fonctionner au commencement du XIXe siècle. En 1825, on inaugura pour l'élévation des eaux une machine à vapeur qui coûta plus de 3 millions et fonctionna parallèlement avec deux roues modifiées de l'ancienne machine. En 1854, Napoléon III fit commencer la machine actuelle, établie d'après les conseils de Regnault. Elle se compose de 6 roues de 12 mètres de diamètre, actionnant directement 24 pompes horizontales, sans intermédiaire d'engrenages. Toute cette machinerie, d'un système fort simple, est logée dans un bâtiment quadrangulaire, briques et pierre, construit en travers de la Seine, quelques mètres en aval de l'ancienne machine de Louis XIV ; cette machine peut élever jusqu'à 18,000 mètres cubes d'eau de Seine par jour, à 160 mètres de hauteur ; elle alimente d'eau toute la région de Versailles, Saint-Cloud, Meudon, etc.

Jusqu'à la fin du XIXe siècle, la Machine de Marly pompa directement l'eau dans la Seine. A cette époque, l'augmentation du débit des égouts de Paris rendit cette eau tellement mauvaise qu'on dut renoncer à s'en servir pour l'alimentation.

On fora, dans un rayon de 2 kilomètres de la Machine, sept puits allant jusqu'au terrain crétacé, de façon à atteindre les eaux qui se trouvent en abondance dans la craie fendillée. Sur ces sept puits, deux sont forés dans la cour de la Machine de Marly, et les cinq autres sont disséminés, de l'autre côté de la Seine, dans la plaine de Croissy. L'ensemble de ces puits peut fournir environ 20,000 mètres cubes d'eau par jour : cette eau est absolument pure au point de vue bactériologique.

Un système de canalisations réunit l'eau de ces puits, traverse la Seine et se rend à la Machine de Marly. Les pompes des puits sont actionnées électriquement, et l'énergie est fournie par deux turbines de 300 chevaux construites en face du bâtiment de l'ancienne machine à vapeur dont il a été parlé ci-dessus. Au cas où la force hydraulique viendrait à manquer, un turbo-moteur à vapeur de 300 chevaux a été installé dans le bâtiment de l'ancienne machine à vapeur. Ces divers travaux firent l'objet d'un concours public et furent exécutés en 1900, par MM. Barbet et Hersent.

CHAPITRE XVI

LE MUSÉE

Le Château de Versailles est, dans son ensemble, un magnifique musée d'art décoratif.

C'est le legs laissé par l'ancien régime, que la Révolution a respecté. Nous avons vu que Napoléon n'eut pas le temps de donner suite aux projets de remaniement, d'ailleurs confus, qu'il avait conçus.

Malheureusement, Louis-Philippe, dans sa hâte d'installer un musée dédié à *toutes les gloires de la France*, partageant le préjugé de son temps contre l'art du XVIIIe siècle, ne craignit pas d'y porter atteinte dans les boiseries sculptées de ses lambris et de ses glaces, les bronzes de ses cheminées et la ciselure de leurs cuivres.

Néanmoins, malgré ces destructions à jamais regrettables, l'œuvre capitale de l'art décoratif du XVIIe et du XVIIIe siècle est restée intacte. Elle se montre aux visiteurs émerveillés dans les *grands appartements du Roi et de la Reine*, dans la *galerie des Glaces* et les *salons de la Guerre et de la Paix*, dans le *salon d'Hercule*, dans les *appartements particuliers de Louis XIV*, dans les *petits appartements de Louis XV*, dans les *appartements de Madame Adélaïde*, dans les *cabinets ou petits appartements de Marie-Antoinette*, enfin dans quelques salles de l'*appartement du Dauphin*.

Les recherches que Louis-Philippe fit effectuer dans les dépôts de la Couronne et dans les résidences royales, se rapportant à tous les objets d'art (peintures, statues, bustes et bas-reliefs) d'un caractère historique, donnèrent généralement des résultats fructueux, mais insuffisants. Le nombre

d'œuvres était trop restreint. Beaucoup de personnages ou de
faits marquants de l'histoire nationale (celle-ci presque exclusivement personnifiée dans les gestes de nos armées) manquaient à une collection que le Roi voulait complète, pour
que la chaîne des temps, depuis l'avènement des Francs en
Gaule jusqu'à nos jours, ne fût pas interrompue.

Pour combler cette lacune, il eut recours aux commandes
multipliées, faites à un nombre considérable d'artistes, plus
ou moins bien préparés à ce genre d'illustration, et il faut bien
reconnaître, avec les conservateurs actuels du Musée, que
« cette histoire de France en image a été réalisée hâtivement
et sans critique ; pour quelques pages de valeur, un trop
grand nombre d'œuvres médiocres et dépourvues de tout caractère de vérité sont venues encombrer les galeries et nuire
par leur voisinage aux collections sérieuses qu'elles renferment.[1] ».

La vraie richesse du Musée (incomparable en son genre)
est, pour la peinture, l'iconographie des XVIe, XVIIe et XVIIIe
siècles. Ces portraits historiques proviennent du cabinet de
Roger de Gaignières[2] (XVIe et partie du XVIIe), des collections
de la Sorbonne réunies au XVIIe siècle et de l'Académie française (ceux-ci donnés en 1839 et provenant de l'ancienne
Académie de Peinture). Il faut y ajouter les œuvres issues
des maisons royales habitées par les princes et les princesses
de la maison de Bourbon et des familles ayant régné sur
la France après la Révolution. Il faut aussi mentionner
cinq autres séries de moindre importance : les portraits et
tableaux de marine (ceux-ci assez rares aujourd'hui) qui
ornaient l'hôtel de la Marine[3] à Versailles ; les portraits
des amiraux de France, peints pour l'hôtel de Toulouse, à
Paris ; — les portraits de maréchaux de France réunis
sous Louis-Philippe, en originaux ou en copies[4] ; — les

[1] De Nolhac et A. Pérate, *Le Musée national de Versailles.*

[2] Collectionneur et généalogiste, né à Entrains (Nièvre), 1642-1715.
La Bruyère l'a peint dans ses *Caractères* sous le nom de *Démocède* ou
le *Collectionneur*. Il fit don de sa collection, en 1711, à la Bibliothèque
du Roi.

[3] L'hôtel de la Marine était situé au n° 10 de l'avenue de Sceaux. Il
fut, de 1830 à 1907, le siège de la Compagnie des Lits militaires.

[4] De Nolhac et Pérate, *Le Musée national de Versailles.* — Un petit

portraits des généraux de la campagne d'Egypte dessinés par
Dutertre ; — les esquisses de portraits du baron Gérard. Ces
deux séries, la dernière surtout, sont d'un grand intérêt.

En sculpture, la série considérable des statues et surtout des
bustes commandés par Louis-Philippe, pour rappeler le souvenir des citoyens qui ont honoré le pays, est souvent de valeur artistique médiocre et d'une ressemblance *approximative*,
parce qu'ils ont été exécutés après la mort du modèle. « Ce
sont des monuments commémoratifs et rien de plus. » Mais
il existe, pour ce qui est des bustes, une série assez importante de marbres originaux ou de moulages des xviie et
xviiie siècles, qui, pour la plupart, sont des œuvres hors de
pair, surtout quand elles sont signées Coysevox, J.-B. Lemoyne, J.-J. Caffiéri ou Houdon.

D'autre part, la troisième République a pris l'habitude
d'envoyer à Versailles des bustes de chefs d'Etat (Présidents
de la République), d'hommes politiques (Gambetta) et d'écrivains (Renan, Taine, les Goncourt, Fustel de Coulanges, etc.),
qui portent l'empreinte du talent si individuel et si épris de
vérité de nos sculpteurs contemporains [1].

On ne peut qu'applaudir à voir des hommes d'une valeur
supérieure continuer à enrichir le Musée de nos gloires. Dans
cette œuvre de sereine justice, les passions politiques n'ont
rien à voir. Un amour éclairé de la grandeur de la France
doit seul guider dans le choix des hommes qui méritent de
vivre dans ce séjour d'élection, et nous pensons, avec un
écrivain contemporain, qu'il faut « pressentir la durée des
noms [2] ». Les documents doivent être ajoutés prudemment
aux collections de Versailles, et cette idée de critique avisée
guide les conservateurs actuels, qui savent vérifier, ajouter
et, à l'occasion, enlever.

Nous signalerons à la curiosité des amateurs, comme ayant
un intérêt historique et artistique réel, la série de sculptures
anciennes que possède le Musée. Il reste de la collection que
forma dès 1790, à Paris, l'archéologue Alexandre Lenoir, pour

nombre seulement de ceux qui sont antérieurs à 1789 ont une valeur
d'authenticité.

[1] Voir les salles 30 et 33.

[2] G. Geffroy, *Versailles*.

sauvegarder les monuments des arts que renfermaient les couvents, plusieurs sarcophages, médaillons et statues tombales du xvi° au xviii° siècle. Mais la part contributive la plus importante est due aux moulages que Louis-Philippe fit exécuter d'après les monuments funéraires de Saint-Denis et d'autres abbayes de France, des églises de Paris (les Célestins, Saint-Eustache, etc.) et de province (Chartres, Tours, Notre-Dame de Brive, etc.), et qui complètent celles du Musée de Sculpture comparée du Trocadéro.

Dans le même ordre d'idées, les pierres tombales de chevaliers français, principalement de grands-maîtres de l'ordre de Malte, provenant de la Terre-Sainte et de l'Orient latin, sont pour la salle des Croisades des documents plus précieux que ses peintures modernes et que « les écussons des familles réunis sans grande autorité lors de la création du Musée[1] ».

Dans les longs corridors de pierre à voûte cintrée du rez-de-chaussée et du premier étage des ailes, toute cette statuaire du xvi° siècle, pierres tombales, statues, bustes, se trouve rangée d'une manière impressionnante. Nous citerons, dans l'aile du Nord, le *Henri II* et la *Catherine de Médicis* de Germain Pilon, le *Duc de Rohan* (Henri de Chabot) et le *Montmorency*, de François Anguier. Le xviie siècle présente des statues tombales symboliques, portant sur leurs genoux les médaillons des personnages modelés avec un art saisissant, des bustes comme l'expressif *Condé*, de Coysevox, ou celui du lieutenant civil *Le Camus*, par Mazière. Mais ici, le nombre et la variété des œuvres méritent, de la part du connaisseur, un examen réfléchi.

D'autres séries d'œuvres ont contribué à constituer le fonds riche du Musée de Versailles : la *suite des tableaux-plans*, provenant du château de Richelieu, représentant les principaux faits de l'histoire militaire du règne de Louis XIII; — les *cartons des compositions* de Le Brun et de Van der Meulen, modèles des tapisseries des Gobelins représentant l'histoire de Louis XIV[2]; — la *série des vues des résidences royales*,

---

[1] De Nolhac et Pératé, *Le Musée national de Versailles.*

[2] Depuis peu, grâce à la vigilance éclairée de la Conservation du Musée, un grand nombre de ces tapisseries ornent les murs des grands appartements.

de Cotelle, Pierre-Denis et Jean-Baptiste Martin, Etienne et Gabriel Allegrain, Van der Meulen et Hubert Robert, reproduisant les vues des châteaux et bosquets de Versailles, Marly, Trianon, Clagny, Saint-Cloud, Vincennes, Meudon, Madrid, Fontainebleau, Saint-Germain, Chambord, et les vues de Paris des XVIIe et XVIIIe siècles, par Parrocel, de Machy, Hubert Robert, etc. [1] ; — la *collection des gouaches* de Van Blarenberghe, illustrant les principaux événements militaires du règne de Louis XV ; — la *collection des aquarelles* de Bagetti, etc., sur les événements militaires de la République, de l'Empire et du règne de Louis-Philippe. — Il faut joindre à celle-ci une autre série de dessins originaux, compositions militaires exécutées sous la direction de Denon [2], par Carle Vernet, Taunay, Meynier, Thévenin, etc...., et qui sont des œuvres, au point de vue artistique et documentaire, des plus remarquables. Elles sont placées dans la deuxième salle de l'attique de Chimay.

Le Musée de Versailles se présente sous trois aspects à la curiosité des visiteurs : la décoration, l'histoire proprement dite et le portrait.

La décoration, qui embrasse tous les arts, s'épanouit dans la série des grands et des petits appartements ou cabinets. Nous en avons parlé longuement au cours de cet ouvrage et nous n'y reviendrons pas. Est-il besoin de dire que l'histoire n'est pas bannie de la partie la plus somptueuse du Château, mais qu'elle y est représentée par une suite de tableaux et de magnifiques tapisseries commémorant des faits du règne de Louis XIV, et par une série de portraits (peintures et surtout bustes se rapportant aux trois règnes) précieux par l'art et l'authenticité.

Le Musée proprement historique que Louis-Philippe édifia, formé en majeure partie par le lot considérable des commandes officielles faites simultanément, est l'illustration trop souvent banale et presque exclusive de faits purement militaires, depuis Clovis et Charlemagne jusqu'en 1848. C'est surtout l'*histoire-bataille*. Les scènes d'ordre civil ou politique y sont très clairsemées.

[1] La plus grande partie de cette collection se trouve dans la salle 34.
[2] Directeur général du Musée du Louvre, sous Napoléon Ier.

Cette lacune avait frappé le fondateur du Musée, qui, aux
« galeries ouvertes à la gloire militaire et aux armées françaises de terre et de mer », avait résolu d'en ajouter d'autres
« consacrées à la gloire politique et aux vertus civiles »; mais
la Révolution de 1848 survint, qui empêcha la réalisation de
ce projet. Ce musée nouveau devait être placé dans la partie
du Palais qui s'étend parallèlement à l'aile du Midi, le long
de la rue de la Bibliothèque (rue Gambetta).

L'épopée militaire, racontée dans une série interminable de
tableaux petits et grands, souvent médiocres, remplit une
bonne partie des deux ailes du Château. Elle est comme syn-
thétisée, « d'une manière un peu artificielle, mais non sans
grandeur », dans une immense nef de 120 mètres de long sur
13 mètres de large, à la voûte cintrée, décorée de rosaces
dans le goût classique et vitrée dans sa partie supérieure.
C'est la *galerie des Batailles*, où trente-trois tableaux de grandeur colossale, encastrés aux parois, exposent les faits
d'armes les plus éclatants, depuis la bataille de Tours (ou de
Poitiers) contre les Arabes jusqu'à la bataille de Wagram.
Delacroix y figure par une œuvre puissante : *La Bataille de
Taillebourg*, et Horace Vernet, le grand peintre militaire du
règne de Louis-Philippe, avec sa science de la composition
et du dessin, y a représenté trois fois Napoléon et ses lieutenants, dans des épisodes des batailles d'Iéna, de Friedland
et de Wagram.

On y a ajouté depuis quelques années l'œuvre d'un peintre
contemporain, intitulée : *Patrie*. Cette vaste toile commé-
more d'une manière symbolique la guerre de 1870. Elle
représente, sur un fond sombre de ciel bas et triste, un cui-
rassier blessé à mort, soutenu par ses compagnons d'armes
et embrassant sur sa poitrine le drapeau tricolore. L'œuvre
est d'un sentiment saisissant de vérité dramatique[1].

Par habileté sans doute, mais aussi dans un sincère esprit
de patriotisme, Louis-Philippe fit une belle part aux légendes

[1] *Patrie* est l'œuvre du peintre Georges-Bertrand. (Lors de la réception de Nicolas II à Versailles et au dîner qui lui fut offert dans la galerie des Batailles, tous les tableaux de la galerie furent recouverts de
tapisseries représentant l'histoire de Louis XIV, à l'exception de *Patrie*.)
— Un autre épisode de la guerre de 1870 est traité dans le tableau d'un
autre peintre contemporain : *Halte-là!* de Roll, placé, à l'extrémité de
la galerie des Batailles, dans la salle de 1830.

LOUIS-PHILIPPE, par WINTERHALTER.

(Musée de Versailles.)

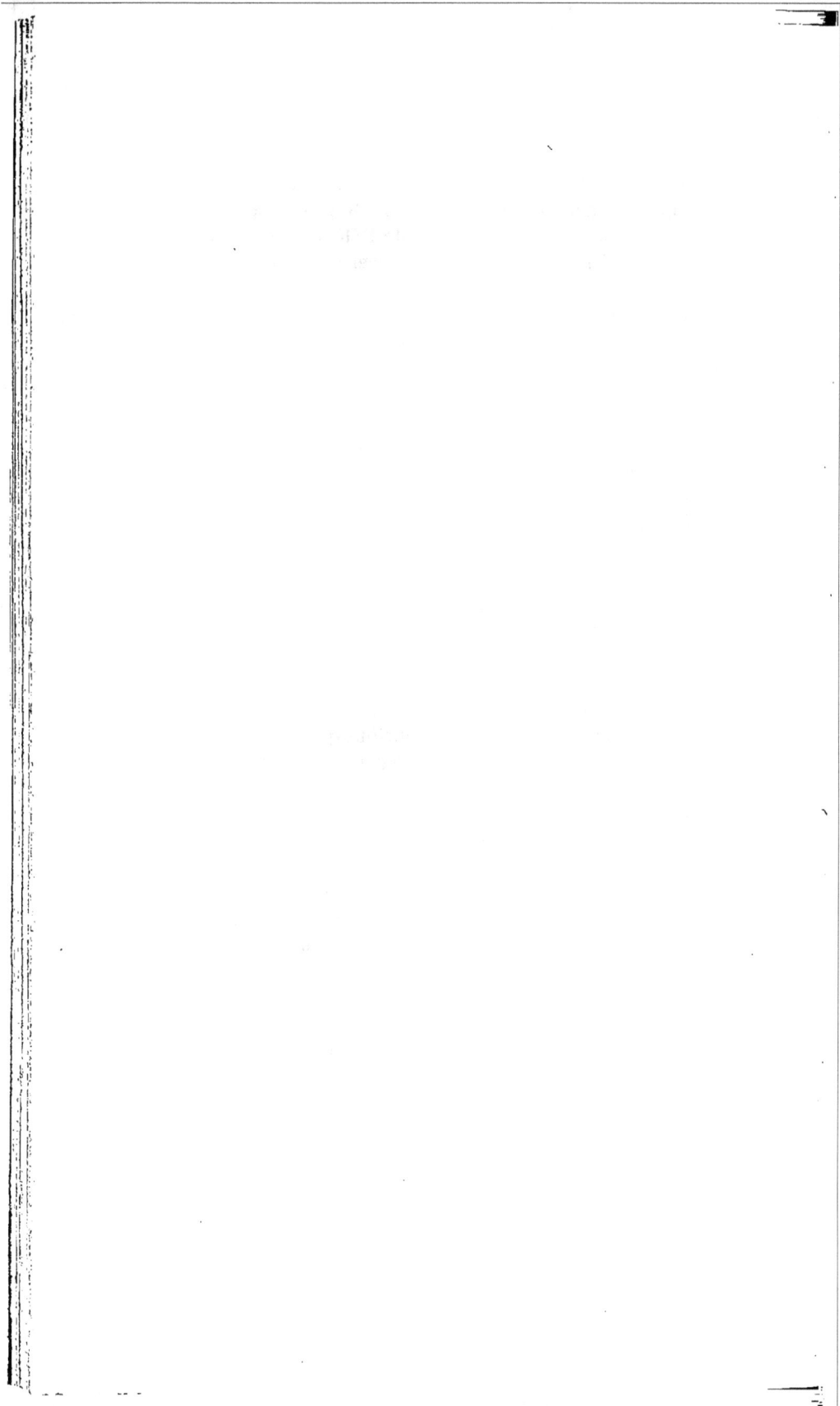

et aux héros de la Révolution et de l'Empire. La légende napoléonienne fut favorisée entre toutes. Le Roi, descendant des Bourbons, qui faisait ramener de Sainte-Hélène les cendres du héros d'Austerlitz et d'Iéna pour les placer aux Invalides, lui réservait encore à Versailles une suite de salles au rez-de-chaussée de l'aile du Midi et au premier étage de l'aile du Nord, pour y fixer une série importante de peintures dont beaucoup avaient été commandées par Napoléon lui-même[1]. Il fit plus encore, en lui consacrant, au seuil même des appartements royaux, l'ancienne salle des Gardes, où fut placé le magnifique tableau de David représentant le *Sacre de l'Empereur*[2], aujourd'hui émigré au Louvre. Il reste cependant dans cette salle, du même peintre, un autre chef-d'œuvre : *La Distribution des Aigles*, qui voisine avec la vaste *Bataille d'Aboukir*, œuvre de Gros ; Murat, qui en est le principal personnage, l'avait lui-même commandée au grand artiste.

A travers ces salles de l'histoire de France, dans le nombre d'œuvres inférieures qui s'y pressent, s'en détachent quelques-unes de valeur réelle, signées Van der Meulen (*Reddition de Cambrai*), Testelin (*Passage du Rhin*), Parrocel, J.-B. Martin, etc. Elles sont dans le rez-de-chaussée de l'aile du Nord. Même parmi les toiles officielles, celles surtout que Napoléon avait commandées pour illustrer son règne épique, qui se trouvent au premier étage de l'aile du Nord et plus encore au rez-de-chaussée de l'aile du Midi, il en est, comme le *Bivouac de l'armée française la veille au soir de la bataille d'Austerlitz*, de Bacler d'Albe, l'*Entrée de la Garde impériale à Paris, après la campagne de Prusse en 1807*, de Taunay, et le *Passage du mont Saint-Bernard par l'armée du Premier Consul*, de Thévenin (nous pourrions en citer d'autres), qui sont des documents bien vivants et laissant une forte impression. Nous signalerons, au rez-de-chaussée de l'aile du Midi, une série de pages où des peintres comme Gros, Guillon-Léthière, Girodet-Trioson, Debret, Vernet, Meynier, font re-

---

[1] Les scènes militaires ou civiles du Consulat et de l'Empire, que Napoléon fit en grande partie exécuter, sont de précieux documents pour l'étude des types et des costumes. Il en est un certain nombre dont l'effet dramatique du sujet a été bien rendu par l'artiste.

[2] D'où le nom de *salle du Sacre* que cette pièce porte aussi.

43

vivre, en des toiles un peu déclamatoires mais convaincues, les gestes militaires du premier Empire. Enfin, dans une des salles de l'attique de Chimay, le général Lejeune, dans une suite de tableaux où la minutie du détail, rendu d'une couleur trop lisse, ne fait pas disparaître la documentation exacte, s'en est fait aussi l'historiographe intéressant.

Les principaux faits d'armes de la Révolution : Valmy, Jemmapes, Hondschoote, Wattignies, ont été illustrés par Eugène Lami avec une verve mouvementée et une habileté de composition dignes d'être notées.

Si le Musée est riche en documents relatifs aux faits de guerre, il l'est beaucoup moins pour ce qui concerne la vie civile et même la vie de Cour. Sous Louis XIV, l'histoire officielle est presque toute dans les scènes militaires ou allégoriques d'un Le Brun ou d'un Van der Meulen. Sous ses successeurs, l'ère des apothéoses est passée avec la gloire des armes. L'évolution des mœurs crée l'art des Watteau, des Boucher, des Fragonard, des Chardin et des Greuze, qui ne figure pas à Versailles. Mais le xviiie siècle est aussi le siècle du portrait, qui y tient une place d'honneur. La Révolution fut une époque troublée où les hommes agissaient surtout ; on peut en dire autant, pour d'autres raisons, de la période impériale. L'une et l'autre ne furent pas plus favorables aux arts qu'aux lettres. Pour elles, l'illustration des événements accomplis est presque exclusivement militaire.

Malgré tout, Versailles possède quelques précieux documents commémoratifs d'événements ayant trait à des cérémonies de Cour, à des réceptions de princes ou d'ambassadeurs, au sacre du Roi, à la tenue d'un lit de justice, à la présidence d'un conseil, etc..., et qui nous permettent de saisir sur le vif quelques détails importants de la mécanique du pouvoir royal. Voyez, dans les appartements de Mme de Maintenon et la salle 144 qui fait suite, la *Réception du Prince électoral de Saxe* et celle de l'*Ambassadeur de Perse*, par Louis XIV ; une *Cérémonie de l'Ordre du Saint-Esprit*, où ce roi reçoit Dangeau comme grand-maître ; une *Assemblée du Conseil de Justice* qu'il préside vers 1670 ; — dans les appartements du Dauphin (salle 43), Louis XV, âgé de cinq ans, tenant un lit de justice, ayant à côté de lui sa gouvernante, Mme de Ventadour, tableau très suggestif, d'un peintre

peu connu, Duménil ; et dans la même salle, deux chefs-
d'œuvre à la manière flamande, de J.-B. Martin, la *Sortie du
Palais de Justice* du petit Roi porté par le premier chambellan,
précédé du Régent, du duc de Bourbon et des princes du
sang, au milieu des gardes à cheval et du flot de curieux, et
la *Sortie du sacre de Reims*, non moins étonnant de vérité
minutieuse. De telles œuvres ont été pour ainsi dire vécues,
et de là vient leur particulier attrait.

Les salles d'*Afrique*, de *Crimée* et d'*Italie* renferment,
comme le nom l'indique, les œuvres militaires commémora-
tives de ces campagnes. Pour tout ce qui touche à l'Algérie,
Horace Vernet triomphe par le nombre considérable de ses
grandes toiles, peintes avec science et recherche d'exactitude, quoique avec une palette un peu morte. Son œuvre capitale paraît être la *Prise de Constantine*, exposée au Salon de
1839 et qui excita l'admiration. La *Prise de la Smala*, qui
mesure plus de 21 mètres de large sur un peu moins de
5 mètres, est remarquablement composée et dessinée, mais
sèche, peu lumineuse : elle ne semble pas éclairée par le soleil
d'Afrique.

Horace Vernet, peu goûté aujourd'hui, fut dans son temps
un novateur. Il est l'ancêtre direct de nos grands peintres
militaires contemporains, les de Neuville, les Detaille[1] et les

---

[1] Nous sommes heureux de citer à ce propos une opinion autorisée
entre toutes, celle du grand peintre Detaille :

« Il faut savoir gré à Horace Vernet d'avoir le premier cherché la vérité, le pittoresque et l'émotion se dégageant du sujet, sans avoir recours aux poses académiques, aux têtes dites de caractère et d'expression, et à toutes les formules classiques qui font que nous ne savons
rien de la Révolution et de l'Empire ; les peintres de cette époque n'ont
pas rendu ce qu'ils avaient sous les yeux, ils ont fait des Romains et
des Grecs habillés plus ou moins avec les modes de la Révolution et
de l'Empire..... Je trouve qu'on n'a jamais été juste pour lui. Il a eu
le tort de produire beaucoup trop et trop rapidement ; quand on regarde attentivement un tableau de lui, on est frappé de la faiblesse de
certains morceaux, et cependant il savait peindre, il savait dessiner ; la
Barrière de Clichy est un délicieux morceau de peinture. Il a fait de
superbes portraits : le *Frère Philippe* est un vrai chef-d'œuvre. Il a eu
des inventions de portraits tout à fait étonnantes, comme celui de
Gouvion-Saint-Cyr. Le grand artiste qui a fait l'*Assaut de Constantine*,
le *Bombardement de Saint-Jean-d'Ulloa*, le *Départ des colonnes d'assaut
pour la brèche de Constantine*, est un novateur, un créateur pour son
époque : on ne lui en a jamais su gré, on n'a voulu retenir de son
œuvre que les morceaux lâchés comme exécution. »

Aimé Morot. Il a eu le mérite de rompre avec les traditions *classiques* et boursouflées, contraires à la vérité, et de créer, dans la peinture d'histoire, le mouvement *naturaliste* qui a rénové la peinture militaire, surtout depuis 1870.

Dans la série des grandes toiles illustrant les guerres de Crimée et d'Italie, le *Passage de l'Alma*, par Pils, se fait remarquer par le mouvement et la belle lumière qui y sont répandus.

Le visiteur trouvera, à côté, d'autres salles fort intéressantes par des tableaux se rapportant à l'époque révolutionnaire, comme l'*Appel des Condamnés*, de Muller; le *Serment du Jeu-de-Paume*, de Couder; des portraits nombreux (peintures et bustes) de personnages du second Empire et, au premier plan, le portrait de *Napoléon III*, par Flandrin, œuvre de tout premier ordre, d'une psychologie profonde. A côté, celui de l'Impératrice est une copie un peu froide du peintre Winterhalter.

Sous Louis XVI, un admirable dessin de Moreau le jeune (attique de Chimay, salle 174) représente l'*Assemblée des Notables de 1787*, prélude de celle des Etats généraux, qui se réunit au début dans cette même salle des *Menus-Plaisirs*.

Enfin, la Révolution offre, dans ce même attique de Chimay, deux documents de premier ordre, d'artistes contemporains : le premier est une gravure légèrement coloriée d'Hubert Robert, signée et datée de 1790, et représentant, dans un ciel d'orage traversé par des rayons lumineux, la grande *Fête de la Fédération*; l'autre est une toile de Duplessis-Bertaux, intitulée : *La Prise des Tuileries dans la journée du 10 août 1792*, d'une grande intensité dramatique dans sa forme réduite.

Sans méconnaître l'intérêt réel qui s'attache à cette illustration militaire, les connaisseurs ont, dans le Musée, un itinéraire qui diffère de celui de la foule. Guidés par un sens esthétique plus affiné et un plus grand souci de documentation sûre, ils examinent avec attention l'art varié répandu dans les diverses salles des grands appartements et des appartements particuliers; ils étudient la collection des portraits originaux et des « œuvres anciennes » dont la source est bien authentique. Ils visitent les appartements du Dauphin et ceux de Mme de Maintenon, avec la salle qui y fait suite, et ils montent aux attiques du Nord, de Chimay et du Midi, où se déroule, surtout par l'histoire du portrait, la variété des types et des costumes, et, de-ci, de-là, par quelques tableaux d'événements du temps, une partie vivante et concrète de l'histoire de notre France.

Dans les grands appartements, en dehors de ce qui est proprement décoration, la peinture et la sculpture sont représentées par des œuvres souvent admirables. Nous en avons parlé dans le détail, lors de la description des salons, et nous ne ferons que rappeler en passant les tableaux et les tapisseries relatant les principaux faits du règne du « Grand Roi »; les petits Van der Meulen de la *Salle à manger* (120), du plus haut intérêt documentaire et peints dans cette harmonie voilée qui lui est propre : deux vues de Versailles et de Saint-Germain, avec le Louis XIV de 1670, à cheval au premier plan; un *Passage du Rhin* et une *Réception des Ambassadeurs suisses*, où le jeune monarque apparaît encore avec le costume recherché de la première époque du règne. A noter aussi le curieux panneau de Nocret (?), représentant la réception de chevaliers de l'ordre de Saint-Louis.

Puis viennent divers portraits de *Louis XIV*, ceux de Rigaud[1] et de Mignard; celui-ci, représentant le Roi à cheval, couronné par la Victoire, se dresse au-dessus de la cheminée de Vassé, dans le *salon d'Hercule*; les bustes de Coysevox (Œil-de-Bœuf), du Bernin et de Warin, qui a fait aussi la statue de Louis XIV jeune, en costume antique (dans le *salon de Vénus*, 107), et la cire impressionnante d'Antoine Benoist[2], placée tout près du lit de parade, dans la *chambre du Roi*. Cette cire, exécutée en 1706, représentant Louis XIV à soixante-huit ans, est d'un réalisme effrayant. « Peut-être, sous l'érosion de l'air, la cire a-t-elle subi quelque altération. Je ne sais. Mais la graisse mauvaise des chairs, dont l'uniformité jaune et malsaine laisse voir par places les traces de la barbe rasée, donne l'impression d'un cadavre embaumé

[1] Le portrait en pied de Louis XIV âgé et en costume royal est dans le salon de Diane (108), où se trouve aussi son buste par Bernin.

[2] Voir l'étude très nourrie sur Antoine Benoist, premier sculpteur en cire du roi Louis XIV (1632-1717), par A. Dutilleux (*Revue de l'Histoire de Versailles et de Seine-et-Oise*, 1905).

après quelque maladie lente. Cette œuvre est comme une anticipation du tombeau[1]... »

Dans la même chambre, sur la cheminée, est un autre chef-d'œuvre de Coysevox, le buste si vivant de l'aimable *Duchesse de Bourgogne*, que nous retrouvons dans la grande salle des Gardes de la Reine, peinte en pied par l'aimable pinceau de Santerre.

On ne peut passer indifférent, dans la salle de l'Œil-de-Bœuf, devant le tableau allégorique, infiniment curieux, de Jean Nocret, qui nous présente une *Assemblée des Dieux*, un Olympe où Apollon, sous la figure du Roi-Soleil, couronné de lauriers, siège sur un trône surmonté d'un dais à draperies rouges ; auprès de lui est toute la famille royale divinisée : Anne d'Autriche (Cybèle), Marie-Thérèse (Junon), Monsieur (l'astre Lucifer), Henriette d'Angleterre (Flore), Henriette de France (Amphitrite), Mlle de Montpensier (Diane), Mlles d'Orléans (les trois Grâces). Des portraits posés à terre représentent deux enfants du Roi morts jeunes.

Rappelons enfin les deux portraits de *Marie Leczinska* et de *Marie-Antoinette*, placés sur les deux portes du fond de la chambre de la Reine. Ce dernier est daté de 1788.

La dernière salle des appartements particuliers du Roi (antichambre des Gardes) renferme cinq tableaux de Cotelle, précieux documents qui représentent des jardins de Versailles et de Trianon. Mais la collection est plus complète dans la salle 34 du rez-de-chaussée, attenante à la galerie Louis XIII, où le visiteur peut s'instruire sur ce que furent les diverses résidences royales, et principalement Versailles, dans ses diverses transformations.

Le visiteur trouve dans la grande salle de l'attique du Nord — ce qui ne laisse pas d'étonner dans le château de Louis XIV — toute une série d'œuvres du xvie siècle[2], d'un intérêt incomparable, malgré les copies ou les retouches.

---

[1] G. Geffroy, *Versailles.*

[2] Le plus ancien monument original d'art est renfermé aussi dans cette salle. C'est un petit panneau de bois du xve siècle, représentant Jeanne d'Arc en armure, et trouvé à Orléans. — Tout près, sont un petit portrait, très délicat, de Charles VII, d'une valeur inestimable, et une série assez complète des portraits des ducs de Bourgogne.

Elle a été presque entièrement constituée par la précieuse collection Gaignières, et mise en valeur depuis quelques années par l'activité éclairée de l'administration actuelle.

Corneille, de Lyon, et son école triomphent ici par un grand nombre de portraits qui, dans l'exiguïté de leurs cadres, présentent des physionomies singulièrement expressives, d'une pâte claire et quasi transparente : citons une *Marguerite de Valois*, duchesse de Savoie, un *Claude de France*, une *Comtesse d'Entremonts*, une *Jacqueline de Rohan*, un *Henri de Bourbon*, dernier duc de Montpensier, etc., toutes œuvres d'une délicatesse exquise. Le nombre de ces délicieux tableautins est considérable.

Puis viennent les portraits, d'une valeur égale, appartenant à l'école de Clouet, représentée notamment par un *Odet de Caligny*, « d'une belle gamme riche et variée de rouges éclatants ou assourdis »; un *Henri II*, réplique du portrait du Louvre; un *François II*, blême et plein d'expression maladive, et toute une série de princes des maisons de Bourbon, d'Albret, de Montmorency, de Guise, etc., tous marqués au coin d'une sincérité réaliste qui s'impose.

Un beau *Don Carlos*, de l'école d'Antonio Moro (Antonis de Moor), à grande cape claire, brodée de soie fauve et de fil d'or, est à citer parmi les plus remarquables dans la salle suivante, à côté d'une copie du Titien représentant le sombre *Philippe II* en pourpoint de velours noir.

Philippe de Champagne est représenté à l'attique du Nord par deux œuvres de premier ordre : une intéressante réplique à mi-corps du *Richelieu* du Louvre et un portrait plein de pensée de *Saint-Cyran*, l'austère apôtre du jansénisme; on peut y ajouter celui de *Jacques Tubœuf*, qui est bien dans la manière sobre et puissante du peintre.

L'attique du Nord renferme aussi un nombre assez considérable d'œuvres du début du XVIIᵉ siècle, depuis *Henri IV* et *Marie de Médicis*, en passant par le *Louis XIII* de Vouet, jusqu'au *Louis XIV jeune*, peint d'une manière charmante par Henri Testelin.

Les œuvres nombreuses du XVIIIᵉ siècle qui se trouvaient dans la longue galerie parallèle étaient de valeur inégale, mais très intéressantes par leur variété. Les plus importantes sont venues figurer à leur place, au rez-de-chaussée, dans les salles complémentaires du xviiie siècle préparées par la Conservation du Musée pour faire suite aux salles des appartements du Dauphin et à la galerie basse.

La collection la plus complète des portraits du xviie siècle et des événements illustrés par la peinture qui s'y rapportent se trouve dans les trois pièces constituant les appartements de Mme de Maintenon et dans la salle (144) qui fait suite.

L'épouse morganatique de Louis XIV y figure deux fois : en *Sainte Françoise romaine*, peinte d'après Mignard ; au naturel, sur la grande toile de Ferdinand, assise dans un fauteuil, le buste droit dans sa robe de velours sombre : elle est dans la maturité de l'âge, le teint encore frais et les yeux brillants ; à ses genoux est sa nièce, Mlle d'Aubigné, future duchesse de Noailles ; dans le fond se détache la maison de Saint-Cyr.

Nous ne pouvons que faire une énumération rapide des figures qui doivent arrêter plus particulièrement les regards : un *Fouquet*, de Sébastien Bourdon, maigre, pâle, énigmatique, qui fait face au *Colbert* de Claude Lefebvre, soucieux et triste. Non loin, un très curieux portrait de *Charles Perrault*, de Philippe Lallemand. Chez ces trois personnages, les manchettes et le rabat blancs tranchent vigoureusement sur l'habit de soie noire. — Dans les salles suivantes : *Mlle de La Vallière*, peinte par Nocret, avec une expression triste qui fait songer au déclin de l'amour du Roi : ses grands yeux semblent humides de larmes à peine essuyées ; une puissante esquisse de *Turenne*, pleine de pensée grave, par Le Brun ; le *Duc de Chartres* (le futur Régent), tout jeune, en armure de bataille, figure charmante, qui fait songer au pinceau de Largillière. — Dans le petit cabinet de passage, un tableautin représentant *Mme de Montespan*, de l'école de Mignard. — Dans la grande salle, deux curieuses peintures : l'une de Louis de Silvestre, la *Duchesse de Berry*, digne fille du Régent, dans son costume de veuve ; l'autre de Vignon, les deux filles de Mme de Montespan, *Mlle de Blois* et *Mlle de Nantes*, œuvre pleine de talent ; — un *Fénelon*, dont Vien a bien rendu la physionomie fine de prélat ; un *Boileau*, de Rigaud, au teint bilieux, dont le rictus dénonce le satirique ; enfin, deux grands portraits du même peintre, et d'une valeur supérieure : le mémorialiste-courtisan, *Dan-*

geau, à la figure bouffie et satisfaite, qui fait penser au burin de Saint-Simon : il est en grand costume de l'ordre de Saint-Lazare ; en face est la physionomie expressive de cette grosse Allemande, la *Princesse Palatine*, mère du Régent, dont les lettres sont un commentaire si vivant et si caustique de la vie de la Cour.

Dans la salle (144) qui suit, les belles œuvres abondent : Rigaud y brille avec son splendide portrait de *Mignard*, et Mignard avec celui du frère de Colbert, le *Marquis de Villacerf*. Largillière y a également un de ses chefs-d'œuvre : le portrait du sculpteur *Jean Thierry*.

Si, malheureusement, Molière et Racine, celui-ci surtout, y sont médiocrement représentés, sans nom d'auteur, le *Coysevox* d'Allou, le *Mansart* de De Troy le père, les deux *Keller* et le sculpteur *Desjardins* sont dignes de figurer à côté des meilleurs.

L'intérêt le plus captivant du Musée de Versailles réside peut-être dans les salles dites du xviiiᵉ siècle (de 42 à 54), qui correspondent aux appartements du Dauphin, de ce Louis de France, marié deux fois, qui y vécut de longues années, dans le calme, loin des intrigues et des favorites, et à ceux des filles de Louis XV qui les continuaient.

Depuis la salle (42) où sont les portraits du *Régent* (buste et peinture) et de *Louis XV enfant*, jusqu'à la salle 54, le xviiiᵉ siècle se présente au visiteur avec une iconographie (peinture surtout, mais aussi bustes en assez grand nombre) dont la valeur artistique est souvent de premier ordre.

Aux Rigaud et aux Largillière viennent s'ajouter des noms nouveaux, les Vanloo, Belle, Roslin, Tocqué, et surtout Nattier.

Suivons les appartements à partir de la salle 42. Le Régent est représenté trois fois, par J.-B. Lemoyne (buste), par Santerre (en pied, armé en bataille, ayant à côté une Bellone dont les traits pourraient bien être ceux de Mᵐᵉ de Parabère) et par Rigaud, dans un portrait un peu trop officiel. Ce peintre triomphe davantage dans son *Louis XV enfant* (1715), charmant de grâce et de vivacité. Plus loin (salle 44), il le représente plus âgé, également en costume d'apparat, le sceptre en main, sur les marches du trône (1730). Celui-ci est le chef-d'œuvre de l'artiste et sans doute le portrait le plus séduisant qui ait été fait de ce roi que la débauche n'a pas encore saisi[1].

Dans la salle 43, où est un charmant *Louis XV* à cheval et en tenue de guerre, par J.-B. Vanloo, le visiteur s'intéressera au curieux portrait de *Voltaire*, jeune, au visage futé, aux yeux pétillants, écrivant peut-être la *Henriade*. Il sort de l'école de De Troy et mériterait d'être signé. — Dans la même pièce, Belle est représenté par trois portraits différents de la jeune infante que Louis XV ne devait pas épouser, et surtout par une *Marie Leczinska* jeune, au début de son mariage, en robe d'hermine, avec une fleur de lis à la main. C'est un précieux document.

Dans la salle 44, Jean Raoux a peint, dans un décor allégorique, Mme Boucher d'Orsay, femme d'un magistrat parisien, en robe de satin blanc finement brossée, déguisée en divinité d'opéra. Il y a surtout deux Largillière, deux portraits de magistrats, pleins de vie, supérieurement modelés. Ce sont des œuvres de transition qui annoncent l'art plus naturel du XVIIIe siècle, au moins dans le genre d'art.

Il faut voir (salle 45) les deux cousins, ministres de Louis XV, le *Duc de Choiseul* et le *Duc de Praslin* : le premier, de Vanloo (Louis-Michel), en habit rouge, au nez retroussé, à la figure malicieuse; le second, de Roslin; tous deux pleins de maîtrise. Et voici venir Tocqué, le gendre de Nattier. Il apparaît dans la salle 49, avec le grand portrait d'apparat de la première Dauphine, *Marie-Thérèse d'Espagne*, un peu officiel, traité dans le style décoratif de commande (colonnes emphatiques et boursouflures des draperies), mais avec une science de composition et du chatoiement des étoffes hors de pair.

Il faut le voir surtout dans la salle 45, avec *Gresset*, le poète léger de *Vert-Vert*, figure souriante, en habit violet et gilet broché, et le *Marquis de Matignon*, figure loyale de soldat en tenue de guerre; et dans la salle 46, où il nous

---

[1] Louis XV a été représenté plusieurs fois, par Rigaud, par Drouais, par Louis-Michel, J.-Baptiste et Carle Vanloo. Ce dernier se trouve dans la salle 50. Le Roi est en costume de guerre, et le peintre a bien rendu la hauteur sèche et l'insensibilité de ce visage. Au fond de la salle 51, il est représenté par Cozette, à cheval et en bataille, ou plutôt en parade.

offre deux personnalités contemporaines de Mme de Pompadour : *Lenormand de Tournehem* et *Abel-François Poisson, marquis de Marigny*, son oncle et son frère : le premier, au regard intelligent et bienveillant dans un visage haut en couleur; le second, figure jouffluc, où les yeux rient, dénonçant la satisfaction assurée de l'homme bien en Cour.

Le Suédois Roslin, Français naturalisé, est représenté dans la même pièce par deux excellents portraits du peintre *Boucher* et du graveur *Cochin*, tous deux au premier plan dans l'art du xviiie siècle.

Nattier surtout y occupe une place importante, avec les portraits de *Marie Leczinska*, de *Marie-Josèphe de Saxe*, dauphine, les joues rouges de fard et un peu embellie, suivant la manière du peintre; de *Madame Adélaïde*, froide et sèche, faisant du parfilage, et de la *Princesse de Turenne*. Mais dans le beau salon d'angle (48)[1], quand on a passé l'exquise bibliothèque où est sur une cheminée une délicieuse *Minerve* polychrome, il trône seul avec les six filles de Louis XV, peintes dans leurs beaux atours; l'une d'elles, Madame Elisabeth, est peinte en habit d'apparat et en habit de chasse. Dans la salle 49, il figure encore par le portrait de *Marie-Isabelle*, petite-fille de Louis XV[2], et deux tableaux de caractère mythologique représentant Madame Henriette en Flore et Madame Adélaïde en Diane.

C'est donc à Versailles qu'on peut étudier et bien connaître ce peintre délicat, dont l'art charmant, un peu flatteur, mais si souple et de pâte si fine, convient on ne peut mieux au portrait féminin. Le poète Gresset, son contemporain, l'avait surnommé « l'élève des Grâces ». Avec quelle habileté il fait valoir le charme de Madame Victoire, ou l'enfance ingénue de Madame Louise, ou l'air décidé et masculin, sous son masque un peu empâté, de Madame Infante en tricorne. Ce portrait, que Diderot n'aimait pas, passe pour l'une de ses œuvres maîtresses.

Les premières œuvres de Nattier à la Cour datent de 1742.

[1] Dans cette salle sont les bustes de Voltaire, de Diderot, de Fontenelle et de d'Alembert : les trois premiers de tout premier ordre, surtout le *Voltaire* vieux de Houdon.

[2] Fille de Madame Elisabeth, devenue Madame Infante.

Le Musée possède de lui deux portraits identiques de *Marie
Leczinska*, dont l'un, venu il y a peu de temps du lycée de
Versailles (ancien couvent des Ursulines, fondé par elle), est
l'original, et l'autre la réplique. Le premier est placé dans la
salle 46. Ici, la Reine n'est pas en grand costume de parade,
comme on peut la voir dans les deux tableaux remarquables
de Belle, qui l'a représentée dans l'épanouissement de sa jeunesse et de ses illusions, une fois avec le jeune Dauphin assis
sur ses genoux. Elle est en habit de ville, dans sa chambre
à coucher, en « marmotte » de dentelle noire posée sur un
bonnet de dentelle blanche. Le manteau royal est derrière
elle avec la couronne, comme repoussés, tandis qu'elle tient
à la main le « livre consolateur », l'Evangile; sa figure respire une infinie tristesse, celle de la femme aimante et abandonnée. Nous sommes en 1748, et Mme de Pompadour est
souveraine.

Notons, en parcourant les salles[1] qui suivent, l'œuvre capitale de Roslin, avec l'*Abbé Terray* dont la figure intelligente et « scélérate » est supérieurement rendue. Dans cette
même salle (50) sont les trois tableaux charmants d'Ollivier,
que le prince de Conti avait commandés pour son château
de l'Isle-Adam. Dans celui qui représente *Un souper au
Temple*, on distingue, à côté du prince, la comtesse de Boufflers, sa maîtresse, et en face, le célèbre chanteur Jélyotte.

Dans la galerie basse (51) sont deux portraits et un buste
de *Louis XV*. Le tableau de Drouais, d'une couleur lisse et
fade, le représente singulièrement rajeuni, puisqu'il date de
1773. Le marbre de Gois, placé au milieu de la salle, à côté
du célèbre buste de *Louis XVI* par Houdon, nous le montre
tel qu'il était à cette époque, où les ravages de l'âge y sont
d'un réalisme saisissant.

Dans la salle 52, nous trouvons trois portraits de *Marie-
Antoinette*, de Mme Vigée-Lebrun. Le plus charmant est celui
où elle est représentée, avec son teint éclatant, sur un fond
de paysage bleuâtre, tenant une rose à la main. Puis, entre
les deux fenêtres, elle est vêtue de blanc, de grandeur natu-

[1] A voir (salle 49) un très curieux portrait, comme art et comme pensée, du *Duc de La Vrillière* (comte de Saint-Florentin), par Louis-Michel
Vanloo.

PLAN DE L'ATTIQUE DU NORD

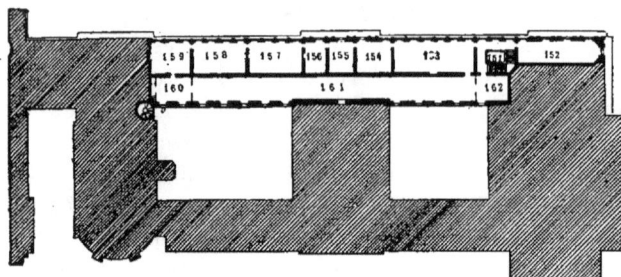

Légende.

152. Foyer de l'Opéra.
153 à 159. Salles du xvie et du xviie siècle.
160 à 162. Portraits et sujets divers.

PLAN DES ATTIQUES DE CHIMAY

ET DU MIDI

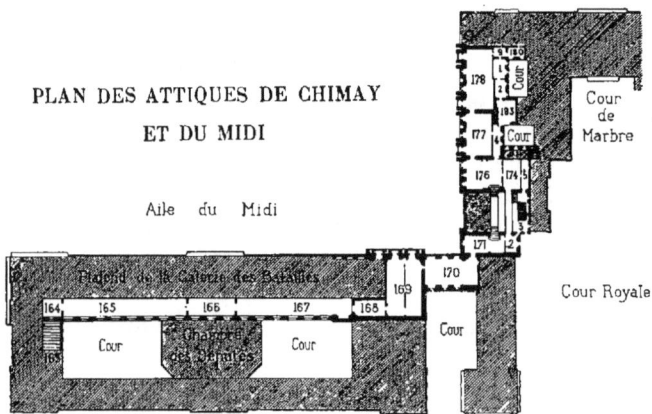

Légende.

163. Escalier de Provence (Chambre des Députés).
164-165. Partie en réparation.
166 à 168. Règne de Louis-Philippe (1830-1848).
169. Restauration (1815-1830).
170-171. Premier Empire.
172. Magasin.
173. Escalier Chimay.
174. Salle de la Révolution.
175. Magasin.
176. Directoire, Consulat.
177. Salle du général Lejeune. Guerres de la Révolution et de l'Empire.
178. Portraits de la famille impériale.
179 à 183. Consulat et premier Empire.
184. Salle de l'Expédition d'Egypte. Portraits par Dutertre.

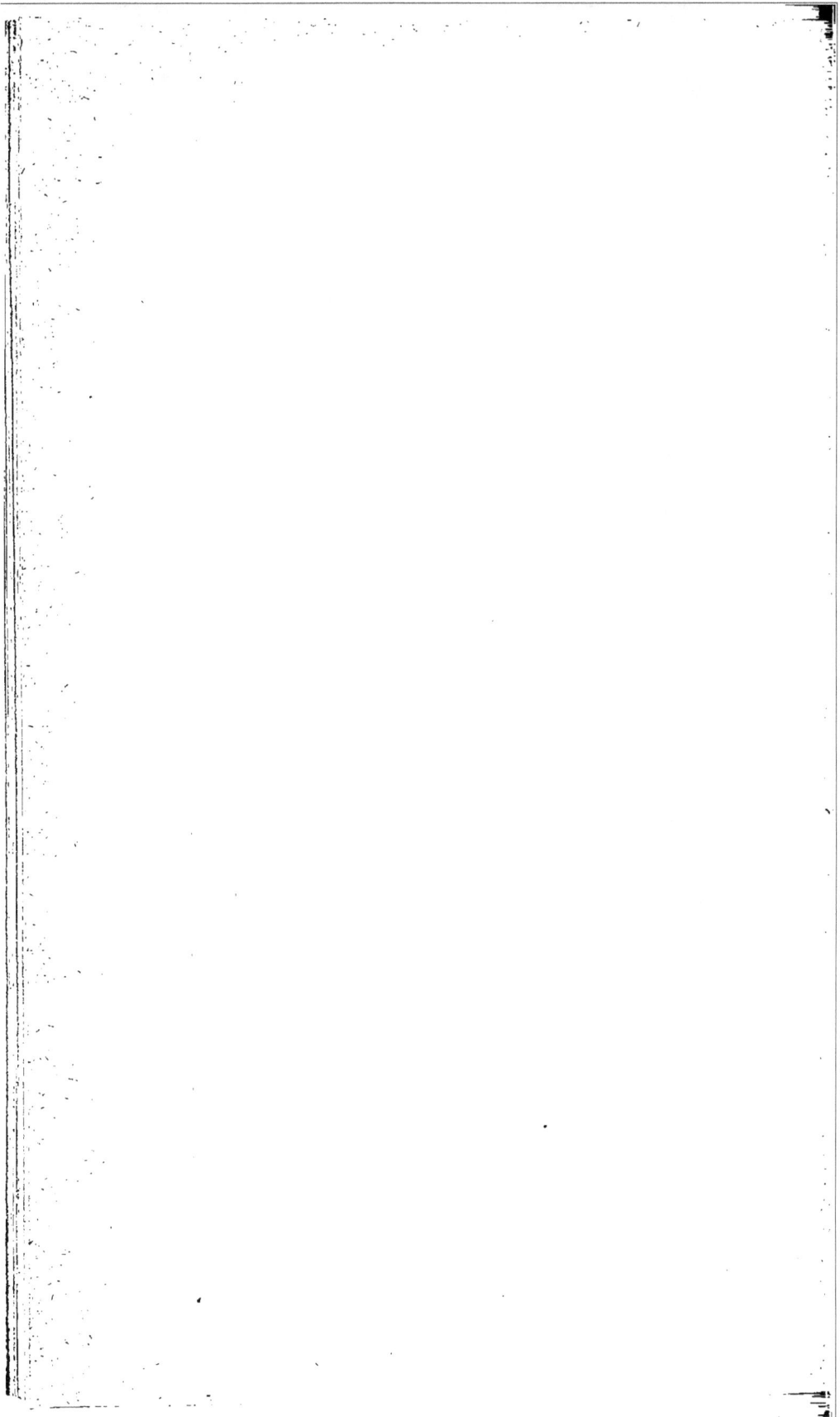

relle, en paniers et vertugadin; enfin, en face, on la voit
assise, en toque et robe de velours rouge garni de fourrures,
avec ses trois enfants. Cette toile est, avec la première, son
œuvre maîtresse; un peu complaisantes toutefois, en ce sens
qu'elles dissimulent les imperfections, les yeux ronds et gros,
la lèvre autrichienne; mais elles font fort habilement ressortir la grâce d'un modèle aimé, la fierté du regard, la
fraîcheur extrême du teint, l'élégance du port.

Dans les salles 52, 53 et 54, notre attention est encore
attirée par deux charmants tableaux d'Hubert Robert, témoins intéressants de la transformation qui s'opérait dans les
jardins vers 1774, et par toute une série de portraits : un
Louis XVI, gros et bouffi, en tenue d'apparat, par Callet;
le *Comte d'Angiviller*, directeur des Bâtiments, en habit
prune, par Roslin; *Madame Infante avec sa fille*, œuvre remarquable de Mme Labille-Guiard, qui fut la digne rivale de
Mme Vigée-Lebrun. Cette artiste habile a peint aussi, dans de
grandes toiles, les grâces vieillies de Mesdames Adélaïde et
Victoire (salle 54).

Dans la salle 53, le portrait en pied et décoratif du *Duc
d'Orléans* (Philippe-Egalité), par Callet, est une œuvre des
plus marquantes. Le peintre a fait là une figure inoubliable
dont la psychologie a été magistralement tracée par un historien contemporain. « La magnificence du costume et l'air
d'orgueil, dit-il, ne réussissent pas à déguiser la bassesse du
personnage : elle suinte, avec la méchanceté, sur tous les
traits du visage, dans le regard oblique, fuyant comme le
front, ce front qui semble ravalé d'un coup de hache[1]. »

Cette chronologie du portrait se continue dans l'*attique de
Chimay* et l'*attique du Midi* qui lui fait suite. L'œuvre commencée depuis plusieurs années par les soins de la Conservation du Musée, avec une méthode sûre, va aujourd'hui jusqu'à la fin du règne de Louis-Philippe.

Ici, la chaîne des temps se renoue. Nous voici en 1789, et
des documents très intéressants de l'époque révolutionnaire
sont assemblés dans la première salle : deux portraits au
crayon de *Robespierre* et de *Napoléon*; — la *Marie-Antoi-*

---

[1] Vicomte Eugène-Melchior de Vogüé, *Pages d'histoire* (Armand Colin).

nette de Kocharsky, dans ses habits de veuve, le visage tiré, les yeux creux; — la *Charlotte Corday* de Hauer, peinte dans sa prison avant son exécution, vêtue de blanc : figure douce, aux yeux bleus volontaires; — le *Marat assassiné*, de David, impressionnant, les cheveux couverts d'un madras, le corps livide, penché en partie hors de la baignoire; — les saisissants tableaux documentaires d'Hubert Robert et de Jacques Bertaux (*La Fédération* et *La Prise des Tuileries*, au 10 août); — les deux bustes expressifs de *Mirabeau* et de *La Fayette*, par Houdon; — enfin, le buste du petit Dauphin que l'Europe nomma Louis XVII, et dont l'histoire est émouvante. « Ce buste, où le menton et le nez ont été recollés, fut précipité d'une fenêtre des Tuileries pendant le sac du 10 Août. Un des assaillants du château, un cordonnier, le ramassa et le porta sur son établi. Pour assouvir sa haine contre la famille Capet, ce patriote imagina de marteler ses cuirs sur la petite tête de marbre; les cicatrices dont elle est couverte proviennent des mutilations faites par le marteau de cet homme. » (E.-M. de Vogüé, *Pages d'histoire.*)

Puis, dans les salles qui suivent (dans l'attique de Chimay et l'attique du Midi), se déroule l'iconographie de Napoléon Ier et de sa famille, de ses généraux et de ses ministres, avec ses peintres officiels, Gros, Gérard, Robert Lefèvre, Guérin; la moisson est riche et variée, et un classement des plus suggestifs a été fait.

Les salles de *l'attique du Midi* consacrées à la Restauration et au Gouvernement de Juillet présentent un vif intérêt, tant par les portraits que par la peinture d'événements historiques, dans la période qui va de 1830 à 1848. Mentionnons les toiles se rapportant aux journées de 1830, aux *trois glorieuses*, où la guerre de rues et de barricades à travers Paris, avec ses combattants aux costumes pittoresques, est reproduite avec un sens exact de la réalité. Le peintre Granet y figure avec deux tableaux de premier ordre, de format réduit, à la manière hollandaise : *La Remise de la barrette par Louis-Philippe au cardinal de Cheverus* (1836) et *Le Baptême du duc de Chartres* (1840). Heim s'y montre physionomiste consommé dans les deux toiles où les présidents des deux Chambres, Pasquier et Laffitte, remettent au duc d'Orléans les adresses qui l'appellent au trône; mais où le peintre se surpasse, c'est dans le tableau intitulé : *Lecture faite par Andrieux au foyer de la Comédie-Française* (1847).

Bien d'autres œuvres exciteront l'intérêt : au premier rang, la collection complète des portraits de Louis-Philippe et de sa famille, due (sauf le portrait du *Duc d'Orléans*, un des chefs-d'œuvre d'Ingres) au pinceau un peu froid, mais habile et distingué, de Winterhalter. Le *Louis-Philippe* en culotte de Cour et portant l'*ordre de la Jarretière* est une œuvre de premier ordre. Le même artiste a représenté le prince Albert et la reine Victoria, « d'une aimable fraîcheur de sentiment et de palette ». C'est un document précieux.

Les peintres de valeur Eugène Lami et Isabey, très en vogue à cette époque, ont ici quelques tableaux importants, quelques-uns en collaboration, d'épisodes relatifs aux visites réciproques de la reine Victoria en France et de Louis-Philippe en Angleterre; ils ont peint d'une touche pittoresque et réaliste l'*Attentat de Fieschi*, et Isabey a su rendre de la manière la plus impressionnante la translation des cendres de Napoléon (*L'Arrivée à Cherbourg de la* Belle-Poule).

Les acquisitions nouvelles, c'est-à-dire celles qui datent de la période qui va de 1870 à nos jours, se trouvent en majorité dans les salles 30 et 33 du rez-de-chaussée, à gauche et à droite de la galerie Louis XIII (salle 30). Mentionnons deux tableaux de Detaille : *Les Funérailles de Pasteur* et *La Revue du camp de Châlons en 1896*, toile d'un puissant effet comme paysage, ciel, terrains détrempés, science profonde de la composition et du dessin, vérité d'observation, harmonie du coloris; — l'*Inauguration du Pont Alexandre III*, par Roll, très intéressant au double point de vue de la composition, de la couleur et de l'étude du plein air.

La salle 33 offre à la curiosité des portraits (peintures et bustes) appartenant à diverses périodes de notre histoire : une *Ninon de Lenclos*, œuvre d'un contemporain; un *Camille Desmoulins* de l'école de David, d'un intérêt capital; enfin, un legs de la princesse Mathilde, comprenant les portraits du *Prince impérial*, du *Prince Napoléon* (Jérôme), à deux époques de sa vie, dont l'un est de Flandrin, la *Répétition du Joueur de flûte*, de G. Boulanger.

Quelques autres œuvres de cette période sont dissé-

44

minées dans les salles suivantes : salle 138 (ou des Etats-Généraux) : la *Bataille de Reichshoffen*, par Aimé Morot, d'une conscience et d'une expression rares ; le fragment du grand panorama de Neuville et de Detaille, la *Bataille de Champigny* (fragment peint par de Neuville), tableau émouvant, bien composé ; — dans la *galerie des Batailles*, le *Patrie* de Georges-Bertrand, dont nous avons parlé ; dans la *salle du Sacre*, la *Fête du Centenaire des Etats généraux au bassin de Neptune*, par Roll, peinture de plein air qui est en même temps une page d'histoire.

Le Catalogue officiel du Musée de Versailles existe en trois volumes (par Eudore Soulié, avec un supplément par Clément de Ris). Mais il date de 1880-1881. Depuis cette date, l'augmentation des collections, leurs modifications, la nécessité de donner, comme l'exige la critique contemporaine, des attributions aussi exactes que possible, font souhaiter qu'à la suite des aménagements que la Conservation actuelle ne cesse de poursuivre, l'établissement d'un classement « logique et durable » permette la publication d'un catalogue impatiemment attendu. C'est le vœu de MM. de Nolhac et Pératé ; c'est aussi celui du public.

CHAPITRE XVII

LA VILLE

On peut dire que la ville de Versailles est née et a grandi à l'ombre de son château.

L'origine de son nom reste toujours incertaine. Ce ne fut d'abord qu'un pauvre petit village au milieu de bois et d'étangs, dont le plus important était celui de Clagny[1]. Ils alimentaient quelques ruisseaux, le ru de Galie entre autres.

Il est parlé pour la première fois de Versailles dans une charte de 1037, où apparaît le nom de son seigneur, Hugues ou Hugo. Cette terre, possédée au XVIe siècle par Martial de Loménie, secrétaire de Charles IX, appartenait en 1602 à Jean-François de Gondi, archevêque de Paris.

Nous avons dit dans quelles circonstances le roi Louis XIII était devenu définitivement possesseur du domaine de Versailles[2]. En 1632, comme acte de seigneurie, il faisait afficher à l'orme du principal carrefour l'écusson à fleurs de lys.

Le village occupait alors une partie du terrain de la rue de l'Orangerie et de celle du Vieux-Versailles. Il était orienté vers le midi.

En 1634, Louis XIII y établit trois foires par an et un marché franc placé à l'endroit qu'il occupe encore aujourd'hui (à l'intersection des rues Duplessis et de la Paroisse). Il y fit aussi construire plus tard un hôpital, sous le nom

---

[1] Sur l'emplacement actuel des rues Neuve, Duplessis, Berthier et de Maurepas. Il se prolongeait au nord par les marais et l'étang de Glatigny.

[2] Voir chapitre Ier.

d'*Infirmerie de la Charité* (sur l'emplacement des immeubles 81 et 83 actuels de la rue de la Paroisse).

Louis XIII traça dans ses grandes lignes le plan de la ville que devait être Versailles et qui comptait, à sa mort, plus de 7,000 habitants.

Sur les sentiers rectilignes qui devaient être des rues sous Louis XIV, quelques hôtels s'élevèrent. C'est ainsi qu'Amador du Plessis, marquis de Richelieu, frère du cardinal, capitaine des châteaux de Saint-Germain et de Versailles, en fit construire un sur l'emplacement des numéros actuels 47-49 de la rue Carnot, à l'angle de la rue Duplessis (ou mieux Du Plessis[1]).

Sous Louis XIV, la ville est véritablement créée. Le 22 mai 1671, « Sa Majesté ayant en particulière considération le bourg de Versailles, souhaitant de le rendre plus florissant qu'il pourra », déclare qu'il fait don en pleine propriété à toutes personnes qui voudraient bâtir à Versailles, « tant du côté de la Pompe et de Clagny que du côté du vieux village, des places où leurs maisons sont ou seront situées », à charge « pour eux et leurs hoirs » d'entretenir les bâtiments « en l'état et de même symétrie qu'ils seront bâtis[2] ». Ces maisons étaient, en outre, exemptes du logement par craie pendant dix années entières, exemption qui se prolongea jusqu'en 1699[3]. Enfin, elles furent affranchies de toutes dettes et hypothèques contractées par les propriétaires (déclaration du 26 septembre 1672).

Ces privilèges favorisèrent singulièrement l'accroissement de la ville, qui s'allongeait à l'est vers le bourg de Montreuil, jusqu'à l'impasse Montbauron, et au sud jusqu'aux bois de Satory. On peut même dire qu'une nouvelle ville s'éleva et prit le caractère qu'elle a gardé, avec ses rues larges, tirées au cordeau, sa place d'Armes, où aboutissaient trois grandes avenues plantées d'arbres, celle du milieu (l'avenue de Paris)

---

[1] Auguste Jehan, *La Ville de Versailles* (L. Bernard).

[2] De Nolhac, *La Création de Versailles.*

[3] J.-A. Le Roi, *Histoire de Versailles*, t. 1er. — Cette exemption était une grande faveur. Lorsque le Roi allait en voyage, les maréchaux des logis et fourriers du Roi marquaient à la craie un certain nombre de maisons pour loger toute sa suite, ce qui ne laissait pas d'être très onéreux pour les propriétés voisines des habitations royales.

la divisant en deux villes. A sa naissance, elle eut l'air et la
salubrité ; elle fut un type de ville moderne, et sa couronne
de bois, qui reste toujours sa parure, en fit un cadre unique
pour le palais du « Grand Roi ».

Alors, la ville comprit huit quartiers : le *Château* et ses
dépendances (Parc, Grande et Petite-Écurie, Grand-Commun) ;
— le *Vieux-Versailles*, où étaient l'église Saint-Julien et le
potager de Louis XIII, et plus tard, à leur place, le Grand-
Commun et la rue de la Surintendance (rue Gambetta) ; — le
Potager de La Quintinie ; — la *Ville neuve*, fondée sous
Louis XIV, correspondant à une grande partie du quartier
Notre-Dame actuel ; — le *Parc-aux-Cerfs*, nouveau quartier
fondé sur l'ancien parc-aux-cerfs de Louis XIII, où quatre
cent soixante-onze lots de terrain furent destinés à divers
officiers de la Maison du Roi ; — le *quartier du Bel-Air*, entre
la butte Montbauron, la Grande-Écurie et le Chenil ; — *l'hôtel
de Limoges*, sobriquet donné à l'espèce de faubourg et aux
masures dans lesquelles s'entassaient les maçons limousins
employés en grand nombre aux bâtiments du Roi[1] ; — le
château de Clagny[2], avec son parc et son étang, construit
pour Mme de Montespan par Mansart. « Sa façade, dont le
corps central était situé sur l'emplacement du boulevard de
la Reine, à peu près à la hauteur du numéro 76 actuel, se
développait en ailes, parallèlement aux rues du Parc-de-
Clagny et de Provence et à peu de distance de l'emplacement
de ces rues[3]. » Le Nôtre en avait dessiné les jardins, qui
s'étendaient jusqu'à l'étang. Ils couvraient « une partie de
l'emplacement occupé aujourd'hui par la gare Rive-Droite,
le boulevard de la Reine et l'Hospice. L'étang, d'une grande
superficie, commençait un peu à l'est de la rue Duplessis,

---

[1] Dussieux, *Le Château de Versailles*, t. II.

[2] Clagny était un hameau fort ancien qui fut possédé par plusieurs
seigneurs de la Cour des rois Charles VII et Louis XI, entre autres le
célèbre architecte du Louvre (façade de l'Horloge), Pierre Lescot, abbé
de Clermont. Louis XIV en acheta le terrain à l'hôpital des Incurables
de Paris (en 1665). Pour l'agrandir, il fit l'acquisition de la propriété
de Glatigny, beaucoup plus grande. (J.-A. Le Roi, *Histoire de Versailles*,
t. Ier.) — La partie est de ce quartier a été transformée de nos jours
et parsemée d'habitations pittoresques. Elle est coupée par la rue du
Parc-de-Clagny et l'avenue de Villeneuve-l'Étang.

[3] A. Jehan, *La Ville de Versailles*.

couvrait le vaste espace limité au nord par la rue Berthier, au midi par la rue Neuve (qui formait alors un quai), et se terminait à l'ouest, à la hauteur de la rue de Maurepas, sorte de chaussée par laquelle on gagnait la route de Saint-Germain[1] ». Le parc, coupé de belles allées, gagnait les bois de la butte de Picardie. Les dépendances du château s'étendaient sur l'emplacement du Lycée, jusqu'à l'avenue de Saint-Cloud et au carrefour de Montreuil.

Louis XIV fit construire, pour les services de son administration et de la Cour, une série d'édifices : la *Grande-Ecurie*, la *Petite-Ecurie*, le *Grand-Commun*, le *Chenil*[2], la *Surintendance* et la *Chancellerie*.

La *Surintendance*, résidence du surintendant des Bâtiments, date de 1670-71. Elle est située rue Gambetta, n° 6[3]. Elle était installée dans un pavillon du Château. En 1683, comme le bâtiment était devenu trop petit, on construisit au bas de la rue une nouvelle Surintendance que Mansart habita. Elle renfermait une galerie servant de magasin aux tableaux du Roi, qui décoraient les appartements de Versailles pendant l'été. En hiver, on les remplaçait par des tapisseries des Gobelins. Ce bâtiment a été occupé jusqu'en 1907 par le Petit-Séminaire.

L'*hôtel de la Chancellerie* (actuellement n° 24 de la rue de la Chancellerie), bâti par Dorbay (1670-73), était la résidence du chancelier. M. et Mme de Pontchartrain y donnèrent des fêtes nombreuses, entre autres un bal en l'honneur de la duchesse de Bourgogne, complaisamment décrit par l'officieux *Mercure* (1700) et dont Saint-Simon vante l'ordre et la magnificence. — Il est devenu aujourd'hui une propriété particulière.

La *Paroisse* ou *église de Notre-Dame* fut bâtie par Mansart (1684-86).

Vers 1685, l'*Hôpital royal* ou la *Charité*, bâti par Louis XIII,

---

[1] A. Jehan, *La Ville de Versailles*. — Voir le plan.

[2] Nous avons décrit précédemment ces dépendances du Château.

[3] Louvois y mourut subitement le 16 juillet 1691, et le cardinal Dubois le 10 août 1723. — Au n° 4 était le pavillon de Monsieur, ainsi appelé parce qu'il fut habité plus tard par le comte de Provence, frère de Louis XVI. Sous Louis XIV, c'était le logement de la *surintendante de la Maison de la Reine*. Il sert aujourd'hui de logement aux employés du Château.

PANORAMA DE VERSAILLES

En 1717

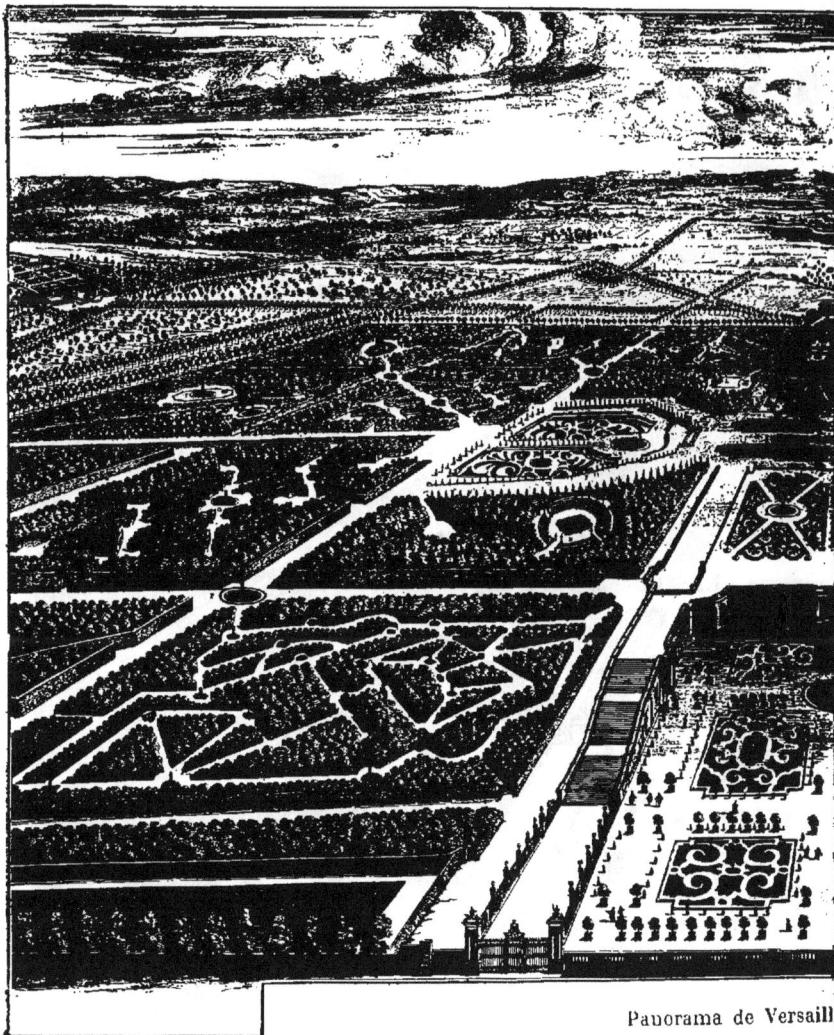

Panorama de Versaill

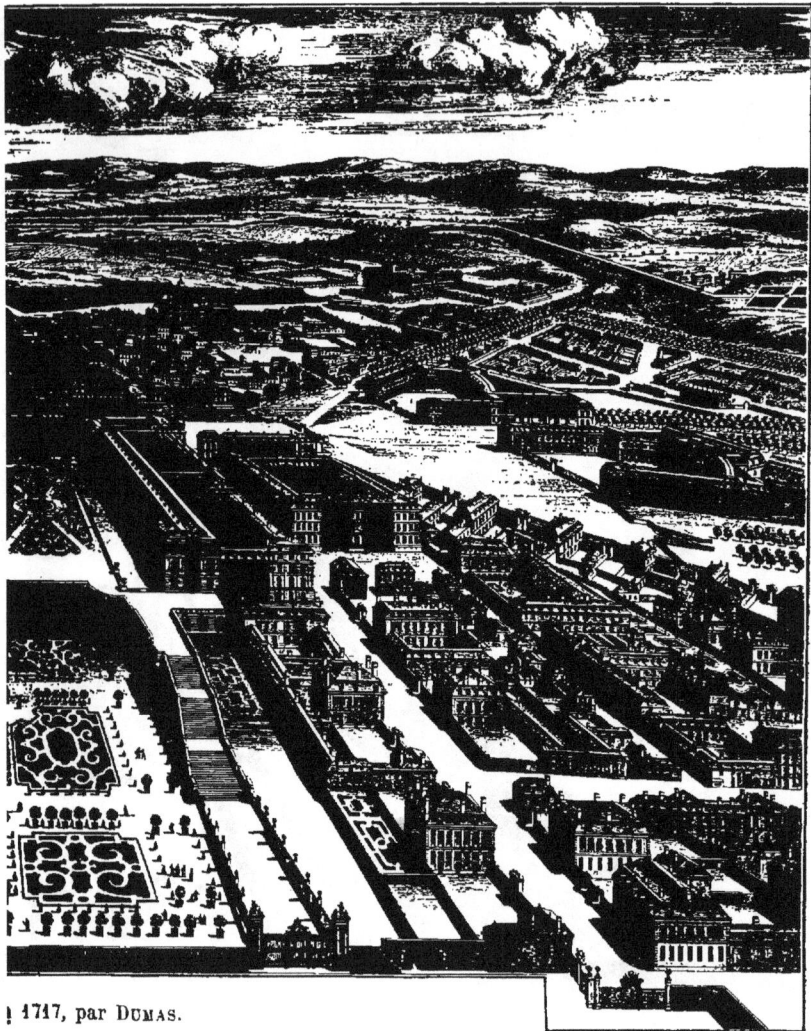

! 1717, par DUMAS.

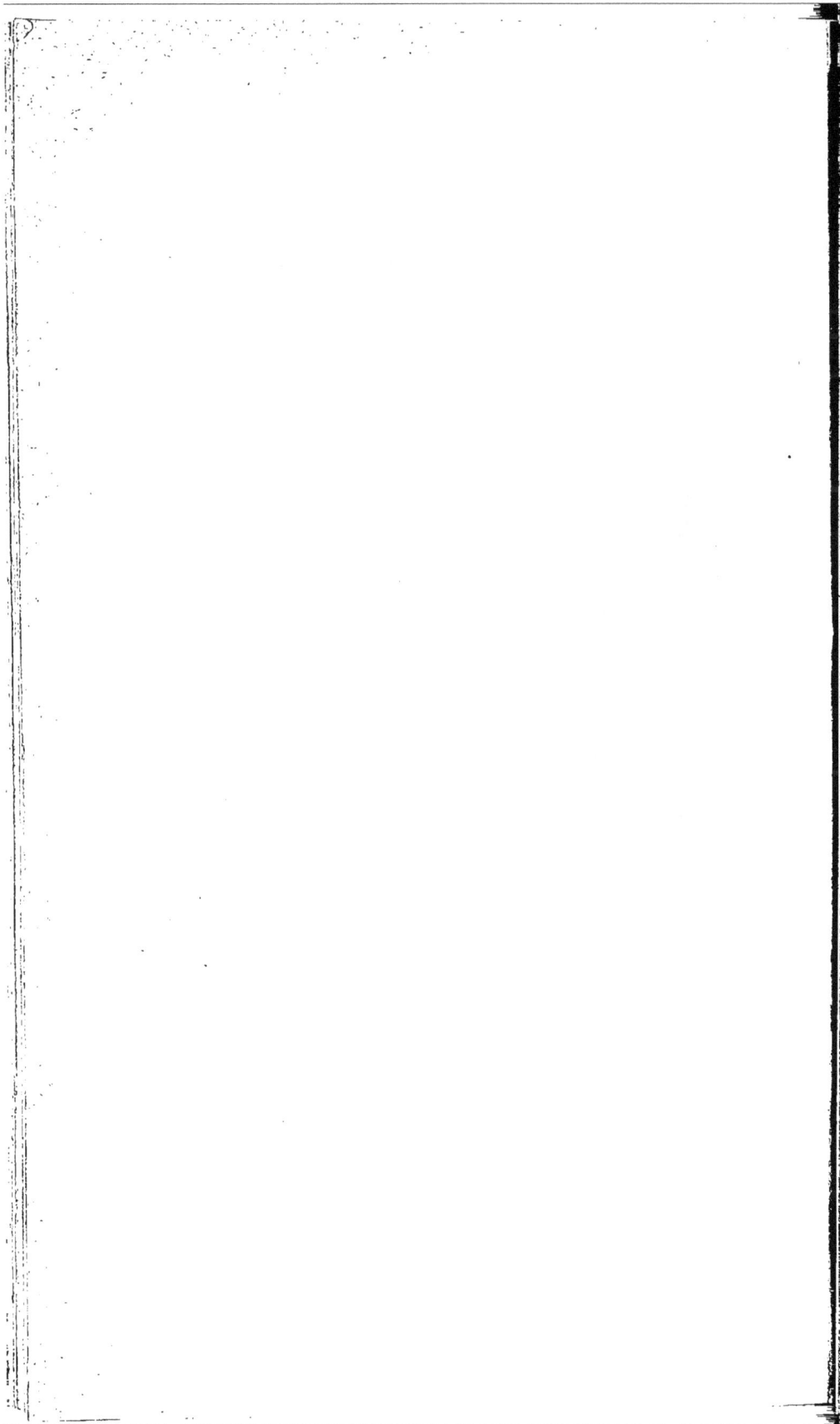

fut transporté sur l'emplacement où il est aujourd'hui (entre
les rues Duplessis et Richaud et le boulevard de la Reine). Il
fut reconstruit en 1779.

En 1686, un *jeu de paume* définitif avait été établi sur
l'emplacement actuel. Ce bâtiment rappelle une des journées
les plus mémorables de la Révolution, la journée du 20 juin
1789, où les « représentants des communes de France », constitués en Assemblée nationale, prêtèrent serment de ne pas
se séparer jusqu'à ce qu'une constitution du royaume fût
établie.

En 1803, la salle du Jeu-de-Paume, devenue propriété nationale, fut mise par le Premier Consul à la disposition de
Gros, qui y peignit les *Pestiférés de Jaffa* et la *Bataille
d'Aboukir*. Plus tard, sous Louis-Philippe (1838-1841), Horace
Vernet y fit la *Smala*, la *Bataille de l'Isly* et la *Prise de Constantine*.

En 1848, le *Jeu-de-Paume* fut classé parmi les monuments
historiques (arrêté du ministre de l'Intérieur, du 24 mars).
Puis il subit d'autres vicissitudes, servit de dépôt de tableaux
et de bustes, enfin fut définitivement transformé en un musée
de la Révolution, sous la troisième République, en 1889. La
décoration et l'organisation en furent confiées à Edmond
Guillaume, architecte du Palais de Versailles. Au-dessus de
la porte d'entrée, une table de marbre noir porte, gravée en
lettres d'or, l'inscription rédigée le 30 janvier 1790 par les
membres de l'Institut, sur la demande de François de Neuf-
château, ministre de l'Intérieur, et commémorant l'acte
civique des « députés du peuple repoussés du lieu ordinaire de leurs séances[1] ».

En même temps que Louis XIV édifiait ces diverses cons-

---

[1] L'inscription de 1790 : « Nous jurons de ne jamais nous séparer, etc... » est encadrée dans un motif d'architecture, sorte de petit
édicule composé d'un fronton triangulaire soutenu par deux colonnes
de marbre. En avant est placée la statue de Bailly lisant la formule du
serment, œuvre du sculpteur R. de Saint-Marceaux. Vingt et un bustes
représentant les principaux membres du tiers état qui prirent part à
la séance du 20 juin 1789 sont rangés autour de la salle, où a été reproduit en camaïeu, par le peintre Luc-Olivier Merson, le *Serment du Jeu-
de-Paume* de David. Sur les murs sont écrits les noms de 577 signa-
taires du serment. (Voir la brochure de Ch. Vatel, *Notice historique
du Jeu-de-Paume*, Versailles, L. Bernard.)

tructions, ainsi que beaucoup d'autres pour son service privé et celui des siens[1], la noblesse, logée au Château, se faisait bâtir à Versailles des « hôtels de campagne ». Il sera intéressant de connaître où étaient situés les plus importants : *Rue de la Surintendance* (Gambetta). — L'*hôtel de Beauvillier* (12 et 14), résidence du contrôleur général sous Louis XV, aujourd'hui cercle des officiers de la garnison ; l'*hôtel de Mlle de Montpensier* (7), qui, à la mort de la Grande Mademoiselle, passe au duc d'Orléans, frère de Louis XIV ; — *rue de l'Orangerie*, l'hôtel de Seignelay (10 et 12) ; — *rue de la Chancellerie*, l'hôtel Coislin (4 et 6), l'hôtel de Dangeau (8)[2], les hôtels de Luxembourg (10), de La Vallière (12), de Duras (16).

Rue des Réservoirs. — L'hôtel de Louvois, devenu sous Louis XV l'hôtel du gouverneur de Versailles (aujourd'hui siège des bureaux de l'Intendance militaire); les hôtels de Richelieu (4), de Créqui (12), de Condé (14), où mourut La Bruyère (11 mai 1696)[3] ; de Soissons, puis d'Antin (16-18).

Rue des Hôtels (rue Colbert). — Les hôtels de *Monsieur* (1), de *Turenne* (1 bis) (aujourd'hui Service des Eaux), de *Gramont* (3), de *Villacerf* (5) (actuellement *Hôtel de France*), de Choiseul, puis de Villeroi (7); — de *La Mothe-Houdancourt* (11), d'*Aumont* (13), de la Vieuville (15), de La Rochefoucauld (17).

Rue de la Pompe (rue Carnot). — Les hôtels de Noailles (1), de Montausier, puis de Toulouse (25-27); *du Plessis* (47).

Avenue de Saint-Cloud. — Les hôtels de *Gesvres* (1), d'Estrées (5), de *Guise* (13, 15 et 17), de *Sourches*, de *Saint-Simon* (38).

Insistons sur l'*hôtel de Conti*, situé derrière la Petite-Ecurie, et où s'installa la municipalité de Versailles dès 1790. Bâti en 1670 pour le maréchal de Bellefonds, il fut acheté par Louis XIV en 1680 et donné au duc de Vermandois, fils de Mlle de La Vallière. En 1683, la princesse de Conti, sa sœur, en hérita. Elle y donna en 1700 une représentation, l'opéra

---

[1] Taine en fait une longue énumération (*L'Ancien Régime*, t. Ier).

[2] Ces deux hôtels forment aujourd'hui l'*Hôtel de la Chasse*.

[3] Il existe de cet événement une plaque commémorative sur la maison, occupée aujourd'hui par un restaurant.

d'*Alceste*, et en 1702, *Electre*, tragédie de Longepierre, tirée d'Euripide. Le vieux Baron y remplit avec grand succès le rôle d'Oreste. Elle fut rejouée quelques jours après devant toute la Cour.

Cet hôtel, vendu par la princesse de Conti, quand la Cour quitta Versailles, à la mort de Louis XIV, à un sieur Bosc, qui le revendit à Louis XV en 1723, après l'avoir dépouillé de ses bois et dépendances, plombs et autres objets d'art, dont il trafiqua, fut affecté par le Souverain à la demeure du grand-maître de la Maison du Roi, qui était alors le duc de Bourbon. Celui-ci y donna de nombreuses fêtes en l'honneur de la marquise de Prie et y fit de nombreux embellissements. Il en reste encore de fort belles boiseries[1].

En 1823, la Ville, dont la Mairie restait établie dans l'hôtel du Grand-Maître, en vertu d'un bail de quatre-vingt-dix-neuf ans et d'un loyer de 800 francs, fit faire sur l'emplacement des jardins l'avenue de Berry (actuellement l'avenue Thiers)[2].

L'hôtel de la Mairie, restauré presque en totalité en 1873, par l'architecte de la Ville, a été de nouveau reconstruit en 1900, à la suite d'un concours d'architectes. « Le mieux que l'on en pourrait dire serait de n'en dire rien du tout. C'est un monument d'une entière nullité architecturale, mais un monument gigantesque. La lanterne qui surmonte ses combles aigus (du plus faux style de la Renaissance) domine audacieusement tout ce que, dans l'ancienne ville et jusque dans le Château, la sagesse et le goût des architectes disciples de Mansart avaient fixé en d'harmonieuses proportions. La loi de Versailles, de s'étendre paisiblement en lignes régulières, sans effort pour s'élancer trop haut ou trop loin, a été cruellement enfreinte[3]. » Dans cette nouvelle construction subsiste encore la plus grande partie de la façade de l'ancien hôtel.

---

[1] Ces boiseries, qui étaient dans l'ancienne Galerie municipale et dans deux salons y attenant, sont d'un style Louis XV charmant. On peut les voir maintenant dans la nouvelle salle des Fêtes et dans celle des Mariages, qui est la plus belle, avec ses panneaux sculptés, ses cadres de glaces et ses dessus de portes d'un goût exquis (style Louis XV du début, avec, de-ci, de-là, quelques traces visibles de style Louis XIV).

[2] L'escalier et la terrasse avec des murs de soutènement, qui existaient depuis la construction de l'hôtel, sont remplacés par des parterres en pente douce qui dégagent le nouveau monument.

[3] A. Pératé, *Versailles. — La Ville.*

Une dépendance de l'hôtel de Conti subsiste encore avenue de Sceaux, n° 1 : c'est le *pavillon des Bains*, que la fille de Mlle de La Vallière avait fait élever dans ses jardins en 1690. Meublé magnifiquement, elle y recevait souvent son demi-frère, le Grand Dauphin, au retour de ses chasses au loup [1].

Louis XIV fit faire deux routes principales : l'une, par Sèvres, qui faisait communiquer Versailles avec Paris; l'autre, de Versailles à Saint-Germain, qui passait par la rue de Maurepas, alors en bordure de l'étang de Clagny, et qui fut modifiée en 1773, quand on perça le boulevard du Roi. Les principaux travaux de ce genre avaient surtout pour but « la commodité de la chasse du Roi ».

Nous voici au début du règne de Louis XV. D'abord, l'essor de la ville et de la population (30,000 habitants) subit une éclipse du fait de l'abandon de Versailles par la Cour. Mais ce ne fut que momentané. En 1722, le Gouvernement réintégra Versailles, et la ville prit sous ce règne un accroissement nouveau. Le *quartier du Parc-aux-Cerfs* [2] se bâtit, se peupla et forma avec le vieux Versailles la nouvelle paroisse de Saint-Louis. Cette église, d'abord simple chapelle, fut élevée, de 1742 à 1754, par Hardouin-Mansart; elle fut érigée en cathédrale en 1801. Elle est d'un très beau style Louis XV, et unique en France en son genre. Les députés du tiers état y tinrent séance le 22 juin 1789.

Une épidémie de fièvre paludéenne ayant éclaté pendant l'été de 1734 dans le quartier Notre-Dame, on en profita pour combler l'étang de Clagny (1735-1736); le quai qui le bordait au midi devint la rue Neuve. Le château de Clagny lui-même, menaçant ruine, fut démoli en 1769. Dès 1773, on commença à bâtir, sur l'emplacement de l'étang et au delà, un nouveau quartier qui fut le *quartier des Prés* [3].

---

[1] Narbonne dit que c'est dans ce pavillon que se faisaient les parties secrètes et qu'il appartint depuis au comte de Charolais.

[2] Rues Satory, Saint-Honoré, Royale, Saint-Médéric, Saint-Martin, des Tournelles, d'Anjou, des Bourdonnais, Saint-Louis, Saint-Antoine (Borgnis-Desbordes), du Sud, des Rossignols, etc.

[3] Boulevard du Roi, rues de Maurepas, de l'Ermitage, Sainte-Adélaïde, Sainte-Victoire, de Mouchy, d'Angoulême, Mademoiselle, Sainte-Sophie, boulevard de la Reine, rues d'Angiviller, Berthier, La Fayette, de Beauvau, des Missionnaires, et prolongement de la rue Duplessis.

De nombreux bâtiments furent édifiés sous ce règne.

L'*hôtel des gardes du corps* (1731) fut élevé le long de l'avenue de Sceaux, avec entrée principale rue Royale. C'est aujourd'hui le quartier de cavalerie, dit de Croy[1].

L'*Ermitage* fut bâti pour Mme de Pompadour, en 1748, avec parc, jardin botanique, potager et orangerie. A sa mort, il fut donné à la duchesse de Villars, dame d'atours de la Reine; il fut ensuite habité par M. de Maurepas, Mesdames Adélaïde et Victoire, et vendu en 1793. C'est aujourd'hui une propriété particulière.

Mme de Pompadour eut encore un autre hôtel à Versailles, rue des Réservoirs, n° 9. On l'avait bâti sur l'emplacement de l'ancienne Pompe ou Tour-d'Eau de Francine, en 1752. Un corridor, élevé contre le mur du réservoir de l'Opéra, permettait d'aller, à couvert, du Château dans l'hôtel.

En 1765, cet hôtel devint celui du gouverneur de Versailles, et porta le nom de *nouvel hôtel du Gouvernement*. Depuis la Révolution, il est devenu le célèbre *Hôtel des Réservoirs*.

La façade, qui avait déjà subi au commencement du XIXe siècle des modifications assez importantes, a changé aujourd'hui de caractère par suite de la surélévation des bâtiments. Mais, à l'intérieur, les pièces du rez-de-chaussée et du premier étage ont été scrupuleusement respectées, et on y retrouve les anciennes boiseries, les cadres des glaces, les cheminées, les peintures et dessus de portes datant de la construction.

Les *bâtiments des Menus-Plaisirs* datent de 1750. C'étaient des ateliers et magasins des menus plaisirs du Roi, c'est-à-dire des jeux (paumes, raquettes, etc.). Il y avait aussi des salles pour concerts et spectacles[2]. Entre les bâtiments et la rue des Chantiers, l'architecte Pâris éleva, en 1787, une belle salle pour les séances de l'Assemblée des notables, que Calonne allait y convoquer. Elle servit aussi pour la séance d'ouverture des Etats généraux, le 5 mai 1789, et l'Assemblée

---

[1] Les gardes du corps avaient fait élever auprès de leur caserne une petite salle de spectacle, où la Comédie-Française vint jouer quelquefois.

[2] En 1759, l'abbé Nollet y établit un très beau cabinet de physique pour l'instruction des Enfants de France. Il y avait aussi un théâtre. (Bachaumont, t. V.)

nationale y tint ses séances jusqu'au 15 octobre 1789, date de son départ à Paris. L'entrée était par la rue des Chantiers. Vendue en 1799, elle fut abattue l'année suivante par l'acquéreur[1]. Quant aux bâtiments des Menus-Plaisirs, situés avenue de Paris, n° 14, ils servent actuellement de caserne.

L'*hôtel des chevau-légers de la garde du Roi* avait été bâti en 1751, avenue de Sceaux (n°s 2-8), sur l'emplacement de divers hôtels. On y établit une école ou académie militaire de cavalerie qui eut, dit le duc de Luynes, le plus grand succès. Elle était dirigée par le duc de Chaulnes, avec le concours de M. de Lubersac et de M. de Vézanne.

Les chevau-légers donnèrent plusieurs fêtes dans leur hôtel. Ils subsistèrent jusqu'en 1787, époque à laquelle Louis XVI crut devoir supprimer sa maison militaire. L'hôtel n'existe plus, et le nom est resté à une impasse de l'avenue de Sceaux.

L'*hôtel de la Poste*, qui existe encore rue Saint-Julien, fut bâti en 1752, par ordre du Roi, au centre de tous les services de la Cour. Il est aujourd'hui tout à fait excentrique.

L'*hôtel de la Guerre* et l'*hôtel des Affaires étrangères* (n°s 3 et 5 de la rue Gambetta) furent bâtis en 1759 et en 1761 sur une partie de l'ancien potager de Louis XIII. Le maréchal de Belle-Isle et le duc de Choiseul y concentrèrent les bureaux et les archives de leurs ministères.

L'*hôtel de la Guerre* est devenu depuis 1884 l'Ecole des sous-officiers élèves-officiers de l'artillerie et du génie. Dans la cour est le buste de Lazare Carnot, « l'organisateur de la victoire »; il y a aussi une belle statue en bronze, personnification de la Patrie.

L'*hôtel des Affaires étrangères, de la Marine et des Colonies* renferme aujourd'hui la *Bibliothèque de la Ville*. « Nul édifice ne fut mieux approprié à sa destination. Les plafonds en voûtes plates, composées de fer et de briques, les murs revêtus de briques à l'intérieur, préviennent, autant qu'il est possible, tout péril d'incendie; des caves profondes, au-dessus desquelles s'étendent de vastes sous-sols, éloignent l'humi-

---

[1] Le gouvernement de la République décida (loi du 19 avril 1879, rendue sur la proposition de M. Charton, sénateur) qu'un monument serait élevé sur l'emplacement où cette salle avait été bâtie.

dité et n'en présentent elles-mêmes aucune trace, grâce à la nature du terrain en cet endroit[1]. »

La Révolution a dispersé le magnifique mobilier qui décorait cet hôtel ; il reste de belles armoires, des boiseries dorées patinées par le temps, les dessus de portes de Van Blarenberghe et les toiles décoratives de Bachelier. Mais une richesse inestimable a été conservée : les livres du Roi et des princes, ceux des couvents et des émigrés étaient venus occuper soixante salles du Château. Enumérons ces collections : la bibliothèque du Roi, depuis Louis XIV jusqu'en 1789, soit 11,392 volumes, tous reliés en maroquin bleu ou rouge, aux armes de France ; — les livres de Marie-Antoinette, transportés du Petit-Trianon, 1,910 volumes reliés en veau porphyre, aux plats armoriés et au dos orné de fleurons ; — la bibliothèque du comte de Provence, 11,300 volumes ; celle de Mesdames à Bellevue, 10,580 volumes, aux belles reliures de couleurs variées ; — la bibliothèque des Dames de Saint-Cyr, livres de piété pour la plupart ; — une partie des livres de Mme de Pompadour, vrais joyaux, et de Mme Du Barry, de moindre importance ; — d'innombrables bibliothèques de couvents, belles éditions des XVIe et XVIIe siècles, et quelques incunables ; — enfin, plus de cinquante bibliothèques d'émigrés, dans lesquelles se trouvait la célèbre collection de l'abbé Gouget qui renfermait, entre autres œuvres rarissimes, l'exemplaire unique du *Cymbalum Mundi*, édition de 1537, l'un des trésors de la Bibliothèque, ainsi que la collection Maulvault sur Port-Royal.

Toutes ces collections ont été acquises à cette bibliothèque par les soins de Paillet, qui la constitua en 1801 et qui renferme aujourd'hui 200,000 volumes.

Le *couvent des Ursulines*, aujourd'hui le Lycée, fut fondé par Marie Leczinska. Les bâtiments furent construits de 1767 à 1772 par l'architecte Mique, sur l'emplacement d'une partie du domaine de Clagny et avec les pierres provenant du château qu'on venait de démolir. A la mort de la Reine, Mesdames achevèrent l'édifice. A la Révolution, le couvent servit d'hôpital militaire (1794), puis d'hôpital pour les invalides

---

[1] Voir la très intéressante brochure de M. A. Taphanel, conservateur de la Bibliothèque de la ville de Versailles.

logés au château de Versailles (1800). Inoccupé de 1801 à 1807, il devint lycée à cette dernière date. Depuis 1888, il porte le nom de *Lycée Hoche*, en l'honneur du plus illustre enfant de Versailles.

L'hôtel de Mme Du Barry, situé avenue de Paris, n° 5, avait d'abord appartenu à Binet, premier valet de chambre du Dauphin (1751). L'architecte Ledoux construisit pour la favorite le grand corps de logis; mais la mort de Louis XV arrêta les frais, et Mme Du Barry vendit l'hôtel au comte de Provence, qui y plaça ses écuries, lesquelles forment aujourd'hui une caserne d'artillerie. L'ancienne maison de Binet est devenue une propriété particulière.

Sous Louis XVI, Versailles obtint en 1787 d'avoir un corps municipal élu pour administrer la ville. A cette même époque, le Grand et le Petit-Montreuil furent réunis à Versailles.

En 1780, le *Garde-Meuble de la Couronne* avait été construit rue des Réservoirs (n° 11), sur l'emplacement des anciennes pompes de Louis XIV pour l'alimentation du Parc. La Préfecture y fut installée en 1800.

En ce temps-là, la résidence au Palais n'était plus de mode. Les princes et les princesses du sang donnaient l'exemple. Pendant que Marie-Antoinette était au Petit-Trianon, Mesdames tantes étaient à l'Ermitage ou à Bellevue ; la comtesse de Provence avait une maison avenue de Paris (59 et 61); on y entrait par la rue de Montreuil. Les jardins étaient fort beaux. Il existe encore de cette résidence un pavillon qui a conservé sa décoration primitive.

Madame Elisabeth possédait aussi une maison, avenue de Paris, n° 41 *bis*, que Louis XVI lui avait donnée[1]. Elle y vécut avec ses deux amies, Mmes de Bombelles et de Soucy, et Mme de Mackau, son ancienne gouvernante. Les jardins furent agrandis et dessinés dans le goût du Petit-Trianon, par Huvé, inspecteur des bâtiments du Roi[2]. Cette maison, vendue à des particuliers, est restée une des plus charmantes de Versailles.

---

[1] Elle avait été bâtie en 1776 pour la princesse de Guéménée, gouvernante des Enfants de France.

[2] La bonne Madame Elisabeth fut une providence pour le quartier de Montreuil. Le lait des vaches suisses était distribué chaque jour aux pauvres, avec les fruits et les légumes du potager.

Porte de la Chefferie du Génie, avenue de Paris, n° 6.

Nous voici en 1789. Versailles avait alors une population d'à peu près 50,000 habitants, que la Révolution réduisit environ de moitié.

La ville embrassa les idées nouvelles. Alors commencèrent les grandes journées par lesquelles le nouveau régime allait s'affirmer et qui ont leur place dans l'histoire générale. Il suffira ici de les énumérer : *Ouverture des États généraux, 5 mai 1789*, précédée de cette procession solennelle des trois ordres[1], qui se rendirent de Notre-Dame à Saint-Louis au milieu d'une haie de gardes-françaises et de Suisses pouvant à peine contenir le flot immense des curieux venus pour voir un spectacle qui ne devait jamais plus se produire. « Beau jour, dernier jour de paix, dit Michelet, premier d'immense avenir! » — *Séance du 17 juin*, où le Tiers se déclarait *Assemblée nationale* et invitait les deux autres ordres à se joindre à lui pour vérifier en commun les pouvoirs des membres de l'Assemblée. — *Serment du 20 juin*, à la salle du Jeu-de-Paume, où les députés du Tiers, trouvant fermée la salle des Menus, s'étaient rendus et où ils jurèrent de ne pas se séparer avant d'avoir donné une Constitution à la France. — *Séance royale du 23 juin*, à l'issue de laquelle Mirabeau répondit en paroles enflammées aux sommations du grand-maître des cérémonies, le marquis de Dreux-Brézé. — *Séance du 27 juin*, où le clergé et la noblesse se réunirent au tiers état, qui sortait vainqueur de cette lutte mémorable. — *Nuit du 4 août*, où l'Assemblée nationale constituante abolissait les droits féodaux et les privilèges. — *Séance du 20 août*, où elle votait la *Déclaration des Droits de l'Homme*.

Nous avons dit quelles furent les conséquences du banquet des gardes du corps (1er octobre). Le peuple de Paris se souleva, marcha sur Versailles le 5, envahit le Château dans la nuit, et, le 6, força le Roi à venir à Paris, où il s'installa aux Tuileries. L'Assemblée l'y suivait le 15 octobre. Versailles cessa alors d'être le siège du Gouvernement et le centre de la Révolution.

---

[1] Elle a été commémorée à la frise d'une des salles du Château (138), presque entièrement cachée aujourd'hui par d'immenses toiles rappelant des événements de la guerre de 1870. On y a ajouté le tableau représentant les obsèques du président Carnot, de dimensions non moindres.

Reprenons l'histoire locale. Hélas! c'est une scène d'horreur qui se passe à Versailles le 9 septembre 1792. Des bandes d'égorgeurs venus de Paris attaquèrent des voitures de prisonniers arrivant d'Orléans, que le maire de Versailles, Richaud, voulut protéger au risque de sa vie, et les massacrèrent, après une lutte d'une heure, aux *Quatre-Bornes*[1]. Quarante-quatre prisonniers sur cinquante-deux furent massacrés; les autres furent sauvés par quelques courageux habitants. Le lendemain, les égorgeurs continuèrent leur besogne sinistre dans les prisons de la ville, à la Geôle et à la maison d'arrêt[2], où ils firent plus de trente victimes. Le vaillant Richaud put enfin arrêter les massacres.

Versailles resta, d'ailleurs, étrangère aux fureurs révolutionnaires. De 1792 à 1814, il n'y a rien à relever de saillant dans son histoire. Sous le Consulat, un évêché y fut établi.

Les alliés (Prussiens et Russes) la visitèrent en 1814 et elle dut payer de fortes réquisitions. En même temps, le corps de Marmont, criant à la trahison de son chef, était arrivé et voulait continuer à combattre. Le maire, de Jouvencel, parvint à calmer les principaux chefs et obtint qu'ils partiraient pour Rambouillet.

En ce moment même, le typhus, occasionné par l'encombrement des malades et des blessés de toutes les nations, faisait des ravages dans la ville. Jouvencel parvint à les faire évacuer sur des localités environnantes.

En 1815, les Prussiens revinrent à Versailles. Repoussés à Rocquencourt le 1er juillet, par le général Exelmans, ils revinrent en nombre prendre possession de la ville. Versailles resta occupée par les troupes étrangères jusqu'au 28 décembre 1815.

En 1836, le roi Louis-Philippe fit élever sur la place Dauphine une statue du général Hoche[3]; mais l'événement capital de l'histoire de Versailles sous la monarchie de

---

[1] A l'intersection des rues de l'Orangerie et de Satory.

[2] Etablie rue de la Pompe, aux Ecuries de la Reine (quartier du train des équipages).

[3] En 1832, il y avait fait placer une statue en marbre, représentant le général nu et assis, avec un casque et un glaive grecs. Elle avait été faite à Rome en 1808. Elle est aujourd'hui au Musée de Versailles.

Juillet fut, sans contredit, l'ouverture du Musée historique en 1837.

Sous le second Empire, la nouvelle Préfecture fut élevée sur l'emplacement de l'ancien Chenil (1863-67). Conçue et construite dans le style de Mansart, elle est en parfaite harmonie avec le Château et ses dépendances[1].

Mentionnons encore, sous le règne de Napoléon III, la fondation du *quartier de Clagny*. Trois Versaillais, Gauthier, Leroux et Coëffier, aidés par le maire de la ville, Remilly, commencèrent, à partir de 1857, la transformation du parc de l'ancien château en rues et avenues. On vendit par lots le terrain, et aujourd'hui le quartier de Clagny compte près de 200 maisons, villas ou châteaux, qui sont une des beautés de la ville nouvelle[2].

En 1870, après la bataille de Sedan et l'effondrement de l'Empire, les Prussiens marchent sur Paris, qui allait soutenir un siège. Versailles, entouré de bois, sans forts, ouvert de tous côtés par ses larges avenues, ses deux lignes de chemins de fer, ses routes, ne pouvait songer à résister. Les habitants des communes environnantes étaient venus se réfugier dans la ville, qui atteignit, en quelques jours, le chiffre de 60,000 âmes.

Le 19 septembre, 40,000 Allemands y font leur entrée. Le maire, Rameau, dut céder à la force. Il le fit avec beaucoup de dignité et non sans arracher aux autorités prussiennes une convention fort honorable pour la ville, qui, d'ailleurs, fut déchirée le lendemain.

Le Prince royal de Prusse s'installait à la Préfecture et en chassait le représentant du gouvernement français, Edouard Charton, qui, peu de temps après, se rendit à Tours pour se mettre à la disposition du gouvernement de la Défense nationale. Alors commence pour les habitants une triste vie de violences, de perquisitions, de réquisitions qui étaient de vé-

[1] Avant cette construction, les bureaux et l'hôtel de la Préfecture étaient installés dans l'ancien hôtel du Garde-Meuble (11 et 11 *bis*, rue des Réservoirs). Ils y restèrent de 1800 à la fin de 1866.

[2] Les principales artères sont : l'avenue de Villeneuve-l'Etang, la rue de Solférino, la rue Remilly, la rue Berthier prolongée (rue Albert-Joly) et la rue du Parc-de-Clagny, etc.

ritables pillages, d'arrestations arbitraires, de violations de domicile[1], qui resteront pour eux un cuisant souvenir de l'*Année terrible*.

Peu à peu, les Prussiens prirent possession des casernes, qu'ils croyaient minées. Le Palais fut transformé en ambulance, l'hôpital militaire et l'hôpital civil regorgeaient de malades et de blessés. Un préfet prussien, de Brauchitsch, gendre du ministre de la Guerre, M. de Roon, s'installa à Versailles, comme si la ville et le département avaient perdu momentanément toute nationalité, et se montra un tyran impitoyable, surtout en matière de réquisition. Les fonctionnaires français de la Préfecture refusèrent dignement leur concours[2].

Le 5 octobre, le roi de Prusse, venant du château de Ferrières, fit son entrée à Versailles et prit possession de l'hôtel de la Préfecture. Bismarck, de Moltke et de Roon étaient arrivés quelques heures avant lui. Bismarck avait choisi pour habitation l'hôtel Jessé, rue de Provence, 14 (nᵒ 20 actuellement), qui « fut le centre diplomatique de l'Europe ». De Moltke s'installa rue Neuve, à l'hôtel Lambinet, et c'est de cette maison qu'il dirigea pendant plus de quatre mois tout l'ensemble des opérations de guerre. De Roon logea rue Colbert, nᵒ 7, à côté du général commandant la place.

Sur le refus du maire Rameau d'approvisionner de vivres l'armée ennemie et de payer l'amende de 50,000 francs, conséquence de ce refus, celui-ci fut arrêté et jeté dans la prison Saint-Pierre, avec trois conseillers municipaux, Barué-Perrault, Mainguet et Edouard Lefebvre (31 décembre). Ils y restèrent jusqu'au 5 janvier 1871, jour où le paiement de l'amende par les négociants, membres du syndicat versaillais, amena leur libération. Un nouvel emprunt venait d'être voté pour faire face aux réquisitions toujours croissantes.

Le 18 janvier 1871 fut le jour le plus tristement mémorable.

---

[1] Voir Delerot, *Versailles pendant l'occupation allemande*. — Cet ouvrage si complet et si consciencieux est un document de premier ordre.

[2] Desjardins, archiviste de Seine-et-Oise, rédigea, au nom de ses collègues, une lettre ferme de refus. (Voir Delerot, *Versailles pendant l'occupation allemande*, 1900.) Desjardins et Cochard, chef de la 1ʳᵉ division à la Préfecture, furent arrêtés. Il faut lire dans l'ouvrage de Delerot l'entrevue dramatique du courageux Cochard avec le préfet prussien.

Le roi de Prusse se fit couronner empereur d'Allemagne, sous le nom de Guillaume Iᵉʳ, dans la galerie des Glaces du Château. Cette cérémonie, dans le palais du « Grand Roi », annonçait solennellement que l'Empire allemand était fait.

Le 26 janvier, Jules Favre et Bismarck signent l'armistice, et la capitulation de Paris mettait fin, le 28, à un épouvantable siège.

Le 26 février, Thiers et Jules Favre, au nom de l'Assemblée nationale réunie à Bordeaux, vinrent signer avec Bismarck les préliminaires de la paix.

Le 12 mars, le dernier soldat allemand franchissait la grille de l'avenue de Picardie, et, le soir du même jour, les premiers bataillons français pénétraient à Versailles par l'avenue de Paris.

La proclamation de la Commune avait eu pour effet l'installation à Versailles de Thiers et du Gouvernement. En quelques jours, la population avait presque doublé, tant étaient nombreux les émigrés de Paris que la révolution nouvelle faisait fuir. Les maisons étaient prises d'assaut et les hôtels débordaient. Le Gouvernement et les grandes administrations s'étaient établis au Château : par là, on se serait cru au temps de Louis XIV. Thiers résidait à la Préfecture. Il occupa toute l'aile gauche du premier étage. Pendant le séjour du Gouvernement à Versailles, du 18 mars 1871 à la fin de 1879, l'hôtel de la Préfecture a servi de résidence, après Thiers, à ses deux successeurs à la présidence de la République : le maréchal de Mac-Mahon et Grévy.

Du 2 avril au 28 mai 1871 eut lieu le second siège de Paris, Français contre Français, cette fois. Quand cette guerre fratricide fut terminée, beaucoup de convois de fédérés furent amenés de Paris pour être incarcérés à l'Orangerie, au camp de Satory, dans les casernes et les prisons de la ville, au milieu des colères du peuple. Quelques jours après, Paris pacifié voyait rentrer ceux qui l'avaient fui aux jours menaçants de guerre civile.

Versailles devait conserver jusqu'à la fin de l'année 1879 le Gouvernement et les Chambres, ainsi que les cabinets des ministres.

Après la Commune, des conseils de guerre nombreux fonctionnèrent à Versailles pour juger les insurgés. Un enfant de

Versailles, mort bien prématurément, Albert Joly, s'y fit, comme défenseur éloquent et humain, une réputation qui l'avait mis au premier plan des jeunes hommes politiques, républicains et patriotes dont le désir ardent était de travailler, avec Gambetta, à réorganiser le pays et à fonder une république durable.

En 1873, Versailles vit le triste procès du maréchal Bazaine, né à Versailles ; commencé le 6 octobre, dans la grande galerie du palais de Trianon, sous la présidence du général de division duc d'Aumale, il se termina par une condamnation à mort, commuée en vingt ans de détention.

Ce fut à Versailles que l'Assemblée nationale, élue le 8 février 1871, réunie le 13 à Bordeaux et siégeant dans l'ancien Opéra du Château[1] depuis le 20 mars, accepta enfin, après plusieurs tentatives impuissantes de restauration monarchique, et sous la pression de l'opinion, la République, qu'elle constitua définitivement par son vote du 25 février 1875.

Comme elle avait stipulé que les deux Chambres législatives qui lui succéderaient, le Sénat et la Chambre des députés, siégeraient comme elle à Versailles, à côté du Pouvoir exécutif, une salle des séances fut construite rue de la Bibliothèque, n° 2 (rue Gambetta aujourd'hui), dans l'aile méridionale du Palais.

Après les élections de 1876, les députés s'installèrent dans cette nouvelle salle, tandis que le Sénat siégeait dans l'ancien Opéra, que venait de quitter l'Assemblée nationale. Cette double installation eut lieu le 8 mars.

Le 19 juin 1879, les deux Chambres, réunies en Congrès, votèrent leur retour à Paris. La loi du 22 juillet suivant, en ratifiant ce vote, décida que les deux salles de séances conserveraient néanmoins leur affectation et que les séances des Congrès se tiendraient dans la Chambre des députés.

Depuis cette époque, une série de Congrès ont été tenus : pour la réélection à la présidence de la République de Jules Grévy, le 28 décembre 1885 ; pour l'élection à cette même charge de Sadi-Carnot, le 3 décembre 1887 (on sait à la suite de quels incidents le président Grévy avait donné sa démission) ; pour l'élection de Casimir-Périer, le 27 juin 1894) ; pour

[1] Rue des Réservoirs.

celle de Félix Faure, le 17 janvier 1895, qui fut également prématurée ; pour celle de M. Emile Loubet, le 18 février 1899, qui accomplit pleinement son septennat. Le 17 janvier 1906, le Congrès nommait M. Fallières, le Président actuel, qui prit possession de l'Elysée à l'expiration du mandat de son prédécesseur.

La population de Versailles, après avoir subi de nombreuses fluctuations, conséquence des événements politiques, atteignait au recensement de 1896 le chiffre de 54.874 habitants, dont 7,225 hommes de troupe. L'établissement de nouveaux quartiers (Clagny, Glatigny, Le Chesnay, Saint-Antoine), le développement du faubourg de Montreuil, le percement de nouvelles voies, son site hygiénique par excellence dans sa ceinture boisée, l'ampleur et la correction de ses rues et de ses avenues, sa tranquillité, font de plus en plus de cette cité *royale* un séjour recherché.

Desservie par trois lignes de chemins de fer[1] et, à l'intérieur, par un excellent système de tramways, pourvue d'établissements scolaires de premier ordre pour les enseignements secondaire et primaire (de tous degrés), Versailles offre aux familles les avantages de la grande capitale, toute voisine, avec, en plus, le calme et la salubrité.

Des associations actives songent à mettre de plus en plus en valeur la beauté incomparable de son Château et de ses dépendances, le Parc, les Trianons, etc. Des fêtes magnifiques, sans compter celles qui reviennent périodiquement (comme celles de Hoche, du 14 Juillet et de la Saint-Louis), attirent une foule immense et sans cesse renouvelée. Mentionnons les fêtes du *Centenaire de la Révolution* (1889), qui coïncidèrent avec l'Exposition universelle de Paris, et eurent pour principal attrait l'inauguration du bassin de Neptune restauré. Elles furent présidées par M. Sadi-Carnot, Président de la République, entouré des membres du Gouvernement et de tous les grands corps de l'Etat[2].

Depuis 1893, Versailles a reçu d'illustres visites d'étran-

---

[1] Il faut y ajouter le service des tramways de Paris à Versailles, par Sèvres et Viroflay.

[2] Voir, salle du Sacre, la grande toile de Roll, commémorant cet événement.

gers et des représentants des maisons souveraines. La réception de l'empereur et de l'impératrice de Russie, le 8 octobre 1896, est particulièrement inoubliable.

La *Société des Fêtes versaillaises*, fondée il y a cinquante
ans, et dont le président actuel est M. Couturier, ne cesse de
se distinguer par l'ingéniosité de ses décorations, qui ravi-
raient d'aise Vigarani. Au bassin de Neptune, dans la splendide fête de nuit qui a lieu annuellement, le dimanche qui
suit le 14 Juillet, « une véritable révolution a été opérée
dans le mode des illuminations et de la coloration des eaux ».
Pour la première fois, en 1900, « l'illumination électrique
du bassin, des portiques qui avaient été renouvelés, des bosquets et de la grille de la rue de la Paroisse a été substituée
aux anciens procédés d'illumination par les verres de couleur. Le coup d'œil était féerique. L'innovation, due à
MM. Marcel Lambert, architecte du Palais, et Denormandie,
directeur de la Société versaillaise d'Electricité, a obtenu un
succès des plus mérités, grâce à la collaboration de l'électri-
cien Couturier, vice-président de la Société, qui avait fait
accepter les procédés d'éclairage si intéressants de la maison
Jean et Bouchon, de Paris. Cette merveilleuse fête avait
attiré plus de 60,000 personnes[1] ».

Une autre Société, fondée en 1889 et qu'il serait injuste
d'oublier, l'*Association Artistique et Littéraire*, apporta sa
pierre à l'édifice : c'est à elle qu'on doit l'érection de la statue
de Jean Houdon, au square Duplessis.

Le premier président de cette Société fut M. Alphonse Bertrand, homme d'une rare érudition, secrétaire-rédacteur au
Sénat. L'un des premiers, il comprit l'avenir de Versailles et
éclaira souvent les différents rapporteurs du budget des
Beaux-Arts au Sénat sur la situation réelle de notre Palais.
Son dernier ouvrage, paru d'abord dans la *Revue des Deux-
Mondes* : *Versailles. Ce qu'il fut; ce qu'il est; ce qu'il devrait
être*[2], peut en quelque sorte être considéré comme le meilleur guide des travaux à exécuter dans notre grand domaine

[1] Nous trouvons ces détails si intéressants dans l'ouvrage très documenté de M. A. Jehan, *La Ville de Versailles* (L. Bernard, éditeur).

[2] Un volume, librairie Plon, 1906. Prix : 3 fr. 50.

national. La mort prématurée de ce vaillant citoyen (12 septembre 1907) a été vivement ressentie dans le monde artistique et littéraire de Paris et dans celui de notre département.

De 1896 à 1905, l'*Association Artistique et Littéraire* a publié une revue mensuelle (*Versailles Illustré*) qui a puissamment contribué à attirer l'attention des pouvoirs publics sur notre ville. Cette revue d'histoire comprend neuf volumes.

Un autre périodique, trimestriel celui-ci, s'occupe également de Versailles et du département; c'est la *Revue de l'Histoire de Versailles*, organe de la *Société des Sciences morales, Lettres et Arts de Seine-et-Oise*. Publiée sous la direction de M. Taphanel, le distingué bibliothécaire de la Ville, avec la collaboration d'écrivains et d'érudits comme MM. de Nolhac, Pérate, Coüard, Fromageot, Auscher, Gatin, Godart, Rey, Tambour, etc., elle a déjà fait paraître onze volumes intéressants et instructifs, dont le succès a été considérable.

D'autres Sociétés, à des titres différents, s'occupent des intérêts de Versailles et ne cessent aussi de produire. Nous tenons à citer parmi elles la *Société d'Horticulture*, à laquelle appartiennent les hommes les plus éminents dans l'art des jardins et dont les noms sont universellement connus. Aux grandes Expositions de cette Société, on voit figurer parmi les exposants MM. Moser et fils, A. Truffaut et fils, l'Ecole nationale d'Horticulture de Versailles, dirigée par M. Jules Nanot, Emile Poirier, Nez, etc., sans oublier le grand établissement de MM. Vilmorin, Andrieux et Cie, dont la renommée est presque bicentenaire.

Nous ne quitterons pas ce sujet sans rendre hommage à la science et au goût de M. Georges Bellair, jardinier en chef du Palais de Versailles, digne de ses illustres devanciers pour la décoration des jardins de nos parcs. On peut dire de lui qu'il a su transformer nos magnifiques parterres en une exposition permanente que les visiteurs admirent à l'envi.

La *Société d'Agriculture* ne cesse de rendre les plus grands services à la culture du sol, et l'on sait quelle est l'importance de celle-ci dans un département tel que le nôtre. Cette Société a été fondée en 1798; c'est le plus bel éloge qu'on puisse faire d'elle.

Au point de vue artistique pur, nous devons citer la *Société des Amis des Arts*, qui, depuis quelques années surtout, dans ses Expositions annuelles, montre une vitalité de plus en plus grande.

Dirigée avec une habileté rare par M. Barbet, cette Société compte parmi ses exposants des noms éminents de la peinture et de la sculpture. A chaque Exposition, des artistes tels que MM. Carolus-Duran, Benjamin Constant, Roll, Rodin, Marcel Lambert, l'architecte distingué du Palais de Versailles, Georges Lemaire, presque notre compatriote, auteur du beau buste de Rameau dans le grand vestibule de l'Hôtel de Ville, ont livré ou livrent encore au public des œuvres remarquables ; ils contribuent ainsi à mettre plus en valeur le talent de nos artistes locaux, dont certains ont acquis une notoriété du meilleur aloi.

C'est au président de la *Société des Amis des Arts* que nous devons la présence, à l'inauguration de chaque Exposition, de MM. Dujardin-Beaumetz, sous-secrétaire d'Etat aux Beaux-Arts, et de M. Roujon, secrétaire perpétuel de l'Académie des Beaux-Arts, ancien directeur des Beaux-Arts ; et c'est un grand réconfort pour les artistes versaillais, qui bénéficient de l'autorité considérable que le président de leur Société a su acquérir.

En 1907 (décembre), a été fondée la *Société des Amis de Versailles.* Elle a pour but d'apporter à l'Etat son concours pour la sauvegarde et le bon état d'entretien du domaine de Versailles et pour l'accroissement des richesses artistiques qui y sont contenues.

Elle se propose également d'organiser des manifestations d'art propres à faire connaître et apprécier tout ce que le domaine de Versailles comporte d'enseignement pour le public.

La *Société des Amis de Versailles* a eu pour premier président M. Victorien Sardou, de l'Académie française, décédé en 1908 ; son successeur est notre grand peintre militaire, Edouard Detaille, qualifié entre tous pour diriger une œuvre aussi artistique, dont l'initiative revient, il ne faut pas l'oublier, à M. Eugène Tardieu, homme de lettres très délicat, rédacteur au journal *L'Echo de Paris*, dans lequel il a jeté le cri d'alarme en faveur de Versailles.

Dès que la Société fut fondée, M. Gordon-Bennett, propriétaire du *New-York Herald*, faisait parvenir à celle-ci, par

les soins de M. de Nolhac, un chèque de 25,000 francs, à titre
de joyeux avènement. Ce don important permit au conservateur d'enrichir le Musée de cadres pour les portraits nouvellement exposés dans les salles du xviiⁱᵉ siècle, et contribua
puissamment à l'essor de la jeune Société.

Souhaitons à celle-ci une vie longue et bien remplie; en
prenant la défense du domaine de Versailles, elle défendra
l'un des plus précieux trésors artistiques de notre pays.

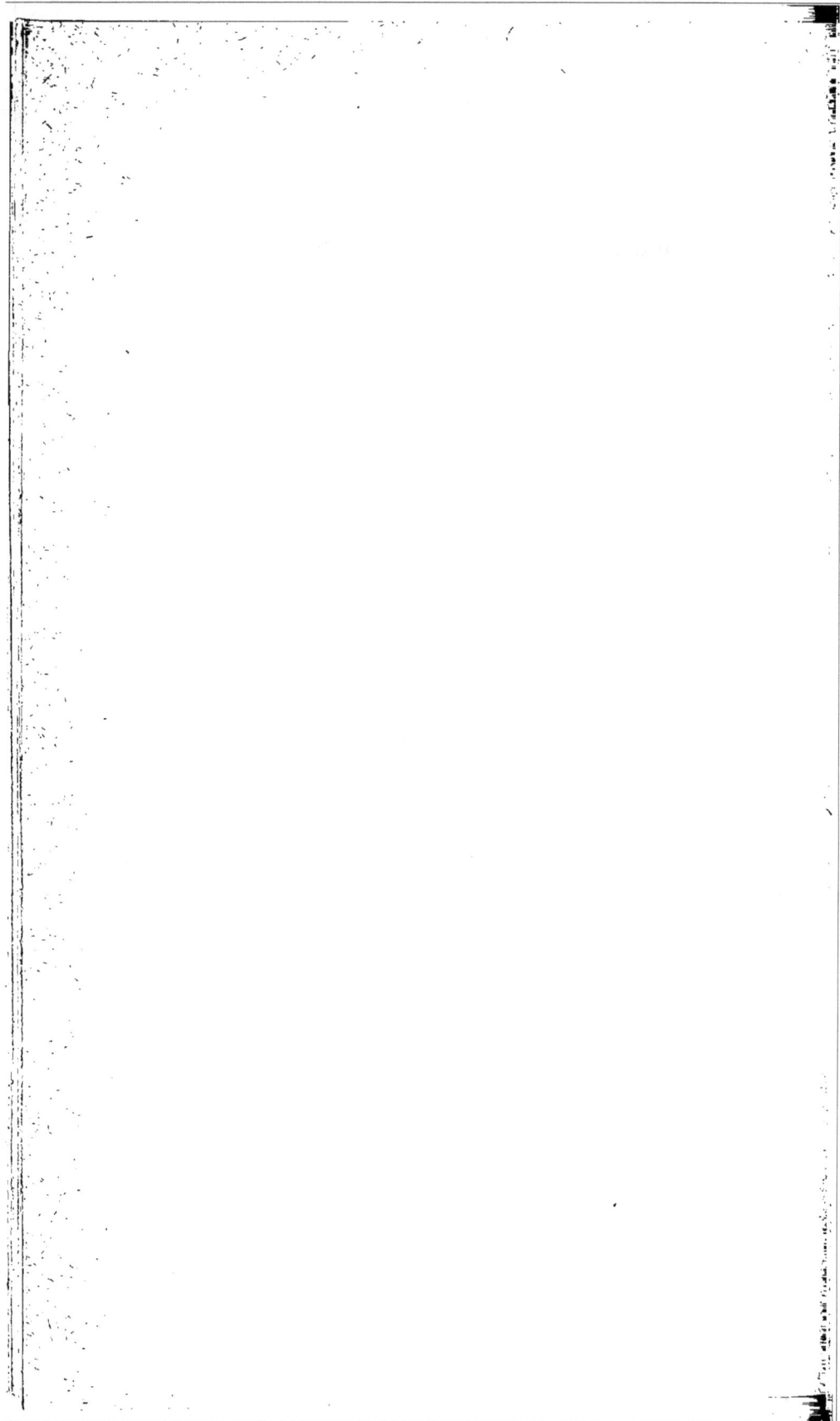

TABLE ALPHABÉTIQUE DES NOMS

DES

ARTISTES, OUVRIERS D'ART, INGÉNIEURS, ETC.

SE RAPPORTANT

AU CHATEAU DE VERSAILLES ET A SES DÉPENDANCES

A

ADAM l'aîné (Sigisbert), 36, 177, 581.
ADAM le cadet (Sébastien), 177.
ALLEGRAIN (Etienne), 104, 612, 621, 623, 671.
ALLEGRAIN (Gabriel), 104, 649, 671.
ANGUIER (Michel), 43, 543, 544.
ARNOUX, 182.
AROYER, 43.
AUBERT, 123.
AUDRAN (Claude Ier), 43, 63, 177.
AUDRAN (Claude III), 612.

B

BALLAND, 43.
BALLIN (Claude), 103, 334, 574.
BAPTISTE ou Jean-Baptiste MONNOYER, 43, 623.
BARBET, 666.
BARROIS, 657.
BARTOLINI, 649.
BASSAN, 81, 85.
BAUDET, 48.
BAUDOIN, 43.
BEAUBRUN, 62.
BELLAIR, 717.
BELLAN, 178.

BELLAY, 85.
BELLE, 682.
BENOIST (Antoine), 82, 677.
BÉRAIN (Jean), 181, 265, 324, 625.
BERJA, 109.
BERNAERTS, 43.
BERNINI (Le Bernin), 14, 174, 542, 564, 677.
BERSON, 181.
BERTHIER, 561, 563, 603.
BERTIN, 623.
BETTE (Jean), 56.
BLAIN DE FONTENAY, 93, 623.
BLANCHARD, 62, 612.
BOCQUET, 181.
BOEL, 43.
BOLOGNE (Jean DE), 649.
BONNEMER, 69.
BOUCHARDON, 36, 152, 177, 581, 635.
BOUCHER, 87, 119, 123, 429, 431, 649.
BOULLE ou BOULE, 38, 43, 59, 103, 334.
BOULOGNE ou BOULLONGNE (Bon DE), dit l'aîné, 43, 75, 177, 612, 623.
BOULOGNE ou BOULLONGNE (Louis DE), dit le jeune, 623.
BOYCEAU (Jacques), 2, 8, 538.
BRANCHI, 43.

46

ADDITIONS ET CORRECTIONS

Page 2. — André Le Nôtre fut le second successeur de Jacques Boyceau (voir page 538).

Page 24, ligne 13 : *Le Comte* ou *Lecomte*.

Page 25. — Les restaurations des piédestaux avec trophées et vases du couronnement sont l'œuvre de M. Marcel Lambert, architecte actuel du Château.

Page 147, ligne 14 : *D'Angiviller* ou *d'Angivillers*.

Page 212, vers la fin. — Lire : *Mme Scarron* au lieu de *Mme de Maintenon*.

Page 217, ligne 7 : *Ibid.*

Page 218, avant-dernière ligne. — Lire : *et prendre à cœur.*

Pages 277 (les deux dernières lignes) et 278 (les deux premières lignes). — Lire : *Elle usa toujours de ménagements et de prudence, plus appliquée à deviner et à suivre les goûts du Roi qu'à les combattre ou à lui imposer les siens propres.*

Page 301, ligne 21. — Lire : *Mme de La Fayette.*

Page 307, au début de la page. — Lire : *Voici le portrait que Louis XIV fit d'elle à Mme de Maintenon, dans une lettre qu'il lui écrivait au moment de son arrivée.*

Page 307, lignes 7 et 8. — Lire : *Les plus beaux cheveux noirs* au lieu de : *les plus beaux cheveux blonds.* Voir la citation de cette lettre faite par M. d'Haussonville dans son ouvrage *La Duchesse de Bourgogne*, tome Ier, page 236. — Saint-Simon dit aussi de cette princesse qu'elle avait « des cheveux et des sourcils châtain brun fort bien plantés ».

Page 307, ligne 15. — Lire : *J'en suis tout à fait content.*

Page 320, ligne 3. — Lire : *guenippe* au lieu de *gunippe*.

Page 428, ligne 22. — Lire : *engouement* au lieu de *enjouement*.

Page 429, ligne 6. — Lire : *elle passe* au lieu de *elle passa*.

Page 644, note 3. — Lire : *A. Savine et F. Bournon* au lieu de *Bournand.*

Page 702, ligne 21. — Lire : *Hardouin-Mansart de Sagonne.*

TABLE

DES GRAVURES ET DES PLANS

GRAVURES

La couverture reproduit le titre de l'Atlas des plans manuscrits
du Château et du Parc de Versailles. par Dubois (1732), du fonds
de la Bibliothèque de la ville de Versailles.

PLANS DANS LE TEXTE

PLANS HORS TEXTE, à la fin du volume.

TABLE DES MATIÈRES

Versailles. — Imprimerie Aubert, 6, avenue de Sceaux.

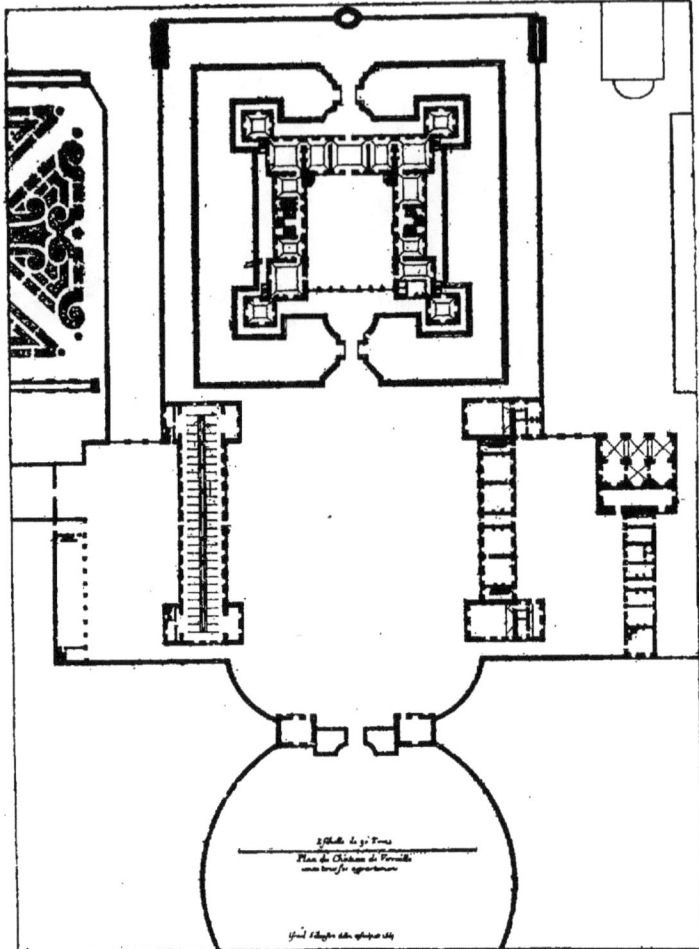

PLAN DU CHASTEAU DE VERSAILLES EN 1667

AVEC TOUS SES APPARTEMENTS

D'après Israël SILVESTRE

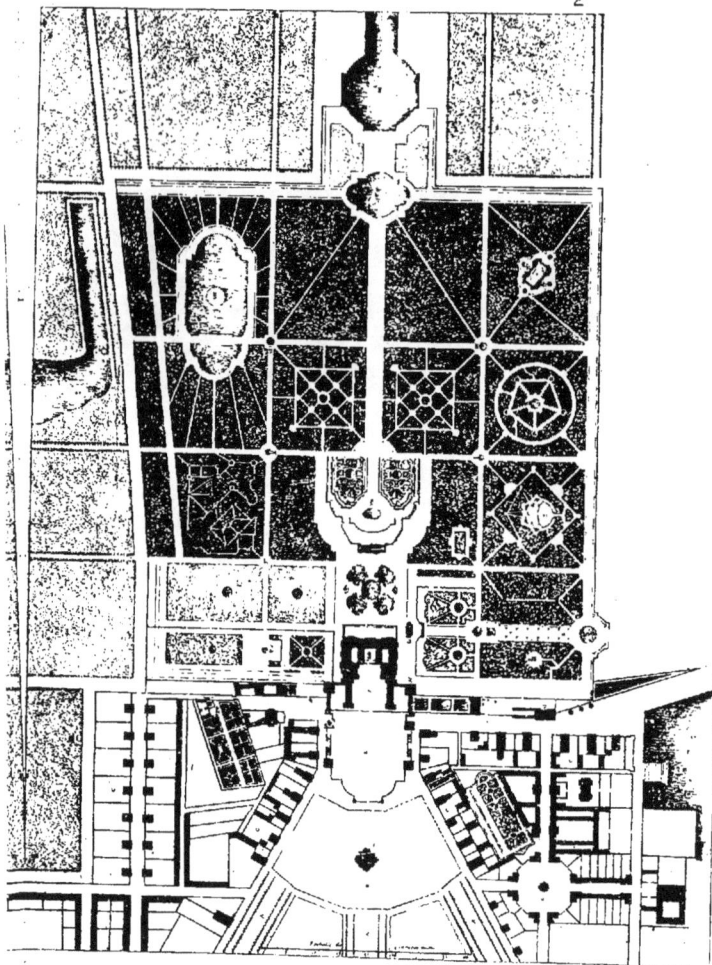

PLAN DE LA MAISON ROYALE DE VERSAILLES EN 1674

D'après Israël Silvestre

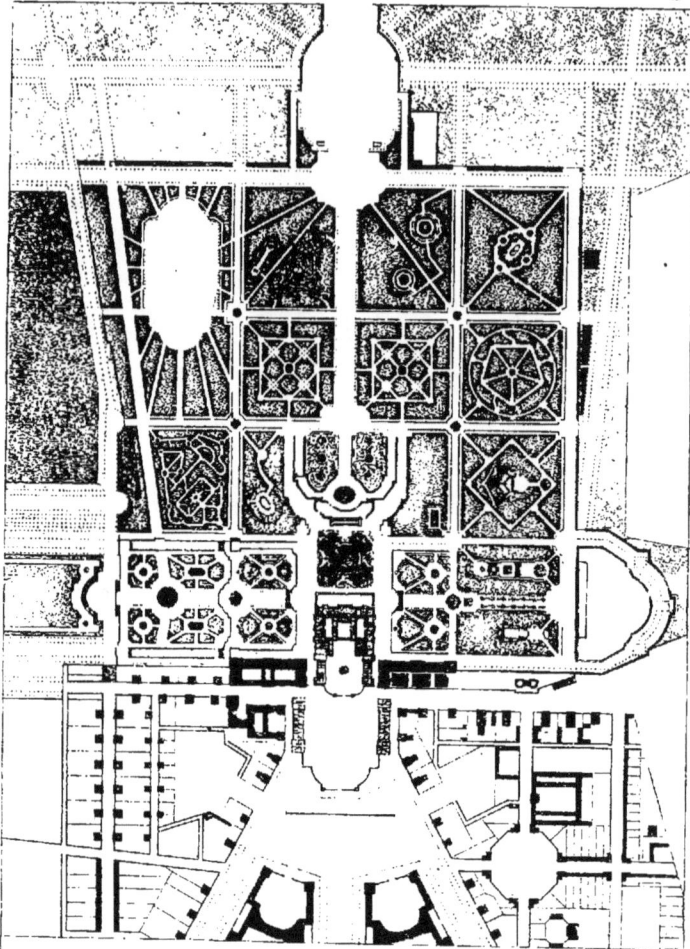

PLAN GÉNÉRAL
DU CHASTEAU ET DU PETIT PARC DE VERSAILLES EN 1680
D'après Israël SILVESTRE

Plan historique du Château
d'après le plan de M Questel reoufie

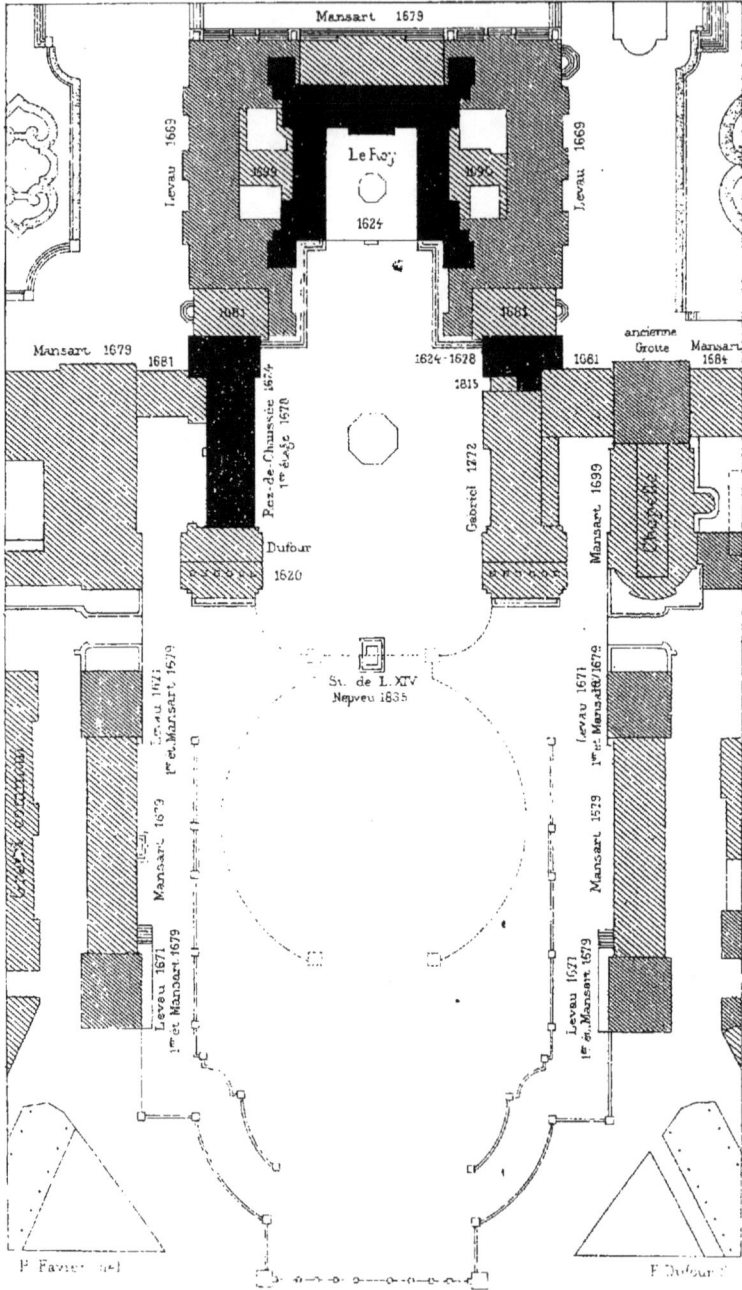

Mansart 1679

Levau 1663

Levau 1669

Le Roy

1624

Mansart 1679   1681

1624-1628

1681

1815

ancienne Grotte

Mansart 1684

Pez-de-Chaussée 1674
1er étage 1678

Gabriel 1772

Mansart 1699

Dufour
1820

St. de L. XIV
Nepveu 1835

Levau 1671
1er et Mansart 1679

Levau 1671
1er et Mansart 1679

Mansart 1679

Mansart 1679

Levau 1671
1er et Mansart 1679

Levau 1671
1er et Mansart 1679

F Favier del

F Dufour

L. BERNARD, imprimeur, Versailles

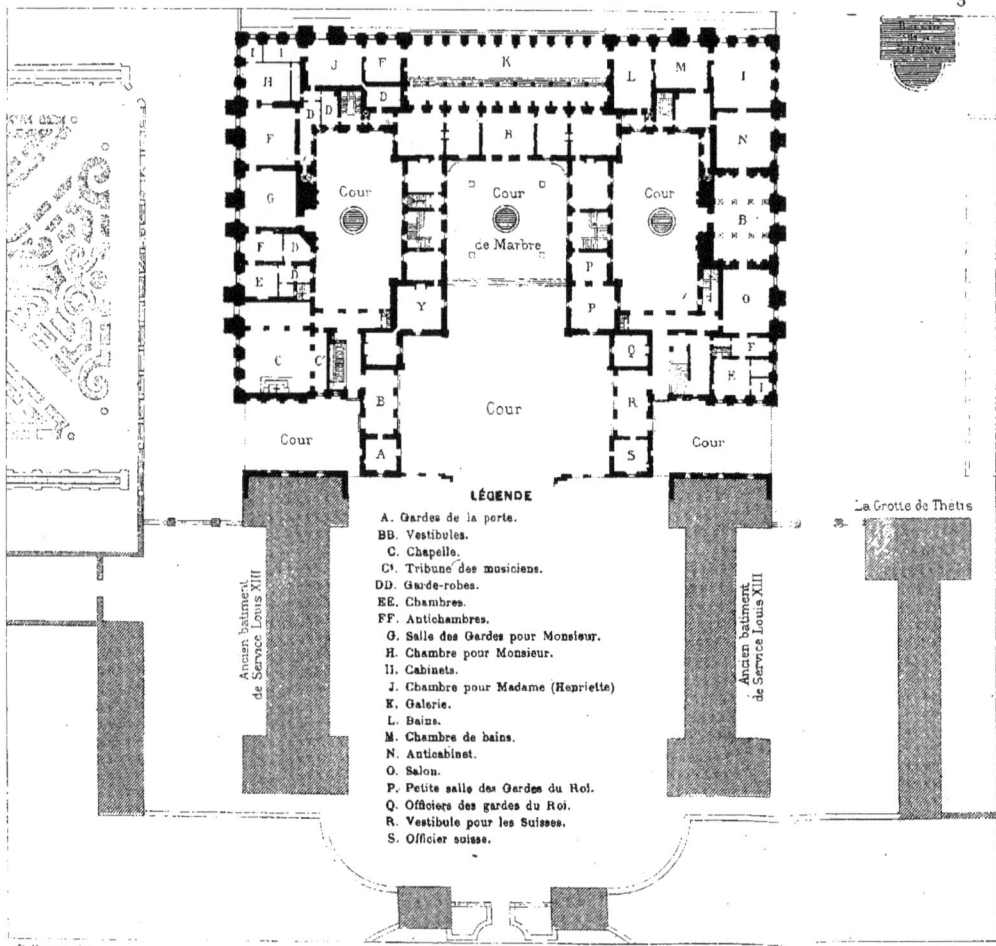

Le Château de Versailles en 1669

d'après un plan de Levau

Rez-de-chaussée

5

Cour

Cour de Marbre

Cour

Cour

Cour

Cour

Cour

Ancien bâtiment de Service Louis XIII

Ancien bâtiment de Service Louis XIII

La Grotte de Thétis

LÉGENDE

A. Gardes de la porte.
BB. Vestibules.
C. Chapelle.
C¹. Tribune des musiciens.
DD. Garde-robes.
EE. Chambres.
FF. Antichambres.
G. Salle des Gardes pour Monsieur.
H. Chambre pour Monsieur.
II. Cabinets.
J. Chambre pour Madame (Henriette)
K. Galerie.
L. Bains.
M. Chambre de bains.
N. Anticabinet.
O. Salon.
P. Petite salle des Gardes du Roi.
Q. Officiers des gardes du Roi.
R. Vestibule pour les Suisses.
S. Officier suisse.

F. Favier del.

F. Dufour Sc.

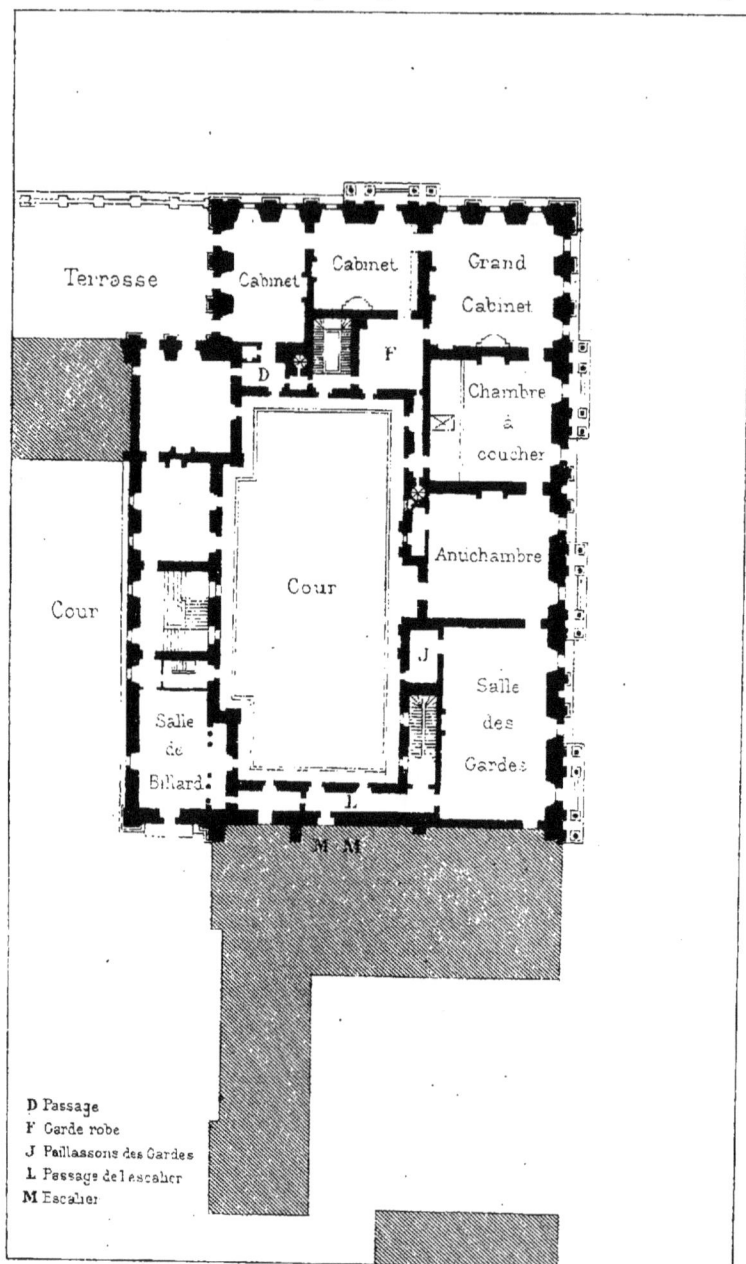

Terrasse

Cabinet

Cabinet

Grand Cabinet

D

F

Chambre à coucher

Cour

Cour

Antichambre

J

Salle des Gardes

Salle de Billard.

L

M M

D Passage
F Garde robe
J Paillassons des Gardes
L Passage de l'escalier
M Escalier

P. Favier del

F. Dufour Sc.

Le Château de Versailles
à la fin de l'an XV et au commencement du règne XV
Plan du rez-de-chaussée d'après Neveu

LÉGENDE POUR LES AILES DU MIDI ET DU NORD AU REZ-DE-CHAUSSÉE

AILE DU MIDI

a. Mme la Duchesse douairière.
b. Mme et Mme du Maine.
c. Mademoiselle.
d. M. le Duc.
e. Mme la Duchesse.
f. Mme de Chaumont, sous-intendante de la Maison de la Reine.
g. Rue d'Hennart, capitaine des gardes.
h. Duc de Villars Brancas.
i. Confort d'Auvergne, premier maître de Mme.
j. Duc d'Aumont, premier gentilhomme de la Chambre.
k. La maréchale d'Estrée.
l. Duc d'Alençon.
m. Duc de Fleury.
n. M. de Chavignan, premier écuyer de Mme.
o. Comte de Livry, premier maître d'hôtel.
Duchesse de Mazarin, dame d'honneur de la Reine.

AILE DU NORD

1. Duc d'Orléans.
2. Duc de Chartres.
3. Bourbon.
4. Prince et princesse de Condé.
5. Princesse de Conti douairier.
6. Mme de Grailen, gouvernante des enfans de la Maison d'Orléans.
7. Le Cuisine.
8. Appartement de M. le Duc de Châtillon.
9. Appartement de la maîtresse de Trésorier et de Mme de Montbran.
10. Cabinet.
11. Chambres à coucher de Mme la comtesse.
12. Salles.
13. Salle du Trône.
14. Salon servant d'antichambre.
15. Première à coucher de M. le Duc.
16. Cabinet.
17. Garderobe et escalier des petits appartements.
18. Appartements du capitaine de quartier.
19. Garde-robe du Roi.
20. Appartement de M. le comte de Chambre.

LÉGENDE POUR LE CORPS CENTRAL DU CHATEAU (REZ-DE-CHAUSSÉE)

AVEC LES RENVOIS LÉGÈRES CORRESPONDANTS

A. Pièces dépendantes de l'appartement de Mgr le Dauphin.
B. Salle des gardes de Mgr le Dauphin.
C. Antichambre.
D. Garde-robe.
E. Chambre à coucher.
F. Cabinet intérieur.
G. Cabinet des Glaces.
H. La Caisse.
I. Appartement de M. le Duc de Châtillon.
J. Anfilement de M. le duc de Châtillon.
K. Appartement de la maîtresse de Trésorier et de Mme de Montbran.
L. Cabinet.
M. Chambres à coucher de Mme la comtesse.
N. Salles.
O. Salle du Trône.
P. Salon servant d'antichambre.
Q. Première à coucher de M. le Duc.
R. Cabinet.
S. Garderobe et escalier des petits appartements.
T. Appartements du capitaine de quartier.
U. Garde-robe du Roi.
V. Appartement de M. le comte de Chambre.

Q. Logement de M. Brout, contrôleur des meubles de la Couronne.
R. Salle du gardin de la Prévôté de l'Hôtel.
S. Magasin du Château.
T. Vestibules.
U. Salle du Grand-Maître.
V. Salle des deux serviteurs.
X. Antichambre et escalier du Conseil privé.
Y. Appartement de M. le duc de Gesvres, colonel des gardes françaises.
Z. Garde-meuble.
&. Appartement de M. de Croissy.
2. Logement de M. le fief concierge du Château.
3. Appartement de M. de Breteuil, chevalier de la Reine.
4. Corps de garde des Suisses.
5. Salle des gardes de la Porte.
6. Capitaine des gardes de la Porte.
7. Théâtre.
8. Vestibule des ambassadeurs.
9. Escalier de la Reine.
10. Corps de garde des Cent-Suisses.

Cour Royale

Cour d'Honneur

Avant Cour

Rue de la Surintendance

Rue des Recollets

L. BERNARD, imprimeur.

LEGENDE POUR LES AILES DU MIDI ET DU NORD AU 1er ÉTAGE

Le Château de Versailles

Plan du premier étage d'après l'original

LÉGENDE POUR LE CORPS CENTRAL DU CHÂTEAU (1er ÉTAGE)

AVEC LES NUMÉROS ACTUELS CORRESPONDANTS

AILE DU MIDI

a.
b. Duchesse de Tallard.
c. Maison de France.
d.
e. Mme Ae. de Rochechouart Fes.
f. Comte d'Évreux.
g. Comte de Tessé.
h. Comte de Polastron, sous-gouverneur du Dauphiné.
i. Maréchale de Berwick.
j. Mme de Castillonne.
k. M. Bénault.
l. Duchesse de Brancas.
m. Prince de Rohan.
n. Duc de Villeroy, capitaine des gardes.
o. Duchesse de Laynes, première dame du Palais.
p. Pénélope d'Orléans.
q. Escalier des Princes.

AILE DU NORD

1. Prince de Dombes.
2. Comte d'Eu.
3. Cardinal de Rohan, grand aumônier.
4. Mme du haut, dame d'honneur.
5. Duc de Chaulnes, capitaine des gardes.
6. Hôtel de la Marine.
7. Comte du Palais.
8. Officier de garde.
9. La secrétaire de Villars.
10. Comte de Tallerand.
11. Duc de Saint-Simon.
12. M. de Créve, lieutenant général.
13. Duchesse de Châteaux.

[Corps central — colonne gauche]

145. C. Salon.
146. b. Appartement de M. le duc de la Rochefoucauld.
146. V. Appartement de Mgr le cardinal Fleury.
147. F. Appartement de M. le comte de Clermont (ancien appartement de Mme de Montespan).
148. G. Débarras de la volaille de la Reine.
149. I. Grande salle des Gardes.
150. J. Salle des gardes de la Reine.
151. K. Antichambre.
152. K. Vestibule.
153. H. Grand cabinet.
154. M. Chambre à coucher de la Reine.
155. N. Salon de la Paix.
156. O. La Grande-Galerie.
157. P. Salon de la Guerre.
158. Q. Salon d'Apollon ou chambre du Trône.
159. R. Salon de Mercure.
160. S. Salle de Mars ou des Conseils.
161. T. Tribune des musiciens.
162. U. Salle de Diane.
163. V. Salle de Vénus.
164. W. Petit salon de l'Abondance.
165. X. Cabinet des Médailles.
165. bis. Y. Salon.
166. Y. Salon d'Hercule.

[Corps central — colonne droite]

2. Escalier des Ambassadeurs.
3. Petite galerie.

a. Escalier de la Reine.
b. Passage.
c. Salle des Gardes du Roi.
d. Première antichambre.
e. Grande antichambre du Roi ou Œil-de-Bœuf.
f. Chambre à coucher de Louis XIV.
g. Cabinet du Conseil.
h. Cabinet des Termes ou des Perruques.
i. Chambre à coucher de Louis XV.
j. Cabinet du Conseil de Louis XV (salon des Pendules).

k. Salle à manger.
l. Petit salon.
m. Retraite.
n. Cabinet de bains.
o. Buffet.
p. Chambre de bains.
q. Chœur perdue.
r. Appartement de M. le maréchal de Noailles, gouverneur du Château.
s. Bureau de douanes de Versailles.
t. Appartement du confidentiel du Roi.

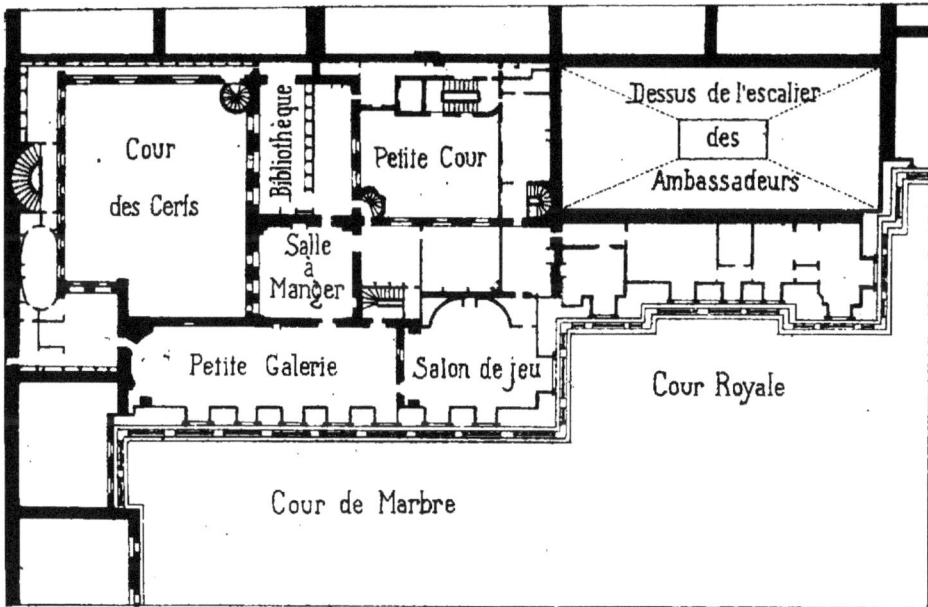

Cour des Cerfs

Bibliothèque

Petite Cour

Dessus de l'escalier des Ambassadeurs

Salle à Manger

Petite Galerie

Salon de jeu

Cour Royale

Cour de Marbre

Appartement de Mᵐᵉ du Barry — 2ᵉ Etage

11

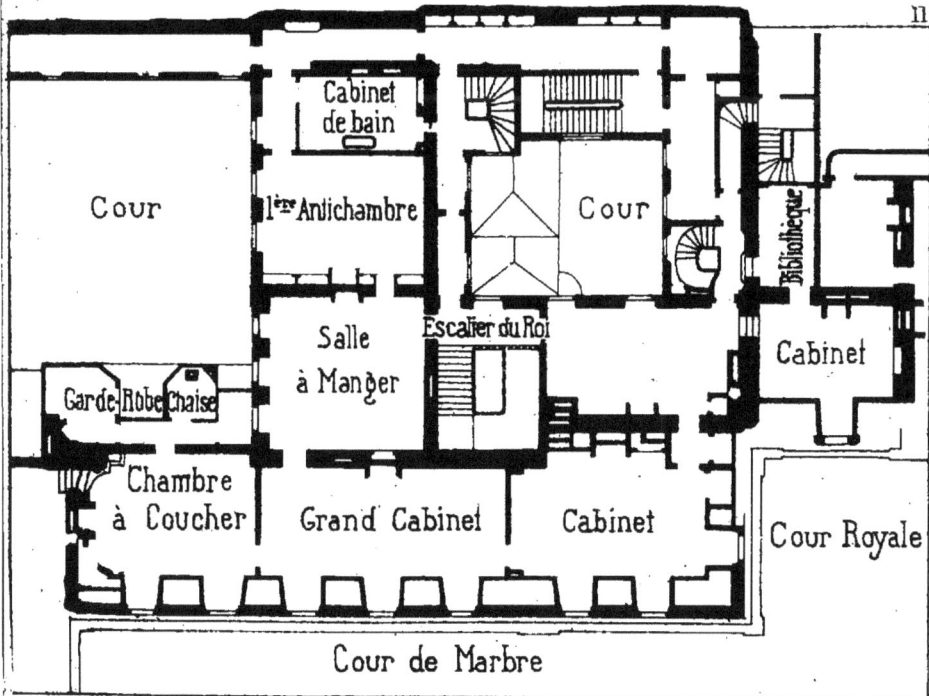

Cabinet de bain

Cour

1ᵉʳ Antichambre

Cour

Bibliothèque

Salle à Manger

Escalier du Roi

Cabinet

Garde-Robe Chaise

Chambre à Coucher

Grand Cabinet

Cabinet

Cour Royale

Cour de Marbre

Appartements de Louis XV
à la fin du Règne

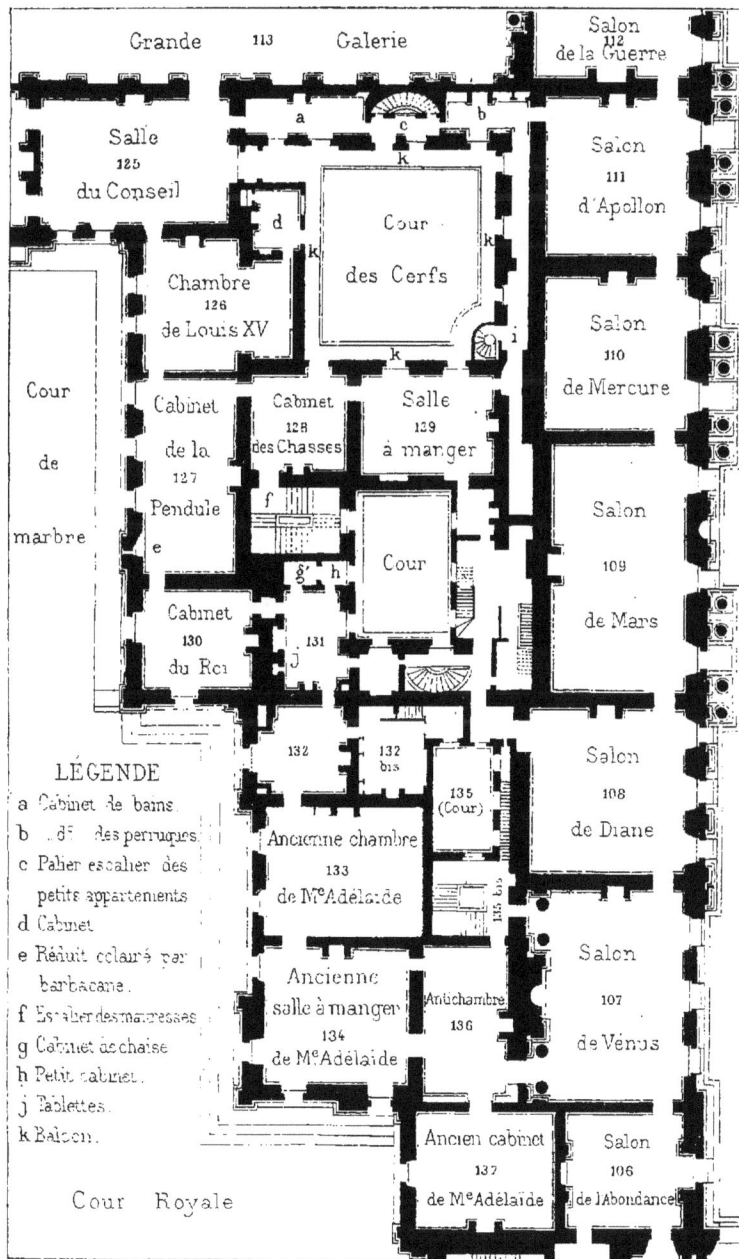

Grande   113   Galerie

Salon
112
de la Guerre

Salle
125
du Conseil

Salon
111
d'Apollon

Cour
des Cerfs

Chambre
126
de Louis XV

Salon
110
de Mercure

Cour

de

marbre

Cabinet
de la
127
Pendule

Cabinet
128
des Chasses

Salle
129
à manger

Salon
109
de Mars

Cour

Cabinet
130
du Roi

131

Salon
108
de Diane

LÉGENDE

a Cabinet de bains.
b ... d° des perruques.
c Palier escalier des
   petits appartements
d Cabinet
e Réduit éclairé par
   barbacane.
f Escalier des maîtresses
g Cabinet de chaise
h Petit cabinet.
j Tablettes.
k Balcon.

132   132
       bis

135
(Cour)

Ancienne chambre
133
de M.e Adélaïde

Ancienne
salle à manger
134
de M.e Adélaïde

Antichambre
136

Salon
107
de Vénus

Ancien cabinet
137
de M.e Adélaïde

Salon
106
de l'Abondance

Cour   Royale

P Favier del   F Dufour Sc

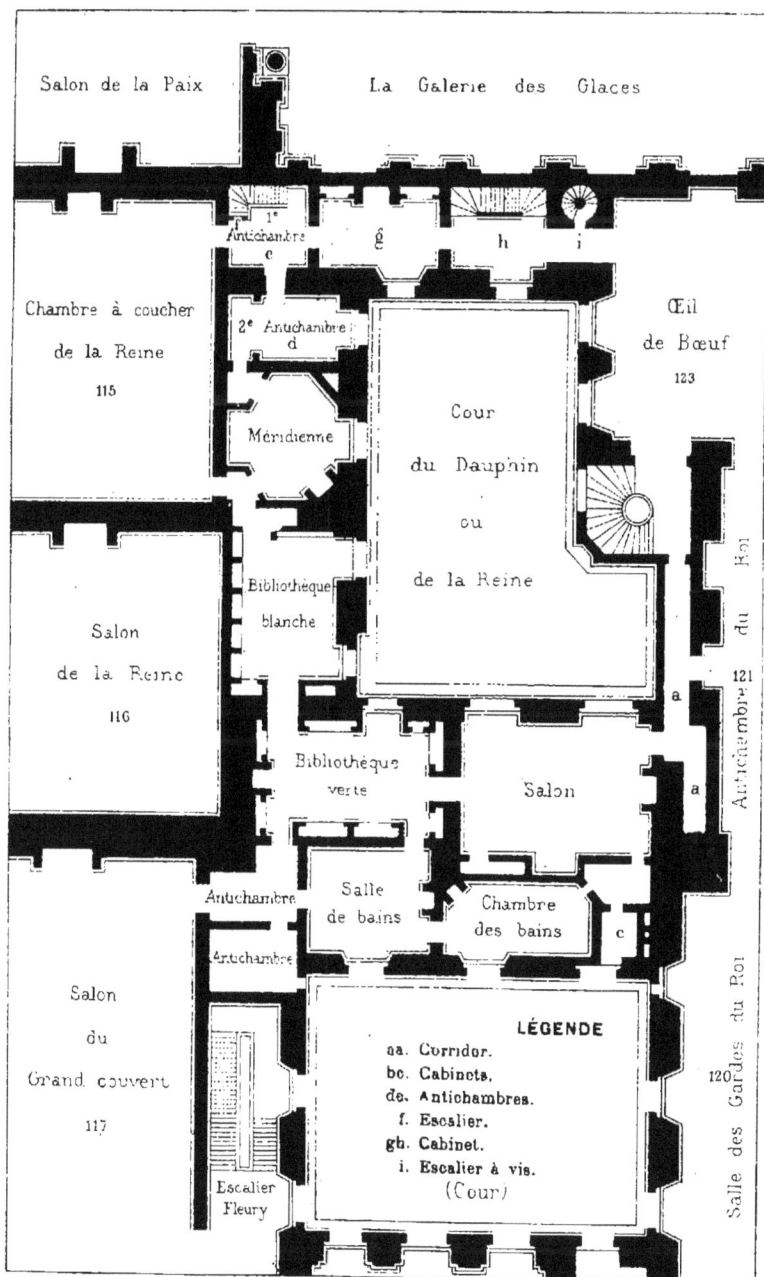

Salon de la Paix   La Galerie des Glaces

1ᵉ
Antichambre   ĝ   h   i
e

Chambre à coucher   2ᵉ Antichambre   Œil
de la Reine   d   de Bœuf

115   123

Méridienne

Cour

du Dauphin

ou

Bibliothèque   de la Reine
blanche

Salon

de la Reine   a   121

116   Bibliothèque
verte   Salon   a

Antichambre   Salle   Chambre
de bains   des bains   c

Antichambre

Salon   LÉGENDE
du   aa. Corridor.
Grand couvert   bc. Cabinets.
de. Antichambres.
117   f. Escalier.
gh. Cabinet.
i. Escalier à vis.
Escalier   (Cour)
Fleury

120

P. Favier del   F. Dufour Sc

(Antichambre du Roi — right margin)
(Salle des Gardes du Roi — right margin)

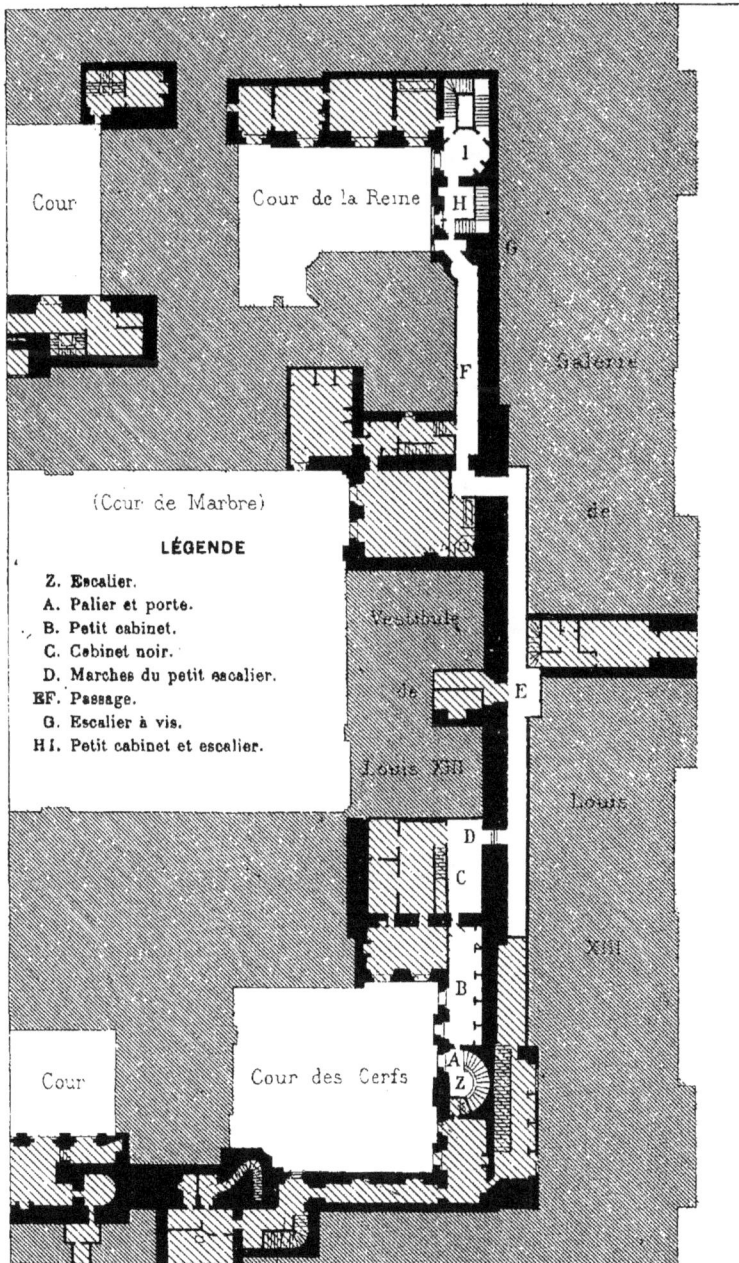

Le passage du Roi
d'après un plan manuscrit

14

Cour

Cour de la Reine

I

H

G

Galerie

F

de

(Cour de Marbre)

LÉGENDE

Z. Escalier.
A. Palier et porte.
B. Petit cabinet.
C. Cabinet noir.
D. Marches du petit escalier.
EF. Passage.
G. Escalier à vis.
HI. Petit cabinet et escalier.

Vestibule

de

E

Louis XIII

Louis

D

C

XIII

B

A

Z

Cour

Cour des Cerfs

P. Favier del   L. BERNARD, imprimeur, Versailles.   F. Dufour Sc

LÉGENDE DU PLAN

SUITE DE LA LÉGENDE DU PLAN

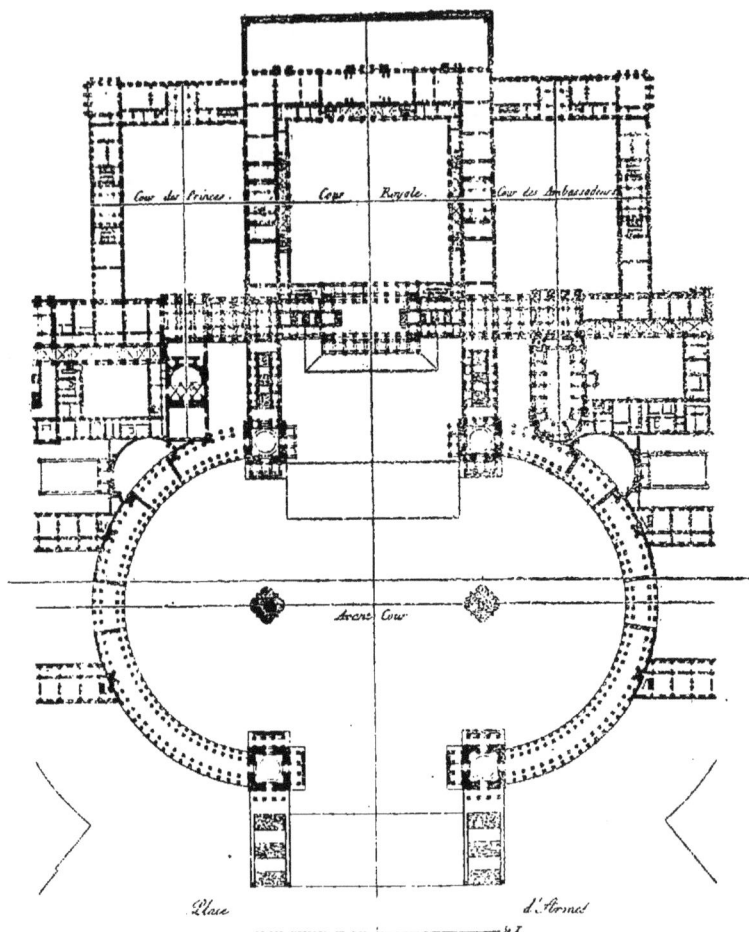

Cour des Princes. Corps Royale. Cour des Ambassadeurs.

Avant Cour

Place   d'Armes

PROJET D'AGRANDISSEMENT DU CHATEAU SOUS LOUIS XVI

Plan du premier projet du rez-de-chaussée en 1780

Par A. PEYRE, architecte.

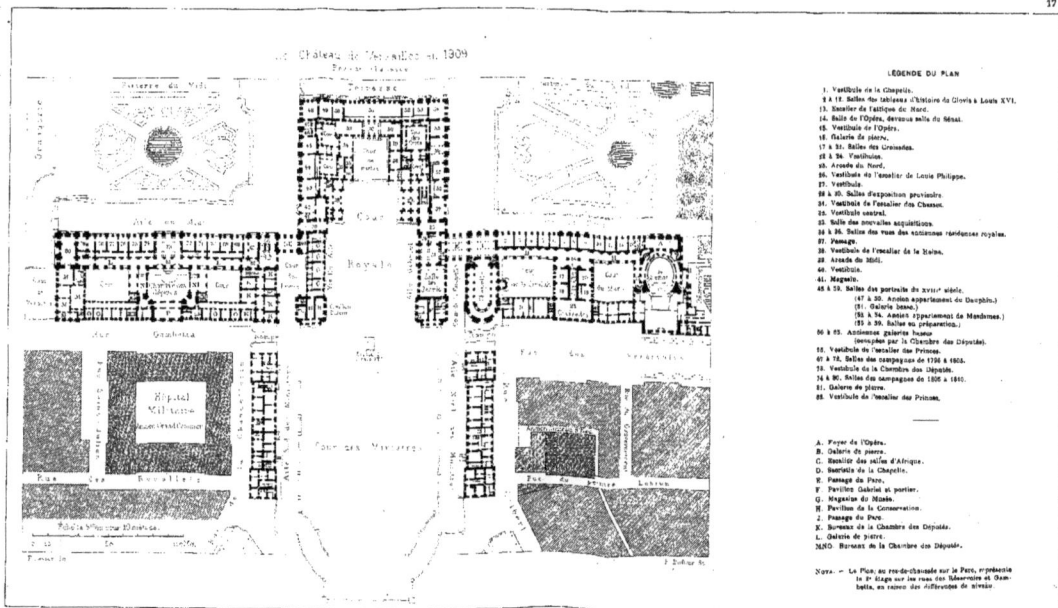

Le Château de Versailles en 1904
Rez-de-chaussée

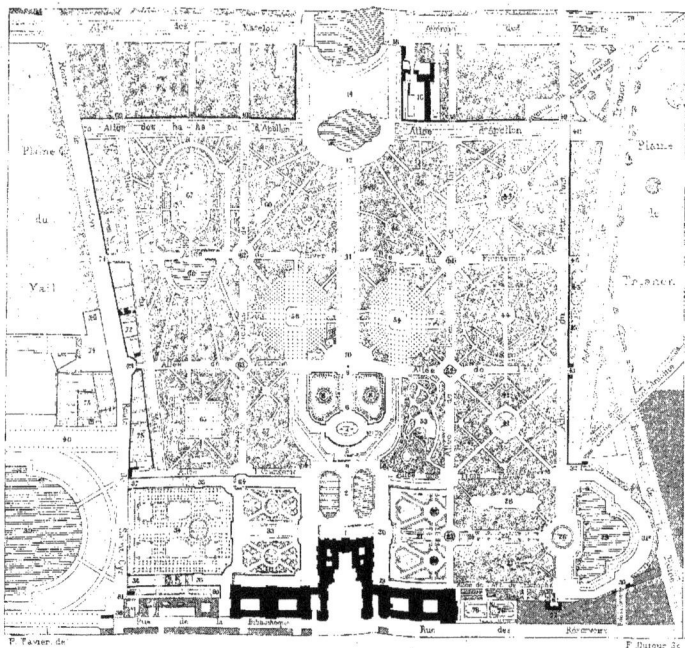

Plan des Jardins et Bosquets

LÉGENDE

1. Terrasse.
2. Parterre d'Eau.
3. Cabinet de Dieux.
4. Cabinet du Point-du-Jour.
5. Degrés de Latone.
6. Parterre de Latone.
7. Bassin de Latone.
8. Bassin des Lézards.
9. Le Point de vue.
10. Demi-lune en avant du Tapis-Vert.
11. Allée-Royale ou Tapis-Vert.
12. Demi-lune à l'extrémité du Tapis-Vert.
13. Bassin d'Apollon.
14. Allée qui conduit au Canal.
15. Canal.
16. Petite-Venise.
17. Grille de la Ménagerie.
18. Grille de la Petite-Venise.
19. Emplacement de la grotte de Téthis.
20. Emplacement du bassin de la Sirène.
21. Parterre du Nord.
22. Bassin des Couronnes.
23. La Pyramide.
24. La Cascade.
25. Allée-d'Eau ou des Marmousets.
26. Bassin du Dragon.
27. Bosquet de l'Arc-de-Triomphe.
28. Bosquet des Trois-Fontaines.
29. Bassin de Neptune.
30. Grille du Dragon.
31. Statue de la Renommée.
32. Grille de Neptune.
33. Parterre du Midi.
34. L'Orangerie.
35. Les Cent-Marches.
36. Grille des premières Cent-Marches.
37. Grille des secondes Cent-Marches.
38. Barrière et grille de l'Orangerie.
39. Pièce d'eau des Suisses.
40. Ancien Mail.
41. Le Théâtre-d'Eau.
42. Bassin d'Apollon ou des Enfants.
43. Grille de Cérès.
44. L'Étoile.
45. Réservoirs des Jambettes.
46. Grille des Jambettes.
47. Salle-du-Conseil, actuellement l'Obélisque ou les Cent-Tuyaux.
48. Grille d'Apollon.
49. Grille du Petit-Pont.
50. Grille de Flore.
51. Bassin de Flore.
52. Bassin de Cérès.
53. Salon d'Apollon (le Marais).
54. Quinconce du Nord.
55. Les Dômes.
56. L'Encelade.
57. Salle-de-Bal.
58. Quinconce du Midi.
59. La Colonnade.
60. Salle-des-Marronniers.
61. Grille de Saturne.
62. Bassin de Saturne.
63. Bassin de Bacchus.
64. Porte royale de l'Orangerie.
65. Bosquet de la Reine (Labyrinthe).
66. Le Miroir.
67. Jardin du Roi (île-Royale).
68. Ha-ha du Jardin du Roi.
69. Grille des Filles d'honneur.
70. Grille de la Faisanderie.
71. Grille de Polichancourt.
72. Polichancourt.
73. Grille du Mail.
74. Le Nand.
75. Le Fleuriste.
76. Réservoirs.
77. Pavillon des Roulettes.
78. Porte des surveillants du Parc.
79. Grille de Trianon.
80. Petite-Orangerie.
81. Grille de la Petite-Orangerie.

* Le Piège, ou la société de Versailles vient prendre le frais, le soir, pendant l'été.

F. Favier, del.   F. Dufour, sc.

L. BERNARD, imprimeur, Versailles.

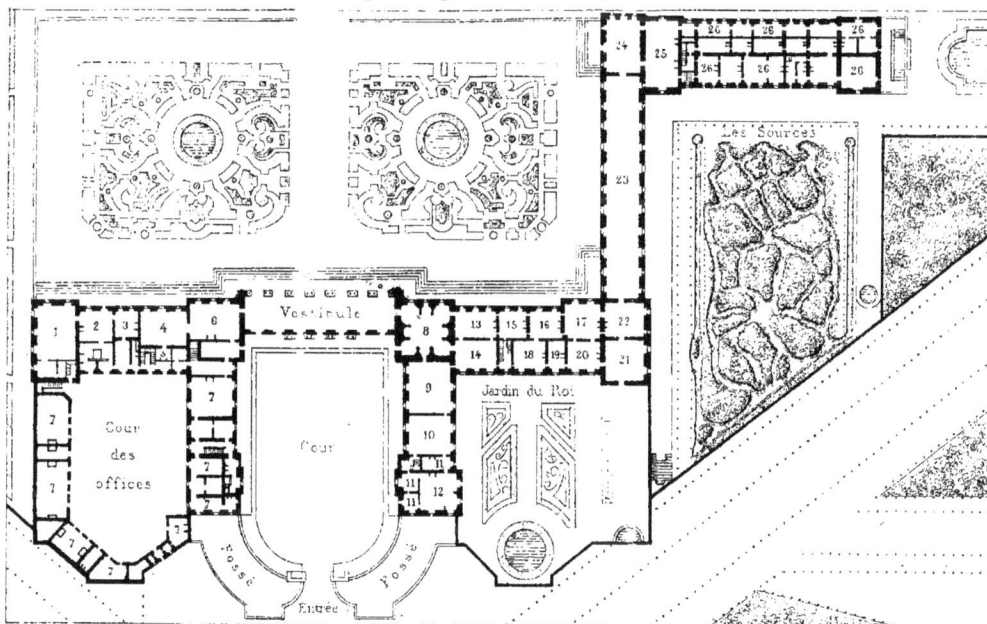

Le Trianon de Mansart
d'après le plan de Pierre Lepautre

P. Favier del.   F. Dufour Sc.

LEGENDE

1. Cabinet des Glaces.
2. Chambre de Monseigneur.
3. Antichambre de Monseigneur.
4. Salon de la Chapelle.
5. La Chapelle.
6. Salle des Seigneurs.
7. Les offices et les logements des officiers.
8. Salon des Colonnes.
9. Antichambre du Roi.
10. Chambre du Roi.
11. Cabinets du Roi.
12. Cabinet du Conseil.
13. Salon de la Musique.
14. Buffet.
15. Antichambre des Jeux.
16. Chambre du Sommeil.
17. Cabinet du Couchant.
18. Cabinet.
19. Cabinet du Repos.
20. Cabinet du Levant.
21. Salon des Sources.
22. Salon Frais.
23. La Galerie.
24. Salon des Jardins.
25. Salon du Billard.
26. Trianon-sous-Bois, où logent les seigneurs de la Cour.

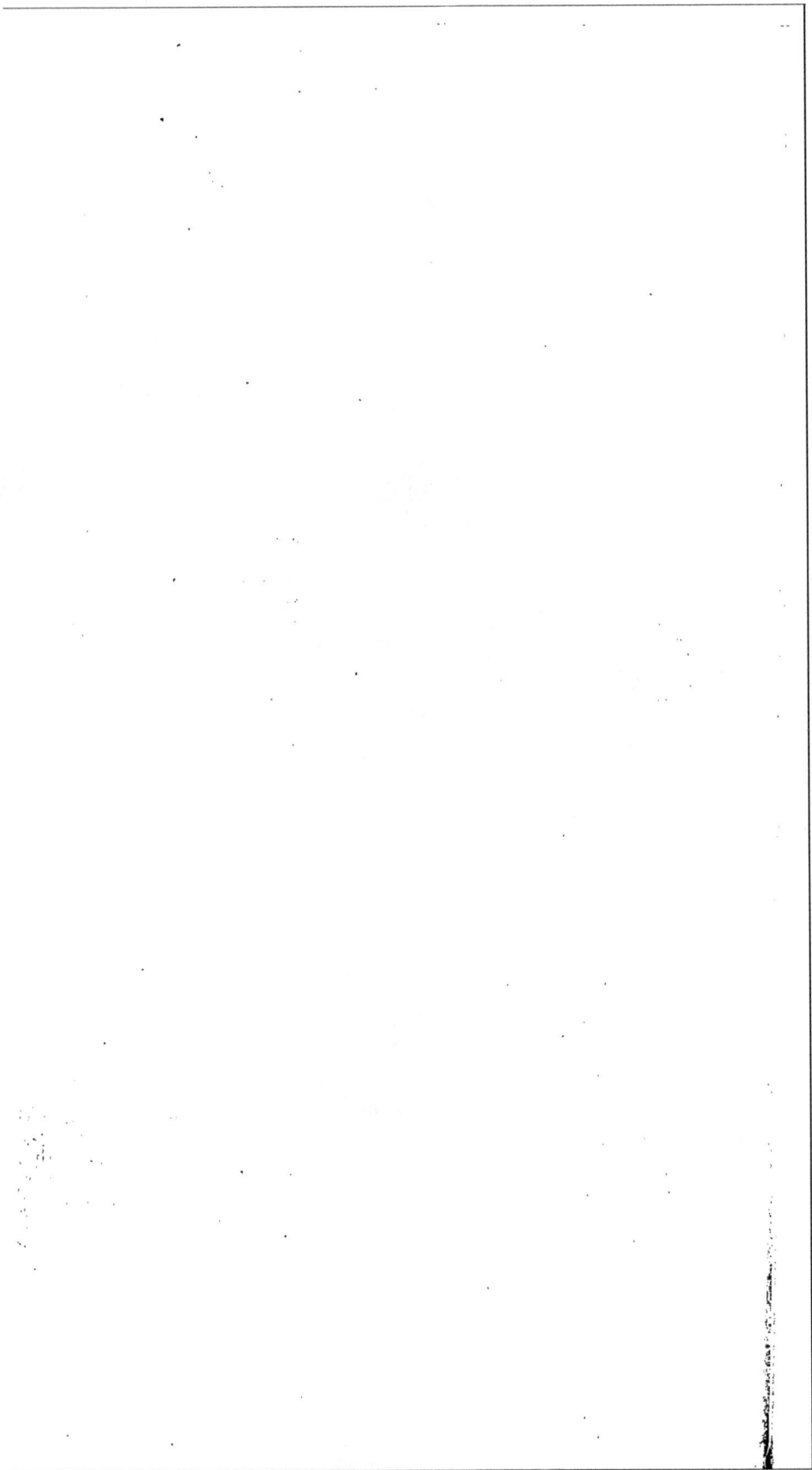

E. CAZES

LE CHATEAU

DE

VERSAILLES

L'HISTOIRE
ET L'ART

L. BERNARD

VERSAILLES

1910

15 FR. NET